www.ingramcontent.com/pod-product-compliance
Lightning Source LLC
Chambersburg PA
CBHW051829230426
43671CB00008B/885

CATALOGUE

DE LA

BIBLIOTHÈQUE

DE FEU M. LE COMTE RIANT

PREMIÈRE PARTIE :

LIVRES CONCERNANT LA SCANDINAVIE

MACON PROTAT FRÈRES, IMPRIMEURS

CATALOGUE

DE LA

BIBLIOTHÈQUE

DE

FEU M. LE COMTE RIANT

de l'Institut,
Membre de l'Académie royale des Belles-Lettres de Suède,
de l'Académie des Sciences de Turin, de l'Académie de Barcelone, etc., etc.,
décoré des ordres du Danebrog, de Saint-Olaf et de l'Étoile polaire.

RÉDIGÉ PAR

L. DE GERMON ET L. POLAIN

PREMIÈRE PARTIE :

LIVRES CONCERNANT LA SCANDINAVIE

PARIS

ALPHONSE PICARD ET FILS, ÉDITEURS

82, RUE BONAPARTE, 82

1896

DIVISIONS

I. Écriture sainte. — Ancien et Nouveau Testament. — Version d'Ulphilas, p. 1.
II. Liturgie, catéchismes, etc., p. 4.
III. Littérature ecclésiastique, p. 7.
IV. Hagiographie. — Vie des saints, martyrs, etc. — Ste Brigitte, p. 13.
V. Histoire religieuse. — Mythologie. — Évangélisation. — Réforme, p. 21.
VI. Droit. — Jurisprudence, p. 32.
VII. Sciences naturelles, p. 39.
VIII. Littérature. — Grammaire..., p. 49.
IX. Voyages. — Scandinavie, p. 69.
X. Terres arctiques. — Amérique. — Passage du Nord-Ouest, p. 86.
XI. Groenland, p. 92.
XII. Laponie. — Spitzberg. — Nouvelle-Zemble. — Passage du Nord-Est, p. 103.
XIII. Danemark. — Géographie, voyages, p. 114.
XIV. Norvège. — Géographie, voyages, p. 116.
XV. Suède. — Géographie, voyages, p. 124.
XVI. Histoire. — Nord en général, p. 130.
XVII. Ordres de chevalerie. — Héraldique. — Noblesse, p. 142.
XVIII. Danemark. — Généralités et histoires des villes, p. 145.
XIX. Histoire politique du Danemark, p. 156.
XX. Norvège. — Histoire, p. 179.
XXI. Suède. — Généralités historiques. Histoire des villes, etc., p. 187.
XXII. Suède. — Histoire politique, p. 194.
XXIII. Colonies scandinaves, p. 238.
XXIV. Villes hanséatiques et pays riverains de la Baltique, p. 242.
XXV. Orcades, Shetland, Orkney, Færoer, p. 259.
XXVI. Islande, p. 263.
XXVII. Beaux-arts, archéologie, p. 306.
XXVIII. Numismatique, p. 321.

XIX. Histoire littéraire, p. 325.
XXX. Biographie, p. 331.
XXXI. Périodiques, revues, annuaires, etc., p. 334.
XXXII. Bibliographie, p. 339.
XXXIII. Impressions rares, p. 346.
XXXIV. Ouvrages divers écrits ou traduits par des Scandinaves, sur des sujets étrangers à leur pays, p. 353.
Manuscrits, p. 359.
Supplément. — Articles omis, p. 366.

Nota. — Les ouvrages précédés d'un *, compris dans le catalogue suivant la volonté de M. le comte Riant, ne seront pas livrés aux enchères.

CATALOGUE

DE LA

BIBLIOTHÈQUE SCANDINAVE

DE FEU M. LE COMTE RIANT

I

Ecriture sainte. — Ancien et Nouveau Testament. — Version d'Ulphilas et commentaires.

1. Then LXXIII Psalmen Förclarader i Fråger och swaar aff Michaele Eyler, Jesu Christi Tiänare anno 82. Affs atter och vtgångin aff. *Petro Johanni Gotho* norcopense. Prentader i Rostock aff Joakim Voth, anno 1615. In-12 dérelié.

2. Psalmebøger fra Reformationstiden udgivne af *Chr. Bruun*. Kjøbenhavn, Thiele, 1865-66. 2 vol. in-12, br.

    Publication très soignée, faite pour la Société de l'Histoire eccl. du Danemark.

3. Svenska Psalmboken af 1536 å nyo utgifwen. Stockholm, Norstedt, 1862. In-12, rel. chag. rose, dos et plats ornés, tr. dor., avec 2 pl. fac-simile.

    Réédition faite à 100 ex. du livre ayant pour titre : Swenske son-||ger eller wisor nw pa || nytt prentade, forö-||kade, och vnder || en annan skick || än tilförenna || vtsatte || Stocholm || MDXXXVJ.

4. Testamentitokamit mosesim aglegėj siurdleet. Kaladlin okauzeennut nuktersimarsut narkiutingoænniglo sukkuïarsimarsut Pellesiúnermit *Ottomit Fabriciusimit*, Attuægeksāukudlugit innungnut koïsimarsunnut. Kiöbenhavnime, C. F. Skubartimit, 1822. (*Genèse, traduite par Otto Fabricius*); Davidim ivngerutėj. (*Psaumes, traduits par Nicolas Wolff.*) Kjöbenhavnime, 1824; Profetib Esaiasim aglejėj. Kjöbenhavnime, 1825 (*traduction de N. Wolff*). — Testamentitokab makpérsægėjsa Illangoeet. (*Josué, etc., etc., traduit par Peter Kragh.*) Kjöbenhavnime, 1836. Ensemble 2 vol. in-12, rel. et d.-rel. bas. —

    Traduction de la Bible (Ancien Testament) en groenlandais.

The Gospels according to St Matthew, St Mark, St Luke and St John translated into the language of the Esquimaux Indians, on the coast of Labrador by the missionaries of the Unitas fratrum; or United brethren, residing at Nain, Okkak, and Opedale... London, M' Dowall, 1813. In-12, rel. v. (rel. danoise).

<small>Traduction impr. par les soins de la Soc. biblique anglaise.</small>

5. Det Nywe Testament van ons Heer Jesus Christus ka set over in die Creols Tael en ka giev na die Ligt tot dienst van die Deen Mission in America. — Die tweedde Edition. Copenhagen, Schultz, 1818. Un gros vol. in-12, d.-rel. bas.

<small>Traduction du Nouveau Testament en langage créole, à l'usage de la mission danoise en Amérique. Ce langage paraît être dérivé du flamand. Ouvrage intéressant.</small>

6. þat Nya Testamente vors Drottins og Endurlausnara Jesu Christi efter þeirri annari útgáfu þes á Islendsku. Kaupmannahöfn, Popp, 1807.

<small>Version faite par les soins de la Société biblique d'Islande, et contenant les quatre Évangiles, les Actes des Apôtres, les Épîtres des SS. Paul, Pierre, Jean, Jacques et l'Apocalypse de saint Jean.</small>

7. Aivaggeljo þairh Matþaiu, eller Fragmenterna af Matthœi Evangelium på Götiska, jemte Ordförklaring och Ordböjningslära. Ac. Afh. af A. Uppström. Upsala, Wahlström, 1850. 1 vol. in-8, rel. toile, n. rogné.

8. Evangelium sankta Matthæussa aa Förisk o Dansk. Gjivi ûd uppa Prent eâv tui Danska Buibils Selskeâbinum. Randers Elmenhoff, 1823. In-12, rel. bas.

<small>Evangile de saint Mathieu, en dialecte des Færöer, avec le texte danois en regard, édité par la Société biblique danoise.</small>

9. **Masmann** (H.-F.). Auslegung des Evangelii Johannis in gothischer Sprache. Aus römischen und maylandischen Handschriften nebst lateinischer Uebersetzung, belegenden Anmerkungen, geschichtlicher Untersuchung, gothisch-lateinischem Wörterbuche und Schriftproben. München, Jaquet, 1834. 1 vol. in-4, rel. toile.

10. **Beern** (Dominique). Ein Ny || Huss-og Reisu || Postilla || Hatzande jñe ad hallda. || Stutta og Einssallda Vtskijr-|| ing allra þerra Gudspialla sem kiend og || lesenu verda j Kyrkiusøssnudenum... Skriffud og samanteken ur Pre || dikunum þess haalaerda Herra, || Ioh. Michael Dilher. Af || M. Dominico Beern, || diacono til S. Laurentij Kyrkiu || j Nurenberg. || En a Islendsku Vtløgd, af || M. þ Thorl. S. s. s. St.||. Prentud j Skalhollte af jone Snorrasyne. || Anno M. DC. XC. Pet. in-8, rel. bas. f., fil. (*curieuse reliure exécutée en Islande au* XVIIe *siècle*), fig. s. bois.

<small>Cette traduction des postilles sur les évangiles, de *Beern*, augmentée par *Théod. Thorlacius* du psaume 51 et de quelques prières, est une des premières et rares impressions faites à Skalhollt (Islande), où la typographie fut introduite en 1686.</small>

Ulphilas.

11. D. N. Jesu Christi SS. Evangelia ab Ulfila Gothorum in Mœsia Episcopo circa annum a nato Christo CCCLX. Ex græco gothicè translata, nunc cum parallelis versionibus, Sveo-gothicâ, Norrænâ, seu Islandica, et vulgatâ Latinâ edita. Stockholmiæ, Nicol. Wankif, 1671. 1 vol. in-4, rel. vél., avec frontisp.

> Edition des plus rares; due aux soins de *George Stiernhielm* et de *François Junius*. Il y a sous cette date deux éditions ou plutôt une édition et une contrefaçon ; rares toutes deux. Notre exemplaire est de l'édition, sauf le *titre* du Glossarium, qui est de la contrefaçon, et qui semble provenir d'un autre exemplaire.
> Nous ajouterons à la description que David Clément, avec son exactitude habituelle, a donnée de cette édition, que le frontispice est gravé d'après un des plats de la reliure du ms. connu sous le nom de *Codex argenteus*.

12. Codex argenteus. 1 vol. in-4, rel. toile, 15 ff.

> Recueil de 15 photographies du texte et de la reliure du célèbre *Codex argenteus* d'Ulphilas.

13. Codex argenteus sive sacrorum Evangeliorum Versionis Gothicæ fragmenta quæ iterum recognita adnotationibusque instructa per lineas singulas ad fidem cod. additis fragmentis evangelicis codicum Ambrosianorum..... edidit *Andreas Uppström*. Upsaliæ, Leffler, 1854. 2 parties en 1 vol. in-4, d.-rel. chag. rouge.

14. Codex aureus sive quattuor evangelia ante Hieronymum latine translata. E cod. membran. partim purpureo ac litteris aureis inter extremum quintum et iniens septimum sæculum, ut videtur, scripto qui in regia bibliotheca Holmiensi asservatur, nunc primum examinavit atque ad verbum transcripsit et edidit *Johannes Belsheim*. Christania, Malling, 1878. 1 vol. in-8 avec 5 pl. fac-sim., d.-rel. mar. r., tête lim. non rogné, avec chiffre du comte Riant.

15. Ulphilæ Versionem Gothicam nonnullorum capitum Epistolæ Pauli ad Romanos... e litura codicis ms. rescripti qui in Augusta apud Guelpherbytanos Bibliotheca adservatur.....eruit commentatus est datque foras *Franciscus Antonius Knittel*. Principale apud Brunovicenses Orphanotropheum, s. d. (1762). 1 vol. in-4, rel. toile, avec 12 pl. sur cuivre.

> Rare avec les planches qui manquent à la plupart des exemplaires. La plus grande partie des planches tirées a été détruite et les cuivres ont été vendus au poids comme métal.

16. Veteris et Novi Testamenti Versionis Gothicæ fragmenta quæ supersunt ad fidem codd. castigata latinitate donata adnotatione critica instructa, cum glossario et grammatica linguæ Gothicæ, ediderunt *H. C. de Gabelentz* et Dr *J. Lœbe*. Lipsiæ, Brockhaus, 1843. 2 vol. in-4 cart., non rogné, avec pl.

> Contient : t. 1, Textum et 2 pl.; t. 2, 1re partie, Glossarium d. gothisch. Sprache ; 2e partie, Grammatik et 1 pl.

17. Ulphilas oder die uns erhaltenen Denkmäler der gothischen Sprache. Text, Grammatik und Wörterbuch. Bearbeitet und herausgegeben von *Friedr. Ludwig Stamm*, *3ᵉ édition* revue par *Moritz Heyne*. Paderborn, Schöningh, 1865. In-8, rel. toile, non rogné.

18. **Gaugengigl** (Ign.). Ulphilas. *3ᵉ édition*. Passau, Dietenberger, 1853. 2 parties en 1 vol. in-8 cart. — Ulfilas von *Ign. Gaugengigl*. *4ᵉ édition*. Passau, Keppler, 1856. 1 vol. in-8 cart.

19. Quatuor D. N. Jesu Christi Euangeliorum versiones perantiquæ duæ, Gothica scil. et Anglo-Saxonica : quarum illam ex celeberrimo Codice Argenteo nunc primum depromsit *F. Junius*, hanc autem ex Cod. mss. collatis emendatius recudi curavit *Th. Mareschallus*, cujus etiam Observationes in utramque versionem subnectuntur : *Accedit* et Glossarium Gothicum : cui permittitur Alphabetum Gothicum, Runicum, etc., operâ ejusdem F. Junii. Dordrechti, typis et sumptibus Junianis, 1665. 2 parties en 1 vol. in-4, d.-rel.
   Ouvrage intéressant. Première édition des Fragments d'Ulphilas.

20. Aivaggeljo thairh Maththaiu. Die Fragmente des Ulphilas nach der Silbernen Handschrift in Upsala im Zusammenhalte mit der Handschrift Tischendorf's von dem Berge Sinaï. Hrgg. von *Gaugengigl*. München, Wolf und Sohn, 1864. In-12, rel. toile, non rogné.

21. The Gospel of Saint Mark in Gothic according to the translation made by Wulphila in the fourth century. Edited, with a grammatical introduction and glossarial index by Rev. *Walter W. Skeat*. Oxford, Clarendon Press, 1882. In-12, rel. toile (édit.).

22. **Sotberg** (Ericus). Dissertatione philologica Ulphilas illustratus. Holmiæ, Laur. Salvius, 1752. Petit in-4, avec 3 pl., rel. toile. — Analecta Ulphilana duabus comprehensa dissertationibus. Upsaliæ typ. Edman, 1769, *avec 3 pl*. — Scripta versionem Ulphilanam et linguam Mœsogothicam illustrantia novis accessionibus aucta et edita a *Ant. Fred. Büsching*. Berolini, Boss, 1773, *avec pl*. Ens. 2 vol. in-4, d.-rel. — Ulphilæ partium ineditarum in Ambrosianis palimpsestis ab Angelo Maio repertarum specimen conjunctis curis eiusdem Maii et Caroli Octavii *Castillionæi* editum. Mediolani, Regiis typis, 1819. Plaqu., in-4, rel. toile. — **Hahn** (K.-A.). Auswahl aus Ulfilas gothischer Bibelübersetzung, mit einem Wörterbuch und mit einem Grundriss zum gothischen Buchstabenund Flexionslehre. *2ᵉ édition*. Heidelberg, Mohr, 1864. In-8, rel. toile, non rogné. Ensemble 5 plaquettes.

II

Liturgie, catéchismes, etc.

23. Ajokœrsoirsun Atuagekseit Nallegbigne Gröndlandme. Ritual over Kirke-Forretningerne ved den Danske Mission paa Grønland. Kiøbenhavn, H. Chr. Schrøder, 1783. Plaq. in-12, d.-rel. bas.
   Rituel en groenlandais avec traduction danoise.

24. **Arnell** (Laurent). Livre de cantiques, avec les parties qui y appartiennent et qui se trouvent marquées à la page suivante. Seconde édition. A Stockholm, par Hartwig Gercken, 1734. In-12 agenda, rel. v. f., tr. dor., avec fermoirs.

<small>A la suite se trouvent : les Evangiles et les Epîtres pour tous les dimanches, jours solennels et fêtes..., 1734, le Catéchisme de Luther ; le volume se termine par des prières.</small>

25. **Makowski** (P. M. Bonaventura). Breves observationes et annotationes ad proprium officiorum et missarum de Sanctis Patronis Regni Poloniæ et Sueciæ. Varsoviæ, 1759. 1 vol. in-12, br.

26. Ein Kyrkiu Ordinantia, epter huørre, ad aller Andleger og Veralldleger; noregs Rijke skulu leidrietta sig og skicka sier. Enn a Islendsku vtløgd, aff þm Virduglega Herra n. odde Einarrssyne. Prentud a Hoolum, anno 1635. In-12, rel. vél.

27. **Lars** (archevêque d'Upsal). Om Kyrkio Stadgar och Ceremonier, Hurudana och huilka man vthi een Christeligh församling bruka må eller ey. Ehn liten rettelse. .... Scriffuen aff Erchebiscop Lars j Upsala, anno 1566. Och nu medh itt nytt förspråk, om närwarande wår Swenska Kyrkios stadge och Religion, på prent giffum aff A. A. A. Tryckt j Wittenberg, aff. M. Simon Cronenberg, anno 1587. 1 vol. in-12, rel. vél.

28. **Lars** (Laurentius). Dialogus om then förwandling som medh Messone skedde tå Evangelium i wåre tijdh först uthi ljuset upkom, etc. Scriffwin aff Erchebiskop Lars, Upsala a. 1542, etc... och nu på prent giffwin aff A.A.A. Tryckt i Wittemberg, 1587. Petit in-8.

29. Liturgia || Svecanæ eccle-|| siæ || catholicæ et ortho-|| doxæ conformis. || 1576. || Au recto du dernier f. : Stocholmiæ excudebat Tor- || bernus Tidemanni, || Anno || 1576. || Petit in-fol. 2 ffnc., LXXV (1) ff., rel. v. gaufr. (XVIe s.).

<small>Livre très rare. Une page raccommodée et quelques mouillures.</small>

30. Lœrdóms Bók i evangelisk-kristilegum truarbrøgdum handa Ungligum. Videyar Klaustri, prentud á forlag Erfingja Dr. M. Stephensens af Bokþry ckjara Helga Helgasyni, 1833. In-12 cart.

<small>Manuel de doctrine chrétienne en islandais (?).</small>

31. Lutheri Catechismus, ofwersatt på Amerikan-Virginiske Språket. Stockholm, Tryckt uthi thet af Kongl. Mayᵗᵗ privileg. Burchardi Tryckeri, af J. J. Genath, f., anno 1696. 1 vol. in-4 rel. v. — *Sur le plat et au dos, le chiffre du roi Charles VI de Suède, avec des traces de vieille dorure.*

<small>Notre exemplaire contient une carte de la Nouvelle Suède dressée en 1654 par *P. Lindström*.</small>

32. Doktor M. Luther, såsom påhviska lärans försvarare. (Traduit de l'allemand.) Stockholm, Wall, 1848. 1 vol. in-12, rel. toile. — **Luther** (Martin).

Catechismus med enfaldige spörsmål Förklarad, och efter höga Ofwerhetens befalning utgången, på thet Prästerna enhälligt öfwer hela Rijket skola bruka samma sätt wid Ungdomens underwisning ok Förhör uti christendoms Stycken. Stockholm, Henrik Keyser, 1686. In-12, rel. vél., non rogné.

Traduction suédoise du Catéchisme de Luther. Ex. en très bon état.

33. **Manuale lapponicum**, that lie : Praude-Kiete-Kirieg-Joite mij adnesiop, Nabmatom : I Konuk Dawidin Psaltar; II Salomoni Pakowaijase; III Salomoni Sarnotee; ... etc. Stockholmis, Henr. Keyser, 1648. — Catechesis jella Summa tast ailis Schiadlagest, Jockosise adnatan Christu åppetuse oiwepieckit, ... *s. l.* (Stockholm), 1648. Ensemble, 1 vol. in-12, cart.

Manuel à l'usage des Lapons et contenant la traduction des psaumes et de quelques autres parties de la Bible et des prières diverses. Cette édition a été donnée par *Joh. J. Tornæus*.

34. Messan på Swensko, for-|| bettrat. || Stocholm. || 1548. || *Au verso du dernier f.* : Tryckt j Stockholm. || Aff Amund Laurentzson. || 1548. Petit in-4, 44 ffnc., rel. mar. rouge, dent. intér., tr. dor. *Chiffre du comte Riant, au dos* (Dupré). Encadr. au titre et grav. sur bois. Exempl. lavé.

Les portées de musique sont imprimées, mais les notes manquent.

35. Officia propria SS. patronorum Regni Poloniæ et Sueciæ a sacr. rituum congregatione approbata. Ratisbonæ, ... Pustet, 1880. Les 4 parties en 1 vol. in-12, rel. mar. n., tr. dor.

36. Officia patronorum regni Poloniæ et Sueciæ, aliorumque sanctorum quæ accesserunt post an. Dom. 1731 usque ad ann. 1767. Breviario Fr. S. ord. Præd. reimpressa. Cracoviæ, 1767. 1 vol. in-12, cart. — Officia propria sanctorum patronorum Regni Poloniæ et Sueciæ. Campidonæ, ex Typ. Kœseliano, 1847. 1 vol. in-8, d.-rel. — Romersk catholisk Cateches för ungt Folk att nyttja i Catholska Kyrkan i Sverige. Stockholm, Deleen, 1800. Plaq. in-12, d.-rel. bas. — **Rahbek** (Canutus Lyne). De antiquissimis ecclesiæ danicæ lingua vernacula hymnariis, hymnorumque auctoribus. Hauniæ, Schultz, 1818. Plaq. in-4, cart.

37. **Swebilius** (Olaüs). Eclaircissement sur le petit Catéchisme de Luther, par demandes et par réponses, donné en suedois, par le Reverendissime Olaüs Swebilius, archevêque d'Upsal, & traduit en françois en faveur de la jeunesse, avec privilège du Roi. A Stockholm, chez Jean Billingsley, 1692. 1 vol. in-12, rel. vél. (le feuillet XI manque).

Olaf Swebilius (1624-1700), nommé, en 1681, archevêque d'Upsal et pro-chancelier. C'est en 1688 qu'il publia la première édition suédoise de son Catéchisme souvent réimprimé depuis.

38. Then Swenska Messan, epter som hon nw holles i Stokholm, medh orsaker, hwar före hon så hallen wardher. Stocholm, MDXXXI. In-8, rel. toile, non rogné.

39. Then Swenska Psalmeboken förbätrat och medh flere Songer förmerat

och kalendarium. Stocholm, aff Amund Laurentzson, 1572. 1 vol. petit in-8, rel. v. *Joli spécimen de reliure suédoise, estampée, moderne, rappelant les reliures du* xive *siècle*.

Réimpression faite à Stockholm, en 1886, de cette rare édition.

III

Littérature ecclésiastique.

40. At thet ar rett och || Christelighit, bruka || Exorcismum widh, Döpelsen, || såsom almente och aff ålder || j Christenhetenne haffuèr || waret och vthi wåra || Forsamblingar || än nw är || plägsed || ★ || Iusti Menij Förklaring. || Forswenskat aff || Lau. Vp. || (*in fine* :) Tryckt j Stockholm aff Amund La-||rentzson .|| 1562. Petit in-8 de 36 ffnc., car. goth., dérelié. Déchirures et raccommodages au titre.

Curieux livret avec des commentaires de *Justus Menius*, un des partisans les plus zélés de Luther.

41. **Aslacus** (Cunadus). Oratio theologico-historica de Religionis per D. Martinum Lutherum reformatæ origine et progressu in Germania ; et ejusdem in hisce Regnis Daniæ et Norwegiæ, elapso hoc centenario, videlicet ab anno 1517 ad annum 1617. Hafniæ, Waldkirch, 1621. 1 vol. pet. in-4, rel. vél.

42. **Benzelius** (Erik). Breviarium Historiæ Ecclesiasticæ Veteris et Novi Testamenti, Discentium usui destinatum. Strengnesii, typis Joh. Billingsley, 1695. Petit in-8, rel. parch.

43. **Bernard** (S.). Helige Bernhards Skrifter i svensk öfversättning från medeltiden. Efter gamla Handskrifter udgivna af *Harald Wieselgren*. Stockholm, Nörstedt, 1866. 2 parties. — *H. Susos* Gudeliga Snilles Väckare (Horologium æternæ sapientiæ), Efter gamla Handskrifter utgifven af *Rich. Bergström*. Stockholm, Nörstedt, 1868-70. Ensemble 1 vol. in-8, d.-rel. mar. citr., tr. peigne.

44. **Bonaventure** (St). Bonaventuras Betraktelser öfver Christi Lefverne. Legendem om Gregorius af Armenien efter gamla handskrifter utgifna af. G. E. *Klemming*. Stockholm, Norstedt, 1860. 1 vol. in-8, d.-rel. mar. cit., tr. peigne.

45. **Catechismus**, medh korte Spörsmål och Swar, om then Christeligha Läronnes aldranödhtorffleligaste Artiklar, sampte medh een påminnelse om alle wilfarelser..... aff *D. Simone Musæo*, och på Swensko vthfört aff *Nicolao Balck*. Tryckt j Stockholm, aff Andrea Gutterwitz, 1596. 1 vol. in-12, rel. v. gauf. (du xvi^e s), avec fig. et encadr. sur bois.

46. **Confessio fidei**, thet är : then Christeligha Troos bekännelse, hwilka

Gudz Försambling uthi Sweriges Rijke. Tryckt i Strengnäs aff Zacharia Brockenio, 1657. In-12, rel. bas.

47. **Celse** (Magnusa). Bullarium Romano-Sveo-Gothicum. Holmiæ, Carlbohm, 1782. In-4, d.-rel. bas. noire, non rogné.

48. **Elerdus** (Nicolaus). Cataplasma Bewehrtes Heilpflaster, für das grawsame Pochen, Zittern vnd Schwermut des Hertzens. Berlin, Rungen, 1632. Plaq. petit in-4, rel. vél.

49. **Eliesen** (Pavel). Danske skrifter, udgivne af Selskabet for Danmarks kirkehistorie, ved C. E. Secher. Kjöbenhavn, Iversen, 1855. 1 vol. in-8, d.-rel. chag. noir, coins, tête dor., non rogné.

Réimpression de 4 opuscules de Paul Eliæsen, plus connu sous le nom de Powel Vendekaabe (*girouette*), théologien danois, né à Varberg en 1480 ou 1490, et qui fut d'abord carme, puis luthérien ; puis, redevenu catholique, il attaqua la réforme. Ces changements expliquent assez son surnom.

50. Emoot the gruffueligha eedher och Gudz förmädelse som nu allmennelighe brukas. O. P. Stockholm, MDLX. Très petit in-8, rel. chag. noir, non rogné.

Petit volume rare, sans nom d'imprimeur.

51. **Emporagrius** (Erich Gabrielsson). Catechesens enfaldige Förklaring, effter Bookstafwen, medh under fogade Böner..... Tryckt i Strengnäs aff Zacharias Brockenio, anno 1669. In-12, rel. veau rac., fil., tr. dor.

52. **Ernstedt** (Claudius) et autres. Monumenta politica-ecclesiastica ex archivo Palmskiöldiano nunc primum in lucem edita. Upsal, 1750-52. Ensemble 1 vol. petit in-4, d.-rel. veau.

53. **Gerson.** ⟪ Verdoghastom j gudh fader ok herra Hēr y ap ‖ mz gudhz nadh ärchebiscop j Vpsala etc. Ericus nico ‖ lai Canik... *Dernier f. recto, explicit* : ⟪ Här änas mester Johans gerson bok aff dyäfwl ‖ sens frästilse Arom ephtē gudhz byrdh. M. CDXCV. ‖ Trykt aff Iohannes Smedh j Stockholm. In-8, rel. vél., non rogné.

Reproduction en fac-simile de l'édition suédoise de ce traité de Gerson.

54. **Helliestad** (Andrea P.). Een Christelig Lijkprädikan, öfwer then Höghborne, numehra hoos gudh Salige Herren Hn. Carl Brahé..... Tryckt på Wijsingzborg, aff Johann Kankell, 1673. Petit in-4, dérelié.

Rare.

55. **Hemmingius** (Nicolaus). Libellus de Coniugio, Repudio, et Diuortio in gratiam fratrum qui ivdices cavsarvm matrimonialium in Regnis Daniæ et Noruegia constituti sunt,..... [*in fine* :] Lipsiæ, imprimebat Iohannes Steinman, anno 1578. In-12, br.

56. Horologium passionale, thet är : En Christeligh Passions Stund-Säijer, vthi hwilken the förnämste stycken aff Jesu Christi Pijnos Historia

författas; och fogeligen til the Tolff Dagsens stunder lämpas. Först aff M. Georgio Albrect på Tyska Vpsatt, anno 1631, sedan genom Andream svenonium orebrogiensem, på Swenska affsatt, anno 1653. Götheborg, Tryckt aff Amund Grefwe ühr, 1654. In-12 de 11 ffnc., 378 p., 1 fnc., rel. bas., avec 1 gr. s. b.

Ancienne impression du premier typographe de Götheborg, où l'imprimerie fut introduite en 1650.

57. **Ionas** (Petrus). En christeligh Predican Offuer s. Pauli tröstrijke ord, hwilka han kort för sin dödh screft sinom Läriunge Timotheo... Stockholm, Andr. Gutterwitz, 1605. — En nyttigh Orta-Book, om the herlig örter, som vthi thet höghberömde konungarijket wåre käre Fädernesland Swerige åhrligen Wäxe... Stockholm, Meurer, 1642. — Cursus Visitationis diœcesis Wexionensis. Rostock, Christ. Reussner, 1605. Ensemble 1 plaq. in-4 et 2 vol. in-12, rel. vél. et rel. toile.

58. **Johannæus** (Finn). Tractatus theologico-historico-criticus de noctis præ die naturali prærogativa aut dubia, aut nulla. Havniæ, Gyldendal, 1782. — De egressu Israelitarum ex Ægypto in Chanaanitidem Dissertatio, authore *Francisco Geissler*. Wratislaviæ, 1777. Ensemble 1 vol. in-12, rel. parchem.

59. **Iohannis Gothus** (Petrus). Om Christeligit Tålamod vnder korsset een merkelig lära. Prentat i Rostock aff Steffan Mölleman, 1601. Petit in-12, cart. Nombreuses piqûres de vers. — **Korholten** (Christian). I Herrans Jesu Nampn! theologiskt Betänckiande om liiks hemlige Begrafningar. Stockholm, Sahl. Wankifs Enckia, 1699. Plaq. in-12, rel. vél. — **Mourgues** (Jean). Protestation de foy catholique contre la religion prétendue réformée, par M. *Jean Mourgues*, prestre et ausmonier de Sa Majesté la Serenissime Christine Alexandre, Reyne de Suède. S. l. n. d. n. typ. 1 très petit vol. in-12, rel. vél., 120 ffnc.

60. **Nicander**. Le glaive runique ou la lutte du paganisme scandinave contre le christianisme, drame tragique, traduit du suédois, avec notes, par *Léouzon Le Duc*. Paris, Bray, 1846. 1 vol. in-8, rel. toile. — **Nigri** (Petrus Andreas). Historia om de forna Westerås stifts Biskopar, nu först i allment tryck, med korta anmerkningar och bifogadt Sigiller..... utgifwen af *Anders Anton von Stiernman*. Stockholm, Salvius, 1744. Plaq. petit in-4, rel. vél. — **Ödmann** (S.). Strödde Samlingar utur naturkunnigheten till den Heliga Skrifts upplysing. Upsala, Edman, 1785-1794. 6 tomes en 2 vol. in-12, rel. toile. — **Ödmann** (S.). Geographisk Hand Lexion öfver Nya Testamentets heliga skrifter, med philologiska anmärkningar (2ᵉ éd.). Upsala, Palmblad, 1812. 1 vol. in-12, d.-rel.

61. Utfararminning *Jóns Pálssonar* melstets prófasts i Arnessthingi. Reykjavik, 1878. — Prjedikun à 4. Sunnuday eptir trinitatis eptir mag. Ión. Thorkelsson Vidalin. Reykjavik, 1878. 2 plaq. in-12, cart. — Nockur Ljódmæli, samanstandanti af Sálmun, andlegum Visum og Qvœdum, thess

andrika Guds manns, Sira Þorláks Sál. Þórarinssonar, Fyrrum Prófasti i Vadla-Thyngi og Sóknar-Presti til Mødruvalla Klausturs Safnada... Videyar Klaustri, Stephensens, 1836. In-12, rel. toile.

62. **Petri** (Olaus). Een liten boock j huilko clos-||terleffwerne forclarat warder, ther och no-||ghot foregiffwes hwadh skadha och || for derff sådana leffuerne haffuer || giordt j Christenheetenne, || Sedhan fölier en liten || forma ning til clos-||terfolk och theres wener.||..... Stockholm, 1528, s. typ. — Om guds ordh och menniskios bodh och stadhgar j thet andeligha, som är, sjelenes regement. Olauus Petri. Stockholm, 1528. — Een Christelighū formanīg til clerekijt som j nestkommandes prestamoot forsampnasj Upsala, Strengnes och Westerås, etc.... Olauus Petri. Stockholm, 1528. Ensemble 1 vol. petit in-4, rel. peau de Suède fauve (rel. suédoise), fers à froid.

Impression rare. Mouillures.

63. **Petrus Gothus** (Ioham). Catechismus, thet är, the Gamle helige Lärares Troo, Lära och Bekennelse, som the j Gudz Församling lärdt haffua, alt ifrån Apostlarne tijdh, in til the nästförlidna 450. åhr, widh pass, eenligh medh wåra Christeliga Religion. Anno Christi 1595, *s. l. n. typ.* In-12, rel. v. gaufr.

64. **Probatorium theologicum**; eller theologischer Prober-Ugn. Deruthi all Mennisklig Låhrade der uthi wårs Herres Jesu Christi Person, et Creatur statuera och settia förestält, examinerat och befunnen warder at den samma ogudelig, oandelig..... Amsterdam, Christoffer Conradus, 1664. In-12, rel. vél., non rogné.

Exemplaire très propre.

65. **Ricard** (S.). Précis de la mythologie scandinave d'après les meilleures sources. Copenhague, Hagerup, 1863. In-12, rel. toile, non rogné, fig.

66. **Rudbeck** (Nicolas). Lijk-Predikan öfwer M. Jacobo Guthræo... Upsala, 1661. — *Idem* öfwer Marten Pederson... Stockholm, 1667. — *Idem* öfwer Samuel Brask. Stockholm, 1668. — Sanctum desiderium öfwer Segreth Baner. Stockholm, 1670. — Slute Predijkan aff Riksdagen, anno 1668 den 22 septembre... Stockholm, 1668.—Triumphalia Christianorum... Stockholm, 1671. — Pingessdags Lillia... Stockholm, 1670. Ensemble 8 plaq. in-4, dérel.

67. **Rudbeck** (Olaus filius). Ichthyologiæ Biblicæ. Pars prima, de Ave Selav cujus mentio sit Numer. XI : 31; Pars secunda. De Borith fullonum. Upsalis, Werner, 1705, 1722. 2 plaq. in-4, dérel.

Une des plus rares dissertations de Rudbeck fils. Dans la 1re partie, il entreprend de prouver, contre Ludolf et Bochart, que les Selavim étaient des poissons volants.

68. **Runius** (Joh.). Dudaim eller Andelige Blommor. Stockholm, Schneider (date rognée). — Dudaim, Andre Dehl, Eller Werdzlige Liljor.

Stockholm, Schneider, 1733. — Dudaim, Tredie Dehl, Eller Synnekrydder. Stockholm, Schneider (date rognée). — Om Deu Durchleutiga Genuesiskan, Eller Peppas Historia. Stockholm, Horrn, 1709. Ensemble 4 tomes en 1 vol., rel. vél. En tête, un portrait de *J. Runius* dessiné par *Brenner* et gravé par *Geringuis.*

69. Sielen-|| nes tröst och || läkedom well all-|| tijd nyttich || doch || allemest othi || dödzens nödh. || 1552. *Au r⁰ du dernier f.* : Tryckt j Stockholm aff || amund Laurentz son. || anno Dni. 1552. Petit in-8, rel. vél., fig. sur bois au v⁰ du titre, représ. le crucifiement; encadr. au titre.

Une des premières impressions de A. Laurentzson.

70. Sielen-|| nes tröst och || läkedom well all-|| tijd nyttigh || doch || allemest vthi || dödzens nödh. || 1553. *Au r⁰ du dernier f., Colophon* : Tryckt j Stockholm aff || Amund Laurentzson. || anno Dni. 1553. Petit in-8, avec encadr. gr. sur bois au titre, rel. vél.

Même opuscule que le précédent. Rare. Déchirure à un feuillet.

71. Själens Tröst. Tio guds bud förklarade genom Legender, Berättelser och Exempel, Efter en gammal Handskrift utgifven af *G. E. Klemming*. Stockholm, Norstedt, 1871-73. 1 vol. in-8, d.-rel. mar. f., tr. peigne.

La rédaction originale de ce livre est écrite en bas-saxon et a pour titre Seelentrost (Consolation spirituelle). C'est un dialogue entre un maître et son disciple, et qui contient une explication du décalogue, des 7 sacrements, etc. Il est fait de pièces et morceaux empruntés à diverses compilations du moyen âge, et son auteur est, croit-on, *Jean Moirs*, moine de Cologne, du xv⁰ siècle. Ce livre a été souvent imprimé au xv⁰ siècle, en bas-saxon, en allemand, et en hollandais.

Le texte suédois est publié ici pour la première fois d'après le seul ms. qu'on en possède, par M. Klemming, qui y a joint une introduction et une table.

72. Skytte (Lars). Peregrinatio sancta Fr. Laurentii a D. Paulo Sveci, Ordinis Minorum S. Francisci regularis obseruantiæ. Romæ, Typ. Angeli Bernabò à Verme, 1658. 1 vol. in-8, cart., rel. mar. rouge, fil., dent. int., dos orné (Dupré). A l'intérieur, on a replacé l'ex-libris d'Uno von Troïl à qui l'exemplaire a appartenu. Quelques pages lavées.

Lars Skytte (et non Johan), qui vivait au commencement du xvii⁰ siècle, prit à Rome l'habit de moine (1647), sous le nom de *Laurentius a D. Paulo*; c'est à la demande du pape Alexandre VII qu'il composa sa « Peregrinatio », traité contre le protestantisme, qu'il dédia à la reine Christine de Suède.

73. Spegel (Haquinus). Ett affbruttit Oliwe Lööff, eller fåå och eenfaldige Betrachtelser om then Hugneliga Friden, Huru han är förlorad, och kan igen vpsökias... Prädikan... Stockholm, Niclas Wankijff, *s. d.* (1675). Plaq. in-4, rel. vél.

Exemplaire lavé.

74. Stjorn. Gammelnorsk Bibelhistorie fra verdens Skabelse til det Babyloniske Fangenskab, udgivet af *C. R. Unger*. Christiania, Feilberg et Landmark, 1862. 1 vol. in-8, d.-rel. chagr. noir, coins, tête dorée, non rogné.

75. Thesaurus biblicus eller Biblisk Skatkammar, uthi hwilken Summarier på alla Capitel, sampt Uthwalde Hofwud-Språk, medh tilhörige Concordantier, korteligen författade äro... genom *Zachariam Laurentii Klingium*, *nericium*. Stettin, Georg Rhete, 1645. In-12, rel. mar. n., tr. dor.

76. **Thomas a Kempis**. Fire Böger om Kristi Efterfölgelse i Dansk oversættelse fra 15. Århundrede, udgivne ved *F. Rönning*. Köbenhavn, Thiele, 1885. In-8, d.-rel. chagr., coins, non rogné.

Traduction danoise de l'*Imitation de J.-C*.

77. **Tragen** (Matth.). Een merkelig Predican om wårs Herres Jesu Christi helga Lekamens och Blodsanna Närwarelse vthi hans höghwerdiga Natward, hållin i Dresden på Sääkra Torsdagh i Slotz Kyrkionne, anno 1592... Uthtålkat och vthgångin aff *Petro Iohannis* gotho norcopensi. Prentat i Rostock aff Stephan Mölleman, 1601. In-12, rel. toile. En mauvais état. — Universitets-Iubilæets Danske Samfund. — En Kristelig Undervisning om Skriftemål og sakramentet, tryckt i Malmø 1531. Pa ny udgivet ved *C. J. Brandt* Kjøbenhavn, Nielsen og Lydiche, 1884. — Olddanske Personnavne, Samlede af *O. Nielsen*. Kjøbenhavn, Jørgensen, 1883. — Danmarks christelige Prædikanters Gjensvar paa Praelaternes Klagemaal førte overdem paa Herredagen i Kjøbenhavn 1530. Paa ny udgivet af *Holger Fr. Rørdam*. Kjøbenhavn, Thiele, 1885. Ensemble 1 vol. in-12, d.-rel. chagr. tête de nègre, tête dor., non rogné. (Chiffre du comte Riant.)

78. **Petri** (Laurentius). Een almennelig || Scrifftermål och Bön, || som brukas må effter || predican. Stockholm. || Anno Domini. || 1563. *S. typ*. Petit in-4, 4 ffnc., rel. vél., non rogné. — Puncta aff them Heydebergiska Pfaltziska Caluiniska Kyrkeordning, som år nu nyliga vprettat, anno 1596. *S. l. n. d. n. typ*. Plaq. in-12, 4 ffnc.

Ces deux opuscules sont rares.

79. Beder uden Afladelse! Fulstændig Bönnebog for katholske Christne. Kjöbenhavn, 1852. In-12, d.-rel. bas. — **Malou** (Dr, év. de Bruges). Protestantismus Falskhed... med høie Tilladelse af den høiærværdigste Præfect for Nordpolarlandene — oversat fra den franske Original. Kjobenhavn, 1859. 1 vol. in-12, d.-rel. — **Sales** (St François de). Philothea ; eller Veilēdning til et gudfrygtigt Liv. Kjøbenhavn, Blankensteiner, 1858. 1 vol. in-12, rel. toile. — **Moller** (R.). Stuttur Leidarvisir til avaxtarsams Bibliulesturs. Snuinn a Islenzku af B. Thóriarinssyni. Kaupmannahøfn, Jørgensen, 1837. 1 vol. in-12, rel. toile. — **Secher** (C.-E.). Dronning Margrete (den ældre) af Navarra og hendes Samtid Reformationen i Frankrig för Kalvin. (Extr. des « Nordisk månedsskrift », 1882, II.) *S. l. n. d*. 1 vol. in-8, br. — Siig mig : Hvad er Katholicismen ? Efter : Lettres à mon Curé. Genève, 1853, ved. C. A. Kjbhvn, Reitzel, 1857. In-8, d.-rel. bas.

80. **Botvidus** (Joh.). Tree Predikninger, håldne vthi Håärfarden åät Lijfland, anno 1621. Stockholm, Reussner, 1627. Plaq. petit in-4, rel. vél. — Een

christe- || ligh Böön, om en rätt || brinnande kärleek til Gudh- || och om een rätt Hiertans || trängtan || effter thet ewi- || gha Lijffuet. *S. l. n. d. n. typ.* (Stockholm, 1588 ?) Petit in-8, 8 ffnc., avec encadr. gr. s. bois, dérel.

— **Georg** (Jean) et **Hafenreffern** (Mathias). Zwo Christliche Predigten, vber der Leuch vnnd Begrabnus, Weilund des Durchleuchtigen, Hochgebornen Fürsten vnnd Herrn, Herrn Johann Georgen, Erben zu Norwegen, Hertzogen zu Schleswig, Holstein, Stormaren vnnd der Ditmarschen,... welcher den 25 Januarij dieses 1613 Jars zu Tübingen... vnd hernach den 11 Februarij, dasselben... bestattet worden... Tübingen, bey Joh. Alex. Cellio, 1613. Petit in-4, br.

Sermons prononcés à l'occasion de la mort de Jean Georges, duc de Schleswig.

IV

Hagiographie. — Vies des saints, martyrs, etc.

81. Vastovius. Vitis Aqvilonia seu Vitæ Sanctorum qui Scandinaviam magnam arctoi orbis peninsvlam ac præsertim Regna Gothorum Sueonumque olim rebus gestis illustrarunt. Opera et studio Ioannis Vastovii Gothi Protonotarij Apostolici Canonici Varmiensis Ser^{mo} Sigismvndo III Poloniæ ac Sueciæ Regi à Sacris et Bibliotheca. Coloniæ Agrippinæ, Ex off. Ant. Hierati, 1623. 1 vol. in-6, titre frontispice (raccom.). Au v° du 2° f., pl. aux armes du roi Sigismond, avec une inscription de 4 vers, 13 ff., 199 (1) pp., rel. v. éc. Sur les plats, chiffre du comte Riant.

L'ouvrage commence par une dédicace de Vastovius à Sigismond, deux odes de Grabenius (*Petrus*) et de *Borastus* (*Gregor.*); puis viennent les Vies de 85 saints scandinaves, le premier est l'évèque Erebert, le dernier « Puer Sapiens vulgo Wyspilt » qui vivait au xvi° siècle. On trouve, à la fin, un recueil des lettres des Souverains Pontifes aux rois et évêques de Suède. *Eric Benzelius* a donné une seconde édition de cet ouvrage avec des notes, à Upsal, en 1708.

82. Suso (Henrik). Gudelig visdoms Bog i Dansk oversættelse fra det femtende århundrede, udgivet af *C. J. Brandt.* Kjöbenhavn, Thiele, 1858. — De hellige Kvinder. En legende-Samling, utgiven af *C. J. Brandt*. Kjöbenhavn, Thiele, 1859. Ensemble 2 vol., in-8, br.

Le 1er est une édition de l'Horologium sapientiæ; le 2° est un recueil de légendes se rapportant à des saintes et à la Vierge.

83. Erland (Israël). De vita et miraculis Sancti Erici Sueciæ regis, primus edidit, notisque illustr. *Joannes Schefferus, Argentin.* Holmiæ, Wankiff, 1675. In-12, rel. vél.

84. Anscharius (Sanctus S.). S. Anscharii primi Hamburgensium archiepiscopi, et in Scandiana vicinarumque, Gentium Regna ac ditionis Pontificii Legati vita gemina una oratione prosâ ante annos minimum DCCCVIII, scripta per *S. Rimbertum*,... altera oratione metrica ante annos DCVI scripta, per

Gualdonem... primus in Svecia edidit *Claud. Arrhenius.* Holmiae, Henr. Keyser, 1677. 1 vol. petit in-4, d.-rel. mar. noir.

Ste Brigitte. — Révélations. — Texte et études relatives à ce livre. — Prières. — Ordre du Sauveur ; règles et couvents. — Biographie de Ste Brigitte et de Ste Catherine.

85. Revelationes. *Lubeck, Barthel. Gothan, 1492. Au fol. 344 recto, colophon :*

>Mille quadringēti nonaginta duo simul anni
>Christi quando fere. de natiuitate fuere
>Hoc mundi lumen miserans celeste volumen
>Quod dedit ipse deus. Imp̄ssit Bartholomeus
>Ghotan, tūc sospes. Lubcensis ciuis et hospes
>Sit laus inde deo. Sit merces bartholomeo
>Pax sit terrigenis, requies animabus egenis
>Regnū Gothorū muniat deus atq3 Suecorū.

Au dessous, la marque de l'imprimeur. 1 vol., fol. de 422 ffnc., car. goth. à 2 col., reliure ancienne bas., f. estampée, légèrement restaurée.

> Bel exemplaire, sauf quelques mouillures, de cette première et très rare édition, tirée à très peu d'exemplaires. Hain *3204. Cette édition a été faite par les soins des religieux du couvent de Wadstena, qui envoyèrent à Lubeck dans ce but les frères Ingemarsson et Gerhard. De toutes les bibliothèques publiques de France, une seule (celle de Pau) possède ce précieux incunable.

86. Reuelationes sancte Birgitte. || *Au dessous, une grande figure sur bois qui remplit toute la page ; au fnc.* 257 v°, *colophon...* p̄ Anthoniū Koberger ciuē Nu-||rembergeñ. impresse finiunt. Anno domini. M.cccc.xxi. mensis Se || ptēbris. 1 vol. petit in-fol., 312 ffnc. car. goth. 2 col. avec 18 fig. sur bois, fort belles, inspirées de celles de l'édition précédente et d'un artiste inconnu (peut-être Dürer) de l'école allemande. *Le dernier f. manque.*

> Livre très rare. Cette édition à donné lieu à une polémique entre De Bure et Mercier de Saint-Léger, qui soutenait avec raison qu'il fallait lire comme date 1500, 21 septembre. Hain, 3205, n'a pas vu cette édition. Quelques piqûres de vers.

87. *Titre* : S. Brigida ora pro nobis. || *Fig. sur bois représentant sainte Brigitte (buste)* || memoriale || effigiatvm librorvm || Prophetiarvm sev visionvm || B. Brigidæ alias Birgittæ || viduæ stirpis regiæ de || regno Svetiæ || ad excitandvm conservandvmqve || puram deuotionem in cordibus humilium Christia-|| norum, Romæ in ædibus eiusdem sancte Bri || gittæ, ante impressionem maioris || voluminis reuelationum, || Anno 1556. || De mense Augusti feliciter impressum. || *Au f.* 303 v°, *col.* 2, *colophon :* Romæ || In ædibus diuæ Brigittæ viduæ, per Fran-|| ciscum Mediolanensem de Ferrarijs, || xxi. Augusti, M.D.LVII. || 1 vol. petit in-fol., 14 ffnc., 144 pp. et 304 ffnc., rel. mar. rouge (aux armes).

> Edition assez rare, dont les gravures et planches, sauf quelques-unes qui sont de facture italienne, sont les mêmes que celles des éditions de Koberger.

88. Revelationes selectæ S. Birgittæ. Textum ad fidem Codd. mn. cognovit *A. Heuser* Coloniæ, etc... Heberle, 1851, avec portr. — Squarci delle celesti rivelazioni di Santa Brigida. Estratti e tradotti da *Filippo Augusto Ruscone*. Milano, 1848, avec portr. Ensemble 2 vol., in-8, br. et in-12 rel. toile.

89. Das puch der Himlischen offenbarung der heiligen wittiben Birgitte von dem Künigreich Sweden. *Au dernier f. r⁰* : ❰ Hie hat ein ennd das puch aller himlischer offenbarung... Das nach solher zeittiger bewerung || in der königlichen stat Nürnberg durch Anthonien koberger burger daselbs || im andern nach tausend funff hundert iaren gedrückt vnd Am. xij. tag des mo-|| nats julij seligklich... volendt ist || worden. Amen || (1502). In-fol. 350 ffnc. rel. vél., avec les mêmes figures que dans l'édition latine donnée en 1500 par Koberger, et qui sont d'un artiste allemand de l'école de Dürer, si elles ne sont même pas de ce dernier.

> Edition très rare. Le dernier fnc. blanc manque. Quelques piqûres de vers. Exemplaire rubriqué et dont les figures ont été coloriées avec soin.

90. Himlische Offenbarungen S. Birgiten, wie es jetzte in der Welt ergehn soll. Eclich. Propheceyen D. Johannis Tauleri. Von den neuen Felsen, vnd von allerley Ständen der Menschen... Getruckt zu Dilingen, durch Sebald Mayer, 1569. In-12, rel. vél.

> Peu commun.

91. Les révélations célestes et divines de sainte Brigitte de Suède, communément appelée la chère épouse,... traduites par *M. Jacques Ferraige*, docteur en théologie. Avignon, Seguin, 1850. 4 tomes. — Les révélations célestes et divines de sainte Brigitte,... traduites par *M. Jacques Ferraige*. Lyon, Simon Rigaud, 1651. Ensemble 1 vol. in-4, rel. v., et 4 tomes en 2 vol. in-12, rel. toile.

> Ces éditions ne contiennent que les 8 livres des révélations, suivis des *Extravagantes*. On n'y trouve pas les oraisons, ni les sermons, ni la règle, que l'on trouve dans les anciennes éditions latines.

Natale, S. J. (Antonio). Glorie del sacerdozio rivelate a S. Brigida insieme co' suoi obblighi, e pregiudizj Cavate dal libro autentico delle Rivelazioni della Santa. Napoli, Novello de Bonis, 1735. In-12, rel. parch.

92. Squarci delle celesti Rivelazioni di Santa Brigida... Estratti e tradotti da *Filippo Augusto Ruscone*. Milano, Besozzi, 1848. Grand in-12, rel. toile.

93. Heliga Birgitta Uppenbarelser Efter gemla Handskrifter utgifna af G. E. Klemming. Stockholm, Norstedt, 1857-1884. 5 tomes en 3 vol. in-8, d.-rel. mar. cit., tr. p., avec fac-simile.

94. Dissertatio theologica qua Revelationes Brigittæ Sueciæ exc. M. Benjamin Capsius, Emlebio-Hoenloicus, D. xxx Decemb. A.O.R., 1715. Vitembergae, ex off viduæ Gerdesianæ. 1 plaq. in-4.

95. **Hammerich** (Fr.). Den Hellige Birgitta och Kirken i Norden. Kjöben-

havn, Biancoluno, 1863. In-12, rel. toile, avec 1 portr. — **Klemming** (G. E.) [Lettre à M. L.-F. Rääf, relative au texte des révélations de sainte Brigitte.] *S. l. n. d. n. typ.* [Stockholm, 1854.] Plaq. in-4, avec fac-simile, cart.

96. Onus mundi. *Rome. Euchar. Sylber* aliàs *Frank*, *1485, 1 octobre.* In-8, 66 ffnc., le premier et le dernier blancs, car. rom., 33 ll. ll., sans signatures ni réclames. *Fnc. 1 r° incipit :* D quas cunq3 manus libellus iste peruenerit di || ligenter ne destruatur eum custodiat. laboret || ut ea que in illo scripta sunt in publicum ueni-|| ant... *Fnc. 64 r° explicit et colophon :* ℂ Reuelationum excerpta2/ quas iam pro parte im-||pletas conspicimus adhuc etiam implendas futuro cū ||| (*verso*) gemitu expectamus ac earum reuelationum que onus || mundi non iniuria intitulantur & sermonis defensionū || probationum ac expositionum reuelationum genero-|| se uidue domine Birgitte..... in lucem edite per || Gregorium undecimum Pötificem maximum appro || bate opuscula Illustrissimi Principis dni Georgii Comi || tis Palatini Rheni..... impensis..... ac cura Fratris || Bolfgangi Sandizeller..... arteq3 || & diligentia & caractere polito & emendato Magistri || Eucharii Franck in Vrbe Roma.... anno salutis Mc- || ccc || xxxv die uero prima mensis octobris || .....

<small>Hain *12012. Ouvrage fort rare et qui manque aux bibliothèques publiques de France. Bel exemplaire rel. mar. rouge, dos orné du chiffre du comte Riant, double fil., dent. intér., tr. dor. (Dupré). Notes mss. à 2 ff.</small>

97. Zwölff Sibyllen Weissagungen, viel wunderbarer Zukunfft, von Anfang bis zum Ende der Welt besagend auch der Königin von Saba, dem König Salomon gethane Propheceyung. Wie auch mercklicher künfftiger Dinge von S. Brigiden, Cyrillo, Methodio, Joachimo, Bruder Reinhard, Johanne Lichtenberger und Bruder Jacob aus Hispanien, beschrieben. Aus neu wieder gedruckt. Petit in-8, 78 pp., 1 fnc., rel. vél. bl., est. fig. s. bois.

<small>Edition populaire des prophéties des sybilles. Les prophétesses étaient fort répandues et fort célèbres en Scandinavie. On les trouve mêlées à la mythologie germanique, et les fées paraissent en être une transformation. Leurs prédictions ont joui d'une grande vogue au moyen âge, on les édita avec celles de Merlin, de Nostradamus, de saint Méthode (Bemechobius), de sainte Hildegarde et de sainte Brigitte, et de Joachim de Flore.</small>

98. [**Gruget** (F.)]. La || premiere || partie du recueil || des propheties e reuela || tions, tant anciennes que modernes : || Laquelle contient un sommaire des reuelations de Saincte || Brigide, Sainct Cirille, et plusieurs autres Saincts || & religieux personnages : nouuellement || reueüe & corrigée oultre les || precedentes impressions. ||. (*Marque de Sertenas*) ||. Paris, Vincent Sertenas, 1561. 1 vol. petit in-8 de vjii ff., 95 ff.

<small>Ce volume a été réimprimé en 1611, à Troyes, avec le nom de l'auteur.</small>

99. **Nostradamus**. Recueil des || reuelations et prophe-|| ties merueilleuses de Saincte Brigide, Sainct || Cirile & plusieurs autres Saincts & || religieux personnages || Outre les precedentes impressions ont été augmen-|| tées de plusieurs autres Reuelations. || Par Nostra Damus le Ieune ||. A Venise ||

Par le Seigneur de Castauino d'Alexandrie || rue Samaritaine || M.D.LXXV.
— *La seconde partie de l'ouvrage a pour titre particulier* : Les || Augmenta-
|| tions de plusieurs reue-|| lations et propheties, ex-|| traictes de diuers
liures. 1 vol. petit in-8, 80 ffnc., fig. sur bois aux titres et à la fin.

<small>Ouvrage en prose, fort rare, n'ayant rien de commun avec les Centuries de Nostradamus; il a été réimprimé plusieurs fois à Lyon et à Troyes.</small>

100. Cursus de beata virgine. || Accessus altaris cū ora-|| tiōibʔ deuotis an
r pˢ missam || ℭ Hore compassiōis beatæ marie virginis. || ℭ Septē psalmi
penitētiales. || ℭ Vigilie mortuorū Et ora-|| tiones deuote. || ℭ Passionale
Aureum || ℭ Ammonitiōes et oratiōes || deuotissime sancte Birgitte || de
passiōe domini nostri Jhe || su Christi || Vade mecum. || 1 vol. petit in-8 carré
de 112 ff. à 22 l., rel. mar. noir, dent. intér., *s. l. n. d. n. typ.* (probablement
imprimé à Bâle vers 1505).

<small>Ce petit volume, à impression noire et rouge, contient 11 gravures sur bois. 4 de ces gravures, exécutées avec plus de soin que les autres, portent le monogramme de Urs Graf et les trois lettres F. M. S. Ce livre ainsi que ces gravures sont demeurés inconnus à tous les bibliographes, et notre exemplaire, s'il n'est pas unique, est, du moins, rarissime.</small>

101. Precum D. Brigittæ Ex eiusdem reuelationū libris nunc primūm
excerpti à *Ioanne Vastovio* Gotho... Coloniæ, sumpt. Franc. Iac. Mertxernich,
1610. In-12, rel. veau f. est.(rel. danoise).

102. Orationi di S. Brigida stampate d'ordine della Sac. Congregatione
di propag. fide con la traduttione dalla lingua Italiana nell' Araba di *Gioseppe
Banese* Maronita..... In Roma, Nella Stamperia di detta S. Congregatione,
1677. Petit in-12, rel. parch., piquée des vers, sans que le texte soit atteint.

<small>Texte arabe et latin.</small>

103. Cantic spirituel var buez Santez Brigida, Pehini e deus un Ilis devot
e Paroz Lanvilin. Montroulez Lédan, *s. d.* — Orazioni di Santa Brigida,
principessa di Svezia. Testo di lingua inedito (éditées par *F. Grottanelli*).
Siena, Bargellini, 1867. — Un 2ᵉ ex. des Orazioni, annoté par *Zambrini*.
Ensemble 3 plaq. in-12, cart., rel. toile et br.

104. La Regle revelee et prescrite par la bovche propre et Sacree de Iesvs
Christ à sa bien-aimée espouse S. Birgitte Princesse de Nericie en Suède.....
Translatée et traduite de Latin en François par monsieur *Nicolas Gruson*
Pasteur d'Arleux... A Dovay chez Jacques Mairesse à l'enseigne du Pelican
d'or, 1648. Très petit in-8, avec portr., rel. vél. ; le portrait est remonté.

<small>Petit livret peu commun et qui manque à la *Bibliographie Douaisienne* de *Duthillœul* ainsi qu'aux *Suppléments* qu'y ont fait *Nève* et *Chênedollé*. — Il est important pour l'histoire de l'imprimerie en cette ville, parce qu'il nous montre que *Jacques Mairesse* imprimait encore en 1648, alors que M. Duthillœul donne l'année 1643 comme la dernière de son exercice.</small>

105. Regola del Salvatore volgarmente detta di S. Brigida. Genova,
Guasco, 1652. Petit in-4, cart. — Regvla Salvatoris vvlgo nvncvpata de

sancta Birgitta de regno Svetiæ,... Genvæ, typis Benedicti Cellæ, 1668. — Constitutioni in ordine alla perfetta osservanza della regola del salvatore detta volgarmente di Santa Brigida. In Genova, per Benedetto Celle, 1668. Ensemble 1 vol. petit in-4, rel. parch.

106. Beschreibung dess Ordens der Weyland Hoch-Edleit Schwedischen St. Brigittæ. Gedruckt auff Wiesingsburg von Johann Kankel, anno MDCLXXVIII. Petit in-4, 4 ffnc., rel. mar. noir, dent. intér., tr. dor. (Dupré).

> 2ᵉ édition de cet opuscule rare, à laquelle l'auteur, qui est resté inconnu, a ajouté une vie abrégée de Sᵗᵉ Brigitte (au vº du 1ᵉʳ fnc.). Il est question, dans ce récit, de l'ordre monastique que Sᵗᵉ Brigitte fonda à Rome à son retour de Palestine.

107. **Lindström** (Carl Ferdinand). Wadstena Kloster-Reglor. Efter Gamla Handskrifter. Stockholm, Norstedt, 1845. In 8, rel. chag. viol , doubl. de moire viol., tête dorée, non rogné (armes et chiffre runique du comte Riant). (Gruel.)

> Exemplaire en papier jaune.

108. Leggenda del beato Manno di Suezia primo padre del monastero di Santa Brigida presso a Firenze. (Publicazione del Giornale *La Gioventu*.) Firenze, Cellini, 1864. 1 plaq. in-8, cart. — **Sotier** (Joannes). Marienboom van den Orden des Alderheyligsten Saligmækers of van de Heylige Birgitta in het Hertogdom Cleef, Historicher wijse voorgestelt. Tot Venlo, by Joannes Korster, s. d. (1770). In-12, br.

109. **Von Nettelbla** (Carl Friederich Wilhelm, Freyherr). Vorlaufige kurzgefasste Nachricht von einigen Klostern der H. Schwedischen Birgitte auserhalb Schweden besonders in Teutschland mit Urkunden und Kupferstichen. Frankfurt und Ulm, Wohler, 1766. 1 vol. in-4, br.

110. [Vie de Ste Catherine, fille de Ste Brigitte.] ℭ Incipit vita siue legēda cū miraculis dñe Katherine ‖ sancte memorie filie Scte Birgitte de regno Suecie. ‖ Stockholm, Norstedt och Söner, 1869. 1 vol. in-8, rel. veau f., est. au petit fer à froid, rel. suédoise moderne de *Anderssons* et *Possman*.

> Réimpression de cette ancienne impression suédoise.

111. Vita Seraphicæ matris Birgittæ de Regno Sveciæ cvm revelationibvs eivsdem selectioribvs Formis æneis expressa Coloniæ Agrippinæ, *s. d. n. typ.* Grand in-8, rel. grenat jans., dent. int.. tr. dor. (Chambolle Duru).

> Exemplaire très pur de cet ouvrage entièrement gravé, contenant 50 planches et un titre gr. sur cuivre, par *S. Pheysens*, et accompagnées de légendes en latin, français et allemand.

112. Compendio istorico della vita di S. Brigida vedova principessa reale di Svezia. Estratto dagli atti sinceri presso i Bollandisti. Roma, Pel Cannetti, 1789. — Leben einer lieber Braut Jesu Christi, der Seraphischen Mutter S. Birgittæ. Augspurg, Veith, 1749. — De Namnkunniga Swenska Helgonen St Britas och S. Catharinas i Wadstena Lefwernes-Beskrifningen. Stockholm,

Eckstein, 1820. — Vida de Santa Brigida, princesa de Nericia. San Sebastian, Por Martin de Huarte, 1676. Ensemble 4 vol. petit in-4 et in-12, rel. parch. et toile et d.-rel. bas. *Raccom. à un des volumes.* — **Creutz** (C.-M.). Birgittiner Klostret i Nådendal. Historiskt utkast. Helsingfors, 1850. Plaq. petit in-8, rel. toile, non rogné.

113. Binet (Estienne). La vie admirable de Saincte Birgitte, et l'ordre dv Savveur et de la Tres-Saincte Vierge. Avec vn miroir où on void les vrayes maximes du ciel. A Lille, de l'impr. de Pierre de Rache, 1634. 1 vol. petit in-8, avec frontisp. et une fig. finement gr., rel. mar. brun, dos orné, plat semé de fleurs de lys.

Très bel exemplaire.

114. Binet (Estienne), S. J. Das wunderbarlich Leben dess ausserwehlten Gefäss Jesu Christi, der H. Seraphischen Mutter Brigittæ. Vnd der Orden dess Seeligmachers vnnd der allerheiligsten Jungfrawen Mariæ. Sammt einem Spiegel darinnen zu sehen die wahren Reglen zum Himmel. Französisch beschrieben... und newlich verteutscht durch *F. Andrea Megerle.* Cöeln, bey Wilhelm Friessem, 1652. 1 petit vol. in-12, rel. vél., avec 1 jolie pl. gr. sur cuivre.

115. Burlamacchi (P. Guglielmo). Vita della serafica Madre e gloriossima Vedova S. Brigida di Svetia Principessa, scritta dal P. Guglielmo Bvrlamacchi Della Congregatione della Madre di Dio... In Napoli, Per Francesco Mollo, 1692. In-4, rel. bas.

Exemplaire fatigué.

116. Burlamacchi (Guglielmo). Vita della serafica Madre e gloriosissima Vedova S. Brigida di Svezia in Napoli per Francesco Mollo, e di nuovo ristampata a spese di Giouan Baptista Pelagalli di Firenze... 1709. In-4, d.-rel. bas.

117. Coret, S. J. (Le R. P. Jacques). La sainte vision de quatre différents estats de célibat, de mariage, de vevvage et de religion, représentée dans la sainte princesse Catherine de Svede. A Mons, Vve Siméon de la Roche, 1673. 1 vol. petit in-4, rel. parchem., avec frontisp. et 4 pl. gr. sur cuivre.

118. Marconi (G.). Fordna Svenska Helgonet sancta Britas Lefverne, i sammandrag..... Öfversättning från Italienskan..... med en Planche. Jönköping, Lundstrom, 1830. 1 vol. in-12, d.-rel. chag., coins.

119. Leben der heiligen Birgitta von Schweden. Nach historischen Quellen bearbeitet und hrsgg von einer Klosterfrau der ewigen Anbetung zu Mainz. Mainz, Kirchheim, 1875, avec 1 portr. — Vie de sainte Brigitte de Suède, écrite d'après les documents authentiques par une religieuse de l'Adoration perpétuelle. Paris, Torla, 1879. Ensemble 3 vol. in-12, rel. toile.

120. **Ling.** Den heliga Birgitta — Sorgspel. Stockholm, Gadelius, 1818. 1 vol. in-12, cart.

121. De vita Brynolphi. ❡ Incipit Uita Beati Brynol- ‖ phi condā Episcopi Scarn̄. In re- ‖ gno Swecie. vna cū miraculis et ‖ attestatiōibus. pro eiusdem Cano ‖ nizatione factis. Stockholm, Norstedt, 1870. 1 vol. in-8, rel. v. f., non rogné.

Reliure suédoise estamp. dans l'imitation des reliures du xvi⁰ s. et exécutée au petit fer par *Anderssons* et *Possman*. Réimpression en fac-simile, d'après les 2 exemplaires connus, de cette édition incunable de la vie de saint Brynolphe, accompagnée d'une notice.

On a joint à cet exemplaire un grand fragment de la 1ʳᵉ feuille (ff. 3 et 6 entiers; 4 et 5 presque entiers) de l'édition originale. Ce précieux fragment a été trouvé dans une ancienne reliure; c'est, croyons-nous, avec les 2 exemplaires d'après lesquels la réimpression a été faite, tout ce qui nous est resté de l'édition incunable. Ce fragment présente même, avec la réimpression, cette différence que la signature marquée aij dans la réimpression, est marquée aiij dans le fragment original.

— *Leuhusen* (Gust.-Guill.). In Vitam S. Brynolphi Svethicæ prolegomena. *Thèse*. Upsaliæ, Reg. acad. typogr., 1836. — *Sparre*, *Pihlman* (Eric), *Anjou Tranberg* (Joh.-A.) et *Hallström* (Pierre-Aug.). Vita S. Brynolphi Svethice ex apographo Ornhjelmiano biblioth. R. acad. Upsal. aucta et illustrata. *Thèses. 5 parties*. Upsaliæ, Reg. acad. typ., 1836. Ensemble 6 plaq. in-4, br.

Thèses d'Upsal sur la vie de saint Brynolphe, chanoine de Linkœping, puis évêque de Skara au xivᵉ s.

122. **Ælnothus**, monachus Cantuariensis, De vitâ, et Passione S. Canvti, Regis Daniæ. Item, Anonymus, de Passione S. Caroli, Comitis Flandriæ, eius F. *Ioannes Meursius* Ex Codice Bibliothecæ Hafniensis descripsit, edidit, et notas addidit. Hafniæ, apud Joach. Moltkenium, 1631. 1 vol. in-4 de iv ff., 118 p., iii ff., rel. veau (ancienne reliure norvégienne).

Une seconde édition du moine de Canterbury a été donnée par le savant *Meursius* en 1657.

123. **Angeletti**. Vita ac miracula S. Canuti mart. Regis Daniæ vel Danemarciæ,..... per Patrem magistrum Andream Angelettum, romanum carmelitam, Saxoniæ provincialem. Romæ, Typis Jacobi Fei Andreæ filii, 1667. 1 vol. in-4, rel. parch. — Angeletti (Andrea). Vita e miracoli di S. Canuto, martire, Re della Dania o Danimarca, data in luce dal padre maestro Andrea Angeletti, romano carmelitano, Provinciale di Sassonia. Roma, Jacomo Fei d'Andrea figliolo, 1667. 1 vol. petit in-4, d.-rel. bas.

Ouvrage rare.

124. Ludus de Sancto Kanuto Duce. Et fædrelands historisk Skuespil fra Reformationstiden udgivet ved *Sophus Birket Smith*. Kjöbenhavn, Thiele, 1868. 1 vol. in-4, cart. (musique notée).

125. **Adam** (Annibal, S. J.). Vita e morte gloriosa del serenissimo re e

martire invittissimo San Canvto quarto re e protomartire de Danimarca. Roma, appresso Gio. Battista Bvssotti, 1682. in-4, 3 ffnc., 198 pp., rel. parch. *Fortes piqûres dans la marge inférieure, mais n'entamant pas le texte.* — **Feilitzen** (Hugo von). Li Ver del juïse en fornfransk Predikan. Akademisk Afhandling. Upsala, Berling, 1883. — **Zaar** (L.-G.). Catalogus Reliquiarum Sanctorum in Ecclesia Lundensi. Lundæ, Lit. Berlingianis, 1820. 1 plaq. in-8, rel. toile.

126. Passio et Miracula Beati Olaui, edited from a twelfth-century manuscript in the library of Corpus Christi College, Oxford, with an Introduction and notes, by *F. Metcalfe.* Oxford, Clarendon, 1881. 1 vol. in-4, d.-rel. veau, non rogné sur broch. avec un fac-similé du ms. — **Hallenberg** (Andreas). De B. Sigfrido primo Wexionensium episcopo. Upsaliæ, 1740. Plaq. in-12 br. — **Muller** (Peter Erasmus). Vita Andreæ Sunonis archiepiscopi Lundensis. *Programme.* Hafniæ, Schultz, 1830. 1 fnc, 38 pp. — Vita Lagonis Urne, episcopi Roskildensis. *Programme.* Hafniæ, Schultz, 1831. 1 fnc., 35(1) pp. Ensemble 2 plaq. in-4, rel. toile, fil., non rogné. — **Cæsar** (Philippus). Triapostolatus septentrionis. Vita et Gesta S. Willehadi, S. Ansgarij, S. Rimberti, trium principalium Ecclesiæ Bremensis Episcoporum, septentrionis apostolorum, hactenus desiderata... Ad editionem, quæ prodiit Coloniæ Agrippinæ anno Christi 1642, in-12, derelié. — Historia Sancti Nicola episcopi Lincopensis. *In fine* : Impressum Sudercopie per me Olauum Ulrici presbiterum anno Domini 1523. Plaq. petit in-4.

Réimpression en fac-simile d'une [des plus anciennes impressions faites à Söderköping.

V

Histoire religieuse. — Mythologie. — Evangélisation. — Réforme.

128. **Anderson** (R.-B.). Norse mythology, or the religion of our forefathers. Containing all the myths of the Eddas, etc. Chicago, Griggs, & London, Trübner, 1875. 1 vol. in-8, reliure toile (éditeur), avec frontisp.

129. Zwölff Sybillen Weissagungen, Viel wunderbarer Zukunfft, von Anhang biss zu End der Welt zusagendt... *S. l. n. d. n. typ.* Petit in-8, 40 ffnc., rel. parch. — Wunderbarliche Prophezeyhung vnd Weissagung eines sibenbürgischen Propheten, betreffende was sich im 1630 Jahr, mit den vornembsten Potentaten der Welt, sonderlich aber zwischen dem Keyser, Turcken, Frantzosen, Schweden, Hispanien, Bapst vnd andern Heuptern der Christenheit zugetragen werde, so geschrieben im Jahre Christi 1629... Gedruckt zu Hermanstadt in Sibenbürgen dess 1630 Jahr. Plaq. petit in-4, 4 ffnc., rel. parch. — **Andreas Magnus.** The Tolff Sibyllers

Spådommar, som månge undersamme händelser ifrå werldennes begynnelse in til enden tilkenna gifwa..... Stockholm, Meurer, 1620. In-12, rel. vél.

<small>Réunion d'intéressants opuscules.</small>

130. **Bang** (Pierre). Priscorum Sueo-Gothorum ecclesia, seu historia ecclesiastica de priscis Sveo-Gothicæ terræ colonis. Aboæ, Petrus Hansonius, 1675. 1 vol. petit in-4, rel. vél. avec 16 pl. représentant des runes.

<small>Ouvrage estimé.
Bang, théologien suédois, professa à Abo pendant 32 ans et fut évêque à Wiborg.</small>

131. **Beauvois** (Eugène). Les derniers vestiges du christianisme prêché, du xe au xive siècle, dans le Markland et la Grande-Irlande. Les Porte-croix de la Gaspérie et de l'Acadie (domination canadienne). Paris, Moquet, 1877. — Origine et fondation du plus ancien évêché du Nouveau-Monde. Le diocèse de Gardh, en Groenland, 986-1126. Paris, Dufossé, 1878. — Les Colonies européennes du Markland et de l'Escociland (domination canadienne) au xive siècle, et les vestiges qui en subsistèrent jusqu'aux xvie et xviie siècles. Nancy, Crépin-Leblond, 1877. — La découverte du Nouveau-Monde par les Irlandais et les premières traces du christianisme en Amérique avant l'an 1000. Nancy, Crépin-Leblond, 1875. Ensemble, 4 plaq. in-8, rel. toile, non rogné (couvertures).

132. **Bunsen** (Christianus). Conspectus disquisitionis de eo quod ad veterum Scandinaviorum poesim et mythologiam effingendam formandamque effecerit cœli terræque natura. Gœttingæ, Rosenbusch, 1798. Plaq. in-4, rel. toile.

133. **Caspari** (C.-P.) Kirchenhistorische Anecdota nebst neuen Ausgaben patriotischer und kirchlich-mittelalterlicher Schriften. I. Lateinische Schriften. Die Texte und die Anmerkungen. Christiania, Malling, 1883. 1 vol. in-8, br.

134. **Dœderlein** (Joh.-Alex.). Antiquitatis gentilissimi Nordgaviensis, das ist Kurtzer, doch gründlicher Bericht von dem Heydenthum der alten Nordgauer. Regensburg, Seiffart, 1734. Petit in-4, d.-rel. bas., avec 1 pl.

135. **Görensson** (Johan). Is Atlinga; det är : De Forna Göters, här uti Svea Rike Bokstäfver ok Salighets Lära, Tvätusend Tvåhundrad år före Christum, utspridde i all Land. Stockholm, Salvius, 1747. Petit in-4, d.-rel. bas. n. — **Grasten** (Carolus Ioh.). Askabyanum in Ostro-Gothia Cœnobium. Lund, Decreaux, 1740. Plaq. petit in-4, d.-rel. bas.

136. **Grundtvig** (Nic. Fred. Sev). Optrin af Nornes og Asers Kamp. Kiöbenhavn, Schubothe, 1811. 2 part. en 1 vol. in-12, d.-rel. v.

137. **Holmberg** (Axel Ern). Nordbon under Hednatiden. Populär Framställning. Stockholm, Beckman, 1852 1 vol. in-8, rel. toile, non rogné, avec fig.

138. **Hungurvaka**, sive historia primorum quinque Skalholtensium in Islandiâ Episcoporum, Pals Biskups Saga, sive Historia Pauli Episcopi et

þattr af Thorvalldi Videförla, sive Narratio de Thorvalldo Peregrinatore. Ex mss. leg. Magnæani. Hafniæ, Godiche, 1778. 1 vol. in-12, d.-rel. veau rac., tr. lim.

139. Krantz (Albertus). Rerum germanicarum historici clarissimi, Ecclesiastica historia, sive Metropolis. De primis christianæ religionis in Saxonia initijs, deque eius episcopis, et horum vitâ, moribus, studiis et factis..... Francofurti ad Mæn, Ex off. And. Wecheli, 1576. 1 vol. in-fol., rel. vél.

Bel exemplaire.

140. Leo (Heinrich). Einiges über das Leben und die Lebensbedingungen in Island in der Zeit des Heidenthumes. In-12, rel. toile, non rogné. — **Loffler** (J.-B.). Udsigt over Danmarks kirkebygninger fra den tidligere middelalder (der romanske periode). Kjøbenhavn, Reitzel, 1883.

Nombreuses gravures dans le texte.

141. Maclear (G. F.). Conversion of the West. The Northmen. With a map. London, s. d. 1 vol. in-12, cart. (édit.).

142. Magnusen (Finn). Priscæ veterum borealium Mythologiæ Lexicon cum eorumdem Gentili Calendario. Havniæ, Gyldendal, 1828. 1 vol. in-4, d.-rel. chag.

143. Mallet. Monumens de la mythologie et de la poésie des Celtes et particulièrement des anciens Scandinaves. Copenhague, Philibert, 1756. 1 vol. in-4, rel. veau marbr., aux armes d'un chevalier de l'ordre de l'Éléphant.

144. Marmhardt (W.). Die Götter der deutschen und nordischen Völker; mit zahlreichen Holzschnitten von *Ludwig Pietsch*. Berlin, Schindler, 1860. 1 vol. in-8, rel. toile.

145. Maurer (K.). Die Bekehrung des Norwegischen Stammes zum Christenthume. München, Kaiser, 1855-1856. 2 vol. in-8, rel. toile.

146. Munter (Friedrich, évêque de Seeland). Geschichte der Einführung des Christenthums in Dänemark und Norwegen. Leipzig, Vogel, 1823-1833. 3 vol. in-8, d.-rel. chag. rouge. Les deux derniers volumes ont pour titre « Kirchengeschichte von Dänemark und Norwegen ».

147. Nyerups (R.). Wörterbuch und Sprache der Scandinavischen Mythologie... aus der dänischen Handschrift übersetzt von *L. C. Sander*. Kopenhagen, Bonnier, 1816. 1 vol. in-12, rel. toile.

148. Von Stiernman (Anders Anton). Tal om de Lärda Vettenskapers tilstånd i Svearike, under Hedendoms och Påfvedoms tiden. Stockholm, Lars Salvius, 1758. 1 vol. in-12, rel. toile.

149. Absalon. Testamentum Absalonis archiepiscopi Lundensis, ex mss. optimis erutum et notis illustratum *Otthonis Sperlingii*. Hafniæ, Bornheinrich, 1696. 1 vol. in-12, rel. bas., 4 ffnc., 151(1) pp.

Exemplaire fatigué.

150. **Baazius** Senior (Johannes). Inventarium Ecclesiæ Sveo-Gothorum continens integram Historiam Eccles. Svec. Libris VIII descriptam. Incipiendo a vetustate et religione hujus gentis in Scandiä primo residentis,... usque ad annum Christi 1642. Lincopiæ excudebat Christopherus Güntherus. 1642. 1 vol. in-4, rel. vél.

Ouvrage très rare. Son auteur, Jean Baazius de Smaland, était évêque de Wexiö, et il écrivit, sur la demande de la reine Christine, cette histoire ecclésiastique de Suède qui est préférée à toutes les autres.

151. **Baden** (Torkill). Series chronologica episcoporum quorum auspiciis, per duo Lutheranismi sæcula administrata fuit Ecclesia Christi Sælandia... Kjobenhavn, Höppfner, s. d. In-12, rel. vél.

152. **Bang** (A. Chr.). Hans Nielsen Hauge og hans Samtid. Christiania, Dybwad, 1874. 1 vol. petit in-8, rel. toile, non rogné (couvertures).

Hauge, paysan norvégien, mort en 1824, était une sorte d'illuminé et de réformateur qui combattit avec quelques succès le rationalisme par des sermons et des écrits. Il est peu connu hors de son pays, où il a conservé quelques fervents.

153. **Cawallin** (S.). Lunds Stifts Herdaminne, efter mestadels otryckta källor utarbetadt. Lund, Gleerup, 1854-58. 5 tomes en 3 vol. in-8, rel. toile, non rogné.

154. Christlyke Kercken Ordeninge, de ynden Fürstendömen Schlesswig Holsten, etc. schal geholden werdenn. *Au dernier feuillet* : Nahgedrucket tho Schlesswieck, dorch Nicolaum Wegener. Anno M.DC I. Petit in-4, 92 ffnc., rel. vél.

Raccommodage au titre. La 1re édition a paru à Magdebourg, impr. par Hans Walter en 1542.

155. **Dittmar** (Joh. Phil.). Arcemboldvs Legatvs pontificvs evangelicæ in Svecia reformationis occasio. Marburgi Cattorum, Müller, 1731. Petit in-4, rel. toile.

156. Een Skön nyt-||tuhg vnderwisningh || allom Christnom men || niskiom (icke allena || barnom och vngo || folke) vthan och || them gamblom || gäska nyttugh || stelt på spôrs-||måll och || swar. || M.D.XXvj. *S. l. n. typ.* [*Stockholm, Amund Laurentzon?*]. Petit in-8, 8 ffnc., encadr. gr. s. bois au titre, rel. vél., non rogné.

Exemplaire en parfait état, très grand de marge, de cette impression rare.

157. **Johannæus** (Finn). Historia Ecclesiastica Islandiæ. Havniæ, typ. Orphanotrophij, 1772-73. 4 vol. in-4, rel. bas., avec portr. de l'auteur.

158. **Hammarin** (Joh.). Carlstads Stifts Herdaminne. Carlstad, Wallencrona, 1846-49. 3 part. en 1 vol. petit in-8, rel. toile ébarbé.

159. **Hahl** (Joh. Is.). Linköpings Stifts Herdaminne. Norrköping, Ostlund och Berling, 1846-47. 3 tomes en 1 vol. in-8, rel. toile, non rogné.

160. **Harboe** (Ludovicus). Episcopus numinis igne calefactus in personâ

B. Petri Herslebii Episc. Sialandiæ repræsentatus Orat. Synod. Anno 1757. d. 15 junii Roëskildiæ. Havniæ, Glasing. In-4, d.-rel. bas. ébarbé.

Exemplaire en grand papier.

161. **Bábu Rájendralál Mitra.** Buddhism and Odinism, their similitude; illustrated by Extrate from Professor *Holmboe*'s Memoir on the « Traces de Buddhisme en Norvège ». (Extr.). *S. l. n. d.* — **Holmboe** (C.-A.). Traces de boudhisme en Norvège avant l'introduction du christianisme. Paris, Raçon, 1857, avec 2 pl. — Om Çivaisme i Europa, 1866, avec fig. — Flaghougen paa karmöen og de buddhistiske Toper i Asien, 1867, avec 1 pl. — En buddhistisk Legende, benyttet i et Christeligt Opbyggelsesschrift, 1870. (*Légende de Barlaam et Josaphat.*) — Hexe og Dâkini, en Comparativ Fremstilling, 1873. — Ibn-Fozlân, om Nordiske Begravelsesskikke, 1869. — En Maade at betegne Tal paa, som er i Brug blandt Handelsmænd i Arabien og Persien, 1873. Ensemble 7 plaq. in-8, d.-rel. br. et cart.

162. Incerti auctoris Sveci Chronicon primorum in Ecclesiâ Upsalensi Archiepiscoporum, ex veteri membran. editum, et brevibus notis illustratum. Upsaliæ, Werner, 1705. Plaq. in-12, rel. vél.

163. Ithen tijdh Honorius war paawe j || Rom that war the en Cardhenal som || Manfredus....... [*in fine* :] Impressum Upsalie per Paulum grijs. 3 ffnc. — Maria och sancta Anna. Hon war en ända-||lykth oppa thz gambla testamentlith oc en by-||gynnilse oppa.... [*in fine*]... Ex Upsalia anno Domini M.D.xv. 5 ffnc. — Een rikit man. ok welloger han || en bryllops kost til redde... 2 ffnc. Ensemble 1 vol. in-8, rel. v. f. (reliure suédoise au petit fer).

Réimpression en fac-similé de ces anciennes éditions.

164. **Karup** (L'abbé C.-J.) Histoire de l'Église catholique en Danemark depuis le ixe siècle jusqu'au milieu du xvie, suivie d'un appendice sur l'expulsion des Franciscains, traduit du danois par *D. van Bacelaere*. Bruxelles, Gœmare, 1861. — Schwedische Bearbeitungen und Uebersetzungen der Sequenzen Dies iræ und Stabat Mater, als Erstlinge Hymnologischer Forschungen, hrsgg. v. *Joh. Wilh. Beckman.* Stockholm, 1843. Ensemble 1 vol. et 1 plaq., rel. toile, non rogné. — Den Katholske Kirke i Danmark. Kirkehistoriske Skildringer fra det niende indtil Midten af det sextende Aarhundrede Kjøbenhavn, Høft, 1859. 1 vol. in-8, d.-rel. toile.

165. **Keyser** (Rudolf). Den Norske Kirkes Historie under Katholicismen. Christiania, Tønsberg, 1856-58. 2 tomes en 1 vol. grand in-8, d.-rel. mar. rouge, avec 1 portr. lithogr.

166. Kirkehistoriske Samlinger, udgivne af Selskabet for Danmarks kirkehistorie. T. I à IV. Kjøbenhavn, Luist, 1849-1862. 4 vol. in-8, rel. toile.

Les volumes III et IV sont rédigés sous la direction des MM. Rordam.

167. **Klemming** (G.-E.). Den Svenska Tideboken. Vår Fru Tider. Helge ands Tider. Helge kors Tider. Sju Psalmerna och Litanian. Gudeliga Böner.

Stockholm, Norstedt, 1854. In-8, rel. chag. viol., doubl. moire, tête dor., non rogné, chiffre runique et armes du comte Riant. (Gruel.)

Réimpression d'anciens opuscules.

168. **Lange** (Christian C. A.). De Norske klostres historie i Middelalderen. 2ᵉ édition revue. Christiania, Tønsberg, 1856. 1 vol. in-8, rel. toile, non rogné, couverture.

Histoire des cloîtres de Norvège au moyen âge.

169. **Lars Krutmeier.** De Concilio Helsingburgensi A° MCCCXLV *Dissertatio historica*. Lund, Berling (1751). 1 plaq. petit in-4, br. — De Concilio Helsingburgensi A° MCCCXLV *Dissertatio historica et Continuatio*. Lund, Berling (1754). 1 plaq. petit in-4, br.

170. **Lemke** (O.-W.). Visby Stifts Herdaminne, efter mestadels otryckta källor utarbetadt. Örebro, Bohlin, 1868. 1 vol. in-8, d.-rel. bas.

171. **Lisco.** Differenspuncterne imellen den evangelisk-protestantiske og den romersk-catholske Kirke et Anhang til den christelig-apostoliske Troesbekjendelse. Oversat af. *M. T. Becker* og *Øhlenschlæger*. Kjøbenhavn, Klein, 1847. 1 vol. in-12, br.

172. Lysíng landsins helga a krists dögum, gefin ut af ienu islenzka bókmentafelagi. Copenhague, Möller, 1842. 1 vol. in-12, rel. vél. — **Jungs** (Abbé). Den Katholska Lutheranen eller: Fyra upplysande samtal, innehållande högst vigtiga lärdomar ur Lutherska och katholska Religionen. Öfversättning efter Abbé L. Jungs. Stockholm, Wall, 1857. 1 vol. in-12, rel. toile.

173. Magasin for den nyere Danske Kirkehistorie, samlet af det Siœllandske Stifts-Arch, og udgiwet af Stiftets Biskop, Dr Nicolais *Edniger Balle* Kjøbenhavn, Gyldendal, 1792-94. 4 parties en 2 vol. in-8, d.-rel.

174. **Melsted** (Sigurd). Samanburdur á ágreiningslærdómum katólsku og prótestantisku kirkjunnar. Reykjavík, Jónsson, 1859. 1 vol. in-12, rel. toile, non rogné.

175. **Merivale** (Ch.). The Conversion of the northern nations. The Boyle lectures for the year 1865 delivered at the Chapel royal, Withehall. London, Longman, 1866. 1 vol. in-8, cart. (édit.).

176. **Messenius** (Johann). Berättelse om Några Gamla och Märkwärdiga Finlands Handlingar, hwilken innehåller en Krönika om Inbyggarenas Härkomst, Bedrifter, Gudstienst, Konungar, Regenter och Biskopar. Åbo, Frenckell, 1774. *Chronique rimée.* — Chronicon episcoporum per Sveciam, Gothiam et Finlandiam, sive compendium Historiæ Ecclesiasticæ Svecanæ... Lipsiæ, Meyer, 1685. Ensemble 1 vol. in-12 et 1 plaq. in-8, rel. vél. — **Muncktell** (Joh. Fr.). Westeräs Stifts Herdaminne. Upsala, Wahlström et Låtbom, 1843-46. 3 vol. in-8.

177. **Münter** (Fr., évêque de Seeland). Vermischte Beytrage zur Kirchengeschichte. Kopenhagen, Storch, 1798. 1 vol. in-8, rel. toile, non rogné. — Magazin für Kirchengeschichte und Kirchenrecht des Nordens. Altona, Hammerich. 1792. 2 tomes en 1 vol. in-8, rel. toile.

178. Nova Mirabilia, eller Nya Tijdender vthur Then Påfweske Skiärs-Elden, Uptäckte, och genom Trycket medhdelte aff Theophilo Antipapio, Baarfotte Ordens. Åhr, 1673. Plaq. in-12, rel. vél. — **Nor-Nisson** (Jens Søfrensøn). En Historisk Beskriffvelse om en Ercke-Biskop udi Lund som hede Hjensgrand, som bleff fangen af Kong Erick Mendved, oc siden erlediget aff samme sit Fengsel. Item herhos findes en kort Catalogus, pae de Voerdige Fædres, Biskopers Naffne udi Roskild fra den I^{ste} oc til udi 1649. Kjöbenhaffn, Peder Hake, 1650. Plaq. in-12, rel. toile, non rogné. — **Oxenstierna** (Gabriel Thureson, comte d'). El Philosopho sueco, y Lutherana desengañado. Pensamientos, y reflexiones criticas. Traducidas del Frances al Castellano por Monsieur *Boona*. En la librería de Mons. Symond, *s. d.* (1745). In-12 rel. parch.

179. **Pedersön** (Morten). Biscops Absolons oc her Esbern Sna-||ris Herrecomst de Adelige Stamme : ||Desligeste Sore Closters første Fundatz|| oc Fundatores. Sammenscreuffuen||med fljd aff||Morten Pedersøn, den 50. Abbet i||Sore Closter (det 412. Aar, effter Sore||Closter bleff Funderit), oc nu Sogneprest||til Roskilde Domkirke, anno Do-||mini, 1572..... Prentet i Kiøbenhaffn, aff Laurentz Benedicht, 1589. Petit in-4, 41 ffnc., rel. parch. ancien, nombreux blasons dans le texte.

> Suivant une note de M. le comte Riant, ce livre est de la plus grande rareté. Son auteur a puisé pour le composer à des sources qui sont perdues aujourd'hui. Les blasons, au nombre de 29, qu'il reproduit étaient peints sur les frises de l'église de Sorö, et sont aujourd'hui altérés.

180. **Pétursson** (P.). Historia ecclesiastica Islandiæ, ab anno 1740, ad annum 1840. Havniæ, Bianco Luno, 1841. 1 vol. in-4, d. rel. v. éc. — *Du même*. Commentatio de jure ecclesiarum in Islandiâ ante et post reformationem. Havniæ (1844). 1 vol. in-12, cart. — **Pjeturssyni** (Jóni). Isleuzkur Kirkjurjettur. Reyjavík. Thorwadson, 1863. 1 vol. in-12, rel. toile.

181. **Pontoppidan** (Erik). Annales Ecclesiæ Danicæ diplomatici oder Kirchenhistorie des Reichs-Danemarck. Copenhagen, 1741-52. 4 vol. in-4, rel. veau gauf.

182. Ramus olivæ Septentrionalis. Primus baccas nonnullas religiosæ paci suaviter redolentes, et Concordiæ Ecclesiasticæ Sacras, inter Christianos diffundens. Juxta exemplar excusum Strengnesiæ 1657. — Vier Lehrreicht Colloquia... ob in Christ, der in der reinen Evangelischen Lehr..... Naumburg, Martin Müllern, 1657. — Nothwendige Lehr vnd Trost-Schrifft für betrubte Gottselige Eltern..... Wittenberg Haken, 1649. Ensemble 1 vol. petit in-12, rel. vél. *Quelques piqûres de vers.* — Registrum prædiorum et

redituum ad ecclesias diocesis Bergenses sæc. p. c. XIV[to] pertinentium, vulgo dictum « Bergens Kaluskins » (Björgynjar Kálfskinn). Ed. *P. A. Munch.* Christiania, Guldberg, 1843. 1 vol. in-4, cart. toile.

183. **Reuterdahl** (Dr H.). Swenska Kyrkans historia. Lund, Gleerup, 1838-1866. — Swenska Kyrkans Historia efter Reformation. Första Bandet (en 2 parties) Lund, Gleerup. 1864-1871. 7 parties en 3 volumes in-8, d.-rel. chag. *Le Dr Reuterdahl était arch. d'Upsal.* — Statuta Synodalia veteris ecclesiæ Sveogothicæ. Lund, Berling, 1841. 1 vol. in-4, cart. — Réponse à la lettre qu'un citoyen suédois vient d'adresser à monsieur Linguet au sujet de ce qu'on trouve dans ses Annales sur Voltaire et sur la secte dite philosophique. Lund, Berling, 1783. 1 vol. in-12, d.-rel. bas.

184. **Rhyzelius** (Andreas Ol.). Monasteriologia Sviogothica, Eller Kloster-Beskrifning, uti hwilken Upräknas (med berettelse om hwad om them kunnat igenfinnas och upspanas) alla the Kloster och Helg-Andshus, som, under Påwedömet, uti Swea-och Gotharike, såsom begripande the Otta gambla Sticht : Upsala, Linköping, Skara, Strengnäs, Wästerås, Wägsiö, Åbo och Lund, blefwit byggde och underhållne; Samt om the Munke-Order, Som i Swerige haft Kloster; Beståande af tio boker och en tilleggning om Jesuit-Orden. Them, Som om sittk. Faderneslands fordna tilstånd äro wetgerige, til wälment tienst och menlöst nöge, på Auctoris egen bekostnad. Trycht i Linköping, hos Peter Pilecan, År 1740. 1 vol. petit in-8, rel. veau éc. fil, tr. dor. de xvj ff. 443 (1) p. et i f. *Ouvrage peu commun de l'archevêque de Linköping, Rhyzelius.* — **Rosenius** (Olavus). Dissertatio juris publici de episcopis Regni Svionici Romano-Catholicis. Ienæ, Litteris Erichianis, 1729. Petit in-4, rel. vél. ébarb.

185. **Schenmark** (Nils). Computus ecclesiasticus, inrättad såväl efter den, Gamla Som Nya Stylen. Samt det Förbättrade, och hos oss i Sverige Brukeliga Calendarium, til den Studerande ungdomens Tjenst. 2e *édition.* Stockholm, Nordström, 1780. Plaq. in-8, d.-rel. bas., non rogné.

186. **Schinmeier** (J.-A.). Lebensbeschreibungen der drey Schwedischen Reformatoren des Kauzlers Lorenz Anderson, Oluf Peterson, des Lorenz Peterson, als ein Beytrag zur schwedischen Reformations-und Bibelübersetzungsgeschichte. Lübeck, Donatius, 1783. 1 vol. in-4, cart.

187. **Sincerus** (Théophile). Nord-Schwedische Hexerey, oder Simia Dei, Gottes Affe. Das ist : Ausführliche Beschreibung der schändlichen Versühnungen des leidigen Satans, darinnen zu sehen Gottes erschröckliches Straff-Verhängen, wegen greulicher Sünden-Mengen. In einem Jammer-behertzigten Send-Schreiben am Tag gegeben,..... 1677. *s. l. n. typ.* Petit in-4, rel. vél.

Curieuse plaquette, rare.

188. Skriftelige Bewis Hörande til Swenska Kyrkio-Historien eller Biskops

Chrönikan, Uthur Gambla Handskrefwna Böcker, och til en stor del af sina Originaler sammansökte, och nu i dagsliuset vtgifne. Upsala, Werner, 1716. Petit in-4, d.-rel. bas. n., non rogné.

189. Svenska medeltidens Kloster- och Helgona-Bok; en samling af de äldste på svenska skrifne Legender och äfventyr, efter Gamla Handskrifter af *George Stephens esqu*. Ett Forn-Svensk Legendarium. Stockholm, Norstedt, 1847-1874. 3 tomes en 2 vol. in-8, d.-rel. mar. cit., tr. peigne.

Histoire des cloîtres de Suède du moyen-âge.

190. **Theiner** (Augustin). La Suède et le Saint-Siège sous les rois Jean III, Sigismond III et Charles IX. (Traduit de l'allemand par *Jean Cohen*.) Paris, Debécourt, 1842. 3 vol. in-8, d.-rel. veau. (Gruel.)

191. **Thyselius** (Pehr Erik). Bidrag till Svenska Kyrkans och Läroverkens Historia. Stockholm, Norstedt, 1848. 1 vol. in-8, rel. toile, non rogné.

192. Upsala ärkestifts Herdaminne. Upsala, Wahlström och Låstbom, 1842. 2 tomes en 1 vol. in-8, rel. toile.

Mouillures à quelques pages.

193. **Weström** (C.-A.). De Visitationibus episcoporum Lincopensium olim per Gothlandiam habitis. Upsaliæ, 1848. 1 plaq. in-4, cart. (Exemplaire sur papier bleu.) — **Wieland** (Joachim). Tabula Cistercensium Sorana, exhibens Catalogum Abbatum Soranorum item Catalogum illustrium Soræ sepultorum una cum annexa genealogia domini Absalonis archiepiscopi. Havniæ, Reg. typogr., 1712. In-12, rel. vél.

194. **Wedel** (F.). Den Sønderjydske Kirkes Historie. Første Afdeling : indtil Reformationen. Kjøbenhavn, Gyldendal, 1863. 1 vol. in-8, rel. toile, non rogné.

195. **Zorn** (Philipp). Staat und Kirche in Norwegen bis zum Schlusse des dreizehnten Jahrhunderts. München, Ackermann, 1875. 1 vol. in-8, cart., non rogné, couvert.

196. **Engelstoft** (Chr. Thorn). Reformantes et Catholici tempore quo Sacra emendata sunt in Daniâ concertantes. Hauniæ, Schultz, 1836. In-12, d.-rel. bas. — **Hammar** (A.-N.). Om Kyrkan i Skåne under Katholicismen. Lund. *Extr. des Akad. Aarskrift*, t. 4. In-4, cart. — Bidrag till Svenska Kyrkans och Riksdagarnes Historia ur Presteståndets Archiv, af. *S. P. Bexell*, *A. Ahlqvist, A. Lignell*. Stockholm, Eckstein, 1835. 1 vol. in-12, d.-rel. veau f. — **Raupach** (Bernhard). Oratio de utilitate Peregrinationis Danicæ. Kiloni, Litt. B. Revtheri (1712). 1 plaq. in-4, rel. toile. — Öppet Sändebref till Herr Biskopen M. M. C. A. Agardh, med anledning af uppsaten « Monopolium mot Judarne » från en Svensk Jude. Stockholm, Marcus Isaac, 1856. 1 plaq. in-8 cart. — **Henricson**. De Ratione et viâ Regiones septentrionales ad cultum sedis romanæ reducendi : Item de causis, propter quas Daniæ suspecta esse debet regnorum Poloniæ et Suetiæ coniunctio. Authore Jona Henricsonio Meldor-

piano Ditmarso. *Absque nota.* — Le même ouvrage. Autre édition *absque nota.* Ensemble 2 plaq. petit in-12, rel. vél. — **Baden** (Gust.-Ludv.). Smaa Afhandlinger og Bemerkninger fornemmelig i Fædrelandets, Middelalderens, og den Christne Kirks Historie. Kjöbenhavn, Beekens, 1821. 2 tomes en 1 vol. in-12, rel. toile, non rogné. — **Hasselqwist** (Andreas). Rosa orbis Arctoi. Aboæ, apud Joh. L. Wallium, 1682. Plaq. petit in-4, rel. vél.

197. **Stalhös** (Magnus Ambrosius). Dissertatio academica de Concilio Upsaliensi anni 1593. Londini Gothor., Berling, 1758. Plaq. in-4, br. — **Reuterdahl** (H.). De Synodis Suecanis medii ævi res civiles respicientibus. Holmiæ, Norstedt, 1860. 1 plaq. in-4, cart. — [**Zethrin** (Mich.)]. Catalogus chronologicus præsulum sive archiepiscoporum, episcoporum nec non superintendentium Regni Sueciæ. Holmiæ, Werner, 1711. Plaq. in-12, rel. vél. — **Wieselgren** (Petrus). De claustris Svio-Gothicis. Disquisitio Historico-Ecclesiastica. Londini Gothor., Berling, 1832. In-4, rel. toile, non rogné. — **Poulson** (Paulus). Bibliotheca Aarhusiensis seu Biographia episcoporum Aarhusiensium ante et post reformationem... Hafniæ, Wieland, 1725. Petit in-4, cart. — **Bolhen-Bolhendorf** (Julius von). Des Bischofs-Roggen und die Güter des Bisthums Rœskild auf Rügen in erblichem Besitz der Barnekow. Stralsund, Löffler, 1850. In-8, rel. toile, non rogné, avec 1 pl. — **Helveg** (Ludvig). Det Domkapitler; deres Oprindelse, Indretning og Virksomhed, for Reformationen. Kjöbenhavn, Iversen, 1855. Plaq. in-8, rel. toile.

198. **Uhland** (Ludwig). Der Mythus von Thôr, nach Nordischen Quellen. Stuttgart und Augsburg, Cotta, 1836. In-12, rel. toile (couverture). — Asareligionen i Norge. Trykt hos Chr. Dahl, *s. l. n. d.* Plaq. in-4, rel. toile. — **Notmann** (E.). Diaskepsis Historico-Physica de superstitione veterum Gothorum. Kiloni, B. Reutheri (1706). — **Nordlöf** (N.). De sacrificiis veterum Sueo-Gothicum Diss. Upsal (1785). 1 plaq. in-4, cart. — **Frauer** (Ludwig). Die Walkyrien der skandinavisch-germanischen Götter- und Heldensage. Weimar, 1846. Petit vol. in-12, rel. toile. — **Geffroy** (A.). L'Islande avant le christianisme, d'après le Grajas et les Sagas. Paris, Impr. impér., 1864. 1 vol. in-4, rel. toile. *Quelques taches au faux-titre et au titre.* — **Lisch** (D[r]). Ueber die Entwicklung und den Stand der heimischen Alterthumskunde des Deutschen und Skandinavischen Nordens aus der heidnischen Vorzeit. Wien, 1851. Plaq. in-8, cart.

199. **Krefting** (O.). Selje Klosterlevninger. Indberetning om antikvariske undersøgelser 1866-67 i Selje kirke- og Klosteruiner. Kristiania, Werner, 1868. Plaq. in-4, rel. toile, non rogné, avec 5 pl. lithogr. — **Kierulf** (A. C. A.). Esrom Klosters Historie, efter Documenter udarbeidet. Kjøbenhavn, Reitzel, 1838. Plaq. in-8, rel. toile, non rogné. — **Estrup** (H. F. J.). Beskrivelse af Mindesmærker i Sorøe Academies Kirke ved *Fredr. Ferd. Wendelboc*, udgiven med en historisk Inledning om den gamle Klosterkirke. Kjøbenhavn, Seidelin, 1836. Plaq. in-4, rel. toile. — Diplomatarium des Klosters

Arensbök herausgegeben von *Adam Jessien*. Kiel, Akadem. Buchhdlng, 1852. Plaq. in-4, rel. toile. — **Belsheim** (J.). Af Bibelen paa Norsk-Islandsk (norröna) i Middelalderen. Christiania, Mallings, 1884. Plaq. in-8, rel. toile, non rogné (couvertures).

200. **Dijkman** (Petter). Antiquitates Ecclesiasticæ, eller gamle Swenske Kyrkie-Handlingar, Angående wåra Förfäders Christeliga Troos, och Kyrckio-Cerimoniers beskaffenheter, några hundrade åhr tilbakas... Stockholm, Laurelius, 1703. In-12, rel. v. — **Fofs** (?). Die Anfange der nordischen Mission mit besonderer Berücksichtigung Ansgars von Prof. Dr R. Fofs, Director. Berlin, Weidmanns, 1882; Berlin, Gaertner, 1883. 1 plaq. in-4, 2 parties, 26 p. et 22 p., cart. — **Tetens** (Stephan). Christendommens Indførelse i Norden ved Anscharius, fremstillet i en Lovtale over denne Nordens Apostel. Kiöbenhavn, Thiele, 1826. 1 plaq. in-8, rel. toile. — **Rhud** (Nicol.). De primâ origine Christianæ religionis in Daniâ. Havniæ, Rotmer, 1733. Plaq. in-4, rel. toile. — **Meylan** (A.). Histoire de l'évangélisation des Lapons. Paris, Société des Ecoles du Dimanche, 1863. 1 vol. in-12.

201. **Hammerich** (Mart. Joh.). De Remberto, Archiepiscopo Bremensi. Commentatio. Hafniæ, Bianco Luno, 1834. Plaq. in-12, rel. toile. — **Erlandsen** (Andreas). Biographiske Efterretninger om Geistligheden i Tromsö Stift. Christiania, Tönsberg, 1857. In-8, rel. toile, non rogné. — **Bendz** (C. F. W.). Authentiske Efterretninger om *Jacob* Benignus Winsløvs Overgang til den Catholske Kirke. Horsens, Fogh, 1846. Plaq. in-12, rel. toile, non rogné. — [**Djunkovskoy** (Etienne de)]. Lettre pastorale d'adieu, du premier et ancien préfet apostolique des régions arctiques, adressée au clergé et aux fidèles de cette juridiction, et Encyclique à ses anciens collègues dans la juridiction épiscopale : les patriarches, métropolitains, archevêques, évêques, délégats, vicaires et préfets apostoliques qui reconnaissent la souveraineté spirituelle de l'Église romaine. Saint-Pétersbourg, Issakoff, 1866. 1 plaq. grand in-4, cart. toile. — **Pratt** (The Rev. John B.). Letters on the Scandinavian Churches, their Doctrine, Worship, and Polity. London, Masters, 1865. 1 vol. in-12, rel. toile (édit.). — **Richardson** (George). The Rise and progress of the Society of friends in Norway. London et Dublin, 1849. 1 vol. in-12, cart. (édit.). — **Rabergh** (Herman). Nicolaus af Basel i förhållande till Kyrkan och mystikerna i det 14de Århundradet. Akademisk afhandling. Helsingfors, Frenckell, 1870. In-8, cart. — **Rothe** (Wilh.). Den danske Kirkebygning efter dens Oprindelse og Betydning. En Haandbog for dem, der bruge, bygge eller forbedre Kirker. Kjöbenhavn, Iversen, 1850. — De pericoparum quæ hodie in ecclesiâ Danorum usurpantur, origine. Havniæ, Bianco Luno, 1839. 2 plaq. petit in-8, cart. et rel. toile. — **Hammerich** (Fr.). En Skolastiker og en Bibeltheolog i Norden. Kjöbenhavn, Thiele, 1865. In-8, avec 1 pl., rel. toile, non rogné.

Ce scholastique est l'archevêque Anders Sunesön.

VI

Droit. — Jurisprudence.

202. **Cognat** (L'abbé J.). La Suède libérale devant l'Europe. Paris, Dentu, 1862. Plaq. in-8, rel. toile, non rogné. — **Adelswärd** (O. d'). Considérations sur la réformation et les lois de 1860 en Suède. Réponse à *la Suède libérale devant l'Europe*. Paris, Cherbuliez, 1862. 1 vol. grand in-8, rel. toile, non rogné.

203. [**Ancher** (P. Kofod)]. De Indole Juris privati pro habitu Imperii Danico-Norvegici libri duo. — Liber I. De formâ, indole et principio imperii Danico-Norvegici. — Liber II. De Indole Juris civilis enati ex formâ imperii Danico-Norvegici. Hafniæ, Typ. S. R. Majest. et Univ. Typ. Joh. Georg. Höpffneri, s. d. (1756). 1 vol. in-4, rel. veau, dent. sur le plat, tr. dor.

    Dans cet ouvrage, dont nous n'avons ici que le premier livre, le jurisconsulte danois *P. K. Ancher* (1710-1788) veut réfuter « l'Esprit des Lois » de Montesquieu et prend la défense de la monarchie absolue. Le second livre a paru seulement en 1758.

204. **Arnesen** (S.). Historisk Indledning til den gamle og nye Islandske Rættergang. Igiennemseet, forøget, og med Anmærkninger oplyst af *John Erichsen*. Kjøbenhavn, Boppenhaus, 1762. 1 vol. in-4, d.-rel. veau.

205. **Brun** (Johann Nordal). Tanker om Norges Odels-Ret. Bergen, Kongl. Bogtrykkerie, hos Rasmus H. Dal, 1788. Petit in-8, 32 pp., rel. mar. grenat, fil., tr. dor., avec armes de M. le comte Riant sur les plats.

206. Corpus iuris Sueo-Gotorum antiqui. Samling af Sweriges gamla Lagar, på Kongl. Maj. nådigste Befallning utgifven af *H. S. Collin* och *D. C. J. Schlyter*. Stockholm, Hæggstrom, 1827-1862. 10 tomes en 7 vol. in-4, d.-rel. mar. bleu, coins, tr. dorée.

    Envoi autographe de M. Schlyter à M. le comte Riant.

    Dareste (Rodolphe). Les anciennes lois de la Norvège. Paris, Impr. Nat., 1881. Plaq. in-4, cart.

    Extrait du Journ. des Savants.

207. **Dolmerus Danus** (Janus). Jus aulicum antiqvum norvagicum linguâ antiquâ norvagicâ Hjrdskraa vocatum... in lucem prodit curis et sumptibus *Petri Joh. Resenii*. Hafniæ, lit. Georgi Gödiani, 1673. 1 vol. petit in-4, rel. vél.

208. **Flintberg** (Jacob Albrecht). Anmärkningar till Sweriges Rikes Sjölag, jämte Författningarne till närwarande tid (1815), om hwarje å utrikes ort wistande Swensk och Norrsk Consuls skylldigheter och rättigheter, i afseende på sjöfart och Handel. *3ᵉ édition avec supplément*. Stockholm, Nordström, 1815. — Fortsättning (*suite*) till junii månads slut 1822. Stockholm, Nordström, 1822. Ensemble 2 vol. in-4, d.-rel. bas.

209. **Gaards Retten**, huorledis holdis skal paa Kronens Slotte oc Gaarde, offner alle Danmarckis oc Norgis Rijger... Prentet i Kiøbenhaffn, aff Laurentz Benedicht, 1583. Plaq. in-4, rel. vél.

210. **Gudelinus** (Petrus). De jure pacis Commentarius. Accedit M. Zverii *Boxhornii* de amnestia dissertatio. — Lugd. Batav. Apud Davidum Lopez de Haro, 1648. *A la suite sont reliés* : Mare Balticum liberatum, 1649; *Ioann Schefferi*, Agrippa liberator sive dissertatio de Novis Tabulis. Argentorati, Ex off. Mulbii, 1645; *Carolus a Mansfelt*, Manuductio ad vitam canonicam. Luxemburgi, typis Hub. Reulandt, 1620; *Th. Campanella*, Civitas solis poetica. Ultrajecti, Ioan. à Waesberge, 1643; *Oginski*, Honestus homo. Franekeræ, typis Idsardi Alberti, 1643. Ensemble 1 petit vol. in-12, rel vél.

Réunion d'opuscules peu communs.

211. **Harpestreng** (Henrik). Danske Lægebog fra det trettende Aarhundrede... med Indledning, Anmærckn., og Glossarium af *Christian Molbech*. Kiöbenhavn, Thiele, 1829. In-8, rel. toile, non rogné.

212. **Hertzberg** (Ebbe). Grundtrækkenne i den Ældste Norske proces. Udgivet ved *Dr. Fr. Brandt*. Kristiania, Brögger, 1874. — En Fremstilling af det norske aristokratis Historie indtil Kong Sverres tid. Christiania, Dahl, 1869. Ensemble 2 vol. in-8, rel. toile, non rogné. — Hieltars grönskande Lager, thet år, Minne af then frå heden tima i Norden Högb. Båta ätten, tå then sidsta af samma ätt för thetta Kongl. Maj. högtbettr. Herrens Gustaf Carlsson Baners Enckefru, Högwälb. Fru Anna Christina Bas,... opstält af *Joh. Göst. Hallman*. Stockholm, Nyström, s. d. (1735). Plaq. petit in-fol., rel. vél., avec fig.

213. **Hofman** (Tycho de). Kort Afhandling om Oprindelse til at tage og at give Tiende, samt Rettighed til at kalde Præster efter de canoniske og i sær efter de Danske og Norske hov. 2ᵉ *édition*. Kiöbenhavn, Godiche, 1777. 1 vol. petit in-4, rel. v., *avec 1 beau portr. de l'auteur et 1 tableau.* — — Analecta qvibus Historia, Antiqvitates, Jura, tam publicum qvam privatum Regni Norvegici illustrantur. Maximam partem hactenus ignota ex tabulario Arnæ-Magnæano, observationibus et indice vocum adjectis, publici juris facit G. J. Thorkelin. Havniæ, Typ. et Imp. Martini Hallageri, 1778. 1 vol. in-8. — Jus ecclesiasticum vetus sive Thorlaco-Ketillianum constitutum an. Chr. MCXXIII. — Kristinrettr hinn gamli edr þorlaks oc ketils Biscupa. — Ex Mss. Legate Magnæani cum versione latina, lectionibus variantibus,... indiceqve vocum edit Grimus Johannis Thorkelin, Isl. Havniæ et Lipsiæ, ap. Frid. Chr. Pelt, Typ. Frider. Aug. Stein, 1776. 1 vol. in-8.

214. **Kobsen** (Knud). Quedam breues exposiões ʒ legum et iu || riū cōcordantie et alligatiōes circa leges iu || cie p reuerendū in xpo prēm ac dnm Kanu || tum Epm vibergen ʒ venerabileʒ vtriusqʒ || iuris doctorē sup iuto⁊ legisteriū. || *Fig. sur bois. Au rº du dernier f.*, *colophon* : Impressuʒ est aūt

pn̄s opus putile legis || Danice Ripis opa diligentiaq3 probi vi || ri Mathei bran8 artis impssorie mgrī || anno salutis nr̄ē Mccccciiij Nona ka || lendas Junij. || 1 vol. petit in-4, rel. v. brun estampée, avec coins de cuivre et fermoirs (rel. du xvɪᵉ s. restaurée à une date déjà ancienne).

Cette édition est extrêmement rare et précieuse. On en connaît peu d'exemplaires. Celui de Libri, vendu en 1859, a été acquis par la Bibliothèque d'Upsal pour 4 £ 4 sh. ; un autre se trouve au British Museum. Le nôtre, acheté à la vente Giraud, est le *seul* qui existe en France.

Cet ouvrage est un des plus intéressants qu'il y ait pour l'étude de l'ancien droit du Nord. Son auteur, *Knud Kobsen*, doyen du chapitre de Copenhague, puis évêque de Viborg (1460-1477), était également versé dans le droit civil et le droit canon.

Ce livre est aussi la *première* impression qui ait été faite à Ripen (Danemark).

Plusieurs raccommodages anciens, et la trace des doigts des anciens possesseurs sur les marges de notre exemplaire, montrent assez de quel usage courant il était. A la fin se trouvent 21 ffnc. de notes et de tables d'une fine écriture du xvɪᵉ siècle.

215. — ℭ Quedam breues expositiōes et legum et iuriū || concordantie ⁊ alligationes circa leges iucie per || reuerendum in xp̄o prēm ac dominum Kanutu3 || Ep̄m vibergeñ et venerabilem vtriusq3 iuris doc || torem sup iutorum legisterium ||. *Au dessous, une fig. sur bois. Au vº du dernier f.* : ℭ Cōpletum est aut pn̄s opus perutile le-||gis Danice Impressu3 haffnie p || Gotfridū de ghemen anno || dn̄i Mccccviij In pro-||festo scti mathie || apostoli. || *Au dessous, la marque de l'imprimeur*. In-12, rel. mar. grenat, dos orné, fil. à fr. et fleur. dor., dent. intér., tr. dor. (Chambolle-Duru), chiffre du comte Riant au dos.

Très rare et belle impression de ce précieux et important ouvrage dont on ne connaît qu'une dizaine d'exemplaires ; encore tous ne sont pas complets. Cette édition sort des presses de Gotfrid af Ghemen, premier imprimeur de Copenhague.

216. [**Kobsen** (Knud)?]. ℭ Här begynnes then Zelands low paa || rät dansk och är skifft i sijw bøgher och || hwer bogh haffuer sith register oc är wel || offuer seeth och rättelighe corrigeret ||. *Au dessous, fig. gr. s. bois représentant le roi de Danemark. Au vº du dernier f., la marque de l'imprimeur et le colophon* : Oc nu igien Prentet vdi Kiøben || haffn anno 1576, lige effter den gamle || Lowbog, med samme gammel Danske, || Line fra Line, Ord fra Ord, Capittel || fra Capittel, aff Matz || Wingaardt.||. In-12, rel. p. de truie, dos orné, fil., chiffre runique et armes du comte Riant, dent. intér., doubl. et gardes moire pourpre, tr. dor. (Gruel).

Edition rare, imprimée à Copenhague, par Matz-Wingaard (1568-1599), avec le matériel de Gotfrid af Ghemen.

217. **König** (Christian). Codex legum svecicarum, receptus et approbatus in Comitibus Stockholmiensibus anni 1734, Ex Svetico sermone in Latinum versus. Holmiæ, Nyström, 1743. 1 vol. in-4, rel. vél.

218. Lex Regia det er den Souveraine Kongehove, sat og given af Stoormegtigste Höjbaarne Fyrste og Herre Herr Friderich den Tredie... Konge til Danmark og Norge... og af Hˢ Majᵗ underskreven d. 14 novemb. 1665...

S. l. n. d. n. typ. (c. 1709). In-fol., 19 ff., rel. bas., dent. et chiffre sur les plats.

Bel ouvrage entièrement gravé sur cuivre par *Reinhard* et *Moinicheu*. Le texte est entouré d'encadrements à rinceaux, tous différents.

219. **Loccenius** (J.). Lexicon juris Sueo-Gothici, editio secunda. Upsal, H. Curio, 1665. 1 vol. in-12, rel. vélin.

Bon exemplaire d'un ouvrage des plus utiles pour l'étude du droit en Suède et dont la première édition a paru à Stockholm en 1651.

— Sveciæ Regni Jus maritimum, lingvâ svêticâ conscriptum, a J. Loccenio in lingvam Latinam translatum. Accedunt J. L. De Jure maritimo Libri tres cum Regni Sveciæ et aliorum Populorum Legibus maritimis collati. Holmiæ, Typ. N. Wankivii, 1675. 1 vol. in-8, rel. parch. — Sueciæ regni leges provinciales, a Carolo IX a. 1608 publicatæ. Lond. Scanorum, A. Junghans, 1675. 1 vol. in-8, rel. vieux vél.

220. Den Norske Low-Bog, offuerseet, corrigerit oc forbedrit, Anno MDCIIII. Prentet i Kiøbenhaffn, hos Henrich Waldkirch, 1604. 1 vol. in-4, rel. mar. gren. jans., tr. dor., dent. int. (Chambolle-Duru).

221. **J. B. C. R. N.** Den Danske oc Norske Lougs des Summariske Indhold offuer huert Capittel i samme Lower vers. oc Rytmicè forfattet..... Per *J. B. C. R. N.* Prentet i Kjöbenhaffn, aff Tyge Nielssön, 1634. 1 vol. petit in-4, rel. vél.

222. **J. B. C. R. N.** Den Norske Lovbog offverseet, corrigerit oc forbedrit, item, Den Norske Lougs Summariske Inhold ofver hoer Capittel in samme Lover med en Tafle eller Register der hos, paa alle de Danske oc Norske møcke Glosser oc Juriaiske Terminis. Kjøbenhafn. Holst, 1657. 1 vol. in-4, vieille rel.

Réunion de divers traités de droit.

223. Hin forna Lögbók Islendinga, sem nefnist járnsida edr Hákonarbók. Codex juris Islandorum antiquus qui nominatur jarnsida seu liber Haconis; ex ms. pergameno (quod solum superest) leg. Arnæ-Magnæani editus.... a *Th. Sveinbjörnsson*. Havniæ, Schultz, 1847. 1 vol. in-4, rel. toile, non rogné.

224. Det Kongelige Danske Selskabs Love, vedtagne i dets Forsamling den 1ste December 1845. Kjøbenhaven, B. Luno, 1845. — Det kongelige Nordiske oldskrift Selskabs Love. 4e *édition*. Kjöbenhavn, Berling, 1865. Ensemble 2 plaq. cart. — Norges Gamle Love indtil 1387 (publié par R. *Keyser* et *Munch*). Christiania, Gröndahl, 1846-49. 3 tomes en 1 vol. in-4, d.-rel. mar.

Quelques pages raccommodées.

225. **Lundius** (Carl). Zamolxis, primus Getarum legislator, acc. Varia ad Antiqq. Sveonum Gothorumque atque aliar. gentium spectantia. Upsal, Keyser, 1687. 1 vol. petit in-4, rel. vél.

Déchirure au titre. Ouvrage intéressant et peu commun.

226. **Arnas Magnæus.** Regis magni Legum reformatoris Leges Gula-Thingenses, sive Jus commune Norvegicum. — Ex manuscriptis Legati Arna-Magnæani cum..... IV Tabulis æneis. Havniæ, Rangel, 1817. 1 gros vol. in-4, rel. toile.

227. **Olivecrona** (Canuto d'). Alcuni mezzi per attenuare le cause e la conseguenze della recidiva. Traduzione di *Giulio Lazzarini*. Pavia, tipogr. popolare, 1875. — Des causes de la récidive et des moyens d'en restreindre les effets. Traduction. Paris, Stockholm, etc..., 1873. — De la peine de mort. Paris, Durand, 1868. Om Dödsstraffet. Upsala, Schultz, 1866. — Om Orsakerna till återfall till brott... Stockholm, 1872. Ensemble 5 vol. in-8, d.-rel. toile et cart., non rognés. — Om makars giftorätt i bo. Stokholm, Bonniers, 1859. — Précis historique de l'origine et du développement de la communauté des biens entre époux. Paris, Durand, 1865. — Testamentsrätten enligt svensk lagstiftning. Upsala, Schultz, 1880. — Le mariage des étrangers en Suède et des Suédois à l'étranger. Paris, 1883. — Om en reform i afseende på de juridiska studierna och examina vid Universitetet i Upsala. Stockholm, Norstedt, 1886. Ensemble 2 vol. et 2 plaq. in-8, rel. toile, cart. et broch., non rogn. (couvertures).

228. **Ingemund** (Raguald). Leges Suecorum Gothorumque, editæ et a Librariorum errore vindicatæ a Johanne Messenio. Stockholm, Reusner, 1614. 1 vol. in-4, rel. vél.

Ouvrage des plus curieux pour les lois suédoises, rédigé en 1347 et 1441, traduit du suédois en 1481 et publié sur la revision des manuscrits en 1614. Cet exemplaire provient de la Bibliothèque de Colbert.

229. **Rälamb** (Clas). Observationes juris Practicæ, thet är, Åthskillige Påminnelser vthi Rättegångs Saker, grundade uthi Gudz Ord, Sweriges Lagh och Recesser..... Stockholm, Keyser, 1679. 1 vol. petit in-4, rel. vél.

Légère déchirure au titre.

230. Sueciæ Historia pragmatica, quæ vulgo jus Publicum dicitur, è traditionibus historicis, legibus non scriptis et scriptis antiquis et recentioribus, provincialibus et communibus, tum pactis conventis, decretis comitialibus, statutis, edictis et mandatis, etc., etc..... Holmiæ, Typis Hartw. Gercken, 1731. 1 gros vol. petit in-4, rel. vél.

231. **Solvesen** (Svend). Tyro Juris edur Barn i Logum. Sem gefur einfalda Undervisun um pa Islendsku Lagavitsku og nu brukanlegan Nettargangs mata. Kaupenhavn, Møller, 1754. 1 vol. in-12, rel. vél.

Première édition d'un ouvrage islandais recherché.

232. Stormectigste Høyborne Førstis oc Herris, Her Christians den tredie, Danmarckis Norgis, Wendis oc Gottis konges, etc. Recess, offuerseet, oc met ny Artickle forbedrit, Paa Koldinghuff, Aar, etc. M.D. LVIII. Prentet i Kiøbenhaffn, aff Andrea Gutterwitz, 1577. — Gaards Retthen, Huorldis

holdis skal paa kronens slotte oc gaarde, offuer alt Danmarckis og Norgis Rijger sammeledis i Kiøbstederne huor Kong..... Prentet i Kiøbenhaffn, aff Andrea Gutterwitz, 1577. — Den Danske Søræt, som stormectigste Høyborne Første oc Herre, Her Frederich den Anden Danmarckis..... Konning... Kiøbenhavn, Gutterwits, 1577. — Konning Frederichs den andens, Recess, Udgiffuen vdi Kallundborg..., 1576. Kiøbenhaffn, Gutterwits, 1577. — Konning Frederich den Andens Handfæstnung udgiffuen Aar, 1559. Kiøbenhaffn, Gutterwitz, 1577. — En ny Skick oc Ordning, Huorledis her effter holdis skal iblant adelen, om morgengaffue..., 1577. Kiøbenhaffn, *s. typ.* (Gutterwitz). Ensemble 1 vol. petit in-4, rel. est. du xvɪᵉ s. (restaurée).

Recueil d'édits de recès et d'ordonnances des rois Christian III et Frédéric II de Danemark. *Premières éditions.*

233. Sweriges Landz- och Stadz Lagh sampt Rättegångs Ordinantie, Rättergångs Process, Othtydningh på någhre Gambla Ord, Domare Regler, etc..... Stockholm, Keyser, 1656. — Sweriges Rijkes Stadz Lagh, Effter den Stormächtige Höghborne... Her Gustaf Adolphs Sweriges, Gothes, och Wendes, etc. Konung, Befalning vthgången af Trycket, åhr 1618. Stockholm, Keyser, 1654. Ensemble 1 vol. in-12, rel. vél.

234. Themis Romano-Suecica, seu fasciculus primus Disputationum juridicarum Upsaliensium... cum præfatione editoris *Chr. Nettebladt.* Gryphiswaldiæ, Læfler, 1729. 1 vol. in-4, rel. vél.

Au frontispice, portrait du chancelier Th. Fchman, signé Fritzsch (Hamburg).

235. **Thorlaksen** (Skulo Thordsen). Borcalium veterum Matrimonia, cum Romanorum institutis collata. Hafniæ, Stein, 1785. 1 vol. in-8, cart.

Thorlaksen ou Thorlacius, né en Islande en 1741, mort en 1815.

236. Vplands Laghen, sum af Gyrgher Magnusa son Swea ok Giötha kunnunge, Åhrom åfter Ch. B. 1295. förbätradhes. Tryckt j Stockholm, af Andrea Gutterwitz, anno Christi 1607. — Ostgötha Laghen. Stockholm, Anund Olufsson, 1607. — Wäst-Gotha Laghbook... aff Georg *Stierhjelm.* Stockholm, Ign. Meurer, 1663. — Hälsinge Laghen... Stockholm, Ign. Meurer, 1665. — Wästmanna Laghbook... Uthafft, ett gam. ms. aff. *Claudio Åkerman.* Stockh., Meurer, 1666. — Sudhermanna Lagher... uthafft ett gamalt ms. aff. *Cl. Åkerman.* Stockh., Meurer, 1666. — Then Gambla Skåne Lagh, som i forna tijder hafwer brukat warit. Stockholm, Joh. Georg. Eberdt, 1676. — Dahle Laghen, then i forna tijder hafwer brukat warit... Stockh., Eberdt, 1676. — Biörköa Rätten... Stockh., Henr. Keyser. — Gothlands-Laghen, på gammal Göthiska... Stockh., Keyser, 1687. — Wisby Stadz-Lag, på Gotland, såsom then i Forna Tijder giord... Stockh., Keyser. — Then Gambla Wijsby Siö-Rätt... Stockh., Keyser, 1689. Ensemble 1 vol. in-fol., rel. mar. grenat jans., dent. int., tr. dor. (Chambolle-Duru).

Intéressante réunion de lois et coutumes locales.

237. **Veylle** (Christen Osterssøn). Glossarium juridicum Danico-Norvegicum. Det er Alle Gamle Danske oc Norske glosers rette Forklaring, som findis i de Skaanske, Sielandske, Judske oc Norske Lowbøger..... Kjøbenhavn, H. Gøde, 1665. 1 vol. in-4, rel. vél.

238. Beantwort- und Wiederlegung zweyer Dänischen Schrifften, Eins unter den Nahmen *juris Fecialis armatæ Daniæ*, Das Ander als ein vermeintes *Manifest*, in Turck aussgegeben. Greiffswald, durch Iohann Neuman, 1657. — Bemærkninger og berigtigelser i anledning af rigsraadets udvalgsbetænkning over de fra krigsministeriet modtagne oplysninger af *Ankjær*. Kjöbenhavn, 1864. — *Barthius* (Joh.). De contribucione Svecica. Wittemberg, Gerdes, 1718. — **Calonius** (Mathias). Om de forna Trälarnes Rätt i Sverige. Akademisk Afhandling. Jonköping, Lundström, 1836, in-8, rel. toile, non rogné. — De prisco in Patria Svio-Gothica Servorum jure, Dissertationes V, denuo edidit *Carolus Schildener*. Stralsundiæ, Imp. Car Lœffler, 1819. In-12, cart. — **Ekman** (Emanuel). Meldersteins Bruk, dess Privilegier och Förmåner, med tillydande Hemman, Nybyggen och lägenheter uti Westerbotten. Upsala, Edman, 1785. Plaq. in-12, avec carte, rel. toile. — Fortegnelse over den Boet efter afdøde Iustitsraad F. A. *Morck*, tilhørende betydelige Samling. Portræter af Danske, Norske og Holstenere. Kjobenhavn, B. Luno, 1874. 1 vol. in-8, rel. toile. — **Garmanus** (Janus Skanke). Specimen de opinionibus ac ritibus feralibus in Scandinavia ethnica regnantibus. Lipsiæ, Schæffer, 1806. Plaq. in-12, rel. toile, non rogné. — **Heiberg** (P.-A.). Om Dödstraffene. Christiania, Gröndahl, 1820. in-12, rel. v. — **Kolderup-Rosenvinge**. Bemærkninger om Pant i ældre Tider. Kjöbenhavn, Seidelin. — Nogle Bemærkninger om det hemmelige Skriftemaals anvendelse i Norden. 2 plaq. in-8 et in-4, rel. toile, non rogné. *Sur l'hypothèque dans l'ancien temps.* — **Maurer** (K.). Das ælteste Hofrecht des Nordens. München, Kaiser, 1877. — Islands und Norwegens Verkehr mit dem Süden vom IX bis XIII. Jahrhunderte. (Extr. de Zeitschr. f. Deutsche Philol. Bd. II.) — Ueber die norwegisch-isländischen Gagnföstur. (Extr. de Sitzung der philos.-philol. Classe vom 5 november 1881). Ensemble 13 plaq. et vol. in-8, cart.

239. **Mouton** (Eugène). Rapport sur une mission scientifique en Suède et en Norwège. (Extr. des Arch. des mis. scient et litt., t. I., 3ᵉ série, 1873.) — Juris publici Europæi de Daniæ regni statu. Epistola prima ad nobilem quemdam germanum Anno 1659. *S. l. n. typ.* Plaq. petit in-4, rel. toile. *Raccommodage au premier feuillet.* — **Paludan-Müller** (C.). Søslaget i Kjøgebugt den 1ste Juli 1677. Christiania, 1877. 1 plaq. in-8, cart. — Kongl. Majᵗˢ Placat, angaende Lappmarckernes bebyggiande. Stockholm, Nicol. Wankijff, s. d. — Kongl. Majᵗˢ Förnyade Placat, om Lappmarkernes Bebyggiande och de Förmonner och Frijheter, som de, hwilka sig där nedsättia, åthniuta Skole. Gifwit kungzöhr den 3 Septembr. 1695. Stockholm, Wankijss, s. d. — **Rasmussen** (M. N. C. Kall). Om to nylig fundne Fragmenter af en Codex af Saxo. Kjöbenhavn, B. Luno, 1855. 1 plaq. grand in-4, cart. —

— Om Dansk Retskrivning. Kjöbenhavn, Klein, 1860. Plaq. in-12, rel. toile.
— **Vegesack** (Frideric de). De Scotatione Danica (*Diss. Ac.*). Altona, op. Burmesterianis (1744). 1 plaq. in-4, cart. — **Wiede**. Nytt svar på den gamla Frågan : Hvar låg Ansgarii Birka ? Norrköping, Randel. Plaq. in-8, cart., non rogné. Ensemble 8 vol. et plaq.

VII

Sciences naturelles. — Médecine, anthropologie; astronomie, météorologie; mathématiques; géologie, minéralogie, géognosie; physique, chimie; agronomie, botanique; sciences naturelles en général et zoologie, entomologie, ichtyologie, etc.

* **Aurifaber** (Andreas). Succini historia. Ein kurzer, gründlicher Berichte, woher der Agtstein oder Börnstein vrsprunglich komme, das er kein Baumhartz sey... Königsperg, Joh. Daubman, 1572. In-12.

240. **Bartholinus** (Thomas). De Cometa, consilium medicum cum monstrorum nuper in Dania natorum Historia. Hafniæ, Haubold, 1665. — De nivis usu medico, accessit *Erasmi Bartholini* de figura nivis dissertatio. Hafniæ, Haubold, 1661. — De luce hominum et brutorum, et *Conr. Gesneri* de lunariis. Hafniæ, Haubold, 1669. Ensemble 3 vol. in-12, rel. vél.

Il est question dans le dernier ouvrage de la phosphorescence des matières organiques.

241. **Bartholinus** (Caspar Berthelsen). De ortu, progressu et incrementis Regiæ Academiæ Hafniensis, Oratio. Wittebergiæ, Mich. Wendt, 1645. In-4. — Epigrammata extemporanea. Hafniæ, typis Henr. Waldkirch, 1621. — Astrologia, seu de Stellarum natura, affectionibus, et effectionibus. Apud Bechtholdum Raab, 1612. Ensemble 3 vol. petit in-4 et in-12, d.-rel. bas. et rel. vél.

242. **Bartholinus** (Thomas). De medicina Danorum domestica Dissertationes X, cum ejusdem vindiciis et additamentis. Hafniæ, typ. Matth. Goddichenij, 1666. — De Medicis poetis Dissertatio. Hafniæ, Paulli, 1679. Ensemble 2 vol. in-12, d.-rel. bas. f. et rel. vél.

243. **Bartholinus** (Gaspard Thomesen). Specimen Historiæ anatomicæ partium corporis humani ad recentiorum mentem accomodatæ. Hafniæ, typ. viduæ Joh. Phil. Bockenhoffer, 1701, avec 4 pl. — Specimen philosophiæ naturalis. Amstelædami, apud Henr. Wetstenium, 1697. — Diaphragmatis structura nova. Accessit methodus præparandi viscera per injectiones liquorum... Parisiis apud Ludovicum Billaini, *s. d.*, 1676, avec 4 pl. Ensemble 3 vol. petit in-4 et in-12, rel. v. et vél.

Le Specimen Hist. anatom. est le meilleur ouvrage de Gasp. Bartholinus. Son opuscule de Diaphragmatis... est un traité des préparations anatomiques par le moyen d'injections.

244. **Bartholinus** (Thomas). Acta medica et philosophica Hafniensia. Ann. 1671-1679. Hafniæ, Haubold, 1673-1680. 5 tomes en 2 vol. in-4, rel. vél., avec fig. et pl.

> Recueil périodique où l'on trouve beaucoup de choses curieuses.

245. — Historiarum Anatomicarum rariorum Centuriæ sex. Hafniæ, Martzan et Gödian, 1654-1661. — *Joannis Rhodii* anatomica ad Thomam Bartholinum. Hafniæ, typis Henr. Gödiani, 1661. — Cista Medica Hafniensis. Hafniæ, Godichenius, 1666. — De sanguine vetito disquisitio medica. Francofurti, Haubold, 1673. — Antiquitatum veteris puerperi Synopsis. Amstelodami, 1676. — Spicilegia bina ex vasis lymphaticis. Amstelædami, 1661. — Dissertationes II de Theriaca in officina... Hafniæ, 1671. — De anatome practica, ex cadaveribus morbosis adornatâ, Consilium. Hafniæ, Haubold, 1674. — De lacteis thoracicis, in homine brutisque. Hafniæ, Martzan, 1652. Ensemble 9 vol. et plaq. in-4 et in-12, rel. vél.

246. — Epistolarum medicinalium à doctis vel ad doctos centuriæ quatuor cum indicibus. Hafniæ, Godicchenus, 1663-1667. Ensemble 4 tomes en 2 vol. in-12, rel. vél.

> Bartholinus était lié avec la plupart des savants de son temps. Ce recueil de lettres offre un réel intérêt.

247. — Anatome ex omnium veterum recentiorumque observationibus. Lugd. Batav. Hackius, 1673, avec pl. et un beau portr. de l'auteur. — Orationes, varii argumenti. Hafniæ, Paulli, 1668. Ensemble 1 vol. in-8, d.-rel. v., et 1 vol. in-12, rel. vél.

248. **Bartholinus** (Gaspard et Thomas). De ovariis mulierum et generationis Historia. Epistola anatomica. Norimbergæ, sumpt. Johannis Ziegeri..... 1679. — *Thomæ Bartholini, Joan. Henrici Meibomi* patris, *Henrici Meibomij* filii. De usu flagrorum in Re medica et Veneria, Lumborumqve et Renum officio. Accedunt de eodem Renum officio Joachimi Olhafii et Olai Wormii Dissertatiunculæ. Francofurti, Ex Bibliogr. Hafniensi, Dan. Paulli, 1669. — Th. Bartholini, De transplantatione morborum. Hafniæ, Dan. Paull., 1673. — Hermanni Grube. Analysis mali Citrei compendiosa. Hafniæ, Paull., 1668. Ensemble 1 vol. in-12, rel. vél.

> Ce volume contient l'édition la plus complète et la plus recherchée du traité bien connu de Jean-Henri Meibom, *de usu flagrorum...*, qui a été traduit en plusieurs langues et notamment en français sous le titre : *De l'utilité de la flagellation dans la médecine...* etc. C'est à Christian Cassianus, chancelier de l'évêque de Lubeck, qui le lui avait demandé, que Meibom a dédié ce singulier ouvrage.

249. **Bartholinus** (Erasmus). Experimenta crystalli Islandici disdiaclastici quibus mira et insolita refractio detegitur. Hafniæ, sumpt. Dan. Paulli, 1670, *avec fig.* — De naturæ mirabilibus quæstiones academicæ. Hafniæ, sumpt. Petri Hauboldi, 1674, *avec 1 pl.* Ensemble 2 vol. petit in-4, rel. vél.

250. **Brahe** (Tycho). Tychonis Brahe Dani, Epistolarum astronomicarum libri, quorum primus hic illustriss. et laudatiss. Principis Gulielmi Hassiæ

Landtgrauij ac ipsius Mathematici Literas, vnaque Responsa ad Singulas complectitur... Imprimebantur Vranibugi Daniæ, prostant Francofurti apud Godefr. Tampachium, 1610. — T. Brahe Dani Astronomiæ instauratæ progymnasmata... (De nova Stella) Excudi primum cœpta Vraniburgi Daniæ ast Praga Bohemiæ absoluta. Prostant Francofurti apud Godefr. Tampachium, 1610. 1 vol. in-4, rel. parch., avec portr. de Tycho Brahé et fig.

> Edition très rare, la première de ces lettres. Elle a été exécutée, en 1596, dans l'imprimerie particulière que Tycho-Brahé avait installée dans son château d'Uraniborg. Cet ouvrage devait contenir 3 livres de lettres ; le premier seul parut. Après le départ de Brahé de l'ile de Hven, une partie de l'édition fut acquise par l'imprimeur Tampachus qui y mit un nouveau titre (celui ci-dessus) et fit joindre à ce volume le *De nova Stella anno 1572*, également imprimé dans l'imprimerie de Tycho-Brahé.
> On peut encore voir au recto du dernier feuillet des *Epistolæ*, l'ancien colophon : Vranobvrgi Ex officina Typographicà Authoris anno Domini M.D.XCVI. D'ailleurs la beauté de l'impression et du papier contraste avec le nouveau titre qu'y a mis l'imprimeur de Francfort. — Un très beau portrait de Tycho Brahé l'accompagne.
> Exemplaire un peu roux et fatigué.

251. Tychonis Brahe... Opera omnia, sive Astronomiæ instauratæ progymnasmata in duas partes distributa, quorum prima de restitutione motuum Solis et Lunæ... secunda autem de mundi ætherei recentioribus Phænomenis agit. Editio ultima. Francofurti, Joann. Schönwetter, 1648. 1 vol. in-4, rel. vél., cord. fers à froid.

> Bon exemplaire de cette édition rare.
> Cette édition se compose de 2 parties ayant chacune un titre particulier. La première est la *Nova Stella anni 1572*, 170 pp. et 4 ff. de table. La seconde est intitulée *De mundi Ætherei phænomenis*, 217 pp.

252. **Celsius** (Olavus). Hierobotanicon, sive de plantis Sacræ Scripturæ dissertationes breves. Upsaliæ, sumtu auctoris, 1745. 2 part. en 1 vol. in-8, rel. v. f.

253. **Clerck** (Carolus). Svenska Spindlar... Aranei Svecici descriptionibus et figuris æneis illustrati, ad genera subalterna redacti, speciebus ultra LX determinati. Stockholmiæ, Salvii, 1757. 1 vol. in-4, avec 6 pl. color., d.-rel. veau rac.

254. **Curman** (Carl). Studier öfver de Skandinaviska Nordsjö Kusternas sommarklimat från hygienisk Synpunkt. Stockholm, Norstedt, 1879. In-8, avec cartes, rel. toile, non rogné (couvert.).

255. **Danielssen** (D.-C.). Beretning om en Zoologisk Reise foretagen i Sommeren 1857. Christiania, Dahl, 1859. — Kœnigsberger Naturwissenschaftliche Unterhaltungen. 2^r B^d. Königsberg, 1848. Ensemble 1 vol. et 1 plaq. in-8, cart.

256. **Eck** (Joh.-Georg.). Nordische Blätter, oder Beyträge zur bessern Kenntniss der natürlichen Beschaffenheit, der Sitten u. s. w. der Nordischen Reiche. Leipzig, Steinacker, 1803. Tome I, avec 2 pl. 1 vol. in-8, cart.

> Tout ce qui a paru.

257. **Eschricht** (D.-F.). Ni Tavler til Oplysning af Hvaldyrenes Bygning. Kjöbenhavn, Bianco Luno, 1869, avec 9 pl. — Om Nordhvalen (Balæna mysticetus L.) navvlig med Hensyn til dens Udbredning i Fortiden og Nutiden og til dens ydre og indre Særkjender. Kjöbenhavn, Bianco Luno, 1861, avec 6 pl. Ensemble 2 vol. in-4, rel. toile et d.-rel. v.

258. **Fabricius** (Johann Christian). Reise nach Norwegen, mit Bemerkungen aus der Natur-historie und Œkonomie. Hamburg, Bohn, 1779. In-12, cart. 1re *édition*.

> Fabricius, né à Tondern (Schlesvig) le 4 janvier 1743, a laissé la réputation d'un des plus célèbres entomologistes. C'est à lui qu'est dû le classsement des insectes d'après les organes buccaux et la forme des mâchoires.
> Ce livre a été traduit en français (cf. ci-après) et il ne devait pas être bien commun, car le traducteur déclare n'en avoir trouvé qu'un exemplaire dans Paris.

259. — Voyage en Norwège, avec des observations sur l'histoire et l'économie. Traduit de l'allemand. Paris, Levrault, an X (1802). 1 vol. in-8, d.-rel. veau f.

> Traduction de l'ouvrage précédent, faite par *Millin* et *Winckler*.
> *Millin* l'écrivit pendant sa détention à Sainte-Pélagie sous la Terreur. Il a ajouté à sa traduction un appendice et une table, qui manquaient à l'édition allemande, et dans laquelle il a fondu la liste des insectes par laquelle Fabricius avait terminé son livre.

260. **Fries** (B.-Fr.) et **Ekstrom** (C.-U.). Skandinaviens Fiskar, målade efter lefvande exemplar och ritade på sten af Wilh. von Wright. Stockholm, Norstedt, 1836. In-4, avec 60 pl., rel. toile, non rogné.

> Tache d'eau à la marge inférieure.

261. **Hedin** (Sv.). Minne af von Linné Fader och Son. Stockholm, Nordström, 1808. 2 part. en 1 vol. in-12, avec 2 portr. cart.

262. **Hell** (P.). Reise nach Wardö bei Lappland und des Venus-Durchganges im Jahre 1769. Aus den aufgefundenen Tagebüchern geschöpft und mit Erläuterungen begleitet von *Carl Ludwig Littrow*. Wien, Gerold, 1835. In-12, rel. toile, ébarb., couvert.

> Le Père Maximilien Hell, jésuite hongrois, bien connu comme savant astronome, partit pour la Laponie en 1768, sur les instances du comte de Bachoff, ministre de Danemark à Vienne, afin d'observer le passage de Vénus sur le soleil. L'observation réussit parfaitement. Le savant jésuite avait, en outre, étudié sur ces pays bien des choses qu'il se proposait de publier en 3 volumes, mais ils n'ont jamais paru.
> La relation ci-dessus est dédiée à l'astronome *Encke*; elle est suivie du voyage du P. *Joh. Sainovics* : Reise von Wien nach Wardö und zurück.
> Notre exemplaire porte un envoi autographe signé de Littrow à l'astronome autrichien **Karl Kreil**.

263. **Hiorthög** (H.-F.). Physik og Ekonomisk Beskrivelse over Gulbransdalens Provstie i Aggerhuus Stift i Norge. Kjöbenhavn, Möller, 1785-1788. 2 tomes en 1 vol. in-12, rel. bas., avec 9 pl. et 1 carte.

264. **Hisinger** (W.). Anteckningar i physik och geognosi under resor uti

Sverige och Norrige. Upsala, Palmblad, 1819-1820. 2 part. avec pl. — Samling till en mineralogisk geografi öfver Sverige. Stockholm, Nordström, 1808, avec 5 pl. *Ensemble* 2 vol. in-12, rel. toile, non rogné.

265. **Hjärne.** Brevis manuductio ad fontes medicatos Aqvasqʒ; minerales solerter investigandas, ritè probandas, et exactè adplicandas adhibendasque. Stockholmiæ, Literis Laurelianis. Petit in-12, d.-rel., beau rac.

266. **Hulphers** (Abr. Abrahamson). Dagbok öfwer en Resa igenom de under Stora Kopparbergs Höfdingedöme lydande Lähn och Dalarne år 1757. Wästerås, Horrn, 1762. 1 vol. in-12, avec 1 cart., d.-rel. bas.

267. **Jacobæus** (Oligerus). De ranis observationes. Accessit *Caspari Bartholini*, de nervorum usu in motu musculorum epistola. Parisiis, apud Ludovicum Billaine, 1676. — *Caspari Bartholini*. Diaphragmatis structura nova. Accessit Methodus præparandi viscera per injectiones liquorum et descriptio instrumenti, quo medicante peraguntur. Paris, apud Ludovicum Billaine, 1676. Ensemble 2 ouvrages avec pl. en 1 vol. in-12, rel. vél.

268. — Museum Regium seu Catalogus rerum tam naturalium quam artificialium in basilicæ Bibliothecæ Augustiss. Daniæ Norvegiæque Monarchæ Christiani Quinti Hafniæ asservantur. Hafniæ, litteris Joach. Schmetgen, 1696. 1 vol. in-fol., avec 37 pl. et 1 frontisp., rel. bas., tr. dor.

269. **Jars.** Voyage métallurgique ou recherches et observations sur les mines et forges de fer, la fabrication de l'acier, celle du fer-blanc... faites depuis l'année 1757 jusques et compris 1769, en Allemagne, Suède, Norvège, Angleterre et Ecosse. Lyon, Regnault, 1774. 1 vol. in-4, d.-rel. bas., avec 10 pl.

270. **Léopold** (J. F.). Relatio epistolica de itinere suo suecico anno MDCCVII facto. Londres, Childe, 1720. 1 vol. petit in-8, rel. veau.

8 planches hors texte. Ouvrage posthume du célèbre naturaliste de Lubeck.

271. **Linné** (Charles). Œuvres diverses : Oratio de Telluris habitabilis incremento et Andr. Celsii Oratio de Mutationibus generalioribus quæ in superficie corporum cœlestium contingunt. Oratio, qua peregrinationum intra patriam asseritur necessitas, etc., etc. Lugd. Batav., Hack, 1744, 1 vol. — Flora Suecica enumerans plantas Sueciæ indigenas, post Linnæum edita a G. *Wahlenberg*. Upsal, Palmblad, 1826. 2 vol. — Flora Suecica exhibens Plantas per Regnum Sueciæ crescentes systematice. Stockholm, Salvius, 1745, 1 vol. avec 1 pl. — Flora lapponica. Amstelodami, Schouten, 1737. 1 vol. — Fauna Suecica. Stockholm, Salvius, 1746, 1 vol. avec frontisp. — Flora Zeylanica sistens plantas indicas Zeylonæ insulæ. Holmiæ, Salvius, 1747. 1 vol. avec 4 pl. — Bibliotheca botanica recensens libros plus mille de plantis huc usque editos. Amstelodami, Schouten, 1736. 1 vol. — Musa Cliffortiana, florens Hartecampi, 1736. Ludg. Batav, 1736, 1 vol. in-4. — Genera plantarum eorumque characteres naturales. Holmiæ, Salvius, 1764. 1 vol.,

6ᵉ édition. — Classes plantarum. Lugd. Batav , Wishoff, 1738. 1 vol. — Animalium specierum. Lugd. Bat., Haak, 1759. 1 vol. — Critica botanica. Lugd. Bat., Wishoff, 1737. 1 vol. — Materia medica. Lipsiæ et Erlangæ, Walther, 1772. 1 vol. avec 1 pl. — Mantissa plantarum. Holmiæ, Salvius, 1771. 1 vol. — Philosophia botanica. Stockholm, Kieswetter, 1751. 1 vol. avec portr. de Linné et plus. pl. — Materia medica. Holmiæ, Salvius, 1749. 1 vol. frontisp. — Museum Ludovicæ Ulricæ reginæ in quo animalia rariora etc. describuntur. Holmiæ, Salvius, 1764. 2 part. en 1 vol. — Skånska Resa på hoga ôfwerhetens Befallning Förrättad år 1749. Stockholm, Salvius, 1751. 1 vol. avec carte et pl. — Species plantarum. Holmiæ, Salvius, 1753. 2 vol. — Systema naturæ. Holmiæ, Salvius, 1758-1759. 2 vol. — Systema naturæ. Stockholm, Kiesewetter, 1740. 1 vol. — Wästgöta Resa. Stockholm, Salvius, 1747. 1 vol. — Supplementum plantarum. Editionis XIII. Brunsvigæ, typ. orphanotrop., 1781. — De febrium intermittentium causa. Harderovici, Rampen, 1635. 1 vol. (*Thèse de Linné pour le doctorat en médecine.*) — Genera morborum. Upsaliæ, Steinert, 1763. 1 plaq. — Entomologia, curante *C. de Villers*. Lugduni, Piestre et Delamollière, 1789. 4 vol. avec pl. — Egenhändiga anteckningar. Upsala, Palmblad, 1823. 1 vol. avec pl. — Hortus Upsaliensis. Stockholm, Salerius, 1748. *Tome I seul publié*, avec pl. — Decas prima plantar. rarior. horti Upsal. Stockholm, Salvius, 1762. 1 vol. avec pl. — Epistolæ ineditæ, ex litteris autographis edidit *H. C. van Hall*. Groningæ, van Bœkeren, 1830. 1 vol. — Inledning til Djur-Riket efter *Carl von Linnés* Lärogrunder af. *A. J. Retzius*. Stockholm, 1772, etc., etc. — *Retzius*. Floræ Scandinaviæ prodromus. Holmiæ, Hesselberg, 1779. 1 vol. — *Hasselquits*. Reise nach Palästina, hrgg. v. *C. Linnæus*. Rostock, Koppe, 1762. 1 vol. — *Petri Læfling*. Iter Hispanicum. Stockholm, Salvius, 1758. 1 vol. — Speculum Linnæanum, auctore *Georgio Shaw*. Londini, Davis, 1790. 1 plaq. 8 pl. en couleur. Ensemble 42 vol. in-8 et in-4, d.-rel. veau écaille et veau, et bas.

272. **Linné** (Charles). Systema naturæ sive Regna tria naturæ systematice proposita per classes, ordines, genera, et species. Lugd. Batav., apud Theod. Haak, 1735. Plaq. in-plano, d.-rel. v. rac.

273. — Hortus Cliffortianus Plantas exhibens quas in Hortis tam vivis quam siccis Hartecampi in Hollandia coluit vir nobilissim. et generosissim. Georgius Clifford juris utriusque doctor... Amstelædami, 1737. 1 vol. in-fol., d.-rel. veau rac., non rogné (chiffre du comte Riant), avec frontisp. et 32 pl. gr. sur cuivre.

Ouvrage rare et recherché, qui fut tiré à peu d'exemplaires, que l'auteur distribua à ses amis.
Bel ex. à toutes marges portant l'ex-libris de *De Cayrol*.

274. Carl von Linnés Anteckningar öfver Nemessis. Utgifne af *Elias och th. m. Fries. Nouvelle édit.* Upsala, Edquist, 1878. Plaq. petit in-8, cart.

275. **Arted** (Pierre). Ichthyologia sive opera omnia de piscibus... omnia

posthuma vindicavit, recognovit, coaptavit et edidit *Carolus Linnæus*. Lugd. Batav., Wishoff, 1738. 4 parties en 1 vol. in-8, rel. vél.

276. **Lohrman** (Gustavus). Horticultura Nova Upsaliensis. Upsaliæ, Henr. Curio, 1664. Petit in-4, br.

277. **Longomontanus** (Christen Longberg). Astronomia Danica, vigiliis et opera Christiani S. Longomontani, Professoris Mathematum, in Reg. Ac. Haun. elaborata, et in duas partes tributa. Amsterdami, ap. Ioh. et Corneium Blaev, 1640. 1 vol. in-6, rel. veau éc.

Longberg (1564-1647) avait déjà publié en 1622 une première édition de son Astronomia; il avait cru trouver la quadrature du cercle et a donné une « *solution* » de ce fameux problème en 1634 (Copenh.).

— Inventio theorematis cujus consequentia necessario demonstrat lineam circularem rectæ symmetram in Natura extare, et ideo illam huic æqualem dari posse. Hafniæ, Sartor., 1641. Plaq. in-4, rel. vél. avec 1 tabl.

278. **Mairan** (De). Traité physique et historique de l'Aurore Boréale. Seconde édition, revue et augmentée de plusieurs éclaircissements. A Paris, de l'Imprimerie Royale, 1754. 1 vol. in-4, rel. veau marb.

279. **Norström** (Dr G., de Stockholm). Traité théorique et pratique du massage (Méthode de Mezger en particulier). Paris, Delahaye, 1884. 1 vol. in-8, rel. toile, non rogné. — Ensemble, du même. Traitement de la migraine par le massage. Paris, 1885, 1 vol. in-12, rel. toile.

280. **Palmberg** (Johann). Serta florea Svecana eller Swenske Örtekrantz. s. l. [Strengnäs], Zach. Asp. s. d. (vers 1685). 1 vol. in-12, rel. vél., avec fig. sur bois dans le texte. (Notes mss. à la fin sur 14 ff.)

On a commencé à imprimer à Strengnäs en en 1623. Zacharie Asp y exerça entre les années 1672 et 1690.

281. **Paulinus** (Laurentius). Cometoscopia, Comet Speghel, thet är : Christeligh och nödhtorfftigh Vnderwijsning, om Cometer..... Stockholm, af Ignatio Meurer, 1613. — Analysis sacrorum textuum in Festo Jubilæo Gostaviano, ...Stockholm, Prelo Reusneriano, 1621. Ensemble 2 vol. petit in-4, rel. vél. (l'une des deux reliures est brisée).

Editions originales de ces deux ouvrages.

282. **Paulli** (Simon). Flora Danica, det er : Dansk Urtebog.... Kiøbenhafn, aff Melch. Martzan, 1648. 1 gros vol. petit in-4, rel. veau, avec fermoirs, avec nombr. pl.

283. Physik, œconomisk og statistisk Beskrivelse over Spydeberg Præstegield og Egu i aggershuus-Stift udi Norge..., forf. af *J. N. Wilse*. Christiania, Schwach, 1779. 2 vol. in-12, rel. veau.

284. **Pontoppidan** (Erik). Det første Forsøg paa Norges Naturlige Historie. Kiøbenhavn, Kifel, 1752. 2 tomes en 1 vol. in-4, rel. veau écail.

Nombreuses planches d'histoire naturelle.

285. — Versuch einer natürlichen Historie von Norwegen. Aus dem Dänischen übersetzt von *J. A. Scheiben.* Copenhagen, Mumme, 1753-54. 2 vol. in-8, rel. veau.

La première traduction de l'ouvrage de Pontoppidan, avec nombreuses gravures sur cuivre.

286. **Puggaard** (Christopher). Möens Geologie populært fremstillet. Kiöbenhavn, Reitzel, 1851. 1 vol. in-12, cart., avec 12 planches et 55 fig. — **Retzius** (Anders Jahan). Kort begrep af Grunderne til pharmacien. Stockholm, Nordström, 1778. — Försök til en flora œconomica Sveciæ. Lund Lundblad, 1806. 2 parties. Ensemble 2 vol. in-12, d.-rel. bas.

287. **Rudbeck** (Olof). Minne af professoren i medicinen vid Upsala universitet. Stockholm, Norsted, 1849. 1 vol. petit in-8, d.-rel. mar. f., coins, tr. dor. — **Schöning** (Claud. Ursin). Tractatus œconomico-physicus de habitu Norvegiæ ad agriculturam. Hauniæ, Glasing, 1754.

288. **Sartorius von Waltershausen** (W.). Geologischer Atlas von Island. Goettingen, 1853. (25 planches.) — Erlaüterungen zum geologischen Atlas von Island. Göttingen, Dieterich', 1853. — Physisch-geographiske Skizze von Island mit besonderer Rücksicht auf vulkanische Erscheinungen. Göttingen, Ruprecht, 1847. *Ensemble* 1 atlas et 2 vol. in-8, rel. toile.

289. **Sendel** (Nathanael). Historia succinorum corpora aliena involventium et naturæ opere pictorum et cælatorum..... Lipsiæ. Gleditsch, 1742. 1 vol. in-fol., rel. v. (rel. danoise), avec 13 pl.

Bel exemplaire qui semble être en grand papier.

290. **Sexe** (S.-A.). Om Sneebrœen Folgefon. Christiania. Brøgger, 1864 (avec fig. et 1 carte). — Mærker efter en Iislid i Omegnen af Hardangerfjorden. Christiania. Brøgger, 1866 (avec fig. et 1 carte). — Om the Rise of Land in Scandinavia. Christiania, Kolstad, 1872. — Iættegryder og gamle Strandlinier i fast Klippe. Christiania, Brøgger, 1874 (avec planches). *Ensemble* 4 plaq. in-4, rel. chag. rouge plats ornés et cart., couverture.

291. **Sparrman** (André). Museum Carlsonianum, in quo Novas et Selectas Aves, coloribus ad vivum brevique descriptione illustratas, suasu et sumtibus generosi possessoris exhibet Andreas Sparrman. Holmiæ, ex typographia Regia, 1786. 4 fasc. en 2 vol. in-fol., rel. mar. rouge, dos orné, fil., tr. dor.

Bel ouvrage orné de 100 pl. coloriées avec soin.

Ex. de la bibliothèque de *M. Gigot d'Orcy* avec son ex-libris.

292. **Thienemann** (F. A. L.). Naturhistorische Bemerkungen gesammelt auf einer Reise in Norden von Europa vorzüglich in Island in den Jahren 1820 bis 1821. Leipzig, Reclam, 1824-1827. 2 tomes en 1 vol. in-8, rel. toile, non rogné et un atlas de 27 pl. in-4.

293. **Thomsen** (Julius). Ueber Krankheiten und Krankheitsverhältnisse auf Island und den Färöer-Inseln. Ein Beitrag zur medicinischen Geographie,

von dänischen Originalarbeiten von *P. A. Schleisner, Eschricht, Panum* und *Manicus*. Schleswig, Bruhn, 1855. 1 vol. in-8, cart. — Tidskrift för Byggnadskonst och Ingeniörvetenskap. Stockholm, 1859 (origine)-1870. 12 tomes en 6 vol. in-4., rel. toile, non rogné.

Importante revue publiée par *G. Nerman* et *W. Edelsvärd*, avec de nombreuses planches et fig.

294. **Weber** (Fr.) et (**Mohr** (H.). Naturhistorische Reise durch einen Theil Schwedens (mit drei Kupfertalen). Göttingen, Dieterich, 1804. 1 vol. in-8, rel. toile, non rogné.

295. **Worm** (Olaus). Museum Wormianum seu Historia rerum rariorum, tam naturalium quam artificialium, tam domesticarum quam exoticarum, quæ Hafniæ Danorum in ædibus authoris servantur. Amstelodami, apud Ludov. et Dan. Elzevirianos, 1655. 1 vol. in-fol., rel. toile, rempli de fig., portr. d'Olaus Worm et pl.

296. Berätteles (Underdånig) om Stora Kopparberges län. Fahlun, 1826. Plaq. in-8, rel. toile, avec pl. — **Berglund** (Chr. Henr.). Försök till Beskrifning öfver Lindes, Ramsberg och nya Kopparbergs Bergslager. Örebro, Lindh, 1860. Plaq. petit in-8, rel. toile, non rogné. — **Blomstrand** (C. W.). Geognostiska Iakttagelser under en resa till Spetsbergen år 1861. Stockholm, Norstedt, 1864. Plaq. grand in-4, avec fig. et 2 pl. color., cart. — **Bredsdorff** (Jakob Hornemann). Geognostiske og mineralogiske Iagttagelser paa en Rejse i Nörre-Jylland i Juli og August 1823. Kjöbenhavn, Seidelin, 1824. Plaq. in-12, cart. — **Cronstedt** (A. F.). Saggio per formare un sistema di mineralogia. Opera riveduta e di note illustrata da *E. Mendes da Costa*. Venezia, Savioni, 1779. In-8, rel. parchem. — **Daubrée** (A.). Note sur le phénomène erratique du nord de l'Europe et sur les mouvements récents du sol scandinave. Paris, Didot, s. d. Plaq. in-8, cart. — **Forchhammer** (G.). Skandinaviens Geognostiske Natur. Kjöbenhavn, Reitzel. — **Giesecké** (Charles). Catalogue of a collection of minerals from the arctic regions. *A la suite on a relié* Folketœllingen paa Fœrøerne den 1 October 1855. *S. l. n. d. n. typ.* 1 plaq. in-12, cart. — **Helland** (Amund). Forekomster af Kise i Visse Skifere i Norge. Udgived ved *E. B. Münster*. Christiania, Brögger, 1873. Plaq. in-4, avec 3 pl. cart., non rogné (couvert.). — **Hermelin** (S. G.). Minerographie von Lappeland und Westbothnien. Aus d. Schwedischen von Joh. Georg Ludolph Blumhof. Freyberg, Gerlach, 1813. In-12, rel. toile, non rogné. — **Hörbye** (J. C.). Observations sur les phénomènes d'érosion en Norwège. Christiania, Brögger et Christie, 1857. In-4, avec 5 cartes ou pl., rel. toile, non rogné. — **Irgens** (M.) et **Hiortdahl**. Om de Geologiske Forhold pa kystrækningen af Nordre Bergenhus Amt. Christiania, 1864. Plaq. in-4, rel. toile, avec 1 carte. — **Jones** (T. Rupert). Manual of the natural history, geology, and physics of Greenland and the neighbouring regions. London, Eyre, 1875, 1 vol. in-12, rel. toile (édit.), avec 3 cartes. — **Post** (H. von).

Om Sandåsen vid Köping i Westmanland. 1 décembre 1855. Plaq. in-8, rel. toile, avec 1 pl. — **Svenonius** (Fredr. S.). Bidrag til Norrbottens Geologi (Diss. Ac.). Stockholm, Norstedt, 1880. 1 plaq. in-8, cart., non rogné. — Suecus mundo medicinam faciens, sive tractatus Historico-politicus de Serenissimorum Sveciæ regum, pro Salute Europæ Bello atque Pace... per seculi decursum susceptis et actis expeditionibus. Typis Holweinianis, 1707. Plaq. in-12, rel. vél. — Undersögelser i geologisk-antiqvarisk Retning, af *Forchhammer*, *Steenstrup* og *Worsaae*. Kjöbenhavn, Bianco Luno, 1851. Plaq. in-8, rel. toile, non rogné. Ensemble 17 vol. et broch.

297. **Andersson** (N. J.). Aperçu de la végétation et des plantes cultivées de la Suède. Stockholm, Norstedt, 1867. In-8, rel. toile, non rogné (couvert.). — **Agardh** (Carolus Adolphus). Antiquitates Linnæanæ. Programma. Lundæ, litt. Berlingianis, 1826. Plaq. in-fol., cart. — **Berch** (Anders). Kort Beskrifning öfver Rödönstings-lag i Jemtland. Stockholm, Grefing, 1758. Plaq. petit in-4, rel. toile. — Flora. Toilett-Almanach for år 1860. Göteborg, Lamm. Petit vol. in-12, d.-rel. v., avec 3 jolies pl. sur acier. — **Floræus** (Jonas). Flores antiquitatis Scanicæ eller enfalldig Samling af the Gamlas Handlingar om Skåne-Lands forna Tilstand. Götheborg, Lange, 1743. In-12, d.-rel. bas. — **Fries** (Elias). Carl von Linnés Anteckningar öfver Nemesis divina. Upsala. Kongl. akademiska Boktr., 1848. Plaq. in-fol., rel. toile. — **Hartmann** (C. J.), Handbok i Skandinaviens Flora innefattande Sveriges och Norges Växter till och med Mossorna. Stockholm, Hæggström, 1870. 1 vol. in-12, d.-rel. bas. — **Hindbeck** (Olof). De Utilitate Plantationum arborum fructicumque in Scania. Londini Gothor. Berling, 1768. Plaq. petit in-4, cart. — **Lindequist** (J.). Om den Norske Qvægavl. *Ensemble* Optegnelser under en agronomisk Forretningsreise i Lister og Mandals amt i Sommeren, 1856. Christiania, Grøndahl, 1857. 2 *brochures sur l'agriculture du Nord.* — Sätegården Nor uthi Upland och thes Härlighet... Upsal, Werner, 1718. Dudaim Rubenis, quos neutiquam Mandragoræ fructus fuisse, aut Flores amabiles, Lilia Violas..., sed Fraga, vel mora Rubi Idæi Spinosi, allatæ hic rationes satis videntur evincere. Upsaliæ, Werner, 1733..., etc., *et 3 autres broch. Ensemble 3 plaq. petit in-4, dérel.* — **Schübeler** (F. Chr.). Væxtlivet i Norge, med Særligt Hensyn til plantegeographien. Christiania, Fabritius, 1879. Plaq. grand in 8, rel. toile, avec fig. et 9 cartes (couvert.). — Synopsis of the vegetables products of the Norway. Christiania, Brøgger, 1862 (2 cartes). Plaq. in-4, cart. Ensemble 14 vol. et plaq.

298. **Behrens** (Wilhelmine). Ethnographisk Beskrivelse over Nord-Grønland. Kjøbenhavn, Løser, 1860. Plaq. in-12, rel. toile, non rogné. — **Bromelius** (O.). Chloris Gothica seu Catalogus stirpium circa Gothoburgum nascentium. (Gothenbourg?) J. Rahm, 1694. 1 vol. in-12, vél. — **Quennerstedt** (Aug.). Anteckningar om Djurlifvet i Ishafvet mellan Spetsbergen och Grönland. Stockholm, Norstedt, 1868. 1 plaq. grand in-4, cart., 3 pl. en couleurs. — **Lilja** (N.). Fauna öfver Skandinaviens däggdjur. Stockholm, Bonnier.

1 vol. in-12, cart. — **Crichton** (A.-W.). A naturalist's ramble to the Orcades. London, Van Voorst, 1866. Petit in-12, rel. toile, avec 1 pl. — **Jonassen** (J.). Um Edli og Heibrigdi Mannlegs líkama. Reykjavik, 1879. In-12, avec fig., cart. — **Boheman** (Carl H.). Bidrag till Gottlands Insekt-Fauna. *S. l. n. typ.*, 1867. Plaq. petit in-8, cart. — **Malmsten**. Discours prononcé à l'ouverture du Congrès des naturalistes scandinaves, à Stockholm, le 8 juillet 1863. Stockholm, Norstedt, 1863. 1 vol. in-8, cart. *Traduction du suédois à 50 exemplaires.* — **Leopold** (J. F.). De Alce, magno illo Septentrionis animali (Dissertatio medica). Bâle. Bertsch (1600). — **Friele** (Joachim). Norske Land- og Fers kvands-mollusker, som findes i omegnen af Christiania og Bergen. Christiania, Feilberg, 1853. Plaq. in-8, rel. toile. Ensemble 10 vol. et 1 plaq.

299. **Broch** (O.-J.). Beretning om den internationale Meterkommissions Møde i Paris 24 sept.-12 octobr. 1872. Christiania, Dahl, 1874. In-8, rel. toile, non rogné, couvert. — **Hellant** (Andreas). Specimen academ. de novo in fluviis Norlandiarum piscandi modo. Upsaliæ, Vidua Höjeri, 1738. Plaq. petit in-4, br., avec pl. — **Hildebrandsson** (Hugo Hildebrand). Etudes sur quelques tempêtes. Gothembourg, 1871. In-8, rel. toile, avec 24 cartes météorologiques. — **Mallet** (J. A.). Observation du passage de Vénus devant le disque du soleil faite à Ponoi en Laponie. Saint-Pétersbourg, de l'Imp. de l'Ac. des sc., 1769. 1 plaq. in-4, rel. toile. — **Middendorff** (A.-V.). Der Golfstrom ostwärts vom Nordkap. Saint-Pétersbourg, 1870. Plaq. in-8, cart. *Extrait des Mélanges physiques et chimiques de l'Académie Impériale de Saint-Pétersbourg.* — **Pechüle** (C. F.). Expédition danoise pour l'observation du passage de Vénus, 1882. Copenhague, Schultz, 1883. 1 plaq. in-8, cart. s. broch.

Littérature.

300. **Stiernhjelm** (Georg.). Musæ Suethizantes. Thet är : Sång-Gudinnor, nu först Lärande dichta och spela på Swenska... Å nyo uplagde af *Benke Hoor.* Stockholm, Lars Wall, 1688. 1 vol. in-4, rel. toile.

Nouvelle édition du poème d'*Hercules bivius* et de nombreux livrets de ballets composés par le Suédois S. (1598-1672), connu autant comme poète que comme philologue et mathématicien.

301. **David** (Jan). Een doezijn verhalen plus één uit *Jan David's* boeke-kraam, uitgegeven door *J. H. van Lennep.* Haarlem, Weeveringh, s. d. 1 plaq. petit in-4, rel. toile. — **Lindeberg** (A.). Midsommarsaftonen-Skådespel i 4 Akter. Svenskt original. Stockholm, Hjerta, 1834. 1 plaq. in-8, cart.

302. **Arndt** (E. M.). Erinnerungen aus Schweden. Eine Weihnachtgabe. Berlin, 1818, In-12, rel. toile.

303. **Alexandre** (Légende d'). Konung Alexander, En medeltids Dikt från Latinet vänd i svenska rim omkring år 1380... Efter den enda kända Handskriften utgifven af *G. E. Klemming.* Stockholm, Norstedt, 1862. —

Skrå-Ordningar, Samlade af *G. E. Klemming*. Stockholm, Norstedt, 1856. Ensemble 2 tomes en 1 vol. in-8, d.-rel. mar. cit., tr. p. — **Henrichsen**. J ö dernes Forhold til Alexander den store. Odense, Hempel, 1860.

305. **Amorina**. Amorina eller Historien om de Fyra. *Förra Delen*. Jonköping, S. P. Lundström, 1839. 1 vol. in-8, rel. toile (couverture), non rogné.

306. **Anchersen** (Joh. Pet.). Opuscula minora. Collecta et cum indicibus locupletissimis rerum et verborum edita a *Gerhardo Oelrichs*. Bremæ, Fœrster, 1775. 1 vol. in-4, d.-rel. veau f.

307. **Andersen**. H. C. Andersen's Historier med 55 Illustrationer efter Originaltegninger af *V. Pedersen*, skaarne i Træ af *Ed. Kretzschmar*. Kjøbenhavn, Bianco Lunos Bogtrykkeri, 1855. 1 vol. in-8 carré, rel. peau de Suède, tr. dor., sur les plats, armes du comte Riant (Gruel). — **Andersen** (Henri Christian). Eventyr. Kjøbenhavn, Reitzel, 1854. 1 vol. in-12, rel. toile rouge, avec 125 fig. de *V. Pedersen*. 2e *édition des contes d'Andersen*. — **Andersen** (Hans Christian). Danish fairy legends and tales, translated by *Caroline Peachey*. With a memoir of the author (Third Edition enlarged). With 120 illustrations, chiefly by foreign artists. London, Bohn, 1861. 1 vol. in-12, rel. toile (éditeur), fig. et pl. — Contes, traduits du danois par *D. Soldi*, avec notice biogr. par *X. Marmier*, et 40 vign. par *Bertall*. Paris, Hachette, 1856. 1 vol. in-12, d.-rel. chag. (Gruel).

308. **Ariadnes Krans**. Ett Urval Nygrekiska Folkdikter från Kreta, öfversättning af *Fredrik Sander*. Stockholm, Sampson et Wallin, 1877. — Ros och törne. En samling nygrekiska Folkdikter. Stockholm, Hæggström, 1876. Ensemble 2 vol. in-12, rel. toile.

309. **Atterbom** (P. D. A.). Svenska Siare och Skalder, eller Grunddragen af svenska Vitterhetens Historia intil och med Gustaf III[s] udehwarf, tecknade af P. D. A. Atterbom (Complet). Upsala, Lundequist, 1841-43. 2 parties en 1 vol. in-8, d.-rel. veau, tr. peigne.

310. **Bellman** (Carl Michael). Samlade Skrifter, utgifna af *Joh. Gabr. Carlén*. Stockholm, Bonnier, 1861. 5 vol. in-8, d.-rel. veau f., coins, tr. dor. (rel. différ.), avec portr. fac-sim., fig. et pl. noires et en couleurs.

La meilleure édition des œuvres de Bellmann, célèbre poète et chansonnier suédois du xviiie siècle (1740-1795), surnommé l'Anacréon de la Suède.
Le tome V contient la musique, arrangée par *J. A. Josephson*.

311. **Björnson** (Bjørnstjerne). Arnljot Gelline. Kjøbenhavn, Gyldendal, 1870. — Sigurd Jorsalafar. Kjøbenhavn, Gyldendal, 1872. — Sigurd Slembe. Kjøbenhavn, Gyldendal, 1862. Ensemble 3 vol. in-12, br. et rel. toile, non rogné.

Éditions originales.

312. — Synneuve Solbakken, traduit du norvégien avec l'autorisation de

l'auteur par *Frédéric Bætzmann* et *Alph. Pagès*. Paris, Tolmer, 1880, avec illustr. de V. Peters. — Arne, or peasant life in Norway. A Norwegian tale. Translated from the 2ᵈ Edition. Bergen, s. d. — Fiskerjenten (la fille du pêcheur). 3ᵉ édition. Kjøbenhavn, Gyldendal, 1868. Ensemble 1 vol. in-8, br., et 2 vol. in-12, rel. toile.

313. **Baudissin** (Adelbert). Erzählungen und Skizzen (Die Wahrsagerin). Hannover, Rümpler, 1863. 2 parties en 1 vol. in-12, rel. toile, non rogné.

314. **Büchner** (Alexandre). Hamlet le Danois. Paris, Hachette, 1878. 1 vol. in-8, rel. toile, non rogné, couv.

315. [**Voltaire**]. Candide en Dannemarc, ou l'Optimisme des honnêtes gens. A Genève, 1767. In-12, rel. bas. f. — Candide en Dannemarc, ou l'Optimisme des honnêtes gens. A Genève, 1769. 1 vol. in-12, d.-rel. tr. noire.

Mouillures à quelques pages.

316. Choix de nouveaux opuscules, sur toutes sortes de sujets intéressans et amusans, par une Société danoise. Copenhague, Philibert, 1771. 3 vol. in-12, d.-rel. bas.

317. Corpus poeticum boreale. The poetry of the old Northern tongue from the earliest times to the thirteenth century. Edited and classified with introduction, excursus and notes, by *Gabriel Vigfusson*, and *F. York Powell*. Oxford, Clarendon Press, 1883. 2 vol. in-8, rel. toile (édit.).

Ouvrage important pour l'étude de l'ancienne littérature du Nord.

318. **Cronholm** (Abraham). Forn-Nordiska Minnen. Lund, Gleerup, 1833-1835. 2 vol. in-8, d.-rel. chag. brun.

319. **Absjörnsen et Jörgen Moe**. Norske Folkeeventyr samlede og fortalte. Christiania, J. Dahls, 1852. 1 vol. de 502 p. in-12, rel. toile (éditeur).

2ᵉ édition, augmentée.

320. Æventyr fra Jylland samlede af Folkemunde ved *Evald Tang Kristensen*. Kjöbenhavn, Schönberg, 1881. 2 tomes en 1 vol. in-8, rel. toile.

321. **Barfod** (Frédéric). Brage og Idun, et Nordisk Fjærdingårsskrift, udgivet med Bistand af Danske, Svenske og Normænd. Kjöbenhavn, Bianco Luno, 1839-1842. 5 tomes en 3 vol. in-16, rel. toile, non rogné, avec pl.

322. **Bragur**. Ein Litterarisches Magazin der deutschen und nordischen Vorzeit. Herausgegeben von *Christ. God. Böckh* und *Grätter*. Leipzig, Graff, 1791-1812 (*complet*). 7 tomes en 8 vol. in-12, rel. toile, non rognés.

Böck n'a travaillé qu'aux 3 premiers volumes. *Grätter* continua cette revue sous le titre de : Braga und Hermode.

323. **Brandt** (C. J.). Romantisk Digtning fra Middelalderen. Kjöbenhavn, Thiele, 1869-1877. 3 tomes en 1 vol., d.-rel. chag. vert, au chiffre du comte Riant, tête p., non rogné.

324. **Brandt.** Ældre Danske Digtere. Kiöbenhavn, Michælsen, 1862. — — Gammeldansk Læsebog. En Håndbog i vor ældre Literatur på Modersmålet. Kiöbenhavn, Iversen, 1857. Ensemble 2 vol. in-12, rel. toile et d.-rel. chag. rouge, avec chiffre du comte Riant.

325. **Bugge** (Sophus). Gamle norske Folkeviser. Kristiania, Werner, 1858. In-8, rel. toile.

> Recueil important d'anciens chants populaires norvégiens, avec musique notée. La plupart de ces chants ont été réunis en Thelemark, d'après la tradition orale et notés dans le dialecte normal se rapprochant le plus de celui de ce pays.

326. Chants populaires du Nord. Islande, Danemark, Suède, Norvège, Férœ, Finlande. Traduits en français, précédés d'une introduction par *X. Marmier*. Paris, Charpentier, 1842. In-12, rel. toile, non rogné, couvert. — **Beauvois** (Eugène). Contes populaires de la Norvège, de la Finlande et de la Bourgogne, suivis de poésies norvégiennes, imitées en vers avec des introductions. Paris, Dentu, 1862. Petit in-12, d.-rel. veau f. — **Marmier.** Chants populaires du Nord. Paris, Charpentier, 1842. 1 vol. in-12, d.-rel. — Nouvelles danoises, traduites par *Xavier Marmier*. Paris, Hachette, 1869. 1 vol. in-12, rel. toile, non rogné.

327. Danmarks Folke Sagn, samlede af *J. M. Thiele*. Kjöbenhavn, Reitzel, 1843. 3 part. en 1 vol. in-8, rel. toile, non rogné. — Danske Folkeminder, Viser, Sagn og Æventyr, m. m., levende i Folkemunde, samlede og udgivne af *Svend Grundtvig*. Kjöbenhavn, Juersen, 1861. In-12, rel. toile, non rogné. — Danske Folkeboger, paany udgivne af *Carl Elberling*. Kjöbenhavn, Gyldendal, 1867. 1 vol. in-12 br. — Ludus de sancto Kanuto dvce. Et fædrelands historisk Skuespil fra Reformationstiden, udgivet ved *Soph. Birket-Smith*. Kjöbenhavn, Thiele, 1868. 1 vol. petit in-4, cart.

> Légende en vers, dans la forme des mystères, et se rapportant à la mort de saint Canut.

328. Dictionnaire des proverbes danois traduits en françois. Copenhague, chez J. Meyer, 1757. 1 vol. in-4, vieille rel.

> Le titre est bilingue, et le texte danois vis-à-vis le texte français.

329. **Faye** (Andreas). Norske Folke-Sagn samlede og udgivne. 2e *édition*. Christiania, Guldberg, 1844. In-12, rel. toile, non rogné. — Frimurer-Sange. Kiöbenhavn, Schubart, 1824. Petit in-12, cart. — **Grimm** (Wilh. Carl). Altdänische Heldenlieder, Balladen und Märchen, übersetzt. Heidelberg, Mohr u. Zimmer, 1811. 1 vol. in-8, rel. toile, titre gravé.

330. Jydske Folkeviser og Toner samlede af Folkemunde isaer i Hammerum-Herred af *Evald Tang Kristensen*. Kjöbenhavn, Iversen, s. d. — Gamle Jydske Folkeviser samlede af Folkemunde isaer i Hammerum-Herred af *E. T. Kristensen*. Kjöbenhavn, Gyldendal, 1876. 1 vol. in-8, rel. toile, non rogné. *Recueil de chansons populaires, avec musique notée.* — Jydske Folkesagn, samlede af Folkemunde ved *Evald Tang Kristensen*. Kjöbenhavn, Hegel,

1876. — Jydske Folkeminder isaer fra Hammerum-Herred, samlede af *E. T. Kristensen*. Kjöbenhavn, Bianco Luno, 1880. Ensemble 1 vol. in-8, rel. toile, non rogné. — Kjaempeviser, hvis Melodier ere harmonisk bearbeidere af Prof. Ridder *Wense*, samlede og udgivne af *Christian Winther*. Kjøbenhavn, Klein, 1840. In-12, rel. toile, non rogné.

Recueil d'anciens chants.

331. **Landstadt** (M. B.). Norske Folkeviser. Christiania, Tönsberg, 1853. 1 vol. in-8, d.-rel. chag. r., tr. peigne.

Important recueil de chants populaires de la Norvège, avec musique notée.

332. **Möinichen** (J.-B.). Nordiske Folks Overtroe, Guder, Fabler og Helte indil Frode 7 Tider i Bogstav-Orden. Kiøbenhavn, Liung, 1800. 1 vol. in-12, d.-rel. — **Prior** (Alexander). Ancient danish Ballads, translated from the originals. London and Edinburgh, 1860. — Sagn og Overtro fra Jylland samlede af Folkemunde, ved *Evald Tang Kristensen*. Kjøbenhavn, Schønberg, 1883. 1 vol. in-8, br.

Recueil de contes du Jutland.

333. **Vedel** (Anders Søfrensøn). Et Hundrede Udvalde Danske Viser, om Allehaande merkelige Krigs Bedrivt og anden Selsom Eventyr, som sig her udi Riget ved gamle Kæmper, navnkundige Konger, og ellers fornemme Personner begivet haver, af Arilds Tid til denne nærværende Dag. Kjøbenhavn, Bockenhoffer, 1695. In-12, d.-rel. v., avec frontisp.

Recueil des chants nationaux danois du moyen âge, les plus populaires, que le savant Vedel publia pour arrêter les progrès que la langue allemande faisait en Danemark.

— Le même ouvrage. Kjöbenhavn, Höpffner, 1787. 1 vol. in-12, d.-rel. veau rac., avec frontisp.

Cette édition est augmentée d'un 4e livre par *Peder Syv*, qui avait donné la précédente édition.

— Udvalgte Danske Viser fra Middelalderen; efter *A. S. Vedels* og *P. Syvs* trykte Udgaver og efter haandskrevne Samlingar, udgivne paa ny af *Abrahamson, Nyerup*, og *Rahbeck*. Kjöbenhavn, Schultz, 1812-1813. 4 part. en 2 vol. in-12.

Nouvelle et meilleure édition précédée de la musique notée de ces poésies.

334. Viking tales of the North. The Sagas of Thorstein, Viking's son, and Fridthjof the Bold, translated from the icelandic by *Rasmus B. Anderson* and *Jón Bjarnason*; also, Tegnér's Fridthjof's Sága, translated into English by *George Stephens*. Chicago, Griggs, 1877. In-12, rel. toile (éditeur). — — **Warrens** (Rosa). Norwegische, Isländische, Färörische Volkslieder der Vorzeit. Nebst Anhang : Niederländische und Deutsche Volkslieder. Hamburg, Campe, 1866. In-12, rel. toile, non rogné (couvert.). — Yule-tide Stories. A collection of Scandinavian and North German popular tales and

traditions, from the Swedish, Danish, and German, edited by *Benjamin Thorpe*. London, Bohn, 1853. 1 vol. in-12, rel. toile (éditeur).

Recueil intéressant pour l'étude du Folk-lore.

335. **Bergh** (Hallvard). Segner fraa Bygdom : Sögur m. m. fra Baldris og Hallingdal. Kristiania, Ringvold, 1879. — Nye Folke-Eventyr og Sagn fra Valders. Christiania, Cappelen. 1879. 2 plaq. in-12, rel. toile, non rogné. — **Grafström** (A. A.). Nya Sägner från Norrland. Stockholm, Bagge, 1848. Plaq. petit in-8, cart. — **Nicolaissen** (O.). Sagn og eventyr fra Nordland. Kristiania, Malling, 1879. 1 plaq. in-12, rel. toile. — **Wigström** (Eva). Sagor och äfventyr upptecknade i Skåne. Stockholm, Norstedt, 1884. — Skånska visor, sagor och sägner samlade och utgifna. Lund, Berling, 1880. — Folkdiktning, visor, sägner, sagor, gåtor, ordspråk, ringdansar, lekar och barnvisor, samlad och upptecknad i Skåne. Kjöbenhavn, Schönberg, 1880. Ensemble 1 vol. et 2 plaq. in-8, rel. toile, non rogné (couvertures). — **Wimmerstedt** (V.). Om Haslidalen och traditionen om Schweizarnes Svenska Härkomst (Ak. Afh). Kalmar, Westin, 1868. 1 plaq. in-8, rel. toile.

336. Danmarks Gamle Folkeviser utgivne af *Svend Grundtvig*. Kjöbenhavn, Thiele, 1853-1869. Ensemble 4 parties grand in-8 en 2 vol., d.-rel. chag. et 4 fasc. br.

337. The Danes sketched by themselves. A series of popular stories by the best Danish authors. Translated by Mrs *Bushby*. London, Bentley, 1864. 3 vol. petit in-8, rel. toile, non rogné.

338. Deliciæ quorundam poetarum Danorum collectæ et in II tomos divisæ a *Friderico Rostgaard*. Lugduni Batavorum. Apud Jordanum Luchtmans, 1693. 2 vol. petit in-12, rel. mar. rouge, tr. dor., dent. intér., doubl. moire grise; sur les plats, armes et chiffre runique du comte Riant (Gruel). Le 1er vol. de 40 ff., 577 (1) pp. i f et frontispice; le 2e de 618 pp.

Recueil des poésies de Henrik Hamilton *Albertsen*, Johan *Hopner*, Christen *Aagaard*, Vitus *Bering*, Henrik *Harder*, Olaf *Borch*, avec une préface et quelques notes biographiques sur ces auteurs et sur la poésie danoise (en vers latins). Ces deux volumes font partie de la collection des *Deliciæ*.

339. **Dybeck** (Richard). Svenska Vallvisor och Hornlåtar med Norska Artförändringar. Stockholm, Brudin, 1846. Plaq. in-8, rel. toile.

Recueil de chants avec musique notée.

— Svenska Minnesmärken. Stockholm, Hedbom, 1851. *18 pl. en lithogr. et texte explicatif.* — Grækerne i vor tid. Kjöbenhavn, 1863. — Kort anwisning till Kännedom om Svenska Minnesmärken. Stockholm, Hörberg, 1844. Ensemble 1 vol. in-4, d.-rel chag. et 2 plaq. in-12 rel. toile.

340. **Puget** (Mlle R. du). Fleurs scandinaves. Choix de poésies traduites du suédois. Paris, *s. d.* 1 vol. in-8, rel. toile, non rogné, couverture, avec 5 lithogr.

341. Elegidia et poemata epidictica præcipuas præcipuorum et maxime clarorum virorum, qui hoc tempore in primis vixerunt et innotuerunt. *S. l. n. typ.*, anno 1631. Petit vol. in-12, rel vél., orné de très beaux portr. gr. sur cuivre.

Bel exemplaire.

342. Flores och Blanzeflor. En Kärleks-Dikt från medeltiden. Efter Gamla Handskrifter af *Gustaf Edv. Klemming.* Stockholm, Norstedt, 1844, avec *fac-sim.* — S. Patriks-Sagan. Innehållande S. Patrik och hans Järtecken, Nicolaus I S. Patriks Skärseld och Tungulus. Efter Gaml. Handskr. af *George Stephens* och *J. A. Ahlstrand,* avec *fac-sim.* Stockholm, Norstedt, 1844. — Peder Månssons Strids-Konst och Strids-Lag. Efter Författarens Handskr. af *Gunnar Olof Hylten Cavallius.* Stockholm, Norstedt, 1845. — Wadstena Kloster-Reglor. Efter gamla Handskrifter utgifna af *Carl Ferd. Lindström.* Stockholm, Norstedt, 1845. — Herr Ivan Lejon-Riddaren, en Svensk Rimmad Dikt ifrån 1300-talet tillhörande Sago-Kretsen om Konung Arthur och hans runda Bord Efter gaml. Handskr. af. *J.W. Liffman* och *George Stephens.* Stockholm, Norstedt, 1849, avec fac-sim. Ensemble 2 vol. in-8, d.-rel. mar. citr., tr. p.

343. Gamla Swenska Folkböcker å nyo utgifna. 1. Melusina. 2. De sju vise mästare. 3. Kejsar Octavianus. 4. Jesu Barndoms-Bok. 5. Grisilla. 6. Fortunatus. Örebro, Bohlin, 1868-1869. 6 plaq. in-32 en 1 vol., d.-rel.

344. **Gellert.** La comtesse de Suède, ouvrage traduit de l'allemand. Paris, Valade et Laporte, 1780. 2 tomes en 1 vol. in-12, rel. toile. *Mouillures à quelques pages.* — **Früs** (Peder Claussön). Samlede Skrifter. Christiania, Brögger, 1881. 1 vol. in-12, d.-rel. v.

345. **Gerok** (Karl). Palmblad, samlade i Det Heliga Landet Öfversätting af *Frithiof Ryden.* Upsala, Edquist, 1871. 2 tomes en 1 vol. in-12, d.-rel. chag. vert, sur broch., avec chiffre du comte Riant, et 5 pl.

346. **Gilbert.** Poëme à la Serenissime Reyne de Suede, fait en l'an 1651. A Paris, chez Gvillavme de Lvyne, 1655. 1 vol. in-12, de ii ff. 44 pp., rel. veau, fil., tr. dor.

Opuscule de *Gabriel Gilbert* (1610-1680), secrétaire des commandements de la reine Christine et son résident en France après son abdication. Il s'était auparavant fait connaître par de nombreuses tragédies. Ses poésies diverses ont paru chez G. de Luyne, en 1661.

347. [**Gyllenborg** G.-F.]. Birger Jarl, Skåde-Spel; Upfördt första gången på kongl. Slottet i Hans kongl. Maj^{ts} och kongl. Husets Närvaro, wid tilfälle af deras kongl. Högheters Hertigens och Hertiginnans af Södermanland Biläger, den 8 julii 1774. Stockholm, Fougt, 1774. — **Laujon** (P.). Silvie, opéra en trois actes, avec un prologue. Silvie opera i tre acter med en prologue, under Högtidl. vid H. kon. Högh. Hertig Carls af Södermanland och Prinsessan Hedvig Elisabet Charlottas af Holstein-Gottorp... första gången

den 13 Julii 1774. Stockholm, Jean-George Lange, 1774. — Æglé, ballet héroïque. Stockholm, Lange, 1775. Ensemble 1 vol. in-4, rel. v. f. Le titre d'*Æglé* manque.

<blockquote>La première de ces pièces a pour auteur *Gyllenborg*, qui la fit d'après un plan de Gustave III. L'auteur d'Æglé est *Laujon*.</blockquote>

348. Lai d'Havelock le Danois. Treizième siècle. Paris, Silvestre, 1833. Grand in-8, d.-rel. chag. r., tête dorée, non rogné.

<blockquote>Edition donnée par *Francisque Michel*.
Un des 24 exemplaires sur Hollande.</blockquote>

Hertz (Henrik). Den Yngste Lystspil i fire Acter. Kiöbenhavn, Reitzel, 1855. Petit in-12, d.-rel. veau.

349. **Holberg** (Ludwig von). Epigrammatvm libri septem. Editio nova sexto libello aucta. Svbnectitvr Holgeri Dani ad Bvrmannvm Epistola. Hafniæ et Lipsiæ, svmptibvs Otth. Christ. Wenzel, M DCC IL (1749). In-12, rel. veau f. Sur les plats, chiffres A R surmontés d'une couronne royale.

<blockquote>Exemplaire de la bibliothèque du marquis de Morante.</blockquote>

350. **Holberg** (Ludwig von). Den Danske Skue-Plads, deelt udi 7 tomer. Kjöbenhavn, Höppffner, 1722. 7 tomes en 2 vol. in-12, d.-rel. bas. — Den danske Skueplads, eller samtliger Comœdien, Udgivne ved *A. C. Boye*. Kiöbenhavn, Schultze, 1852. In-8, d.-rel. chag. — Peder Paars, Comisk Heltedigt. Kjöbenhavn, Höst, 1857. In-8, avec 100 illustr., d.-rel. chag. — Trende Epistler til***, hvorudi befattes det Fornemste af Hans Liv og Levnet. Oversatte af det Latinske i det Danske Sprog (1745). Udgivet af *J. Levin*. Kjöbenhavn, Schauberg, 1857. 1 vol. in-12, d.-rel. bas. — Ulysses von Ithacia, eller en tydsk Komedie. Kjöbenhavn, Flinch. In-12, d.-rel. veau, avec illustr.

<blockquote>Ce dernier ouvrage est une amusante parodie dans laquelle Holberg a voulu se moquer du théâtre héroïque allemand.</blockquote>

351. [**Holberg** (Ludw. von)]. Voyage de Nicolas Klimius dans le Monde Souterrain, contenant une nouvelle théorie de la Terre et l'histoire d'une cinquième monarchie inconnue jusqu'à présent. Ouvrage tiré de la bibliothèque de M. B. Abelin, et traduit du latin par M. *de Mauvillon*. A Copenhague, chez Jacques Preuss, 1741. 1 vol. in-12, rel. chag. gren. fil., dent. int. Sur les plats, armes et chiffre runique du comte Riant (Gruel).

<blockquote>Première traduction française du célèbre voyage fantastique de N. Klimius. *Holberg* le fit paraître, cette même année 1741, en latin, à Leipzig. Notre exemplaire contient le portrait de N. K. « Empereur de Quama et ensuite Marguillier de l'Eglise de la Croix, à Berge en Norwège », la carte représentant le soleil souterrain et la planète de Nazar, et deux autres planches.</blockquote>

352. **Liebenberg** (F. L.). Betænkning over den holbergske orthographi for det holbergske samfund. Kjöbenhavn, Klein, 1845. Plaq. in-8, cart.

<blockquote>Considérations sur l'orthographe de Holberg.</blockquote>

353. **Smith** (C. W.). Om Holbergs Levnet og populære Skrifter. Kjøbenhavn, Schauberg, 1858. 1 vol. in-12, d.-rel. chag. v.

354. **Bruun** (Chr.). Ludvig Holberg som Lærer i Historie. Kjøbenhavn, Thiele, 1872. 1 vol. in-12, d.-rel. chag. rouge.

355. **Rahbeck** (K. L.). Om Ludwig Holberg som Lystspildigter og om hans Lystspil. Kjøbenhavn, Thiele, 1815-1816. 2 tomes en 1 vol. in-12, rel. toile v.

356. **Skavlan** (Olaf). Holberg Som Komedieforfatter, Forbilleder og Eftervirkninger. Kristiania, Cammermeyer, 1872. 1 vol. in-8, rel. toile, couverture.

357. **Ingemann** (B.-S.). Löveridderen. Tragœdie. Kiöbenhavn, Brünnich, 1816. — Renegarten. En dramisk Digt. Kjbnhvn, Seidelin, 1838. Ensemble 2 vol. in-12, d.-rel. v.

358. **Ivari** (Petr.-Adolphi). Medulla Oratoria, continens omnium transitionum formulas, quibus ornari possit Oratio Rhetorica,... Amsteroddami, ex offic. Elseviriana, 1656. 1 vol. petit in-12 de 12 ff. et 280 pp. Le frontispice est colorié. — Le même, plus rogné, mais avec frontispice intact.

Edition faite par Louis et Dan. Elzevier d'un ouvrage du rhétoricien norvégien Jwar.

359. **Klemming** (G. E.). Svenska Medeltids Dikter och rim. Stockholm, kongl. bogtrykk., 1881-1882. 1 vol. in-8, d.-rel. mar. f., tr. peigne.

360. [**La Beaumelle** (L. Angliviel de)]. La Spectatrice danoise ou l'Aspasie moderne, ouvrage hebdomadaire. A Copenhague, aux dépens de l'auteur, 1749-1750. 3 tomes rei. en 1 vol. in-8, d.-rel.

La Beaumelle a eu la plus grande part à cet ouvrage collectif, et le troisième livre porte son nom avec sa qualité de « Professeur de Belles-Lettres françoises dans l'Université de Copenhague ».

361. Le Cadi dupé, opéra-comique en un acte ; Par l'auteur du Maître en Droit : représenté à Copenhague, par les Comédiens François, Ordinaires du Roi, le   janvier 1767. A Copenhague, chez Cl. Philibert, Imprimeur-Libraire, 1767. In-12, 1 fnc. bl., 45 (1) pp., br.

L'auteur est *Pierre René Lemonnier*, auteur dramatique français (1731-1796). Cette pièce fut jouée pour la première fois sur le théâtre de l'opéra-comique de la foire Saint-Germain, le 4 février 1761.

362. Didon, Tragédie lyrique en 3 actes, représ. pour la première fois sur le théâtre de l'Opéra devant Leurs Majestés, le 2 d'avril 1805. Stockholm, de l'impr. Royale, 1805. Plaq. in-4, rel. toile. — [**Le Noble Tenelière** (Eust.)]. Ildegerte reyne de Norwwege, ou l'amour magnanime. Première novvelle historique, par M. D***. A Paris, chez Guillaume de Luyne, 1694. In-12, rel. veau.

363. **Loptsöns** (Jon). Encomiast, eller en ubenævnt Forfatters Lykønsknings-

Vers til ham, indeholdende en Fortegnelse og Tiids-Regning over de Norske Enevolds-Konger fra Harald Haarfager indtil Kong Sverrer... Kjøbenhavn, 1787. 1 vol. in-4, d.-rel. bas.

364. **Métastase** (Pierre-Bonaventure). Le Roi Berger, Opera Italien, représenté le XXIV du mois de juillet sur le theatre royal de Drotningholm pour la naissance de Sa Majesté, Louise Ulrique, Reine de Suède, &c... Stockholm, nella Stamperia Reale, 1755. 1 vol. in-4, br., tr. dorée.

365. **Montbron** (Joseph-Chérade). Les Scandinaves, poëme traduit du swéo-gothique, suivi d'observations sur les mœurs et la religion des anciens peuples de l'Europe barbare, par *J.-C. Montbron*. Paris, Maradan, 1801. 2 vol. in-8.

366. **Munch** (A.). Hertug Skule. Tragœdie i feur Akter. Kjöbenhavn, Gad, 1864. 1 vol. in-8, rel. toile.

Première édition d'une des meilleures œuvres du grand poète lyrique et dramatique.

367. **Nilsson** (L. G.). Specimens of « King Alfred's Proverbs » with a Swedish translation and a glossary. Copenhagen, Thiele, 1859. 1 vol. in-8, rel. toile.

368. **Œhlenschläger.** Sagor om Nordens Gudar, jemte Mythologisk inledning. Stockholm, 1857. (Tomes I et II.) — Du mème. Nordiska Kämpadater från tiden före Islands upptäckt (tome Ier) : Sagor om Völsungar och Gjukundar. Stockholm, 1858. Ensemble 3 tomes, rel. en 1 vol. in-8, toile. — Tragødier (i eet Bind). Kjøbenhavn, Fr. Host, 1853-1854. 2 vol. in-8, d.-rel. chag., tr. dor., coins. — Væringere i Miklagard. Tragødie. 1 vol. in-12, rel. toile (le titre manque).

369. **Oxenstjerna.** Uwagi y Maxymy Moralne Hrabi Szwedzkiego, Oxenstyrna z Francuzkiego na Polski içzyk przetlumaczone. w Warszawie, Roku 1772. Nakladem Michala Grölla J. K. MCI Kommissarza y Bibliopoli. 1 vol. petit in-8, rel. veau fauve, dos orné, sur les plats, armes du roi Stanislas Poniatowski (un plat endommagé).

Traduction polonaise des Pensées et Maximes du chancelier Oxenstjerna.

370. Le passe-temps Michault, Fransk dikt från det femtonde århundradet efter tvenne handskrifter i kongl. biblioteket i Stockholm för första gången utgifven. Akademisk Afhandling af *Theod. Malmberg*. Upsala, Berling, 1877. In-8, rel. toile, non rogné.

371. **Pedersens** (Christiern). Danske Skrifter udgivne af *C. J. Brandt* og *K. Th. Fenger*. Kjøbenhavn, Gyldendal, 1851-1856. 5 vol. in-8, d.-rel. chag. noir, coins, tête dorée, non rogné.

372. Penu Gnomarum dictorumque, sententiosorum proverbialium refertissimum. Thet är : Ett Ansenligit Förråd af Uthwalda Läro-Språk, och Minnes-Stycker. Stockholm, Burchardi, 1706. 1 vol. in-12, rel. veau.

Ex-libris de Joh. Henr. Schröder.

373. **Raimbert de Paris.** La chevalerie Ogier de Dannemarche, Poëme du XIIe siècle, publié pour la première fois d'après le ms. de Marmoutier et le ms. 2729 de la Bibliothèque du Roi. Paris, Techener, 1842. 1 vol. in-4, d.-rel. mar., coins, tête dorée, non rogné, avec 2 pl. fac-sim. de ms. en couleur.

<blockquote>Ouvrage peu commun. Un des 99 exemplaires en grand papier avec fac-sim.</blockquote>

374. **Rebolledo.** Selvas Danicas D'El Conde don Bernardino de Rebolledo, Señor de Yrian. En Coppenhagen, Impresso por Pedro Morsingio, Imp. Reg. y Acad. Año 1655. 1 vol. in-4, de IV ff., y compris un frontispice et un beau portrait de la reine de Danemark, et 176 pp., rel. mar. brun, fil., tr. dor., dent. int. (Chambolle-Duru).

<blockquote>Belle impression, rappelant celles des Elsevier. *Rebolledo*, chevalier de Saint-Jacques, gentilhomme du roy. de Léon, avait été envoyé en Danemark par le roi Philippe IV : c'est là qu'il composa ses poèmes « Seluas danicas » qu'il dédia à la reine de Danemark, Marie-Amélie de Lunebourg. A la dernière page, se trouve une approbation du jésuite *Guillermo de Aloste*, déclarant que l'ouvrage ne contient rien de contraire à la foi et aux bonnes mœurs.</blockquote>

375. Relation || d'un || voyage || du pôle arctique, || au || pôle antarctique, || par || le centre du monde, || avec la description de ce périlleux Passage, || & des choses merveilleuses & étonnantes || qu'on a découvertes sous le Pole || Antarctique. || avec figures. || A Amsterdam, || chez N. Etienne Lucas, libraire, || dans le Beurs-Straat, près du Dam, à la Bible d'Or. || M. DCC. XXI. || Petit in-8, 6 ffnc., 180 pp. et 5 pl., rel. veau.

<blockquote>Petit volume qui paraît être resté inconnu aux bibliographes.
C'est un voyage absolument imaginaire, en 10 chapitres, où l'auteur raconte des choses extraordinaires qui font classer ce volume à côté du *Voyage de la Calembredaine* et d'autres du même genre.</blockquote>

376. Rolandskvadet, et normannisk Heltedigt. Det Oprindelse og historiske Betydning. Et Bidrag til den europæiske Civilisations Historie af *C. Rosenberg*. Kjøbenhavn, Gyldendal, 1860. Petit in-8, rel. toile, non rogné (couverture).

377. **Rosenhane** (Gustaf). Vittra Skrifter. Stockholm, Norstedt, 1853. 1 vol. in-8, rel. chag. viol., fil., dent. int., tr. dor., doub. moire viol. Sur les plats, armes et chiffre runique du comte Riant (Gruel).

378. [**Rousseau de la Valette**]. Le Comte d'Ulfeld, Grand Maistre de Danemarc, Nouvelle historique. Paris, Jean Ribou, 1678. 2 tomes en 1 vol. in-12, rel. veau.

379. **Schepelern** (J. B. v.) und **Gähler** (A. v.). Skandinavische Bibliothek. Eine Zeitschrift enthaltend : eine fortlaufende Auswahl des Anziehendsten und des Neuesten aus der dänischen, norwegischen und schwedischen Litteratur in sorgfältig bearbeiteten Uebertragungen. Kopenhagen u. Lpzg, Sundersen, 1836. 2 part. en 1 vol. petit in-8, rel. toile.

<blockquote>Musique notée.</blockquote>

380. **Suhm** (Peter Friderich). Samlede Skrifter. Kiøbenhavn, 1788-1799. 16 tomes en 15 vol. in-12, rel. veau.

Mémoires historiques et morceaux littéraires qui avaient déjà paru dans les Recueils des Académies de Copenhague et de Norvège, dans la Minerve, etc...

381. **Thue** (H. J.). Norsk Anthologi. Kjöbenhavn, Jæper, 1847. 1 vol. in-12, rel. toile.

Tegner (Esaias). Axel, Kvædi eptir *Esaias Tegner, Steingrimur Thorsteinson* Islenzkadi. Kaupmannahöfn, Möller, 1857. In-12, cart.

382. [**Tessin** (comte de)]. Lettres à un jeune prince, par un ministre d'État, chargé de l'élever et de l'instruire, traduites du suédois. Londres, Linde, 1755. 1 vol. in-8, vieille rel. veau.

Bel exemplaire, d'une édition différente de celle indiquée par Barbier.

383. **Vinje** (A. O.). Ferdaminni fraa Sumaren 1860. Christiania, Larsen, 1871. 1 vol. in-12, rel. toile, couvert.

Seconde édition des souvenirs de voyage du poète norvégien *Vinje*, ouvrage intéressant écrit en dialecte de paysans.

384. **Wingquist** (Olof). Om Svenska Representationen i äldre Tider, till och med Riksdagen År 1617. Stockholm, Hierta, 1863. 1 vol. in-8, rel. toile.

385. Bjarkamål en fornu (Brot). Br. in-8, *s. l. n. d. n. typ.* — Boråsiade, poeme i fyra Sånger. Stockholm, Fougt, 1776. Petit in-4, rel. mar. vert, plats ornés. — **Essen** (Ludvig). Sigurd Oloffson. Sorgespel i fyra akter. Stockholm, Norstedt, 1870. Petit in-8, rel. toile, non rogné, couvert., avec envoi autogr. au comte Manderström. — **Geijer** (Karl Reinhold). Försök till öfversättning från Charles d'Orléans jemte några iakttagelser vid hans versification. Stockholm, Hæggström, 1872. Plaq. petit in-8, cart. — **Klockhoff** (Oskar). Studier öfver Euphemiavisorna. Upsala, Edquist, 1888. Plaq. grand in-8, cart. (couvert.). — Neri. Poëme Heroique af Författaren til Boråsiade. Stockholm, Kongl. Tryck., 1784. 1 plaq. in-4, rel. chag. estamd., fil. — **Nyrop** (Kr.). Sagnet om Odysseus og Polyphem. København, Madsen, 1881. 1 br. in-8. — Regrets d'Alfred (Les), par un auteur danois. Kiel, de l'impr. de C. F. Mohr, 1836. Plaq. in-8, 96 pp., rel. toile, non rogné, couvert. — **Rondeletius** (Jacobus). Judas Redivivus, thet är: En Christeligh tragicocomœdia..... Stockholm, Klemming, 1871. 1 vol. in-12, d.-rel. chag. rouge, ébarbé. — **Sourdeval**. La fille du roi Waldemar et le fils du roi Alkor. Poème traduit du danois par *Ch. de Sourdeval*. Bordeaux, Condert, 1842. Plaq. petit in-8, cart. (couvert.). — Le Tonnelier, Opera Comique, mêlé d'Ariettes. Représenté au Théâtre de la Cour, à Copenhague, par les Comédiens ordinaires du Roi, le..... mars 1767. Copenhague, Philibert, 1767. 1 plaq. in-12, br.

386. Anteckningar om Rudbecks Atland. Stockholm, Norstedt et Söner,

1863. Plaq. in-8, br. (papier fort). *Tirage à part à 100 exemplaires de l'édition photogr. du tome IV de Rudbeck's Atlantica.* — **Bögelund** (Lauritz). Det Oldenborgske Guldhorn, med afbildning og Forklaring samt det Danske Folks yngste Herkomst. En Læsning for Folket. Kjöbenhavn, Thiele, 1852. Plaq. in-12, rel. toile, non rogné. — [**Bremer** (Fredrika)]. Strid och Frid, eller några scener i Norge af Författarinnan till « Teckningar ur Hvardagslifved ». Stockholm, Hjerta, 1840. In-12, rel.toile, non rogné. — — **Carlgren** (W. M.). Norrland Sång. Stockholm, 1882. Plaq. in-8, cart. — **Claussen** (R. C.). Priis skrift om Folkemængden i Bondestanden. Kiöbenhavn, Möller, 1772. In-12, rel. vél. — **Collett** (Alf.). Familien Collett. Efterretninger, samlede og bearbeidede. Christiania, Werner, 1872. In-4, rel. toile, non rogné (couvert.). *Tiré à 100 exsmplaires.* — **Dass** (Peter). Beskrivelse over Nordlands Amt i Trondhiems Stift : Först udgivet under Titel Nordlands Trompet. Oplagt paa nye... foröget af *Albert Christian Dass.* Kiöbenhavn, Godiche, 1763. — Nordlands Trompet samt Viser og Rim, Udgivne af *A.-E. Eriksen.* Kristiania, Malling, 1873-1874, *avec portr.* Ensemble 1 vol. in-12, d.-rel. bas., et 2 vol. br. — Epistle (an) from a student of Oxford to the Chevalier. Occasioned by his removal over the *Alps* and the discovery of the Swedish Conspiracy. London, Curll, 1717. Plaq. in-12, cart. — **Gros** (Jules). Un volcan dans les glaces. Aventures d'une expédition scientifique dans le Nord. Paris, Dreyfous. In-12, rel. toile (édit.). — Kaerleks balck, a Skrefwen pa Franscska aff Herr V***, och daer utur œfwersatt. Tryckt uti Paris, a Ahr 1740. Plaq. in-4, d.-rel. bas. noire. *Avec une lettre autographe de M. Klemming à M. Riant.* — **Lasses** (Mas) et **Skalle** (Kresten). Faalklaaring aa Beskryuels øuer di tou faalæ willele Begrauelser dæ ha wot i Svinning aa i Thaanum. Randers, Kjeldsens, s. d. Plaq. in-12, cart. — **Morgenstrem** (Ch.). Quelques remarques littéraires sur les Griffons. S. l. n. d. 1 plaq. in-8, cart. — Ny Visebog indeholdende et Ugvald af blandede Sange. Christiania, Hviid, 1824. 1 vol. in-12, d.-rel. veau. — **O···** [Le roi Oscar de Suède]. Trois poésies, traduites du suédois par L. T., prof. à l'Ecole militaire de Carlberg. Stockholm, Norstedt, 1868. 1 plaq. in-8, rel. toile sur broch. — Pœtiska Stunder. Stockholm, Norstedt, 1862. Plaq. in-8, br. — Thesaurus paternus in usum Filii collectus, eller then Högborne Herrens Herz Henrich, Frij-Herretil Limburg... Förmaning til sin son... Stockholm, Burchard, 1697. In-12, d.-rel. bas. — **Wennberg** (Lars). Geisli. Einarr Skúlason orti. Öfversättning med Anmärkningar. Lund, Ohlssons Boktryckeri, 1874. Plaq. in-12, rel. toile. — **Werfel** (I.). Danske Brevbog. Fjerde forbedrede Uplag. Kjøbenhavn, Brummer, 1814. 1 vol. in-8, d.-rel. veau. — **Oersted** (H.-C.). Lustskibet. Et Digt. Kjøbenhavn, Gyldendal, 1836. Plaq. in-32, cart. (éditeur). *Ensemble 19 vol. et plaquettes.*

387. **Broberg** (S.). Theatret i Middelalderen. Det religiöse Skuespil i Frankrig. Odense, 1874. In-12, rel. toile. — Comœdia de mundo et paupere. Et dansk Skuespil fra begyndelsen af det 17. Aarhundrede, udgivet af *S. Birket-*

Smith. Kjöbenhavn, Thiele, 1888. Plaq. in-8, br. — Contentio inter animam et corpus Rhytmi Suethici, e cod. ms. Bibl. Reg. Holm. edidit *Carol. Gustav. Modigh*. Holmiæ, Norstedt, 1842. Plaq. petit in-8, rel. toile. — Creatione mundi (De). Om Meniskiones Skapelse ock Hennes fall : En lithen tractat vpa rijm, Agerat. Stockholm, Nörstedt, 1864. Plaq. in-16, rel. toile. — Förteckning på pergamentsbref i Christianstads Rådhus-archiv. Stockholm, Hörberg, 1854. Plaq. petit in-8, rel. toile, non rogné. — Haldan de Knüden. Manuscrit danois du xve siècle. 2e *édit*. Paris, Sautelet, 1829. Petit in-12, d.-rel. chag. — **Hallman** (Joh. Göstaf). Then Högborna Nunnan Elisif Eriks Dotter af Risberga Kloster i Hennes lefwerne sig tildragne Lycks och Olycks Händelser under sångwis författade Rim, wid pass för 342 åhr sedan beskrifwen, af Biskop Nils then Helige i Linkiöping... Stockholm, Nystrom, 1732. Plaq. in-4, rel. toile. — **Baggesen** (Jens). Kallundborgs Chrönika eller Censurens Uphof. Öfversättning från Danskan. Stockholm, Holmberg, 1792. — Eventyrer og Comiske Fortællinger. Kjöbenhavn, Brummer, 1807. 2 tomes. Ensemble 1 vol. et une plaq. in-12, d.-rel. v. et cart. — **Ambrosoli** (Solone). Dalle lingue del nord. Versioni poetiche. Como, C. Franchi, 1880. Plaq. in-8, cart. — **Magnusen** (Finn). Forsög til Forklaring over Nogle Steder af Ossians Digte mest vedkommende Skandinaviens hedenold. Kiöbenhavn, Seidelin, 1814. — Bidrag til Nordisk Archæologie meddeelte Forelæsninger. Kiøbenhavn, Beekens, 1820. Ensemble 2 vol. in-12, d.-rel. — Miracula sanctæ crucis Stockholmiæ seculo XV ineunte annotata per Fratr. *Gregorium*, monach. Ord. Præd. Stockh. e codice ms. membranaceo ad medicam illorum temporum historiam indicandam, edidit *Laur. Roberg*. Upsal, an. 1725. 1 plaq. in-4, cart. — Någre gudhelige Wijsor vthdragne aff then Helga Schrift the ther tiena til at siungas i then Christeliga Församblingen. Stockholm, 1530. Stockholm, Norstedt, 1871. Plaq. in-12, rel. toile. *Réimpression à petit nombre*. — **Olafsen** (John). Om Nordens gamle Digtekonst dens Grundregler, Versarter, Sprog og Foredragsmaade. Kbhvn, Stein, 1786. 1 vol. in-4, d.-rel. — **Sweyne**. La mort du Roi Sweyne, en vers du xive siècle, publiée pour la première fois d'après le ms. de la Bibliothèque d'Avranches, par l'éditeur du Roman de Robert le Diable [*G. S. Trebutien*]. Caen, Poisson, 1846. Plaq. in-12, rel. vél. (pap. vergé). *Tiré à 120 exemplaires*. — Tobiæ Komedie. Et Dansk Skuespil fra tiden omkring 1600. Udgivet af *S. Birket Smith*. Kjöbenhavn, Thiele, 1887. 1 plaq. in-12, br.

VIII

Grammaires. Lexicographie. — Anciennes langues scandinaves. — Philologie comparée. — Danois. Lapon. Suédois.

388. **Egilsson** (Sveinbjörn). Lexicon poëticum antiquæ linguæ septentrionalis. Hafniæ, Qvist, 1860. 1 vol. in-8, rel. toile, non rogné. — Clavis poetica antiquæ linguæ septentrionalis. Hafniæ, Qvist, 1864. In-8, d.-rel. mar.

389. **Fritzner** (Johan). Ordbog over det gamle norske Sprog. Kristiania, Feilberg, 1867. — Forklaring over Nogle Ord og Udtryk i det gamle norske Sprog. Kristiania, 1871. Ensemble 1 vol. et 1 plaq. in-8, cart. et rel. toile, non rogné.

390. **Hallenberg** (Jonas). Disquisitio de nominibus in lingua Suiogothica Lucis et Visus, cultusque solaris in eadem Lingua vestigiis. Stockholm, Nordström, 1816. 2 vol. in-12, rel. toile.

391. **Hickes** (Georges). Institutiones Grammaticæ Anglo-Saxonicæ et Mœso-Gothicæ. Oxoniæ, Sheldon, 1689. — Recentissima antiquissimæ linguæ septentrionalis incunabula, id est Grammaticæ Islandicæ rudimenta, per *Runolphum Jonam* Islandum. Oxoniæ, Sheldon, 1688. Ensemble 1 vol. in-4, rel. v.

392. — Linguarum Vett. Septentrionalium thesaurus grammatico criticus et archæologicus. Oxoniæ, e theatro Sheldoniano 1703-5. 6 parties en 3 vol. in-fol., rel. v.

Bel exemplaire qui semble en grand papier, de cet ouvrage fort estimé et rare.

393. **Holmboe** (Chr. Andr.). Det norske sprogs væsentligste Ordforrad sammenlignet med Sanskrit og andre sprog af samme Æt. Wien, 1852. — Sanskrit og Oldnorsk. Christiania, 1846. — Det Oldnorske verbum. Christiania, 1848. — Om pronomen relativum og nogle relative conjunctioner i vort oldsprog. Christiania, 1850. Ensemble 4 vol. et plaq. in-4, cart. et rel. toile, non rogné.

394. **Jameson** (John). Hermes Scythicus, or the radical affinities of the Greek and Latin languages to the Gothic. Edinburgh, Longman, 1814. 1 vol. in-8, rel. toile.

395. **Jonas** (Runolph.). Recentissima antiquissimæ linguæ septentrionalis incunabula id est Grammaticæ Islandicæ Rudimenta. Oxoniæ, Sheldon, 1688. In-4, rel. vél.

396. **Ihre** (Johannes). Glossarium Suiogothicum. Upsaliæ, Edman, 1769. 2 tomes en 1 vol. in-fol., rel. veau, fil., dent. intér., avec chiffre du comte Riant.

397. **Jonas** (Runolph.). Recentissima antiquissimæ linguæ septentrionalis incunabula id est Grammaticæ Islandicæ rudimenta. Hafniæ, Hakius, 1651. 1 vol. petit in-4, rel. vél.

398. **Jonsson** (Erik). Oldnordisk Ordbog. Kjöbenhavn, Qvist, 1863. 1 vol. in-8, rel. toile, non rogné.

399. **Junius** (Franciscus). Gothicum Glossarium, quo pleraque Argentei Codicis Vocabula explicantur, atque ex linguis cognatis illustrantur..... Dordrecht, typis et sumptibus Junianis, 1665. 1 vol. petit in-4, d.-rel. v.

400. Lye (Edward). Dictionarum Saxonico et Gothico-Latinum. Accedunt Fragmenta Versionis Ulphilanæ, nec non opuscula quædam Anglo-Saxonica. Edidit nonnullis vocabulis auxit, plurimis exemplis illustravit et Grammaticam utriusque Linguæ præmisit *Owen Manning*. London, Allen, 1772. 2 vol. in-fol., d.-rel. chag. olive, coins, tête dorée, non rogné.

<blockquote>Ouvrage estimé, assez rare en France.</blockquote>

401. Pfeiffer (Friedrich). Altnordisches Lesebuch. Text, Grammatik, Wörterbuch. Leipzig, Weigel, 1860. 1 vol. in-8, br.

402. Pougens (Charles). Essai sur les antiquités du Nord et les anciennes langues septentrionales. Paris, Ch. Pougens, an VI (1797). — Le même, seconde édition, augmentée d'une notice d'ouvrages choisis sur les Religions, l'Histoire et les divers idiomes des anciens peuples du Nord. Paris, Ch. Pougens, an VII (1799 v. s.). Ensemble 2 vol. in-8, d.-rel. v. et cart.

403. Serenius (Jacobus). Dictionarium Anglo-Svethico-latinum. Hamburgi, Rud. Beneken, 1734. 1 vol. in-4, rel. vél., avec 1 pl.

<blockquote>En tête de cet ouvrage, une préface : De nova, quam parat, Ulphilæ Editione, *Erici Benzelii*.</blockquote>

404. Vulcanius Brugensis (Bon.). De literis & lingua Getarum, siue Gothorum. Item de notis lombardicis. Quibus accesserunt specimina variarum Linguarum, quarum Indicem pagina quæ Prefationem sequitur ostendit, Editore Bon. Vulcanio Brugensi. Lugd. Batav. Ex off. Plantiniana, apud Franc. Raphelengium, 1597. In-12, rel. vél.

<blockquote>Déchirures au dernier f. Curieux ouvrage d'un anonyme que quelques bibliographes ont cru être Antoine Morillon, secrétaire de Granvelle.</blockquote>

405. Wägner (Wilhelm). Nordisch-Germanische Götter und Helden. *Zweite Ausgabe*. Leipzig, Spamer, 1874. 1 vol. in-8, rel. toile, non rogné, couverture. 5 planches et 140 figures.

406. Wotton (William). Wotton's Short View of George Hickes's Grammatico-critical, and archeological treasure of the ancient Northern Languages, with some notes,...... faithfully and entirely translated into English from the Latin original by *Maurice Shelton*... London, Browne, 1735. In-4, 10 ffnc., 136, 6 pp. et 1 fnc., d.-rel. bas. noire.

<blockquote>Cet ouvrage a un 2ᵉ titre que voici : A short view of George Hickes's Grammatico-critical and archeological Treasure of the ancient Northern Languages... London, printed by William Bowyer, at the charge of Richard Sare., 1708.
Il y a également 2 dédicaces, l'une à *James Reynolds*, l'autre à *James Bridges*. Rare avec les 2 titres et les 2 dédicaces.
Exemplaire en grand papier, des bibliothèques *Rob. Pitcairn* et *Joh. Whitefoord Mackensie*.</blockquote>

407. Bayldon (George). An elementary Grammar of the old Norse or Icelandic language. London, Williams & Norgate, 1870. In-12, rel. toile, non rogné. — **Bergwall** (Mart. Christ.). Grammaticæ Gothico-Islandicæ electa. Partes II. Lund, Berling, 1804. 1 plaq. petit in-4, rel. toile. — **Gislason**

(Konrad). Oldnordisk Formlære. Kjöbenhavn, Stenderup, 1858. 1 vol. in-12, rel. toile sur broch., non rogné. — **Hallager** (Laurentz). Norsk Ordsamling eller Pröve af Norske Ord og Talemaader. Kjöbenhavn, Popp., 1802. In-12, d.-rel. veau, tête dor., non rogné. *Tache au titre.* — **Hardt** (Rich. von der). Epistola ad Nobilis. & Celeberrim. Virum Dom. Johannem Peringschiöldium qua Johannis episcopi Aboensis literæ verbum Maskoth explicantes & Bergeri Suecor. Regis ad Nicolaum Anderson, de sylvarum & prædiorum cultura in Tavvastia non impedienda exponuntur. *Absque notá* (1803). Plaq. petit in-4, rel. toile. — **Johansen** (Chr). Die Nordfriesische Sprache nach der Föhringer und Amrumer Mundart. Kiel, Akad. Buchhdlg, 1862. In-8, rel. toile, non rogné. — **Lagergren** (J.). Gautamál, lingua antiqua Scandinavia. Lund, Berling, 1811. 1 plaq. in-4, rel. toile. — **Le Héricher** (Edouard). Normandie scandinave ou Glossaire des éléments scandinaves du patois normand. Avranches, Tribouillard, libr., 1861. In-12, rel. toile. — **Lund** (Georg F. V.). Oldnordisk Ordföjningslære. København, Kalckav, 1862. 1 vol. in-12, d.-rel. — Om det oldnordiske Sprogs Overensstemmelse med det græske og latinske i Ordföjningen. Nykjøbing, Laubs, 1849. In-12, rel. toile. — **Munch** (P.-A.). Det gotiske Sprog. Formlære med korte Laesestykker og Ordregister. Christiania, 1848. — Det oldnorske Sprogs eller Norrønasprogets Grammatik. Christ., 1847. — Kortfattet Fremstilling af den aeldste Nordiske Runeskrift. Christ., 1848. — Forn-Swenskans (Svœnsku ok Gøzku) och Forn-Norskans (Norrœnu) Språkbyggnad. Stockholm, 1849. — Normændenes ældste Gude- og Helte-Sagu. Christiania, 1854. Ensemble cinq plaq. in-8, rel., sur la linguistique ou la littérature. — **Rudbeck** (Olaus, filius). Specimen Usus linguæ gothicæ, eruendis atque illustrandis obscurissimis qiubusvis Sacræ Scripturæ locis... Upsalis, Werner, 1717. —Thesaurus linguarum Asiæ et Europæ Harmonicus... Adjectæ sunt Dissertat. Critic. de Urim & Thumim. Upsal, 1716. Ensemble 2 plaq. in-4, dérel. — **Skeat** (W. W.). A Mœso-Gothic Glossary with an introduction, an outline of Mœso-Gothic grammar, and a list of Anglo-Saxon and modern English words etymologically connected with Mœso-Gothic. London, Asher, 1868. In-4, rel. toile (édit.). *Ensemble 18 vol. et plaquettes.*

408. **Aphelen** (Hans von). Dictionnaire Royal (français-danois et danois-français). Kjøbenhavn, Møller, 1772. 2 vol. in-4, rel. bas.

409. **Dansk-Ordbog**, udgiven under Videnskabernes Selskabs Bestyrelse. Kiøbenhavn (1793-1848). 6 tomes en 5 vol. grand in-4, le dernier volume s'arrête à Sy.

410. **Kalkar** (Otto). Ordbog til det ældre Danske Sprog (1300-1700). Kjöbenhavn, Thiele, 1881-1888. 1 vol. grand in-8 en livraison 1 à 13 (A.-J.). Manque 11, 12.

Dictionnaire de l'ancienne langue danoise.

411. **Kok** (Johannes). Det Danske Folkesprog i Sønderjylland forklaret af

Oldnordisk, Gammeldansk og de Nynordiske Sprog og Sprogarter. Kjöbenhavn, Philipsen, 1863. 2 tomes en 1 vol. in-8, d.-rel. veau brun, non rogné (couverture).

412. **Pontoppidan** (Erik). Grammatica danica. Havniæ, Typ. Veringii, 1668. 1 vol. in-8, rel. vél.

413. **Molbech** (C.). Danske dialect-lexikon indeholdende Ord, Udtrykke og Talemaader af den danske Almnes Tungemaal... Kiøbenhavn, Gyldendal, 1841. — Dansk Ordbog, indeholdende det danske Sprogs Stammeord tilligemed afledede og sammensatte Ord. Anden Udg. Kiøbenhavn, Gyldendal, 1859. 2 tomes en 1 vol. grand in-8, d.-rel.

414. **Rask** (E.-C.). Danish grammar, edited by *Thorl. Gudm. Repp*. Second Ed. Copenhagen, Schultz, 1846. 1 vol. in-12, d.-rel. veau.

415. A new pocket-dictionary of the english and danish Languages. Stereotype edition. Leipsic et Christiania, s. d. 2 parties (anglo-danoise et dano-angl.) en 1 vol. in-32, d.-rel. veau.

416. **Varming** (L.). Det Jydske Folkesprog, grammatisk fremstillet. Kjøbenhavn, Hagerup, 1862. 1 vol. in-8, rel. toile, non rogné.

417. **Worm** (Jens.). Forsøg til et Lexicon over danske, norske og islandske lærde Mænd. Kiøbenhavn, Gyldendal, 1771-84. 3 vol. in-12, rel. toile.

418. **Yanssens des Campeaux** (N. J. A.). Les éléments de la langue danoise avec un abrégé des curiosités de la ville de Copenhague et des environs de cette capitale en danois et en françois. Copenhague, Holm, 1787. 1 vol. in-8, cart.

419. Dansk-Engelsk Søe-Lexicon. Kjøbenhavn, Seidelin, 1808. 1 vol. in-12, cart.

420. Neologerne og de fremmede Ord. Tre Dagblads-Artikler af *J. Levin*. Kjobenhavn, Lund, 1845. — Om de fremmede Ord i vort Modersmaal. 2. Om deres Fortrængelse ved danske Ord, af *Mag. Martin Hemmerich*. Kjobenhavn, B. Luno, 1850. — Nogle Ord om det, man kalder « Retskrivning »,... af C. Molbech. Kjobenhavn, Gyldendal, 1855. 1 vol. in-12, rel. toile. *Réunion de dissertations sur l'orthographe danoise*. — **Adler** (A. P.). Pröve paa et Bornholmsk Dialekt-lexicon. 1te og 2^n Samling. Kjøbenhavn, Reitzels, 1856. Plaq. in-8, rel. toile, non rogné. — **Feilberg** (H. F.). Bidrag til en Ordbog øver jyske Almuesmål. Kjøbenhavn, Thiele, 1886-87. Fasc. 1-3, in-8, br. — **Junius** (Adrien). Brevis nomenclator Had. Jvnii &c. Cum utili appendice pro pueris... Hafniæ, Impressit Matthias Vinitor,... cIɔ.Iɔ.Ivɔ. In-12, rel. vél. (112 pp.).

Petit vocabulaire latin-danois, dû au poète et naturaliste hollandais *Adrien Junius*.

421. **Fiellström** (Petrus). Dictionarium Sueco-Lapponicum, eller en Orda-

Bok. J hwilken the förnämste Swänska Ord efter Alphabetet upsökas kunna, och på Lapska gifne finnas. Stockholm, Horrn, 1738. — Grammatica lapponica. Holmiæ, Horrn, 1738. Ensemble 2 vol. in-12, rel. bas. et d.-rel. veau f.

422. **Ihre** (J.). Lexicon Lapponicum cum interpretatione vocabulorum sueco-latina..... auctum grammatica lapponica a Dom. *Erico Lindahl* et *Johanne Öhrling*. Holmiæ, Lange, 1780. 1 vol. in-4, rel. veau.

Bel exemplaire de l'excellent ouvrage de Ihre.

423. **Leem** (C.) et **Sandberg** (G.). Lexicon Lapponicum bipartitum. Trondhjem et Copenhague, 1768-1781. 2 vol. in-4, rel. veau.

424. **Lönnrot** (Elias). Ueber den Enare-Lappischen dialekt. Helsingfors, 1854. 1 vol. in-4, rel. toile, non rogné. — **Castrèn** (M. A.). Vom Einfluss des Accents in der Lappländischen Sprache. St. Petersburg, 1845.

425. **Des Pepliers**. Grammaire Françoise et Suedoise. Stockholm och Upsala, Kiesewetter. — Fables d'Esope avec le sens moral. Stockh., Kiesewetter. Ensemble 2 tomes en 1 vol., d.-rel. basane.

426. **Pourel**. Court et droit Sentier A la langue françoise par Barth : Pourel de Hatrize. A Stockholm, chez Jean Jeansson, 1650. 1 vol. petit in-8 de vjjj ff., 274 pp., jj ff., rel. mar. bleu, dent. int., tr. dor. Sur les plats, armes et chiffre runique du comte Riant (Gruel).

Pourel a dédié son livre à la reine Christine de Suède.

427. **Reuterdahl** (H). Gamla ordspråk på latin och swenska, efter en Upsala-handskrift utgifne och med glossarier försedde. Lund, Köpenhamn et Christiania, 1 vol. in-8, rel. chag. viol., fil., dent. int., tr. dor., doubl. en moire viol. Sur les plats, armes et chiffre runique du comte Riant (Gruel).

428. **Rietz** (Johann Ernest). Svenskt Dialekt-Lexicon. Malmö, Cronholm, 1867. 1 vol. grand in-8, d.-rel. chag. r. — **Näsman** (Reinhold E.). Historiola Linguæ Dalekarlicæ; Dissertatio Academica. Upsaliæ, Werner, 1733. Plaq. in-4, d.-rel. mar. bleu, coins, tr. dor. (Gruel).

Mouillures.

429. **Sahlstedt** (Abr. M.). Dictionarium Psevdo-Svecanum, det är : Ord-Lista På främmande i Swenska Språket före kommande Ord. Wästerås, Joh. Laur. Horrn, 1769. 1 vol. petit in-8, d.-rel. veau rac.

Exemplaire interfolié.

430. **Welander** (P. O.). Svensk-dansk-norsk Lommeordbog, udgiven af *Svante Ströhm*. Kjöbenhavn, G. H. Jæger, 1846. 1 vol. in-8, cart., rel. peau de Suède.

431. **Cimmerdahl** (Christan Rudolf). Några Upplysningar om Folkspråket i Bleking. Akademisk afhandling. Lund, Lundberg, 1859. Plaq. in-8, rel. toile, non rogné. — **Djurklou** (G.). Ur Nerikes Folkspråk och Folklif.

Anteckningar utgifne till Fornvänners Ledning. Örebro, Lindh, 1860. Petit in-8, rel. toile. — **Dieterich** (Udo Waldemar). Ausführliche Schwedische Grammatik nebst einer gedrängten Literaturgeschichte,... mit Chrestomathic und Wörterbuch. 2ᵉ édition. Stockholm u. Lpzg, Fritze, 1848. 1 vol. in-12, d.-rel. bas. — **Fryxell** (Andreas). Svensk Språklära, samt kort öfversigt af Svenska språkets och litteraturens Historia. Stockholm, Hjérta, 1857. Petit vol. in-12, d.-rel. veau. — **Pfeif** (Joh. Jacobus). De habitu & instauratione sermonis Suecani. Holmiæ, Matthiæ, 1713. Petit in-12, rel. vél.

432. **Bang** (Thomas). עט תקרם. Cœlum orientis et prisci mundi triade. Hauniæ, typis Petri Morsingi, 1657. Petit in-4, avec frontisp., dérelié.

Ouvrage très rare. Son auteur, qui l'a dédié à Jésus-Christ, y recherche l'origine des lettres, des signes astronomiques, etc.
Au titre, la signature d'*Erik Benzelius*, savant professeur suédois (1675-1743).

433. **Knudsen** (K.). Unorsk og Norsk eller fremmedords avløsning. Kristiania, Cammermeyer, 1881. 1 gros vol. grand in-8, d.-rel. veau f., tête peigne, non rogné, couvertures.

434. **Oehrlander** et **Leffler**. Tetraglott-Lexicon för öfversättning från Svenskan till Tyska, Franska och Engelska Språken. Stockholm, Häggström, 1852. 1 vol. in-4, rel. veau fauve (armes et chiffre en caractères runiques du comte Riant).

435. **Olde**. Fransk Språklära för Elementar-Lärowerk (6° édition). Stockholm, Rüs, 1858. 1 vol. in-12, d.-rel.

436. **Smith** (Casp. Guil.). De locis quibusdam Grammaticæ linguarum balticarum et slavonicarum. Havniæ, Gyldendal, 1847. 2 parties en 1 vol. in-8, d.-rel. veau.

Exemplaire provenant de la bibliothèque du marquis *de Morante*.

437. **Baden** (Jac.). Symbola ad augendas Linguæ vernaculæ copias e Saxonis Grammatici interpretatione velle jana. Hafniæ, typ. Martini Hallager, 1780. 1 plaq. in-4, cart., tr. dor. — **Bring** (Sven). Bref till Cancellie Rådet... *Joh. Ihre* om Swenska och Turkiska Språkens likhet. Lund, Berling, s. d. [1764]. Plaq. in-12, rel. vél. — **Fridriksson** (H. Kr.). Thýzk Málmyndalýsing. Reykjavík, Thordarson, 1863. In-12, cart. — **Herr B*****. Forslag om det Danske Sprogs Indförsel udi Frankerige. Aar 1755. *S. l. n. typ.* — Avertissement fra l'Academie Françoise, Angaaende Hʳ B*** Forslag om det Danske Sprogs Indförsel ude Frankrige. Fordansket af *C. M. Priebst* Aar 1756. *S. l. n. typ.* — *Casper Peter Rothes* Betænkning över det saakaldede avertissement fra l'Académie françoise. Kjöbenhavn, 1756. *1 fnc., 60 pp. manuscrites*, signées *J.-P. Anchersen*. Ensemble 1 vol. in-12, rel. bas. — **Kreüger** (J.). Det Aryska elementet i den fornsvenska familjens och Slägtens organisation. Lund, Tryckt såsom Manuskript, 1881. 1 vol. in-12, rel. toile, non rogné. — **Landtmanson** (Carl). Undersökningar öfver språket i skriften :

Kununga og höfdhinga styrilse. Afhandling. Upsala, Hanselli, 1863. Plaq. in-8, cart. — **Léander** (J. E. M.). Observations sur l'infinitif dans Rabelais. Lund, Ohlsson, 1871. Plaq. in-8, cart., non rogné. — **Modin**. Sur l'emploi des temps de prétérit dans les langues française, italienne et espagnole. Dissert. prés. à la F. de phil. d'Upsal. Vesterâs, Sjöquist, 1869. 1 plaq. in-8, cart. — Le même, br. — Norrländska Husdjursnamm, samlade ock ordnade af *Johan Norlander*. Stockh., 1880. 1 plaq. in-8, cart. — **Tamm** (Fredr.). Slaviska Lånord från Nordiska Språk. Upsala, Lundström, 1882. 1 plaq. in-8, cart., couvert. — **Vising** (Johan). Etude sur le dialecte anglonormand du xii° siècle. Upsala, Edquist, 1882. — Sur la versification anglonormande. Upsala et Paris, 1884. *Ensemble 13 plaq. brochées, in-12.*

IX

Voyages. — Scandinavie.

438. **Acerbi** (Joseph). Voyage au Cap Nord, par la Suède, la Finlande et la Laponie. Traduction d'après l'original anglais revue sous les yeux de l'auteur, par *Joseph Lavallée*. Paris, Levrault, an 12, 1804. 3 vol. in-8, d.-rel. bas. — Vues de la Suède, de la Finlande et de la Laponie depuis le détroit du Sund jusqu'au Cap Nord. Paris, Didot l'aîné, 1803. In-4, rel. toile, 24 pl., avec texte explicatif, tiré à 150 ex. en papier vélin. — Voyage au Cap Nord par la Suède, la Finlande et la Livonie, traduit par *Joseph Lavallée*. Paris et Strasbourg, Levrault, 1804. 1 vol. in-4, d.-rel. *Collection de planches curieuses et musique notée.* — Remarques sur le voyage de M. J. Acerby en Suède, Finlande et Laponie, par *J. A. C. Brunswick*, de l'imprimerie française, Reichenstrasse, n° 1300, 1804. Plaq. grand in-4, 39(1) p., rel. toile, non rogn. *Critique du voyage en Suède d'Acerbi. Peu commun.* — Briefe über Schweden und Schwedens neueste Verhältnisse. Aus d. Handschrift eines berühm. Schwedischen Gelehrten, übers. u. hrsgg. v. *Friedr. Rühs*. Halle, Gebauer, 1804. In-8 agenda, cart.

439. **Allison** (Tho.). An account of a voyage from Archangel in Russia, in the year 1697... London, printed for D. Brown at the Black Swan and Bible..., 1699. 1 petit vol. in-12, rel. veau, avec 2 cartes.

La reliure est brisée.

440. **Arnold** (E. Lester L.). A Summer Holiday in Scandinavia, with a preface by *Edwin Arnold*. London, Sampson Low, etc., 1877. 1 vol. in-8, rel. toile (éditeur).

Alexis (Willibald). Herbstreise durch Scandinavien. Berlin, Schlesinger, 1828. 2 parties en 1 vol. in-12, rel. toile verte, non rogné.

441. **Beaumont** (v^te Adalbert de). Sketches in Denmark, Sweden, Lapland

and Norway. London, Thomas Mc Lean, 1840. Grand in-fol , d.-rel. mar., contenant 23 pl. tirées en 2 teintes et dont plusieurs sont coloriées avec soin.

Bel ouvrage tiré à petit nombre.

442. **Barrow** (John). Excursions in the North of Europe, trough parts of Russia, Finland, Sweden, Denmark, and Norway in the years 1830 & 1833. London, Murray, 1834. 1 vol. in-12, rel. toile (édit.), avec fig., pl. et carte.
— **Bedemar** (Bargas). Reise nach dem Hohen Norden durch Schweden, Norwegen und Lappland in den Jahren 1810, 1811, 1812 und 1814. Frankfurt a.M., Hermann, 1819. 2 vol. in-12, rel. toile, non rogn., avec 1 carte.

443. **Belpaire** (A.). De la plaine maritime depuis Boulogne jusqu'au Danemark. Anvers, Schotmans, 1855. 2 parties en 1 vol. in-8, rel. toile, non rogné, avec 1 carte.

444. **Berggren** (J.). Resor i Europa och i Österländerne. Stockholm, Rumstedt, 1826. 3 part. en 1 vol. in-16, rel. toile, non rogné, avec 3 cartes.

445. **Berntsen Bergen** (Arent). Danmarckis og Norgis Fructbar Herlighed uthi fire Bøger forfattet. Kiöbenhavn, Prentet aff. Peder Hake, 1650-55. Ensemble 1 vol. petit in-4, rel. v. f., avec pl.

Quelques raccommodages.

446. **Bing** (Lars Hess). Beskrivelse over Kongeriget Norge, Øerne Island og Ferøerne, samt Grønland efter ældre og nyere, tryckte og haandskrewne geografiske, chorograph., typogr., statist. Skrivter... Kjøbenhavn, Gyldendal, 1796. 1 vol. in-12, d.-rel. bas. noire.

447. **Blefkenius** (Dithmar). Het Vermaak der Tover-Hekzen van Lapen Fin-Land, met haar tover-trommelen, wind-verkopen, enz : Als mede de generale Historie van Lapland... Hier is by-gevœgt de Beschrijving van Ys- en Groenland. Leeuwarden, Jan Klasen, 1716. 1 vol. in-12, avec frontisp. pl., rel. vél. bl.

A la suite on a relié : De Gocheltas van Momus. 2ᵉ *édit. augmentée.* 'S Gravenhage Moselagen, 1730, frontisp.

448. **Boisgelin** (Louis de). Travels through Denmark and Sweden to which is prefixed a journal of a voyage down the Elbe from Dresden to Hamburg, including a compendious historical account of the Hanseatic league. London, Wilkie and Robinson, 1818. 2 vol. in-4, avec 13 pl. en lithogr., d.-rel. veau.

Exemplaire de l'auteur, Pierre-Marie-Louis de Boisgelin de Kerdu, avec son ex-libris.

449. **Boucher de Perthes**. Voyages en Danemark, en Suède, en Norwège, par la Belgique et la Hollande. Retour par les villes Hanséatiques, le Mecklembourg, la Saxe... en 1854. Paris, Treuttel et Wurtz, 1858. 1 vol. in-12, rel. toile, ébarb. (couverture). — **Bouyer** (A.-C.) et **Midy** (Th.).

Paysages du Nord. Nouvelle édition. Paris, Courcier, s. d. Grand in-8, avec 4 pl. sur acier et 8 pl. en couleur, rel. toile, ébarb. (couverture). — **Bremner** (Robert). Excursions in Denmark, Norway, and Sweden ; including notices of the state of public opinion in those countries, and anecdotes of their courts. London, Colburn, 1840. 2 vol. in-8, rel. toile (édit.), avec 2 portr. — Briefe eines reisenden Nordländers. Geschrieben in den Jahren 1807 bis 1809. Cöln, Hammer, 1812. In-12, rel. toile, non rogné.

450. **Buch** (Leopold von). Voyage en Norwege et en Laponie fait dans les années 1806, 1807 et 1808, trad. de l'allemand par *J. B. B. Eyriès*, précédé d'une introduction par *A. de Humbolt*. Paris, Gide, 1816. 2 tomes en 1 vol. in-12, avec cartes, d.-rel. chag. rouge, avec chiffre du comte Riant. — Viaggio in Norvegia, ed in Lapponia fatto negli anni 1806, 1807 e 1808. Tradotto e corredato di note dal cav. *Luigi Bossi*. Milano, Sonzogno, 1817, *avec pl.* — Resa, genom Lapmarken och Sverige. Stockholm, Hæggström, 1816. Ensemble 2 vol. et 1 plaq. in-12, cart. et br.

451. **Bulgarin** (Thaddée). ЛѢТНЯ ЯППРОГУЛ КАПО ФИНЛЯНДИИ И ШВЕЦIИ. Voyage d'Eté en Finlande et Suède fait en 1838. Saint-Pétersbourg, 1839. (*En russe.*) 2 tomes en 1 vol. in-8, rel. toile, non rogné (couverture).

452. **Bunbury** (Selina). A summer in northern Europe including sketches in Sweden, Norway, Finland, the Aland islands, Gothland, etc. London, Hurst and Blackett, 1856. 2 *tomes*. — Life in Sweden, with excursions in Norway and Denmark. London, *ibid.*, 1853. Ensemble 3 vol. in-12 et petit in-8, rel. toile (éditeur).

453. **Capel** (Rudolff). Jorden, oder Zu Wasser und Lande im Eise und Snee, mit Verlust Blutes und Gutes zu Wege gebrachte, und fleissig beschriebene Erfahrung und Vorstellung des Nordens... Hamburg, Joh. Naumann, 1678. Petit in-4, avec 1 carte, rel. vél.

454. **Capell Brooke** (Arthur de). A Winter in Lapland and Sweden with various observations relating to Finmark and its inhabitants made during a residence at Hammerfest, near the North Cape. London, Murray, 1826. 1 vol. in-4, avec 31 planches lithogr. et carte, d.-rel. chag. rouge, coins, tr. limaç., chiffre du comte Riant. *Exemplaire en grand papier.* — Travels through Sweden, Norway and Finmark to the North Cape in the summer of 1820. London, Rodwell and Martin, 1828. 1 vol. in-4, avec fig., pl. et portr. en lithogr., d.-rel., chag. r., coins, tr. limaç., chiffre du comte Riant.

455. **Carr** (John). A northern Summer : or Travels round the Baltic, through Denmark, Sweden, Russia, Prussia and part of Germany in the year 1804. London, Rich. Philipps, 1805. 1 vol. in-4, rel. veau v. rac., dos orn., fil., avec 11 pl. — L'Été du Nord ou Voyage autour de la Baltique, par le Danemarck, la Suède, la Russie et partie de l'Allemagne, dans l'année 1804. Trad. de l'anglais par *T. P. Bertin*. Paris, Chaumerot, 1808. 2 tomes, avec 2 pl., en 1 vol., rel. v. rac., dos orn., fil.

456. **Catteau** (J. P.). Voyage en Allemagne et en Suède, contenant des observations sur les phénomènes, les institutions, les arts et les mœurs... Paris, Dentu, 1810. 3 vol. in-8, br.

457. **Clarke** (E. D.). Travels in various countries of Scandinavia; including Denmark, Sweden, Norway, Lapland, and Finland. London, Cadell, 1838. 3 vol. in-8, rel. toile, non rogn., avec fig., pl. et cartes.

458. [**Clément**]. Relation d'un voyage de Coppenhague à Breme en vers burlesques. A Breme. Chez Claude Lejeune, 1705. 1 plaq. in-12, rel. vél., fil., dos orné, non rogn.

> Réimpression de l'opuscule de Clément, dont deux éditions avaient déjà été données en 1676 et 1677 à Leyde, sous le titre de « Relation du voyage de Brême ».

459. **Consett** (Matthew). A Tour through Sweden, Swedish-Lapland, Finland, and Denmark, in a series of letters. London, Johnson, 1789. In-4, avec pl. gr. sur cuivre, rel. toile.

> Exemplaire en grand papier.

460. **Conway** (Derwent). A personal narrative of a journey through Norway, part of Sweden and the islands and states of Denmark. Edinburgh, Constable, 1829. In-16, d.-rel. bas. r., musique gr. — **Cox** (Samuel C.). Arctic Sunbeams: or From Broadway to the Bosphorus by way of the North Cape. New-York, Putnam, 1882. In-12, avec 1 pl., rel. toile (édit.).

461. **Coxe** (William). Voyage en Pologne, Russie, Suède, Dannemarc, etc., traduit de l'anglais, enrichi de notes et des éclaircissements nécessaires, et augmenté d'un voyage en Norwège par M. *P. H. Mallet.* Genève, Barde, Manget, etc., 1786. 4 tomes en 2 vol. in-12, d.-rel. veau rac., dos orn., avec cartes.

> Ouvrage fort intéressant et très utile. Le traducteur, M. Mallet, a substitué, au récit de la fameuse diète de 1660 que Coxe avait placé en tête de sa narration, l'excellente relation de cette assemblée qu'il avait donnée dans son *Histoire de Danemarck*.

462. Denmark delineated. Edinburgh, Oliver and Boyd 2 part. en 1 vol. in-8, avec pl., d.-rel. bas. — Diary of a tour in Sweden, Norway, and Russia in 1827, with letters, by the Marchioness of Westminster. London, Hurst and Blackett, 1879. 1 vol. in-8, rel. toile (édit.).

463. **Djürberg** (Daniel). Geografiskt Lexicon öwer Skandinavien eller de förenade Rikena Swerige och Norige. Örebro, Lindh, 1818.

464. **Du Chaillu** (Paul B.). The land of the Midnight sun: Summer and Winter journeys through Sweden, Norway, Lapland and Northern Finland. London, Murray, 1882. 2 vol. in-8, avec carte et 235 fig. et pl., rel. toile (édit.).

465. **Dyssel** (Johan Arndt). Forsög til en Indenlands Reise, Forfattet i Aaret 1763. Kiöbenhavn, Proft, 1774. In-12, avec 1 pl., rel. toile.

466. **Edmond** (Charles) [Choiecki]. Voyage dans les mers du Nord à bord de la corvette *La Reine Hortense*. Paris, Michel Lévy, 1857. 1 vol. grand in-8, d.-rel. mar., tête dor., non rogné, avec fig., pl. et carte.

467. Efterretninger om det gamle Norge, i Danemark, og Hertugdömmerne. Kjöbenhavn, Beeken, 1830. In-12, d.-rel. bas., avec pl.

468. **Elliott** (Charles Boileau). Letters from the North of Europe; or a journal of travels in Holland, Denmark, Norway, Sweden, Finland, Russia, Prussia and Saxony. London, Colburn, 1832. 1 vol. in-8, avec pl. lithogr., rel. toile, non rogné.

469. **Everest** (Robert). A Journey through Norway, Lapland, and part of Sweden; with some remarks on the geology of the country, its climate and scenery. London, Underwood, 1829. 1 vol. in-8, avec pl. et cartes, rel. toile.

470 **Fick** (Joh. Christian). Meine neueste Reise zu Wasser und Land, oder ein Bruchstück aus der Geschichte meines Lebens. Erlangen, Breuning, 1807. In-12, rel. toile, non rogné, avec 1 pl. et une carte. — **Finsch** (O.). Eine Ferienreise unter Mitternachtsonne. Braunschweig, Westermann, 1876. Plaq. in-8, avec fig., cart.

471. **Fournel** (Victor). Voyages hors de ma chambre. Paris, Charpentier, 1878. — Le Danemark en 1867. Etudes et souvenirs d'un voyageur. Ensemble 1 vol. in-12 et 1 plaq. in-8, rel. toile, non rogn. (couv.).

472. **Friis** (J. A.). Hans Majestæt Kong Oscar II^s. Reise i Nordland og Finmarken Aar 1873. Christiania, Malling, 1874. 1 vol. in-8, d.-rel. chag. rouge, tr. lim., avec pl.

473. **Gatti** (Vittorio). Un viaggio in Scandinavia. Milano, Brigola, 1879. In-12, rel. toile, non rogné (couvert.). — **Graves** (S. R.). A Yachting Course in the Baltic. London, Longman, 1863. 1 vol. in-12, rel. toile (édit.), avec pl. en coul. et noires et fig.

474. **Goblet d'Alviella**. Sahara et Laponie. I. Un mois au sud de l'Atlas. II. Un voyage au Cap-Nord. Paris, Plon, 1873. 1 vol. in-12, rel. toile, non rogné, couvert.

475. **Halberg-Broich**. Resa genom Skandinavien (Danmark. Sverige, Norrige) år 1817. Öfversättning af *Carl Eric Rademine*. Stockholm, Nordström, 1820. — Reise durch Scandinavien... im Jahre 1817. Leipzig, 1818. Ensemble 1 vol., d.-rel. bas., et 1 plaq. in-12, rel. toile.

476. **Hård** (Grefwe). Berättelse om Hans Kongl. Högh. Prins Henrics resor til Swerige och Ryssland, åren 1770 och 1776... Stockh., Zetterberg, 1790. Petit in-12, d.-rel. bas. — **Hansteen** (Christophe). Souvenirs d'un voyage en Sibérie, trad. du norvégien par Mme *Colban* et revus par MM. *Sédillot* et *de la Roquette*. Paris, Perrotin, 1857. 1 vol. in-8, avec 1 carte, rel. toile, non rogné (couverture).

477. **Hausmann** (Joh. Fr. Ludw.). Reise durch Skandinavien in den Jahren 1806 und 1807. Göttingen, Röwer, 1811-1818. Ensemble 5 part. en 3 vol., avec pl., rel. toile, non rogn.

478. Les voyages de Monsieur des Hayes baron de Covrmesvin en Dannemarc. Enrichi d'annotations. Par le sieur P. M. L. (*Promé marchand libraire*), à Paris, chez Pierre Promé, 1664. — Les voyages de M. Qviclet à Constantinople par terre, enrichi d'annotations par le sieur P. M. L. Paris, Promé, 1664. Ensemble 1 vol. in-12, rel. bas.

479. **Hill** (S. S.). Travels on the shores of the Baltic extended to Moscow. London, Hall, 1854. 1 vol. in-12, rel. toile (édit.).

480. **Hjorth** (J.). Beskrivelse over Nord-Sœn. Kjœbenhavn, Bianco Luno, 1840. — Beskrivelse over den Franske Bugt, Gascogne Bugten eller den Biscayen Bugt. Kjbhvn, 1841. — Beskrivelse over Canalen imellem England og Frankrig. Kjbhvn, 1842. — Beskrivelse over Middelhavet med Strædet ved Gibraltar, det Adriatiske Hav, Archipelagus, Marmora Havet og det sorte Hav... Kjbhvn, 1846. Ensemble 4 vol. in-8, cart., tr. dor., avec fig.

481. **Hulphers** (Abr. Abrahamson). Samlingar til en Beskrifning öfwer Norrland och Gefleborgs Län. Westerås, Horrn, 1771-1793. 4 vol. in-12, d.-rel. veau rac., avec cartes.

482. **Joanne** (Adolphe). Voyage en Norwège, en Laponie et en Russie. Ixelles, Delevingne et Callewaert, 1849. 2 tomes en 1 vol. in-12, rel. toile, non rogné, avec pl.

483. **Klüwer** (Lorentz Diderich). Norske Mindesmærker aftegnede paa en Reise igjennem en Deel af det Nordenfjeldske. Christiania, Wulfsberg, 1823. 1 vol. in-4, rel. toile, non rogné, avec 35 pl.

Publication de la Soc. royale des sciences, de Norvège.

484. Kort Verhaal van d'eerste Schipvaerd der Hollandsche end Zeeusche Schepen by noorden Noorwegen, Moscovien ende Tartarien om, nae de Coningrijcken van Cathay en China. 1 petit vol. in-4, obl., rel. vél., avec 31 pl.

485. **Kunik** (Ernst). Die Berufung der schwedischen Rödsen durch die Finnen und Slawen. Eine Vorarbeit zur Entstehungsgeschichte des russischen Staates. St-Petersburg, Druck der Kaiserlich. Akad. der Wissensch. Leipzig, Voss, 1844-45. 2 parties en 1 vol. in-8, rel. toile, non rogné.

On a joint à notre exemplaire : Ueber Kunik's Berufung der schwedischen Rödsen.

486. [**De La Combe de Vrigny**]. Relation en forme de Journal d'un voyage fait en Danemarc, à la suite de M[r] l'envoyé d'Angleterre, Avec plusieurs Extraits des Loix de Danemarc, accompagnez de quelques Remarques. A Rotterdam,

Abraham Acher, 1706. 1 vol. in-12, rel. veau éc., fil., dos orné du chiffre du comte Riant.

Première édition.
L'auteur de cette relation est, d'après Bayle, le secrétaire de l'envoyé Vernon, M. de La Combe de Vrigny.

487. — Relation en forme de Journal d'un voyage fait en Danemarc à la suite de Monsieur l'envoyé d'Angleterre. Seconde édition, revue et corrigée. Rotterdam, A. Acher, 1707. 2 tomes en 1 vol. in-12, d.-rel. veau.

Deuxième édition de ce voyage.

488. **Larchier** (François). Les Voyages d'un homme de qualité faits en Angleterre, Flandre, Brabant, Zélande, Hollande, Frize, Dannemarc, Suède, Allemagne, Pologne, & la République de Venise. Avec un Guide des Chemins, des Logis & des Comoditez que l'on trouve dans ces Voyages. Et le Guide des Chemins de Lyon à N. D. de Lorette. A Lyon, chez Larchier, 1681. In-16, rel. toile.

Peu commun.

489. **Lignell** (And). Beskrifning öfver Grefskapet Dal. Stockholm, Norstedt, 1851. 2 tomes en 1 vol. in-8, rel. toile.

490. **Laurie** (Captain W. F. B.). Northern Europe (Denmark, Sweden, Russia, in 1861, with a continuation down to May 1862. London, Saunders, 1862. 1 vol. in-8, cart. (édit.).

491. **Leclercq** (J.). Voyages dans le Nord de l'Europe. Tours, Mame, 1875. 1 vol. grand in-8, rel. toile.

492. **Le Gras** (A., cap. de frégate). Instructions nautiques sur la mer Baltique et le golfe de Finlande. Deuxième édition. Paris, Didot, 1864-65. 2 vol. in-8. T. I, rel. toile. T. II, br. (Publication du Dépôt des cartes et plans de la marine). — *Ensemble.* Mer du Nord, IVe partie. La Tamise, la Medway, les côtes de la mer du Nord depuis le cap Gris-Nez jusqu'au cap Skagen, traduit de l'anglais et annoté. Paris, P. Dupont, 1864. 1 vol. in-4, cart.

493. **Lehmann** (O.). Norge og Nordmændene, Reiseerindringer fra 1836 og 1865. Kjœbenhavn, Gad, 1865. 1 vol. in-8, rel. toile.

494. **Léouzon Le Duc** (L.). Souvenirs et impressions de voyage dans les pays du Nord de l'Europe. Paris, Delagrave, 1886. 1 vol. grand in-8, br. *Exemplaire sur papier de couleur.* — **Lescallier** (D.). Voyage en Angleterre, en Russie et en Suède, fait en 1775. Paris, Didot, an VIII. 1 vol. in-12, rel. toile.

495. Letters from the shores of the Baltic. Second edition, with 20 etchings. London, J. Murray, 1842. 2 vol. in-8, cart. (édit.).

496. **Lloyd** (L.). Scandinavian adventures during a residence of upwards

of twenty years... with some account of the northern fauna. Second édition. London, Bentley, 1854. 2 vol. in-8, cart. (édit.).

497. — Field Sports of the north of Europe ; comprised in a personal narrative of a residence in Sweden and Norway in the years 1827-28. With numerous engravures. London, H. Colburn et R. Bentley, 1830. 2 vol. in-8, rel. toile.

498. **Lorenzen** (C. C.). Rejseskildringer, Fortællinger og Sagn fra Sønderjylland. (Deux cartes.) Kjøbenhavn, Wold, 1877. - *Du même*. Dannevirke og Omegn. (Med et Kort og flere Gjennemsnits-Tegninger.) Haderslev, 1863. *Ensemble* 2 vol. in-12, rel. toile.

499. **Lund** (N.). Reise igjennem Nordlandene og Vestfinmarken i Sommeren 1841. Christiania, Guldberg, 1842. 1 vol. in-12, d.-rel. toile.

500. **Leclercq** (J.). La terre de glace. Feroe. Islande. Paris, Plon, 1883. — *Du même*. En Norvège (Extrait des Voyages dans le Nord de l'Europe). Bruxelles, Lebègue. Ensemble 2 vol. in-12, rel. toile.

501. [**De La Martinière** (P. Martin)]. Nouveau voyage du Nort, dans lequel on voit les Mœurs, la Maniere de vivre, & les Superstitions des Norveghiens, des Lapons, des Kiloppes, des Borandiens, des Syberiens, des Moscovites, des Samojedes, des Zembliens et des Islandois, par le S^r ***. Amsterdam, Estienne Roger, s. d. [vers 1700]. 1 vol. in-12, rel. mar. brun (dos fatigué). (Nombreuses gravures.) — Voyage des pays septentrionaux. Dans lequel se voit les mœurs, manière de vivre, & superstitions des Norvveguiens, Lappons, Kiloppes, Borandiens, Sybériens, Samojedes, Zembliens, Islandois; troisieme Edition, reveuë & augmentée de nouveau. A Paris, chez Jean Ribon, 1682. 1 vol. in-12, rel. veau, frontisp. et fig.

Une première édition du voyage de La Martinière avait été donnée à Paris en 1671 avec le nom de l'auteur.

502. **La Tocnaye** (De). Meine Fussreise durch Schweden und Norwegen. Ein Seitenstück zu der Fussreise des Verfassers durch die drey brittischen Königreiche, mit Anmerkungen und Zusätzen eines Deutschen. Leipzig, Hartknoch, 1802. 2 vol. in-12, d.-rel. veau, coins.

Ouvrage traduit du suédois en allemand, et beaucoup plus important pour la Suède que pour la Norvège. C'est une seconde édition de cette traduction, la première ayant paru en 1801 à Hamburg.

503. **Latocnaye** (De). Promenade d'un Français en Suède et en Norvège (*première partie seule*). Brunswick, Fauche, 1801. 1 vol. in-12, d.-rel. — Resa genom Norrige. Öfversättning. Stockholm, Gadelius, 1814. 1 plaq. in-12, rel. toile, non rogn., couverture.

504. **V. H.** En Maaned i Sverige og Norge, med 4 Kort og en Posttabel. Kjöbenhavn, Iversens, 1866. 1 vol. in-12, cart. — **Macdonald** (James). Resor genom en del af Sverge vårtiden 1809. Fri öfversättning. Jönköping, Lund-

ström, 1809. 1 vol. in-12, rel. toile. — **Macgregor** (J.). En Kanotfärd i Sverige. Öfversättning af Gustaf Thomée. Stockholm, Flodins (1868). — **Malm** (A. W.). En Vinter och tvenne somrar bland fjellen, eller resa i Skandinaviens nordligaste lapp- och finn-marker. Götheborg, Gumpert, 1851. 1 vol. in-12, rel. toile.

505. **Marmier** (X.). Lettres sur l'Islande et poésies. 3ᵉ édition. Paris, Delloye-Garnier, 1844. — Un été au bord de la Baltique et de la mer du Nord, souvenirs de voyage. Paris, Hachette, 1856. — **Morel-Fatio** (L.). Paysages du Nord, ill. de 12 dessins d'ap. nat. Paris, Courcier, *s. d. Ensemble 3 vol. in-8 et in-12, rel. d.-chag. et toile.*

506. **Meerman**. Reise durch den Norden und Nordosten von Europa, in den Jahren 1797 bis 1800, aus dem Holländischen übersetz... von *Rühs* (*seconde partie seulement*). Weimar, 1810. 1 vol. in-8, cart.

507. **Milford** (J.). Norway and her Lapplanders in 1841, with a few hints to the salmon fisher. London, Murray, 1842. 1 vol. in-8, cart. (édit.).

508. **Milner** (Thos.). The Baltic, its gates, shores, and cities; with a notice of the White Sea. London, Longman, 1854. 1 vol. in-8, cart. (édit.).

509. **Moritz** (A.). Tagebuch der Reisen in Norwegen in den Jahren 1847 und 1851. Stettin, Kittler, 1853. 1 vol. in-8, cart. (édit.), nomb. lithog. — Norwegen. Illustrirtes Tagebuch der Reisen in Norwegen, zugleich vollständige Anweisung zur Bereisung dieses Landes. Berlin, Grieben, 1860. 1 vol. in-8, cart. (édit.).

510. **Morins** (Benedict M.). Öländska Rese-Beskrifning med små lärda Anmerkningar. En nöjsam Poetisk Tankelek. Calmar, Magnus Petersson, 1780. 1 vol. in-4, d.-rel. toile.

511. **Mügge**(Th.).Nordisches Bilderbuch. Reisebilder. Breslau, E. Trewendt, 1862. 1 vol. in-8, rel. toile, non rogné.

512. **Müller** (Jens). Beskrivelse over den ældste Kiøbstæd i Norge, Tønsberg, Baade Som den har været, og Som den nu er. Kjöbenhavn, Waysenhuses Bogtryk, 1750. Petit in-4, d.-rel. bas. n., non rogné.

513. **Munks** (Jens). Navigatio septentrionalis, med indledning, noter og kort, paa ny udgiven af *P. Lauridsen*. Kjøbenhavn, Gyldendal, 1883. 1 vol. in-8.

514. **Navello** (S.). Compte rendu d'une excursion en Suède et en Norvège. Nice, Bernaudin, 1882. 1 br. in-8, avec 2 cartes et 10 lithogr.

515. **Newland** (H.). Forest Scenes in Norway and Sweden, the second edition. London, Routledge, 1855. 1 vol. in-8, cart. (édit.).

516. **Neyrat** (L'abbé). Norvège et Suède, excursion de vacances. Paris, Briday, 1883. 1 vol. in-12, rel. toile, non rogné.

517. **Nihil** (M.). Up the Elbe and on to Norway. London, Cassell, s. d. 1 vol. in-8, cart. (édit.).

518. **Nunziante** (E.). Un Lembo della Scandinavia, 3ᵉ mille. Roma, Sommaruga, 1884. 1 vol. in-12, rel. toile.

519. Nieuwe en bondige Beschrijving der koningrijken Denemerken en Noorweegen : als ook der Hartoogdomen Sleswik en Holstein... En een inleiding van d'Oorloogs-daaden der Normannen. t'Amsterdam, by Gillis Janssen Valckenier, 1656. 1 petit vol. in-12, avec frontisp. et pl. sur cuivre, rel. vél.

Mouillures. Edition inconnue à Thiele.

520. De Noordsche Weereld; vertoond in twe nieuwe, aenmercklijcke, derwaerts gedaene Reysen : D'eene, van de Heer *Martiniere*, door Noorweegen, Lapland, Boranday, Siberien, Samojessie, Ys-land, Groenland en Nova-Zembla... D'andere, van de Hamburger *Frederick Martens*, verrigh nae Spitsbergen, of Groenland, in't jaer 1671. Vertaeld, en doorgaens met toedoeningen verrijckt, door *S. de Vries*. t'Amsterdam, A. D. Ooszaen, 1685. — Ensemble 't Leven en Bedrijf van ten tegenwoordigen Keiser van China, van 't begin sijner 36jaarige Regeering tot den Iaare 1698... by een gesteld door *J. Bouvet* en *C. Gobien*, Jesuiten, sijnde als een Vervolg van *P. Le Comtes*. Tot Utrecht, Schouten, 1699. 1 vol. petit in-4, rel. veau.

521. Nordland-Fahrten. Malerische Wanderungen durch Norwegen, Schweden, Irland und Schottland mit besonderer Berücksichtigung von Sage und Geschichte, Literatur und Kunst, geschildert durch *Francis Brœmel, Haus Hoffmann* und *Richard Oberländer*. Leipzig, Hirt. 4 vol. in-4, rel. toile, tr. dorée (éditeur), texte et nombr. grav. sur bois.

522. **Nyerup** (R.). Rejser til Stockholm i aarene 1810 og 1812. Kjøbenhavn, Schuboth, 1816. — Min Pillegrimsreise til Sorø in August 1806. Kjøbhvn, Poulsens, 1807. Ensemble 2 vol. in-12, rel. toile. — Nur nicht nach Norden! Bemerkungen auf meinen Reisen in den Jahren 1839 und 1840. Aus den *Memoiren* des *Grafen von S...* Leipzig, Brockhaus, 1840. 1 vol. in-12, rel. toile, non rogné. — **Sven Nilsson**. Dagboksanteckningar under en resa frän södra Sverige till Nordlanden i Norge, 1816. Lund, Berling, 1879. 1 vol. in-12, rel. toile, non rogné.

523. **Odd** (O.). Hinsidan Sundet. Danska Epistlar. Stockholm, Bonnier, 1846. 2 tomes en 1 vol. in-12, rel. toile.

524. **Outhier**. Journal d'un voyage au Nord en 1736 & 1737 par M. Outhier, Prêtre du diocèse de Besançon, correspondant de l'Académie des sciences (avec planches). A Paris, chez Piget et Durand, 1744. 1 vol. in-4, rel. mar. rouge, fil., dos orné, tr. dor., rel. du xviiiᵉ siècle.

Exemplaire en grand papier du voyage entrepris, par ordre de Louis XV, par *Maupertuis, Le Monnier, Clairault, Camus* et l'abbé *Outhier* pour des travaux de géodésie. Ce voyage a été réédité en 1746, Amsterdam, in-12.

525. — Journal d'un Voyage au Nord, en 1736 & 1737, enrichi de figures en taille-douce. Amsterdam, Löhner, 1736. 1 vol. in-12, vieil. rel.

526. **Pancritius** (Albrecht). Hägringer. Reise durch Schweden, Lappland, Norwegen und Danemark im Jahre 1850. Königsberg, Borntrag, 1852. 1 vol. in-8, rel. toile, non rogné.

527. **Payen**. Les voyages de Monsieur Payen, lieutenant-général de Meaux, où sont contenues les descriptions d'Angleterre, de Flandre, de Brabant, d'Holande, de Dennemarc, de Suede... Seconde édition, augmentée de quelques Auantures arriuées à l'autheur... Paris, Loyson, 1668. 1 vol. in-12, rel. v. f. (chif. d'un prince de Danemark).

528. **Petersen** (Siegwart). Jordbeskrivelse med billeder, for Pige- og Borgerskoler. Kristiania, Cappelens, 1872. — **Petit** (Maxime). A travers le Danemark. Paris, libr. génér. de vulgarisation, s. d. — *Petersen*. Haandbog i den gammel nordiske Geografi. Kjøbenhavn, Gyldendal, 1834. — *Petersen*. Nordisk Mythologi. Kjøbenhavn, 1849. Ensemble 4 vol. in-12, d.-rel. bas. et rel. toile.

529. Recueil de voyages au Nord, contenant divers Mémoires très utiles au Commerce et à la Navigation. Nouvelle édition, corrigée et mise en meilleur ordre. Amsterdam, Jean-Frédéric Bernard, 1731 et ann. suiv., 10 vol. in-12, rel. veau, fil., dos orné.

Il est assez rare de rencontrer ensemble les 10 vol. de cette collection, de beaucoup supérieure à celle publiée par le même Bernard en 1717.

530. Nouveau Recueil de voyages au nord de l'Europe et de l'Asie..... Ouvrage traduit de différentes langues, par une Soc. de Gens-de-Lettres, av. des Notes... & enrichi de cartes, vues et dessins gravés par les meilleurs artistes. A Genève, Paul Barde, 1785-1786. 3 vol. in-4, rel. veau peigne.

Bel ouvrage publié sous la direction de *P. H. Mallet*. Les deux derniers volumes contiennent la trad. des « Voyages en Pologne, Russie, Suède, Dannemarc, &c. », de W. Coxe.

531. **Regnard**. Voyage de Regnard en Flandre, en Hollande, en Danemark et en Suède (1681), nouvelle édition, publiée avec une introduction et des notes, par *A. de Marsy*. Paris, Lemerre, 1874. 1 vol. in-12, d.-rel. mar.

Tiré à 300 exemplaires.

532. I. Reisebilder und Skizzen aus Dänemark, Schweden und Norwegen nach Theodor von Wedderkop, Victor de Nouvion, Ferdinand von Gall, Samuel Laing, Friedrich Wilhelm von Schubert, Heinrich Laube, Theodor Mügge u. A. M. — Reisen nach Färö, Island, Sibirien und den Nord-Polarländern. Leipzig, Weichardt, 1847-1848. 2 vol. in-8, rel. toile, grav. sur acier.

Le deuxième volume est sous un titre diff, le tome II du premier.

533. **Reise** durch Deutschland, Dänemark, Schweden, Norwegen, und einen Theil von Italien in den Jahren 1797-1798-1799 (2ᵉ édition). Leipzig, Göschen, 1804. 4 tomes en 2 vol. in-8, rel. toile, gravures sur cuivre hors texte.

534. **Reise** nach Norden worinnen die Sitten, Lebens-Art und Allerglauben derer Norwegen, Lappländer, &c. Leipzig, Hitbnern, 1702. 1 vol. in-12, rel., 16 cur. pl. — Reise über den Sund. Tübingen, Cotta, 1803. 1 vol. in-12, rel. toile. — Två Reseskizzer af Författaren till « Två År bland Zouaverna ». Stockholm, Eklund, 1867. 1 vol. in-12, rel. toile, non rogné, couverture. — **Rink** (H.). Om den geographiske Beskaffenhed af de danske Handelsdistrikter i Nordgrönland, tilligemed en udsigt over Nordgrönlands Geognosi (avec une carte). Kjöbenhavn, B. Luno, 1852.

535. **Rubenson** (Mauritz). Vid Mälaren och Nevan. Reseskildr. i bref under ett Sommarbesök i Sveriges och Rysslands hufvudstäder... Med 17 ill. Stockholm, Bonnier, 1869. — Forsterländska Resebilder. J. Wermland. Karlstad, Petersson, 1872. Ensemble 2 vol, in-8, cart. et br.

536. **Rudbeck** (T. G.). Rese-Bilder, Samlade i Tyskland år 1839. Stockholm, Hjerta, 1841. — Skander-Beg Historisk-Skådespel i tre akter. Stockholm, Hörberg, 1835. — Boråsiaden, Poem i fyra Sånger. 2ᵉ *édition*. Stockholm, Scheutz, 1820, avec 4 lithogr. — Minne af Biskopen i Westerås Johannes Rudbeckius. Stockholm, Hörberg, 1834. Ensemble 4 vol. petit in-8, rel. vél., cart. et br.

* **Schäffer** (D. F.). Beschreibung von Finnland, Lappland, Schweden, Dänemark, Norwegen, Island und den Färöer Inseln. Ein unterhaltendes Lesebuch für Freunde der Länder- und Völkerkunde. Berlin, 1813. 1 vol. in-4, avec huit gravures en couleurs.

537. **Schoning** (Gerhard). Forsøg til de nordiske Landes, særdeles Norges, gamle Geographie, hvorved Finmarkens og hosliggende Lapmarkers gamle Grændser og Strekning, Inbyggernes Oprindelse, Landenes Ælde, samt andre saa vel Geographiske som Politiske Omstændigheder undersøges. [Jolie vignette gravée par C. H. de Lode.] Kiøbenhavn, 1751. Tr. paa det Kongl. Danske Selsk. Bekosting, hos Chr. G. Glasing. 1 vol. in-4, rel. peau de Suède, fil., dent. intér., tête dor., non rogné ; sur les plats, armes et chif. runique du comte Riant.

538. **Schubert** (Friedr. Wilh. von). Reise durch Schweden, Norwegen, Lappland, Finnland und Ingermannland, in den Jahren 1817, 1818, und 1820. Leipzig, Hinrichs, 1823-24. 3 vol. petit in-8, d.-rel. mar. bleu, tr. peigne (Gruel), avec 1 carte et 3 pl. gr. sur cuivre.

539. **S. E. W-n.** Hundrade Minnen från Österbotten. Stockholm, Looström, 1844. 3 tomes en 1 vol. in-8, rel. toile, avec des vues lithogr. d'Uleåborg.

540. **Sibuet** (Baron P.). Voyage dans la presqu'île scandinave et au cap Nord. Première partie. Suède. Paris, Bertrand, 1848. 1 vol. in-8, d.-rel. veau (Gruel).

541. **Shephard** (J. S.). Over the Dovrefjelds, with illustrations. Second edition. London, King, 1874. 1 vol. in-12, cart. (édit.).

542. **Snow** (Parker). Voyage of the Ship Prince Albert in search of sir John Franklin : a Narrative of every-day Life in the Artic seas. London, Longman, 1851. 1 vol. in-8, cart. (éditeur) (cartes et gravures en couleur).

543. **Stone** (Mary Amelia). A Summer in Scandinavia (vues photog.). New-York, Anson, 1885. 1 vol. in-12, cart. (édit.).

544. **Swinton**. Viaggio in Norvegia, in Danimarca ed in Russia negli anni 1788, 89, 90 e 91, tradotto dal *conte cav. Luigi Bossi*. Milano, Sonzogno, 1816. 4 tomes en 2 vol. in-12, rel. veau, 16 gravures en couleur.

545. — Voyage en Norwège, en Danemark et en Russie, dans les années 1788, 89, 90 et 91, trad. de l'anglois par *P. F. Henry*; suivi d'une lettre de *Richer-Sérisy* sur la Russie. Paris, Josse, 1798, 2 tomes en 1 vol. in-8, rel. toile, non rogné.

546. **Soltau** (Dr W.). Reize door Noorwegen en een gedeelte van Zweden. Leeuwarden, Steenbergen van Goor, 1816. 1 vol. in-8, d.-rel. veau, non rogné, coins. — **Swederus** (G.). Skandinaviens Jagt Djurfänge och Vidafvel jemte Jagtlexicon. Stockholm, 1832. 1 vol. in-8, d.-rel. veau. — **Sylvanus**. Rambles in Sweden and Gottland; with etchings by the way-side (*avec un portrait de Jenny Lind*). London, Bentley, 1847. 1 vol. in-8, cart. (édit.).

547. **Taylor** (Bayard). Northern Travel. Summer and winter pictures of Sweden, Lapland, and Norway. London, Low, 1858. 1 vol. in-12, cart. (édit.). — **Thue** (Friderik Wilhelm). Forsøg til Beskrivelse over Kragerøe Kiøbsted og Langefunds-Fiorden. Kiøbenhavn, Thiele, 1789. 1 vol. in-12, rel. veau. — **Twining** (H.). Voyage en Norwège et en Suède. Avec 18 pl. lith. Paris, Delaunay, 1836. 1 vol. in-8, rel. toile, non rogné.

548. **Tripplina**. Wspomnienia z Podrózy po Danii, Norwegii, Anglii, Portugalii, Hiszpanii i Państwie Marokańskiém. Poznań. W. Stefańsky, 1844. 2 parties en 1 vol. in-8, rel. toile, non rogné.

Parties traitant du Danemark et de la Norvège.

549. **Ussing** (J. L.). Reisebilleder fra Syden. Kjöbenhavn, B. Luno 1847. 1 vol. in-8, rel. toile.

550. **Vandal** (Albert). En Karriole à travers la Suède et la Norwège. Ouvrage enrichi de grav. sur bois de L. Breton. Paris, Plon, 1876. 1 vol. in-12, rel. toile, non rogné, couvert. — **Vincent** (Frank). Norsk, Lapp and Finn, or, Travel racings from the far north of Europe. With route map and frontispiece. London, S. Low, 1881. 1 vol. in-8, cart. (édit.).

551. **Vogt** (Carl). Nord-Fahrt, entlang der norwegischen Küste, nach dem Nordkap, den Inseln Jan Mayen und Island, unternommen während der Monate Mai bis Oktober 1861 von Dr Georg Berna, in Begleitung von C. Vogt, H. Hasselhorst, A. Gressly und A. Herzen (nombreuses fig. et pl. en couleurs d'après H. Hasselhorst). Frankfurt am Main, Jügel, 1863. 1 vol. in-8, rel. toile (édit.).

552. **Volckarts** (Adrian Gottlieb). Reisen und Schifffahrten wie solche durch Nieder-Sachsen nach Hamburg, Amsterdam, und von dar nach Cadix, Gilbratar, Livorno, Neapolis und Smyrna in Asien, weiter in Norden biss Archangel, und endlich in West-Indien,.... . Budissin, Richter, 1735. 1 vol. in-12, rel. vél.

553. Voyage de deux Français en Allemagne, Danemarck, Suède, Russie et Pologne, fait en 1790-1792. Paris, Desenne, 1796. 5 vol. in-8, d.-rel. veau, coins.

Les auteurs de ce voyage sont le comte *de Fortia* et le chevalier *de Boisgelin*.

554. A new voyage into the Northern Countries being a Discription of the Manners, Customs, Superstition, Buildings, and Habit of the Norwegians, Laponians, Kilops, Borandians, Siberians, Samojedes, Zemblans and Islanders. With reflexions upon an Error in our Geographers about the scituation and Extent of Greenland and Nova Zembla. London, Starkey, 1674. In-12, rel. vél., 6 ffnc., 153(1) pp.

555. **Wagner** (Karl Theod.). Handbuch für Reisende in Dänemark, Norwegen, Schweden, Russland, Polen und Finnland. Eine Forsetzung zu *D. Stein*'s Reisen. Leipzig, Hinrich, 1840. 1 vol. in-12, cart. (édit.), avec une carte. — **Wedderskop** (Theodor von). Bilder aus dem Norden gesammelt auf einer Reise nach Dänemark und Schweden. Oldenburg, Berndt, 1844-1845. 2 tomes en 1 vol. in-8, rel. toile, non rogné, couverture (un plan de Copenhague et musique notée). — **Welp** (Treumund). Wanderungen im Norden. Bemerkungen auf einer Reise durch Esthland, Finnland, Schweden, Dänemark und die Insel Rügen nach Schlesien. Braunschweig, Vieweg, 1844. 2 tomes en 1 vol., rel. toile, non rogné.

556. **Wilse** (Jacob Nicolai). Reise-Iagtaggelser i nogle af de nordiske Lande, med Hensigt til Folkenes og Landenes kundskab, først udgivne paa Tydsk i det Bernouilliske Verk : Samlung kurzer Reisebeschreibungen, og nu oversat og omarbeidet af Forfatteren selv M. I. N. W. Kiøbenhavn, Poulsen, 1790-1798. 5 vol. in-12, d.-rel. veau.

557. **Wilson** (William Rae). Travels in Norway, Sweden, Denmark, Hanover, Germany, Netherlands, &c., illustrated by engravings (lithographies à la sanguine). London, Longman, 1826. 1 vol. in-8, cart. (édit.). — Winterreise durch einen Theil Norwegens und Schwedens nach Kopenhagen im Jahre 1807. Berlin, Braun, 1808. 1 vol. in-8, cart., non rogné.

558. **Wollstonecraft** (Mary). Letters written during a short residence in Sweden, Norway and Denmark. London, Johnson, 1796. — Brieven geschreven geduurende eenr Reize door Zweden..... uit het engelsch. Haarlem, Bohn, 1799. 2 tomes en 1 vol. in-8, rel. toile, non rogné.

Texte original et traduction néerlandaise d'un curieux récit de voyage. L'auteur, M`lle` Wollstonecraft, était déjà connue par des romans et un ouvrage sur la Femme où elle réclamait au lieu du mariage une union libre fondée sur l'estime et l'amitié ; dans son voyage, tout lui est odieux et insupportable, et ses appréciations sont absolument extraordinaires.

559. **Wraxal, Jun.** (N.). Voyage au Nord de l'Europe, particulièrement a Copenhague, Stockholm et Petersbourg, contenu dans une suite de Lettres. Traduit de l'Anglois d'apres la seconde edition. Rotterdam, Bronckorst, 1777. 1 vol. in-8, cart.

La première édition anglaise du voyage de Nathan Wraxal a paru à Londres en 1775. Le voyage avait eu lieu en 1744.

560. **Woltmann** (J. F. A. L.). Beschreibung einer Reise nach St Petersburg, Stockholm und Kopenhagen. Hamburg, Hoffmann, 1833. 1 vol. in-8, cart. — **Wulff** (H.-A.). En Landtmans Iakttagelser under Resor i Danmark och Tyskland. Kalmar, A. Petersson, 1878. 1 vol. in-12, rel. toile, non rogné, couverture.

561. **X and Y** (*Two unknown quantities*). A Long Vacation Ramble in Norway and Sweden. Cambridge, Macmillan, 1857. 1 vol. in-8, cart. (édit.).

562. **Zschokke** (Hermann). Reisebilder aus dem Skandinavischen Norden. Wien, Braumüller, 1877. — Reisebilder aus Finnland und Russland. Wien, Braumüller, 1878. *Ensemble* 2 tomes rel. en 1 vol. in-8, d.-rel. chag.

563. **Ziegler** (Alexander). Meine Reisen im Norden. In Norwegen, auf den Orkney- und Shetland-Inseln in Lappland und Schweden. Leipzig, Weber, 1860. 2 tomes en 1 vol. in-8, rel. toile, non rogné.

564. **Zetterstedt** (J. W.). Resa genom Sweriges och Norriges Lappmarker, förrättad År 1821. — Lund, Berling, 1822 (avec 3 grav. en coul.). — Resa genom Umeå Lappmarker i Vesterbottens Län, förrättad år 1832. Örebro, Lindh, 1833 (Une lithog. et 2 cartes). 3 tomes en 2 vol. in-8, rel. toile.

565. **Arfwidson**. Nord och Söder, strödda anteckningar under resor emellan Avasaxa och Vesuven åren 1835-1839. Stockholm, Bagges (1842-1843). 2 tomes en 1 vol. in-8, rel. toile bleue. — **Aslung** (Daniel). Taflor och berättelser från Norrland. Hernösand, Johansson & Komp, 1857, et Sundswall, Carlström, 1861. 2 vol. in-12, rel. toile, non rogné. — **Boëthius** (Jacob). Bref om Finnaria i Grangärdet. Åbo, Tryckt i Bibel-Sällskapets Tryckeri, 1823. Plaq. in-4, cart., non rogné. — **Dietrichson** (L.). På Studieresor. Albumblad och anteckningar. Stockholm, Bonniers. 2 vol. avec fig. — Hesperiske Nætter-Billeder fra Syd og Nord. Christiania, Cappelen, 1875. Ensemble 3 vol. in-12, rel. toile et br. — **Drachmann** (Holger). Skyggebilleder fra rejser i indland og udland. Kjöbenhavn, Gyldendal, 1883. In-12, rel. toile, non

rogné, couvert. — **Esmarch** (Lauritz). Historische Nachricht über den Flugsand in Nord-Jütland. Kopenhagen, Schultz, 1817. Avec 1 pl., in-12, cart. — **Etzel** (Anton von). Die Ostsee und ihre Küstenländer, geographisch, naturwissenschaftlich und historisch geschildert. Leipzig, Lorck, 1859. In-12, d.-rel. chag., tr. peigne. — **Fergusson** (R. Menzies). Rambles in the far North. 2ᵈ *Edition*. London, Gardner, 1884. In-12, rel. toile (édit.), avec 1 pl. *Ensemble 13 volumes reliés.*

566. **H. R.** Reseskitser fra Norden. Christiania, Malling, 1858. 1 vol. in-12, cart. — **Hahn-Hahn** (Ida, Gräfin). Ein Reiseversuch im Norden. Berlin, Duncker, 1851. In-12, d.-rel. chag. — **Helmrich** (L. von). Reise-Fragmente aus Nord und Süd in Spanien, Portugal und Schweden. Breslau, Gosohorsky, 1859. In-12, rel. toile. — **Ingvald Unset**. Indberetning om antikvariske Undersögelser Nordenfjelds i 1875. 1875. Plaq. in-8, cart. — **Insulander** (Olof). Wägvisare eller Beskrifning på alle uti Gefleborg län varande Landsvägar... utgifven år 1795. Gefle, Sundqvist, 1795. In-12, cart., avec 1 carte. — **Porter** (Rober Ker). Travelling Sketches in Russland and Sweden during the years 1805, 1806, 1807, 1808. 2ᵈ *edition*. London, Stockdale, 1813. 2 vol. in-4, rel. toile, avec 41 pl. noires et en couleur. *Ex. en grand papier*. — **Quarles van Ufford** (J. K. W.). Minnen från en resa i Skandinavien,... Sommaren 1874. — Öfvers. från holländska originalet af *M. Langlet*. Stockholm, Westerberg, 1877. 1 vol. in-12, rel. toile, non rogné, couvert. *Ensemble 9 volumes.*

567. **Brun** (A. W. S.). Fjeldfinneliv i Finmarken. Badsø, Kjeldseth, 1873. In-12, rel. toile, non rogné (couvert.). — **Cartailhac** (Emile). Voyage en ballon de Paris en Norwëge du capitaine Paul Rollier. Toulouse, Baylac, le 112ᵉ jour du siège de Paris, 1871. Petit in-12, rel. toile, non rogné (couvert.). — **Daa** (Ludvig Kristensen). Skisser fra Lapland, Karelstranden og Finland. Kristiania, Malling, 1870. In-12 br., avec 1 carte. — **Deneken** (A. G.). Reise von Bremen nach Holstein. Bremen, Wilmans, 1797. Petit in-12, rel. toile. — **Halenbeck** (L.). Nach Nordernen und Helgoland, eine Unterweser-, Watt- und Nordseefahrt, mit mehreren Abbildungen. Bremen, Küthmann, 1883. 1 plaq. in-8, rel. toile. — **Mannerheim** (Le comte). Lettre à S. E. Mʳ Fischer de Waldheim ou Relation d'un voyage fait en 1844, en Suède, en Danemarck et dans le nord de l'Allemagne. 1 plaq. in-8, cart. toile. Extr. du Bull. de la Soc. Imp. des natural. de Moscou. Tome XVII, 1844. — **Nardi** (Francesco). Un viaggio da Amburgo a Copenhagen, lettura, per le fauste nozze del Dʳ Luigi Pivetta colla contessa Marina Arnaldi. Padova, tip. del seminario, 1851. Plaq. in-8, br. — Der grosse Norddeutsche Kanal zwischen Ostsee und Nordsee. Eine Zusammenstellung der verschiedenen Kanalprojekte. Kiel, Schwers, 1864. 2 plaq. in-4 et in-8, cart., avec cartes. — The Northern Circuit, or brief notes of Sweden, Finland and Russia. Cambridge, Macmillan, 1862. In-12, rel. toile, avec une pl. en couleur. — **Örstedt** (A. S.). De Regionibus marinis. Elementa topographiæ historiconaturalis freti

Öresund. Havniæ, 1844. 1 vol. in-8, rel. toile. — **Von Raumer** (Fried.). Bruchstücke aus Erinnerungen von einer Reise nach Dänemark, Schweden und Norwegen im Sommer 1856. *S. l. n. d. Ensemble 12 vol. et plaquettes.*

568. **Boas** (Eduard). In Scandinavien. Nordlichter. Leipzig, Herbig, 1845. In-12, cart. toile, non rogné. — **Bonstetten** (Ch.-Victor de). La Scandinavie et les Alpes. Genève, Paschoud, 1826. In-12, rel. toile, non rogné. — **Gourdon** ((Maurice). Croquis scandinaves. Bagnères-de-Luchon, 1877. Plaq. in-8, rel. toile. — **Laubert** (Ed.). Ein Sommerausflug nach Skandinavien. Perleberg,, Jacobson. — **Sommier** (S.). Viaggio in Norvegia ed in Lapponia. (Extr du Boll. del Club Alpino Italiano, 1881, t. XV.) *S. l. n. d.* 1 plaq. in-8, cart. — **Souhesmes** (R. de). En pays scandinave. Paris, Lecène et Oudin, 1885. 1 vol. in-12, rel. toile, couverture. — **Suckow** (Dr Gustav). Beiträge zur Kenntniss Skandinaviens. Parallele zwischen dem schwedischen und norwegischen Urgebirge. Iena, Mauke, 1841. 1 plaq. in-8, d.-rel. chag. — **Thomsen** (Grimur). Om Islands Stilling i det øvrige Skandinavien. Kjøbenhavn, Reitzel, 1846. 1 vol. in-12, rel. toile, non rogné. *Ensemble 8 vol. et plaquettes.*

569. **Fillius** (Achille). Suède et Norwège. Paris, Plon, 1857. In-4, avec fig. et 1 carte, d.-rel. chag. vert. — **Inglis** (H. D.). A personal narrative of a journey through Norway, part of Sweden, and the Islands and States of Denmark. London, Whitaker, 1835. In-12, rel. toile, avec 1 carte. — **Klint** (Gust. af). Underrättelser till Kartorna öfver Norrbotten hörande till Sveriges Sjö-Atlas. Stockholm, Hjerta, 1839. Plaq. in-4, rel. toile, non rogné, avec 6 pl. 2e édition. — **Lessing** (Chr. Fr.). Voyage de la côte de Norvège au golfe de Bottnie, a travers la Laponie. *S. l. n. d. n. typ.* (Extrait des « Nouvelles annales des voyages », t. II, 1833). 1 plaq. in-12, cart. — **Neumann** (J.). Bemærkninger paa Reise i Nord-hordlehn, Søndhordlehn, Hardanger og Bors, 1825, af *J. Neumann*, Biskop over Bergens Stift. — Reise fra Christiania til Bergen, over Sogu, Bos og Hardanger, med nogle Anmærkninger. Christiania, Mallings, 1845. Plaq. in-8, rel. toile, non rogné, avec 1 pl. — En swensk officerares Dag-Bok, Hållen öfwer en Resa, genom Swerige, Ryssland, Pålen och Preussen, år 1788. Åbo, Frenckell, 1789. In-12, rel. toile, non rogné. — **Thoyon**. Renseignements sur quelques mouillages de la côte d'Islande et de Norvège (1863-64). Paris, P. Dupont, 1865. 1 plaq. in-8, cart. *Ensemble 7 vol. ou plaquettes.*

570. An account of Sweden : Together with an extract of the history of that kingdon. London, Goodwin, 1694. In-12, rel. v. (rel. danoise). — **Brace** (Charles Loring). The Norse-Folk, or a visit to the Homes of Norway and Sweden. London, Bentley, 1857. In-12, rel. toile (édit.), avec pl. gr. sur acier. — **Bjursten** (Herman). Stockholm, Köpenhamn och Christiania. Skildring från Studentfärden 1852. Stockholm, Brudin, 1852. In-12, rel. toile, non rogné (couvert.). **Baedeker** (Guides de K.). Schweden und Norwe-

gen nebst den wichtigsten Reiserouten durch Dänemark. Leipzig, 1882. In-12, rel. toile, cartes et pl. — **Davidsohn** (Robert). Vom Nordcap bis Tunis. Reisebriefe aus Norwegen, Italien und Nord-Africa. Berlin, Freund, 1884. In-12, rel. toile. — **Frédé** (Pierre). Voyage au Cap Nord et en Laponie par la Finlande. 2ᵉ édit. Paris, Delagrave, 1887. In-8, br. avec fig. et cartes. — **Fölsch** (Edvard Gustaf). Resa i Norrige år 1817. Strengnäs, Ekmarck, 1818. In-12, rel. toile, non rogné. — **Falsen** (Christian Magnus). Hvad har Norge at haabe, hvad har det at frygte af en Forbindelse med Sverrig, og under hvilken Betingelse kan denne Forening ene være ønskelig? Christiania, Gröndahl, 1814. In-12, cart. *Ensemble 8 volumes.*

X

Terres Arctiques. — Amérique. — Passage du Nord-Ouest.

571. **Anderson.** Histoire naturelle de l'Islande, du Groenland, du détroit de Davis et d'autres pays situés sous le Nord, traduite de l'Allemand de M. Anderson de l'Académie Impériale, Bourgmestre en chef de la ville de Hambourg, par M**, de l'Ac. Imp. & de la Société royale de Londres. A Paris, chez Sebastien Jorry, 1750. 2 vol. in-12, rel. veau éc., fil., dos orné. Sur les plats, armes de Mᵐᵉ de Pompadour. (Un frontispice, une carte et 7 planches.)

Le traducteur est M. *Sellius.*

572. The Arctic World : its plants, animals, and natural phenomena. With an historical Sketch of Arctic Discovery, down to the british polar expedition : 1875-1876. London, Nelson. S. d. 1 vol. grand in-8, cart. (édit.), avec 143 grav. sur bois.

573. **Asher** (G. M). Henry Hudson the Navigator. The original documents in which his career is recorded, collected, partly translated, and annotated. London, 1860. 1 vol. in-8, rel. toile (édit.), avec carte.

Publication de la *Hakluyt Society.*

574. **Blake** (E. Vale). Arctic experiences, containing Capt. George E. Tyson's wonderful drift on the ice-flote, a history of the Polaris expedition, the cruise of the Tigress and rescue of the Polaris survivors, to which is added a General arctic chronology. London, Sampson Low, 1874. 1 vol. grand in-8, rel. toile (édit.), avec fig. et pl.

575. [**Engel** (Samuel)]. Mémoires et observations géographiques et critique sur la situation des pays septentrionaux de l'Asie et de l'Amérique, d'après les relations les plus récentes. Auxquelles on a joint un Essai sur la route aux Indes par le Nord, & sur un commerce très vaste et très riche à établir dans la Mer du Sud... Par Mʳ ***. A Lausanne, chez Antoine Chapuis, 1765. 1 vol. in-4 avec 2 cartes, d.-rel. v. f., non rogné. — [**Engel**].

Mémoire sur la navigation dans la mer du Nord, depuis le 63ᵉ degré de latitude vers le Pôle & depuis le 10 au 100ᵉ degré de longitude, par M. le B. E. Berne, Fetscherin, 1779. Plaq. in-4, cart., grand papier. — **Engel**. Neuer Versuch über die Lage der nordlichen Gegenden von Asia und Amerika, und dem Versuch eines Wegs durch die Nordsee nach Indien. Als ein Anhang zu Phips Reisen. *S. l. n. d. n. typ.* 1 vol. in-4, d.-rel. veau rac., avec 8 pl.

576. **Fogström** (Johannes). De navigatione in Indian per Septentrionem tentata, diss. hist.-geog. in Audit. Gustav. Maj. d. XXVII Maji, Anno 1704. Upsalis, typ. Wernerianis. 1 plaq. in-4 (format d'un in-12), rel. mar. grenat, jans., dent. int., tr. dor. (Chambolle-Duru).

577. **Armstrong** (A.). A personal narrative of the discovery of the North-West passage; with numerous incidents of travel and adventure during nearly five years' continuous service in the arctic regions while in search of the Expedition under Sir John Franklin. London, Hurst & Blackett, 1857. 1 vol. grand in-8, rel. toile (édit.), avec 1 frontisp. et 1 carte.

578. **Bellot** (Jos. René). Journal d'un voyage aux mers polaires exécuté à la recherche de Sir John Franklin, en 1851 et 1852, précédé d'une notice sur la vie et les travaux de l'auteur, par M. *Julien Lemer*. Paris, Perrotin, 1854. 1 vol. in-8, d.-rel. chag. vert, tr. dor., avec 1 portrait de l'auteur, 1 facsim. et 1 carte. — **Leslie** (Sir John) et **Murray** (H.). Discovery and adventure in the polar seas and regions,... with a narrative of the recent expeditions in Search of Sir J. Franklin... by *R. M. Ballantyne*. London, Nelson, 1860. 1 vol. in-12, cart. (édit.), avec une carte et nombreuses grav. sur bois. — Resor och äfventyr uti arktiska regionerna. Skildringar af sir John Franklin, Mac Clures, och sir Leopol M'Clintocks resor i nord polartrakterna. Stockholm, Lamm, 1874. 1 vol. in-8, avec fig. et carte, cart. — **Richardson** (Sir John). Artic searching expedition : a Journal of a Boat voyage through Rupert's Land and the arctic sea, in search of the discovery ships under command of Sir John Franklin. London, Longman, 1851, 2 vol. in-8, cart. (cartes et planches).

579. **Hearne** (Samuel). Voyage du fort du Prince de Galles dans la baie d'Hudson à l'Océan Nord en 1769, 1770, 1771, & 1772, traduit de l'anglais. Paris, impr. de Patris, an VII. 2 vol. in-12 et 1 atlas in-4, rel. veau. — **Hellwald** (F. von). Au pôle nord. Voyage au pays des Glaces. Edition française par *Charles Baye*. Paris, Ebhardt, 1881, 1 vol. in-8, avec fig., pl. et cartes. — **Hertz** (Charles). La Conquête du Globe. Les Pôles. Paris, Tolmer, s. d. Grand in-8, avec fig. et cartes, rel. toile, ébarbé.

579 *bis*. **Jefferys** (Thomas). The Great probability of a Northwest passage deduced from observations on the letter of Admiral de Fonte. London, 1768. In-4, rel. toile, avec carte.

580. **Kane** (Elisha Kent). The far north. Explorations in the arctic regions. Edinburgh, Nimmo, s. d. 1 vol. in-12, rel. toile, tr. dorée (éditeur), frontisp. — **Lesbazeilles** (E.), Les merveilles du monde polaire. Paris, Hachette, 1881. 1 vol. in-12, cart. (éditeur). — **Malte-Brun**. Les trois projets anglais (S. Osborn), français (G. Lambert), allemand (A. Petermann) d'exploration au pôle nord. Accomp. d'une carte polaire nouvelle. Paris, Challamel, 1868. 1 vol. in-8, rel. toile. — **Deichmann** (Lauritz B.). Erindringer fra Polarlandene optegnede af Carl Petersen Tolk ved Pennys og Kanes Nordexpeditioner 1850-55. Kjöbenhavn, Philippsen, 1857. In-12, rel. toile, avec carte.

581. **Markham** (C. R.). Les abords de la Région inconnue. Histoire des voyages d'exploration au pôle nord, traduit de l'anglais par H. Gaidoz. Paris, Decaux, 1876. 1 vol. in-12, rel. toile. — **Comettant** (Oscar). Gustave Lambert au pôle nord : ce qu'il y va faire. Paris, Dentu, 1868. Plaq. in-8, rel. toile, avec 1 carte. — **Desprez** (Adrien). Les voyageurs au pôle nord, depuis les premières expéditions scandinaves jusqu'à celles de M. Gustave Lambert. Paris. Noblet, s. d. 1 vol. in-8, avec une carte, rel. toile (couvert.).

582. **Miniscalchi Erizzo** (Conte F.). Le Scoperte artiche. Venezia, Cecchini, 1855. 1 vol. in-8, d.-rel. veau.

Ouvrage important contenant quatre cartes des régions arctiques, entre autres le fac-similé d'une carte de 1436 d'*Andrea Bianco*, publiée pour la première fois.

583. **Munk** (Jens). Navigatio Septentrionalis, det er Relation eller Beskrivelse om Seiglads og Reyse paa denne Nordvestiske Passage, Som nu kaldes Nova Dania : igiennem fretum Christian at opsøge ; hvilken Reyse den Stormægtigske Herre og Konge, Kong Christian den fierde, udi det Aar 1619 allernaadigst berammet, og til dets Experientz affærdiget haver Hans Majestets Skibs-Capitain Jens Munk og hans med habendes Folk, Som overals vare 64 Personer, med tvende H. M. Skibe Enhiørningen og Lamprenen..... Kjøbenhavn, Tr. udi Kongl. Maj. priv. Bogtr., 1723.

La première édition du voyage de Jens Munk est de Copenhague (1624), son journal a été traduit en allemand et en hollandais. Jens Munk, né en 1579, mourut en 1628.

584. **Nares** (Sir G.). Un voyage à la mer Polaire sur l'Alerte et la Découverte (1875 à 1876), suivi de notes sur l'hist. nat., par *H. W. Feilden*, traduit de *F. Bernard*. Paris, Hachette, 1880. 1 vol. grand in-8, d.-rel., 62 grav. et 2 cartes.

585. Nieuw' en groote Loots-Mans Zee-Spiegel, indhoudende de Zee-Kusten van de Noordsche, Oostersche, en Westersche Schip-vaert ; vertoonende in veele nootsakelijcke Zee-Caerten, alle de Habens, Rivieren... als mede de gelegentheyt van de Nordelijckste Landen, die gelegen zijn tusschen de Straet Davis, en Nova Zembla... T'Amsterdam, Gedruckt by

Jacob en Casparus Loots-Man, 1687. 1 vol. in-fol., d.-rel. bas., non rogné, avec 1 titre gr. et 63 pl. et carte.

<small>Edition très rare de cet ouvrage. On ne la trouve pas dans Thiele et Müller. Il est particulièrement intéressant pour les pays du Nord. Cet ex. est à toute marges et n'est pas colorié.</small>

586. [**Parry**. Premier voyage]. Journal of a voyage for the discovery of a North-West passage from the Atlantic to the Pacific performed in the years 1819-1820 by... *W. E. Parry*. London, Murray, 1821. 1 vol. in-4, d.-rel., 2 cartes et nombr. grav. — [Second voyage de **Parry**]. Journal of a Second voyage for the discovery of a North-West passage... under the orders of Captain W. E. Parry. London, Murray, 1824. 1 vol. in-4, d.-rel., coins, nombr. illust. — [Troisième voyage de **Parry**]. Journal of a third voyage for the discovery of a North-West passage..... under the orders of *Cap. W. E. Parry*. London, J. Murray, 1826. 1 vol. in-4, d.-rel. mar, coins, cartes et nombreuses planches. — [Quatrième voyage de **Parry**]. Narrative of an attempt to reach the North Pole,... in the year 1827, under the command of Cap. *W. E. Parry*. Illust. by plates and charts. London, John Murray, 1828. 1 vol. in-4, d.-rel. mar., coins.

<small>Ouvrage intéressant et rare.</small>

587. **Phipps** (Const. Jean). Voyage au pôle Boréal, fait en 1773, par ordre du Roi d'Angleterre. Trad. de l'anglois. Paris, Saillant, 1775. 1 vol. in-4, rel. veau raciné.

<small>La traduction franç. est l'œuvre de *Demeunier* et a été revue par Fleurieu ; cet ouvr. a été égal. trad. en all. en 1777.</small>

588. **Patrice** (Victor). Au Pôle en Ballon. Voyage extraordinaire en cent trente jours. Paris, Plon, 1885. 1 vol. in-12, rel. toile sur broch. — Φιλοι Συμβογλεγομενοι. The Great arctic Mystery. London, Chapman, 1856. 1 plaq. in-8, rel. toile. — **Posthumus** (N. W.). De Nederlanders en de Noordpoolexpeditiën. Amsterdam, Brinkman, 1875. — **Müller** (Dr K.). Die Wunder der Polarwelt. Sonderhausen, Neuse, *s. d.* Petit in-4, rel. toile, non rogné, couv.

589. **Rezzadore**. I viaggi polari. Roma, Barbera, 1880. 1 vol. in-8, rel. toile, couvert., avec 15 cartes et planches.

590. **Ross** (John). Narrative of a second voyage in search of a North-West passage and of a residence in the arctic regions during the years 1829, 1830, 1831, 1832, 1833. London, Webster, 1835. 1 vol. in-4, rel. toile, *avec pl.*

<small>Un peu fatigué.</small>

591. **Back** (Le capitaine). Voyage dans les régions arctiques à la recherche du capitaine *Ross* en 1834 et 1835 et reconnaissance du Thleew-ee-Choh, maintenant Grande rivière Back. Traduit par M. *P. Cazeaux*. Paris, Arthur-Bertrand, 1836. 2 tomes en 1 vol. in-8, d.-rel. bas. verte, avec 1 carte. — — **Barrow** (John). Histoire chronologique des voyages vers le pole arctique,

entrepris pour découvrir un passage entre l'Océan Atlantique et le Grand Océan, depuis les premières navigations des Scandinaves jusqu'à l'expédition faite en 1818 sous les ordres des capitaines Ross et Buchan. Trad. de l'anglais (par *Defauconpret*). Paris, Gide, 1819. 2 vol. in-8, d.-rel. bas. r., non rogné.

Provient de la bibliothèque de M. Jomard.

592. **Fisher** (Alexander). Dagboek eener Ontdekkingsreis naar de Noorderpoolstreken, met de Schepen Zijner Grootbrittannische Majesteit *Hecla* en *Griper*, in de jaren 1819 en 1820. Uit het Engelsch... door *J. Lehman de Lehnsfeld*. Dordrecht, Blussé en Van Braam, 1822. 1 vol. in-8, d.-rel. v. — Voyage vers le pôle arctique dans la baie de Baffin, fait en 1818 par les vaisseaux de S. M. l'Isabelle et l'Alexandre, commandés par le capitaine *Ross* et le lieutenant *Parry*. Paris, Gide, 1819. 1 vol. in-8, rel. toile, non rogné.

Cet ouvrage a été rédigé sur la relation du capitaine *Ross* et d'après les journaux de trois autres officiers de l'expédition.

593. **A. A.....** De la rupture des glaces du pôle Arctique. Paris, Baudoin, 1818. 1 plaq. in-8, rel. toile, non rogn. — **Baumgarnter** (A.). Von Kopenhagen nach Thorshavn. Skizzen einer Nordlandsfahrt, 1885. In-8, cart., non rogné. *Extr. des Stimmen aus Maria Laach*. — **Brynjulfson** (Gisli). Have de gamle Nordbœr havt Kjendskab til et aabent Polarhav imod Nord ? Kjöbenhavn, Berling, 1871. Plaq. in-12, cart. — **Streffleur** (V.). Die primitive physikalische Beschaffenheit der Nord Polarländer. Wien, Beck, 1845. 1 plaq. in-8, cart. (avec 2 pl.). — **Burghardt** (Carol. Guil.). De Legibus Caloris in terris polaribus et de Isothermarum Situ tum in eisdem terris, tum in America Septentrionali. Halae, Schimmelpfennig, 1842. 1 plaq. grand in-4, rel. toile. — **Campen** (Samuel Richard van). The Dutch in the arctic seas. Vol. I. A Dutch arctic expedition and route. London, Trübner & C°, 1876. 1 vol. petit in-8, avec 1 carte, rel. toile. — **Ehrenberg** (C. G.). Einige Betrachtungen über das noch unbekannte Leben am Nordpol. *S. l. n. d. n. typ*. Plaq. in-8, cart. — **Enea** (Giovanni). Il Polo artico. Palermo, B. Lima, 1876. Plaq. in-8, rel. toile. — **Etienne**. Notice sur une nouvelle mission du Pôle arctique... *S. l. n. d. n. typ*. (Lyon, 1856). Plaq. petit in-8, cart. *Extr. des Ann. de la propag. de la foi*. — **Fonvielle** (Wilfrid de). La Conquête du Pôle nord. Paris, Plon, 1877. In-12, rel. toile, non rogné, avec fig.

594. **Heer** (Oswald). Ueber die Polarländer. Zürich, Schulthess, 1867. — Ueber die neuesten Entdeckemgen im hohen Norden. Zürich, Schulthess, 1869. — Die Schwedischen Expeditionen zu Erforschung des hohens Nordens, vom Jahre 1870 und 1872 auf 1873. Zürich, Schulthess, 1874. Ensemble 3 plaq. in-8, cart. — **Hervé** et **De Lanoye**. Voyages dans les glaces du Pôle arctique à la recherche du passage Nord-Ouest. Paris, Hachette, 1854. In-12, d.-rel. chag., tr. p. — **Hœkstra** (Klaas). Dagverhaal van het verongelukken van het Galjootschip Harlingen, in Straat-Davids. Harlingen, Van der Plaats,

1828. In-8, avec 1 carte, rel. toile, non rogné. — **Lamothe** (A. de). Le secret du pôle. Paris, Blériot, 1878. In-12. — **Mackenzie** (Alexander). Reise nach dem nördlichen Eismeere vom 3 Jun. bis 12 September 1798, übersetzt von M. C. *Sprengel.* (*une carte*). Weimar, 1802. 1 plaq. in-8, cart., non rogné. — **Pavy** (Octave). Les nouvelles expéditions au Pôle nord. (Extr. de la « Rev. des Deux-Mondes », 1868.) 1 plaq. in 8, cart. — **Previti** (Luigi, S. J.). Delle spedizioni polari. Roma, 1876. In-12, rel. toile, non rogné, couvertures. — **Weyprecht** (A.) et **Payer** (Julius). Die Polar-Expedition, im Jahr 1871. Wien, 1872. Plaq. in-8, cart.

Découverte de l'Amérique avant Christophe Colomb.

595. **Beauvois** (E.). Découvertes des Scandinaves en Amérique du dixième au treizième siècle. Fragments de sagas islandaises, traduits pour la première fois en français. Paris, Challamel, 1859. — **Beamish** (North Ludlow). The discovery of America by the Northmen in the tenth century. London, Boone, 1841. Ensemble 2 vol. in-8, rel. toile, avec cartes et pl.

596. **Costa** (B. F. de). The Northmen in Maine; a critical examination of views expressed in connection with the subject, by Dr J. H. *Kohl.* Albany, Munsell, 1870. — **Ballantyne** (R. M.). The Norsemen in the West, or America before Columbus. A tale. 6e *édit.* London, Nisbet, 1880. Ensemble 2 vol. in-8 et in-12, rel. toile, avec fig. et pl.

597. **Dandolo** (Tullio). Il settentrione dell' Europa e dell' America nel secolo passato sin 1789. Milano, Besozzi, 1854. 2 vol. in-12, br.

598. **Gravier** (Gabriel). Découverte de l'Amérique par les Normands au xe siècle. Paris et Rouen, 1874. — Étude sur les rapports de l'Amérique et de l'ancien continent avant Christophe Colomb. Paris, Thorin, 1869. Ensemble 2 vol. in-8, rel. toile et chag., avec cartes.

599. **Hermes** (Karl Heinrich). Die Entdeckung von America durch die Isländer im zehnter und eilften Jahrhunderte. Braunschweig, Vieweg, 1844. — **Horn.** Nordbœrnes Rejser til Amerika, fortalt efter Islandske Kilder. 2e *édit.* Kjbnhvn, 1880. Ensemble 1 vol. in-8 et 1 plaq., rel. toile. — **Lemmerich** (C.). Die Entdeckung America's durch die Normänner in 10ten und 11ten Jahrhundert. St Petersburg, Pratz, 1844. 1 plaq. in-8, rel. toile.

Déchirure au titre.

600. **Neuffer** (F. M.) et **Klett** (J. D.). Dissertatio de modo probabiliori quo primæ in Americam septentrionalem immigrationes sunt factæ. Tubingæ, Schramm (1754). **Stenström** (Haqu.). De America, Norwegis ante tempora Columbi adita (*Dissert. Acad.*). Lund, Berling, 1801. Ensemble 2 plaq. in-4, rel. toile et vél. — **Rafn** (Carl Christian). Mémoire sur la découverte de

l'Amérique au dixième siècle. Copenhague, Quist, 1843. 2 cartes, 7 pl. — *Le même*. Copenhague, 1838. Trad. par *X. Marmier*. — Americas arctiske landes Gamle Geographie efter de nordiske Oldskrifter. Kjöbenhavn, Möller, 1845. — Memoria sulla scoperta dell' America nel secolo dècimo. Pisa, Nistri, 1839. Ensemble 4 plaq. in-8, avec cartes et pl., cart. et rel. toile.

601. **Rafn** (Carolus Christianus). Antiquitates Americanæ, sive scriptores septentrionales rerum ante Colombianarum in America. Hafniæ, typis offic. Schultzianæ, 1837. 1 vol. grand in-4, d.-rel. chag. rouge, tête dor., non rogné, avec chiffre du comte Riant, avec 6 pl., 4 cartes et 7 facsim.

> Important recueil de documents originaux d'une grande valeur, édités en islandais avec traductions danoise et latine et notes. Bel exemplaire de ce livre assez rare en France.

602. **Smith** (Joshua Toulmin). The Northmen in New England, or America in the tenth century. Boston, Hilliard, 1839. — **Anderson** (R. B.). America not discovered by Colombus. A historical sketch of the Discovery of America by the Norsemen in the tenth century. Chicago, Griggs, 1874. Ensemble 2 vol. in-12, rel. toile, avec cartes.

603. **Sundström** (Sueno). Dissertatio historico-politica de Statu Regiminis Americanorum ante adventum Christianorum. Upsaliæ, typ. Wernerianis (A. 1716). 1 plaq. petit in-8, rel. mar. gren., jans., dent. int., tr. d. (Chambolle-Duru).

604. **Torfœus** (Thormodur). Historia Vinlandiæ antiquæ, seu partis Americæ septentrionalis, ubi nominis ratio recensetur, situs terræ ex dierum brumalium spatio expenditur, soli fertilitas & incolarum barbaries, peregrinorum temporarius incolatus & gesta, vicinarum terrarum nomina & facies ex Antiquitatibus Islandicis in lucem producta exponuntur. Havniæ, Ex Typographeo Regiæ Majest. & Universit. 1705. Impensis Authoris. 1 plaq. in-8, rel. chag. gren., fil., tr. dor.; sur les plats, armes et chiffre runique du comte Riant (Gruel).

605. **Wilhelmi** (Karl). Island, Hvitramannaland, Grönland und Vinland oder der Norrmänner Leben auf Island und Grönland und deren Fahrten nach Amerika schon über 500 Jahre vor Columbus (avec une carte). Heidelberg, Mohr, 1842. — Amerikas Upptäckande genom Norrmännerne 500 år före Columbus. Öfversatt med Tillägg och Anmärkningar af *Wilhelm Malm*. Stockholm, Berg, 1843 (avec une grav. et une carte). 1 vol. in-8, rel. toile.

XI

Grœnland.

606. **Anderson** (Johann). Beschryving van Ysland, Groenland en de straat

Davis uit het hoogduitsch vertaalt door *J. D. J.* Amsterdam, St. van Esveldt, 1750. 1 vol. in-4, d.-rel. vél., avec frontisp., 1 carte et 5 pl.

1re édition hollandaise.

607. — Nachrichten von Island Grönland und der Strasse Davis zum wahren Nutzen des Wissenschaften und der Handlung. Hamburg, Grund, 1746. 1 vol. petit in-8, d.-rel. veau marbré, frontisp. et 4 pl.

Edition originale de cette relation.

608. **Jonas** (Arngrim). Grönlandia, eller Historie om Grønland, af Islandske Haand-skrevne Historie-bøger og Aar-registere Samlet, og først i det Latinske Sprog forfatted af *Arngrim Jonssön*,..... Derefter af det Latinske manuscript paa det Islandske Sprog udsat ved *Einer Ejolfsön*, og Trykt i Skalholt Aar 1688; nu paa Dansk fortolket af *A. B.* (*Bussœus*). Kjøbenhavn, Rotmer, 1732. 1 vol. in-8, rel. mar. gren., jans., dent. intér., tr. dor. (Chambolle-Duru).

Cette œuvre de l'Islandais *Arngrim Jonas* ou *Jonssön* (1568-1648) a été écrite par lui en latin, et l'original latin n'a jamais été publié. *E. Ejolfsön* en a publié, en 1688, une traduction islandaise; il en a paru depuis une traduction danoise (c'est cette édition-ci). Les deux traductions sont d'ailleurs toutes deux fort rares.

609. **Beres** (Iver). Grønlands Beskrivelse med et kort og Forerindring af *Arent Aschlund*. 2e *édit.* Kjöbenhavn, Popp, 1832. — Beschreibung von Grönland mit einer Karte und Vorrede von *Arent Aschlund*. Aus dem Dänischen. Kopenhagen, Möller, 1832. Ensemble 2 plaq. in-12 et in-8, rel. toile et cart., avec carte.

610. **Bluhme** (E.). Fra et Ophold i Grønland 1863-64. Kjöbenhavn, Woldke, 1865. In-8, avec 1 pl., rel. toile, non rogné.

611. **Cranz** (David). Historie von Grönland, enthaltend die Beschreibung des Landes und der Einwohner, u. s. w. insbesondere die Geschichte der dortigen Mission der Evangelischen Brüder zu Neu-Herrnhut und Lichtenfels. 2e *édit.* Barby, Henr. Detlef Ebers, u. Lpzg, Weidmann, 1770, *avec pl. et cartes.* — Fortsetzung der Historie von Grönland, insonderheit der Missions-Geschichte der Evangelischen Brüder zu Neu-Herrnhut und Lichtenfels von 1763 bis 1768..... Barby, Ebers, 1770. — Historie von Grönland..... Frankfurt und Leipzig, 1780. — Äldre och nyare Brödra-Historien, eller kort Berättelse om Evangeliska Brödra-Uniteten. Öfversättning. Norrköping, Blume, 1772. Ensemble 5 vol. in-12, d.-rel. v. rac. et bas., avec pl. et carte.

David Crantz écrivit cet ouvrage à son retour du Groenland, où il était allé, en qualité de missionnaire, prêcher les doctrines des Hernutes.
C'était un homme instruit, et sa relation n'est pas sans mérite.

612. — The history of Greenland, including an account of the mission carried on by the United Brethren, in that country, transl. from the German. London, Hurst, 1820. 2 vol. petit in-8, d.-rel. veau, avec pl. et cartes.

613. **Dalager** (Lars). Grønlandske Relationer : indeholdende Grønlændernes Liv og Levnet, deres Skikke og Vedtægter, Samt Temperament og Superstitioner... Kiøbenhavn, Enke, 1752. 1 vol. in-4, d.-rel. basane.

614. Efterretning om Rudera eller Levninger af de gamle Nordmænds og Islænderes Bygninger pa Grønlands Vester-Side, tilligemed et Anhang om deres Undergang sammesteds. Kiøbenhavn, Stein, 1776. Petit in-8, rel. mar. grenat, jans., dent. intér., tr. dor. (Chambolle-Duru).

615. **Egede.** (Hans). Description et histoire naturelle du Grœnland. Traduite en françois par Mr *D. R. D. P.* A Copenhague et à Genève, chez les frères C. et A. Philibert, 1763, *avec carte et pl.* — Efterretninger om Grönland, uddragne af en Journal holden fra 1721 til 1788. Kiöbenhavn, Schröder, *s. d.* Ensemble 2 vol. in-12, d.-rel. veau rac., tr. lim.

<blockquote>Hans Egede résida au Grœnland pendant 15 ans. Sa relation est remplie de choses intéressantes. Cette traduction française, faite d'après le texte anglais, par *Desroches de Parthenay*, contient, aux pages 165-178, une petite grammaire, un vocabulaire et des prières (*Pater, Credo*, etc.) en grœnlandais.</blockquote>

616. — Beschrijving van Oud-Grœnland of eigentlijk van de zoogenaamde Straat Davis. Delft, Boitet, 1746. Petit in-4, d.-rel. veau rac., avec pl.

Bel exemplaire.

617. — A Description of Greenland, shewing the natural history, situation, boundaries, and face of the country..... London, Hitch, 1745, avec carte et pl. 1 vol. in-8, d.-rel. bas. noire, non rogné.

618. — Reisebeskrivelse til Öster-Grönlands Opdagelse, foretaget i Aarene 1786 og 1787. Kjöbenhavn, Schultz, 1789. In-12, cart. — Omstændelig og udförlig Relation, angaaende den Grønlandske missions Begyndelse og Fortsættelse samt hvad ellers mere der ved Landets Recognoscering, dets Beskaffenhed, og Indbyggernes Væsen og Levemaade vedkommende, er befunden. Kjøbenhavn, 1738. Petit in-4, rel. bas, avec pl. — Haladlit Pelleserkângó æta..... Grønlændernes förste Præst Hans Egedes Aften-Samtaler, med sine Diciple, forfattede efter Campe af *Johann Christian Mörch*. Kjöbenhavn, 1837. In-12, cart. *Texte en groenlandais et en danois.* — **Egede Saabye** (Hans). Fragmenter af en Dagbok, hållen i Grönland. Öfversättning från Danskan. Stockholm, Granberg, 1817. Plaq. in-12, rel. toile, non rogné.

619. **Estrup** (H. F. J.). Om Trældom i Norden, dens Udspring, Kilder, Beskaffenhed og Ophör. En archæologisk Undersœgelse. Soröe, Magnus, 1823. — Nogle Bemærkninger angaaende Grönlands Österbygde. Kjöbenhavn, Seidelin, 1824. Ensemble 2 plaq. in-12, rel. toile.

620. **Etzel** (Anton von). Grönland, geographisch und statistisch beschrieben aus dänischen Quellschriften. Stuttgart, Cotta, 1860. 1 vol. in-8, rel. toile, non rogné (couvert.).

621. **Fenger** (H. M.). Bidrag til Hans Egedes og den Grönlandske Missions historie 1721-1760 efter trykte og utrykte kilder. Kjöbenhavn, Gad, 1879. 1 vol. petit in-8, rel. toile, non rogné.

622. **Fabricius** (Otto). Favna Grœnlandica systematicis sistens Animalia Grœnlandiæ occidentalis hactenus indagata... Hafniæ et Lipsiæ, Rothe, 1780. 1 vol. petit in-8, rel. toile, non rogné. — **Fries**. Grönland, dess natur och innevånare. Upsala, Edquist, 1872. In-8, avec fig. et pl. noires et en coul., rel. toile sur broch.

623. **Graah** (W. A.). Undersögelses-Reise til Östkysten af Grönland Efter Kongel. Befaling i Aarene 1828-31. Kiöbenhavn, Qvist, 1832 avec pl. color. et 1 carte. — Beskrivelse til der Boxende Situations-Kaart over den vestlige Kyst af Grönland fra 68° 30' til 73° Brede... Kjöbenhavn, Thiele, 1825, avec 6 cartes. — **Pingel** (C.). Om Capit. Graah's Reise i Grönland, Kjöbenh., 1833. Ensemble 3 vol. et plaq. in-4 et in-8, d.-rel. bas. et rel. toile.

624. Grönlands Historiske Mindesmærker, Förste Bind. Kiöbenhavn, Brünn, 1838. D.-rel. bas.

625. **Gruber** (J. G.). Beschreibung von Grönland und Spitzbergen mit den Wundern der Natur und Menschenwelt um den Nordpol. Zürich u. Lpzg, Schiegg, 1803. In-4, rel. toile non rogné, avec pl. et carte.

626. **Hayes** (Isaar J.). The Land of desolation, being a personal narrative of adventure in Greenland. London, Sampson Low, 1871. 1 vol. in-8, rel. toile, avec fig., pl.

627. **Hylckes** (Reinier). Merkwaardig Verhaal van Reinier Hylckes als matroos, met het Schip de Hopende Visser Commandeur *Volkert Jansz*, ten jare 1777. Na Groenland uitgevaren op de Walvisvangst, en aldaar met 9 andere schepen verongelukt..... Amsterdam, by Nicolaas Byl, 1779. Plaq. petit in-4, rel. vél., non rogné.

628. **Jansen** (Jakob). Verhaal der merkwaardige Reize van den Kommandeur Jakob Jansen, met het schip *de Vrouw Maria Elizabeth*, den zevenden April des jaars 1769, van Hamburg naar Groenland ter Walvischvangst uitgezeild..... Haarlem, Joh. Enschedé, 1770. — Kort, doch echt-verhaal van Commandeur Marten Jansen weegens het verongelukken van zijn schip, genaamd *het Witte Paard*, en nog Negen andere scheepen, dewelke alle verongelukt zijn, in Groenland, door de bezetting van't West Ys, ten jaare 1777..... Leeuwarden, Tresling, 1778. Ensemble 2 plaq. petit in-4, rel. vél., non rogné, avec 1 pl. gr. s. cuivre.

Curieuse relation du voyage de *J. Jansen de Hambourg* au Groenland. — La 2ᵉ plaq. contient le récit du naufrage de 10 vaisseaux sur les côtes de Groenland.

629. Journael, of Dagh-Register, gehouden by seven Matroosen, in het Overwinteren op't Eylandt Mauritius, in Groenlandt, in't jaer 1633. en 1634.

doch sijn t'samen aldaer gestorven..... Amsterdam, Gillis Joosten Zaagman, s. d. Plaq. petit in-4, rel. vél., avec fig. sur bois.

630. **Johnstrup** (F.). Indberetning om den af Professor *Johnstrup* foretagne Undersögelsereise paa Island i sommeren 1876. Kjöbenhavn, Schultz, 1877, *avec 2 cartes et 2 pl.* — Giesekes mineralogisk reise i Grönland. Kjøbenhavn, Bianco Luno, 1878, *avec 3 cartes.* Ensemble 1 vol. et 1 plaq. in-8, rel. toile, non rogné.

631. **Klutschak** (Heinrich. W.). Als Eskimo unter den Eskimos. Eine Schilderung der Erlebnisse der Schwalka'schen Franklin-Aussuchungs Expedition in den Jahren 1878-79. Wien, Pest, Leipzig, Hartleben, 1881. 1 vol. grand in-8, rel. toile sur couverture, avec 3 cartes, 12 pl. et fig.

632. **Kreuger** (Harme Hendrik). Echt Historisch Verhaal zo uit de mond als pen van drie zeelieden met name H. H. Kreuger enz, wegens het verongelukken van hun Schip de *Wilmiena*... Commandeur Jacob Hendrik Broertjes... in Grœnland... in den jaare 1777... Amsterdam, Dirk Schurman, 1778. Plaq. petit in-4, rel. vél.

633. [**La Peyrère** (Isaac de)]. Relation du Groenland. Paris, Augustin Courbe, 1647. 1 vol. in-12, rel. vieux vél., avec planches.

Première édition d'un très curieux et bon ouvrage du fameux Isaac de La Peyrère (1594-1676), auteur de l'ouvrage sur les Préadamites.

634. — Bericht von Gröhnland, gezogen aus zwo Chroniken : Einer alten Ihslandischen, und einer neuen Dänischen; übergesand in Frantzosischer Sprahche... (traduit par) *Henrich Sivers.* Hamburg, Nauman et Wolf, 1674. 1 vol. in-4, cart.

Traduction allemande de la « Relation du Groenland » d'Isaac de La Peyrère.

635 **Lyskander** (Claus Christopherson). Den Grønlandske Chronica. Huor vdi Kaarteligen beskriffnis : Huorledis Landet i Fordum tid, er først funddet : Besæt met Indbyggere, haffuer ligged til Konggernis Fade ouer udi Norrig... Prendtet vdi Kiøbenhawn, aff Benedicht Laurentz, 1608. In-12, rel. mar. grenat, jans., dent. intér., tr. dorée (Chambolle-Duru).

Première édition de cette chronique rimée, dont l'auteur fut historiographe du roi Christian V.

636. Meddelelser om Grønland, udgivne af Commissionen for Ledelsen af de geologiske og geographiske Undersøgelser i Grønland. Kjøbenhavn, Reitzel, 1879-1888. Fascicules 1, 2 et 3 première partie en 1 vol. in-8, d.-rel. chag. br., avec 14 pl. noires et en couleur et 6 cartes; fasc. 3, 2ᵉ partie, 4, 5, 6 et 11, br., avec 44 pl. et 5 cartes. Supplément au fasc. 5, formant 1 atlas in-4 de 109 pl. et 1 carte.

Tout ce qui a paru jusqu'à 1888.

637. **Moog** (Maarten). Omstanding Journal van de Reize naar Groenland

gedaan door Commandeur *Maarten Moog* met her schip *Frankendaal*. Amsterdam, Weege, 1787. 1 vol. in-4, rel. toile.

638. **Munch.** Drie Voyagien gedaen na Groenlandt, om te ondersoecken of men door de Naeuwte Hudsons soude konnen seylen; om alsoo een Doorvaert na Oost-Indien te vinden. Alle ten versoecke van Christianus de IIII, Koning van Denemarken, &c. de eerste door Ioan Monnick, de tweede door Marten Forbisser, ende de derde door Gotske Lindenau. Als mede een Beschryvinghe, hoe, en op wat wijse men de Walwisschen vanght. Item, een korte Beschryvingh van Groenlandt, met de manieren en hoedanicheden der Inwoonderen aldaer [*gravure sur bois*]. t'Amsterdam, gedruckt by Gillis Joosten Saeghman, in de Nieuwe-Straet, Ordinaris Drucker van de Journalen der Zee- en Landt Reisen. *Au verso*, la gravure de la Renommée, 17 gravures sur bois dans le texte, déjà employées pour d'autres ouvrages. 1 plaq. in-4, rel. mar. rouge, fil., dent. int. (Dupré).

Cette rare plaquette contient le journal du Danois Jens Munch et des récits des voyages de Frobisher et de Lindenau.

639. **Nieritz** (G.). Grönlandsfararen. Berättelse för ungdom. Öfversättning. Stockholm, Berg, 1843. 1 plaq. in-12.

640. **Nordenskiöld** (A. E. baron de). Grönland, seine Eiswüsten im Innern und seine Ostküste. Schilderung der zweiten Dickson'schen Expedition ausgeführt im Jahre 1883. Deutsche Ausgabe. Leipzig, Brockhaus, 1886. 1 vol. in-8 br. — La seconde expédition suédoise au Grönland (L'Inlandsis et la Côte Orientale). Trad. de *Ch. Rabot.* 139 grav. sur bois et 5 cartes hors texte. Paris, Hachette, 1888. 1 vol. grand in-8, br.

641. **O'Reilly** (Bernard). Greenland, the adjacent seas, and the North-West passage to the Pacific Ocean, illustr. in a voyage to Davis's Strait dur. the summer of 1819. London, Baldwin, 1818. 1 vol. in-4, cart., 2 cartes et 18 planches lith.

642. **Pingel** (C.). Om de vigtigste Reiser som i nyere tider ere foretagne fra Danmark og Norge, for igjen at opsöge det tabte Grönland og at undersöge det Gjenfunde. Kjöbenhavn, Möller, 1845. — Om den af Porphyrgange gjennembrudte röde Sandsteen i det sydelige Grönland. Kjöbenhavn, Bianco Luno, 1843. Ensemble 1 vol. in-8, d.-rel. toile, et 1 plaq. in-4, cart.

643. **Raven** (Dirck Albertsz.). Journal van de Ongeluckighe Voyagie gedaen by den Commandeur Dirck Albertsz. Raven, naer Grœnlandt, in den jare 1639. Amsterdam, Saeghman, *s. d.* Plaq. petit in-4, rel. vél., avec fig. sur bois.

644. **Rink** (Dr Henry). Danish Greenland, its people and its products, ed. by *Dr R. Brown*, with ill. by the Eskimo, and a map. London, King, 1877. 1 vol. in-8, cart. (édit.).

645. **Stauning** (Jörgen). Kort Beskrivelse over Grønland. Viborg, Mangor, 1775. In-12, rel. bas.

646. **Tayse** (Dirck Jacobsz). Het Journal en Daghregister van 't Avontuurelyke Reyse na Groenlandt, gedaen met het schip *den Dam*, in 't Jaar 1710, uijtg. door *W. P. Poort*. Amsterdam, Karel van Rijschooten, 1711. 1 plaq. in-4, rel. vél.

647. **Torfesen** (Thormodur) ou **Torfœus**. Gronlandia antiqua, seu veteris Gronlandiæ Descriptio, ubi Cœli marisqve natura, terræ, locorum & villarum situs, animalium terrestrium aqvatiliumqve varia genera, Gentis origo & incrementa, status Politicus & Ecclesiasticus, gesta memorabilia & vicissitudines, ex Antiquis memoriis, præcipue Islandicis, qvâ fieri potuit industriâ collectâ exponuntur (avec 5 planches). Hafniæ, Ex Typ. R. M. & U., 1706. 1 vol. rel. chag. rouge, tr. dor., dent. int.; sur les plats, armes et chiffre runique du comte Riant.

648. [**Tyssot de Patot**]. La vie, les avantures, & le voyage de Groenland du Révérend Pere Cordelier Pierre de Mesange, Avec une Relation bien circonstanciée de l'origine, de l'histoire, des mœurs, et du Paradis des Habitans du Pole Arctique. A Amsterdam, Aux Depens d'Etienne Roger, Marchand Libraire, chez qui l'on trouve un assortiment général de Musique. 1720. 2 tomes en 1 vol. in-12, rel. chag. grenat, tr. dor., dent. int; sur les plats, armes et chiffre runique du comte Riant (Gruel). (Chaque volume a le même frontispice.)

    Voyage supposé écrit par *Simon Tyssot de Patot*, professeur de mathématiques à Deventer, dont on a aussi des Lettres et des Œuvres poétiques imprimées en 1727 à Amsterdam.

649. **Van Sante**. Alphabethische Naamlyst van alle de Groenlandsche en Straat-Davissche Commandeurs, die zedert het jaar 1700 op Groenland, en zedert jaar 1719 op de Straat-Davis, voor Holland en andere Provincien, hebben gevaaren. Door Gerret Van Sante, makelaar te Zaandam. Haarlem, Enschede, 1770. 1 vol. in-4, d.-rel. veau écaille. Au verso du second feuillet, jolie gravure de Jan Stam (Zaandam, 1770).

650. Vorstellungen des Norden, oder Bericht von einigen Nordländern, und absonderlich von dem so genandten Grünlande... Hamburg, Naumann, 1675. 1 vol. petit in-4, rel. vél.

651. **Young** (Allen). Cruise of the « Pandora », from the private Journal of A. Y., Commander of the expedition. London, Clows, 1876. 1 vol. in-8, cart. (édit.), avec 1 cartes et 12 photographies.

652. **Zurla** (D. Placido). Dissertazione intorno ai viaggi e scoperte di Nicolò et Antonio fratelli Zeni. Venezia, Zerletti, 1868. In-8, rel. veau f.

    Cette dissertation renferme le texte du voyage des frères Zeni, et 1 carte.

653. The voyages of the Venitian brothers Nicolo et Antonio Zeno, to the

northern seas, in the xiv^(th) century, comprising the latest known accounts of the lost colony of Greenland and of the Northmen in America before Columbus, transl. by R. H. Major. London, printed for the Hakluyt Soc., 1873. 1 vol. in-8, cart. (édit.).

654. Tavola di navicare Nicolo et Antonio Zeni, et les cartes des régions septentrionales à l'époque de sa publication en 1558. (1 pl. et 4 cartes.) S. l. n. d. n. typ. 1 plaq. in-8, rel. toile, non rogné. — **Ersleo** (Ed.). Nye Oplysninger om Brödrene Zenis Rejser, efter et Foredrag i det kgl. nordiske oldskriftselskab. Kjöbenhavn, Hoffensberg, 1885. Plaq. grand in-4, cart., avec 2 fac-sim. — **Major** (R. H.). Dei Viaggi dei fratelli Zeni, Dissertazione : Estratto dell' Archivio Veneto, t. 7, part. 1. In-8, cart. — **Zahrtmann**. Bemærkninger over de Venetianerne Zeni tilskrevne Reiser i Norden. S. l. n. d. n. typ. Plaq. in-8, cart.

655. **Steenstrup** (Iapetus). Zeni'ernes Reiser i Norden. En kritisk fremstilling af det sidste tiaars vigtige bidrag til forstaaelsen af Venetianerne Zeni's Ophold i Norden fra 1391 til 1405 (avec 5 cartes). Kjøbenhavn, Thiele, 1883. 1 vol. in-8, rel. toile.

Reproduction photographique d'anciennes cartes scandinaves.

656. **Negri** (Francesco). Viaggio Settentrionale. Data alla luce da gli heredi del sudetto negri. In Padova, stamp. del Seminario, 1700. 1 vol. in-4, d.-rel. bas., avec portr. et 14 pl.

Piqûres dans le dos de la reliure.
Il y a des ex. de cette édition qui portent : Forli, per Gianfelice Dandi, 1701. Cet ouvrage renferme des remarques curieuses sur l'ouvrage d'*Olaus Magnus*.

657. — Viaggio Settentrionale fatto, e descritto dal molto rever. sign. Forli, Dandi, 1701. 1 vol. in-4, rel. vél., avec 2 portr. et 14 pl.

C'est l'édition de Padoue 1700, mais avec un nouveau titre ; on peut considérer celle-ci comme une contrefaçon.

658. — Il viaggio Settentrionale, novamente pubblicato a cura di *Carlo Gargioli*. Bologna, Nic. Zanichelli, 1883. 1 vol. in-12, d.-rel. mar. à l. gr., tête p., non rogné, couverture.

Nouvelle édition, avec notes et introduction de la relation de Negri.

659. **Aschlund**. Iver Bere's Beschreibung v. Grönland mit einer Karte und Vorrede von *Arent Aschlund*. Copenhague, Möller, 1833. Plaq. in-8, cart. (couverture). *Ex-libris d'Alph. Pinart.* — Ausführliche Beschreibung des theils bewohnt — theils unbewohnt — so genannt Grönlands, in zwey Theile abgetheilt..... beschrieben durch *S. von B.* Nürnberg, Riegels, 1679. In-4, rel. vél. — Bref Ifrån En Utländske Resande til sin Wän N. N. om en löjelig händelse på Grönland. På Svenska öfversatt. Stockholm, Hesselberg, 1763. Plaq. in-12, rel. vél. — **Eggers** (Henrich Peter von). Om Grönlands Österbygds sande Beliggenhed. S. l. n. d. n. typ. (1792). In-12, avec 2 cartes,

cart. — **Fabricius** (Otto). Försög til en forbedret Grönlandsk Grammatica. 2e *édition*. Kiøbenhavn, Schubart, 1801. 1 vol. in-12, d.-rel. bas. *Ex. fatigué.*
— **Funch** (Joh. Chr. Wilh.). Syv Aar i Nordgrönland. Viborg, Kabell, 1840. In-12, cart. — **Helms** (H.). Die Eiswelt und der Hohe Norden, Grönland, Lappland, Finland, Island und deren Land und Leute. Lpzg, Fritsch, 1869. In-12, rel. toile. — **Hoff** (Th.). Om Alderen af de i Grönland optrædende geognostiske Formationer... 1863. Plaq. in-12, cart. — **Hoyerus** (Janus). De religione Grönlandorum naturali Dissertationes tres. Hafniæ, Pelt, 1756. Plaq. petit in-4, rel toile, non rogn. — **Jacobsen** (F.). Et Aar i Grönland. Kjbhvn, Woldike, 1862. Plaq. in-12, avec 2 cartes, cart. — Naturhistoriske Bidrag til en Beskrivelse af Grønland, Kjøbenhavn, Klein, 1857. In-8, rel. toile, non rogné, avec une carte. — **Rink** (H.). Om monopolhandelen paa Grønland. Kjøbenhavn, Høst, 1852. — Samling af Betænkninger og Forslag vedkommende den Kongelige Grønlandske Handel, udg. paa Indenrigsministeriets Bekostning. Kbhvn, 1356. — Om Grønlands Opdagelse og Kolonisation, *s. l. n. d.* — Om vandets Afløb fra det Indre af Grønland ved Kilder under Isen. (Extr. des « Naturhist. Tidsskr. », 3 R., I B.) *S. l. n. d.*, avec 2 planches. — Om Grønlænderne, deres Fremtid og de til deres Bedste sigtende Foranstaltninger. Kjøbenhavn, Høst, 1882. Ensemble 6 plaq. in-8 et in-12, rel. toile, cart. sur broch. — **Steenstrup** (K. J. V.). Om de Kulförende Dannelser paa Öen Disko, Hareöen og Syd. Siden af Nûgssuak's Halvöen i Nord-Grönland (avec 1 carte). Kjøbenhavn, B. Luno, mars 1874. 1 plaq. in-8, cart. — **Valla** (V.). Grønland. Haderslev, Rielsens, 1861. Plaq. petit in-8, rel. toile, non rogné. — **Vrba** (Karl). Beiträge zur Kenntniss der Gesteine Süd-Grönland's (mit 3 Tafeln). (Extr. der k. Akad. der Wissensch., février 1874.) 1 plaq. in-8, cart. couv. — **Wormskiold** (M.). Gammelt og Nyt om Grönlands, Viinlands og nogle fleere af Forfædrene Kiendte Landes formeentlige Beliggende. *S. l. n. typ. n. d.* (1816). Plaq. in-12. — **Ost** (N. Chr.). Samlinger til Kundskab om Grønland. Kjbhvn, 1830. 1 vol. in-8. *Ensemble 20 vol. ou plaq.*

Esquimau.

660. **Agsiligsat**. Agsiligsat nunanit avdlanit pissut navsniautigdlit. Billeder fra fremmede Lande, med Fosklaring. Nungme (Godthaab), Möller, 1858. In-8 oblong, cart., avec fig. noires et en couleur.

Album satirique en groenlandais.

661. **Assilialiait**. Kaladlit Assilialiait ou Quelques Gravures, dessinées et gravées sur bois, par des Esquimaux du Groënland. Godthaab, L. Møller et Berthelsen, 1860. Plaq. in-4, rel. toile.

Recueil assez rare.

662. Atuagagdliutit nolinginavink tusarumina sassuiuk univkat. Nüngme,

Möllermit, janvier 1861 à mars 1863. In-4, rel. toile, fig. et pl. noires et en couleur.

    Journal illustré en groenlandais, assez rare.
    Tout ce qui a paru.

663. **Berthelsen** (R.). Tugsiutit erinagdlit Jùdlisiutigissartagkat. Nungme, L. Möller, 1862. Plaq. petit in-8, rel. toile.

664. **Brandt** (R. J.). Okalluktualiæt, nuktérsimarsut..... ark'iksórsimarsut titârnekartisimarsudlo *P. Kragh-Mit*. Kjöbenhavnime, Fabritius de Tengna, 1839. In-12, cart.

665. Kaladlit Okalluktualliait, Kalâdlisut Kablunâtudlo. Grönlandske Folkesagne opskrevne og meddeelte af Indfødte, med Dansk Oversættelse. Noungme (Godthaab), Moller, 1860-1864. Tomes 2, 3, 4. 3 vol. in-8, cart., non rogn., avec pl. noires et en couleur. *Contes populaires du Groenland, avec traduction danoise.* — **Rink** (H.). Eskimoiske Eventyr og Sagn, oversatte efter de indfødte fortælleres opskrifter og meddelelser. (Avec un supplément.) Kjøbenhavn, Reitzel, 1866-1871. Ensemble 2 parties en 1 vol. in-8, d.-rel. chag.; 10 planches et nomb. fig. dans le texte d'après les dessins des Esquimaux. — **Pfizmaier** (Dr A.). Die Abarten der grönländischen Sprache. Wien, Gerold, 1884. 1 vol. in-8, rel. toile s. broch. — **Alphabet Esquimau**. Alphabet Esquimau. Kjöbenhavnime, Skubartimit, 1816. Plaq. in-12, d.-rel. veau f. — **Klerim** (K.). Tuksiautt kikiektugaursomik. Tapekarput. Frederikshavnime, Vogel, 1856. 1 vol. in-12, d.-rel. bas. — **Morillot** (Abbé). Mythologie et légendes des Esquimaux du Groenland (Extr. des actes de la Soc. philol., T. IV, n° 7: Juilllet 1874). *S. l. n. d.* — Le même. Alençon, de Broise, 1874. Ensemble 2 plaq. in-8, rel. toile. — **Girard de Rialle**. Notice sur les Esquimaux venus du Groenland (Pôle Nord) en octobre 1877. Extrait du journal « La Nature ».

Pêche à la baleine et autres pêches.

666. **Bernard de Reste**. Histoire des pêches, des découvertes et des établissements des Hollandois dans les mers du Nord. Paris, Nyon, An IX de la Rép. 3 vol. in-8, d.-rel. veau. Planches et cartes nombreuses.

667. Nieuwe Beschrijving der Walvisvangst en Haringvisscherij..... door *D. de Jong, H. Kobel* en *M. Salieth*. Amsteldam, Roos en Vermandel, 1792. 4 parties in-4, br., avec belles pl. gr. sur cuivre et cartes.

    Ouvrage estimé.

668. **Lamont** (James). Seasons with the sea-horses; or, sporting adventures in the Northerns Seas. London, Hurst et Blackett, 1861. 1 vol. in-8, rel. toile (éditeur), frontisp. et 1 carte.

669 **Lindeman** (M.). Die arktische Fischerei der deutschen Seestädte

(1620-1868). Mit zwei karten von A. Petermann. Gotha, Justus Perthes, 1869. 1 vol. in-4, rel. toile.

670. Lyst van de Hollandse, Hamburger en Breemer Groenlands-Vaarders ; Lyst van de Hollandse en Hamburger Straat Davids-Vaarders. Années 1721, 1739, 1741 à 1745, 1746 à 1749, 1775 à 1780, 1782 à 1794. Amsterdam, J. M. Brouwer. Ensemble 7 vol. in-12, rel. parch., dem. v. éc. et br.

Ouvrage très intéressant pour la statistique de la pêche à la baleine dans les dernières années du xviiie siècle. Les années 1741 à 1749 et 1782 sont manuscrites. L'année 1780 est en double.

671. **Zorgdrager** (C. G.). Bloeyende Opkomst der Aloude en Hedendaagsche Groenlandsche Visschery... uitgebreid met eene korte Historische Beschryving der Noordere Gewesten, voornamentlyk Groenlandt, Yslandt, Spitsbergen, Nova Zembla, Jan Mayen Eilandt, de Straat Davis, en al 't aanmerklykste in d'Ontdekking deezer Landen, en in de Visschery voorgevallen. Met byvoeging van de Walvischvangst, in haare hoedanigheden, behandelingen, 't Scheepsleeven en gedrag beschouwt door *Abraham Moubach*, verciert met naaukeurige, correcte en naar 't leven geteekende nieuwe Kaarten en kunstige Printverbeeldingen. T'Amsterdam, By Joannes Oosterwyk, 1720. 1 vol. in-4 de 19 ff. y compris un frontispice, 330 p. et 7 f., d.-rel. veau.

Bel exemplaire avec 5 cartes, 1 frontispice et 7 planches, dont une d'exécution remarquable porte comme sign « *A. Salm* del. *van der Hem* fec. ». Ouvrage rare, réédité en 1727, et dont il existe deux traductions allemandes. Notre exemplaire est de la *première édition*.

672. **Zorgdrager** (Cornelius Gisbert). Beschreibung des Grönländischen Wallfischfangs und Fischerey. Nürnberg, G. P. Monach, 1750. 1 vol. in-4, d.-rel. veau éc.

Seconde traduction allemande de l'ouvrage hollandais de Z. avec les cartes géog., mais sans les gravures ni le front.

673. **Aanteekening** gehouden op het schip *De Vrouw Maria*, gedestineerd ter Walvis-Vangst naar Groenland, Commandeur Fredrik Pietersz-Bemand met 45 zielen. In het jaar 1769. Gedrukt by de Erven de Weduwe Jacobus van Egmont. In-4, ff. 24, rel. vél., non rogné.

Journal d'un baleinier pendant son voyage au Groenland. *Rare*.

674. Artikler hvorefter Commandeurerne og Mandskabet paa Skibene, der udsendes for den Grønlandske Handel og Fiskefangst skulle rette sig. Artikeln wornach die Commandeuren und samtliche Mannschaft auf den für den grönlandischen Handel und Fischfang ausgesandt werdenden Schiffen sich zu richten haben. *S. l. n. typ.*, 1776. Plaq. in-4, cart.

675. **Irminger.** Zeno's Frislanda is Island and not the Færoes, *avec carte*. Zeno's Frislanda is not Iceland, but the Færoes; an answer to Admiral Irminger, by *R. H. Major*. London, Murray, 1879. — Les courants et le mouvement des glaces sur les côtes d'Islande par le cap. Irminger, *avec carte*, 1682. —

Notice sur les pêches du Danemark, des îles Féroé, de l'Islande et du Groenland. Paris, 1863. Ensemble 3 plaq. in-8, cart. et rel. toile.

676. **Egede** (Paul). Dictionarium Grönlandico-Danico-Latinum, complectens primitiva cum suis derivatis, quibus interjectæ sunt voces primariæ è Kirendo Angekkutorum. Hafniæ, 1750. In-12, d.-rel. bas. n.

677. **Fabricius** (Otho). Den Grönlandske Ordbog, forbedret og foröget. Kjöbenhavn, Schubart, 1804. 1 vol. in-12, rel. v.

678. **Kleinschmidt** (S.). Grammatik der grönlandischen Sprache mit theilweisem Einschluss des Labradordialects. Berlin, Reimer, 1851. In-8, rel. toile, non rogné.

XII

Laponie. — Spitzberg. — Nouvelle-Zemble. — Passage du Nord-Est.

680. **Anbel** (Herm. & Karl). Ein Polarsommer Reise nach Lappland und Kanin. Leipzig, Brockhaus, 1874. 1 vol. in-8, rel. toile verte, non rogné, avec pl.

681. Beschrijvinghe van de Noordtsche Landen die gelegen zijn onder den koude Noordt-Pool, als Denemarcken, Sweden, Noorweghen, Finlandt, Laplandt, Godtlandt, Pruyssen, Poolen, Ys-landt en Groenlandt, *enz.* t'Amsterdam, gedruckt by Gillis Joosten Saeghman, Ordinaris Drucker van de Journalen der Zee- en Landt Reysen (*s. d.*). 1 plaq. in-4 de 40 p., rel. mar. grenat, jans., dent. int., tr. dor. (Chambolle-Duru).

> Ouvrage publié entre 1660 et 1670. Le titre porte une gravure sur bois représentant des Lapons. Au verso, une grande planche sur bois représente la fuite en Egypte : elle est signée C. V. S[ichem]. Dans le texte, 10 gravures sur bois. Le texte est emprunté aux relations de Blefkenius, de La Peyrère, etc...

682. **Blom** (Gustav Peter). Bemerkninger paa en Reise i Nordlandene og igjennem Lapland til Stockholm i Aaret 1827. *2e édit.* Christiania, Wulfsberg, 1832. In-12, cart.

683. **Castren** (Matthias Alexander). Reisen im Norden. Reisen in Lappland (1838), in dem russischen Karelien (1839), in Lappland, in dem nördlichen Russland und Sibirien (1841-1844). Aus dem Schwedischen übersetzt von *Henrik Hesms.* Leipsig, Avenarius, 1853. 1 vol. in-12, d.-rel. mar. bleu, avec 1 carte.

684. **Dillon** (Arthur). A Winter in Iceland and Lapland. London, Colburn, 1840. 2 tomes en 1 vol. in-12, rel. toile, *avec 2 pl.*

685. **Düben** (Gustaf von). Om Lappland och Lapparne, företrädesvis de

Svenske. Ethnografiska Studier. Stockholm, Norstedt. 1 vol. in-8, avec 8 pl., 78 fig. et 1 carte, rel. toile (édit.).

Aux pages 500-512 se trouve une bibliographie de la Laponie.

686. **Dufferin** (Lord). Lettres écrites des régions polaires, traduites de l'anglais par *F. de Lanoye*. Paris, Hachette, 1860. 1 vol. in-8, avec fig. sur bois et 3 cartes, d.-rel. peau Suède f., dos orné, tr. dor., avec chiffre du comte Riant (Gruel).

687. **Ehrenmalm** (Arwid). Resa igenom Wäster-Norrland til Åsehle Lappmark, anstäld uti Juli månad 1741. Stockholm, Momma, 1743. In-12, rel. toile.

688. **Engström** (J.). Resa genom Norrland och Lappland till Sulitelma och Gellivare år 1834. Stockholm, Nordström, 1834. *2 parties.* — Resa genom Södra Lappland, Jemtland, Trondhem och Dalarne år 1834. Calmar, Wåhlin, *2 parties.* 2 vol. in-12, rel toile, non rogné (couvert.).

689. **Friis** (J. A.). Lappisk Grammatik. Christiania, Cappelen, 1858. — Lappisk Sprogprœver; En samling af Lappiske Eventyr, Ordsprog og Gaader. Med Ordbog. Christiania, Cappelen, 1856. Ensemble 2 vol. in-8, rel. toile, non rogné. — **Friis** (Hans). Beskrivelse over de Norske Finlapper. Tromsö, Tryckt hos Hans Martin Höeg, 1841. Plaq. in-12, rel. toile.

690. **Fritzner** (Johan). Lappernes Hedenskab og Trolddomskunst. Sammenholdt med andre Folks... Christiania, Malling, 1876. — Om Lördagshelg i Norge för og efter Reformationen. Kristiania, Malling, 1870. Ensemble 2 plaq. in-12, cart. — **Funck** (K. W. F. v.). Taflor ur Korstågens Tidehvarf. Mariefred, Collin, 1827. 2 part. in-12, d.-rel. bas.

691. **Ganander** (Henricus). Grammatica Lapponica, linguæ Europearum prope antiquissimæ solidam planamque viam genium linguæ Lapponicæ addiscere desideranti monstrans. Holmiæ, Salvius, 1743. 1 vol. in-12, d.-rel. veau rac., avec chiffre du comte Riant.

692. **Grönland** (J.-U.). Lappska Minnen. Upsala, Hanselli, 1848. — Om Lapparne och deras gudar. Upsala, 1848. 2 petits vol. in-12, cart. et rel. toile s. br., non rogné. — **Guerne** (Jules de). Souvenirs d'une mission scientifique en Laponie. Douai, Duthillœul, 1880. 1 plaq. in-8, cart., couvert.

693. **Hermelin**. Försök till Beskrifning öfver Lappmarken och Vesterbotten uti särskilta afhandlingar. Stockholm, Delén, 1810. Ensemble 3 part. en 1 vol. in-4, avec 8 pl. et cartes, d.-rel. chag. r., au chiffre du comte Riant.

694. **Kennedy** (Capt. Alex. W. M. Clark). To the arctic region and back in six weeks, being a Summer tour to Lapland and Norway, with notes on Sport and Natural history. London, Sampson Low, &c., 1878. 1 vol. grand in-8, rel. toile, frontisp. et fig.

695. **Kent** (S. H.). Within the arctic circle. Experiences of travel thorough Norway, to the North Cape, Sweden, and Lapland. London, Bentley, 1877. 2 vol. in-8, rel. toile (éditeur), avec 4 pl. en photographie.

* [**Klingstedt** (F. M. de)]. Mémoire sur les Samojedes et les Lappons. A Copenhague, chez C. Philibert, 1766. 1 plaq. in-8, rel. peau de Suède, tr. dor., dent. int. (Gruel).

696. **Knorring** (Oscar v.). Genom Lappland, Skåne och Seeland. Reseskildringar. Stockholm, Norstedt, 1874. 1 vol. in-8, rel. toile, couverture.

697. **Knud Leem**. Beskrivelse over Finmarkens Lapper. Copenhague, Galikath, 1767. 1 vol. in-4, rel. veau.

698. — En Lappesk Nomenclator efter den Dialect, som bruges af Field-Lapperne i Porsanger Fjorden. Trondhiem, 1756. 1 vol. in-12, d.-rel. veau éc.

699. — En Lappisk Grammatica efter den Dialect, som bruges af Field-Lapperne udi Porsanger-Fiorden. Kjobenhavn, Riscl, 1748. 1 vol. in-12, rel. basane.

Imprimé pour la Société des missions danoises.

700. [**De La Martinière** (P. Martin)]. Nouveau voyage vers le Septentrion ou l'on représente le naturel, les coutumes & la Religion des Norwegiens, des Lapons, etc. Amsterdam, E. Roger, 1708. 1 vol. in-12, rel. veau écaille, fil., dos orné, tr. dor.

Nouvelle édition avec 16 gravures. Cette édition est beaucoup plus soignée comme impression et correction du texte que celle imprimée chez le même Roger vers 1700. Elle est, de plus, augmentée de deux chapitres, I et II, sur l'utilité des voyages et la nécessité du commerce, qui ne se trouvent pas dans l'édition de 1700. (*Vid. sup.* nos 501 et 566.)

701. **Léouzon Le Duc**. Vingt-neuf ans sous l'étoile polaire. Souvenirs de voyages. *Première série*. L'ours du Nord. Russie-Esthonie-Hogland. *Deuxième série*. Le Renne. Finlande-Laponie-Iles d'Åland. Paris, Dreyfous. 2 vol. — *Du même*. Nouvelles du Nord. Paris, Hachette, 1879. 1 vol. Ensemble 3 vol. in-12, rel. toile.

702. **Lindholm** (P. A.). Hos Lappbönder. Skildringar, Sägner och Sagor från södra Lappland. Stockholm, Bonnier. 1 vol. in-12, br.

703. **Læstadius** (L. L.). Om möjligheten och fördelen af allmänna uppodlingar i Lappmarken. Stockholm, Häggström, 1824. 1 vol. in 12, d.-rel. bas., avec 4 pl. — **Læstadius** (Petrus). Journal för första året af hans Tjenstgöring såsom missionaire i Lappmarken. Stockholm, Häggström, 1831. 1 vol. in-12, rel. toile.

704. **Læstadius** (P.). Fortsättning af Journalen öfver missions-resor i Lappmarken, innefattande åren 1828-1832. Stockholm, Nordström, 1833. 1 vol. in-12, rel. toile.

705. **Mantegazza** (Paolo) et **Sommer** (Stephen). Studii antropologici sui Lapponi in Firenze, 1880. Grand in-4, rel. toile, avec 41 belles pl. en photographie.

706. **Mantegazza** (P). Un viaggio in Lapponia coll' amico Stephen Sommer. Milano, Brigola, 1881. 1 vol. in-12, rel. toile. — **Nannestads** (Frédéric). En Kort Tale i Lappernes Spraag..... Trondjem, Winding, 1755-1758. 2 parties en 1 petit vol. in-12, d.-rel. bas.

707. **Negri** (Francesco). La Lapponia descritta dal... Rev. sig. D. Fr. Negri, e data in luce del *Giovanni Cinelli Calvoli*. Venezzia, Girol. Albrizzi, 1705. Petit in-4, rel. v. raciné, fil., tr. dor.

    C'est la 1re des 8 lettres de Negri, accompagnée de remarques de G. Cinelli Calvoli.

708. **Pettersson** (Carl Anton). Lappland, dess Natur och Folk, efter fyra somrars Vandringar i Bilder och text skildrade af C. A. Pettersson. Stockholm, Fritze, 1860. In-4 oblong, d.-rel. chag. r., avec 1 carte, fig. et 21 pl. lith. en couleur.

709. **Rae** (Edward). The Land of the North Wind, or Travels among the Lapplanders and the Samoyedes. London, Murray, 1875. 1 vol. in-12, rel. toile (édit.), cart. et pl.

710. **Rask** (Rasmus). Ræsonneret Lappisk sproglærere efter den sprogart, som bruges af Fjældlapperne i Porsanger Fjorden i Finmarken. En Omarbejdelse af Prof. *Knud Leems* Lappiske Grammatica. København, Schuboth, 1822. 1 vol. in-12, rel. toile. — **Regnard**. Voyage en Laponie, précédé d'une notice par *A. Lepage*. Paris, Jouaust, 1875. 1 vol. in-16, br. *Tirage à petit nombre. Ex. sur papier de Chine.*

711. **Rudbeck** (Olaus, filius). Nora samolad, sive Laponia illvstrata Et iter per Uplandiam, Gestriciam, Helsingiam, Medalpadiam, Angermaniam, Bothniam,..... cui ad calcem Glossar. Laponicum accedit, cum inscript. Lapo-Hebraizans in Septentrione. Upsalæ. *S. typ.*, 1701, *titre grav. et 2 pl.; imprimé aux frais de l'auteur, et ne contient que l'Iter per Uplandiam. Le reste n'a pas été imprimé.* — Atlantica illustrata, s. Illustrium, Nobilium, Principum atque Regum insula, ubi et prisci Hesperidum horti. Upsalæ, Werner, 1733. Ensemble 2 vol. in-4, dérel.

  * **Scheffer** (Jean). Joannis Schefferi, Argentoratensis, Lapponia, id est, Regionis Lapponum et Gentis nova et verissima descriptio In quâ multa de origine, superstitione, sacris magicis, victu, cultu, negotiis Lapponum, iter Animalium, metallorumque indole, quæ in terris eorum proveniunt, hactenus incognita produntur, & eiconibus adjectis cum cura illustrantur. Francofurti. Ex officina Christiani Wolffii, Typis Joannis Andreæ. A° 1673. Le frontispice porte la date de 1674, fig. dans le texte. 1 vol. in-4, rel. vél.

    Edition originale.

* **Scheffer** (Jean). Joannis Schefferi von Strassburg Lappland..... Francfurt am Mäyn und Leipzig, in Verlegnung Martin Hallervorden, Buchhändlern, zu Königsberg in Preussen. Gedrucht bey Johann Andreä. Im Jahr 1675. 1 vol. in-4, rel. vélin.

> Traduction allemande, contenant les mêmes gravures et le même frontispice que l'origin. latin, mais sur ce frontispice on a gratté la planche en cuivre pour mettre à la place de « Impensis Christiani Wolfii, Bibliop. || A° 1674 || » l'indication « Impensis Martini Halleruordii || Bibliop. || A° 167? ».

* — Histoire de la Laponie, sa description, l'origine, les mœurs, etc., avec plusieurs Additions & Augmentations fort curieuses, qui jusques icy n'ont pas esté imprimées, traduites du latin de Monsieur Scheffer, par L. P. A. L., Geographe ordinaire de Sa Majesté. A Paris, chez la veuve Olivier de Varennes, au Palais, dans la salle royale, au vase d'or, 1678. 1 vol. in-4, rel. veau.

> Traduction française par *Auguste Lubin*, avec fig. Le frontispice est copié sur celui de l'édition latine, mais beaucoup mieux rendu.

* — The history of Lapland wherein are shewed the Original, Manners, Habits, Marriages, Conjurations, &c. of that people. At the Theater in Oxford, 1674. 1 vol. petit in-fol., rel. veau éc.; sur le plat, chiffre du comte Riant.

> Beau frontispice d'après l'édition latine, une carte de la Laponie et nomb. fig. dans le texte.

* — The history of Lapland containing geographical description, &c., transl. from the last Edition in Latin, and ill. with many curious copper-Cuts. To which are added : The Travels of the King of Sweden's Mathematicians into Lapland : the History of Livonia and the wars there : also a Journey into Lappland, Finland, &c....., written by Dr *Olof Rudbeck* in the year 1701. London, printed for Tho. Newborough and R. Parker, 1704. 1 vol. in-8, rel. veau.

> Le frontispice emprunté, semble-t-il, à l'édition française de 1678, est in-4. On en a simplement changé l'inscription.

712. — Waarachtige en aen-merkens-waardige Historie van Lapland ofte een Beschrijving van Desselfs Oorspronk, Landschappen, Geberchten, Gewassen, Gedierten, Metalen..... nieuwelijk uit het Frans van den Heer Scheffer vertaalt. Amsterdam, bij Jan ten Hoorn, 1682. 1 vol. in-4, avec frontisp. et 16 curieuses pl. gr. sur cuivre par *Jan Luycken* et 1 carte, rel. vél.

> L'original de cette relation parut en latin à Francfort en 1673, in-4. (*Vid. sup.*) C'est d'après la traduction française imprimée à Paris en 1678 que fut faite cette édition hollandaise.

713. **Schellern** (Johann Gerhard). Reise-Beschreibung von Lappland und Bothnien .... Iéna, Heinr. Christ. Croker, 1727. 1 vol. in-12, rel. vél., avec fig. sur bois au titre et dans le texte.

714. **Sjögren** (And. Joh.). Anteckningar om församlingarne i Kemi-Lappmark. Helsingfors, Enka, 1828. 1 vol. in-12, d.-rel. veau, coins.

715. **Skjöldebrand** (A. F.). Voyage pittoresque au Cap Nord. Stockholm, Deleen, 1801. 1 vol. in-4 obl., d.-rel. chag. bl., coins, tr. dor., avec 60 pl.

716. **Stockfleth** (Nils Vibe). Norsk-lappisk Ordbog. Christiania, Cappelen, 1852. 1 vol. in-8, d.-rel. veau, coins.

717. **Svanberg** (Jöns). Exposition des opérations faites en Laponie pour la détermination d'un arc du méridien en 1801, 1802 et 1803, par Messieurs Öfverbom, Svanberg, Holmquist et Palander. Stockholm, Lindh, 1805. 1 vol. in-8, rel. toile, non rogné.

718. **Taylor** (Bayard). En Vinterresa i Lappland. Fri öfversättning från S. *Cossmans* Tyska bearbetning. Hernösand, Johansson, 1859. 1 vol. in-12, rel. toile.

719. **Tornæus** (Mag. Johan J.). Beskrifning öfwer Tornå och Kemi Lappmarker. Författad. År 1672. Stockholm, Carlbohm, 1772. 1 vol. in-12, rel. toile, non rogné.

J. Tornæus était pasteur à Torneå.

720. **Tromholt** (Sophus). Under the rays of the aurora borealis : in the land of the Lapps and Kvæns. Original edition, with a map, and 150 illustrations, from photographs and drawing by the author (*pl. en couleurs*), ed. by Carl Siewers. London, Low, 1885. 2 vol. in-8, cart. (édit.).

721. **Vahl** (J.). Lapperne og den lapske Mission. Kjøbenhavn, Gad, 1866. 2 parties en 1 vol. in-8, rel. toile, non rogné, couvert.

722. **Donner** (O.). Lieder der Lappen. Helsingfors, 1876. in-8, rel. toile, non rogné. — **Hasselhuhn** (Abraham Rolland). Om Skytteanska Scholan i Lycksele Lappmark. Sundsvall, Blomdahl, 1851. — **Ecker** (Alexander). Lappland und die Lappländer. Freiburg i / Baden, von Stoll, 1878. Plaq. in-4, cart. (couv.), avec 1 pl. en phototyp. — **Barrois** (D^r Th.). Souvenirs d'une mission en Laponie, 1881. Conférence faite à la Soc. de Géogr. de Lille. Lille, imp. Danel, 1883. Plaq. in-8, rel. toile (couvert). — Berättelse (Twå) om Lapparnes Omwändelse ifrån deras fordna Widskeppelser och Afguderi. Stockholm, Kongl. Finska Boktrykkeriet, 1773. Plaq. in-12, d.-rel. bas. *Deux mémoires sur la conversion des Lapons, de leurs superstitions d'autrefois et de leurs idoles. Le premier (p. 9-62) est de Gabr. Tuderus; le deuxième (p. 62-72) est de Thomas van Westen.* — Kurtze Beschreibung der Lappländer Sitten Gebräuch wie auch Kriegsübungen, deren Königl. Mayst. in Schweden, etlich Compagnia Zusambt Iren Reinigern oder Rein Thiern..... Gedruckt erstlicht zu Stralsund, 1630. *S. l. n. d. n. typ.* Plaq. petit in-4, rel. vél. — **Cajanus** (Aug.). Våra Nomader, framställning med en Blick på Nybyggesväsendet i Lappmarken. Stockholm, Bonnier, 1870. Plaq. in-12, rel. toile. — Kongl. Maj^{ts} Nådige Förordning om Lappländarnes flitigare underwisande i Christendomen och Scholars inrättande der i Orten, gifwen Stockholm i Råd-Cammarren den 3 octob. 1723. Stockholm, Werner, 1723.

Plaq. petit in-4, d.-rel. bas. — Une fleur de la Laponie, ou Alfred Lind, ancien élève de l'école apostolique d'Amiens. Abbeville, Paillart, mars 1879. Plaq. in-12, rel. toile (couvert.). — **Fjellström** (Pehr). Kort Berättelse om Lapparens Björnafänge. Stockholm, Wild, 1755. Plaq. in-12, rel. toile. *Ensemble 10 plaquettes.*

723. **Fellman** (Jakob). Anteckningar under min Vistelse i Lappmarken. Borgå, Widerholm, 1844. In-12, rel. toile. — **Friis** (J. A.). Lappisk Mythologi. Eventyr og Folkesagn. Christiania, Cammermeyer, 1871. 1 vol. in-12, avec pl. — En Sommer i Finmarken, Russisk Lapland og Nordkareln. Skildringar af Land og Folk. Christiania, Cammermeyer, 1871. 1 vol. in-8, rel. toile, avec pl. et carte. — **Hager** (I.). Neue Beweise der Verwandschaft der Hungarn mit den Lappländern. Wien, Kurtzbek, 1793. In-12, rel. toile. — **Hogguer** (Von). Reise nach Lappland und dem Nördlichen Schweden. Berlin, Reimer, 1841. In-8, rel. toile, non rogné. — **Högström** (Pehr). Beskrifning öfwer de til Sweriges krona lydande Lapmarker. Stockholm, Salvius, s. d. — Probstens i Skellesteå Missionsförrättningar i Lappmarken, 1741 och de följande åren. Stockh., 1774. — **Hurton** (William). A Voyage from Leith to Lapland; or pictures of Scandinavia in 1850. London, Bentley, 1851. 2 tomes en 1 vol. in-12, rel. toile, non rogn. — **Rabot** (Ch.). Notes ethnographiques recueillies en Laponie. Paris, 1884. Plaq. in-8, cart., fig. — **Roman** (Abraham). Berättelse om Norrbotten och dess Lappmarker. Stockholm, Zach. Hægström, 1818. In-4, d.-rel. bas. n., non rogn. — **Schubert** (F. W. von). Beschrijving van Lappland en deszelfs bewoners. Deventer, Van den Sigtenhorst, 1826. Plaq. in-8, br., avec 1 pl. — **Widmark** (Fredrik). Bidrag till Kännedomen om Vesterbottens Landskapsmål. Akadem. Afhandling. Stockholm, Westrell, 1863. — Underdånig Berättelse, innefattande Ekonomiska och Statistiska Upplysningar om Norrbottens Län. Stockholm, Norstedt, 1860. *Ensemble 13 plaq. et vol.* in-12, cart.

Nouvelle-Zemble et Spitzberg.

724. **Drasche-Wartinberg** (Dr Richard von). Reise nach Spitzbergen in Sommer 1873 mit dem Schooner « Polarstjernen ». Wien, Waldheim, 1874. In-8, br, avec 3 pl. (*Vid. inf.* n° 751.)

725. **Forster**. History of the voyages and discoveries made into the North, translated from the german of *John Reinhold Forster* and elucidated by several new and original maps. London, Robinson, 1786. 1 vol. in-4 de 490 p. et un index, rel. veau plein.

726. **Forster** (John Reinhold). Histoire des découvertes et des voyages faits dans le Nord. Mise en français par *M. Broussonet*. Paris, Cuchet, 1788. 2 vol. in-8, rel. veau rac., dos orné, fil., avec 3 cartes géogr.

De la bibliothèque de M. A. de Saint-Ferriol.

727. [**Gerritz van Assum** (Hessel)]. Histoire || du Pays nomme || Spitsberghe. || monstrant comment qu'il est || trouvee, son naturel & ses animauls, || avecques || La triste racompte des maux que nos Pecheurs, || tant Basques que Flamens, ont eu a souffrir des Anglois, || en l'esté passée. l'An de grace, 1613. || Escrit par H. G. A. || Et en apres une Protestation contre les Angloys. || & annullation de touts leurs frivoles argumens, parquoy || ils pensent avoir droict, pour se faire mai-||stre tout seul dudict Pays. || En Amsterdam, a l'ensiegne du Carte Nautiq;. || M.DC.XIII. || Plaq. petit in-4, 30 p. et 2 planches et 1 fig., br.

 Réimpression faite par MM. J. Enschedé et fils, de Harlem, pour Fréd. Müller en 1872, et tirée à 40 exemplaires.

728. **Grad** (Charles). Esquisse physique des îles Spitzbergen et du Pôle arctique. Paris, Challamel, 1866. In-8, rel. toile, non rogn., avec 1 carte.

729. **Hallier** (Ernst). Nordseestudien. Hamburg, Meissner, 1863. In-12, rel. toile, avec fig. et 8 pl.

730. Th. von Henglin's Reise in Ost-Spitzbergen. Aug. u. Sept. 1870 *et autres explorations au Pôle*. Extr. factice des « Petermann's Mitth. », 1868-71, etc. Ensemble 2 vol. in-4, cart., avec plus. cartes.

731. **Jonge** (J. K. J. de). Nova Zembla (1596-1597). The Barents relics recovered in summer of 1876 by *Charles L. W. Gardner* and presented to the Dutch Government. Translated by *Samuel Richard van Campen*. London, Trübner, 1877. In-8, rel. toile, avec 1 pl. et 1 fac-sim.

732. **Keilhau** (B. M.). Reise i Öst- og Vest-Finmarken samt til Beeren-Eiland og Spitsbergen i Aarene 1827 og 1828. Christiania, Krohn, 1831. In-12, rel. toile, non rogn., avec 1 carte et 3 pl.

733. **Laube** (Gustav C.). Reise der Hansa in's Nördliche Eismeer. Reisebriefe und Erinnerungsblätter. Prag, Caloe, 1871. — Geologische Beobachtungen gesammelt während der Reise auf der « Hansa » und gelegentlich des Aufenthaltes in Süd-Grönland, von Prof. *Gust. C. Laube*. Wien, K. K. H. Druckerei, 1873. 2 plaq. in-8, cart., avec cartes. — **Gourdault** (Jules). Voyage au Pôle nord des navires la *Hansa* et la *Germania*, rédigés d'après les relations officielles allemandes. Paris, Hachette, 1875. Ensemble 3 plaquettes et vol. in-8, avec fig., pl. et 3 cartes, rel. toile, non rogn.

734. **Le Roy**. Istoria delle avventure accadute a quattro Marinaj Moscoviti, spinti da una tempesta presso l'Isola deserta d'Ost-Spitzbergen, ove stettero dal 1743 fino al 1749. Napoli, Donato Campo, 1773. 1 vol. in-12, rel. toile.

 Traduction italienne d'un opuscule français.

735. **Barto von Löwenigh**. Reise nach Spitzbergen. Aachen & Leipzig, Mayer, 1830. 1 vol. in-12, d. rel.

736. **Lowtzow** (L. von). Die Nordsee. Hamburg, 1857. 1 vol. in-8, rel. toile.

737. **Markham** (A. H.). A polar reconnaissance being the voyage of the « Isbjörn » to Novaya Zemlya in 1879. With maps and illustrations. London, Kegan, 1881. 1 vol. in-8, cart. (édit.).

738. **Martens** (Friedr.). Spitzbergische oder Grœnlandische Reise Beschreibung gethan im Jahr 1671, aus eigner Erfahrunge beschr., die dazu erforderte Figuren nach dem Leben selbst abgerissen (so hierbey in Kupffer zu sehen) und jetzo durch den Druck mitgetheilet. Hamburg, Schultz, 1675. 1 vol. in-4, rel. vélin.

> Bon exemplaire d'un ouvrage recherché, avec 16 pl. sign. A. Q.

739. — Viaggio di Spitzberga o Gronlandia fatto da Federico Martens Amburghese l'anno 1671. Ove si descriuono que' remotissimi Paesi del settentrione sotto gli 81. gradi, ne' quali soggiorna il Sole per lo spazio di trè mesi intieri..... Bologna, Giac. Monti, 1680. In-12, avec fig. et 1 pl. rel. vél.

740. — Viaggio di Spizberga o Grolanda fatto da Federico Martens Amburghese l' Anno 1671. Portato nuouamente della lingua Alemana nell' Italiana dal Sig. Iacopo Rautenfens, Gentilhuomo Curlandese. In Venetia, per Iseppo Prodocimo, 1680. 1 vol. in-12, rel. parch.

> Traduction italienne de la première édition parue en allemand à Hambourg, avec planches, en 1675. L'ouvrage intéressant de Martens a été aussi traduit en anglais et en français.

741. — Viaggio di Spizberga o Gronlanda fatto da Federico Martens Amburghese l'anno 1671.... portato dalla lingua Alemana nell' Italiana dal sign. J. Rautenfels. Bologna, Giacomo Monti, 1680. 1 vol. in-12, rel. vélin.

742. — Naukeurige beschryvinge van Groenland of Spitsbergen..... Dordrecht, Walpot, s. d. 1 vol. in-4, rel. vélin, non rogn.

> Bon exemplaire d'une traduction hollandaise, par de Vries, de l'ouvrage de Martens, auquel l'éditeur a ajouté (p. 75 ad fin.) : « Verhaal van en Reys gedaan door de Heer de Montauban, kapitein der Dzybuyters op de Kust van Guinea in den Jaare 1695. »

743. **Martins** (Ch.). Du Spitzberg au Sahara, étapes d'un naturaliste. Paris, Baillière, 1866. — Observations sur les migrations et les mœurs des Lemmings. (Extr. de la Rev. zool. par la Société Cuvierienne, juillet 1840. — Essai sur la végétation de l'archipel des Feroe. (Extr. des Voyages en Scandinavie de la Corvette « la Recherche », t. II.) Ensemble 1 vol. et 2 plaq. in-8, rel. toile.

744. **Payer** (J.). L'expédition de Tegetthoff, Voyage de découvertes aux 80e-83e degrés de lat. nord, trad. de l'all. par M. *J. Gourdault.* Paris, Hachette, 1878. 1 vol. in-8, rel. toile sur broch., 68 grav. sur bois et 2 cartes.

745. **Petermann** (Dr A.). Spitzbergen und die Arktische Central-Region.

Eine Reiche von Aufsätzen und Karten als Beitrag zur Geographie und Erforschung der Polar-Regionen. Gotha, J. Perthes, 1865. — *Du même*. Die deutsche Nordpol-Expedition, 1868. Gotha, J. Perthes, 1868. Ensemble 2 plaq. in-4, cart. — **Nordenskiöld** (A. E). Geografiska ortsbestämningar på Spetsbergen, beräknade och sammanställda af D. G. Lindhagen. Stockholm, Norstedt, 1863. 1 pl. in-4, rel. toile.

746. **Philipps-Wolley**. The trottings of a Tenderfoot : a visit to the Columbian Fioeds and Spitzbergen. London, Bentley, 1884. 1 vol. in-8, cart. édit.

747. **Robert** (E.). Briefe aus dem hohen Norden, geschr. in den Jahr. 1838 und 1839. Hamburg, Perthes, 1840. 1 vol. in-12, rel. toile.

748. Rozbitki na Szpiebergu czyli Zbawienne skutki ufnosci w. Bogu. Przeklad z francuzkiego, *Wojciecha Szymanowskiego*. Z 4 Rycinami na Stali. Wilno, I. Zawadzky, 1853. 1 vol. in-12, rel. toile, non rogn., couverture.

749. Svenska Expeditionen till Spetsbergen År 1861, under ledning af *Otto Torell*. Ur deltagarnes Anteckningar och andra Handlingar skildrad af *K. Chydenius*. Stockholm, Norstedt, 1865. 1 vol. in-8, rel. toile (cartes et pl. en coul.).

750. **Tollens**. L'hivernage des Hollandais à la Nouvelle-Zemble (1596-1597), traduit par *A. Clavareau*. Troisième édition. Maestricht et Paris, 1859. 1 vol. in-4, cart.

Traduction en vers français, ornée du portrait du traducteur et de 8 planches lith.

751. [**Arago**]. Voyages en Scandinavie, en Laponie, au Spitzberg et aux Feröe. Paris, Didot, s. d. 1 plaq. in-8, cart. — **Aunet** (Mme Léonie d'). Voyage d'une femme au Spitzberg. Deuxième édition. Paris, Hachette, 1855. 1 vol. in-12, d.-rel. mar. vert, avec coins. *De la bibliothèque Sobolewski*. — **Bas** (F. de). Het Doopregister van Spitzbergen. Amsterdam, 1877. Plaq. in-4, avec 7 cartes, cart. — **Brix** (Adolph). Skizzen aus dem Nördlichen Eismeere nach Tagebuch-Aufzeichnungen. Zwei Vorlesungen. Stralsund, Hingst, 1866. Plaq. in-12, rel. toile, non rogn. — **Drasche-Wartingberg** (Rich. v.). Reise nach Spitzbergen im Sommer 1873 mit dem Schooner *Polarstjernen*. Wien, Waldheim, 1874. Plaq. in-8, avec 5 pl. et 1 carte, rel. toile, non rogn. (couvert.). — **Dunér** (N.) and **Nordenskiöld** (A. E.). Explanatory Remarks in illustration of a map of Spitzbergen. Stockholm, Norstedt, 1865. — Anteckningar till Spetsbergens Geografi. Stockholm, Norstedt, 1865, *avec carte*. 2 plaq. in-8 et in-4, rel. toile et cart. — **Hovgaard** (Andreas Peter). Dijmphna-Expeditionem 1882-83. Kiöbenhavn, Delbanco, 1884. In-8, rel. toile sur couv., non rogn. — Les naufragés au Spitzberg. 19e éd. Tours, Mame, 1867. 1 vol. in-12, rel. toile, non rogn. — **Malmgren** (A. J.). Iakttagelser och anteckningar till Finmarkens och Spetsbergens Däggdjursfauna. (Extr. des K. Vet.-Akad. Förh, 1863, n° 2.) — **Spörer** (J.). Nowaja Semla in

geographischer, naturhistorischer und volkswirthschaftlicher Beziehung (*avec 2 cartes*). Gotha, J. Perthes, 1867. — Der hohe Norden in der deutschen Reise-Literatur und Th. v. Heuglin's Reisen nach dem Nordpolarmeer in den Jahren 1870 und 1871. (Extr. des « Petermann's Geogr. Mittheilungen », 1873.) 1 plaq. in-4, rel. toile et cart. — **Tœppen** (Hugo). Die Doppelinsel Nowaja Semlja. Geschichte ihrer Entdeckung. Leipzig, Mutze, 1878. In-8, rel. toile, avec 1 carte. Ensemble 13 vol. et plaquettes.

Passage du Nord-Est.

752. Ein Kurtzer Discours von der Schifffahrt bey dem Nord Pol, nach Japan, China, und so weiter. Hamburg, Nauman, 1676. Plaq. petit in-4, rel. vél., avec 1 carte.

753. Expéditions suédoises de 1876 au Yénissei, traduites du suédois par *F. Schulthess*. Upsal, Edquist, 1877. In-8, br., avec 2 cartes.

754. **Gerrit de Veer**. A True description of three voyages by the North-East towards Cathay and China, undertaken by the Dutch in the years 1594, 1595 and 1596, published at Amsterdam in the year 1598, and in 1609 translated into English by *William Phillip*, edited by *Charles T. Beke*. London, printed for the Hakluyt Society, 1853. 1 vol. in-8, cart. (édit.).

Gerrit de Veer n'assista qu'à la seconde et à la troisième de ces expéditions, dont il s'est fait le chroniqueur; notre édition est précédée d'une introduction dans laquelle M. Beke a étudié les premières éditions hollandaises et les traductions italiennes et anglaises. Cet ouvrage est orné de cartes et planches imitées des anciennes éditions.

755. — Tre Navigationi fatte dagli Olandesi e Zelandesi all Settentrionale nella Norvegia, Moscovia, e Tartaria verso il Catai, e Regno di Sini, done scopersero il Mare di Veygatz, La Nuova Zembla, et un Paese nell' Ottantesimo grado creduto la Groenlandia..... Descritte in Latino da *Gerardo di Vera*, e nuouamente da *Giouan Giunio Parisio* tradotte nella lingua Italiana. In Venetia, Presso Ieronimo Porro, 1599. 1 vol. in-4, rel. parchemin.

C'est la première traduction italienne du voyage de G. de V., faite sur les instances de *Gioan Battista Ciotti*, qui l'a dédiée à *Gasparo Catanei*. Elle a été faite sur la traduction latine publiée à Amsterdam en 1598, la même année que la première édition de chez *Cornelis Claesz*. Notre exemplaire contient les mêmes intéressantes cartes et figures que les éditions hollandaises et latines, d'après *Baptiste de Doetechum*, mais plus grossièrement gravées.

756. Verhael van de vier eerste Schip-Vaerden der Hollandtsche en Zeeuwsche Schepen naar Nova Zembla, by Noorden Noorwegen, Moscovien ende Tartarien om, na de Coninckrijcken Cathay en China. Uytgevaren in de Yaren 1594, 1595, 1596 en 1609, ende hare wonderlijcke avontueren, op de Reysen voor gevallen. Den laesten Druck van nieuws ouersien, en met schoone figueren verbetert. T'Amsterdam, Gedruck by Gillis Joosten Saeghman. Anno 1663. 1 vol. in-4, de 52 p., rel. vél.

Rare édition d'un abrégé des voyages de *Gerrit de Veér* d'après l'édition de

Hartgers (1648), mais quelques passages du texte sont restitués d'après le journal original de *de Veer*. A la fin (p. 51, 52) se trouve le « Journael van Herry Hutson, gedaen in den Iare 1609 », voyage entrepris sur la demande de la Compagnie hollandaise des Indes Orientales et qui a été rédigé par un certain Robert Juet. Les gravures de notre édition, au nombre de 16, sont pour la plupart (10) imitées du journal original.

757. **Heine** (Wilhelm). Eine Weltreise um die Nördliche Hemisphäre in Verbindung mit der Ostasiatischen Expedition in den Jahren 1860 u. 1861. Leipzig, Brockhaus, 1864. 2 tomes en 1 vol. in-8, rel. toile, non rogn.

758. **Muller** (G. P.). Voyages et découvertes faites par les Russes le long des côtes de la Mer Glaciale & sur l'Océan Oriental, tant vers le Japon que vers l'Amérique. On y a joint l'Histoire du Fleuve Amur... Ouvrages trad. de l'allemand par *C. G. F. Dumas*. Amsterdam, M. M. Rey, 1766. 2 tomes en 1 vol. in-12, d.-rel. v. écaille, tr. p.

759. **Stuxberg** (Anton). Erinringar från Svenska expeditionerna till Novaja Semlja och Jenissej, 1875 och 1876. Stockholm, Norman, 1877. — Nordostpassagens historia, eller Vega-expeditionens föregångare, efter bästa källor. Stockholm, Lamm, 1880. Ensemble 2 vol. in-8, rel. toile, couvert.

760. **Nordenskiöld** (A. E.). Vegas färd kring Asien och Europa, jemte en historisk Återblick på föregående resor längs gamla verldens nordkust. Stockholm, Beijer, s. d. 2 vol. in-8, cart. (édit.). — **Bove** (Giacomo). — Viaggio della *Vega* al Polo Nord. Conferenza. Torino, Derossi, 1880. Plaq. in-8, cart. — **Palander** (L.). N. O.-passagen förbi Sibiriens nordkust och genom Beringssundet utförd under Svenska ishafsexpeditionen åren 1878-79. Med en karta. Carlskrona, E. Browall, 1879. 1 plaq. in-8, cart.

761. Svenska Expeditionen till Spetsbergen år 1864 om bord på Axel Thordsen under ledning af *A. E. Nordenskiöld*. Stockholm, Norstedt, 1867. 1 vol. in-8, avec fig., cart. et pl. noires et en coul., rel. toile, non rogn. (couvert.).

762. **Pedro de Novo y Colson**. Historia de las explorationes articas hechas en Busca del paso del Nordeste. Madrid, Fortanet, 1880. 1 vol. in-8, rel. toile, avec 1 carte et le portrait de Nordenskiöld.

XIII

Danemark. — Géographie. Voyages.

763. **Batty** (Robert). Hanoverian, Saxon, & Danish Scenery. London, 1828. In-8 en feuille dans un carton imitant une reliure, d.-rel. veau.

Ce bel ouvrage contient 60 pl. gr. sur acier et 60 vignettes gr. sur bois.

764. **Bojesen** (Maria). Rejse igjennen Danmark. Kjbnhvn, Levin, 1856. 3 parties en 1 vol. in-12, rel. toile (édit.), avec 6 cartes.

765. **Crælius** (Magnus Gabriel). Försök till ett Landskaps Beskrifning uti en Berättelse om Tunaläns, Teswede og Albolands..... Tryckt i Calmar, 1774. In-12, d.-rel. bas., titre gr. et carte.

766. **Danmark.** Kiöbenhavn, Bærentzen, 1856. In-4 oblong contenant 77 pl. en lith. dont quelques-unes en couleur, rel. chag., fil., tr. dor., au chiffre du comte Riant.

767. **Danske Mindesmærker**, udgivne af *C. F. Holm*, *Heinrich Hansen*, *C. F. Herbst*, *N. Höyen*, *J. Kornerup*, *C. A. Strunk* og *J. J. A. Worsaae*. Kjöbenhavn, Bærentzen, 1869. 1 vol. in-fol., d.-rel. chag. r., tête dor., non rogn., au chiffre du comte Riant, avec 44 pl. lith.

768. **Dau** (Joh. Henr. Christ.). Allerunterthänigster Bericht an die Königl. Dänische Rentekammer über die Torfmoore Seelands nach einer im Herbste 1827 deshalb unternommen Reise. Kopenhagen u. Lpzg, Gildendal u. Hinrich, 1829. In-8, rel. toile, non rogn.

769. **Falkmann** (A.). Fra Danmarks Far-West langs Kysten mellem Tyborön og Sønderho. Kjöbenhavn, Jørgensen, 1879. In-12, rel. toile.

770. **Flaux** (A. de). Du Danemark. Impressions de voyage, aperçus historiques et considérations sur le passé, le présent et l'avenir de ce pays. Paris, Didot, 1862. 1 vol. in-8, rel. toile, non rogn.

Envoi signé à M. le comte Riant.

771. **Hamilton** (Andrew). Sixteen Months in the Danish Isles. London, Bentley, 1854. 2 vol. in-12, rel. toile.

772. **Hanssen.** Geographie over Kongeriget Danmark. Odense, Milo, 1836. In-8, rel. toile, non rogn.

773. **Lauria** (G. A.). La Danimarca nel 1829. Napoli, Miggliaccio, 1834. 1 vol. in-12, cart.

774. **Lettres** sur le Dannemarc. A Genève, chez les frères Philibert, 1757. 1 vol. in-12, rel. veau, fil.

Ce livre est de *Roger*, secrétaire du comte de Bernsdorff.
Bel ex. de la 1re édition.

775. **Lindeberg** (A.). Betraktelser under en resa i Danmark, Tyskland och Ungern. Stockholm, Hjerta, 1841. 1 vol. in-12, rel. toile.

776. **Mano** (G. A.). La Grèce et le Danemark. Paris, Amyot, 1863. 1 vol. grand in-8, rel. toile.

777 **Marryat** (H.). A Residence in Jutland, the Danish isles, and Copenhagen. London, Murray, 1860. 2 vol. in-8, cart. (édit.). Nombreuses gravures.

778. **Olaus Olavius.** Oekonomisk-physik Beskrivelse over Schagens Kiøbstæd og Sogn. Kbhvn., Thiele, 1787. 1 vol. in-12, vieil. rel.

779. Omstændelig og tilforladelig Beskrivelse over den i Øster-Søen liggende under det Kongel. Danske Herredømme blomstrende navnkundige Øe Bornholm og..... Christiansøe..... Kiøbenhavn, Glasing, 1756. *Vignettes* et 30 pl. — Beskrivelse af Øen Samsøe... Kiøbenhavn, Møller, 1758. *Vignettes* et 5 pl. — Beskrivelse over den liden Øe Amager, og den..... Øe Saltholm. Kiøbenhavn, Møller, 1758. *Vignettes* et 5 pl. Ensemble 1 vol. grand in-4, rel. bas., avec pl.

> Quelques déchirures. Très bel ouvrage. Ex. en grand papier.

780. Only a fiddler! and O. T. or life in Denmark, by the author of « The improvisatore ; or, life in Italy », transl. by *Mary Howitt*. London, Bentley, 1845. 3 vol. in-8, cart.

> Cartonnage en mauvais état.

781. **Quehl** (R.). Aus Dänemark. Berlin, 1856. 1 vol. in-8, rel. toile, non rogn., avec 3 pl. et 1 carte.

782. **Scheel** (Heinrich Otto). Almindelig Udkast af Krigens Skueplads, eller geographisk, topographisk og historisk Beskrivelse over Kongerigerne : Danmark, Norge og Sverrig samt deres Tydske Provindser, som Inledning til Kong Frederik IV Krigs-Historie, fordansket ved *Thomas Thaarup*. Kiøbenhavn, Stein, 1783. 1 vol. in-4, rel. toile (carte).

783. **Wedel** (L. M.). Indenlandske Rejse igjennem de betydeligste og skjønneste Egne af de danske Provindser. Kiøbenhavn, Brummer, 1803. 2 tomes en 1 vol., rel. toile, non rogn.

784. **Both** (L.). Natur og Folkeliv i Jylland. Reiseskizzer. Kjöbenhavn, Thiele. In-12, cart., avec titre et pl. en couleurs. — **Bricka** (C. F.). Om Limfjordens Forbindelse med Vesterhavet i det 11te Aarhundrede. Kjöbenhavn, Thiele, 1869. Plaq. in-8, cart. — **Dargaud** (J.-M.). Voyage en Danemark. Paris, Hachette, 1861. In-12, d.-rel. chag. r., tr. peigne. *Mouillure au haut du volume.* — **Joliet** (Charles). Huit jours en Danemark. Paris, Faure, 1868. In-12, rel. toile. — **Smidth** (A. J.). La mer autour du Danemark. [Traduction de L. E. Borring.] Paris, Maisonneuve, 1866. 1 plaq. in-8, cart. — **Wichfeld** (J.). Fortidsminder fra Egnen om Mariebo Sø. To afhandlinger. Kjöbenhavn, Gyldendal, 1862. Pl. in-12, cart., non rogn. (couverture). Ensemble 6 vol. et plaq.

XIV

Norvège. — Géographie. Voyages. Description du pays.

785. **Barnard** (M. R.). Sport in Norway, and where to find it. Together with a short account of the vegetable productions of the country. London, Chapman, 1864. In-12, rel. toile (édit.), avec 1 pl.

786. [**Berg** (J. Chr.)]. Historisk underretning om Landeværnet, tilligemed nogle Efterretninger om Norges staaende Hær i Almindelighed. Christiania, Grøndahl, 1830. 1 vol. in-8, rel. toile, non rogn.

787. **Blom** (Gustav Peter). Das Königreich Norwegen. Statistisch beschrieben, mit einem Vorwort von *Carl Ritter*. Leipzig, Weber, 1843. 2 part. en 1 vol. in-8, rel. mar. bleu, plats ornés, tr. dor. (armes de Danemark).

788. **Bætzmann** (F.). Norge. Uddrag af ældre og nyere forfatteres skrifter. Kjøbenhavn, Gyldendal, 1880. 1 vol. in-8, rel. toile (couverture).

789. **Boydell**. Picturesque scenery of Norway; with the principal towns from the naze, by the route of Christiania, to the magnificent pass of the sund; from original drawings made on the spot, and engraved by *John William Edy*. With remarks and observation... by *William Tooke*. London, Hurst, 1820. 2 vol. in-fol., d.-rel., contenant 80 pl. en couleur.

790. **Breton** (Lieutenant). Scandinavian Sketches, or a tour in Norway. London, Schulze, s. d. (1835). 1 vol. in-8, avec 17 pl. noires et en couleur et 1 carte, rel. toile (édit.).

791. **Broch** (Dr O. J.). Le royaume de Norvège et le peuple norvégien. Christiania, Malling, 1876. 1 vol. in-8, rel. toile, non rogn., couvert.

Ex. de M. Michel Chasles.

792. **Brown** (John Croumbie). Forestry in Norway : with notices of the physical Geography of the country. Edinburgh, Oliver and Boyd, 1884. In-12, rel. toile (édit.).

793. **Camoin de Vence**. Souvenirs et impressions de Norwège. Paris, Thorin, s. d. 1 vol. in-12, rel. toile, non rogn. — **Campbell** (John R.). How to see Norway. London, Longman, 1871. In-12, rel. toile (édit.), avec 1 pl. et 1 carte.

794. **Carpelan** (G. M.). Voyage pittoresque aux Alpes Norwégiennes. Stockholm, *s. d. n. typ*. Grand in-fol., d.-rel. chag. r., coins, tête dor., non rogn., avec 21 pl. *Le texte, plus petit de format, a été monté sur feuilles de même grandeur que les planches*. — **Carpelan** (V. M.). Vues norwégiennes. Stockholm, Deleen, 1826. 7 *pl. gr. à l'aqua-tinta, avec texte*. — Voyage pittoresque de Scandinavie. Cahier de 24 vues avec description. Londres, Cox, s. d. (1802). *24 pl. gr. à l'aqua-tinta et retouchées au lavis*. Ensemble 3 vol. et 2 plaq. in-4, rel. toile, non rogn.

795. **Claussøn** (Peder). Norriges oc Omliggende Øers sandfærdige Beskrifuelse, indholdendis huis vært er at vide, baade om Landsens oc Indbyggernis Leilighed oc vilkor, saa vel i fordum tid, som nu i vore Dage. Korteligen tilsammen sattit aff D. P. Claussøn, Sognepræst i Undal. Prentet i Kiøbenhaffn, hos Melchior Martzan, paa Joachim Moltken Bogførers bekostning,

1632. 1 vol. in-4, rel. mar. gren., jans., dent. int., tranch. dor. (Chambolle-Duru).

Description de la Norvège et des îles voisines par le pasteur norvégien P. *Clausson* (1545-1623) ; le grand historien *Thormodur Torfesen* (*Torfœus*) lui a emprunté son travail et l'a traduit en latin dans la première partie de son « Histoire de Norvège ». Une traduction allemande a été publiée à Copenhague par *Steinkuhl* en 1685. Cette première édition danoise est *fort rare*, elle a été réimprimée en 1727 dans le format in-8.

796. **Djurberg** (Daniel). Beskrifning öfver Konungariket Norge, Färöarne samt ön Island. Stockholm, Marguard, 1814. — Beskrifning om Svearike : Norrland. Stockholm, Nordström, 1808. Ensemble 2 vol. petit in-8 et in-12, d.-rel. bas.

797. **Doumerc** (Paul). La Norvège Centrale. Notes de voyage. Mautauban, Forestié neveu, 1875. In-8, avec pl. et carte, rel. toile (couvert.).

798. **Elton** (Charles). Norway : the road and the fell. London, Parker, 1864. In-12, rel. toile (édit.). — **Enault** (Louis). La Norvège. Paris, Hachette, 1857. In-12, rel. toile.

799. **Essendorp** (J.). Physisk œconomisk Beskrivelse over Lier Præstegield i Aggershuus stift i Norge, efter egen Undersögelse forfattet. Kjöbenhavn, Rothe, 1761. In-12, rel. bas., avec pl. et carte.

800. **Hofberg** (Herm.). Genom Sveriges Bygder. Skildringar af Vårt Land och Folk. Stockholm, Bonnier, 1882. 1 vol. in-8, d.-rel. veau, non rogn., avec fig., pl. — Westmanlands Fornlemningar och Minnes märken. Westerås Stad, *avec 10 pl.* Plaq. in-8, cart.

801. **Holberg** (Ludwig von). Beschreibung der berühmten Haupt und Handelstadt Bergen in Norwegen. Copenhagen u. Lpzg, Rothe, 1753. 2 tomes en 1 vol. in-12, d.-rel. bas., non rogn.

802. **Jonge** (Nikalay). Chorographisk Beskrivelse over Kongeriget Norge, samt Færöe, Yisland og Grönland. Kiöbenhavn, Thiele, 1779. In-4, d.-rel. bas.

803. **Keilhau**. Gaea Norvegica. Von mehreren Verfassern, herausgegeben von *B. M. Keilhau*. Christiania, Dahl, 1850. 1 vol. in-fol., avec 8 cartes, d.-rel. bas. n., non rogn.

804. **Kjérulf** (Théod.) et **Dahl** (Tellef). Carte géologique de la Norwège Méridionale représentant les diocèses de Christiania, de Hamar et de Christiansand, exécutée pendant les années 1858 à 1865... Christiania, Brøgger et Christie, 1866. Plaq. in-8, cart., avec texte danois relié à la suite. — **Kraft** (Jens). Topographisk-Statistisk Beskrivelse over Kongeriget Norge. Christiania, Grøndahl, 1820-1832. 5 vol. in-12, d.-rel. veau f., tr. peigne.

805. **Laing** (Samuel). Journal of a residence in Norway during the years

1834, 1835 and 1836, made with a view to inquire into the moral and political economy of that country and the condition of its inhabitants. London, Longman & C°, 1836. 1 vol. in-8, rel. toile.

806. **Latham.** Norway and the Norwegians. London, Bentley, 1840. 2 vol. in-12, cart. toile (édit.).

807. **Løvenskiold** (B. H. von). Beskrivelse over Bradsbierg Amt og Scheens Bye med sine Forstæder. Christiania, Berg, 1784. 1 vol. in-12, d.-rel.

808. **Lovett** (R.). Norwegian Pictures, drawn with pen and pencil. London, 1885. 1 vol. grand in-8, rel. toile (édit.).

Nombreuses gravures dans le texte.

809. **Löwenörn** (P. de). Beschreibung der Norwegischen Küste, zu den aus dem Konigl. Seekarten-Archive herausgegebenen 7 Specialkarten dieser küste... Unter beständiger Leitung des Herrn Verfassers, aus dem Dänischen übersetzt von *P. Clausen.* Kopenhagen, Möller, 1816. 1 vol. in-4, rel. toile, avec 10 pl. (profils).

810. **Lund** (J. M.). Forsøg til Beskrivelse over Øvre-Tellemarken i Norge. Kjøbenhavn, Thiele, 1785. 1 vol. in-12, vieille reliure.

811. **Van der Meij** (H. W.). Wandelingen in Noorwegen. Bijdrage tot de kennis van land en volk. Haarlem, De Graaff (1878). 1 vol. in-8, rel. toile.

812. **Metcalfe** (F.). The Oxonian in Thelemarken — or, notes of travel in South-Western Norway in the summers of 1856 and 1857, with glances at the legendary lore of that district. London, Hurst and Blackett, 1858. 2 tomes en 1 vol., rel. toile.

813. [**Möller** (O. F.)]. Reise igiennen Øvre-Tillemarken til Christiansand og tilbage 1775. Kiøbenhavn, 1778. 1 vol. in-8, rel. toile.

814. **Müller** (H. J.). Fremstilling af Søkrigshistoriens vigtigste Begivenheder. Christiania, Bentzen, 1863. 1 vol. in-8, rel. toile, non rogn. couvert., (avec 11 pl.).

815. Norske Samlinger. Christiania, 1852-1860. 2 vol. in-8, rel. toile.

Le premier volume a été publié par une société d'histoire, le second par *Chr. A. Lange* aux frais du gouv. norvégien.

816. Den Norske Turistforenings Årbog. Kristiania, Cammermeyer, années 1872, 1873, 1874. 3 fasc., in-8, br., fig. et pl.

817. **Ostgaard.** En Fjeldbygd. Billeder fra Østerdalen. Christiania, 1852. 1 vol. in-12, rel. toile.

818. **Otte** (J. W.). Reise durch Norwegen im Sommer 1832. Berlin, Rücker, 1835. 1 vol. in-8, rel. toile, non rogn.

819. **Palmblad** (Wilhelm Fred.). Konungariket Norige. Statistik, nyare

historia och Sociala förhållanden. Upsala, Leffler, 1846. 1 vol. in-8, d.-rel. mar.

820. Passarge (L.). Drei Sommer in Norwegen. Reiseerinnerungen und Kulturstudien. Leipzig, Schlicke, 1881. 1 vol. in-8, rel. toile.

821. Pontoppidan (E. J.). Geographisk Oplysning til Carter over det Sydlige Norge i tvende Afdeelinger. Kiøbenhavn, Stein, 1785. — Geog. Oplysning til Carter over det Nordlige Norge i tvende Afdeelinger. Kiøbenhavn, Schultz, 1795. Ensemble 2 vol. in-12, d.-rel. veau.

822. Price (Edward). Norway, Views of wild scenery. London, Hamilton, 1834. 1 vol. in-4, cart. *Première édition de ce bel ouvrage illustré de 21 pl. en mezzo-tinto p. Lucas.* — Norway and its scenery, comprising the journal of a Tour by, with considerable additions by *Thomas Forester*. London, Bohn, 1853. In-12, rel. toile, avec jolies planches gr. en mezzo-tinto par Lucas.

823. Ramus (Jonas). Norriges Beskrivelse, Hvorudi Dette Riges Otrekning, Beskaffenhed og Deeling udi visse Lehn, Biskopsdømmer, Provstier, Præstegield, Langdømmer, Fogderier, Tinglag, etc... Kjøbenhavn, Høpffner, 1715. 1 vol. petit in-4.

824. Reise igiennem Øvre-Tillemarken til Christiansand og tilbage 1775. Kiøbenhavn, Møller, 1778. 1 vol. in-12, d.-rel. bas.

825. Ross (W. A.). A Yacht Voyage to Norway, Denmark, and Sweden. Second edition. London, Colburn, 1849. 1 vol. in-8, cart., édit.

826. Scharling (H.). En Sommer i Norge. Fra Christiania til Finmarken. Kjøbenhavn, Reitzel, 1867. 1 vol. in-8, rel. toile, non rogn., couv.

827. Schøning (Gerhard). Reise som gienem en Deel af Norge i de Aar 1773, 1774. 1775. Kjøbenhavn, Gyldendal, 1780. — Afhandling om de Norskes og endeel andre Nordiske Folkes Oprindelse... Sorøe, 1769. Ensemble 2 vol. in-4, rel. v., avec fig. et cartes.

Spécimen de reliure danoise.

828. Scytha (Hodosopho). Wägwisare til Norje, Efter et nyligen igenfunnit, åtta Hundra Åra gammalt Islandskt Manuskript Resandom och Wettgirigom til tjenst. Stockholm, Segerdahl, 1762. 2 opusc. en 1 plaq. in-12, d.-rel. bas.

829. Skramstad (Ludvig). Genom Norge från Tistedalen till Jacobselfven. Efter teckningar af L. Skramstad. Sextio illustrationer med text af Dr *Yngvar Nielsen*. Stockholm, Lamm, 1882. In-4 (en 3 livr.), br., avec pl. et fig.

830. Smith (The Rev. Alfred). Sketches in Norway and Sweden, drawn on stone from the original sketches by *Henry Warren*. London, Maclean. Grand in-fol., d.-rel., contenant 27 pl. en lithog.

831. Smith (Hubert). Tent life with English gipsies in Norway (*une carte et nombreuses illustrations*), second edition. London, King, 1874. 1 vol. in-8, cart. (édit.).

832. Stone (Olivia M.). Norway in June, with illustrations from Photographs drawn by W. H. J. Boot and R. Kent Thomas. London, Ward, 1882. 1 vol. in-8, cart. (édit.).

833. Tidemand (Adolph). Norwegisches Bauernleben. Norsk Bondeliv (*Vie des paysans norvégiens*) Düsseldorf, Schulte, s. d. (1851). 3ᵉ *édition*. 1 vol. in-4, obl., d.-rel. chag. bl., coins, tr. dor., avec 1 titre et 10 pl. lithogr.

Texte allemand et norvégien.

834. Tönsberg (Chr.). Norge fremstillet i Tegninger med oplysende Text. Christiania, Winckelmann, s. d. (1854). 1 vol. in-4, oblong, avec 83 pl. en lithogr., rel. chag. r., fil., tr. dor., avec chiffre du comte Riant.

835. Two Summers in Norway, by the author of « The Angler in Ireland ». London, Saunders, 1840. 2 vol. in-8, cart. (édit.). — Three in Norway, by two of them. Second edition. London, Longman, 1883. 1 vol. in-12, cart. (édit.). (Une carte et 59 fig.)

836. Tronhiemske Samlinger, udgivne af Philaletho. Tronhiem, Winding, 1761-1764. 5 vol. in-12, rel. toile, non rogn.

837. Verkrüzen (T. A.). Norwegen, seine Fjorde und Naturwunder. Eine naturwissenschaftliche Reise, unternommen im Sommer 1871. Cassel, Fischer, 1872. 1 vol. in-8, rel. toile, non rogn., couvert. (1 pl. lith. et fig.).

838. Wille (Hans Jacob). Beskrivelse over Sillejords Præstegield i Øvre-Tellemarken i Norge, tilligemed et geographisk Chart over samme. Kiøbenhavn, Gyldendal, 1786. 1 vol. in-8, rel. toile. — Indledningen til Reisen igiennem Thellemarken i Norge 1786. *Första hefte*. Kiöbenhavn, Seidelin, 1799. In-12, 1 fnc., 128 p., 4 tableaux et 1 portr., rel. toile, non rogn.

Tout ce qui a paru.

839. Williams (W. Mattieu). Through Norway with ladies. With map and illustrations. London, Stanford, 1877. — Through Norway with a Knapsack, fourth edition. (Une carte et 9 grav. en coul.) London, Elder, 1863. 2 vol. in-8, cart. (édit.).

840. Wolff. Norrigia Illustrata, eller Norges med sine Underliggende Lande og Øers Korte og Sandfärdige Beskrifvelse, Hvor udi lofvis og berømmis det Riges Herlighed; Kongernis Magt, Stridbarhed og Mandelighed; Adelens og Kæmpernis Dristighed; Sande Religion og Gudfrygtighed; Kircker og Biscops-Stigter; Bygning og Konster; Frugtbarhed; Fiskerie; Sølf, -Kaabber- og Jern-Bierge; Privilegier og Kiøbmandskab; Item, høye Klipper; Underlige Fiske og Bæster; Field og Fiorder; Haufner

og Næs; Viger; Øer og Elfver; Holmer og Skiær, og andet som er værd om dette Norske Rige at vide og læse. Colligeret og sammenskrefven af *Jens Lauritzson Wolff* Bogfører. *S. l. n. d.* (Copenhague, 1651). 1 vol. petit in-8, rel. mar. gren., jans., tr. dor., dent. int. (Chambolle-Duru).

Wolff (1582-1652), libraire à Roeskilde puis à Copenhague, a écrit plusieurs ouvrages; sa *Norrigia illustrata* a paru la même année en format in-4 et en in-8. Quel que soit le format, d'ailleurs, ce livre est rare.

841. **Wulfsberg** (Chr. A.). Norges naturlige Velstandskilder. En Række Forelæsninger afholdte i Bergen Vinteren 1871-72. Christiania, Fabritius, 1872. 1 vol. in-8, rel. toile, non rogn., couverture.

842. **Wyndham** (Francis M.). Wild life on the fjelds of Norway. (Avec 1 carte et des ill.). London, Longman, 1861. 1 vol. in-8, cart. (édit.).

843. **Yngvar Nielsen**. Rejsehaandbog over Norge, med 6 karter. Kristiania, Cammermeyer, 1879. 1 vol. in-12, cart. (édit.).

844. **Asbjørnsen** (P. Chr.). Jule Træet for 1851. Christiania, Dzwonkowski, 1851. Plaq. in-12, cart. (*couverture*), avec fig. — En Bergensk Cicerone, af En anonym. 2e *édit.* Bergen, Beyers, 1865. Plaq. in-12 avec carte, rel. toile. — **Boie** (F.). Tagebuch gehalten auf einer Reise durch Norwegen im Jahre 1817. Schleswig, 1822. In-12, rel. toile, non rogn. — **Bowden** (The Rev. John). Norway : its people, products, and institutions. London, Chapman, 1867. 1 vol. in-12, rel. toile (édit.). — **Brünnich** (Morten Thrane). Historiske Efterretninger om Norges Biergverker fra Aaret 1516 til Udgangen af 1623. Kiöbenhavn, Brünnich, 1819. Ensemble 5 vol. et plaq. in-12, cart.

845. **Cortsen** (Frederik). Tanker ved Tabet af Norge til Medborgeres Eftertanke. Kjöbenhavn, Schultz, 1815. Plaq. in-12, rel. toile. — **Finn**. Turistbref från en Resa i Norge sommaren 1875. Stockholm, Beckman, 1876. In-12, rel. toile. — **Friis** (J. A.). Tilfjelds i Ferierne eller Jæger- og Fiskerliv i Höifjeldene. Christiania, Cammermeyer, 1876. In-12, rel. toile, avec 1 carte. — Gemälde von Norwegen....., von einem gebohrnen Normann. Hamburg, Vollmer, 1815. 1 vol. in-12, cart. — **Herre** (Bernhard). En Jægers Erindringer. 2e *édit.* Christiania, Malling, 1864. Petit in-12, br. Ensemble 5 vol. et plaq.

846. **Hœhne** (E.). Nordkap und Mitternachtssonne. Hamburg, 1885. In-12, rel. toile. — **Höjer** (Magnus). Gotlands Län. En topografisk-statistisk Beskrifning. Stockholm, Seligmann. Plaq. in-12, cart., avec pl. — **Hollway** (John Georges). A Month in Norway. London, Murray, 1853. Petit in-12, rel. toile. — **Hooker** (William Dawson). Notes on Norway, or a brief journal of a tour made to the Northern parts of Norway in the summer of 1836. Glascow, 1839. In-12, br., avec 4 pl. lithogr. — **Hoornaert** (L'abbé H.). Le pays des sapins. Paris, Palmé. In-12, rel. toile. — **Mehwald** (Fr.). Nach Norwegen! Leipzig, Lorck, 1858. In-12, rel. toile. Ensemble 6 vol. et plaq.

847. **Phytian** (J.-C.). Scenes of a travel in Norway. Manchester, Paris and New-York, 1877. 1 vol. in-12, cart. (édit.). — **Reishaus**. Briefe aus Norwegen. Brandenburg, Wies, 1885. 1 vol. in-12, rel. toile. — **Siljeström** (P. A.). Anteckningar och Observationer rörande Norrige. Norrköping, Östlund och Berling, 1842. 1 plaq. in-12, cart. — Unprotected Females in Norway; or the pleasantest way of travelling there, passing through Denmark and Sweden. London, Routledge, 1857. In-12, rel. toile, avec fig. et pl. en coul. — Veiledning for Reisende i Christiania Stift i Norge. Christiania, Dybwab, 1856. 1 vol. in-12, rel. toile, non rogn. — **Wittich** (W.). A visit to the western coast of Norway. London, Cox, 1848. Petit in-12, br. Ensemble 6 vol. et plaq.

848. **Blytt** (A.). Iagttagelser over det Sydøstlige Norges Torvmyre. Christiania, Dybwad, 1882. Plaq. in-8, cart. — **Brun** (Jacques). Notes sur la Norwège, ses fjords, ses monts et sa région polaire. Genève, Wyss, 1885. Plaq. petit in-8, avec 1 phototyp., cart. — Chasing the sun; or rambles in Norway. London, Nisbet, 1864. Plaq. in-32, avec 4 pl. en couleur, rel. toile (édit.). — **Chesshyre** (Henry T. Newton). Recollections of a five year's residence in Norway. London, Newby, 1861. In-24, rel. toile, tr. dor. (édit.). — **D. R. B.** Min Resa till Fots, under Kriget i Tyskland och Norrige, Åren 1813, 1814 och en del af 1815. Christianstad, Cedergréen, 1815. 1 vol. in-8, rel. toile, non rogn. — **Falsen** (Chr. Magnus). Geographisk Beskrivelse over kongeriget Norge. Christiania, Lehmann, s. d. Petit in-8, cart. — **Hoeven** (J. van der). Ilerinneringen aan eene Reis naar Stokholm, ter gelegenheid van de Vergadering der Scandinavische natuuronderzoekers in julij 1842. S. l. n. typ. In-8, br. — **Lange** (Chr.). Indberetning til den Kongelige Norske Regjerings Departement for Kirke- og Underviisningsvæsenet, om en paa offentlig Bekostning foretagen Reise til Nordtydskland i Sommeren 1844. Christiania, 1845, s. typ. Plaq. in-8, cart. Ensemble 8 vol. et plaq.

849. **Lie** (Jonas). Bilder aus Norwegen. Drei Erzählungen aus dem Norwegischen von *Philipp Schweitzer*. Jena, Deistung, 1878. Plaq. in-12, cart., couverture, non rogn. — Norske Stedsnavnes rette Skrivemaade, en Fortegnelse, forsaavidt Landdistricterne angaaer, over samtlige Rigets amter,..... uddragen af den af *Capitain Munthe*. Christiania, Roshauw, 1847. 1 plaq. in-4, cart. — **Roosen** (Carl. B.). Christiania og omegn. Christiania, Winther, 1828. — **Rygh** (O.). Om Helleristninger i Norge. — Norske Broncelegeringer fra Jernalderen. — Sletnerfundet. — To Norse Oldsagfund. (4 Extraits des « Christiania Vidensk.-Selsk. Forhandlinger », années 1864, 1872, 1873.) 4 plaq. in-8, cart. — **Schmidt** (Eduard-Oskar). Bilder aus dem Norden, gesammelt auf einer Reise nach dem Nordcap im Jahre 1850. Iéna, Mauke, 1851. 1 vol. in 8, rel. toile, non rogn., avec pl. — **Schnabels** (Marcus). Udkast till en Beskrivelse over Hardanger i Bergens Stift in Norge. Kjöbenhavn, Gyldendal, 1781. Plaq. in-4, d.-rel. chag. r., coins, tête dorée, non rogné, avec 1 carte. — **Vibe** (A.). Küsten und Meer Norwegens.

Mit einer karte von D* *A. Petermann*, und zwei Original-Ansichten, in chromolith. ausg. von *Bernatz*. Gotha, Justus Perthes, 1860. Plaq. in-4, rel. toile. Ensemble 9 vol. et plaq.

XV

Suède. — Géographie. Voyages.

* **Agardh** (C. A.). & **Ljungberg**. Försök till en Statsekonomisk Statistik öfver Sverige. Carlstad, Kjellin, 1852; Stockholm, Samson et Wallin, 1863. 4 vol. in-8, rel. toile, non rogn.

850. **Afzelius** (Arv. Aug.). Svenska Folkets Sago-Häfder eller fäderneslandets Historia sådan hon lefwat och till en del ännu lefwer i Sägner, Folksånger och andra Minnesmärken. Stockholm, Hæggström, 1860-66. 8 tomes en 2 vol. in-12, d.-rel. chag. br., tr. limaç.

851. Album for Travellers on the Götha Canal to Gothenbourg and the North-Sea. Stockholm, Huldberg, 1858. 1 vol. in-8 oblong, d.-rel. chag. rouge, tr. dorée (Gruel), avec 35 pl. en lithogr.

852. Album de Trollhätta. Collection de vues des plus pittoresques et les plus remarquables de Trollhätta et de ses environs. Gothembourg, D. F. Bonnier, 1847. In-8 oblong, contenant 7 pl. en lithogr.

853. **Allvin** (J.). Beskrifning öfver Östbo Härad i Jönköpings Län. Jönköping, Strehlenert, 1852. 1 vol. in-8, rel. toile grise (couverture), avec 3 pl., tableaux et 1 carte. — Beskrifning öfver Wästbo Härad i Jönköpings Län. Jönköping, Sandwall, 1846. 1 vol. in-8, d.-rel. bas., avec fig. en couleur; au titre, 15 pl. lithogr. et 1 carte.

854. **Arndt** (Ernst Moritz). Resa genom Sverige år 1804, öfversatt af *J. M. Stjernstolpe*. Carlstad, Höijer, 1807. 4 tomes en 2 vol., d.-rel. veau f.

855. **Åslung** (Daniel). Beskrifning öfver Westernorrlands Län. Hernösand, W. Lundquists, 1880. 1 vol. in-8, rel. toile sur brochure, avec 1 carte.

856. **Axelson** (Maximilian). Vesterdalarne, dess natur, folklif och fornminnen. Stockholm, J. Beckman, 1855. 1 vol. in-12, d.-rel. chag. vert. — Vandring i Wermlands elfdal och Finnskogar. Stockholm, Huldberg, *s. d.* 1 vol. in-12, rel. toile, avec 4 lithographies.

857. **Beeken** (J. L.). Dagbog paa en Reise i Sverrig. Kjöbenhavn, Kröpping, 1820. 1 vol. petit in-8, rel. toile, non rogn., avec 1 plan de Stockholm. — **Barttels** (Johannes). Oratio de curiositate Upsalæ habita. Holmiæ, Nic. Wankif, 1680. Plaq. in-fol., rel. vél.

858. Berättelse om svenska Trägårds -föreningen; jemte dess stadgar,

antagne vid första allmänna Sammankomsten i Stockholm d. 30 augusti 1832. Stockholm, 1832-39. In-12, d.-rel. veau.

859. **Berg** (Joh. Aug.). Sverige Framstäldt i Taflor, med beskrifvande Text. Göteborg, Bonnier. — Album pittoresque de Stockholm, texte par *Paulin Niboyet*. Stockholm, Bonnier. 1 vol. in-4 oblong contenant 106 pl. lithogr. et 1 plan de Stockholm, rel. chag. rouge, fil., tr. dor., avec chiffre du comte Riant.

860. **Bergius** (Peter Jonas). Inträdes-Tal, om Stockholm för 200 år sen, och Stockholm nu för tiden, i Handel, och Vetenskaper, särdeles den Medicinska. Stockholm, Salvius, 1758. In-12, d.-rel. bas. noire, non rogn.

861. Beskrifning öfver provinsen Dalarne. Falun, Schmidt, 1862-1868. 3 tomes in-8 en livr. — **Barfod** (Frederik). En Rejse i Dalarne. Kjöbenhavn, Gyldendal, 1863. Petit in-8, rel. toile, non rogn., avec 1 carte. — Wandring genom Dalarne, jemnte författarens Resa Söderut. Svenskt Original (2ᵉ *édit. augmentée*). Stockholm, Hæggström, 1831. 1 vol. in-8, rel. toile, non rogn.

862. Bilder ur Svenska Folklifvet. Götheborg, Bonnier, 1855. In-4 obl., d.-rel. chag. bl., coins, tr. dor., avec 16 pl. en couleur gr. d'après les dessins de *Nordenberg, Zoll, Wallander, Höcker* et *Wennerberg*.

863. **Billmark** (C. J.). Aquarell-lithographier och Tontryck Teckningar efter Naturen Sverige. Stockholm, Levertin och Sjöstedt (Paris, Lemercier), 1871. 1 vol. in-fol., d.-rel. chag. rouge, coins, tr. dor., avec chiffre du comte Riant, contenant 61 pl. lithogr. en couleur.

864. — Pittoresk Resetour Stockholm till Neapel genom Sverige, Danmark, Tyskland, Holland, Belgien, Frankrike, Schweitz, Tyrolen, Savojen, Italien. Stockholm, Hedbom. 1 vol. in-fol., rel. toile, non rogn., contenant 100 pl. en lithogr.

865. — Panorama de Stockholm, pris du dôme de l'Eglise de l'île de l'Amirauté, dessiné d'après nature, lithographié et publié par —, suivi d'une notice historique et topographique par *Félix Droinet*. Stockholm, C. Hebdom, s. d. In-4 obl., cart., contenant 1 planche se dépliant et un texte explicatif.

Nouvelle édition.

866. **Brusewitz** (G.). Historiska Minnen i Bohus-Län, Vestergötland och Halland. Teckningar med Beskrifning. Götheborg, Lindgren, 1860, *fig. et pl.* 1 vol. in-4, rel. toile. — Elfsyssel (Södra Bohus-Län). Historiska Minnen. Götheborg, Lindgren, 1864, *fig. et pl.* — 1 vol. in-4, d.-rel. v. — **Björner** (Ericus Julius). Specimen Historico-Geographicum descriptionem Gotunheimiæ quæ in Suethia Borreali olim sitæ fuerunt succincte exhibens. Stockholm, Merckell, 1740. Ensemble 2 vol. et plaq. in-4, rel. vél.

Le titre et 5 f. sont refaits à la main.

867. **Carlen** (Octavia). Gotland och dess Fornminnen. Stockholm, Flodin,

1862. — Ulriksdal, dess Historia, Samlingar och närmaste omgifningar. Stockholm, Brudin, 1863. Ensemble 2 petits vol. in-12, rel. toile, non rogn.

868. **Clarus** (Ludwig). Schweden sonst und jetzt, geschildert in Briefen auf einer Reise. Mainz, Schott, 1847. 2 vol. in-12, d.-rel. chag.

869. **Clausade** (Amédée). Voyage à Stockholm. Paris, Perrodil, 1845. 1 vol. petit in-8, d.-rel. chag.

870. **Crælius** (Franz Daniel). Beskrifning öfwer Nås socken i Westerdals Fögderi af Stora Kopparberg Län. Fahlun, Roselli, 1837. Plaq. petit in-8, rel. toile. — **Dahlgren** (Victor). Beskrifning jemte Statistisk Tabell och Karta öfver Ryds socken belägen i Stockholms Län och Danderyds Skeppslag. Stockholm, Hörberg, 1851, avec cartes. In-12, rel. toile, non rogn.

871. **Daumont** (Alexandre). Resa i Sverige, år 1830. Öfversättning af *Fr. Bernh. Cöster*. Stockholm, Hörberg, 1834-35. 2 tomes en 1 vol., d.-rel. bas.

872. — Voyage en Suède. Paris, Arthus Bertrand, 1834. 2 vol. petit in-8 et 1 atlas de 1 carte et 10 pl. noires et en couleur, d.-rel. veau vert.

873. [**Drevon**]. Voyage en Suède contenant un Etat détaillé de sa population, de son agriculture, de son commerce et de ses finances, suivi de l'Histoire abrégée de ce Royaume et de quelques particularités relatives à l'histoire du Dannemarc, par *un Officier hollandois*. La Haye, Gosse, 1789. 1 vol. in-8, rel. toile, non rogn.

 Ouvrage de *Drevon* donnant un exposé fort exact de l'état de la Suède à la fin du xviiie siècle. G. Radclife en a donné une traduction anglaise en 1790.

874. **Eck** (Joh. Georg.). Bemerkungen auf einer Reise durch einen Theil Schwedens im Sommer des Jahres 1799. Lpzg, Tauchnitz, 1801. — *Le même*. Leipzig, Reclam, 1806, avec 1 pl. 2 vol. in-8, rel. toile, non rogn.

875. **Eenberg** (Joh.). Kort Berättelse af de Märkwärdigste Saker som för de Främmande äre at Besee och Förnimma uti Upsala Stad, och näst omgränsande Orter. Upsala, Werner, 1704. In-12 agenda, rel. parch., avec 1 plan frontisp. et pl.

 A la suite de la description d'Upsal se trouve un récit de l'incendie qui dévora cette ville le 16 mai 1702.

876. **Ehrenstrahl** (David Klöcker). Die vornehmste Schildereyen, welche in denen Ballästen des Königreiches Schweden zu sehen sind. Stockholm, Burchard, 1694. Plaq. in-fol., rel. bas.

877. **Ekström** (C. U.). Beskrifning öfver Mörkö Socken i Södermanland. Stockholm, Kongl. Tryck, 1828. In-12, d.-rel. veau f.

878. **Elers** (Johan). Stockholm. Stockholm, Nordström, 1800. 4 vol. in-12, d.-rel. v.

879. **Engeström** (Gustave d'). Guide du voyageur aux carrières et mines de Suède. Stockholm, Carlbohm, 1796. 1 vol. in-12 avec 1 carte, d.-rel. bas. r.

880. **Erdmann** (A.). Bidrag till kännedomen om Sveriges qvartära Bildningar. Stockholm, Norstedt, 1868. 1 vol. in-8 et 1 atlas in-4 de 14 cartes, rel. toile, non rogn. (couvert.).

881. **Fernow** (Erik). Beskrifning öfwer Wärmland. Götheborg, Smitt, 1773-79. 3 parties en 1 vol. in-12, d.-rel. bas.

882. **Förr och nu i Wadstena**, Vandringar och hvila sommaren 1846 af *M. C. P-n*. Stockholm, Lundberg, 1846. Petit in-8, rel. toile, non rogn. (couvert.).

883. **Forssell** (C.). Une année en Suède ou Tableaux des costumes, mœurs et usages des paysans de la Suède, suivis des sites et monuments historiques les plus remarquables, publié par C. Forssell, ...graveur du Roi, avec texte explicatif. Stockholm, Hjerta, 1836. 1 vol. in-4, cart., contenant 48 pl. en couleur et 1 pl. musique.

Ex. en très grand papier.

884. **Fuselbrenner** den Yngre Resa till Stockholm, år 1913 [sic]. Stockholm, Eckstein, 1832. 1 vol. in-12, rel. toile, non rogn.

885. **Gadd** (Pehr Adrian). Försök til en œconomisk Beskrifning, öfwer Satacunda Häraders Norra Del. Stockholm, Salvius, 1751. Petit vol. in-12, d.-rel. bas. — Försök til en systematisk inledning i Swenska Landtskötselen. Stockholm, Kongl. Tryck., 1773. 3 tomes en 2 vol. in-12, rel. toile, avec pl.

886. **Gahm** (Sigfrid L.). Beskrifning öfwer Öland Besynnerligen det Norra Motet eller Fögderiet. Upsala, Edman, 1768. In-12, cart.

887. **Gjöding** (O. J.). Kongsholms-Minne, eller Beskrifning om Kongsholmen, den Wästra Förstaden af Kongl. Residence-Staden Stockholm, dess Forma, och nu warande Tilstånd fördelt i trenne Böcker. Stockholm, Nyström, 1754. Petit in-4, d.-rel. bas., avec 1 plan.

888. **Gravallius** (Ehrnfred). Resa ifrån Gräddö till Ratan, eller Berättelse om Kust-arméens Expedition till Vesterbotten i aug. månad 1809. Strengnäs, Segerstedt, 1809. Plaq. in-12, d.-rel. bas. — **Hårlemann** (Carl.). Svenska Landtbrukets hinder och hjälp. Stockholm, Trykt hos Lars Salvius, 1746. — Dag-Bok öfwer en ifrån Stockholm igenom åtskillige Rikets Landskaper gjord Resa, år 1749. Stockholm, Salvius, 1749, etc., etc. 1 vol. in-8, rel. v., nombr. planches. — Reise durch einige Schwedische Provinzen. Leipzig, Kiesewetter, 1751. In-12, rel. toile, avec pl. Ensemble 3 vol. ou plaq.

889. **Hiärne** (Urban). Een uthförlig Berättelse om the nyys opfundne Kuurbrunnar widh Medewij uthi Östergöthland... Stockholm, Eberdt, 1680. In-12, rel. vél.

890. **Hertel** (Christian Vest). Försög till en antiqvarisk-historisk Beskrivelse over Aarhuus Dom- og Cathedrale-Kirke. Haderslev, Seneberg, 1809-1810; Aalborg, Borch, 1810. 2 vol. in-12, rel. toile et cart., avec 1 pl.

891. **Hildebrant** (Bror). Minnespenningar öfver Enskilda Svenska män och qvinnor. Stockholm, 1860. 1 vol. in-8, d.-rel. veau, sur broch., non rogn.

892. Historiskt-Geografiskt och Statistiskt Lexicon öfver Sverige. Stockholm, Beckman, 1859-1866. 8 tomes en 4 vol. in-8, d.-rel. chag. rouge, tête limaç., non rogn. (chiffre du comte Riant).

893. Historisch-Politisch und Geographische Beschreibung des Königsreichs Schweden nach dem alten und jetzigen Staat eingerichtet, und in 2 Theile verfasset. Franckfurt und Leipzig, Riegel, 1708 2 parties en 1 gros vol. in-12, rel. vél., portr. de Charles XII et nombr. pl.

Quelques déchirures.

894. **Laing** (Samuel) et **von Treskow**. Reise in Schweden, nach dem Englischen bearbeitet mit Zusätzen und Anmerkungen. Dresden und Leipzig, Arnold, 1843, avec frontisp. — Reisebilder aus Dänemark und Scheweden, von A. von Treskow. Quedlinburg und Leipzig, Basse, 1837, avec 6 pl. 1 vol. in-8, d.-rel. chag. r. — **Laing** (Samuel). A tour in Sweden in 1838; comprising observations on the moral, political, and economical state of the Swedish nation. London, Longman, etc., 1839. 1 vol. in-8, d.-rel. veau f.

De la bibliothèque de M. Dunbar of Westfield.

895. **Liljeroth** (G.). Solen om Midsommarnatten. Örebro, Bohl, 1880. 1 vol. petit in-12, cart. (édit.).

896. **Linnerhjelm** (Jon. Carl.). Bref under Resor i Sverige. Stockholm, Kumblinska tryckeriet, 1797. — Bref under nya Resor i Sverige. Stockholm, Deleen, 1806. — Bref under Senare Resor i Sverige. Stockholm, Gadelius, 1816. 3 vol. en 1, avec vignettes et 51 magnif. pl. à l'eau forte et en mezzo-tinto, rel. toile, non rogn.

Légères piqûres de vers aux derniers feuillets.

897. **Ljungberg** (C. E.). La Suède, son développement moral, industriel et commercial, avec 1 carte et 31 tableaux. Traduit par L. de Lilliehöök. Paris, Dubuisson, 1867. 1 vol. grand in-8, cart.

898. **Lloyd** (L.). Peasant life in Sweden. London, Tinsley, 1870. 1 vol. in-8, cart. (édit.). — **Lund** (Troels). Das tägliche Leben in Skandinavien während des sechzehnten Jahrhunderts. Eine culturhistorische Studie über die Entwickelung und Einrichtung der Wohnungen. Kopenhagen, Höst, 1882.

899. **Lundin** (Claës). Ströftåg här och der i Sverige. Stockholm, 1875. 1 vol. in-8, rel. toile, non rogn.

900. Historiska Märkwärdigheter til Uplysning af Swenska Häfder. Stockholm, 1768. 2 parties en 1 vol. in-12, d.-rel.

SUÈDE — GÉOGRAPHIE — VOYAGES

901. **Marryat** (H.). One year in Sweden ; including a visit to the isle of Gotland — map and illustrations. London, Murray, 1862. 2 vol. in-8, cart. (édit.).

902. **Mellin** (Jonas Fr.). Beskrifning öfver Hångsdala Församling i Skaraborgs Län. Stockholm, Elmen, 1812. In-12, cart., non rogn. — Ett Försök att skildra den Skandinaviska nordens Folklif och natur. Stockholm, Bonnier, 1857. — Stockholm und seine Umgebungen, übers. von *Freese*. Stockh., Norstedt, 1841. 2 vol. in-12, rel. toile. — **Möller** (J. G. P.). Die Treue des swedischen Volks gegen ihre Regenten. Greifswald (1768). In-4, cart. toile. Ensemble 4 vol. ou plaq.

903. **Noach** (Gubben). Vandringar i Helsingland, samt några berättelser och anekdoter derifrån. Stockholm, Askerberg, 1871. In-12, rel. toile. — Notices sur la Suède à l'occasion du Congrès international des sciences géographiques de 1875, à Paris. Stockholm, Norstedt, 1875. 1 vol. in-8, cart.

904. **Passarge** (L.). Schweden, Wisby und Kopenhagen. Leipzig, Brandstetter, 1867. 1 vol. in-8, rel. toile, 5 planches.

905. **Radcliffe** (William). Reise durch Schweden enthaltend genaue Nachrichten von der Bevölkerung, dem Ackerbau, dem Handel und den Finanzen dieses Landes, nebst einer Geschichte dieses Reiches. Leipzig, Weigel, 1790. 1 vol. in-12, rel. toile, ébarbé.

Traduction allemande de l'ouvrage de Drevon. *Cf. suprà, n° 873.*

906. **Rasch** (Gustav) Aus einem freien Lande. Ein Reisebuch durch Schweden. Wien, Hartleben, 1869. 1 vol. in-12, rel. toile, couv. en coul.

907. **Rühs** (Fr.). Schweden nach Dr A. F. Büschings Erdbeschreibung, aus neue bearb. und herausg. Hamburg, Bohn, 1807. 1 vol. in-8, rel. toile, non rogn.

908. **Schück** (Martin). Vårt land och Folk, Skildringar af Sveriges natur och innebyggare. Stockholm, Bonnier, 1862-67. 3 parties en 1 vol. in-8, d.-rel. bas. v., avec pl.

910. **Sjöborg** (Gustavus). Topographia Paroeciæ Raflunda et monumentorum, quæ circa sunt. (Diss. Ac.). Lund, Berling, 1791. 1 plaq. in-4, rel. toile.

911. **Smith** (Kaptein J. G.) Billeder og Minder fra Sverige og Finland. Kristiania, Malling, 1873. 1 vol. in-12, rel. toile, non rogn. — **Snöbohm**. Gotlands Land och Folk. Örebro, Bohlin, 1871. 1 vol. in-12. rel. toile. couv.

912. **Strombeck** (Karl F., baron von). Darstellungen aus einer Reise durch Schweden und Dänemark im Sommer des Jahres 1839. Braunschweig, Vieweg, 1840. — Anteckningar under en resa genom Sverige och Dannemark Sommaren 1839, jemte några Bilagor. (*Traduction de l'ouvrage précédent*), med 4 Stålgravyrer. Stockholm, Bonnier, 1840. — Anteckningar, etc.....

Bibliothèque Scandinave.

Stock., 1844. (*Nouvelle édition de la traduction suédoise, sans les gravures*). Ensemble 3 vol. in-8, rel. toile.

913. **Suecia** illustrata. Afbildningar af Sveriges monumenta Prydnader och Fornlemningar, Konstverk och Naturskönheter... Stockholm, Schük. In-plano, d.-rel. chag. bl., coins, tr. dor., avec 6 pl.

914. Svenska Minnen på utländska orter. Stockholm, Berg, 1874. 1 vol. in-8, rel. toile.

915. Ten years in Sweden..... by « an old bushman ». London, Groombridge, 1865. 1 vol. in-8, cart. (édit.).

916. **Thomee** (Gustaf). Konungariket Sveriges Statistik i sammandrag. Stockholm, Bonnier, 1861. 1 vol. in-8, rel. toile, non rogn.

917. **Thomson** (Thomas). Travels in Sweden during the autumn of 1812; ill. by maps and other plates. London, Baldwin, 1813. 1 vol. in-4, rel. veau (XIII cartes ou planches).

918. **Tolsstorp** (J. P.). Beskrifning om Södermanland. Stockholm, Wallin, 1837. 2 parties en 1 vol. in-12, rel. toile, avec 19 planches lith.

919. **Tuneld** (Eric). Inledning til Geographien öfwer Swerige. Stockholm, Nyström, 1741. 1 vol. in-12, rel. veau.

920. — Geographie öfver Konungariket Swerige samt därunder hörande Länder. Stockholm, Nordström, 1793-94. 3 vol. in-8, d.-rel. veau, coins.

C'est une édition posthume considérablement augmentée de l'ouvrage du même auteur paru en 1741 et précédée d'une courte biographie de Tuneld, par C. Chr. Gjörwell.

921. **Ursin** (G. F.). Reise i Sverrig Aar 1838. Kjöbenhavn, B. Luno, 1839. 1 vol. in-12, cart. (édit.). — Vandring genom Dalarne, jemte Författarens Resa Söderut. Svensk Original. med sex Lithogr. Landsk. Stockholm, Hæggström, 1829. 1 vol. in-8, rel. toile, non rogn.

922. **Wittlock** (J. A.). Jord-Fynd från Wärends För-historiska Tid. Ett Bidrag till Sveriges Antiquariska Topografi. Stockholm, Norstedt, 1874. 1 vol. in-8, rel. toile, non rogn., couverture.

XVI

Histoire. — Nord en général.

* **Adam de Brême**. Chorographia Scandinaviæ, sive Descriptio vetustissima regionum & populoruum Aquilonarium, Sueciæ, Daniæ & Norvegiæ, per venerabilem virum *Adamum*, Bremensis Ecclesiæ canonicum, anno M.LXII nempè ante D.XL elaborata, nunc vero à *Johanne Messenio*

publicata. Holmiæ, Typis Reusnerianis, anno 1615. 1 vol. petit in-8 de iv ff., 44 pp., ii ff.

Extrait de l' « Historia Ecclesiastica » d'*Adam de Brême*. Les deux derniers feuillets contiennent, sous le titre de « Chorographia Scandiæ vel Scandinaviæ » un fragment du poème latin de *Rasmus Michaelis*.

923. Afhandling over den ældre skandinaviske historie om Cimbrerne og de skandinaviske Gother. Ved F. W. Fhv. af W. J. Oversat af J. H. M. Kjöbenhavn, Möller, 1781. 1 vol. in-8, cart., non rogné, avec 1 carte et 1 tableau.

924. **Agathias.** Agathius De Bello Gotthorū, et alijs peregrinis historijs temporum suorū, per Christophorū Persona Romanum e Graeco in Latinum traductus. [*in fine* :] Augustæ Vindelicorum, in off. Sigismundi Grim medicinæ doctoris, atq3 Marci Vuirsung,... 1519. 1 vol. petit in-4, rel. vél. blanc. Encadr. gr. sur bois, au titre.

925. Aktstykker til Nordens Historie i Grevefeidens Tid. Udgivne af Fyens Stifts literære Selsk. ved Dr *C. Paludan Müller*. Første Samling. Odense, Hempel, 1852. 1 vol. in-4, cart. — Quelques observations du moine *Bacon* touchant les parties septentrionales du Monde, avec les relations touchant les Tartares, tirées de l'histoire de *R. Wendower* & de *Mat. Paris*, avec quelques lettres sur le même sujet. Br. in-4, br.

926. **Bergmann** (Frédér.-Guill.). Les Gètes, ou la filiation généalogique des Scythes aux Gètes et des Gètes aux Germains et aux Scandinaves démontrée sur l'histoire des migrations de ces peuples..... Strasbourg, Treuttel et Würtz, 1859. — De l'influence exercée par les Slaves sur les Scandinaves dans l'antiquité. Colmar, Decker, 1867. Ensemble 1 vol. et 1 plaq. in-8, rel. toile, non rogn.

927. **Bjœrner** (Ericus Julius). Prodromus tractatuum de geographia Scandinaviæ veteri, et historiis gothicis. Stockholmiæ, Horrn, s. d. (1726). — Cogitationes critico-philologicæ de orthographia linguæ svio-gothicæ, tam runica quam vulgari. Stockholm, Salvius, 1742. — Epistola responsoria ad Dom. Olavum Celsium, de ejusdem dubiis circa delineationem & explicationem Runarum. 1726, s. typ. Plaq. in-4, cart. et d.-rel. bas, non rogn. — Nordisk Hjälta Prydnad, af Gullringar, dem mann fordom burit, så wäl på Armar och Händer, som Fingrar..... Stockholm, Horrn, 1739. — Svea Rikens Hävda Ålder, Upvisader med en Sago ock röno Reda om Nordiske länders, så fornare som senare, Åboning, Strandvidd ock Östersjö-Högd, med tillökning av et brev om Finnars, Lappars och Samajeders Ursprung från Samaritanske Israëliter. Stockholm, Merckell, 1748. Ensemble 5 vol. et plaq. in-4, rel. vél., non rogn.

928. **Chopin** (J. M.). Révolutions des peuples du Nord. Paris et Lpzg, Renouard, 1841. 4 vol. petit in-8, d.-rel. chag. violet.

929. Breue Chronicon Rervm præcipvarvm Svperiore Anno M.D.LXXXV

in Arctois Germaniæ partibus & vicinijs Gentibus actarum. Wittebergæ, Excd. Zacharias Lehman, 1586. 1 vol. petit in-8 de 32 ff. (le dernier f. probab. blanc manque).

Ouvrage peu commun.

930. Breue Chronicon arctoæ partis Germaniæ et vicinarum gentium, ab anno M.D.LXXXI usque ad 1587. Excusum, 1587. Petit in-4, rel. vél.

931. **Cronholm** (Abraham). Skånes politiska Historia, efter tryckta och otryckta källor. Lund, Berling, 1847. 2 tomes en 1 vol. in-8, d.-rel. v. f., non rogn.

932. **Dassen.** Herinneringen aan noorderlijk Duitschland en Scandinavië. Groningen, Oomkens, 1837. 2 tomes en 1 vol. in-8, rel. toile, non rogn.

933. **Depping** (G. B.). Histoire des expéditions maritimes des Normands, et de leur établissement en France au dixième siècle. Paris, Ponthieu, 1826. 2 tomes en 1 vol. petit in-8, d.-rel. mar. r., tr. lim. — *Le même.* Nouvelle édition. Paris, Didier, 1844. 1 vol. in-12, d.-rel. veau f. — **Johnson** (Rev. A. H.). The Normans in Europe. London, Longmans, 1880. Petit in-12, rel. toile.

934. **Dal** (Nils Gufwerdsson). Boërosia, Urbs per Regna Septentrionis mercatura nobilis. Then vti the Nordiska Riken for sin kop-handel, Wälbekante Boeråås Stad. Stockholm, Laurel, 1719. In-12, d.-rel. bas., avec 1 plan. — **Depping** (G. B.). Historisk Teckning af Nordmännens Sjötåg och Bosättning i Frankrike, i tionde seklet. Öfversättning af *A. B. Collin.* Stockholm, Carlson, 1828. In-12, d.-rel. v. — **Durdent.** Beautés de l'histoire des trois royaumes du Nord, Suède, Danemarck et Norwège. Paris, Eymery, 1816. 1 vol. in-12, d.-rel. bas. n.

935. **Erdmann** (A.). Dannemora Jernmalms fält i Upsala Län, till dess geognostiska beskaffenhet skildradt. Ett Försök. Stockholm, Norstedt, 1851, *avec 16 cartes géologiques.* — Utö Jernmalms fält i Stockholm Län. Stockholm, Norstedt, 1856, *avec 19 cartes géologiques.* Ensemble 1 vol. in-12, d.-rel. mar. citr., coins.

936. Första Korsstågets Historia i Sammandrag. Stockholm, Gadelius, 1815. 2 tomes en 1 vol. in-16, rel. toile, non rogn.

937. **Gislon** (Iacobus). Chronologia sev Temporvm series, ab initio mvndi ad nostra hæc tempora præsentia, in cuius medio contexitur Genealogia Christi ab Adamo per Sem filium Nohe..... Stockholmiæ, imprimebat Andreas Guttervvitz Anno M.D.XCII. 1 vol. petit in-4, rel. vél.

Ouvrage rare.

938. **Goeteeris** (Anthonis). Iovrnael der Legatie ghedaen inde Iaren 1615 ende 1616 by Reynhout van Brederode, Dirck Bas ende Aelbrecht Joachimi : Tesamen by de Hoochghemelte Heeren Staten Generael voornoemt, afgheson-

den aende Coninghen van Sweden ende Denemercken mitsg. aenden Groot Vorst van Moscovien, Keyser van Ruschland....... In S'Graven-Hage, by Aert Meuris, 1619. 1 vol. in-4, oblong, de 157(1) p., rel. vélin.

Rare et intéressant ouvrage, renfermant 23 gravures sur cuivre. Une seconde édition en a été donnée chez Hondius en 1640.

939. **Grotius** (Hugues). Historia Gothorum, Vandalorum, & Langobardorum..... Amstelodami, apud Ludovicum Elzevirium, 1655. 1 vol. in-8, rel. vél.

940. **Hammerich** (Fr.). Danmark under Adelsvælden (1523-1660). Kjøbenhavn, Klein, 1854-1859. 3 tomes en 1 vol. in-12, d.-rel. chag.

941. **Handlingar** rörande Klubbekriget. Helsingfors, Simel, 1843-1846. 2 part. en 1 vol. petit in-8, rel. toile.

942. **Hartwig** (Georg). Der hohe Norden im Natur- und Menschenleben. Wiesbaden, Kreidel, 1858. 1 vol. petit in-8, rel. toile.

943. **Hertzholm** (Ivar Nicolas). Præcellentia & Ὑπεροχή regni Daniæ, Norvegiæ, &c... Hauniæ, lit. Gödianis, 1662. Petit in-4, d.-rel. bas.

944. **Holst** (Paul Christian). Efterladte Optegnelser om sit Liv og sin Samtid. Christiania, Malling, 1876. 1 vol. in-12 avec portr., rel. toile ébarb.

945. **Hovgaard**. Gotfred, Underkonge i Jylland mod Karl d. Store, Romersk Kejser. Aarhus, 1862. In-12, rel. toile.

946. **Iduna**. En skrift for den Nordiska Fornålderns Alskare. 3ᵉ édition. Stockholm, Gadelius, 1816-1845. 11 parties en 2 vol. in-12, rel. toile, non rogn., avec pl. et musique.

947. **Johnstone** (Jacobus). Antiquitates Celto-Scandicæ sive series rerum gestarum inter nationes Britannicarum Insularum et gentes septentrionales. Havniæ, Stein, 1786. In-4, rel. vél.

Curieux et intéressant ouvrage.

948. **Keysler** (Ioh. Georgius). Antiquitates selectæ septentrionales et Celticæ quibus plurima loca conciliorum et capitularium explanantur..... Hannoveræ, Sumtibus Nic. Fœrsteri, 1720. 1 vol. in-12, rel. vél., front. et 18 pl. gr. sur cuivre.

949. **Konigsfeldt** (J. P. F.). Genealogisk-Historiske Tabeller over de Nordiske Rigers Kongeslægter. Kjøbenhavn, Bianco Luno, 1856. 1 vol. in-4, d.-rel. bas., avec tableaux généalogiques.

950. **Krantz** (Albert). Rerum Germanicarum historici clariss. regnorum Aquilonarium, Daniæ, Sueciæ, Noruagiæ, Chronica. Quibus gentium origo vetustissima, & Ostrogothorum, Wisigothorum, Longobardorum atque Normannorum, antiquitus inde profectorum,...... narratur. Francof. ad. Mœn. Apud hæred. Chr. Wechel, 1583. 1 vol. in-fol., rel. vél. *Bel exemplaire.* — Le *même*. Francf. ad. Mœn., apud. And. Wechel, 1575. 1 vol. in-fol., rel. vél.

951. **Kruse** (C. H.). Chronicon Nortmannorum, Wariago-Russorum nec non Danorum, Sveonum, Norwegorum inde ab A. DCCLXXVII usque ad A. DCCCLXXIX. Hamburgi et Gothæ, 1851. In-4, rel. toile, tr. dor. (éditeur), dans un carton.

Cet ex. contient le carton des p. 7 et 8, qui manque souvent.

952. **Lallerstedt** (G.). La Scandinavie, ses craintes, ses espérances. Paris, Dentu, 1856. 1 vol. in-12, rel. toile, non rogn. — **Liljegren**. Fornnordiska Häfder. Afhandlingar öfver Skandinaviska Fornåldern. Första Häftet. Stockholm, Haeggström, 1822. 1 vol. in-12, rel. toile, non rogn.

953. **Lange** (Nikolai Bendir). Statistische Briefe über Dännemark, Norwegen, Schleswig und Holstein. Nach dem Tode des Verfassers fortgesetzt und hrgs. von *Wilh. Ernst. Christiani*. Altona, Hammerich, 1793. 1 vol. in-8, d.-rel. v. f., avec 1 pl.

954. **Lindenbrog** (Erpold). Scriptores rerum Germanicarum septentrionalium, vicinorumque populorum, veteres diversi..... omnia ad fidem codd. mss. emendata et aucta, cum novo auctario, &c. — *Petri Lambecij*. Origines Hamburgenses, sive rerum Hamburgensium. Ab urbe condita usque ad annum 1292. — Inscriptiones antiquissimæ & celeberrimæ urbis..... Hamburgensis..... *Theod. Anckelmanni*. Hamburgi, sumpt. Christ. Liebezeit, 1706. 1 vol. in-fol., rel. veau, 2 portr. et 6 pl. Edition estimée, dûe aux soins de *Jean Albert Fabricius*.

955. **Loccenius** (Johannes). Respublica Glacialis. Stockholmiæ, typis Nicolai Wankijf, 1681. Petit in-12, rel. vél.

956. **Mallet**. Northern Antiquities, translated from the French by Bishop *Percy*. New edition, revised by *I. A. Blackwell*. London, G. Bohn, 1859. 2 vol. in-12, cart. (édit.).

957. **Munch** (P. A.). Nordens ældste Historia, *s. l. n. d.* — Om Skandinavismen. Christ. 1849. — Historisk-geographisk Beskrivelse over Kongeriget Norge (Noregsveldi) i Middelalderen. Moss, 1849. — Om Nordboernes forbindelser med Rusland og Tilgrændsende Lande. Christ., 1873. — Fortegnelse over de mest befarede Landeveie og Reiserouter saavel mellem Stæderne, som Landdistricterne i Norge. Christiania, 1846. *Ensemble* 5 vol. ou plaq. in-8, rel.

958. **Nilsson** (Sven). Skandinaviska Nordens urinvånare. ett Försök i comparativa Ethnographien. Christianstad, Schmidt, 1838. 2 part. en 1 vol. in-4, rel. toile, avec 15 planches lith.

959. — Skandinaviska Nordens ur-invånare, ett försök i komparativa Ethnographien, och ett bidrag till menniskoslägtets utvecklings historia, andra upplagan. Stockholm, Norstedt, 1862. 2 part. en 1 vol. in-4, rel. toile.

Deuxième édition des études de Nilsson sur les antiq. scand., avec 5 planches et grav. dans le texte.

960. — Die Ureinwohner des Scandinavischen Nordens (aus dem Schw. übersetz). I. Das Bronzealter. Hamburg, O. Meissner, 1863. — Das Steinalter oder die Ureinwohner des Scand. Nord., nach dem Manuscript zur dritten Originalausgabe üb. von *J. Mestorf*. Hamburg, 1868. Ensemble 2 tomes en 1 vol. in-8. Nombr. grav. et planches. — Les habitants primitifs de la Scandinavie. Première partie. L'âge de la pierre, trad. du suédois. Paris, Reinwald, 1868. 1 vol. in-8, cart. (édit.).

* **Örnhjalm** (Claudi). Historiæ Sveonum Gothorumq́, Ecclesiasticæ Libri quatuor. Stockholmiæ Sveonum, e Typ. N. Wankiffwii, 1689. 1 vol. in-4.

961. **Petreius** (M. Nicolaus). Cimbrorum et Gothorum Origines, migrationes, bella atque coloniæ, libri Duobus, recensitæ. Nunc vero primum in lucem editæ. Lipsiæ, Ex off. John. Melch. Lieben, 1695. In-12, rel. mar. r., dos orn., double fil., dent. intér., tr. dor. (*Dupré*), avec front. gr.

962. — Die von Japhet herstammende Cimbrer oder Gründlicher und volkommener Bericht von der alten Cimbrischen und Gothischen Völcker... Leipzig, Joh. Melch. Liebe, 1699. In-12, rel. mar. rouge, dos orn., double fil., fleur., dent. int., tr. dor. (Dupré), *avec frontisp. gr. comme dans l'édit. latine.*

963. **Pomo** (Pietro). Saggi d'historia. Venetia, Sarzina, 1640. 2 parties en 1 vol. in-4, rel. parch.

964. **Potgieter** (E. J.). Het Noorden in omtrekken en tafelreelen. Amsterdam, Beijerinck, 1836-1840. 2 parties en 1 vol. in-8, rel. toile, non rogn., avec pl. lith.

965. **Rafn** (Carl Christian). Nordisk Kæmpe-historier efter Islandske Haandskrifter. Kjöbenhavn, Hos Hart. Frid. Popp, 1821-1826. 3 vol. in-12, d.-rel. veau.

966. **Reyser** (Rudolf). Om Nordmændenes Herkomst og Folke-Slægtskab. Christiana, Roshauw, 1843. — Nordmændes private Liv i Oldtiden. Christiania, Malling, 1867. Ensemble 2 vol. in-8 et in-4 rel. toile et cart.

967. Samlingar til det norske folks Sprog og Historie. Christiania, 1833-1839. 6 tomes en 3 vol. in-4.

<small>Tout ce qui a paru de cette importante collection de documents historiques publiée avec des notes dues principalement à J. C. Berg, R. Keyser, G. F. Lundh, G. Munthe, etc.</small>

968. Saxon Chronicles : Two of the Saxon Chronicles parallel with supplementary extracts from the others, edited with introduction notes and a glossarial index by *John Earle*. Oxford, Clarend. Press, 1865. 1 vol. in-8 avec fac-sim. rel. toile (édit.).

969. **Schiern** (Frederik). Historiske Studier. Kjöbenhavn, Iversen, 1856-1857. 2 tomes en 1 vol. in-8, d.-rel. chag. — Nyere Historiske Studier.

Kjøbenhavn, Schuboth, 1875-1879. 2 vol. grand in-8, d.-rel. chag., non rogn. — Origines et migrationes Cimbrorum. Hauniæ, B. Luno, 1842. — Bemærkninger angaaende de af Kong Sigurd Jorsalafarer paa Sophiekirken i Konstantinopel opsatte Dragefigurer. *S. l. n. d.* — En Oplysning om Oldtidens Kjendskab til Nilens Kildesøer. Kbhvn, 1866. — Om Oprindelsen til Sagnet om de Guldgravende Myrer. Kbhvn, B. Luno, 1873. Ensemble 4 plaq. in-8, rel. toile ou cart.

970. **Scott** (Charles Henry). The Danes and the Swedes. London, Longman, 1856. 1 vol. in-8 cart. (édit.).

971. **Sinclair** (Paul C.), of Copenhagen. History of Scandinavia from the early times of the Northmen, the Seakings and Vikings to the present day. First english edition. London, Russell, 1846. 1 vol. in-8.

972. **Sjöborg** (N. H.). Inledning til Kännedom af Fäderneslandets antiquiteter. Lund, 1797. — De i Danmark ådagalagde Bemödanden och vidtagne Författningar. Lund, 1813. — Uppgift på Fornlemningars Kännetecken. Stockholm, 1815. — Anteckningar om Medeltidens Andeliga Inrättningar och Brödraskap i Lund. Lund, 1819. Ensemble 4 plaq. in-12 rel. toile.

973. **Sperling** (O.). Boreas ejusq; laudes. Havniæ, 1707. 1 vol. in-8, rel. vélin.

Curieux éloge du vent du nord, qui amène l'auteur à traiter de l'origine des peuples gothiques.

974. **Steenstrup** (Johannes). Études préliminaires pour servir à l'histoire des Normands et de leurs invasions, avec une introduction de *E. de Beaurepaire*. Caen, Le Blanc-Hardel, 1880. 1 vol. in-8, rel. toile, couverture.

975. **Stiernhjelm** Georgi Stiernhielmi Anticluverius, sive Scriptum breve, Johanni Cluverio, Dantisco-Borusso oppositum : Gentis Gothicæ originem et Antiquiss. in Scandia vel Scandinavia Sedem vindicans. Holmiæ, Typ. H. Keysers, 1685. 1 vol. in-12, rel. vél.

Ouvrage posthume publié par les soins de *Johan Hadorphius*.

976. **Stobæus** (Andreas Petrus). Σχεδιάσμα. Historicum Scandinaviam ut gentium vaginam considerans. Lund, Berling, 1751. Plaq. petit in-4, rel. toile. — **Storm** (Gustaf). Norske Historieskrivere paa Kong Sverres Tid. Kjøbenhavn, 1871. — Slaget i Havrsfjord. *S. l.* (1880). — Havelok the Dane and the Norse King Olaf Kuaran. Christiania, 1879. — I Anledning af Hr. Johannes Steenstrups « Danske Kolonier i Flandern og Nederlandene i det 10de Aarhundrede ». Christiania, 1878. — Vikingetogenes tidligste udgangspunkter. Christiania, 1879. — Om Ynglingatal og de Norske Ynglingekonger i Danmark. Christiania, 1873. Ensemble 6 plaq. in-8, cart.

977. **Storm** (Gustaf). Kritiske Bidrag til Vikingetidens Historie (I. Ragnar Lodbrok og Gange-Rolv). Kristiania, Malling, 1878. 1 vol. in-8, rel. toile, non rogné (couverture).

978. **Strinnholm** (A. M.). Wikingszuge, Staatsverfassung und Sitten der alten Skandinavier. Aus dem Schwed von Dr C. F. Frisch. Hamburg, F. Perthes, 1839-1841. 2 tomes en 1 vol. in-8, rel. toile.

979. **Styffe** (Carl Gustaf). Bidrag till Skandinaviens Historia ur Utländska Archiver. Stockholm, Norstedt, 1859-1864. 2 tomes en 1 vol. in-8, rel. toile.

Recueil de documents s'arrêtant en 1448.

980. **Suhm** (P. F.) og **Schöning** (G.). Forsøg til Forbedringer i dem gamle Danske og Norske Historie. Kjøbenhavn, Møller, 1757. 1 vol. in-4, d.-rel. veau.

981. **Suhm** (P. F.). Om de Nordiske Folks ældste Oprindelse. Kiøbenhavn, Berling, 1770. 1 vol. in-4, rel. veau.

982. — Historie om de fra Norden udvandrede Folk. Kjøbenhavn, Berling, 1772-1773. 2 vol. in-4, rel. veau.

Très bon travail sur les émigrations du Nord.

983. **Tafel** (G. L. F.). Komnenen und Normannen. Beiträge zur Erforscherung ihrer Geschichte in verdeutschen und erläuterten Urkunden des zwölften und dreizehnten Jahrhunderts. Aus den Griechischen. Ulm, 1852. 1 vol. in-8, rel. toile.

984. **Turlerus** (Hieronymus). De migrationibus populorum septentrionalium, post deuictos à Mario Cimbros : & de Ruina Imperij Romani liber. Factus ex Italico sermone Latinus... Francof. ad. Mæn. apud Hæred. Christ. Ejenolphi. In-12, rel. vél.

985. **Van Bolhuis** (J. H.). De Noormannen in Nederland. Geschiedenis hunner Invallen gedurende de negende, tiende en elfde Eeuwen, met Opgave van derzelver Gevolgen, uit echte bronnen geput. Utrecht, van Paddenburg, 1834-1835. 2 tomes en 1 vol. in-8, rel. toile, non rogn.

986. **Verelius** (Olaus). Göthreks och Rolfs Westgötha Kongars Historia på Gammal Götska fordom beskrefwen, och nu med en ny uttolkning utgången Tryckt i Upsala af Hinrich Curio, 1664. 1 vol. petit in-8, rel. mar. pourpre, dos orné, fil., dent. int., tr. dor. (Chambolle-Duru), chiffre du comte Riant au dos, avec 48 pl. repr. des monuments runiques.

Rare. *Joh. Loccenius* a été l'éditeur de cet ouvrage, dont il y a, sous la même date, une édition avec titre en latin, plus commune que celle-ci.

987. **Vimina** (Alberto). Historia delle guerre civili di Polonia diuisa in cinque Libri, Progressi dell' armi moscovite contre Polacchi. Relatione della Moscovia, e Svelia, e loro gouerni... Venetia, Pinelli, 1671. In-4, rel. parch.

988. **Wassenberg** (Everh.). Everhardi Wassenbergii Embricensis, Commentariorum, de Bello, Inter invictiss. Imp. Ferdinandos II & III Et eorum hostes, præsertim Fredericum Palatinum, Gabrielem Bethlenum, Daniæ,

Sveciæ, Franciæ Reges Gesto, Liber singularis. *Editio secunda*, auctior et correctior. Francofurti, Typ. A. Hummii, 1639. 1 vol. in-12, rel. parch.

Piqûres de vers.

989. **Wassberg** (Carl Anton). Afhandling om Nordens Befolkning af Götherna, deras Hemseder, Kunskapswett och Religionsbruk, med ett Bihang om de Nordiska Göthernas märkwärdigaste Krigståg. Christianstad, Schmidt, 1843. 1 vol. in-12, d.-r. bas.

990. **Wheaton** (H.). Histoire des peuples du Nord. Edition revue et augmentée par l'auteur, avec cartes, inscriptions et alphabet runique, etc. Traduit de l'anglais par *Paul Guillot*. Paris, Marc Aurel, 1844. 1 vol. in-8, rel. toile.

991. **Weinhold** (Karl). Altnordisches Leben (avec une lith.). Berlin, Weidmann, 1856. 1 vol. in-8, rel. toile, non rogn., couvert.

992. **Williams**. Histoire des gouvernemens du Nord, ou De l'origine & des progrès du Gouvernement des Provinces-Unies, du Danemark, de la Suède, de la Russie & de la Pologne, jusqu'en 1777. Ouvr. trad. de l'Anglois. Amsterdam, 1780. 4 vol. in-12, rel. veau.

993. **Worsaæ** (J. J. A.). Om en forhistorisk, saakaldet « tydsk » Befolkning i Danmark. Kbhvn, Reitzel (1849). — Endnu nogle Bemærkninger angaaende den Norske Dronning Gunhildes formeentlig opdagede Liig. *S. l. n. d.* — Svar paa Prof. P. A. Munchs andet Stridsskrift om « Skandinavismen », med Bemærkninger af en « Islænder ». Kbhvn, Reitzel, 1849. — Om Forholdet mellem de Skandinaviske Folk i Oldtiden. Kbhvn, Reitzel (1844). 4 plaq. in-8, cart. — An Account of the Danes and Norwegians in England, Scotland and Ireland, with numerous wood-cuts. London, Murray, 1852. — Den Danske Erobring af England og Normandiet. Kjøbenhavn, Thiele, 1863. 2 vol. in-8; le 1er cart. (édit.), le 2e rel. toile, non rogn., couverture. — La colonisation de la Russie et du Nord scandinave, et leur plus ancien état de civilisation. Trad. par E. Beauvois. Copenhague, Thiele, 1875. 1 plaq. in-8, cart., couverture. Ensemble 7 vol. et plaq.

994. **Zeiller** (Martin). Neue Beschreibung der Königreiche Schweden unnd Gothen, auch dess Gross-Fürstenthums Finland, ein- und zugehöriger Landschafften, und derselben fürnemsten Stätt, und Plätze, Alles mit sonderem Fleiss, auss den alten und neuen Scribenten, und erlangten Berichten, kürzlich zusamen gebracht. Ulm, Balthasar Kühn. *S. d.* — Neue Beschreibung der Königreiche Dennemarck, unnd Norwegen... sambt Einer Vorrede, von den in den Historien, so hoch berühmten Normännern... Ulm, B. Kühn, 1648 2 tomes en 1 vol. petit in-8, rel. parch. — [**Zeiller** (Martin)]. Regnorum Sueciæ, Gothiæ, Magnique Ducatus Finlandiæ ut & Livoniæ, Bremensis Ducatus, Partis Pomeraniæ ad Suecos pertinentis, & Urbis Wismariæ, Descriptio nova. Iconibus præcipuarum civitatum adornata. Amstelodami, ap. Æg. Janssonivm Valckenier, 1656. 1 vol. in-12, rel. vél.

995. **Murray** (Joannes Philippus). Antiquitates septemtrionales et Britannicæ atque Hiberniæ inter se comparatæ. Comm. 1ª de religione disserens. Comm. 2ª de Imperio civili studiisque humanitatis disserens. — De re navali veterum septemtrionalium comm. — Descriptio terrarum septemtrionalium sæculis ix, x et xi ex idea Adami Bremensis... 4 dissertations en 3 plaquettes. In-4, rel. toile. (Extr. de la Comm. Soc. Gœtt.) — Biblioteca del popolo. Storia del popoli Scandinavi. Milano, Sonzogno, 1881. 1 plaq. in-32, cart., couverture. — **Jessen** (C. A. E.). Undersögelser til Nordisk Oldhistorie. Köbenhavn, Schwartz, 1862. Plaq. in-8, rel. toile, non rogn. — **Barlæus** (Caspar). Venus Cimbrica, sive Nuptiæ principis Christiani Daniæ et Norvegiæ Regis et principis Magdalenæ Sybillæ. Amsterdami, Guil. Blæu, 1634. Plaq. pet. fol. br. *Mouillures au bas des ff.* — **T. S. B.** [Bayer (Thomas Siegfried)]. De Varagis. *A la suite :* De Russorum prima expeditione Constantinopolitana *S. l. n. d. n. typ.* In-4, rel. toile, non rogn. — **Bergmanson** (Sveno). Disquisitiones ulteriores de vestigiis Hunicæ gentis, in plagis Europæ septentrionalibus. *Thèse.* Upsaliæ, Edman, 1794. Plaq. in-4, cart. — **Brandstäter** (Fr. A.). Scythica. Dissertatio academica. Königsberg, Bornträger, 1837. In-12, rel. toile. — **Helsingius** (Joh. G.). De originibus priscæ gentis Varegorum. Abo, 1734. Plaq. petit in-4, rel. toile. *Raccommodage au titre.* — **Leidesdorff**. De primis Scandinaviæ incolis, *dissertatio academica*. Gothenbourg (1842). 1 plaq. in-12, rel. toile — **Struve** (Aug. Guil.). De vera origine et epocha Hunnorum, Avarum, Hungarorum, in Pannonia, dissertatio. Lipsiæ, ex off. Lœperia, 1757, 9 febr. Plaq. petit in-4, cart. — **Thorlacius** (Birgerius). B. Thorlacii et Sebastiani Ciampii de septentrionalium Gentium antiquitatibus et litteris runicis Epistolæ. Mediolani, Sonzogno, 1827. 1 pl. — Undersøgelse over en i det 12ᵗᵉ Aarhundrede Skreven Islandsk Historie, Kaldet Fliotsdælernes, eller : Dropløgs Sønners, Helges og Grims Saga. Kjøbenhavn, Mandras, 1828. Ensemble 14 plaq. in-8 et in-12, cart., non rogn.

996. **Crollanza** (G. B.). Degli antichi Normanni, delle loro navi da guerra, e costumi di mare, e della loro tattica navale. Memoria storica. Fano, typ. Lana, 1857. Plaq. in-8, avec 1 pl., cart. — **Cronholm** (Abraham). Nordiska Wikingalifwets historiska betydelse. Lund, Berling, 1845. — De antiquissimis Scandinaviæ gentibus, Commentatio academ. Lond. Gothor., Berling, 1831. 2 plaq. petit in-4, rel. toile et in-12, cart. — **Eekman** (Petrus). Dissertatio de Gothorum e Scandia primis expeditionibus. Upsalis, Werner, 1708. In-12, rel. vél. *Raccomm. au titre.* — **Ferguson** (Robert). The northmen in Cumberland & Westmoreland. London, Longman, 1856. In-12, rel. toile (éditeur). — **Gronholm** (Abr.). Wäringarna. Historisk Undersökning. Lund, Gleerup, 1832. Petit in-8, rel. s. br. toile, non rogn. — **Kajerdt** (Robertus). De statu civitatis apud gentes Scandinaviæ antiquissimo, dissertatio historica. Lincopiæ, Tengzelius, 1862. Plaq. in-8, rel. toile. — **Körting** (Gustav). Wilhelm's von Poitiers « Gesta Guilelmi ducis Normannorum et regis Anglorum ». Ein Beitrag zur Anglo-Normannischen Historiographie. Dresden,

Blochmann und Sohn, 1875. Plaq. in-4, cart., non rogn. (couverture). — **Lauteschläger** (G.). Die Einfälle der Normänner in Teutschland. Darmstadt (1827). 1 plaq. in-4, cart. toile. — **Moller** (Arvid). Dissertatio de Warega, Wargon. Ed. sec. Wittenberg, Eichsfeld (1731). 1 plaq. in-4, cart. — **Stahl** (Carl. H.). De Normannis, Italiam occupantibus Dissert. Hist. Lund, Berling, 1826. Plaq. petit in-4, cart. Ensemble 11 vol. et plaq.

997. En meget smuk Historie om den ædle og tappre Tistran, en burgundisk Hertugsön, og den skjönne og dydige Indiane, kajserens, den store Moguls Datter af Indien. Kjbhvn, Thiele. Petit in-12, d.-rel. parch. — **Dittmer** (G. W.). Geschichte des Krieges der See- oder Wendische Städte mit Dänemark und Norwegen, in Folge der Cöllner Conföderation vom Jahre 1367 nach Urkunden verfasst. Lübeck, Dittmer, 1853. Plaq. in-8, rel. toile. — **Ekdahl** (N. J.). Den norska Frågans Historik. Stockholm, Thüngren, 1860. Plaq. in-12, cart. — Fortrolige Breve til en Ven, Skrevne fra Eidsvold i aaret 1814, af Et Medlem af Rigsforsamlingen. Christiania, Winther, 1830. In-12, rel. toile, non rogn. — **Ierrold** (W. Blanchard). A Brage-Beaker with the Swedes, or Notes from the North in 1852. London, Cooke, 1854. In-12, rel. toile, avec fig. et pl. — **Malling** (O.). Recueil de traits mémorables tirés de l'histoire de Danemark, de Norwège & de Holstein... traduit du danois par feu F. M. Mourier, orné de six estampes. Copenhague, Steinmann, 1794. 1 vol. in-12, rel. veau fauve. — Om Norske Kongers Hylding og kroning i ældre tid. Christiania, Jensen, 1873. Plaq. in-8, cart. — **Lavoix** (M.). Rapport sur une mission en Suède, en Norvège et en Danemark. Lille, Danel, s. d. 1 plaq. in-8, cart. — Nytt Förråd af äldre och nyare Handlingar rörande Nordiska Historien. Stockholm, Merckell, 1753. Petit in-4, cart, non rogn. — **Dunker** (B.). Om revision af Foreningsakten mellen Sverige og Norge. Kjöbenhavn, Gyldendal, 1866. — Flyveblade om Statholderposten. 2e édition. Christiania, Dahl, 1866. Ensemble 2 plaq. in-8, rel. toile. — Skandinaviens Historia under konungarne af Folkunga-Ätten. Stockholm, Granberg, 1818. 2 tomes en 1 vol. in-12, d.-rel. bas., non rogn. — Någre Påwelse Stemplingar Huru thesse try Rijken, Sweden, Danmark och Norige, skola kunna komma under Påwedömet igen : Nyliget på Latin Skrifne, them Danskom til en Warnagel, aff en Ditmarscher, *Jon Henrichson* aff Meldorp benemd, förswenskat aff *Joh. Burco*. Stockholm, Meurer, 1656. Plaq. in-12, rel. vél. — **Werlauff** (C. E.). Forsög til at oplyse og forklare Procops efterretninger om de Nordiske Lande. Kiöbenhavn, B. Luno, 1841. 1 plaq. in-4, d.-rel. veau, coins. — **Engelstoft** (L.). Om den Priis, Oldtidens Skandinaver satte paa legemsövelser, meest med hensyn til national opdragelsen. Kjöbenhavn, Christensen, 1801. Plaq. petit in-8, rel. toile. — **Feddersen** (Christian). Fünf Worte an die Nordfriesen. Flensburg, Jäger, 1845. Plaq. in-12, cart. — Förklaring af Svenska namn brukliga i äldre och nyare tider. Stockholm, Deleen, 1831. Plaq. petit in-4, d.-rel. mar. bleu, tr. dor. — **Lavollée**. Les ouvriers des États scandinaves. (Extrait du *Contem-*

porain.) S. l. n. d. 1 plaq. in-8, cart. *Le premier article seul.* — **Malmström** (C. G.). Flygblad i den Norska frågan. Upsala, Edquist, 1860. Plaq. in-12, cart. — **Wiberg** (C. F.). Der Einfluss der klassischen Völker auf den Norden durch den Handelsverkehr. Aus dem Schwedischen von *J. Mestorf.* Hamburg, Meissner, 1867. In-8, rel. toile, non rogn., avec 1 carte. Ensemble 20 vol. et plaq.

998. **Babelon** (Ernest). Du commerce des Arabes dans le Nord de l'Europe avant les Croisades. Paris, 1882. In-8, rel. toile (couverture). Extrait de l'*Athénée oriental.*—**Blank** (Otto). Die Scandinavische Industrie-Anstellung zu Stockholm, im Sommer 1866. Stockholm, Seligmann, 1866. Plaq. in-8, rel. toile, non rogn. — Det förste Nordiske Industrimöde den 8de-19de juli 1872. Kjöbenhavn, Gad, 1873. In-8, rel. toile. — **Gjös** (Johannes). Dissertatio acad. de commerciis veterum Rossorum. Abo Frenckell, 1770. Plaq. petit in-4, br. — Bref til en sin Wän öfwer Sweriges närwarande Foråhållande Angående Handelen uti Öster-Siön, til de af Czaren intagne Platzer. S. l. n. d. n. typ. Plaq. petit in-4, rel. toile. — **Gunnerus** (H. H.). Beskrivelse over Namsen Elv og Fiskum Foss i Norge. Kiöbenhavn, Kiöpping, 1811. Plaq. in-12, rel. toile. — Hafvets och Fiskarens Sagor, samt Spridda Drag ur Gotlands odlingssaga och Strandallmogens lif af *P. A. Säve.* Visby, 1880. — **Hambro** (C. F.). Manuel pratique du consulat, ouvrage consacré spécialement aux consuls de Suède et de Norvège. Christiania, Werner, 1863. In-12, rel. toile. — **Hjorth** (J.). German-English-Danish and English-German-Danish Tariff of the duties at Öresound and the Belts, according to a Manuscript in Danish. Copenhagen, B. Luno, 1842. 1 vol. in-8, cart. — L'industrie de la pêche en Norwège, par H. B. Traduit de l'allemand. Boulogne, Le Roy, 1876. In-8, rel. toile. — **Jörgensen** (B. S.). Om Törveforkulningen med specielt Hensyn til Danmark. S. l. n. d. n. typ. Plaq. in-4, avec 2 pl., rel. toile. — **Kvolsgaard** (C. M. C.). Fiskerliv i Vesterhanherred skildret i egnens mundart. Kjbnhvn, Thiele, 1886. Plaq. in-12, br.— **Modeer** (Adolph). Försök til an allmän Historia om Svea Rikes Handel. Stockholm, Lange, 1770. 2 parties en 1 vol. in-12, d.-rel. v. f. — **Pedersen** (Rudolph). Handelsforholdene og Handelspolitiken i Norden under Calmarunionen. Viborg, 1852. In-12, rel. toile. — **Rawert** (O. J.). Kongeriget Danmarks industrielle Forhold fra de ældste Tider indtil Begyndelsen af 1848. Kjøbenhavn, Høst, 1850. — Konungariket Sveriges industriella Tillstånd år 1847. Öfversättning. Stockholm, Bagg, 1849. Ensemble 2 vol. in-8, rel. toile et d.-rel. chag. — **Schröder** (Joh. Henr). Commerciorum primordia Suecos inter et Batavos. Upsaliæ, Reg. acad. Typ., 1850. Plaq. in-fol., d.-rel. chag. bl., coins. — **Sève** (Edouard). Le Nord industriel et commercial. Paris et Bruxelles, 1862. 3 tomes en 1 vol. in-8, rel. toile, non rogn., couvert. — **Sillén** (A. W. af). Svenska Handelns och Näringarnes Historia. Upsala, 1851-1871. 5 tomes en 1 vol. in-8, d.-rel. chag. — **Stenbeck** (Jöns). De meritis Scandianorum priscorum in commercia et navigationem. Lund, Berling, 1752. Plaq. petit in-4, rel. toile. — Utkast

til et Sjö-Lexicon, hvarutinnan de ord som egenteligen brukas wid ammiralitetet och til sjöss korteligen blifwa förklarade. Örebro, Lindh, 1765. Plaq. in-4, rel. toile verte, non rogn. — **Westerman** (Johan). Tal om Sveriges Utrikes Handel i Allmänhet och den Levantiska i synnerihet. Stockholm, Lars Salvius, 1770. 1 plaq. in-8, d.-rel. basane. Ensemble 21 vol. et plaq.

999. **Broch** (Dr O. J.). Le royaume de Norwège et le peuple norwégien. Rapport à l'Exposition univ. de Paris, 1878. Christiania, Malling, 1878. 2 tomes en 1 vol., rel. toile, non rogn., couvert., carte et pl. *Ex. provenant de la biblioth. de M. Michel Chasles.* — Les royaumes unis de Suède et Norwège à l'Exposition de Paris de 1855. Paris, Serrière. — Exposition de la Soc. danoise du travail domestique. Paris, Brière, 1878. Ensemble 2 plaq. petit in-8, rel. toile et cart. — Le Danemark à l'Exposition universelle de 1867, publié par la Commission danoise ; la partie historique, par *J. H. G. Valdemar-Schmidt.* Paris, Reinwald, 1867. 1 vol. in-8, rel. toile. — Exposition universelle de 1867. Notice sommaire sur l'Histoire du travail dans le royaume de Norwège. Paris, P. Dupont, 1867. 1 plaq. in-8, cart. — Norwegischer Special-Katalog der Weltausstellung 1873 in Wien. Christiania, Gundersen, 1873. 1 vol. in-8, rel. toile, non rogn., couverture. — Le Danemark à l'Exposit. univers. de 1878. Catalogue de l'Exposit. des Beaux-Arts. Paris, Plon, 1878. Plaq. in-12, cart. — **Lamarre** (Clovis), **Gourraigne** et **Berendzen**. Suède et Norwège et l'Exposition de 1878. Paris, Delagrave, 1878. Le Danemark et l'exposition de 1878. Paris, Delagrave, 1878. Ensemble 2 vol. in-12, rel. toile, non rogn. (couvert.). — **Af Petersens** (Hj.). Exposition universelle de 1878, à Paris. Royaume de Suède. Catalogue. Stockholm, 1878. 1 vol. in-8, rel. toile s. broch. — Le Danemark à l'Exposition universelle de 1878 à Paris, rédigé... par *C. Nyrop.* Copenhague, Nielsen, 1878. — La Norvège. Catalogue spécial pour l'Exposition universelle de Paris 1878. Christiania, Bentzen, 1878. Ensemble 12 vol. in-8.

XVII

Ordre de chevalerie. — Héraldique. — Noblesse.

1000. **Bang** (Jonas). Den hög-och Wälborna Wlfsparre-Ätten jemte någre Anmärkningar om des Namn och Wapn, Riddare-Orden, Personer och ämbeten samt Gods och Sätes-Gårdar, utur gamle skrifter och Handlingar. Stockholm, Kongl. Tryckeriet, 1741. In-fol., rel. vél.

1001. **Bethen** (Gabriel). Ordens-och Riddare-Historien. Stockholm, Carl Stolpe, 1770. 1 vol. petit in-4, avec titre gr. et 8 pl., d.-rel. bas.

1002. **Berlien** (J. H. Fr.). Der Elephanten-Orden und seine Ritter. Eine historische Abhandlung. Kopenhagen, Berling, 1846. 1 vol. in-8, cart., avec 10 pl.

1003. **Clement** (D^r). Ueber die dänischen Reichs-Symbol Elephant und Danebrog, ein paar bisher unbekannte aber nothwendig Materialien zu einer gründlichen Nachweisung des Ursprunges der Dän. Staats-Orden. Kopenhagen, Berling, 1840. Petit in-8, cart.

1004. Cum Deo! Sueo-Gothorum nobilitatem in omnem fere Europam derivatam, defendet..... *J. I. Iaches*, respondente *J. E. Rölefnick*. Wittenberg, I. Wilckius, 1679. 1 plaq. in-4, cart.

1005. Dannebrog Ridder-Ordens Statuter. 2 vol. petit in-fol., avec titre gr. et pl., rel. bas., tr. dor., plat orné de dent. et du chiffre royal de Christian V.

Un des volumes avec sceau attaché.

1006. Eyny Skick oc Ordning | Huorledis her effter holdis skal iblant Adelen, om Morgengaffue : Som bleff giort oc besluttet udi Anderskow, den 18. octobris. Anno 1577. Prentet i Kjøbenhaffn, aff Laurentz Benedicht, 1583. Plaq. petit in-4, 4 ffnc., rel. vél. bl.

Plaquette peu commune.

1007. **Hertzholm** (Ivar). Breviarium equestrum, seu de illustrissimo et inclytissimo equestri ordine Elephantino, ejusq; Origine, progressu, ac splendore hodierno tractatus. Havniæ, Reg. typ., 1704. In-fol., rel. bas., avec portr. et fig. dans le texte et 14 pl. hors texte.

Ex. très grand de marges.

1008. **Humerus** (M. Bonde) & **Jacobi** (Joh. Dav.). Stemma Sveonum in Cœlo heraldico. Ienæ, Bauhofer, 1691. Plaq. petit in-4, br.

1009. **Klerenfeld** (T. de). Nobilitas Daniæ ex monumentis. *S. l. n. d. n. typ.* Pl. in-4, rel. toile, de 14 pl. gravées et représentant des pierres **tombales**.

1010. Lexicon over adelige familier i Danmark, Norge og Hertugdømene. Kjøbenhavn, *s. d.* 2 tomes en 1 vol. in-4, d.-rel. bas.

Intéressant ouvrage avec 63-45 planches d'armoiries.

1011. *Le même*, d.-rel. mar. rouge, non rogn.

Une partie de cet exempl. paraît réimprimée.

1012. **Münter** (Dr Frederick). Recherches sur l'origine des Ordres de Chevalerie du Royaume de Dannemarc. Copenhague, Seidelin, 1822. 1 vol. in-8, rel. toile, non rogn. — Undersögelser om de Danske Ridderordeners Oprindelse. Kjöbenhavn, Seidelin, 1822. Petit in-8, rel. veau éc., fil. (3 pl.).

Recherches sur l'origine des ordres danois de chevalerie.

1013. **Wohlfrom** (Christian). Samling over Riddere af Elephant- og Dannebrogs-Orden fra Anno 1660 til 1757. Kiöbenhavn, Th. Larsen Borup, 1757. 1 vol. in-4, rel. basane (anc. rel. danoise).

Quelques feuillets légèrement tachés.
Notre exemplaire contient les portraits des rois de Danemark, gravés par Haas.

ORDRE DE CHEVALERIE — HÉRALDIQUE — NOBLESSE

1014. Anrep (Gabriel). Svenska Adelns Ättar-Taflor. Stockholm, Norstedt & söner, 1858-62. 3 vol. grand in-8, d.-rel. veau brun, tête peigne, non rogn., couverture.

1015. Boneauschiöld (Gust.). Sweriges Rikes Ridderskaps och Adels Wapenbok. Stockholm, Salvius, 1746. 1 vol. in-fol., d.-rel. bas., avec 1 frontisp.

Important ouvrage contenant 1.867 blasons.

1016. Kongl. Maj. Nådiga Förordning, angående Trenne Riddare-Orden Gifwen Stockholm i Råd-Cammaren then 23 februarii 1748. Stockholm, Kongl. Tryck. Plaq. petit in-fol., avec 4 pl., rel. vél. — **Schützercrantz** (Ad.). Kongl. Svenska Riddare Ordnarnes Drägter. Stockholm, Gjöthström och Magnusson. Petit in-fol., d.-rel., avec titre et 8 pl. coloriées représentant les costumes des chevaliers des divers ordres suédois. — **Rosenstierna** (H.). De ordinum equestrium in Suecia, usu antiquo et hodierno. (Diss. acad.) Upsala, 1768. 1 plaq. in-4, rel. toile.

1017. Theatrum nobilitatis svecanæ. Ex quo genvinam et omnimodam regvm, dvcvm, comitvm, baronvm, eqvitvm, et qvorvmlibet generosæ prosapiæ magnatvm, qui ab ipso fermè regni Svecici Gothiciq́; illic extiterunt primordio..... Holmiæ Suecorum, typis Christopheri Revsneri,..... 1616. 1 vol. in-fol., rel. veau f., 4 ffnc., 152 pp., 1 fnc.

Ouvrage rare, divisé en 2 parties. La première (pp. 1-103) donne les généalogies des familles nobles de Suède. La deuxième (pp. 104-152) a pour titre : Paraphrasis in theatrum nobilitatis suecanæ.

1018. Af Tibell (G. W.). Seraphimer Ordens Historia. Första Tidehvarfvet ifrån År 1285 till År 1748. Stockholm, 1826. 1 vol. in-4, d.-rel. veau, coins.

1019. Uggla (Carl). Inledning til Heraldiken. Stockholm, Nyström, 1766 (avec XIII planches d'armoiries). — Afhandling om Swea Rikes urgamla och heraldiske Anmärkningar. Stockholm, Kongl. Tryck, 1760. Ensemble 2 vol., cart. et rel. soie, tr. dor. (fatigué).

1020. Worsaae (J. J. A.). Om Danebrog. Kjöbenhavn, Thiele, 1849. 1 plaq. in-8, rel. toile. — De Kongelige Ridder-Ordeners Kapitul de Danske Ridder-Ordener, og Dannebrogsmændene, 1813. Plaq. in-4, cart., non rogn. *Ex. grand de marges. Liste des chevaliers de l'Ordre de Danebrog de 1808 à 1813.* — **Gioe** (Marcus Falchsen). Beretning om den ypperlige Kongl. Danske Ridder-Orden kaldet af Elephanten forestillet udi En ziirlig Tale holden paa Friderichsborgs slot Anno 1694 den 4 julii. Kiöbenhavn, Torf, 1721. Plaq. in-12, cart. — **Werlauff** (E. C.). Om Stiftelsen af en Ridder-Orden for Norge 1747 samt Oplysninger til Elephantordenens Historie. Christiania, Jensen, 1859. 1 plaq. in-8, rel. toile. — **Baden** (Gust. Ludvig). Recensionen af H^r Biskop Dr *Münter*'s Undersögelser om de danske Ridderordener Oprindelse. Kiöbenhavn, 1822. — Til Hr. F. v. Moltke om

vor Danske Histories Fader Saxo Grammaticus. Odense, 1809. 2 plaq. in-12, cart., non rogn. — Statuter for den Kongelige Norske Sanct Olafs Orden. Christiania, Fabritius, 1847. Plaq. grand in-4, rel. toile, non rogn., avec 2 pl. en couleur. — **Hildebrand** (Hans). Heraldiska studier. Stockholm, Hæggström, s. d. (1883?). In-8, rel. toile, avec fig. — **Bovallius** (Rob. Maur.). De institutione nobilium in patria sæculo XVII ex actis publicis. Dissertatio Academica. Upsaliæ, Wahlström, 1842. Plaq. in-4, rel. toile.

XVIII

Danemark. — Généralités et histoire des villes.

1021. Aarberetninger fra det Kongelige Geheimearchiv indeholdende Bidrag til Dansk Historie af Utrykte Kilder. Udgivne af *C. F. Wegener* Kjöbenhavn, Reitzel, 1852-1865. 3 vol. in-4, d.-rel. toile.

1022. Abhandlungen (Historiche) der Königl. Gesellschaft der Wissenschaften zu Kopenhagen, aus dem Dänischen übersetzt, u. zum Theil mit Vermehrungen und Verbesserungen ihrer Verfasser, auch einigen eigenen Anmerkungen hsg. v. *Valentin Aug. Heinze*. Kiel, 1782-1799. 8 tomes en 4 vol. in-8, rel. toile, non rogn.

1023. Aktstykker for største Delen hidtil utrykte til Oplysning især af Danmarks indre Forhold i ældre Tid. Odense, Tempel, 1841-1845. 2 vol. in-4, d.-rel. veau rouge, tr. dor. et cart.

1024. Aktstykker vedkommende Staden og Stiftet Aarhus, samlede og udgivne ved Dr *J. R. Hüberts*. Kjøbenhavn, Schubothe, 1845. 3 tomes en 1 vol., d.-rel. mar. rouge, tr. limac.

1025. **Allen** (C. F.). Haandbog i Fædrelandets historie med stadigt Hemblik paa folkets og Statens indre Udvikling. *4º édition, corrigée*. Kjöbenhavn, Reitzel, 1849. 1 vol. in-8, d.-rel. bas.

1026. **Ancher** (P. Kofod). Om gamle Danske Gilder og deres Undergang. Copenhague, Gyldendal, 1780. 1 vol. in-12, d.-rel. bas.

1027. **Andersen** (Carl). Rosenborg. Notes on the Chronological collection of the danish Kings. Translated by *Charles Shaw*. With the original danish Edition. Copenhagen, Thiele, 1868. 1 vol. in-4, rel. toile (couverture), fig. sur bois.

1028. **Annilo** (Orosius). Orosij Annilonis dissertatio De Bello Dano Anglico. Deq; dissensionum inter geminos populos, contentionumq; causis. Imprimis autem. De iniquitate Anglici Scripti, quo, in denuntianda hostilitate, & gentinum perpetuas consvetudines; & supremam per orbem Majestatem,

violarunt. Ad exemplum Parisiis impressum. *S. l. n. d. n. typ.* 1 vol. petit in-4, rel. veau.

Exemplaire en grand papier.

1029. Apologia nobilitatis Danicæ contra Larvatum illum Franciscum Irenæum & Propudiosum illum Holophantam Johannem Bunonem, Hist. prof. in ill. Gym. Luneburgensi, aliosq; Nobilitatis infensissimos hostes, Autore *Olao Rosencrantio*, Toparca & Barone de Egholm, Domino de Engaard, &c. *S. l.*, anno 1681. 1 vol. in-4, rel. vél.

Bon exemplaire d'un ouvrage curieux.

1030. **Arnas** (Magnæus). Diplomatorium Arna. Magnæanum exhibens monumenta diplomatica quæ collegit et universitati Havniensi testamento reliquit Arnas Magnæus, historiam atque jura Daniæ, Norvegiæ ...illustrantia. Edidit *G. J. Thorkelin*. Havniæ, Thiele, 1786. 2 tomes en 1 vol. in-4, d.-rel. v. éc.

1031. **Baden** (Gustav Ludvig). Danmarcks Riges Historie. Kjöbenhavn, Schubothe, 1829-1832. 5 vol. in-12, rel. toile v.

1032. **Baggesen** (August von). Der Dänische Staat oder das Königreich Dänemark mit dessen Uebenländern und den Herzogthümern Schleswig, Holstein und Lauenburg. Kopenhagen, Reitzel, 1845-1847. 2 vol. in-8, d.-rel. toile v.

1033. **Becker** (T. A.). De ældste danske Archivregistratur udgivne efter Beslutning af det Kongel. Danske Selskab for Fædrelandets Histor. og Sprog. efter Originaler i Geheimearchivet. Kjöbenhavn, Schultze, 1854. 3 tomes en 1 gros vol. in-8, d.-rel. veau brun, non rogn. (couvertures).

1034. **Behrmann** (H.). Grundrids til Roeskilde Domkirkes og dens Monumenters og andre Mærkværdigheders Historie og Beskrivelse. Kiöbenhavn, Møller, 1832. Petit in-8, rel. toile, non rogn., avec 5 pl. grav. sur cuivre.

1035. **Bering** (Vitus). Florus Danicus. Otthiniæ, impressus est a Christiano Schrödero. Anno 1698. 1 vol. fol., rel. bas., avec un grand portr. de Bering.

Livre rare. Edition originale de ce bon ouvrage. L'exécution en est fort soignée, tant au point de vue du papier que de l'impression. Les lettrines-capitales sont d'une grandeur inusitée et gravées sur cuivre. Ce livre a été exécuté à Odense dans l'imprimerie particulière que *Thomas Kingov*, évêque de Fionie, avait installée chez lui.

Ni Brunet, ni Græsse ne parlent de ce livre, comme d'ailleurs de beaucoup d'autres.

Piqûres de vers aux premiers ff.

1036. — Florus Danicus, sive Danicarum rerum a primordio regni ad tempora usqve Christiani I. Oldenburgici Breviarium. Hauniæ, apud Hieronymum Christ. Paulli, 1709. 1 vol. in-fol., rel. est. peau de truie, avec fermoirs.

Cette édition est la même que celle d'Odense 1698 ci-dessus. Le titre seul est nouveau et il n'y a pas de portrait. Cette édition est aussi *rare* que l'autre.

1037. **Beuther von Carlstatt** (Michael). Kurtz begriffene anzeigung, vom Leben und Wesen der Durchleuchtigsten Grossmächtigen Könige zu Dånemark, Sueden, Nordwagen, etc. Welche aus dem Vralten, vnd vom Sächischen Könige Witkinden herkommenen Oldenburgischem Grauen Stamme, zu Königlicher Hoheyte erhaben worden... Getruckt zu Basel, bey Conrad Waldkirch, 1587. Plaq. in-fol., 80 pp., 1 fnc. orné de portr. des rois de Danemark et des Rantzau.

1038. **Bircherod** — Uddrag af Biskop Jens — Historisk-biographiske Dagbøger for Aarene 1658-1708. Udgivne ved *Christian Molbech*. Kjöbenhavn, Bianco Luno, 1846. 1 vol. in-12, d.-rel. veau.

1039. BORNHOLM : **Hübertz** (J. N.). Aktstykker til Bornholms Historie, 1327-1621. Kjöbenhavn, Gyldendal, 1852. 1 vol. in-12, rel. toile, non rogn. — **Rawert**. Bornholm beskreven paa en Reise i Aaret 1815. Kiöbenhavn, Schubothe, 1819. 1 vol. in-12, avec 1 cart., d.-rel. veau rac. — **Ørsted** (H. C.) et **Esmarch** (L.). Beretning om en Undersøgelse over Bornholms Mineralrige, udført 1819 efter Kongelig Befalning gjennem Rentekammeret. Kjøbenhavn, 1820. 1 vol. in-8, cart.

1040. **Bosworth** (J.). The Origin of the Danish, and an abstract of Scandinavian literature, with Short Chronological Specimens of Old Danish, Icelandic, Norwegian, Swedish, and a notice of the Dalecarlian and Ferroe dialects. London, Longman, 1836. Plaq. in-8, rel. toile.

1041. **Bradt** (Joh. Gotfred). Monumenta Fredensburga iussu Friderici V. erecta. *S. l. n. typ.*, 1765. Grand in-fol., rel. toile, avec titre gr. et 36 pl.

1042. **Brasch** (Chr. H.). Bemmetoftes Historie som Herregaard, Slot, og Kloster. Kjöbenhavn, Thiele, 1859-1863. 3 tomes en 1 vol. gr. in-8, avec pl., rel. toile, non rogn.

1043. **Brönsted**. Bidrag til den Danske Historie af Udenlandsk Manuscriptsamlinger. Kjöbenhavn, Schultz, 1817-1818. 2 tomes in-12, cart.

1044. **Catteau** (Jean-Pierre). Tableau des États danois, envisagés sous le rapport du mécanisme social. Paris, Treuttel et Wurtz, 1802. 3 vol. petit in-8, d.-rel. bas., non rogn., avec 1 carte.

1045. Conciones quæ in tribus diebus publicarum precationum, 16. 17. 18. Martij anno 1597, Ecclesiis Daniæ et Norvagiæ proponentur. Hafniæ, Impr. Matth. Vinitor, 1597. Petit in-12, rel. vél.

1046. COPENHAGUE : **Bering** (Vitus). Obsidio Hafniensis, & eorum quæ, eâ durante per septentrionem fere omnem, ad memoriam illustria contigere stricta enarratio. Anno 1676. *S. l. n. typ.* Petit in-4, d.-rel. bas. noire, non rogn. — Memoria Hafniæ oder Kurtz-gefaste Beschreibung der Kön. Danischen Haupt- und Residenzstadt Copenhagen in 1724. 1729, *s. l. n. typ.* Plaq. in-4, d.-rel. bas. — **Pontoppidan** (Erik). Origines Hafnienses eller den Kongelige Resi-

dents-Stad. Kiøbenhavn, Forestilled i sin Oprindelige Tilstand... Kiøbenhavn, 1760. 1 vol. in-4, d.-rel. veau écaille, avec un plan de la ville. — **Thaarup** (Fred.). Kjøbenhavn og Omegn. Kjøbenhavn, Brummer, 1826. 1 vol. in-32, cart. — **Fyhn** (Jens Jørgen). Efterretninger om Kjöbenstaden Kolding. Kjöbenhavn, Listo, 1848. 1 vol. in-8, avec 12 pl. lith., d.-rel. bas.

1047. **Dahlmann** (F. C.). Geschichte von Dänemark. Hamburg, Perthes, 1840-1843. 3 vol. petit in-8, d.-rel. bas.

1048. **Des Roches** (J.-B.). Histoire de Dannemarc avant et depuis l'établissement de la monarchie. Amsterdam, Jansons a Wæsberge, 1730. 6 vol. in-12, d.-rel. veau.

1049. **Fabricius** (A.). Illustreret Danmarks historie for Folket. Kjöbenhavn, Thiele, 1854-1855. 2 tomes en 1 vol. grand in-8, *avec nombr. fig.*, d.-rel. chag. br.

1050. **Forester** (Thomas). Norway in 1848 and 1849 containing Rambles among the fjelds and fjords of the Central and Western districts... London, Longman, 1850. 1 vol. in-8, d.-rel. toile (édit.), avec fig. et pl. en couleurs. — Rambles in Norway among the fjelds and fjords of the Central and Western districts. London, Longman, 1855. In-12, rel. toile, édit.

1051. Gamle Danske Minder, eller Skildringer, Fortællinger og Sagn om Danmarks Byer, Kirker og Klostre, Kongeborge og Slotte, Herregaarde samt mindeværdige Steder i ældre Tider. Samlede og udgivne of *H. Bruun*. Kjøbenhavn, Pio, 1869. 3 vol. in-12, d.-rel. c.

1052. Den Gammel-Danske Rimkrönike fra Sorø-Kloster. *10° édition.* København, Tengnagel, 1841. In-12 (form. agenda), rel. toile. *Déchir. à une page. L'éditeur est* Chr. Sigfr. Ley. — **Gad** (Marius). Udtog af Kongeriget Danmarks Statistik. Kjöbenhavn, Gad, 1867. Plaq. petit in-8, rel. toile.

1053. **Garde** (H. G.). Den danske-norske Sömagts Historie 1700-1814. Kjøbenhavn, Schubothe, 1852, *avec pl.* — Den Danske-Norske Sömagts Historie 1535-1700. Kjobenhavn, Bianco Luno, 1861. Ensemble 1 vol. in-8, rel. toile, non rogn.

1054. **Godefroy** (Jules). Economie rurale du Danemark. Mémoires adressés par la Soc. royale de l'agriculture du Danemark au Congrès internat. de l'agriculture. Paris, 1878. In-8, cart.

1055. **Grund** (Johann Gottfried). Afbildung af Nordmands-Dalen, i den Kongelige Lyst-Hauge ved Fredensborg. Kjöbenhavn, Möller, 1773. In-fol. rel. v. f., avec 17 planches.

Texte danois et allemand.

1056. **Hammer** (Christopher). Sammel-Beskrivelse om Hammer Bye paa Hedemarken. Christiania, Schwach, 1774. Plaq. in-12, cart. — **Hagerup** (Mathias). Point de vue sur le rapport politique entre le Danemark et la Suède

sous le règne des rois de la Maison d'Oldenbourg. Kopenhague, Steinmann, 1795. Petit in-8, d.-rel. bas. — **Hagström** (Joh. Otto). Jemtlands Œconomiska Beskrifning eller Känning i akt tagen på en Resa om Sommaren 1749. Stockholm, Merckell, 1751. — Hälsinga Hushåldning i Korthet författad af *Pehr Schissler*, 1749. Un vol. in-12, d.-rel. bas.

1057. **Hansen** (Th.). Sorö, en Fremstilling og Beskrivelse af Klostret, Academiet, Kirkens Læreanstalten og Sorö nærmeste Omegn, med en historisk Indledning. Kiöbenhavn, Thiele, 1883. In-8, avec portr., fig. et 1 carte.

1058. **Hersleb** (H. C.) et **Munck** (M.). Fortegnelse over de udi Kiöbenhavns Raadstues archiv bevarede gamle og vigtigste Documenter, indeholdende Kongel. Privilegier og Benaadinger, Residents-Staden Kiöbenhavn og dens Magistrat allernaadigst givne... Kiöbenhavn, Möller, 1786. In-fol., rel. bas.

1059. **Holberg** (Ludwig von). Dänische Reichs-Historie ins Deutsche übersetzt. Flensburg und Lpzg, Korte, 1757. 3 vol. in-4, d.-rel. bas., avec un très beau portr. de Holberg, gr. d'après *Roselius*, par *Bernigeroth*.

1060. **Jahn** (F. H.). Almindelig Udsigt over især Danmarks Krigsvæsen i Middelalderen indtil Krudtets Anvendelse i de Nordiske Krige. Kjöbenhavn, Popp, 1825. 1 vol. in-12, rel. toile, non rogn., avec 5 pl.

1061. **Jensen** (Chr. B.). Provincial-Lexicon over Danmark. Förste deel indeholdende Sjellands, Fyens, Laalands-Falsters og Nörrejyllands Stifter. Odense, Hempel, 1830. Anhang... Horsens, Fogh, 1831. Ensemble 1 vol. in-12, xxxii-583 (1) pp. et 62 pp. pour le supplément.

Tout ce qui a paru.

1062. **Knudsen** (H.). En gammel Krönike om Graabrödrenes Udjagelse af deres klostre i Danmark, Meddeelt med oplysende Anmærkninger. Kjöbenhavn, Qvist, 1851. — Danmark i Middelalderen. En Geografisk-statistisk Undersøgelse. Kjöbenhavn, Thiele, 1834. 2 plaq. in-8, rel. toile, non rogn. — **Koldingens** (Ionas). Daniæ descriptio nova, insularum ac partium præcipuarum, huius plagæ arcticæ theatrum repræsentans. Francof. ad. Mœn., Ioann. Feyerabendt, s. d. 1 vol. in-12, rel. veau, avec 1 portr. de Christian IV.

En mauvais état.

1063. **Krohne** (Joh. Wilh. von). Dännemarks beständige Unabhängigkeit, oder gründlicher Beweis, dass Dännemark niemals dem Deutschen Reiche unterwürfig oder zinsbar gewesen sey..... Hamburg, Bock, 1777. 1 vol. in-8, cart., avec frontisp. et tableaux. — Kort chronologisk Beskrivelse over Kongsberg-Sølvverk, fra dets første Oprindelse til nærværende Tid. Kiøbenhavn, Gyldendal, 1782. Plaq. in-12, rel. toile, non rogn. — **Lahde** (G. L.). Der Brand in Kopenhagen den 5, 6 und 7ten junij, 1795. *S. l. n. d. n. typ.* Plaq. in-4, avec 5 planches, rel. toile, non rogn.

1064. **Lami** (P.). Résumé de l'histoire du Danemarck. Paris, Lecointe et Durey, 1824. Petit in-12, rel. toile. — **Mallet**. Histoire de Dannemarc. Copenhague, Philibert, 1758-1765. 2 vol. in-4, rel. veau éc. *Bel exemplaire*. — **Marie-Anne-Catherine**. Les fiancés du Danemark. Paris, Téqui, 1878. 1 vol. in-12, rel. toile.

1065. **Moller** (Jean). Isagoge ad Historiam Chersonesi Cimbricæ chorographicam, naturalem,.... Hamburg, Liebezeit, 1691. 1 vol. in-12, rel. vélin.

1066. **Monrad** (D. G.). Gjengangeren, indeholdende Bidrag til den nyeste Tids Historie. Kjöbenhavn, B. Luno, 1844. In-12, cart.
Mouillures.

1067. **Munch-Rœder**. Den norske Statsforfalnings Historie og Væsen. Kjöbenhavn, Høst, 1841. 1 vol. in-8, rel. toile, non rogn.

1068. Några Blad om Danska Statens nutid och framtid. Stockholm, Norman, 1864. Petit in-8, rel. toile, non rogn. — **Norrmann** (C. R.). De pugna Bravallensi fragmentum Gothicum... Gryphiœ, Kunike (1815). 1 plaq. in-4, rel. toile, portant l'ex-libris de Th. Karajan et prov. de sa vente.

1069. **Nyerup** (Rasmus). Almindelig Morskabslæsning i Danmark og Norge igjennem Aarhundreder. Kjøbenhavn, Thiele, 1816. 1 vol. in-8, rel. toile.

1070. ODENSE : **Mumme** (H. P.). Bidrag til Odense Byes Historie. Odense, Hempel, 1857. — St Knuds Kirke i Odense, dens Bygning, Monumenter og andre Märkeligheder. En historisk Beskrivelse. Odense, Hempel, 1844. 6 pl. Ensemble 2 vol. in-8, cart. et rel. toile, non rogn. — Prosten i Odense Herr Michaels tre danske Riimværker fra A. 1496 : om jomfru Mariæ Rosenkrands, om skabelsen, og om det menneskelige Levnet. Udg. med oplysn. og ordforkl. af *Chr. Molbech*. Kiöbenhavn, Seidelin, 1836. — **Simonsen** (Vedel). Bidrag til Odense Byes ældre Historie. Odense, 1842-1844. 3 tomes en 1 vol. in-12, rel. toile.

1071. **Olufsen** (Chr.). Collectanea til et antiquarisk-topographisk Lexicon over Danmark. Kjøbenhavn, Schultz, 1829. 1 vol. in-12, rel. bas. — Bidrag til Oplysning om Danmarks indvortes fortfatning i de ældre tider, især i det trettende aarhundrede. (Extr. des « Sel. hist. og philosoph. », 1821.)

1072. **Palladius** (Petrus). En Visitats Bog, indeholdende en Vdførlig Beskriffning paa den Visitation, som bleff holden vdi alle sogne kircker J Sielands Stict, Besinderlige paa Landsbyerne..... M.D.X.L. Prentet i Københaffn, 1872. In-12, d.-rel. bas.

1073. **Paludan** (P.). Beskrivelse over Staden Kallundborg tilligimed *Hans Jakob Paludans* Levnetsbeskrivelse. Kiøbenhavn, Popp, 1788. 1 vol. in-8, rel. toile.

1074. **Paludan-Müller** (J.). Gullands Forhold til Danmark og Sverrig i det

14., 15. og 16. Aarhundrede. Udgivet af Dr *C. Paludan-Müller*. Kjöbenhavn, Gad, 1865. 1 vol. in-8, rel. toile.

1075. **Petersen** (Henry). Skjoldefrisen i Sorø kirke. Et kritisk Bidrag til Dansk Heraldik. Kjøbenhavn, Thiele, 1883. — En Relikvie af Roskilde Domkirkes skytshelgen, den Hellige Pave Lucius, af *H. Petersen*. Kjøbenhavn, Thiele, 1875. — Hellig Olafsmaleriet i Vallensbæk kirke, 1871. 3 plaq. in-4 et in-8, rel. toile, non rogn. (couvert.), avec fig. — Φιλαληθους (Α.). Ἱστορια της Δανιμαρκιας της γεννητορος γης και των προγονων του Σεβαστου και χαριεστατου ἡμῶν Ἄνακτος Γεοργιου Χριστιανου του α. Κωνσταντινουπολει, τυπογρ. Ἰγνατιαλου, 1864. Plaq. in-8, rel. toile, fil. Ensemble 4 plaq.

1076. Politischer Discurs von des Königs in Dennemarck und des Niedersächsischen Crayses Kriegsverfassung. *S. l. n. typ.*, 1626. Petit in-4, rel. toile.

1077. **Pontanus** (Joh. Isacius). Rerum Danicarum historia libri X unoque tomo ad Domum usque Oldenburgicam deducta. Accedit Chorographia regni Daniæ. Amstelodami, sumpt. Ioann. Janssonij, 1631. 1 vol. in-fol., rel. vél., titre gr.

1078. **Pontoppidan** (Erik). Den Danske Atlas; eller Konge-Riget Dannemark... Kiøbenhavn, 1763-1781. 7 tomes en 8 vol., rel. veau gauf., avec cartes et fig.

Les quatre derniers volumes ont été publiés d'après ses papiers par son beau-frère, *Hans de Hofman*.

1079. [—] Gesta et Vestigia Danorum extra Daniam, præcipue in Oriente, Italiâ, Hispaniâ, Galliâ, Angliâ, Scotiâ, Hiberniâ, Belgio, Germaniâ et Sclavoniâ, maximam partem ipsis Scriptoribus, non exoticorum minus quam domesticorum, verbis adumbrata. Lipsiæ et Havniæ, 1740-1741. 3 tomes en 1 vol. in-8, rel. vélin.

Bon exemplaire d'un des meilleurs ouvrages de Pontoppidan.

1080. — Gesta et Vestigia Danorum extra Daniam, præcipue in Oriente, Italia, Hispania, Gallia, Anglia, Scotia, Hibernia, Belgio, Germania et Sclavonia..... Lipsiæ et Havniæ, sumpt. Jocobi Preussii, 1740-1741 (tome 1 et 2 seulement). 2 vol. in-8, rel. vél., avec portr.

Ex. en très grand papier.

1081. — Theatrum Daniæ veteris et modernæ. Bremen, Jäger, 1730. 2 tomes en 1 vol. in-4, rel. veau.

1082. **Ræder** (J. G. F.). Danmark under Svend Estridsen og hans Sønner. Kjøbenhavn, Hagerup, 1871. 1 vol. in-8, rel. toile, ébarbé (couverture).

1083. **Rasbech** (J. P.). Frederiksborg Slots Beskrivelse. Kjöbenhavn, Møller, 1832. 1 vol. in-12, cart.

1084. **Reedtz** (H. C. de). Répertoire historique et chronologique des traités

conclus par la couronne de Dannemarc, depuis Canut le Grand jusqu'à 1800, précédé d'un discours préliminaire de M. le Cons. d'Etat *Engelstoft.* Gottingue, Dieterich, 1826. 1 vol. in-8, rel. veau.

1085. Reponce || a || une deduction presentée || Par Mr. De Bonrepos || à la Cour de Danemark || Par laquelle il prétend prouver || que || Sur les Conditions offertes par la || France, le repos peut être réta-||bly dans la Chrêtienté, sur un || pied juste, raisonnable, & de durée.||..... Par l'auteur du Salut de l'Europe. A Cologne, || chez Guillaume Frappefort, || l'enseigne de la bonne Paix. 1695. (*Hollande*). In-12, cart., ébarbé.

Pamphlet dirigé contre Louis XIV et dont l'auteur n'est pas connu. *Le Salut de l'Europe considéré dans un état de crise* est une pièce fort rare, qui porte comme nom d'auteur : *M. de Rebenac.* C'est un nom supposé. Nous avons cherché vainement ces pamphlets, qui semblent être restés inconnus aux bibliographes.

1086. **Reyersen** (Andreas). Beskrivelse over St. Bendts Kirke i Ringsted. Kjøbenhavn, 1779. 1 plaq. in-4, cart.

1087. Reykjaholts-Máldagi. Det originale pergaments-dokument over Reykjaholt kirkegods og- inventarium i 12. og 13 årh., litografisk gengivet, samt udförlig fortolket og oplyst. Köbenhavn, Möller, 1885. Plaq. in-4, d.-rel. chag. n., coins, tête dor., non rogn., avec 1 fac-sim.

1088. **Reventlor** (Det.). De nexu fœderum inter Imperium Romano-Germanicum et Regnum Daniæ. Lipsiæ, Breitkopf (1735). 1 plaq. in-4, cart.

1089. **Riegels** (N. D.). Smaa historiske Skrifter. Kjøbenhavn, Soldin, 1796-1798. 3 vol. in-12, d.-rel. bas.

1090. **Sadolinus** (Georgius). De regibus Daniæ Iohannis Georgii Sadolini Vibergii Epigrammaton liber unus, qui regum Danicorum chorus inscribitur. Ad calcem libri addita sunt insignia regum Daniæ, eodem autore, illustrata. Hafniæ, Exc. Laurentius Benedictus, Ao 1569. 1 vol. in-4, rel. vélin.

Au verso du titre, un portrait du roi Frédéric II de Danemark, gravé en 1567.

1091. Samling af Adkomster, Indtægtsangivelser og Kirkelige Vedtæger for Ribe Domkapittel og Bispestol nedskrevet 1290-1518, kaldet « Oldemoder » (Avia Ripensis), udg. af *O. Nielsen.* Kjøbenhavn, Thiel, 1869. 1 vol. grand in-8, cart., *avec 4 planches de fac-similés de ce précieux manuscrit.*

1092. Samlinger til Jydsk Historie og Topografi. Udgivet af det Jydske Historisk-Topografiske Selskab. T. I à III. Aalborg, Schultz (1867-1871). *Ensemble* 3 tomes en 1 vol., rel. toile et 4 fascicules.

1093. **Sehested** (Canut). Facies Sorana Oratiunculâ quadam, in Incluta & Regia Academia Sorensi, a Canuto sehestedio, illustrata. Soræ, typis Georgii Hanschenii, 1657. Plaq. petit in-4, rel. toile, non rogné.

Peu commun.

1094. **Schlegel** (J. H.). Histoire des rois de Dannemarck de la maison

d'Oldenburg, trad. de l'orig. all. de Monsieur le Cons. de justice et prof. Schlegel, par le colonel chevalier de Champigny. Amsterdam, 1776. 2 tomes en 1 vol. in-4. 6 portraits.

C'est la traduction du tome I de l'historien Schlegel (Jean-Henri). Le second volume, qui ne parut qu'en 1777, n'a pas été traduit.

1095. **Schröder** (Joh.). Kort Historiske Beskrivelse over Friderichs-Hald paa Riim sammenskreven og med nødvendige Anmerkninger. Kjøbenhavn, Höpffner, 1727. In-4, d.-rel. bas., non rogn.

1096. **Schytte** (K.). Kortfattet Beskrivelse over Aarhuus Domkirke. Aarhuus, 1835. In-12, rel. toile (couvertures), avec 1 pl. — **Sevel** (Frider. Christ.). De regii Vandalorum tituli augustissimis Daniæ regibus iam pridem familiaris origine et caussa. Havniæ, Höffner, 1743. Plaq. in-4, rel. toile. — **Simonsen** (Vedel). Bidrag til Danske Slottes og Herreborges. Bygnings- og Befæstnings-Historie i den catholske Tidsalder. Odense, 1840. 1 vol. in-12, cart.

1097. **Simonsen** (Vedel). Borgruinerne. Kjøbenhavn, Rangel, 1813. 2 plaq. in-12, rel. toile.

Le premier volume contient la description des ruines de *Næsbyehoved* et de *Orkel*, le second de *Gamborg* et d'*Hinsgavl*, avec 4 planches grav. sur cuivre.

1098. **Sperling** (Ottho). De danicæ linguæ et nominis antiqua gloria et prærogativa inter Septentrionales Commentariolus. Hafniæ, Bockenhoffer, 1694. 1 vol. in-4, d.-rel. basane.

1099. — De summe regio nomine ac titulo Septentrionalibus et Germanis omnibus et aliis usitato Konning & Ejus apud Danos origine, ejusq; potestate & Majestate Commentarius. Havniæ, 1707. 1 vol. in-4, rel. vélin.

1100. **Severus** (Jacobus). Oratio panegyrica de Hyperboreorum eminentia et magnæ Scandinaviæ prærogativis, in electorali ad Albim Acad. Witteberg, à Jacobo Severo habita d. xxviii. Julii, anno M.DC.XCI. Wittenberg, Matth. Henckelius, s. d. Plaq. petit in-fol., rel. vél.

Un peu court de marges.

1101. **Steenstrup** (Johannes C. H. R.). Danske og Norske Riger paa de Brittiske Øer i Danevældens Tidsalder. Kjøbenhavn, Klein, 1879-1882. 2 vol. in-8, br.

1102. **Suhm** (Peder Friderich). Samlinger til Danske Historie. Kjøbenhavn, Godich, 1779-1784. 2 vol. in-4, d.-rel. veau. Ensemble. Nye Samlinger. Kjøbenhavn, Poulsen, 1792-1795. 4 tomes en 2 vol. in-4, d.-rel. veau.

1103. — Tabeller til den Critiske Historie af Danmark. Kiøbenhavn, Berling, 1779. In-fol., rel. bas. f., avec plus. tableaux.

1104. **Svanningius** (Johannes Janus). Chronologia Danica, qua I. Noachidarum series exhibetur; II. Judicum Cimbriæ & Gothia anni recensentur, &

III. Serenissimorum ac Potentissimorum Daniæ regum Tempora, à prima Regni Origine ad Annum Christi MDCL. Dynastiis VIII. diriguntur... Hafniæ, typ. Melch. Martzan, 1650. Petit in-fol., rel. vél.

Ouvrage rare.

1105. **Werlauff** (E. C.). Efterretninger om Italieneren J. F. Borro's Ophold ved det danske Hof, i Aarene 1667-1670. Kjöbenhavn, Brunnisch, 1834. 1 plaq. in-8, cart. — **Terpager** (Petrus). Ripæ Cimbricæ seu Urbis Ripensis in Cimbria sitæ Descriptio. Flensburgi, Korte, 1736. 1 vol. in-4, d.-rel. basane (gravures et pl. sur cuivre).

1106. **Thorkelin** (Grim Jonas). Konga-erfda ok Rikisstjorn sive successio regia et regni administratio, ex illustriss. Biblioth. Suhmiania cum versione latina, etc..... Hafniæ, Simmelkær, 1777. In-12, rel. veau.

1107. **Thurah** (Laurids Lauridsen). Hafnia hodierna..... Description circonstanciée de la residence roïale et capitale de Copenhague, avec une explication de toutes les choses dignes de remarque, que renferme de nos jours cette grande ville. Kjöbenhavn, Berling, 1748. 1 vol. in-4 avec 110 planches, rel. mar. rouge, dos et plats ornés, tr. dor. (rel. anc.).

Très bel ouvrage imprimé en danois, en français et en allemand.

* **Thun** (Joseph). Imago Politici Christinni in Vita nobilis & generosi viri Dn. *Erici Palmskiöldi*..... Holmiæ, Olaus Enæus. S. d. (c. 1686). 1 vol. petit in-4, rel. v.

1108. **Torfœus** (Thormodur). Series Dynastarum et Regum Daniæ à primo eorum Skioldo Odini filio ad Gormum Grandævum, Haraldi Cærulidensis patrem. Hafniæ, Lieben, 1702. 1 vol. in-4, rel. vélin.

Le plus important ouvrage de Torfœus.

1109. — Trifolium historicum, seu Dissertatio Historico-Chronologico-Critica, de tribus potentiss. Daniæ Regibus Gormo Grandævo, Haraldo Cærulidente & Sveno Furcatæ Barbæ. Hafniæ, Lieben, 1707. 1 vol. in-4, rel. vélin.

1110. — Torfæana sive Thormodi Torfæi Notæ posteriores in Seriem Regum Daniæ, epistolæ latinæ & Index in Seriem Regum Daniæ. Hafniæ, Godiche, 1777. 1 vol. in-4, rel. toile (portrait de Torfœus au frontispice).

1111. — Universi Septentrionis Antiquitates, Seriem Dynastarum et Regum Daniæ..... exhibentes. Hafniæ, Lieben, 1705. 1 vol. in-4, rel. toile.

Seconde édition des « Series Dynastarum... » publiées en 1702, absolument identique à la première, sauf le frontispice absent dans l'éd. de 1702 et qui donne le portrait du roi Frédéric IV de Danemark.

1112. — Historia Hrolfi Krakii, inter potentiss. in Ethnicismo Daniæ Reges celeberr. Havniæ, 1705. 1 vol. in-8, rel. vélin.

1113. **Trapp** (J. P.). Statistisk-topographisk Beskrivelse af Kongeriget

Danmark. Kjøbenhavn, Gad, 1858-1860. 3 tomes et 1 atlas en 3 vol., d.-rel. chag.

1114. **Türk** (Karl). Altfrisland und Dänemark. Parchim, Hintorff, 1835. 1 vol. in-8, cart., non rogn. — **Usinger** (Rudolf). Die dänischen und Chroniken des Mittelalters. Kritisch untersucht. Hannover, Hahn, 1861. 1 plaq. in-8, rel. toile, non rogn. (mouillures). — Vertragshandlung zwischen Königlicher Wirde zu Denmarck rc. Vnd gemeiner Statt Lübeck, den 15. Februarij zu Hamburg beschlossen, 1536. *S. l. n. typ.* Plaq. petit in-4, 6 ffnc., rel. vél.

1115. **Wilse** (I. N.). Fuldstændig Beskrivelse af Stapel-Staden Fridericia. Kiøbenhavn, Kanneworff, 1767. 1 vol. in-12, d.-rel. veau.

1116. **Wittken** (Edmund von). Studien über Jütland. Berlin, Springer, 1865. 1 vol. in-8, rel. toile, non rogn.

1117. **Wolf** (Jens Lauritsøn). Encomion Regni Daniæ. Det er : Danmarckes Riges Lof, oc dets høyloflige Konge Riges tilhørige Provinciers, Øers, Kongelige Slotters oc Festningers....... Kiøbenhaffn, Hake, 1654. 1 vol. in-4 de vjjj ff. y compris un frontispice, 687(1) p. et ii ff., rel. parch.

1118. **Worm** (Olaus). Fasti Danici universam tempora computandi rationem antiquitus in Dania et vicinis regionibus observatam libris tribus exhibentes, Ex variis patriæ antiquitatibus et autoribus fide dignis eruti ac in lucem emissi. Hafniæ, apud Salom. Sartorium, 1626. 1 vol. in-fol., rel. vél., avec titre frontisp.

Belle édition, contenant à la fin une étude sur le calendrier runique.
Bel exemplaire

1119. — Regum Daniæ Series duplex et limitum inter Daniam & Sueciam Descriptio. Ex vetustissimo Legum Scanicarum Literis runicis in membrana exarato Codice erecta et Notis illustrata. Hafniæ, typis Melch. Martzan, 1642. Plaq. petit in-fol.

Parfait état.

1120. [**Zeiller** (Martin)]. Regnorum Daniæ & Norwegiæ, ut & Ducatum Slesvici & Holsatiæ, Regionvmqve ad ea spectantium, Descriptio nova. Iconibus Præcipuarum Civitatum adornata. Cum Præfatione de Rebus gestis Normannorum. Amstelodami, ap. Ægidium Janssonivm Valckenier, 1655. 1 vol. in-12, rel. vél.

La partie concernant le Schleswig et le Holstein a une pagination et un titre séparés.

XIX

Histoire politique du Danemark. — Temps historiques, jusqu'au XVIᵉ siècle.

1121. **Bartholinus** (Thomas Thomesen). Antiquitatum Danicarum de causis contemptæ a Danis adhuc gentilibus mortis, libri tres, ex vetust. codd. et monumentis..... congesti. Hafniæ, Bockenhoffer, 1689. — De Holgero Dano qui Caroli Magni tempore floruit, dissertatio historica. Hafniæ, lit. Matth. Godicchenii, 1677. Ensemble 2 vol. in-4, et in-12, rel. bas. et vél.

1122. **Bernhard** (C.). Kroniker fra Kong Erik af Pommerns Tid. Kjøbenhavn, Schubothe, 1850. 1 vol. in-12, rel. toile, non rogn.

1123. **Bircherod** (Johannes). Disquisitiones antiquitatum patriæ Daniæ gentilis. Hauniæ, Typ. Reg., 1701-1718. 7 parties en 1 vol. petit in-4, d.-rel. v. f., avec pl. — **Bircherod** (Thomas Brod.). Kong Knud den Helliges Historie. Odense, 1773. In-12, rel. toile. — **Boult** (Joseph). The Danish intrusion into South Britain. Liverpool, 1874. Plaq. in-12, br. — The black Danes. London, Henry. S. d. In-12, br. — **Cancellieri** (Francesco). Notizie della venuta in Roma di Canuto II, e di Christiano I re di Danimarca negli anni 1027 e 1474, e di Federico IV giunto a Firenze con animo di venirvi nel 1708. Roma, presso Francesco Bourlié, 1820. In-4, d.-rel. chag., avec chiffre du comte Riant. Titre gravé. — **Grundtvig** (Svend). Kong Knud den Hellige efter Knytlingesaga. 2ᵉ *édit.* Kjöbenhavn, Gad, 1884. Plaq. in-12, cart.

1124. Chronique rimée danoise. Den Danske Riimkrønike efter Gotfrid af Ghemens Udgave af Aaret 1495, trykt paa ny, med afvigende Læsemaader i sildigere Udgaver, og Ordfortolkninger. Udgivet af *Christian Molbech*. Kjøbenhavn, Thiele, 1825. 1 vol. in-8, rel. toile, non rogn.

Ouvrage tiré à 170 exemplaires seulement.

1125. **Crone**. Valdemar Knudsen, en historisk Skildring. Odense, Hempel, 1848. In-12, rel. toile. — **Fabricius** (A.). Ingeborg, Philip Augusts Dronning. Kjöbenhavn, Schubothe, 1870. — Forbindelserne mellem Norden og den Spanske Halvö i ældre tider. Kjöbenhavn, Gad, 1882. Ensemble 2 vol. petit in-8, rel. toile et cart.

1126. **Gebhardi** (L. A.). Kongerigerne Danmarks og Norges samt Hertugdömmer Slesvigs og Holsteens Historie indtil vore Tider. Odense, Iversen, 1780-1798. 6 vol. in-4, cart., non rogn.

Ouvrage estimé.

1127. **Granberg** (Peter Adolph). Kalmare Unionens Historia. Stockholm, Carlbohm, 1807-1809. 2 part. en 1 vol. in-12, rel. toile.

1128. Incerti auctoris (qui vergente seculo xiii. vixisse videtur) Chronica Danorum, & præcipue Sialandiæ, seu Chronologia Rerum Danicarum ab anno Christi M XX VIII. ad annum M CC LXXXII. cum appendice Chronolog. usque ad annum M CCC VII ex vet. membran. eruit primusque edidit *Arnas Magnæus.* Lipsiæ, Gleditsch, 1695. In-12, rel. vél.

* **Kruse** (F.). Mehrere für die ältere Geschichte Dänemarks und der Ostseeprovinzen. Leipzig, Brand, 1846. *S. d.* In-12, rel. toile.

1129. **Lindenbrog** (Erpold). Historica narratio de origine gentis Danorum, et de regibus eiusdem gentis : et eorundem rebus gestis a Dan primo rege, usque ad Ericum Menuit CXVII. Compendiosè olim conscripta ab Erico Daniæ rege, Wartislai VII, ducis Pomeraniæ filio, et nunc primum in lucem edita. *S. l.* (Hambourg), 1603. Plaq. in-4, rel. vél.

1re édition de cet opuscule.

1130. **Lyschander** (*Claus Christoffersen* dit). Synopsis historiarum Danicarum... forfatted vdi de Danske kongers slectebog. Kjöbenhaffn, Waldkirch, 1622. Petit in-fol, rel. vélin.

Titre raccom., mouillures.
Lyschander fait remonter l'histoire danoise au delà du déluge, et donne la généalogie des rois depuis Japhet. Son ouvrage a eu une grande vogue au xviie siècle.

* **Lyschander** (Joh.). Antiquitatum Danicarum Sermones XVI ex Bojaricæ Historiæ Johannis Aventini libro primo Selecti et novis Commentariis *Johannis Lyschandri* Bramensis illustrati; nunc vero in luc. ed. op. *Erici Olai Tormii.* Hafniæ, Lit. Scartorianis, et Sumpt. G. Holst, 1742.

1131. Någer stycker aff || then Danske Cröneke, ifrå || Konung Wallemars tijd och hans || effterkommande, ther inne the Swenske || bliffue fast groffueligen och med osanning || antastade. ||..... Stockholm. || anno || M DLVIII. || Au verso du dernier f. : Tryckt j Stockholm. || Anno .M DLVIII. Petit in-8, 80 ffnc., car. goth., rel. vél.

Reproduction en fac-simile.

1132. **Parvus Rosæfontanus** (Petrus). Refutatio || calvmniarvm cvivsdam || Ioannis Magni Gothi || Vpsalensis, quibus in historia sua ac || famosa oratione Danicam gentem incessit :....... Huic accessit Chronicon si || ue Historia Ioannis Regis Daniæ..... Anno 1560. *S. l. n. d. n. typ.* 1 vol. petit in-4, rel. vél., non rogné.

Livre très rare, où l'auteur attaque vivement Jean Magnus.
Raccommodages aux trois premiers ff.

1133. Olger Danskes Kronike. Efter de ælste Udgaver bearbeidet af *Nis. Hanssen,* med en Fortale af Prof. *C. Molbech.* Kjøbenhavn, Klein, 1842. 1 vol. in-12, d.-rel. bas. n., fig. sur bois.

1134. **Reinhardt** (C. E. F.). Valdemar Atterdag og Hans Kongegjerning. Kjøbenhavn, Gad, 1880. 1 vol. in-8, rel. toile, non rogn., couverture.

1135. Rummel (Io. Theod. à). Res Danicæ. Lipsiæ, ap. Nic. Scipionem, 1698. 1 plaq. in-4, cart.

Abrégé de l'histoire ancienne du Danemark.

1136. Saxo Grammaticus. Danorum Regu Herouq3 || Historię stilo elegatia Sax || one Grammatico natione || Sialandico necno Roskil || densis ecclesię preposito. || abhinc supra trecentos an || os coscriptę et nuc primu || literaria serie illustratę ter || sissime q3 impressę. || *A la fin* : Hactenus Saxo Grammaticus Sialendeñ. vir disertissi-||mus. Quę accurata diligentia impressit in incly||ta Parrhisiorum academia Iodocus Ba-dius. Ascentius Idibus Martiis || M D XIII. Supputatio-||ne Romana. 1 vol. in-fol., rel. veau gaufr. (xvi° s. restauré).

Édition princeps de Saxo Grammaticus, qui a eu 2 tirages la même année, ce qu'aucun bibliographe n'a, croyons-nous, signalé.

Bel exemplaire du premier tirage.

Cette première édition fut faite par les soins de *Christian Pedersen*. Sur les instances de *Lage Urne*, évêque de Roskilde, C. Pedersen utilisa pour cette édition un manuscrit que lui procura l'archevêque de Lund, *Birger*, mais il n'obtint du roi Christian II l'autorisation de le publier qu'à la condition de choisir pour cela un imprimeur habile. Pedersen s'adressa en conséquence au savant Josse Bade, d'Assche, dont il était le correspondant et l'ami. Cette belle édition a, en quelque sorte, sauvé la chronique de Saxo, dont presque tous les textes manuscrits ont disparu.

L'histoire du Danemarck de Saxo-Grammaticus est une des œuvres les plus intéressantes du moyen âge. Son auteur a le premier songé à utiliser pour l'histoire les traditions et les chants populaires que tant d'autres ont négligés.

1136 *bis*. Le même ouvrage, rel. vélin.

Cet exemplaire est du 2° tirage corrigé, qu'on reconnaît aux particularités suivantes ; le 2° tirage porte, au f. V recto, l. 4, *munere* pour *munerz* que porte le premier tirage ; au f. CLXXXIII verso, l. 30, il y a : vt *eos an* sibi... tandis que dans le premier tirage on lit : vt *an eos*...

1137. — Danica || historia libris XVI, || Annis ab hinc trecentis qvin-|| qvaginta, summa verborum elegantia, || magna sententiarum grauitate, rerum denique || admiranda varietate, intermixtis alia- || rum quoque gentium historijs, || conscripta. || Auctore || Saxone Grammatico || Sialandico Dano Historico lav- || datissimo : & quod ea ætate omnino mirandum, tam ver- || bis quàm rebus politissimo. || Cum indice rerum memorabilium locupletissimo.|| [*Marque de Pégase*] || Francofurti ad Moenum || Ex Officina Typographica And. Wecheli || 1576. 1 vol. in-fol. de iv ff., 342 p., xii ff., rel. veau éc., fil., aux armes de Colbert. Sur le dos un peu fatigué, chiffre de Colbert.

1138. — Den Danske Krønicke som Saxo Grammaticus skreff, Halffierde Hundrede Aar forleden. Først aff Latinen vdsæt, flittelige offuerseet oc forbedret, Aar M. D. LXXV aff Anders Søffrinssøn Vedel. Oc nu, effter kongelig Mayestatz Privilegium i 10 Aar icke at maa efftertryckis, paa ny prentet udi Kiøbenhaffn hos Henrich Waldkirch Anno M. DC. X. 1 vol. petit in-fol., 16 ff., 547(1) p. et 14 ff.

Titre et quelques pages remontées et raccommodées.

Seconde édition danoise de Saxo Grammaticus, la première ayant paru en 1575

chez Gutterwitz. Cette traduction de Vedel est devenue, grâce aux qualités de son style, populaire en Danemark.
A la fin de notre ex. se trouvent 4 ffnc. mss. contenant une liste faite par M. C. E. *Secher* des noms de villes les moins connus, contenus dans Saxo Grammaticus.

1139. — Saxo ||nis Grammatici || Historiæ Danicæ Libri XVI. || Stephanus Iohannis || Stephanivs || summo studio recognovit, No-||tisq3 uberioribus illustra-||vit. Soræ || Tijpis et Sumptibus || Joachimi Moltkenii..... 1643. *Titre gravé.* Notæ uberiores in Historiam Danicam Saxonis Grammatici..... Soræ, typis Henrici Crusii, 1645. Ensemble 1 vol. in-fol., rel. vél.

Bon ex. de la première édition faite en Danemarck du texte latin de Saxo Grammaticus. Elle est due aux soins de *Stephan Hansen Stephanson*, qui l'a accompagné de prolégomènes et de notes intéressantes, avec fig., qui forment un véritable ouvrage.

1140. — Saxonis Grammatici Historia Danica. Recensuit et commentariis illustravit Dr Petrus Erasmus *Müller,*..... opus morte Mülleri interruptum absolvit Mag. Ioannes Matthias *Velschow*. Havniæ, sumpt. libr. Gyldendalianæ, typis Brünnichianis, 1839-1858. 2 tomes en 1 vol. in-8, d.-rel. chag., tête dor., non rogn., coins.

Bon exemplaire de la meilleure édition de Saxo Grammaticus ; la première partie contient le texte, la seconde les *prolegomena* avec de nombreuses notes et 5 pl.

1141. — Saxonis Grammatici Gesta Danorum, herausgegeben von *Alfred Holder*. Strasbourg, Trübner, 1886. 1 vol. in-8, d.-rel. chag., non rogn., couverture.

1142. **Müller** (Peter Erasmus). Om Kilderne til Saxos ni förste Böger og deres troværdighed. Kjöbenhavn, 1823. 1 vol. in-4, rel. toile, non rogn.

Extr. des « Mémoires de la Soc. des sciences de Danemark ». A la suite : Kritiske Bemærkninger over Saxos Danske histories, *livres* 10 à 16.
Etude critique sur les seize livres, c'est-à-dire sur l'ouvrage entier de Saxo Grammaticus.

1143. — Critisk undersögelse af Danmarks og Norges Sagnhistorie eller om troværdigheden af Saxos og Snorres Kilder. Kjöbenhavn, Gyldendal, 1823. 1 vol. in-4, d.-rel. bas. r., non rogn.

Recherches critiques sur les neuf premiers livres de l'*Historia Danorum* de Saxo Grammaticus (pp. 1-174) et sur le *Heimskringla* (le globe du monde) de Snorri Sturluson (pp. 175-313).

— Les recherches sur Snorri, seules. In-4, rel. toile, non rogn.

1144. **Schirren** (C.). Beitrag zum Verständniss des Liber Census Daniæ. Analyse und Kritik der Schrift Georgs von Brevern : Der Liber Census Daniæ und die Anfänge der Geschichte Harriens und Wirlands (1219-1244). (Extr. des « Mém. de l'Ac. de Saint-Pétersbourg ».) Saint-Petersburg, 1859. 1 vol. in-4, rel. toile.

1145. **Schultz**. Philipp August und Ingeborg. Ein historischer Versuch. Kiel, 1804. 1 vol. in-12, d.-rel. basane, non rogn.

1146. [Stephanius (Johannes Stephanus)]. Breves || notæ ac emendationes || in || Nobilissimum Rerum Danica-||rum Scriptorem || Saxonem Grammaticum || Sælandum Danum ||. Lugduni Batavorum || Typis Godefridi Basson || Anno 1627. 1 vol. in-8 (aspect d'in-12) de 64 p., rel. vél.

> Petit volume rare, qui contient le premier essai des notes de Stephanius sur Saxo Grammaticus.

1147. Suenon. Suenonis, Aggonis filii, Christierni nepotis, primi Danicæ gentis Historici, quæ exstant opuscula. *Stephanus Johannis Stephanius* ex vetustiss. Cod. memb. ms. R. bibl. Hafn. primus publici juris fecit, Notisq; Histor. par. ac Philol. illustravit. Soræ, Typis Henrici Crusii, 1642. 1 vol. petit in-8 de viij ff., 223(1) page, rel. parch.

> Première édition de l'historien danois Suenon, qui vivait au xiie siècle, sous le règne de Canut VI, fils de Waldemar I, et qui a laissé une courte chronique des rois de Danemark, depuis Skjold jusqu'à son époque. Le savant Stephanius a ajouté à son édition : « Incerti auctoris Genealogia Regum Daniæ a primo Rege ad Christophorum I, ex eod. cod. ms. » Généalogie qui commence aux princes fabuleux Dan et Angul.

1148. Thorkelin (Grim-Johnson). De danorum Rebus gestis Secul. III & IV. Poëma Danicum dialecto Anglo-Saxonica, ex bibl. Cott. mus. britann. edidit versione latina et indicibus auxit G. J. T. Havniæ, Typis Th. E. Rangel, 1815. 1 vol. in-4, rel. toile, non rogn.

> Sur le feuillet de garde, une dédicace autog. de Thorkelin au professeur Rabeck. Des fragments de ce poème avaient été publiés par *Thorkelin*, à Londres, en 1788; une traduction danoise de son édit. latine a paru à Copenhague en 1820.

1149. Germain (A.). Projet d'une descente en Angleterre, concerté entre le Gouvernement français et le Roi de Danemark Valdemar III, pour la délivrance du Roi Jean. Episode de la guerre de Cent Ans. Montpellier, Martel, 1858. — L'alliance franco-danoise au moyen-âge. Montpellier, Martel, 1871. Ensemble 2 plaq. in-4, cart. — **Grund** (Oscar). Kaiser Otto des Grossen angeblicher Zug geben Dänmark. Göttingen, Richter, 1874. Plaq. petit in-8, cart. — **Hausmann** (Richard). Das Ringen der Deutschen und Dänen um den Besitz Estlands bis 1227. Dorpat, Mattiesen, 1871. Plaq. in-8, cart. — **Heinze** (Valentin August). Diplomatische Geschichte des danischen Königs Waldemar III, Christoph II Sohnes. Lpzg, Weidmann, 1781. In-12, rel. bas. — **Paludan-Müller** (Casp. Petrus). Observationes criticæ de fœdere inter Daniam, Sueciam et Norvegiam auspiciis Margaretæ Reginæ icto. Hauniæ, Schultz, 1840. 1 plaq. in-8, cart. toile. — **Thorsen** (P. G.). Nogle Meddelelser om visse historiske Bestanddele i Sagnet om Olger Danske, tilligemed en Undersøgelse om « Chronicon Monasterii Sancti Martini majoris Coloniensis. Copenhague, 1865. Plaq. in-8, cart., non rogn. — **Velschow** (H. M.). Om Folkemængden i Danmark i Midten af det trettende Aarhundrede (*Diss. Ac.*). Kjöbenhavn, Schultz (1841). 1 plaq. in-4, rel. toile. — **Wegener** (C. F.). Om Carl Danske, Greve af Flandren (*Diss. Ac.*). Kjöbenhavn, Seidelin (1839). 1 plaq. in-4, rel. toile, non rogn. — **Winslovius** (Petrus). Spicilegium

Arctoum, sive, observationes Miscellaneæ Historiam,..... Daniæ regionumque vicinarum attingentes Hafniæ, Lit. Conradi Hartwigi Neuhofii, 1695. 2 vol. in-12, d.-rel. bas. — **Worsaae** (J. J. A.). Minder fra Valdemar den Stores Tid, især i Ringsted- og Sorö-Egnen. Kjöbenhavn, B. Luno, 1856. 1 plaq. in-8, d.-rel. chag., tr. dor., coins.

Danemark, XVIe siècle. — Règnes de Christian II, Frédéric I, Christian III, Frédéric II, Christian IV.

Christian II (1513-1523).

1150. **Allen** (Carol. Ferd.). De rebus Christiam Secundi Daniæ, Norvegiæ, Sueciæ regis, exsulis commentatio. Hafniæ, Klein, 1844. Plaq. in-12, rel. toile.

1re partie, seule parue.

1151. **Adde** (Petrus Adolphus). Acta historiam regis Christierni II illustrantia. Dissertatio acad. Upsal. Upsaliæ, 1833. Plaq. in-4, cart. — **Bernhard** (C.). Kroniker fra Kong Christian den Andens Tid. Kjobenhavn, Schuboth, 1847. 2 tomes en 1 vol. in-12, rel. toile, non rogn.

1152. **Christiern II^s Arkiv.** Handlingar rörande Severin Norby och de under hans ledning stående Krigsföretagen mot Sverige, utgifna af *N. J. Ekdahl.* Stockholm, Hörberg, 1835-1842. 4 tomes en 2 vol. in-8, d.-rel. v. f., tr. p.

1153. **Dueholms Diplomatarium.** Samling af Breve 1371-1539, der i sin Tid ere opbevarede i St Johannes Klostret Dueholm paa Morsø. Udgivet for Det kongelige danske Selskab for Fædrelandets Historie og Sprog. af O. *Nielsen* (med 4 stentrykte Afbildninger). Kjøbenhavn, Gyldendalske Boghandel, Thieles Bogtrykkeri, 1872. 1 vol. in-8, rel. peau de Suède; sur les plats, armes et chiffre runique du comte Riant.

1154. **Hammerich** (Fr.). Christiern den Anden i Sverige og Carl X Gustav i Danmark. Historiske Foredrag. Kjöbenhavn, Eibe, 1847. Petit in-8, rel. toile.

1155. **Ijssel de Schepper** (G. A.). Lotgevallen van Christiern II en Isabella van Oosterijk, koning en koningin van Denemarken; voornamelijk gedurende hunne ballingschap in de Nederlanden. Zwolle, Tijl, 1870. 1 vol. in-8, rel. toile (couverture).

1156. Illustrissimi et invinctissimi principis, domini Christierni eius nominis secundi Daniæ, Suetie, Noruegie... Regis, ad emissos contra se Lubicensium articulos quibus suscepti adversus eum belli ratione prescribunt Cornelio Sceppero Nouiportuensi illius Vicecancellario authore &c. Responsio. [Leipzig,] Melch. Lotter, 1524. Petit in-4, rel. vél.

Ouvrage rare, dont l'existence même a été mise en doute par plusieurs bibliographes. C'est une apologie pour Christian II, réfugié à ce moment à Bruxelles.

1157. Jespersen (Jacob). Epithalamium illustriss. D. Francisci à Lotharingia..., ac inclytæ D. Christinæ à Dania ducis Mediolanēsis Cæsaris Caroli Quinti Opt. Max. ex sorore neptis, ac Christierni eius nominis secundi, Danorum, Suecorum et Noruegiorū regis, filiæ... Antverpiæ, Ex off. Joan. Graphei, 1541. Plaq. petit in-4, rel. vél.

1158. Meursius (Jean). Historiæ Danicæ Libri III. In quibus Res commemorantur gestæ à Christiano I; ac Ioanne, eius filio : & nepote Christiano II. Hafniæ, apud Ioach. Moltkenium, 1630. *A la suite* : *Ælnothus monachus* Cantuar. De Vita et passione S. Canuti regis Daniæ, à..... à *Joh. Meursio* edita. Hafniæ, Moltken, 1631. Petit in-4, d.-rel. parch., non rogn.

> Dans les marges se trouvent des annotations autographes de Jean de Rautenstein, duc palatin de Neubourg.
> Cachet au verso du titre.

1159. Swanning. Christiernus II Daniæ rex e veteri protractus Mˢ *Ioan. Swaningi* Dani Speculum Regis magni, crudelis, infelicis, Exulis, exemplum ceteris. Francofurti, imp. Will. Serlini & Joh. W. Ammoni, 1658. In-12, rel. vél., titre-frontisp.

> Histoire du règne et de la captivité de Christian II.

1160. Von der graüsamen tyrannischen Myssehanndelung so Künig Christiern, des Namens der Ander von Denmarck. Jm Reich zu Sweden begangen hatt. Plaq. in-4, rel. vél., 6 ffnc.

> Reproduction en photot. d'un opuscule rare relatif à des événements du règne de Christian II, roi de Danemark.

1161. Von der nyderlag und ungeluck Ku-‖nig Cristiern etschwa Künig zu Denmarck Schweden vñ ‖ Norwegen Hertzog zu Slesswick zu Holstein Stor-‖ marn vnder Dietmarischen, Graue zu Oldenburg ‖ vnnd Dalmanshort, Gegen denen von Hom ‖ burck, etc. newlych auf der oster see ergange. ‖ Mit angehenckter clag so Fraw Isa-‖ bella Künigin von Denmarckt. ‖ Kayserlycher. Maiestat ‖ schwester zu jer le-‖ sten Zeiten ge-‖ thon. ‖ *Au dessous, les armes de Danemark. S. l. n. d. n. typ.* Petit in-4 de 4 ffnc., car. goth., rel. vél., non rogn.

> Plaquette rare se rapportant à des événements du règne de Christian II de Danemark.

1162. Wahrhafftig vnnd Glaubwürdig Bericht, vonn dem Christlichem vnd Säligem abschiede, des Durch leuchtigsten, grossmechtichsten, Hochgebornen Fursten vnd Hern, Hern Christian zu Dennemarcken,... Dem Gott gnedich sey, auffs kurtzest verfasset 1559. *Au verso du dernier f.* : Getruckt zu Hamborg bey Johann Wickrath den Jungern. Plaq. petit in-4, 7 ffnc., cart.

1163. Wilhelm Zabern. En Autobiographie, fra Christian den Andens Tid, udgivet af C. Hauch. Anden Udgave. Kiøbenhavn, Reitzel, 1848. 1 vol. in-12, d.-rel. peau de Suède fauve.

Frédéric I (1523-1533).

1164. Allen (C. F.). De tre Nordiske Rigers Historie under Hans, Christiern II, Frederik I, Gustav Wasa Grevefeiden 1497-1536. Kjöbenhavn, Gyldendal, 1864-1870. 4 tomes en 3 vol. in-8, rel. toile v., non rogn.

1165. Chytræus (David). Oratio in Funere inclytæ Heroinæ Friderici I, Daniæ regis filiæ, & III^{mi} optimique principis Ulrici, Ducis Megapolitani coniugis, pie defuncta, habita Gustroniæ, die 23 Nouemb. 1586. Rostoch, Excud. Stephanus Myliander, *s. d.* Plaq. in-4, rel. vél. — **Huitfeld** (Arrild). Konning Friderich den Förstis, Danmarckis, Norgis, Wendis og Gothis Konning, etc. Histori, som Regerede fast IX an. Trickt vdi Kiöbenhaffn, aff Matz Vingaard, 1597.

Christian III (1534-1559).

1166. Bordingus (Jacobus). Oratio de Obitu Sereniss. principis Christiani III Daniæ & Norvegiæ regis. Hafniæ, apud Christ. Barth., 1569. Petit in-4, rel. vél., non rogn.

1167. Cragius (Nicolaus). Annalium libri VI, quibus res Danicæ ab excessu Regis Friderici I. ac deinde a gloriosissimo Rege Christiano III gestæ ad annum usque MDL. enarrantur. His additi Stephani Jo. Stephanii Historiæ Danicæ libri duo... Hafniæ, apud Viduam Hieron. Christ. Paulli, 1737. Petit in-fol., d.-rel. vél.

1168. Danske Kancelliregistranter. 1535-1550. Udgivne ved *Kr. Erslev* og *W. Mollerup.* Kjøbenhavn, Klein, 1879-1882. 2 tomes en 1 vol. grand in-8, d.-rel. veau brun, non rogn. (couverture).

Importante publication contenant l'indication des Actes de la Chancellerie danoise, depuis 1523 jusqu'à 1550.

1169. Hemming (Nicolas). Funebris oratio in memoriam Se- ‖ renissimi Regis Danorum &c. Christiani Tertij Ec- ‖ clesiæ Christi Fidelis nutricij & patris patriæ ‖ dulcissimi, Scripta & recitata à Nicolao ‖ Hemmingio in Academia Hafniensi ‖ 13. Februarij Anno domini 1559. ‖ quo tempore funus sanctissi- ‖ mi Regis Othoniæ ‖ Humatum est. ‖ ... Hafniæ ‖ apud ‖ Christophorum Barth., *s. d.* Petit in-4, 12 ffnc., car. rom., rel. vél., non rogn.

Bel exemplaire.

1170. Hwitfeldt (Arrild). Historisk Relation om Konung Christierns, then andres medh thet Namnet, fordom Konungz i Danmark, grymme tyrannij, som han vthi sin Regimentz Tijdh vthi the try Rijken, Swerige, Danmark och Norge öfwad hafwer. Uthragen och Sammanhämtat vthur the Danskes egen Historico *Arjld Hwjtfäldt*, och Rijmwijs författat aff *S. Hans Olofson*, Lincopensi, fordom Borgmästare i Linköping... men nu på nytt reviderat,

och effter Poëtisk Aart förbättrat aff *Erico Schrodero.* Tryckt Åhr 1644. 1 vol. petit in-4, rel vél. blanc.

1171. **Münter** (Fred.). Aktstykker vedkommende Kong Christian den Fredies og Dronning Dorotheas Kroning i Vor Frue Kirke i Kjøbenhavn, den 12. August 1537, af Dr *Joh. Bugenhagen.* Efter kongelig allernaadigste Befaling samlede af Dr. *Frederik Münter*, med Indledning og historiske Oplysninger udgivne af *E. C. Werlauff.* Kjobenhavn, Schubart, 1831. In-folio de xxxii et 43 pp., avec 2 portraits de Christian III et de la reine Dorothée; rel. toile, non rogn. — **Münter** (B.). Symbolæ ad illustrandam Bugenhagii in Dania commemorationem. Havniæ, Schultz, 1836.

1172. **Stephanius** (Stephanus Johannes). Historiæ danicæ Libri II. Qui res memoratu dignas complectuntur in Dania gestas, regnante Christiano tertio, ab Anno Christi cɔ ɔ l ad annum cɔ ɔ lix. Opus posthumum. Soræ, Exe. Henricus Crusius, 1650.

Edition donnée par J. J. Svaningius, l'année même de la mort de Stephanius.

1173. Stormectigste, Höyborne Förstis oc Herris, Her Christians den Tredie Danmarckis, Norgis, Wendis og Gottis Konges, etc. Recess, Offuerseet, oc met ny Artickle forbedrit, paa Koldinghuss Aar, etc. 1558. Prentet i Kiöbenhaffn, aff Laurentz Benedicht, 1567. Petit in-4, rel. vél., avec portr. de Christian III. — Zeitung, von der eroberung Copenhagen, der haubtstatt inn Denmarckt. Aus dem keiserlichen feldtleger vor Thurin von Römischer keiserlicher Mai, etc. von Graff Heinrichen vō Nassaw, etc. Im Monat September, 1536. *S. l. n. d. n. typ.* 4 ffnc., petit in-4.

Frédéric II (1559-1588).

1174. **Adolfi** (Joh. Neocorus). Johann Adolfi's, genannt Neocorus, Chronik des Landes Dithmarschen. Aus der Urschrift hsg. v. Prof. *F. C. Dahlmann.* Kiel, Königl. Buchdruck, 1827. 2 vol. in-8, rel. toile verte, avec pl. et carte.

1175. Danske Søræt Den, Som Stormectigste Høyborne Første og Herre, Her Frederich den Anden, Danmarckis, Norgis,... Lod vdgaa, Aar effter Guds byrd. M. D. Lxj. Den menige Søfarende mand til beste. Huor effter huer Skipper, Skibsfolck, oc andre som bruge deris handel til Søes, Skulle skicke dennem inden Skibsborde oc vden. Prentet i Kiøbenhaffn, aff Laurentz Benedicht, 1583. Plaq. petit in-4, 30 ffnc., rel. vél. bl.

1176. **Detmar.** Chronik des Franciscaner Lesemeisters Detmar nach der Urschrift und mit Ergänzungen aus andern Chroniken, herausg. von Dr *F. H. Grautoff.* Hamburg, F. Perthes, 1829-1830. 2 vol. in-8, cart.

Chronique du xive siècle sur l'histoire de Lübeck.

1177. **Ens** (Gaspard). Rerum Danicarum Friderico II... gestarum historia : Bella Ditmarsicvm & Svecicvm maximè memorabilia complectens; cum

brevui recensione eorum etiam quæ in vitam & mortem prædicti regis inciderunt... Accesserunt appendicis loco eiusdem argumenti Epigrammata *Ioannis Lavterbachii* et alia aliorum elegia. Francofurti, impensis Petri Fischeri, 1593. 1 vol. petit in-folio, rel. vél., fig., 7 portraits et 15 belles pl. gr. sur cuivre.

> Bel exemplaire d'un ouvrage peu commun et que ni Brunet, ni Græsse n'ont connu. Il contient le récit en vers latins du couronnement et des guerres de Frédéric II, roi de Danemark, contre la république de Ditmar (Holstein) et contre le roi de Suède, Eric XIV, en 1563. En appendice, et sous le titre de : De rebus gestis sereniss. principis... Friderici... epigrammata, se trouve un recueil de pièces de poésie composées en l'honneur du roi et de ses généraux, par *Jean Lauterbach, Janus Dousa, Albert Lomeier*, etc.

1178. **Froben** (Georges Louis). Epistolæ consolatoriæ regum, principum, comitum, baronum, nobilium, aliorumque clarissimorum & doctissimorum virorum, ad Henricum Ranzovium,... opera et studio M. Georgii Ludovici Frobenii collectæ. Francofurti, imp. Petri Fischeri. s. d. (1595 ?). 1 vol. in-12, d.-rel. vél, avec fig. et pl.

> Henri de Rantzau fut général en chef de Frédéric II dans sa guerre contre les Dithmarses.

1179. Konning Frederich den Andens Handfæstning udgiffuen, Aar effter Guds byrd M. D. LIX. Prentet i Kiöbenhaffn aff Laurentz Benedicht, 1583. — Konning Frederichs den Andens, Recess, vtgiffuen vdi Kallundborg Aar effter Guds Byrd. M. D. Lxxvj. Kjöbenhaffn, aff Laurentz Benedicht, 1583. Ensemble 2 plaq. petit in-4, rel. vél.

> Pièces peu communes.

1180. **Krugern** (Jacob). Historia von dem herlichen triumph : Lehen vnd Ehrentage | so durch König Friedrichen den Andern zu Denne marcken, Norwegen, &c. vnd die hochgebornen Fürstern vnd Herrn, Herrn Johannen den Eltern... den 3 Maij des 1580. Jars ist gehalten worden... *In fine :* Gedruckt zu Olssen bey Michel Kröner, anno M. D. LXXXI. 1 vol. petit in-4, 1 fnc., 104 p., rel. vél.

> Raccommodage au dernier f.
> Peu commun.

1181. Ein lustige Histo || rie tho lesen, wo jnt jar Dre || vnd söstich, de Köninck van Dennemarken || vnde de Köninck tho Schweden mit ein ander ge- || krieget hebben, vnd wo de Köninck van Dennemar || ken grote ehere, rhom vnd Triumph mit velen gro- || ten daden erwornen hefft,... Geprentet tho Kopenhagen jm jare MDLXIII || ..... Plaq. in-8, rel. toile.

> Exemplaire en papier rose de la réimpression de ce factum diffamatoire contre le roi de Danemark, Frédéric II, et son chancelier Frijs, écrit probablement à l'instigation du roi de Suède, Erik XIV.

1182. Ein lustige Historie tho lesen,... *Même opuscule que celui ci-dessus. Ex. en papier blanc. A la suite :* Ein newes liedt. || Wie des Durchleuchtigsten, Hochge || bornen vnd Grosmechtigsten Fursten vnd Hern, || Hern

Trichs des Vierzehenden zu Schweden, der Got- || ten vnd Wenden, etc. Königs, Kriegsvolck, bei de Stadt vnd || Schlos Wardberg, in Hallandt gelegen... Durch Paul Schutzen von Leipzig || Im Thon vom Pentzenawer. Plaq. in-8, rel. toile.

> Réimpression, faite d'après l'exemplaire de la Bibl. royale de Stockholm, de ces pamphlets en vers, dont l'auteur est vraisemblablement un Allemand au service d'Erik XIV.

1183. Michelsen (A. H. J.). Sammlung altdithmarschen Rechtsquellen. Altona, Hammerich, 1842. 1 vol. in-8, rel. toile.

1184. Molbech (Chr.). Historie om Ditmarskerkrigen Aar Femten Hundrede og Ditmarskens Erobring under Kong Frederik den Anden. Kiøbenhavn, Seidelin, 1813. 1 vol. in-12, d.-rel. veau. — **Nitzsch** (D^r). Das alte Ditmarsken. Kiel, 1862. 1 plaq. in-8, cart.

1185. Ranzow (H. de). Henrici Ranzovii Epitaphia in obitum patris, matris, fratris, et sororis, nec non filiorum suorum, tum ab ipso, tum aliis conscripta ac edita Lipsiæ, cum Heydelbergæ filius suus natu minimus Iohannes Ranzovius peste correptus diem suum obiisset. Adiectum est præterea opusculum de Sommiis eorumque euentibus. (Marque de Defner.) Lipsiæ, Georgius Defnerus exc. Ao 1584. (Titre raccom.) 1 vol. in-4, d.-rel. v., coins. Au verso du titre, le portrait grav. sur bois d'Henri de Ranzow, daté de 1583.

1186. [Rantzau (Joh. de)]. Wahrhafftige vnnd Kurtze Verzeichniss des Krieges, in welchem König Friderich zu Dänemark, &c. des Namens der Ander, vnd ihrer Kön. Maj. Vettern, Johann vnnd Adolff, gebrüder, alle Hertzogen zu Slesswick, Holsteyn, &c. innerhalb zweyer Monaten im Maien vnd Brachmonat des 1559. Jars wider die Dietmarsen geführt...... Getruckt zu Strassburg durch Theodosium Rihel. M.D.LXIX. Petit in-4, rel. vél.

> Récit de cette campagne de Frédéric II, roi de Danemark, contre la république des Ditmarses, et où Rantzau mit le comble à sa réputation d'habile général.
> Cet opuscule est anonyme ; nous l'avons placé sous le nom de Rantzau, sur la foi d'une ancienne note manuscrite placée au titre.

1187. Ranzow (Christophe de). Christophori Ranzovii, Equitis Holsati Epistola ad Georgium Calixtum, Professorem Helmstedensem, qua sui ad Ecclesiam Catholicam accessus rationes exponit. Romæ, 1662. 1 vol. in-12, rel. parch.

> Une première édition avait paru à Rome en 1651, imprimée par Grignoni ; celle-ci n'est que la troisième ; elle contient une réponse de G. Calixte au comte Chr. de Ranzow.

1188. Genealogia Ranzouiana, primum publicata anno Domini 1585. Helmæstadii, Jac. Lucius, 1587. — *Le même opuscule.* S. l. n. d. n. typ. Ensemble 2 plaq. petit in-4, avec portr. gr. sur bois.

> On a employé, dans ces opuscules, des bois qui avaient servi à imprimer la *Holsatia* de *Jonas d'Elvervelt*.

1189. Ranzovius (Henricus). Descriptio Pompæ funebris, habitæ Rodschildii in exeqviis serenissimi ac potentissimi Domini, Dn. Friderici II. Daniæ, Norvvegiæ, Gothorum Vandalorumque Regis, &c. Vna cum Epitaphijs nonnullis in obitum eiusdem. Qvibvs adiecta svnt Descriptio Sacelli prope Monasterium Segebergense..... Lipsiæ, 1588, cum privilegio. (*In fine :*) Lipsiæ ex officina typogr. Abrahami Lambergi. Petit in-4, rel. veau moderne dans le genre des rel. suédoises. 1 pl.

La première édition parut à Hambourg, chez Wolff, en 1588. Elle est fort rare, et celle-ci ne l'est pas moins.

1190. Resen (Peder Hansön). Kong Fredrichs den Andens Krönycke som var Dannemarckis, Norgis, Wendis og Gottis Konge..... oc regierede lostigen i 29. Aar fra Aar 1559. til Aar 1588. Kjöbenhaffn, Jörgensön, 1680. 1 vol. petit in-fol., rel. veau f., avec nombr. pl. — Serenissimi Domini, D. Friderici Daniæ, Norvegiæ regis.... ad Christierni Patruelis calumnias, Responsio. *S. l. n. d. n. typ.* Plaq. petit in-4, cart.

1191. Macropus (Stephanus). Immortalitas illustris, magnifici & nobilissimi viri Dn. Henrici Ranzovii, trium potentissimorum regum Daniæ in Ducatibus Schlesvigæ, Holsatiæ, Stormariæ & Dithmarsiæ nuper vicarii, Herois gloriosissimi..... Hambourg, Philippe de Ohr, 1599. 1 plaq. in-4, rel. vélin.

1192. Urkundenbuch zur Geschichte des Landes Dithmarschen, gesammelt und Namens der Schleswig-Holstein-Lauenburgischen Gesellschaft für Vaterländ-Geschichte, hrsgg. von *Andr. Ludw. Jac. Michelsen.* Altona, Hammerich, 1834.

1193. Wislicenus (Ernst). Geschichte der alten Dithmarschen auf der Westküste Holsteins. Zugleich zur Erläuterung der politischen Verhältnisse von Schleswig-Holstein zu Dänemark seit der ältesten bis auf die neueste Zeit. Altona, Lange, 1850. 1 vol. in-8, rel. toile, non rogn.

Christian IV (1588-1648).

1194. Bruun (Chr.). Slaget paa Kolberger Heide den 1. Juli 1644 og de derefter fölgende Begivenheder. En Bidrag til den Danske og Svenske sökrigshistorie. Kjöbenhavn, Gyldendal, 1879. 1 vol. in-8, avec 1 carte, rel. toile sur broch., non rogn.

1195. Chronica, Das ist Beschreibung aller Könige in Dennemarcken, von dem ersten Könige Dan : (welcher zur zeit des Königs Dauidis regieret) biss auf Christianum den Vierten dieses Namens itzt Regierenden vnd an der Zahl der Hunderste. Magdeburgk, Joh. Francken, 1597. In-12, rel. vél., avec portr. gr. sur bois.

1196. Erich (Augustus). Klarlige oc visse Beskriffuelse om den Stormec-

tige, hoybaarne Førstis oc Herris, Herr Christians den Fierdis. Danmarckis, Norgis, Vendis oc Gottis Konnings, etc. Salving oc Kroning. Prentet udi Kiøbenhaffn, met Kong : Maiets : Privilegio, 1598. 1 vol. in-4, 106 ff. (le dernier probablement blanc manque), rel. chag. rouge, tr. dor.; sur les plats, les armes de Danemark (les trois couronnes).

> Histoire du roi Christian IV, composée en latin par son secrétaire de chancellerie, Augustus Erich, et traduite en danois par Anders Bentzen Dallin, mort en 1607, évêque d'Opslo.

1197. Grundtræk til Christian den Fjerdes Krigshistorie. Kjöbenhavn, 1820-1822. 2 vol. in-12, d.-rel. bas. — Copey eines Sendschreibens, so Jacobus König in Gross Britannien, Franckreich und Ireland, an Herrn Christian den Fierten König in Dennemark... Amberg, Schönfelt, 1645. Plaq. petit in-4, rel. vél. — **Brochmund** (Casp. Trasm.). Oratio quâ Augustiss. Daniæ et Norvegiæ regis Christiani IV, spectata pietas, in subditos fervens charitas... commemorantur & commendantur, habita ipso mœstarum exequiarum die. Hafniæ, Martzan, 1649. Plaq. in-4, br.

1198. Historia compendiosa ac succincta serenissimorum Daniæ regum : ab incerto auctore conscripta; nunc vero usque ad Christianvm III. deducta, primumque in lucem edita, opera & studio *Erpoldi Lindenbruch*. Lugd. Batav. Ex off. Plantiniana, 1595. Plaq. in-4, rel. vél., non rogn.

1199. **Huitfeldt** (Arrild). Danmarckis Rigis Krönicke, fran Kong Dan den förste, oc indtil Kong Knud den 6. som indeholder det fornemste, hues Saxo haffuer skreffuet, redigerit til viss Aar oc Tid. Kiobenhaffn, 1595-1604. 10 vol. petit. in-4, rel. bas.

1200. **Meursius** (Iohannes). Historica; Danica pariter et Belgica, uno tomo comprehensa : Quorum seriem pagina post præfationem ad lectorem indicabit. Amstelodami, apud Guil. et Ioann. Blacu, 1638. 2 tomes en 1 vol. in-fol., rel. vél.

> Mouillures. L'Historia Danica comprend 13 livres.

1201. **Slange** (Niels). Den Stormægtiste Konges Christian den Fierdes Konges til Danmark og Norge, de Venders og Gothers,... Historie sammenskreben af *Niels Slange*... og af Archiv-Documenter forbedret af *Hans Gram*. Kjöbenhavn, Kongel. Bogtrykk., 1749. 1 vol. in-fol., rel. mar. r., dos et plats ornés au petit fer, dent. intér., tr. dorée, avec un beau portr. de Slange, gr. par C. Fritsch.

1202. Verhaal van de Ambassade van Gaspar van Vosbergen bij den Koning van Denemarken, den Neder-Saxischen kreits en den Koning van Zweden. 1625. Utrecht, Kemink en zoon, 1867. 1 vol. in-8, rel. toile, couverture.

XVIIᵉ siècle. — Frédéric III, 1648 ; Christian V, 1670.
Frédéric III.

1203. [**Avaux** (Claude de **Mesmes**, comte d')]. Exemplum Litterarum ad Sereniss. Daniæ et Norvegiæ Regem, a Gallico per Germaniam Legato scriptarum circa Tractatus Pacis. Amstelodami, 1642. Petit in-4, rel. veau f., fil.

Bel exemplaire.

1204. **Becker** (P. W.). Samlinger til Danmarks Historie under Kong Frederik den Tredies Regiering af Udenlandske Archiver. Kjöbenhavn, Deichmanns, 1847. 2 parties en 1 vol. in-8, rel. toile, non rogn.

1205. **Bœcler** (Jean-Henri). Historia Belli Danici, annis 1643, 1644, 1645 gesti. Accessit Index cujus Institutum Epistola ad Lectorem operi præmissa exponit. Stockholmiæ, typis Nic. Wankiff, 1676. Petit in-4, d.-rel. veau rac.; chiffre du comte Riant.

Bel exemplaire de la première édition de ce livre.
Bœcler, né à Cronheim (Franconie) en 1611, fut un des plus savants hommes de son pays et de son temps. La reine Christine le nomma professeur à Upsal et en fit son historiographe.

1206. — Historia belli Sueco-Danici. Opus posthumum ex Autoris autographo. Argentorati, 1679, *s. typ.* 1 vol. in-12, rel. vél.

1207. Discursus super oratione Dun. Legatorum Danicorum habita in consessu Dun. ordinum generalium Fœderati Belgii Hagæ Comitis. Die 10 Ian. Anno 1660. Petit in-4, rel. vél.

1208. Epistola amici ad amicum quâ Memoriale ablegatorum Gottorpiensium contra Danos. Cosmopoli, *s. d.* — Apologia pro epistola prima amici ad amicum adversus responsionem Calumniis plenam, quâ *Sam. Rachelius*, minister Gottorpieus is Memoriale suum immo destissimum contra Danos, atque ipsam controversiam, nimis scurilliter defendere conatus est. Cosmopoli, *s. d.* — Epistola tertia... Cosmopoli, *s. d.* — Machinationum Cornificii Ulefeldii quondam Primarii Daniæ ministri Succincta Narratio. Ensemble 1 vol. in-12, rel. veau f.

1209. Friedens Tractat, so in Kön. Maj. zu Polen und Schweden Feld-Lager an dem Fluss Pilcza bey Legonice zwischen Höchstged. König. maj. Hn. Hn. Commissarien, und denen daselbst versamleten Woywodschafften... Herrn Georg Lubomirsky... und dessen adhærenten... (31 juillet 1666). *S. l. n. d. n. typ.* Plaq. petit in-4, rel. toile.

1210. Manifeste du Roy de Dannemarc contre les Suédois. A Paris, du Bureau d'Adresse, l'11 may, 1644, avec Privilège. — Le manifeste du Roy de Dannemarc, contenant les raisons qui l'ont porté à prendre les armes contre la couronne de Suède, et la suite des affaires d'Angleterre. A Paris,

du Bureau d'Adresse, aux Galleries du Louvre, devant la rüe S. Thomas, le 19 juillet 1657. A. P. Ensemble, 2 plaq. in-4, rel. vél.

1211. Nathan-David (Dav. C.). Commentationis de principiis e quibus redituum Daniæ per posteriorem seculi XVIII, partem administratio fluxit, specimen. Gottingæ, Huth, s. d. In-12, cart.

1212. Ogier (Charles). Ephemerides, sive iter Danicvm, Svevicvm, Polonicvm. Cum esset in comitatu illustriss. CLAUDII MEMMII Comitis Auauxij, ad septentrionis Reges Extraordinarij Legati. Accedunt Nicolai Borbonij ad eumdem Legatum epistolæ hactenus ineditæ. Lutetiæ Parisior. Apud Petr. Le Petit, 1656. 1 vol. in-12, rel. bas. (la reliure a été sondée).

Charles Ogier, littérateur français et avocat au Parlement de Paris, visita la Suède, le Danemark et la Pologne, avec le comte d'Avaux dont il était secrétaire. A la suite de la relation de voyage, on trouve une correspondance entre Nicolas Bourbon et le comte d'Avaux, et enfin quelques petits poèmes de Charles Ogier.

Ensemble : — Fransmannen Charles d'Ogiers Dagbok öfver des Resa i Sverige med Franska ambassadören, grefve d'Avaux år 1634. Stockholm, Eckstein, 1828. In-12, d.-rel. bas., non rogn.

Traduct. suédoise de la Relation d'Ogier.

1213. Proost (J. J. E.). Le comte d'Ulefeld. Epilogue de la conspiration ourdie, en 1663, contre le Roi de Danemark, Frédéric III. (Extrait du Messager des sciences hist., 1850.) 1 plaq. in-8, cart. — Udtog af Christian Lunds Indberetning til Kong Friderich den 3^{die} af 28 martii 1664... videre oplyst med Anmærkninger og Documenter ved John Erichsen. Kjobenhavn, Møller, 1787.

Christian V.

1214. Bircherod (Jen). Uddrag af Biskop Jens Bircherods historiskbiographiske Dagbøger for Aarene 1658-1708, udgivne.... ved *Chr. Molbech*. Kiøbenhavn, B. Luno, 1846. 1 vol. in-8, cart.

1215. Dännemarks Gegenwärtiger Staat, unter der mehreren Souverainen Regierung Christiani V. Worinne dieses Königs allergeheimste Staats Maximen, Remarquable Politique in Erlangung Souverainer Regierung... Cölln, bey Pieter Marteau, 1695. Petit in-4, rel. vél., non rogn.

G. Brunet (Impr. imaginaire) n'a pas connu ce livre.

1216. L'Etat present des differens nouvellement survenus entre le Roi de Danemark et le Duc de Holstein-Gotorf... Traduit par l'Auteur des Additions de la défense du Danemark. A Amsterdam, chez George Gallet, M. DC. XCVII. 1 vol. in-12, rel. veau marb., fil., dos orné.

Ce libelle est l'œuvre d'un Français, *N. de la Fouleresse*, qui devint secrétaire du roi Christian V de Danemark. A la page 61, on trouve un nouveau titre qui n'interrompt pourtant pas la pagination, et la présence de la réclame REFUTA montre bien que c'est la suite du livre : « Réfutation préliminaire des Remarques sur un Ecrit qui a pour titre « L'Etat present des differens... », publiée avec le consentement de Sa Majesté en attendant une Réfutation plus ample, trad. de l'Aleman par l'Auteur des add. » A Amsterdam, 1796.

1217. Kong Christian den V^tes Testamenter som tillæg til Kongeloven. Forefundne i Regalieskabene paa Rosenborg Slot ved de originale Exemplarer af Kongeloven og Infødsretten og nu første gang udgivne ved *J. J. A. Worsaae*. Kjöbenhavn, Reitzel, 1860. 1 vol. in-8, cart. (édit.).

1218. ...Kong Christian des Femtes, af Guds Naade, Konge til Danmarck og Norge,... Hans Artikels-Brev og Kriigs-Rets instruction eller Underretning Krigen tils hands,... Kjöbenhavn, Kongl. Boogtryck., 1705. In-12, rel. bas., avec chiffre de Christian V.

Exemplaire interfolié.

1219. Kongs Christians thess Fimta Norsku Løg, á Islendsku Utløgd. Thrikt i Hrappsey af Gudmunde Olafssyne, 1779. Petit in-4, rel. bas.

1220. **Gigas** (Emil). Grev Bernardino de Rebolledo, Spansk gesandt i Kjöbenhavn 1648-1659. Kjöbenhavn, Schubothe, 1883. 1 vol. petit in-8, rel. toile, non rogn., avec portr. en phototyp.

1221. Mémoires de Dannemark contenant la vie et le règne de defunt Christierne V, traduit de l'Anglois. Utrecht, Guill. Poolsum, 1701. 1 vol. in-12, rel. anc.

1222. **Molesworth**. Mémoires de M. Molesworth, envoié de Sa Majesté Britannique à la Cour de Dannemarc, l'an 1692. A Nancy, chez l'Imprimeur, 1694. 1 vol. in-12, vieille rel.

Ces mémoires contiennent une description géographique et statistique, et des détails sur l'état politique du Danemark.

1223. [**Molesworth**]. Etat present du Royaume de Danemarc Par lequel on voit le fort, & le foible de cette Couronne, avec des Remarques très utiles, sur son Gouvernement despotique, & sur la conduite qu'elle tient aujourd'hui. A Paris, chez la veuve Mabre Cramoisy, M DCC XCV. 1 vol., rel. chag. grenat, fil., dent. int.; sur les plats, armes et chiffre runique du comte Riant (Gruel).

Première édition de la traduction française d'un libelle contre le **Danemark**. L'auteur anglais, *Robert Molesworth* (1656-1725), depuis élevé à la pairie comme *vicomte Molesworth*, avait été nommé, en 1692, envoyé extraordinaire en Danemark ; au bout de trois ans, il dut demander son rappel et, pour se venger, publia ce libelle à Londres, en 1692, sous le titre de : « An Account of Denmark in 1692. » Cet ouvrage eut, paraît-il, trois éditions en moins de trois mois et fut bientôt traduit en plusieurs langues. Ce libelle a attiré plusieurs réponses.

1224. [—]. Etat du Royaume de Danemark, tel qu'il était en 1692... *Suivant la troisième édition de Londres*. Amsterdam, chez Adrien Braakman, 1695. 1 vol. in-12, rel. vél.

Bel exemplaire.

1225. Animadversions on a pretended *account of Danmark*. London, printed for Tho. Bennet, at the Half Moon in St. Paul's Church-yard, 1694. 1 vol. in-12, rel. v.

Ce livre est une réponse à l'écrit de *Robert Molesworth*. L'auteur est *William King* d'Oxford.

1226. Deffense du Danemark ou Examen d'un Libelle, qui a pour titre, Relation de l'Etat de Danemark comme il étoit l'an M.DC.XCII. Traduit de l'anglois. Avec les additions du traducteur. Seconde édition..... A Cologne, chez Jacques l'Equitable, 1696 (*Hollande*). 1 vol. petit in-12, d.-rel. bas.

Réponse à l'écrit de Molesworth.

1227. Perspicua actorum scriptorumque prototyporum fide fulta, Narratio, quâ, quæ post factam Roëskildiæ xxvi Februarii, hoc anno 1658, inter Sereniss. Principes Daniæ, Norvegiæ, &c. Regem, & Regem Sueciæ, &c. pacem... exponitur. Hauniæ, e typogr. Morsingiano, 1658. Petit in-4, rel. vél., non rogn.

1228. **Rantzow** (Comte de). Mémoires du comte de Rantzow, ou les Heures de récréation à l'usage de la Noblesse de l'Europe. Amsterdam, P. Mortier, 1741. 2 tomes en 1 vol. in-12, cart.

Ouvrage rempli d'anecdotes piquantes.

1229. Rendsburgensia inter... Christianum V Daniæ & Norvagiæ regem & Christianum Albertum Ducem Slesvici & Holsatiæ Gottorpiensem... *S. l. n. d. n. typ.* (vers 1684). — Grundliche und Nähere Nachricht der zwischen S. Kön. Maj. zu Denemarck, Norwegen, und S. Hochf. Durch. z. Schleswig. Holstein Gottorp. obschwebenden Irrungen. Gedruckt im Jahre 1684. — Nachricht von Ihrer Kön. ¡Maj. zu Dennemack, Norwegen, &c. wider des H. Herzogen zu Schleswig Holstein-Gottorp. &c. &c. Im Jahre 1683. — Abgenötigte Beantwortung der Schrift, welche unter der Rubric Nachricht von Ihr. K. M. zu Dennemark wider des Herrn Hertz. zu Schleswig-Holst. Gottorp... ans Licht gegeben, etc... 1684. — Negocia Domestica. Dass ist Grundliche Oberweisung dass die zwischen Ihre Königl. Maytt. in Dennemarcken, und die zu Schleswig Holstein Gottorp... jetzt schwebende Misshelligkeiten keinesweges vor den Unions Ausstragen... &c. 1684. Ensemble en 1 vol. petit in-4, d.-rel. veau, tr. p.

Collection de pièces relatives au traité de Rendsbourg (10 juillet 1675).

1230. **Wandal** (Johan). Den Stormægt. og Höybaarne Arffve-Konnings og Monarchs, Her Christian den Femtes... Kongelige Salving som udi Frederichsborgs Slotz-Kircke med tilbörlige Solenniteter bleff Höytideligen holden den 7. Junii Aar 1671. Kiöbenhaffn, hos Hendrick og Jörgen Göede, 1671. In-fol., rel. bas. f., tr. dor.

1231. **Worm** (Olaus). De aureo Sereniss. Christian quinti Daniæ, Norvegiæ &c. electi Principis Cornu, dissertatio. Hafniæ, Melch. Martzau, 1641. — Tuba Danica, Hoc est Dissertatio theologica, de aureo cornu in Cimbriâ invento... autore *Envaldo Nicol. Randulfio.* Hauniæ, Sartorius, 1644. pl. — Cornicen Danicus, seum Carmen De de aureo Christiani Daniæ, Norvegiæ. Electi Principis Cornu, 1644. 1 vol. petit in-fol., rel. vél.

1232. Epistola amici ad amicum, quâ Memoriale Ablegatorum Gottorpiensium contra Danos; Cæsareæ Legationi nuper Noviomagi exhibitum, refutatur et status controversiæ eadem operâ examinatur. Lubecâ Hagam Comitum-transmissa. Una cum Responsione ad eandem Epistolam. Cosmopoli, ↄIↄ Iↄↄ LXXIX [1679]. Petit vol. in-12, rel. vél., non rogn. (*Hollande*).

La première seulement de ces lettres, et la réponse.

Frédéric IV (1699-1730).

1233. **Bornemann** (Henricus). Den Hellige og meget Højtidelige Kongl. Salving act og festivitet, som den 15 april anno 1710. paa Friderichsborgs Slot..... med Begge deris Kongl. Maj. Frederich den Fierde, Arve-Konning til Danmarck og Norge..... Kjöbenhavn, *s. d.* (1710). Petit in-fol., rel. bas. f., avec vignettes et lettrines gr. sur cuivre.

1234. [**Claussen**]. Recueil de tous les traités, conventions, mémoires et notes conclus et publiés par la couronne de Dannemarc, dès l'année 1766 jusqu'en 1794 inclusive. Berlin, Unger, 1796. 1 vol. in-8, d.-rel. v. f., coins.

1235. Dell' ingresso e permananza in Firenze di Federigo qvarto re di Danimarca e di Norvegia. Relazione genuina di Scrittore anonimo e contemporaneo publica per la prima volta dal canonico *Domenico Moreni* con note, ed illustrazioni...... Firenze, Magheri, 1819. In-4, d.-rel. chag. v., non rogn., avec chiffre du comte Riant.

L'auteur anonyme de ce journal serait un certain *Luigi Gualteri*.
Exemplaire qui paraît être en grand papier.

1236. **Hartmann** (Joh. Adol.). Panegyricus augustissim. et potentiss. Principi Friderico Regi, cum die 2da Aprilis anni 1720, Suecorum Gothorum &c. Rex renunciatus. Cassellis, Harme, 1720. Plaq. petit in-fol. d.-rel. chag. — **Cancellieri** (Francesco). Lettera al signor Salvatore Betti sopra la permanenza di Federico IV re di Danimarca in Firenze ed in Bologna nel 1709. Plaq. in-8, cart.

1237. **Minutoli** (Carlo). Federico IV. re di Danimarca e di Norvegia e Mª Maddalena Trenta Ricordo di storia lucchese degli anni 1692-1709. Lucca, Giusti, 1875. Plaq. petit in-8, cart.

1238. **Wiencke** (Christian). Humillimum pietatis officium, quod sereniss. ac potentiss. principi ac domino Friderico quarto, Daniæ, Norvegiæ..... regi Die XV Aprilis anno MDCC Friderichsburgi solenniter feliciterque Inaugurato, in Acad. Gissensi testatus est. Gissæ-Hassorum, typ. Henningi Mülleri. Petit in-fol., rel. vél.

Christian VI (1730-1746).

1239. **Worm** (Christen Willumsön). Den Stormægtigsta Denmarks og

Norges Eenevolds-Herre Konning Christian den Siettes og Dronning Sophia Magdalena..... deres Majesteters Hellige og Höytidelige Salvings-Forretning holdet i Friderisborgs Slots-kirke den 6 Junij 1731..... Kjöbenhavn, Höpffner. *S. d.* 1 vol. in-fol., rel. bas. f. (chiffre royal), avec 2 beaux portr. de Christian VI et de la reine Sophie Madeleine, gravé l'un par *B. Picart*, l'autre par *Honbraken*.

Frédéric V (1746-1766).

1240. Correspondance entre le comte Johan Hartwig Ernst Bernstorff et le duc de Choiseul, 1758-1766. Copenhague, Gyldendal, 1871. 1 vol. petit in-8, rel. toile (couvert.).

1241. **Hersleb**. Kong Friederich den Femtes og Dronning Louises Kongelige Salving lode forrette udi Friderichsborgs Slotts-Kirke, den 4 Septembris 1747, Hvilken Höj-Hellige og Höjtidelige Salving-Act nu... sammenskrevet og ved Trykken bekiendtgiord. Kjöbenhavn, Höpffner. 1 vol. in-fol., rel. bas., avec armes royales et 2 magnifiques portr. de Frédéric V et de la reine Louise, gr. par *Preisler* d'après *Pilo*.

1242. [**Hubner** (Martin)]. Le politique danois ou l'ambition des Anglais démasquée par leurs pirateries. A Coppenhague, Frideric Mons, 1756. — Le politique danois, Seconde Edition Refondue, corrigée & augmentée par l'Auteur. A Copenhague, 1759.

> Cet ouvrage est généralement attribué à *Martin Hubner*, malgré les dénégations de ce publiciste insérées, en 1760, dans le *Journal des Savants*. On a même prétendu que Catherine de Russie aurait fourni des mémoires à Hubner pour ce travail.

1243. Lettres sur le Dannemarc. Genève, Philibert, 1757. 1 vol. in-12, d.-rel. bas.

> La première édition ne se compose que d'un volume, qui est de Roger, secrétaire du comte de Bernstorff; la nôtre est de 1757.

1244. **Petersen** (Johann). Am Höchstfröhlichen Geburtstage des allerdurchlauchtigsten, grossmächtigst. Fürsten u. Herrn, H. Friederich des Fünften... Hanau, 1758. Plaq. in-fol., d.-rel. chag. r.

1245. **Petri** (Jean). De Friderici, Daniæ et Norvegiæ princ. hered. serenis. et rel. Justa et legitima postulatione in adiutorem episcopatus Lubecensis. Helmstadt, Drimborn, 1758. 1 vol. in-4, cart. toile.

> La dédicace à S. A. R. Mgr Frédéric, prince héréd. de Dannemarck,..... et coadjuteur de l'évêché de Lubeck, est en français.

Ensemble. **Thorsoe** (Alex.). Kong Frederik den Femtes Ungdom og thronbestigelse. Et historisk Omrids. Kjøbenhavn, Thiele, 1868. Plaq. in-8, rel. toile, non rogn.

1246. Trattato perpetuo di Commercio, e Navigazione conchiuso tra il Re nostro Signore e la Corona di Danimarca da' rispettivi Ministri plenipoten-

ziarj in Madrid il dì 6 Aprile 1748. Napoli, Ricciardi, 1751. 1 vol. in-4, d.-rel. bas., non rogn.

Légers raccom. au titre.
Traité entre les rois Charles IV des Deux-Siciles et Frédéric V de Danemark

1247. **Vidalino** (Paulo Bernardi filii). Oratio qvvm Avspicatissimvs natalis sereniss. potentissimique Regis Friderici quinti, Daniæ, Norvegiæ Vandalor. Gothorumque Regis pridie Cal. Apriles A. Chr. N. 1756 in Universitate Lipsiensi... habita. Lipsiæ ex off. Breitkopfia. In-fol., d.-rel. bas.

Christian VII. — Struensée. (1766-1808).

1248. **Caroline-Mathilde**, reine de Suède. Histoire de la dernière révolution arrivée en Danemark, écrite de la propre main de la reine Caroline-Mathilde, pendant sa détention au château de Kroonenbourg; envoyée depuis peu au Comte de***. Copiée sur l'original. Traduite de l'anglois. A Rotterdam, chez J.-F. Ebert, 1762. Plaq. in-12, rel. toile, non rogn.

1249. [de **Falkenskiold**]. Mémoires authentiques et interessans, ou histoire des comtes Struensee et Brandt, Edition faite sur le Manuscrit tiré du portefeuille d'un grand. Londres, 1789. 1 vol. in-8, d.-rel.

1250. **Falckenskiold** (Senèque Othon de). Mémoires de M. de —, officier général au service de S. M. le Roi de Danemarck, à l'époque du ministère et de la catastrophe du Comte de Struensée, contenant l'exposé fidèle et impartial des causes et des circonstances de cette catastrophe... précédé d'une relation des campagnes de M. de Falckenskiold dans l'armée russe, contre les Turcs, en 1769 et 1770... avec une Notice préliminaire sur la vie de l'auteur de ces mémoires, par M. *Phil. Secretan.* Paris, Treuttel et Würtz, 1826. 1 vol. in-8, d.-rel. chag. r., coins, tr. dor., avec portr. de Struensée.

1251. Kong Christian den Syvendes udenlandske Reise i Aaret 1768. En Dagbog udg. af *C. Olsen. S. l.*, Smith, 1837. 1 vol. in-12, rel. toile.

1252. Mémoires d'une reine infortunée [*Caroline-Mathilde* d'Angleterre, (1751-1775), femme de Christian VII, roi de Danemark], entremêlés de lettres (écrites par elle-même) à ses parents et amies illustres. Traduit de l'anglois. A Rotterdam, Bronckorst, 1776. 1 vol. in-12, d.-rel. veau éc.

1253. Mémoires pour servir à la connoissance de l'État actuel du royaume de Danemarck. Traduits de l'allemand de M. Schirach & enrichis de plusieurs additions & corrections de l'auteur même. *S. l.*, 1785. 1 vol. in-12, d.-rel. basane.

1254. **Munter** (Dr Balthasar). Des vormaligen Grafen und Königlich-Danischen-Geheimen Cabinet-Ministers Johann Friederich Struensee Bekehrungsgeschichte. Neue Auflage. *S. l.*, 1773. 1 vol. in-12, rel. toile.

1255. **Münter** (Frederic). Kong Christian den Syvendes og Dronning

Mathildes hellige og höitidelige Salving i Christiansborgs Slots-Kirke den 1ste Mai 1767 af Ludvig Harbœ. Kjöbenhavn, Schultz, 1828. In-fol., rel toile.

1256. **Navarro** (J.). Vie du comte J. H. E. de Bernstorff. Naples, 1822. 1 vol. in-8, cart.

1257. Procès de la princesse Caroline, reine de Danemarck. Imprimé pour MM. les Bibliophiles français. Paris, Didot, 1829. 1 plaq. in-8, rel. toile

Cette plaquette, publiée par *M. Guillaume*, contient les plaidoyers des deux avocats, Olaf Lund Bang et Urdal, qui ont parlé pour la princesse.

1258. **Reverdil** (François). Struensée et la cour de Copenhague, 1760-1772. Mémoires de *Reverdil*, cons. d'Et. du roi Chrétien VII, publiés par *A. Roger*. Paris, Meyrueis, 1858. 1 vol. in-8, rel. toile, non rogn., couvert.

François Reverdil (1732-1808), né à Nyon (Vaud), mort à Genève.

1259. COLLECTION DE PAMPHLETS ET COMPLAINTES SUR LA MORT DE STRUENSÉE. — 1. Die Bücher der Chronika des Grafen Struensee, woinnen geschrieben ist was sich zugetragen hat mit ihm, und wie er verderben wollte das Volk der Dänen und den König; imgleichen was sich ferner zugetragen hat bis auf diesen Tag, aufgezeichnet von *Ismael Nerias* Vorsänger in der Synagogue. 1772 (32 p.). — 2. Zufällige Gedanken über den vor kurzer Zeit durch des Königs Gnade hocherhabenen, aber bald darauf durch eigene Schuld sehr tief gestürzten Grafen von Struensee. Entworfen von einem wahren Patrioten Dännemarks. Den 17ten Januar 1772 (8 p.). — 3. Text zur Predigt auf Allerhöchsten Königl. Befehl am III. Sonntage nach Epiphanias, 1772 gefeyerten Dank-Feste zu Copenhagen gehalten von D. *Balthasar Münter* (iv ff.). — 4. Graf Struensees, Brands, Falkenschiolds, Gählers und Justitz-Raths Struensees wahre Unterredung zur Aufmunterung, ihren angelegten Plan auszuführen. Aus dem Dänischen des zu Copenhagen 1772 bey *August Friederich Stein* gedrucktes Exemplar übersetzt. Wie auch den Bericht von Beelzebubs Anrede an seiner höllischen Rathsversammlung, und das darauf ausgefertige Sendschreiben des Teufels an den Grafen Struensee (56 p.). — 5. Der merkwürdige 17te Januar 1772, da der Graf Struensee fiel. Das beständige Wohl Dänemarks, als eine Aufmunterung an alle verachtete Christen, nicht Glaubens-Spötter und Königs-Verräther zu werden (iv ff.). — 6. Gespräch zwischen Struensee, Brand, Philanthrope und dem Schliesser. Aus dem Dänischen ins Hochdeutsche übersetzt. Gedruckt zu Humelhof, 1772 (16 p.). — 7. Gespräch im Gefängniss zwischen Brand und Struensee worin letzterer einem merkwürdigen Traum erzählt (iv ff.). — 8. Des unglücklichen Grafen Struensee Gespräch mit sich selbst und den Kerkermeister. Seine Reue, Gewissens-Angst, Bekehrung und Testament, 1772, den 28sten Februar, da sein Verhör geendigt war (vjjj ff.). — 9. Des unglücklichen und gewesenen Grafen Struensee erstes Verhör. Aus dem Dänischen bey *A. F. Stein* i. Copenhagen gedrucktes Exemplar ins deutsche überzetzt, und das darauf erfolgte Gespräch mit sich selbst und den Kerker-

DANEMARK — CHRISTIAN VII — STRUENSÉE (1766-1808)

meister. Den 22sten Februar 1772. Copenhagen (15(1) p.). — 10. Ein Vermahnungsbrief von dem Generalsuperintendenten Struensee, an seinen Sohn dem Grafen J. F. Struensee. 1772 (vjjj ff.). — 11. Antwort von Struensee in seiner Gefangenschaft auf seines Vaters Brief. Ins Deutsche übersetzt. Zu bekommen bey dem Buchbinder Gutacker, wohnhaft im Präsidenten : Gang, in Altona (8 p.). — 12. Des Graven von Struensee Schreiben an seine Mutter. 1772 (8 p.). — 13. Sendschreiben des Teufels an den Grafen von Struensee (8 p.). — 14. Antwortschreiben des Grafen von Struensee an Beelzebub. 1772. *Mit einem saubern Kupfer* (8 p.). Ensemble 14 plaq. en 5 vol. format in-12, rel. toile.

La plupart de ces plaquettes se rencontrent difficilement.

1260. PIÈCES ALLEMANDES SUR STRUENSEE. — 1. An den König. Von Herrn Conferenzrath *Pet. Fridr. Suhm*. Aus dem Dänischen übersetzt von einem treugesinnten Patrioten. 1772 (8 p.). — 2. *Une gravure sur cuivre représentant le roi sur son trône; devant lui, la Sagesse et la Justice foulant aux pieds l'Orgueil et l'Envie; dans le lointain, l'arrestation de Struensée. Une légende au bas de la gravure* « Die Weisheit reicht Gerechtigkeit Ihr Schwert. | Auf Iene Bruht die hier zu Boden fährt. — 3 et 4. *Deux gravures représentant les comtes Struensée et Brandt dans leurs prisons.* — 5. [Schreiben] von Copenhagen den 17ten Januar 1772. Nach dem Dänischen Original (24 p.). — 6. 2tes Schreiben von Copenhagen wegen der am 17ten Januar 1772. arretirten Staatsgefangenen. (*Une gravure sur bois au titre, et, au-dessous,* Graf Struensee) (16 p.). — 7. 3tes Schreiben von Copenhagen den 24 März wegen der Staatsgefangenen. 1772 (8 p.). — 8. 4tes Schreiben von Copenhagen, nebst der Rede welche der höchste Gerichtsprocurator Uldahl in dem hohen königlichen Gerichte am 16 März gehalten hat (8 p.). (*La pagination de ces quatre dernières plaquettes se suit.*)

Ensemble très curieux de brochures populaires sur la chute de Struensée. *Pierre Frédéric Suhm* (1728-1798) contribua par ses pamphlets à la révolution qui renversa ce ministre.

1261. **Munter** (Dr B.). Histoire de la conversion du feu comte *J. F. Struensée*, ministre privé du cabinet de S. M. D., avec ses propres détails sur la manière dont il est arrivé à changer ses sentimens sur la religion..... Traduite de l'allemand par *M. Mourier*, past. de l'Eglise réf. à Cop. Copenhague, Steinmann, 1773. — **Hée** (G.). Relation fidèle des sentimens et de la conduite du comte *E. Brandt*, pendant sa prison et jusques au moment de son exécution. Tr. du danois. Copenhague, Steinmann, 1772. Sentence prononcée par la commission d'enquête autorisée à cet effet et tenue au château de Christiansbourg, le 25 d'avril 1772, contre *Jean Friderie Struensée* et approuvée par le Roi le 27 du mois susdit. Trad. sur l'or. Cop., Stein., 1772. — Sentence..... contre *Enevold Brandt*..... Copenhague, Steinmann. S. d. — 4 parties en 1 vol. in-4, d.-rel. veau écaille, avec les deux portraits de Struensée et de Brandt, leurs armoiries et cinq très curieuses gravures sur

cuivre représentant Struensée ministre, Struensée et Brandt dans leurs cachots, enfin le supplice des comtes.

1262. **Struensée** (J. F.). Schreiben an der Köning von dem Grafen von Struensee, oder allerunterthänigste Bitte für sich und seine Mitgefangenen, um einige Erleichterung und Bestreyung von der wohlverdienten Strafen, nebst dem ehrerbietigsten Wunsche : Lieber sogleich mit dem Leben zu büssen. Bey Gelegenheit des hohen Königlichen Geburtfestes am 29sten Jenner unterthänigst abgelassen. *S. l. n. d. n. typ.* 4 ffnc. format in-4, rel. toile, non rogn.

Le titre ci-dessus est au verso du premier feuillet. Sur le recto de ce feuillet on lit : An Ihre Königliche Majestät zu Dännemarck, Norwegen, &c., &c., meinen Allergnädigsten König und Herrn in Christiansburg. — Ce titre est imprimé dans le sens de la hauteur, et les traces de plis que l'on remarque sur cette plaquette montrent qu'elle était destinée à être envoyée comme une lettre.

1263. **Wraxall** (Sir C. F. Lascelles). Life and Times of Her Majesty Caroline Matilda, queen of Denmark and Norway, and sister of H. M. George III of England, from family documents and private state archives. London, Allen, 1864. 3 vol. in-8, cart. (édit.).

1264. **Yves** (Marquis Louis d'). Geheime Hof- und Staats-Geschichte des Konigreichs Danemark. Zeiten nach der Struenseeischen Revolution. Germanien, 1790. 1 vol. in-12, cart.

Ouvrage imprimé chez Heerbrand, à Tübingen, d'après un livre français.

1265. Zuverlässige Nachricht von der letzteren Staatsveränderung in Dännemarck, von Ihrer Majestät, der Königinn Caroline Mathilde, während Ihrer Gefangenschaft auf dem Schlosse zu Kroonenburg eigenhändig entworffen... aus d. Engl. übersetzt. Rotterdam, Ebert, 1772. In-12, rel. toile, non rogné.

XIXe siècle.

1266. **Robertson** (R^d James). Narrative of a secret mission to the Danish Islands in 1808, ed. from the author's Ms. by his nephew, *A. C. Fraser*. London, Longman, 1863. 1 vol. in-12, cart. (édit.).

1267. **Münter** (Frederik). Den Stormægtiste Konges Kong Frederik den Sjettes,... og den Stormægt. Dronnings Dronning Marie Sophie Frederikes, hellige og höitidelige Salvings-Akt i Frederiksborg Slotskirke den 31te julij 1815. Kjöbenhavn, Schultz, 1818. In-fol., d.-rel. bas., avec vignettes.

1268. **Wolff** (Jens). Appeal and Memorial to which are added various remarks as to the nature and results of the Danish Confiscations, in the year, 1807, by the ci-devant Danish consul in London. London, Batten, 1833. Appel et mémoire, etc. (trad. française). Londres, Clay, 1833. 2 vol. rel. en 1 vol. in-8, d. veau, coins.

1269. Kongeligt aabent Brev angaaende Norges Afstaaelse til Sverrig

udstædt den 18de januar 1814. Kjöbenhavn, Schultz. *S. d.* Plaq. in-fol., cart.
— **Frédéric VI** (roi de Danemark). Textes officiels (suédois, français et danois) du traité de Kiel (14 janvier 1814), par lequel Frédéric VI de Danemark cède ses droits sur la Norwège au roi de Suède. *S. l. n. d. n. typ.* (1814). 1 plaq. in-4, cart. — Freds-Tractat imellem Danmarck og Storbritannien sluttet i Kiel den 14de januar 1814. Kjöbenhavn, Schultz. *S. d.* — Fredstractat mellem Hs. Maj. Kongen af Danmark og Hs. Maj. Kongen af Preussen (*du 25 août 1814*). *S. l. n. d. n. typ.* — Freds-Tractat imellem Danmark og Sverrig, sluttet i Kiel den 14de januar 1814. Kjöbenhavn, Schultz. *S. d.* Ensemble 3 plaq. petit in-4, cart. et rel. toile. — **Frédéric VI.** Placard du 5 sept. 1814.

1270. The crown of Denmark disposed by a religious minister through a fraudulent treaty; with reprint of Denmark and the duchies. London, March 1853. In-12, rel. toile.

XX

Norwège. — Histoire.

1271. Anecdoton Historiam Sverreri Regis Norvegiæ illustrans. E Cod. memb. Bibl. Arna-Magnæanæ cum vers. lat. et comment. edd. M. *E. C. Werlauff.* Havniæ, Rangel, 1815. 1 vol. in-8, rel. toile.

1272. **Borck** (Anders Jenssøn). Det gamle og hedenske Norge, oversat i vort ædele danske Tungemaal af det Latinske Sprog. Kjøbenhafn, Godiche, 1711. 1 vol. in-4, rel. peau de Suède, fil., tr. dor.; sur les plats, armes et chiffre runique du comte Riant.

> Première traduction danoise de l'ouvrage de *Jonas Ramus* « Norvegia antiqva et ethnica » paru, en 1689, à Christiania.

1273. **Carlyle** (Thomas). The early Kings of Norway; also an essay on the portraits of John Knox. London, Chapman, 1875. In-12, rel. toile (édit.).

1274. Codex diplomatarius monasterii sancti Michaelis Bergensis diœcesis vulgo Munkalif dicti, conscriptus anno Chr. Mcccc xxvii. Ex origin. libro membr. qui in biblioth. acad. Hafniensis asservatur..... nunc primum in lucem editus à *P. A. Munch.* Christianiæ, Gröndhal, 1845. In-4, avec 3 pl. lithogr., rel. toile, non rogn.

1275. Diplomatarium Norvegicum. Oldbreve til kundskab om Norges indre og ydre forholde, Sprog, Slægter, Sæder, Lovgivning og Rettergang i Middelalderen. Samlede og udgivne af *Chr. C. A. Lange* og *Carl R. Unger* (*continué par Huitfeldt-Kaas*). Christiania, Malling, 1847-1888. Tomes 1 à 12, avec planches en 11 vol., d.-rel. chag. r., tr. lim., et 2 vol. br.

> Importante collection qui se publie aux frais du gouvernement et qui n'est pas encore terminée.

1276. **Magnæus** (Arnas). Testamentum Magni regis Norvegiæ conscriptum anno Christi M CC LXXVII. Nunc primum e tenebris erutum. Havniæ, Wieland, 1719. 1 plaq. in-12, rel. vélin (avec une préface d'Arnas Magnæus). — **Jacobi** (Christian). Norwegia monarchica et christiana, ex Snorreo Sturlesonio enucleata, præcipua regum Norwegorum, medii ævi, acta complectens. Tychopoli, apud Gotthilf Lehmann, 1712.

1277. Monumenta historica Norvegiæ. Latinske Kildeskrifter til Norges historie i middelalderen. Udgivne ved Dr G. *Storm*. Kristiania, 1880. 1 vol. in-8, d.-rel. chag., tr. dor., non rogn., avec coins.

1278. **Nicolaysen** (N.). Norske Fornlevninger. En oplysende Fortegnelse over Norges Fortidslevninger, ældre end Reformationen og henførte til hver sit Sted. Kristiania, Werner, 1862-1866. 1 vol. in-8, rel. toile, non rogn.

Une première édition a paru en 1855, mais celle-ci est la meilleure.

1279. **Petersen** (Siegwart). Norges, Sveriges og Danmarks Historie for Middelskolen. Kristiania, Cappel, 1872. — **Petersen** (Sieg.) og **Storm** (Gustaf). Norges, Sveriges og Danmarks Historie for Gymnasierne, Anden Udgave. Kristiania, Cappel, 1872. Ensemble 2 vol. d.-rel. v.

1280. **Ramus** (Jonas). [Historia regum Norvegorum, seu Norvegia antiqua et ethnica. Christiania, 1689.] 1 vol. petit in-4, rel. vél.

Le titre manque.

1281. **Romanus** (Guillaume). Επαινος sive Oratio, ut vocant, Commendatitia pro ill. et seren. princ. ac dom., dom. Udalrico, herede Norvvegiæ, Duce Holsatiæ, &c..... Lipsiæ, Abrah. Lamberg, s. d. (c. 1595). Plaq. in-4, br.

1282. Symbolæ ad historiam antiquiorem rerum Norvegicarum. I. Breve Chronicon Norvegiæ. II. Genealogia comitum Orcadensium. III. Catalogus regum Norvegiæ....... Ed. *P. A. Munch*. Christiania, Werner, 1850. 1 vol. grand in-4, d.-rel. mar., tr. dor., non rogn., coins.

1283. **Torfæus** (Thormod). Historia rerum Norvegicarum in quatuor tomos divisa. Hafniæ, ex typogr. Joachimi Schmitgenii, 1711. 4 tomes en 2 vol. petit in-fol., rel. bas.

Ouvrage très rare et fort important, dont il n'y a plus que peu d'exemplaires. L'édition presque entière a péri dans l'incendie de Copenhague.

1284. **Fougner-Lundh** (Gr.). Specimen Diplomatarii Norvagici..... Kjöbenhavn, Möller, 1828. Plaq. in-4, rel. toile, br. — **Harttung** (Julius). Norwegen und die deutsche Seestädte bis zum Schlusse des dreizehnten Jahrhunderts. Berlin, Hertz, 1877. Plaq. in-8, rel. toile, non rogn. (couv.). — **Hellmar** (H.). Die Norwegische Verfassung ein Vorbild für Preussen. Halle, Schmidt. Plaq. petit in-8.

1285. **Aschehoug** (T. H.). Statsforfatningen i Norge og Danmark indtil 1814. Christiania, Tonsberg, 1866. 1 vol. in-8, rel. toile verte (couvert.), non

rogn. — **Aschehoug** (T. H.). Norges offentlige Ret. *Anden Afdeling*. Den nugjældende Statsforfatning. Christiania, Tønsberg, 1875. Plaq. in-8, cart.
— Aktenstücke. Aufsätze die neuste Geschichte Norwegens betreffend. I. *S. l. n. typ*. Juin 1814. Plaq. in-8, rel. toile sur brochure.

Première partie seule parue.

1286. **Catteau-Calleirlle** (J. P. G.). Histoire des révolutions de Norwège suivie du tableau de l'état actuel de ce pays et de ses rapports avec la Suède. Paris, Pillet, 1818. 2 tomes en 1 vol. in-8, rel. toile, non rogn. (couvertures).

Envoi de l'auteur à Evariste Dumoulin.

1287. Af Christiania Ministerialbøger. Christiania, 1878. 1 plaq. grand in-4, cart.

Tirage à 24 exemplaires.

1288. **Daae** (Ludvig). Det gamle Christiania, Cappelen, 1871. — Historiske Skildringer. Kristiania, Malling, 1873. — Norges Helgener. Christiania, Cammermeyer, 1879, *avec 3 pl. fac-sim*. — Normænds Udvandringer til Holland og England. En Bidrag til vor Söfaerts Historie. Christiania, Cammermeyer, 1880. — Krigen Nordenfjelds 1564. Christiania, Johnsen, 1872. Ensemble 5 vol. ou plaq. in-12, rel. toile, non rogn., couvert.

1289. **Falsen** (Christian Magnus). Bemærkninger over Skriftet : En Sandfærdig Beretning om Danmarks politiske Forbrydelser imod Kongeriget Norge fra 955 til 1814. En historisk Skisse. Christiania, Hielm, 1817. In-12, cart.

1290. Geschichte von Norwegen nach *Andreas Faye*, Bis auf die neueste Zeit fortgeführt. Lpzg, Lorck. 1 vol. in-12, d.-rel. veau f.

1291. [**Heiberg** (P. André)]. Lettres d'un Norvégien de la vieille roche ou examen des changemens qui menacent la constitution du royaume de Norvège. Paris, Mme Jeunehomme-Crémière, 1822. 1 vol. in-12, rel. toile.

1292. **Keyser** (Rudolf). Norges Historie. Kristiania, Mallings, 1860-1870. 2 vol. in-12, rel. toile (rel. diff.), avec portr. lithogr.

1293. **Munch** (P. A.). Det Norske folks Historie. Christiania, Tønsberg, 1852-1863. 7 vol. in-8, rel. toile, non rogn.

Le plus important ouvrage du célèbre historien norvégien S. A. Munch (1810-1863).

1294. **Nicolaysen** (N.). Norske Stiftelser. Samling af Fundatser, Testamenter og Gavebreve, samt historisk-statistiske Efterretninger vedkommende milde Stiftelser i Kongeriget Norge. Christiania, Tønsberg, 1858. 3 vol. in-8, d.-rel. chag.

Documents importants pour les établissements de charité en Norvège, édités par les soins du ministère du culte et de l'instruction publique.

1295. **Petersen** (Siegwart). Fortællinger af Fædrelandets Historie Folkelæsning. Kristiania, Cappel, 1863. 1 vol. in-12, rel. toile.

Un des bons ouvrages de l'historien populaire norvégien.

1296. **Philoneus eller** Eftertiden i Norge. En Fortælning, som 53 §. i Spydebergs Beskrivelse, med Noter. Christiania, S. C. Schwach, 1779. Plaq. in-12, rel. toile, non rogn. — La Norvegia e la Suezia nel secolo xix, dal *Foreign Quarterly Review*, versione di *E. Valtancoli Montazio. S. l. n. d.* 1 plaq. in-8, cart.

1297. **Schonings** (Gerhard). Norges Riiges Historie. Sorøe, Mumme og Faber 1771-1781. 3 vol. in-4, d.-rel. v. rac.

1298. **Sidgwick** (Charlotte S.). The story of Norway. With illustrations. London, Rivingstons, 1885. 1 vol. in-12, cart. (édit.).

1299. **Steffens** (Heinrich). Der Norwègische Storthing im Jahre 1824. Berlin, Humblot, 1825. 1 vol. in-8, rel. toile, non rogn.

1300. **Svedelius** (Wilh. Eric). Stycken ur Norges Historia. Stockholm och Upsala, Bonnier, 1864. 1 vol. in-8, rel. toile, non rogn., couverture.

XXI

Suède. — Généralités historiques. — Histoire des villes, etc.

1301. **Acta publica** hörande til Sweriges Rikes Fundamental-Lag. Stockholm, Kongl. Tryck. hos Momma, 1755. — Forme du gouvernement de Suède, avec quelques autres pièces concernant le droit public de ce royaume, traduites en françois... Copenhague et Genève, chez les frères Philibert, 1756. *Traduction de l'ouvrage précédent par P. H. M.* — Acta publica, hörande til Sweriges Rikes Fundamental-Lag. Stockholm, Kongl. Tryckeriet, 1786. Ensemble 1 vol. in-12, d.-rel. v.

Les pp. 273 à 284 du premier ouvrage ont été mal placées par le relieur.

1302. **Ahlquist** (Abraham). Ölands Historia och Beskrifning. Calmar, Berg, 1822-1827. 3 vol. in-12, rel. toile, non rogn. — **Giellebol** (Rejero). Naturlig og œconomisk Beskrivelse over Höslands Præstegiæld. Kiöbenhavn, Godiche, 1771. 1 vol. in-12, rel. veau, dent. sur les pl., tr. dor. — **Bomansson** (Karl August). Om Ålands fornminnen. Historisk Afhandling. Helsingfors, Fremckell, 1858. Plaq. in-12, cart. — **Vallinus** (N.). De Oelandia. (Diss. Ac.) Holmiæ, J. H. Werner (1703). 1 plaq. in-4, br.

1303. **Richardson** (Jacob). Hallandia antiqua & hodierna, Thet är : Hallands, et af Götha Rikets Landskaper Historiska-Beskrifning. Stockholm, Lars Salvius, 1752. 1 vol. in-4, d.-rel. veau éc., avec 29 planches.

1304. **Anckarsvärd** (C. H.). Motion om revision af föreningsfördraget emellan Sverige och Norge. (Afgifven på Riddarhuset den 2 Nov. 1859.) Stockholm, Bonnier, 1859. Plaq. in-8, cart. — **Andersson** (Gustav). Handlingar ur v. Brinkmanska archivet på Trolle-Ljungby. Örebro, N. M. Lindh, 1859. 2 part. en 1 vol. in-8, d.-rel. v. br. (couverture). — Antimare Balticum, seu Breuis & analytica Recapitulatio tractatus nuper editi cuius titulus est : Mare Balticum. Anno 1639. *S. l. n. typ.* Plaq. petit in-4, 8 ffnc., cart.

1305. Anmärkningar vid herr Hof-Cancellérens och riddarens Olof v. Dalins Svea Rikes Historia. Stockholm, Salvius, 1771. 1 vol. in-12, d.-rel. bas.

1306. (Historiskt) Archivium innehållande Märkwärdigheter, Uplysningar och Anecdoter i Swenska Historien. Stockholm, Pfeiffer, 1774-1776. 6 parties en 1 vol. in-12, d.-rel. bas.

1307. (Svenska) Archivium. Stockholm, Kongl. Tryckeriet, 1766. 1 vol. in-12, d.-rel. v.

Tome Ier seul.

1308. (Svenska) Archivium innehållande Handlingar uti Svea Rikes Historia. Stockholm, Joh. A. Carlbohm, 1790-1792. 1 vol. in-8, cart. pl.

Tome Ier seul.

1309. **Beern** (Joh. Christoff). Der von Christi Geburt an, biss auf diese unsere Zeit, Regierenden Könige in Schweden Leben, Regierung und Absterben, aus den bewehrtesten Schwedischen Geschicht-Schreibern hervorgesucht und zusammengetragen. Nürnberg, Joh. Hoffmann, 1673. 1 vol. in-12, rel. vél. avec frontisp. et portr.

1310. **Benzelius** (Eric). Diarium Vazstenense ab ipsis initiis monasterii ad ejusdem destructionem, ex mss. editum. Upsaliæ, apud Russworm, 1721. *Joh. Christ. Becmanni* Analecta historica quibus res sacræ et profanæ apud præcipuos populos inde ab orbe condito usque ad tempora Constantini Magni. Francofurti ad Viadrum, apud Conradi, 1722. Ensemble 1 vol. petit in-4, rel. veau.

1311. **Berch** (Carl Reinhold). Namnkunniga Svenska Herrars och Fruers Skåde-Penningar afritade och i koppar stuckne med bifogade Lefvernes-Beskrifningar. Stockholm, Lange, 1777. 3 parties en 1 vol. in-4, d.-rel. v. rac. avec 19 pl.

Ouvrage estimé, contenant l'histoire des rois de Suède et des personnages remarquables de ce pays, d'après les médailles.

1312. Beskrifning öfver Städer, Egendomar, Minnesmärken, m. m. Upptagne uti *E. Dahlbergs* Suecia Antiqua et Hodierna. Stockholm, Huldberg, 1856. 1 gros vol. in-4, obl., d.-rel. chag. bleu, coins, non rogn. *Belle publication presque entièrement composée de planches.* — Beskrifning öfver Kongl. Lustslottet Rosersberg. Stockholm, E. A. Ortman, 1821. 1 plaq. in-12, cart.

1313. **Borgström** (And.). Veteris Historiæ Gothlandicæ Lineamenta. Londini Gothorum, Berling, 1829. Petit in-4, rel. toile.

1314. **Busser** (Joh. B.). Utkast till Beskrifning om Upsala. Upsala, Edman, 1773. 2 vol. in-8, avec 27 planches.

1315. **Canzler** (J. G.). Nachrichten zur genauen Kenntniss der Geschichte, Staatsverwaltung und ökonomischen Verfassung des Königreichs Schweden. Dresden, Walther, 1778. 2 vol. in-8, rel. toile, non rogn.

1316. **Carlson** (Fred. Ferd.). Sveriges Historia under Konungarne af Pfalziska Huset. Stockholm, Norstedt, 1855-1856. 2 vol. in-8.

1317. **Champigny** (Chevalier de). Histoire abrégée de Suède, depuis les rois de la Maison de Vasa jusqu'au 1ʳ de l'année 1776. Amsterdam, aux dépens de l'auteur, 1776. In-4, d.-rel. bas.

1318. En kort Sweriges Chrönica, Jfrå Magog Japhets Sons och Noachz Sonne Sons tijd, alt in til Högborne Förstinnes Fröken Christines wår allernådigste Drotningz Regemente... Sammandragen aff *Laurentio Laurino*, seniore. Linköping, Günter, 1647. In-12, rel. vél.

Notes à l'encre sur les marges.

1319. Chronicon genealogicum, eller Vnderwisning på någon gammal Schlächt, med Åthskilliga Tidahändler; Fordom sammanskrefne af *Anna Fickes* Dotter *Bylon* abbedissa I Wadstena, och widare af Herr *Lars Siggesson*,... samt af Herr *Erik Sparre*, vptecknade. Stockholm, Horrn, 1718. Plaq. petit in-4, rel. vél.

1320. Deliciæ sive amœnitates regnorum Sueciæ, Gothiæ, magnique Ducatus Finlandiæ, aliarumque a Suecis occupatarum Provinciarum. Lugd. Bat., du Vivier, 1706. 2 tomes en 1 vol. petit in-12, rel. bas.

Déchirure au titre du tome 1ᵉʳ.

1321. Diplomatarium Suecanum, collegit et edidit *Joh. Gust. Liljegren* (continué par *Bror Emil Hildebrand*). Holmiæ, Norstedt et filii, 1829-1865. Tomes I à V en 4 vol. d.-rel. veau f. et 2 vol. br., in-4.

1322. Diplomatarium Dalekarlicum. Urkunder rörande Landskapet Dalarne. Samlade och utgifne af *C. G. Kröningssvärd* och *J. Liden*. Stockholm, Nordström, 1842-1853. 3 tomes et supplément, avec pl., en 1 vol. in-4, d.-rel. veau, tête lim., non rogn.

1323. **Ekendahl** (D. G. V.). Geschichte des Schwedischen Volks und Reichs. Weimar, 1827. 2 tomes en 1 vol. in-8, rel. toile, non rogn.

1324. **Emants** (Marcellus). Opreis door Zweden. Schetsen. Haarlem, de Graaff, s. d. (1878). 1 vol. in-12, br.

1325. [**Eugénie de Suède**]. Les Princesses de la Suède. Notices biographiques et historiques, par E***. Stockholm, Albert Bonnier, 1864. Petit vol. in-12, d.-rel. mar. vert., tr. lim.

1326. **Extract** och Uthtog vthaff dhet som emellan Kongl : Mayst. aff Sverige och Kongl. Mayst. aff Store Britannien angående Commercierne är affhandlat och bewiliat, jämwäl ock vthaff höchstbemelte... Stockholm, Kongl. Tryckeri, 1666. Plaq. petit in-4, rel. vél.

1327. **Flensburg** (Wilh.). Kort Berättelse om det så kallade S : te Knuts Gilldet, Besynnnerligen det, Som nu i Malmö Florerar. Hwartvid äfwen något är anfördt om Gilden i gemen och Staden. Malmös gamla Märckwärdigheter. Framgifwen af *Wilh. Flensburg*. Tr. hos. Ludvig Decreaux, Directeur öfwer Kongl. Acad. Privil. Tryckeri i Lund, s. d.

1328. **Fontenelles.** Histoire des révolutions de Suède. A Amsterdam, chez J. Louis de Lorme et Estienne Roger, 1696. 2 vol. petit in-12, rel. v.

1329. **Fryxell** (And). Handlingar rörande Sveriges Historia ur utrikes Arkiver samlade. Stockholm, Hjerta, 1836. 4 tomes en 2 vol. in-8, rel. toile sur couv., non rogn.

1330. **Geffroy** (A.). Recueil des instructions données aux ambassadeurs et ministres de France (1648-1789). Suède. Paris, Alcan, 1885. 1 plaq. et 1 vol. in-8, br.

1331. **Geyer** (E. G.). Histoire de Suède, traduite par J. F. de Lundblad. Paris, Parent-Desbarres, 1839. 1 vol. grand in-8, d.-rel.

1332. **Göransson** (Johan). Svea Rikes Konungars Historia ok Ättartal ifrån 2200 år före Christum intil 1749. Stockholm, Grefing, 1749. 1 vol. in-12, rel. v., avec pl. et carte. — **Griip** (Gabriel André). Immortalitas Sereniss. et potentissimor. Divorum Regum Svecorum, Gothorum, Vandalorumque... Dorpati, typ. Acad. 1638. Plaq. petit in-4, d.-rel. bas.

1333. **Granberg** (P. A.). Staden Göteborgs Historia och Beskrifning. Stockholm, Elmen, 1814-1815. 2 part. en 1 vol. in-8, rel. toile, avec 1 carte.

1334. **Hammarsköld** (L.). Svenska Vitterheten. Historiskt-kritiska Anteckningar. Stockholm, Joh. Imnelius, 1819. 1 vol. in-8, d.-rel. bas.
Ex. interfolié.

1335. **Sylvander** (G. Volm.). Kalmar Slotts och Stads Historia i tre afdelningar. Kalmar, Westin, 1864-1865. 2 tomes en 1 vol. in-8, rel. toile, nomb. planches.

1336. **Lofgren** (N. J.). Kalmar och dess Stift i Småland, Landskaps-Beskrifning. Calmar, Ahlquist, 1828-1830. 2 tomes en 1 vol. in-8, rel. toile.

1337. **Kreüger** (J. H.). Sveriges förhållanden till Barbaresk-Staterna i Afrika. Stockholm, Norstedt, 1856. — Supplément, 1856. Ensemble 1 vol. in-8 et 1 plaq. in-4, rel. toile et cart., non rogn. (couv.). — Kritiska ok Historiska Handlingar rörande Svenska Historien ok Språket, utgifne af E. E. Första Samlingen. Stokkholm, Peter Hesselberg, 1760. 1 vol. petit in-12, cart.

1338. **Låstbom** (Aug. Th.). Swea och Götha Höfdinga-Minne sedan 1720. Upsala, Wahlström & Låstböm, 1842. 2 parties en 1 vol. in-8, rel. toile, couvertures.

Recueil des biographies des gouverneurs de la Suède et de la Gothie, après 1720.

1339. **Lindskog**. Försök till en korrt beskrifning om Skara Stift. Skara, Leverentz, 1812-1816. 5 tomes en 2 vol. in-12, d.-rel. veau.

1340. **Linngren** (Gustaf). Atlas öfver Sveriges Städer med alla egor och jordar, jemte Areal-Beskrifningar. Stockholm, Bonnier, 1862. In-plano, rel. toile, contenant 88 cartes.

1341. **Ljunggren** (Gustaf) & **Richardt** (Fr.). Skånska Herregårdar. Lund, Gleerup, 1852-1863. In-4 oblong, d.-rel. chag. plats toile, avec nombreuses pl. en lithogr.

1342. [**Ljungman** (C. F.)]. En kort beskrifning om Gripsholms slott. Stockholm, Nyström, 1755. 1 vol. in-12, cart. — **Lindström** (Gustaf). Bidrag till Historien om Gotland såsom hörande till Drottning Christinas underhållsländer. Upsala, Leffler, 1854. — *Du même*. Om Gotlands höjning. Stockholm, Norstedt, 1852. Ensemble 2 plaq. in-12, rel.

1343. **Loccenius** (Johannes). Historiæ Suecanæ a primo Rege Sueciæ usque ad Carolum XI, regem Sueciæ deductæ, Libri novem, secundâ editione multo auctiores & emendatiores. Accedunt Antiqvitatum Sveo-Gothicarum, cum hodiernis institutis comparatarum libri tres locupletiores, eodem auctore. Francofurti et Lipsiæ, Impensis Viduæ & Heredum Joachimi Wildii. Ao 1676. 1 vol. in-4, rel, vélin, frontisp.

Le troisième feuillet donne le portrait du roi Charles XI.
Les « Antiquitates » de Loccenius ont une pagination différente, et sur le titre on donne l'indication « Editio quarta ».
Nombreuses notes manuscrites en marge de l'*Historia*. Une note sur le feuillet de garde nous dit que ces corrections ont été copiées sur l'exemplaire ayant appartenu à la reine Christine de Suède et annoté de sa propre main.

1344. **Lohman** (J. B.). Arboga Känning. Stockholm, Nyström, 1737. 1 vol. in-4, d.-rel.

Une planche sur cuivre représentant la ville d'Arboga a été ajoutée à ce bel exemplaire.

1345. **Massmann** (H. F). Die Gothischen Urkunden von Neapel und Arezzo. München, 1837. Plaq. in-fol., rel. toile, avec 2 pl. lith., fac-sim.

* Matrikel öfver Swea Rikes. Stockholm, 1754. 4 vol. in-8, d.-rel.

1346. **Melchior** (H. B.). Historisk Efterretning om den frie adelige Skole *Herlufsholm*. Kjøbenhavn, Schubothe, 1822. 1 vol. in-8, rel. toile.

1347. **Lithzenius** (Petrus Vilhelmus). Dissertationis Academicæ de Norkopia, urbe Ostro-gothorum, partes duo. Upsalæ, 1742. *S. typ.* 2 parties en

1 vol. petit in-4, dérelié, avec 4 cartes ou pl. gr. sur cuivre. Un peu trop rogn.

Dissertation sur l'histoire de la ville de Nörköping.

1348. **Sundelius** (Hans Olof). Norrköpings Minne. Norrköping, Raam, 1798. 1 vol. in-8, d.-rel. basane (7 planches).

* **Messenius** (Johan). Sveopentaprotopolis, thet är, The Fäm Förnämste och Älste Sweriges och Göthes Hufwud-Städer såsom Upsala, Sigtuna, Scara, Biörcköö og Stockholm,........ förswänskat af *Henrico Hammero*, Anno 1612. Stockholm, Olaus Enæus, 1698. 1 vol. petit in-8.

1349. **Nordin** (C. G.). Monumenta Suiogothica vetustioris ævi falso meritoque suspecta. Upsal (1773-1775). 1 plaq. in-4, cart. toile.

On a joint à la thèse de N., de 1773, ses deux continuations.

1350. En nyttigh Bok, om Konunga Styrilse och Höfdinga, Fordom för några hundrade åhr, af en förståndigh Swensk man skrifvin, och nu nyliga framkommen, och vtaf framlidhne salighe hoos Gudhi Martyren, höglofligh hos oss och vthi hele Christenhetenne i åminnelse. Den Stormechtigeste Högborne Förste och Herre H. Gustaf Adolf den Andre och Store, Swerikes, Göthes och Wendes Konung..... 1634. *S. l. n. d. n. typ.* Petit in-4, 6 ffnc., 87(1) pp., 20 ffnc., rel. mar. grenat, jans. dent. intér., tr. dor. (Chambolle Duru).

1351. Något om Sveriges städer. Stockholm, Eckstein, 1840. — Folkskrifter. Grimmstahamns Nybygge. Berättelse af *C. J. L. Almquist*. Upsala, Lundequist, 1839. — Ladugårds-Arrendet. Ber. af C. J. L. Almquist. Ups. Lundequist, 1840. — Saga om den ryktbare Hjelten Jerusalems Skomakare, Hans Ankomst till Sverige och besök Hos Strakomännen med vignette och Musik-Bilaga. Lund, Lundberg, 1841. — Tal wid Linköping Nykterhets-Förenings Års-Sammankomst den 25 Sept. 1842 af *J. C. Berger*. Stockh., 1842. — Profpredikan, hållen i Mariä Magdalenä Kyrka uti Stockholm... af *J. Ternström*. Stockh., 1843. — Missionspredikan hållen i Stockh. Storkyrka af *E. J. Nordenson*. Stockh., 1843. 7 plaq. rel. en 1 vol. in-12, avec musique notée.

1352. **Possart** (P. A. F. K.). Die Königreiche Schweden und Norwegen. Stuttgart, 1839. — Kleine lappländische Grammatik mit kurtzer Vergleichung der Finnischen Mundarten. Stuttgart, Cast, 1840. Ensemble 1 vol., d.-rel. veau, et 1 plaq. in-8, rel. toile.

1353. **Puffendorf** (Baron Samuel de). Inledning til Swenska Statens Historie, med wederbörlige tilökningar, bewis och anmärckningar försedd af *Jacob Wilde*. Stockholm, 1743. 2 tomes en 1 vol. in-4, rel. veau éc.

1354. **Rehbinder** (J. Adam). Biographisk, Historisk och Genealogisk Beskrifning öfver Svenske Riks-Canzlerer, Riks-Canzli-Råd, Hof- och Justitiæ-Canzlerer; jemte en bifogad kårt Canzli-Historia. Stockholm,

Hesselberg, 1786. — *Du même.* Biog. Hist. och Geneal. Besk. öfv. Svenske Landtmarskalkar. Stockholm, Nordström, 1784. Ensemble 2 vol. in-8, rel. toile et d.-rel. veau f.

1355. **Rogberg** (Samuel). Historisk Beskrifning om Småland. Widare utförd af *Eric Ruda*. Carlskrona, 1770. In-12, d.-rel. bas.

1356. **Rosenhane** (Baron Shering). Svea-Rikes Konunga-Längd. Stockholm, Nordström, 1789. 1 vol. in-4, d.-rel. veau f., coins.

1357. **Rothlieb** (C. F.). Landt-Marskalks-Krönika eller biographiska och genealogiska anteckningar om alla svenska Landt-Marskalkar. Stockholm, Carlson, 1828. 2 part. en 1 vol. in-12, d.-rel. bas.

1358. **Rudbeck** (T. G.). Försök till Beskrifning öfver Sveriges städer. Stockholm, Bonnier, 1855. 3 parties en 1 vol. in-8, d.-rel. veau f., avec nombr. fig., pl. et cartes.

Important et intéressant travail.

1359. Samlingar til Fyens Historie og Topographie, udgivne af Fyens Stifts litterære Selskab. T. I à V et t. VI, fasc. 1. Odense, 1861-1871. Ensemble 4 tomes en 2 vol., rel. toile et 5 fasc. brochés.

* **Scheffer**. Johannis Schefferi Argentoratensis, De Antiquis verisque Regni Sueciæ insignibus, Liber Singularis. Holmiæ, Exc. N. Wankiif Reg. Typ. 1678. 1 vol. in-4, avec 15 pl. gr. sur cuivre.

* — Johannis Schefferi Argentoratensis, Upsalia, cujus occasione plurima in Religione, Sacris, festis, Regum electionibus..... olim per Septentrionem & Vicinos Germanos, Gallos, Britannos, omnēque pœne Occidentem usurpata explicantur, lociq; bene multi veterum Aliorumq; auctorum emendantur atque illustrantur. Upsaliæ, cum Regio Privilegio, Exc. Henricus Curio S. R. M. & Acad. Vps. Bibliopola, 1646. 1 vol. petit in-8.

1360. **Schenk** (Petrus). Icones Prætoriorum ac villarum, variorumque publicorum Regis Sueciæ Ædificiorum. Amsterdam, *s. d.* In-8 oblong, d.-rel. veau rac., contenant 20 jolies pl. gr. sur cuivre.

1361. Schreiben an die Reichs Räthe in Schweden, sub dato Ottensehe den 9. Februarii. Zusampt : derer Reichs-Räthe in Schweden Antwort darauff, datiret Stockholm den 2. Martij anno 1644. Aus dem Schwedischen ins Teutsch transferiret. Stockholm, bey Heinrich Keyser, *s. d.* Plaq. petit in-4, cart., non rogn.

1362. **Schröder** (Joh. Henr.). Monumenta diplomatica Svecana nunc primum in lucem edita atque animadversionibus historicis illustrata. Upsaliæ, 1820. Plaq. petit in-4, rel. toile. — Upsala Domkyrka och dess märkvärdigheter. 2ᵉ *édition*. Upsal, Hanselli, 1857. 1 plaq. in-8, cart., avec 2 pl.

Ex. avec l'ex-libris de M. Joh. Henri Schröder.

1363. — Samlade Skrifter. *Första Bandet.* Upsala, Leffler, 1856. 1 vol. in-8, d.-rel. veau, tête dorée, non rogn.

1re partie seule paruc de ces Mélanges d'Histoire.
Ex. de l'auteur avec son ex-libris.

1364. **Schussler** (Dr G. J. E.). Bijdragen tot de kennis van Zweden. Amsterdam, Tilkemeijer, 1854. 1 vol. in-8, cart. (édit.). — **Schurzfleisch & Bering**. Res Sveo-Gothicae. Lipsiæ, Nic. Scipio, 1692. Plaq. petit in-4, rel. toile.

1365. **Schutzercrantz** (H.). Swenska Konungars Olyks-Öden, Krops-Skador, Sinnes och Krops-Stälning, Siukdom, Död, Balsamering och Begrafning i korthet beskrefne. Stockholm, Fongl, 1775. In-8, d.-rel. v.

* **Skjöldebrand** (A. F.). Description des cataractes et du canal de Trollhätta en Suède, avec un précis historique. A Stockholm, Charles Delén, 1804. 1 vol. in-4.

XII planches en couleur d'une belle exécution, dessinées et gravées par *A. F. Skjöldebrand.*

1366. Smålandska Archifver. Bref och Handlingar hörande till Smålands Historia. Wexjö, Södergen, s. d. 1 vol. in-12 en 6 fasc. br.

1367. **Backman** (Gustave). Guide de l'étranger dans Stockholm et ses environs. Stockholm, Bonnier, s. d. In-12, d.-rel. chag. r., avec vignettes. — **Wasenius** (Petrus H.). Norrländska Boskaps-Skötseln, med några små Anmärkningar uti korthet sammanfattad och beskrefwen. Stockholm, Tr. uti Kongl. Tryck., 1751. 1 plaq. in-12, cart. — **Rouel** (François). Minnen från en vistelse i Stockholm Åren 1844-1845. Öfversättning af *A. O.* Norrköping, Berling, 1847. 1 plaq. in-8, br. — Vyer af Stockholm och dess Omgifningar. Vues de Stockholm et de ses environs. Stockholm, Bonnier. In-12 oblong, avec 20 pl. en lithogr. — Stockholm. Historia och topografi, med illustrationer och kartor. Stockholm, Bonnier, 1855. 1 vol. in-8, d.-rel. veau, coins (Gruel).

1368. **Lundequist** (Nils.). Stockholms Stads Historia, från stadens anläggning till närwarande tid. Stockholm, Haeggström, 1828-1829. 3 parties en 2 vol. in-12, d.-rel. bas.

* **Strelow** (H. N.). Cronica Guthilandorum. Den Guthilandiske Cronica, huor udi beskrifuis, huorledis Guthiland er opsøgt oc paafundet,.........
aff Hans Nielssøn *Strelow*, Guthilender, Sogneprest til Wald oc Houffgren Sogner paa Guthiland. Kiøbbinghaffn, aff. Melchior Martzan, 1633. 1 vol. in-4.

1369. **Sturzen-Becker**. Over Sundet. Smaa Bidrag til nærmere Bekjendtskab med Sverigs Historie, Naturforhold og Cultur. Kjøbenhavn, Michaelsen, 1864. 1 vol. in-8, d.-rel. toile.

1370. Svenskt Diplomatarium från och med år 1401. Utgifvet af Riks-

Archivet, genom *Carl Silfverstolpe*. Stockholm, Norstedt och Söner, 1875-1879. Tomes 1 complet; 2, fasc. 1-4; 6, 1er fasc. Ensemble 2 vol. et 1 fasc. in-4, br.

Tout ce qui a paru.

1371. Swea och Götha Höfdinga-Minne : Eller en Chronologisk Längd och Forteckning uppå Öfwer-Ståthållere General Gouverneurer, Gouverneurer,... och Commendanter i Konungariket Swerige. Utg. af *Anders Anton von* Stiernman. Stockholm, Grefing, 1745. 1 vol. in-4, d.-rel. veau, coins.

Chronologie militaire de Suède.

1372. Swenske och Göthiske Gamle Handlingar. Stockholm, Schneider, 1728. In-12, rel. vél.

1373. Teckningar till Beskrifningar öfver Mörko Socken. Stockholm, 1828. 1 vol. in-8, obl., d.-rel., contenant 26 pl. lithogr.

1374. Tegenwoordigen Staat van Sweden. Antwerpen, Stoffel Michiels, 1695. 1 vol. in-4, rel. vél.

1375. **Tham** (Wilh.). Beskrifning öfver Westerås Län. Stockholm, Bagge, 1849. 1 vol. in-8. — Beskrifning öfver Upsala Län. Stockholm, Bagge, 1850. 1 vol. in-8. — Beskrifning öfver Linköpings Län. Stockholm, Hjerta, 1854-1855. 2 vol. in-8.

1376. **Uggla** (Carl Hillebransson). Svea-Rikes Råds-Längd., Stockholm, Carlbohm, 1791. 8 parties en 1 vol. in-4, d.-rel. v.

1377. Uplysningar i Swenska Historien. Stockholm, 1770-1773. 4 parties en 1 vol. in-8, d.-rel. veau.

(Les parties 1 et 2 sont de la réimpression de 1773.)

1378. **Strömbäck** (Kasper). Gamla Uppsala. Fornminnen. Upsala, Schultz, 1866. 1 vol. in-12, rel. toile, couverture.

* **Verelius** (Olaus). Notæ in Epistolam defensoriam clariss. viri Dn. *Joannis Schefferi* Argentoratensis de Situ & vocabulo Upsaliæ Anno 1677, mense Julio scriptæ, & per Professores binos ipsi oblatæ. Upsalæ, Exc. Henr. Curio, 1681. 1 fnc., 19(1) pp., in-fol.

1379. **Vertot** (Réné-Auber de). Histoire des Révolutions de Suède. Paris, Renouard, 1795. (Imprimé à Dijon, chez Causse, An 3e.). 2 vol. in-8, rel. veau raciné, avec un portr. de l'auteur gravé par Langlois.

1380. **Wällin** (Jöran). Samlingar til Historien om Götha Rikes vrgamla och widtnamnkunniga Ö Gothland. Götheborg, Imm. Smitt, 1745. Plaq. in-fol., rel. vél., contenant 24 pl. gr. sur cuivre.

1381. **Warnern van Warhesysen** (Philotheus). Sweedsche Spiegel : Daer in niet alleen klaerelijck te sien is, maer oock beweesen wordt, wat de

Sweeden voor oprechte, gœde, vroome Christenen zijn. Anno ô DeVs LargIre hIs ContrItIoneM (1659). Plaq. in-4, rel. vél.

1382. Westergötlands Fornminnes-förenings tidskrift. Lund, Berling, fasc. 1, 2, 3. 1869-1877. In-8 br., avec pl.

1383. **Wieselgren** (P.). Ny Smålands Beskrifning inskränkt till Wexiö Stift. Wexiö, Lönnegren, 1844-1845. 2 vol. in-8.

1384. Wisby : **Klingwall** (Jacob Gustav). Fornlemningar i Wisby. Stockholm, Deleen, 1823-1824. 2 parties en 1 plaq. in-8 oblong, rel. toile, filets, avec 10 pl. et 1 frontisp. — **Eberstein** (Carl. Chr.). Wisby Stifts Matrikel. Christianstad, Schmidt, 1836. Plaq. petit in-4, rel. toile, non rogn. — **Wallin** (I. P.). Wisby Fall, episk-romantisk Dikt i tio Sånger (prisbelönt af Svenska Akademien 1871) jemte en samling mindre dikter. Upsala, Edquist, 1872. 1 vol. in-12, br. — **Bergman** (Car. Joh.). De arce Wisbyensi anno 1676 a Danis expugnata atque paullo post funditus excisa dissertatio. Upsaliæ, 1842. Plaq. petit in-4, rel. toile. — Gotland och Wisby i Taflor. Tjugo original-teckningar af *P. A. Säve*. Stockholm, Bonnier, 1858. Atlas in-4, obl., rel. toile (édit.), se composant d'un texte et de 20 belles pl. en lithogr. — **Lemcke** (O. W.). 1° Historisk öfver Wisby Läroverk; 2° Redogörelse för Wisby högre Elementar-Läroverk. Wisby, Theod. Norrby 1875. — Några ord om Wisby Fornlemningar m.m. *3ᵉ édition augmentée*. Wisby, Nyberg, 1862. Ensemble 2 plaq. in-4 et in-12, cart. — **Braun-Wiesbaden** (Karl). Die Wisbyfahrt. Reisebriefe von den Deutschen, Dänischen und Schwedischen Ostseegestaden. Leipzig, Brockhaus, 1882. In-12, rel. toile.

1385. **Bohl** (Franciscus Fridericus). Dissertatio historico-pragmatica de Formulâ imperii Regni Sveo-Gothici. Sedini, Typis Joh. Fried. Spiegelii, 1735. Plaq. in-4, rel. toile, non rogn. — **Gansen** (Joann. Jos.). De rebus Gothicis. Dissert. historica. Bonnæ, Georg, 1871. Plaq. petit in-8, cart. — **Köpke** (Rudolf). Die Anfänge des Königthums bei den Gothen. Berlin, Weidmann, 1859. Plaq. in-8, rel. toile, non rogn. — Skomakara-Skrå : Skomakare-Skrå-Ordning, af Stockholm stads magistrat gillad och stadfäst år 1474, jemte några sedan tillagda stadganden. Stockholm, Norstedt, 1835. 1 plaq. in-12, rel. toile, non rogn. — **Nordin** (C. J. a) et **Wretholm** (C. J.). Diss. Ac. Gothlandorum cum Suecis Diversis temporibus Conjunctionem adumbrans. Upsal (1832). 1 plaq. in-4, cart. — **Schröter** (Ioann Rudolph.). Curarum in vetustiorem Scandinaviæ historiam. Rostochii, Adler, 1820.

1386. **Tollstorp** (J. P.). Wadstena och dess omgifning. Historisk-romantisk Målning, Teknad under en sommaresa kring Wettern. Wadstena, Tollstorp, 1832. 1 vol. in-12, cart. non rogn., couverture. — Beskrifning öfver Linköping. Norrköping, Bohlin, 1834. 1 vol. in-8, rel. toile, non rogn. — **Sohlberg** (Lars Gustaf). Historisk Beskrifning öfver Domkyrkan i Westerås. Westerås, Björkbom, 1834. In-4, rel. toile, avec 3 pl. — **Hallman**

(Lars). Det Gamla och Nya Strengnäs. Strengnäs, Berglund, 1853. Petit in-4, d.-rel. v. — **Laurin** (O.). De paroeciis Gothlandiæ Burgs et Scanga. *Dissertatio historico-topographica*. Upsal (1842). 1 plaq. in-8, cart. toile. — **Biurman** Georg). Wägwisare, til och ifrån alla städer och namnkunnige orter uti Swea och Göta Riken samt Stor-Furstendömet Finland. Stockholm, Greffing, 1743. In-12, d.-rel. bas. — **Graan** (Petrus Stecksenius). De Urbe Pitovia, et adjacentibus parœciis, dissertatio. Upsaliæ, Werner, 1731. Plaq. petit in-4, rel. toile.

1387. **Brandes** (H. K.). Ausflug nach Schweden im Sommer 1858. Lemgo, Meyer, 1859. In-12, rel. toile, non rogn. — **Bremer** (Frédérika). Scènes de la vie Dalécarlienne. 2ᵉ édit. Paris, Sandoz, 1872. In-12, rel. toile, non rogn. — **Forssen** (H.). Specimen historicum de Schedvia Westergothiæ urbe antiqua S. Helenæ sede. Upsal, Höjer, 1736. Plaq. in-4, rel. toile. — **Fryxell** (Andreas). De situ Reidgothiæ dissertatio. Upsaliæ, Reg. Acad. Typogr., 1721. Plaq. petit in-4, rel. toile. — **Herpin** (Gustave). Précis de l'Histoire de Suède en vers techniques. Paris, Nilsson, 1876. Plaq. in-8, rel. toile, non rogn. *Cette façon de mettre l'histoire en vers rappelle les procédés du jésuite Buffier, avec la différence que ce dernier nommait les siens « vers artificiels ».* — **Hjärne** (H.). En rysk emigrant i Sverige för två hundra år sedan. Stockholm, 1881. Plaq. in-8, cart. — **Högström** (Pehr). Tal om Landtmannanäringar i Wästerbotten, besynnerligen Skellefta soken. Stockholm, Salvius, 1765. Plaq. in-12, d. rel. bas. — **Leijer** (E.). Om Gotlands jernväg. Stockholm, 1882. 1 plaq. in-12, cart. — En kort historisk Beskrifning om the rätta orsakerne til Göthiska Rikets undergång i Spanien, och thet närwarandes tilstånd. Skriffwit År 1733. Stockholm, 1743. In-12, d.-rel. bas. n., non rogn. *Déchirure au titre.* — Lettere sopra la Suezia scritte di là a un amico. da T. R. Verona, P. Libanti, 1845. 1 plaq. in-4, cart.

1388. **Von Steyern** (H. G.). Suecanæ classiculæ quam teniensem dicunt, historiola. (Diss. Ac.) Upsal, 1823. 1 plaq. in-4, rel. toile. — **Stolpe** (Hjalmar). Naturhistoriska och Archæologiska Undersökningar på Björkö i Mälaren. Stockholm, Norstedt, 1872-1873. 2 part. en 1 plaq. in-8, cart. (pl.). — Sveriges Prydnader och Märkvärdigheter inom Historiens, Konstens och Naturens Områden; med 160 illust. 1849. Stockholm, Berg, 1848. 1 vol. in-32, cart. toile. — **Säve** (P. A.). Gotländska Minnen. Wisby, Norrhy, 1859. 1 plaq. in-8, cart., non rogn., couvert. — Skogens Sagor eller Växtligheten på Gotland, jemte spridda drag ur Öns odlingssaga och folklifvet derstädes. Stockholm, Hæggström, 1877. 1 plaq. in-8, cart., non rogn., couvert. — **Touscherus** (Daniel). Adumbrationem Alpium quas habet Jemtia, perbrevem, modeste defert D. T. (Diss. Ac.) Upsaliæ, Keyser, 1694. 1 plaq. in-12, d.-rel. bas. — **Verax**. En Tur i Sverige (Småland, Vermland, Bahuslen). Christiania, Cappelen, 1869. 1 vol. in-12, rel. toile, non rogn. — **Wahlberg** (Swen). Giötha Rikes forne Hofwud-Stad Skara in flore et cinere. Stockholm, Enckio,

1729. — Jubilæum secundum in memoriam liberationis Sueciæ et Gothiæ per heroa et regem Gustavum I. Holmiæ, Biörkmann, 1729. 2 plaq. in-12, rel. toile. — **Wester** (A. M.). En Målares Anteckningar. Stockholm, Beckman, 1873. Plaq. in-8, rel. toile. — Åkerns Sagor. Spridda drag ur odlingshäfderna och folklifvet på Gotland af. *P. A. Säve.* Stockholm, Norstedt, 1876. Plaq. in-8, rel. toile olive (couvert.). — **Örnskiölds** (Pehr Abraham). Underdånig Berättelse om Wester-Norlands Höfdingedöme til Riksdagen 1769. Stockholm, Kongl. Finsk. Boktryk., 1769. — Anledning til Norrländska Åkerbrukets förbättrande (avec pl.) — Oförgripeliga Anmärkningar... *Pehr Abraham Öhrnschiölds* År 1769 genom trycket utgifne Berättelse angående Wäster-Norrlands Län. Stockholm, 1770. — Uplysning til de Anmärkningar... Stockholm, 1770. 1 vol. in-12, cart.

1389. **Monthan.** Beskrifning öfver Helgedoms-Skrinet i Eriksbergs Kyrka. Stockholm, C. Deleen, 1821. 1 plaq. in-4, cart. — **Müller** (Georg). Ein Jahr in Schweden. Skizzen nach dem Leben. Berlin, Luckhardt, 1884. Plaq. in-12, cart. — **Nohrborg** (Daniel). Historisk Beskrifning öfver Lindesbergs Stad och Sockn. Stockholm, Salvius, 1761. Plaq. in-12, rel. vél. — Noli me tangere! (var nu icke så alltför sträng!) Norska Texten till den Svenska öfversättning som utgör hufvudämnet uti den i synnerligt förhastande, d. 12 maji, med qvarstad belagde Unionsskriften Andra historiska facta &c... Stockholm, Marquard, 1828. In-12, rel. toile, non rogn. — Notizie intorno ad un Codice relativo all' epoca Svevo-angioina che si possiede da S. E. il S. D. Girolamo Settimo principe di Fitalia. Palermo, Pedone e Muratori, 1832. Plaq. in-4, avec fac-sim., cart. — **Possevino** (Antonio). Relazione sul Regno di Svezia., con documenti tratti dall' Archivio Storico dei Gonzaga. Firenze, Cellini, 1876. In-4, br. *Publication faite par M.* Pietro Ferrato, *per nozze Treves dei Bonfili-D'Almbert.* — **Schenström** (Magnus). Dissertatio de canalibus et cataractis in Suecia generatim, speciatim vero Strömsholmensibus. Upsaliæ, Edman, 1797. — Afhandling om Strömsholms canal och Slusswärk. Upsala, Edman, 1797. Ensemble 1 plaq. in-4, avec une grande pl. — **Schmidt** (Johann Wilh.). Reise durch einige Schwedische Provinzen bis zu den Südlichern Wohnplätzen der Nomadischen Lappen. Hamburg, Hoffmann, 1801. 1 vol. in-8, rel. toile, non rogn. — **Schröder** (Joh. Henr.). Ad bullarium Romano-Sveogothicum a Magno von Celse et Porthan editum accessio nova. Upsaliæ, Leffler, 1854. Plaq. in-4, rel. toile. — **Sidenblath** (Karl). Öfversigt af Ångermanlands fasta fornlemingar. Stockholm, Hægström, 1869. Plaq. in-8, cart. Extr. de *l'Antiqvarisk Tidskrift för Sverige.* Ensemble 10 vol. et plaq.

1390. **Axenborg** (Petrus). Statuta Confraternitatis a S. Georgio dictæ svethice. e cod. mscr. bibliothecæ Reg. Ac. Upsal., etc. Dissertatio academica. Upsal, typogr. regia, 1836. Plaq. in-4, cart., non rogn. — **Agardh** (C. A.). La Suède depuis son origine jusqu'à nos jours. Traduit du suédois par Mlle R. du Puget. Paris, Raçon, s. d. In-12, rel. toile, non rogn. (couver-

ture). — **Anonymus**. Anonymi in Bibliothecae Upsalensis historiam, regiae academiae ups. impensis MDCCXLV editam Stricturae. Upsaliæ, *s. typ.*, 1746. Plaq. in-8, rel. toile, non rogn. — **Alfthan** (Johannes). Gotland i merkantilt, nautiskt och geographiskt afseende. Stockholm, Flodius, 1871. Plaq. in-12, cart. — Strödda Anteckningar under en Resa i Sverige År 1831 af *T. G. R.* Stockholm, 1833, Elméns et Grandberg, 1833. Plaq. in-8, rel. toile, non rogn. — **Bergmann** (Carl. Joh.). Snäckgärdet och D. B. W. Gottländska Minnesblad. Wisby, Norrby, 1849. — Gottländska Skildringar och Minnen. Wisby, 1882. Ensemble 1 vol. in-12, rel. toile, couvert., et 1 plaq. petit in-8, cart. — Berättelse om Markgrefskapet och Markgrefliga Huset Baden. Stockholm, Nordström, 1797. Plaq. in-12 (16 pp.), rel. toile, non rogn. — Bericht was mit denen Churfürstlichen Brandenburgischen Gesandten, so an Ihre Königl. Mayt. zu Schweden geschickt, zu Flensburg, vnd nach dero Abreyse ergangen... Gedruckt im Jahr 1658. Plaq. petit in-4, rel. vél. — **Bonde** (Le baron Knut). La Suède et son commerce. Paris, Guillaumin, 1852. In-8, d.-rel chag. vert, tr. peigne (Gruel). — **Böttiger** (Carl. Wilh.). Statuta Convivii à S. Georgio dicti ad Magnum cuprimontem Dalekarliæ. Upsaliæ, 1833. Plaq. in-4, rel. toile. Ensemble 11 vol. et plaq.

XXII

Suède. — Histoire politique par ordre chronologique.

I. — Des origines à Gustave Wasa.

1391. **Berlin** (C. E.). Legenda suecana vetusta S. Magni comitis Orcadensium hactenus inedita (*Thèse académique*). Upsal, 1839. 1 vol. in-4, rel. toile.

1392. **Bjœrner** (Ericus Julius). Inledning til de Yfwerborna Göters gamla Häfder,..... introductio in antiquitates hyperboreo-gothicas, præsertim prærogativam linguæ et cognitionem historiarum gothicarum. Stockholm, Horrn, 1738. 1 vol. in-fol., rel. mar. rouge, fil., non rogn., avec chiffre du comte Riant (Gruel).

1393. **Cochlæus** (Joanne). Vita Theodorici regis Ostrogothorum et Italiæ. Cum additamentis & annotationibus, quæ Sveo-Gothorum ex Scandia expeditiones & commercia illustrant, opera *Joh. Peringskiöld*. Stockholmiæ, literis Enæanis, 1699. Petit in-4, rel. vél.

1394. **Fant** (Eric Michel). Scriptores rerum Svecicarum Medii Ævi, ex Schedis præcipue Nordianis collectos, dispositos ac emendatos... Upsaliæ, Zeipel et Palmblad, 1818-1828. 2 tomes en 1 vol. in-fol., d.-rel., tête dor., non rogn.

Le 2e vol. a été édité par *Er. Gust. Geijer* et *Joh. Henr. Schröder.*

1395. **Girs** (Ægidius). Konung Johan den III des Chrönika,..... sammanfattad af *Ægidius Girs* og nu först af des Handskrift utgifwen af *Anders Anton von Stierman*. Stockholm, Grefing, 1745. 1 vol. petit in-4, avec un grand portr. de Jean III, rel. toile, non rogn.

1396. Incerti scriptoris sueci qui vixit circa Ann. Christi MCCCXLIV Breve Chronicon de Archiepiscopis et sacerdotib. cæteris ecclesiæ Upsaliensis,... primus edidit *Johannes Schefferus*, Argentoratensis. Upsaliæ, exc. Henricus Curio, 1673. 1 vol. in 12, rel. vél. (marque de Curio au titre).

1397. **Jornandès.** Doctor Jordans Biskopens i Ravenna Beskrifning om Göthernas Uhrsprung och Bedrifter Wid Åhr Chr. 552. nu för 1167, Åhr sedan författad. Af Latinen på Swensko öfwersatt af *Joh. Fredr. Peringskiöld*. Stockholm, Werner, 1719. 1 vol. petit in-4, rel. vél.

1398. — Rerum Suecicarum historia a Rege Berone tertio usque ad Ericum decimum quartum deducta, & pluribus locis, quam antehac, auctior edita. Accedunt Antiquitates Sveo-Gothicæ. Holmiæ, ex off. Johannis Janssonii, 1654. 1 vol. in-12, rel. veau éc., tr. dor.; sur le plat, le chiffre du comte Riant.

> Le second ouvrage de Loccenius a un titre et une pagination différente : « J. L. Antiquitatum Sveo-Gothicarum cum hujus ævi moribus, institutis ac ritibus indigenis pro re nata comparatarum, Libri tres, Editio secunda, emendatior & auctior. Holmiæ, ex off. J. J. » Il avait paru à Stockholm en 1647 et cette seconde édition se trouve toujours réunie à la première de l'*Historia*, réimprimée depuis à Upsal en 1662 et à Francfort en 1676.

1399. — Antiquitatum Sveo-Gothicarum libri tres... editio tertia, emendatior & auctior. Upsal, H. Curio, 1670. 1 vol. in-12, rel. vélin.

> La première édition est de 1647. Intéressant ouvrage du célèbre jurisconsulte.

1400. **Loccenius** (Johan). Antiquitatum Sveo-Gothicarum libri tres. Editio quarta. Francofurti et Lipsiæ, J. Wild, 1676. 1 vol. in-4, rel. veau.

> Cette quatrième édition des *Antiquitates* de Loccenius se trouve généralement jointe à la seconde édition de l'*Historia*.

1401. — Dissertationes duæ. I. De Scythis veteribus, eorumque ortu..... II. De Suecis ac Gothis separatim, eorumque politiæ vel regni constitutione... Upsal, Eschille Matthias, 1628.

> L'une des premières œuvres du grand historien et jurisconsulte suédois. Livre peu commun.

1402. **Olaus** (Eric.). Historia Suecorum Gothorumque a *Johanne Loccenio* iterum edita & brevibus notis illustrata. Holmiæ, J. Jansson, 1654. 1 vol. in-8, rel. vél., marque typ. de Jansson au titre.

> Jolie impression.

1403. **Paulinus Gothus** (Laurentius). Historiæ Arctoæ libri tres commemorantes..... Strengnesi, typis et impensis Authoris; excudebat Johannes L. Barkenius M.DC.XXXVI. 1 vol. petit in-4, rel. mar. noir.

> Chaque livre a une pagination à part.

1404. **Peringskiöld** (Johan.). Monumentorum Sveo-Gothicorum, liber primus, Uplandiæ partem primariam Thiundiam continens, etc..... justa delineatione, brevique commentario illustratæ. Stockholmiæ, Olavus Enæus, 1710. — Monumenta Ullerakerensia cum Upsalia nova illustrata. Stockholm, L. Horrn, 1719. Ensemble 2 tomes in-fol. en 1 vol., rel. v. f.

<small>Le second ouvrage n'est autre que la seconde partie du premier; bien qu'il porte un titre différent, il est rédigé en suédois alors que le premier livre est bilingue (latino-suédois). C'est l'œuvre la plus importante et la plus recherchée du grand historien suédois ; elle contient de nombreuses planches, reproductions de sceaux, vieilles gravures, monuments, etc. Bon exemplaire.</small>

1405. **Reineck** (Reiner, de Steinheim). Historia de Vita et rebus gestis Adolphi II Comitis Nordalbingiæ Holsatorum et Stormariorum..... Excerpta de Annalibus Helmoldi Presbyteri Butzoniensis, qui per eodem tempore vixit..... Francofurti ad M. apud Andream Wechelum, 1580. Plaq. petit in-fol., 2 ffnc., 18 pp.; 1 fnc. et 1 pl., cart. — **La Porte du Theil**. Mémoire concernant les relations qui existaient au xiie siècle entre le Danemarck et la France pour servir d'introd. à une histoire du mariage de Philippe-Auguste avec Ingelburge. *S. l. n. d. n. typ.* Plaq. in-4, rel. toile, non rogn.

1406. Svenska Medeltidens Rim-Krönikor efter Handskrifter utgifven af *G. E. Klemming*. Stockholm, Norstedt, 1865-1867-1868. 3 tomes en 1 vol., d.-rel. mar. citr , tr. p.

1407. **Verelius** (Olaus). Epitomarum Historiæ Svio-Gothicæ libri quatuor et Gothorum rerum extra patriam gestarum libri duo, quos e Mscr. una cum Auctoris vita ac Catalogo Scriptorum Dni *A. O. Rhyzelii*, adjecto necessario indice, edidit Petrus Schenberg. Stockholmiæ, Typ. Joh. L. Horrn, 1730. 1 vol. in-4, rel. veau éc.

<small>Tous les ouvrages de Verelius sont fort rares.</small>

1408. **Berg** (Benjamin). De Origine Gothorum, diss. Holmiæ (1687). 1 plaq. in-12, rel. toile. — **Carlen** (Octavia). Kung Eriks Gästabud, Historisk Berättelse. Göteborg, Arwidsson, 1863. Plaq. in-12, rel. toile. — **Drangel** (Andreas). De Gothorum hoc est Japhetidarum in Scandiam primo accessu. Upsaliæ, Werner, 1706. In-12, rel. vél. — Ein newes liedt. Wie des Durchleuchtigsten, Hochgebornen vnd Grossmechtigsten Fursten vnd Hern, Hern Erichs des Vierzehenden zu Schweden, der Gotten vnd Wenden, etc. Königs, Kriegsvolck, beide Stadt vnd Schlos Wardberg, in Hallandt gelegen..... Durch Paul Schutzen von Leipzig im Thon von Pentzenawer. Plaq. in-8, rel. toile, non rogn. *Publication faite en 1848 et due aux soins de M. Klemming.* — **Frosterus** (Ericus Joh.). Observationes nonnullas de dignitate Jarlorum in Svecia... Dissert. acad. Aboæ, Frenckell, 1798. Plaq. petit in-4, cart. — **Gytherus** (Mathæus). De Gothorum ortu. Ienæ, Joann. Nisius. Petit in-4, 2 ffnc., 28 pp., cart. — Om de Fordna Konungar, Jarlar og regenter, som uti gamla efterrättelse igenfinnas hafwa Regerat i Gota-Riken innan de med Swea eller Upsala Riket blefwo förenade. Stockholm,

Merckell, 1758. Plaq. in-12, rel. vél. — **Hildebrand** (Hans Ol. Hildebrand) Svenska Folket under Hedna tiden. Stockholm, Seligmann, 1872. — Den Svenska Kolonien i Rom under Medeltiden. 2 vol. ou broch. in-8, rel. toile et cart. — **Odhner** (C. T.). Sveriges förbindelser med Venetianska Republiken under sjuttonde århundradet. (Extr. des « Nord-Tids. för pol. ekon. och litt. » Juli-August 1867.) — **Petri** (Carl Magnus). Om Vestgöta-Lagmannen Eskil, ett blad ur Sveriges Medeltids historia. Lund, Berling, 1859. 1 plaq. in-8, rel. toile. — En Syndares omvändelse. Ett quäde från Medeltiden effter en handskrift på Köpenhamns univ. Bibl. utg. af *J. E. Rietz*. Lund, 1842. 1 plaq. in-8, rel. toile. — **Thornam** (L.). Sveveren Ricimer og det vestromerske Keiserrige. En historisk Skildring. Horsens, Fogh (1847). 1 vol. in-12, rel. toile. Ensemble 12 vol. et plaq.

II. — Gustave Wasa à Gustave-Adolphe.

1409. Acta och Handlinger, som sigh uthi then Stormechtigeste Furstes och Herres, Herr Gustafs fordom Sweriges Göthes och Wendes, &c. Konungs tydh tildraget och förlopet haffne, och på thet åhr 1547. aff Trycket uthgångne äre på Tydske. Tryckt i Stockholm, anno 1598. Plaq. petit in-4 de 34 ffnc., d.-rel. bas.

Mouillures à plusieurs feuillets.

1410. **D'Archenholtz**. Histoire de Gustave Wasa, roi de Suède, traduite de l'allemand par *J. F. G. Propiac*. Paris, Gérad, an XI-1803. 2 vol. in-12, d.-rel. v., coins.

1411. Exegesis H'storica non minus æquas, quam graves commemorans causas, quibus amplissimi Ordines Regni Sueciæ prouocati, Sigismundum Tertium, Regem Poloniæ, eiusque progeniem universam, in omnem æuitatem, Suecano exuerunt Diademate..... Stockholmiæ, Gutterwitz, 1610. 1 vol. petit in-4, d.-rel. bas.

Quelques pages raccommodées.

1412. Exegesis Historica, non minus æquas, quam graves commemorans causas, quibus amplissimi Ordines Regni Sueciæ prouocati, Sigismundum Tertium, Regem Poloniæ, eiusque progeniem vniuersam; in omnem æuitatem Suecano exuerunt Diademate..... Stockholmiæ, ex molybdographia Gutteruiciana, anno M DC.XX. 1 vol. in-4, rel. vél.

1413. The history of Gustavus Vasa, King of Sweden, with extracts from his correspondence. London, John Murray, 1852. 1 vol. in-8 de 312 p., broch. de l'éd.

1414. **Jörensson** (Erik). Then der Gustaffs, fordom Sweriges, Göthes, och Wendes Konungs, etc. Historia..... Stockholm, Reussner, 1622. 1 vol. petit in-fol., d.-rel. veau.

1415. **Kempenskiöld** (Samuel). Historiæ serenissimi et potentissimi princi-

pis ac Domini, Domini Gustavi primi, Suecorum, Gothorum, Wandalorumque regis, libri V. Strengnesiæ, recudit Zacharias Brockenius, anno M DC XLVIII. 1 vol. in-12, rel. vél.

Déchirure légère à quelques feuillets.

1416. **Kobierzycki** (Stanislas). Historia Vladislai Poloniæ et Sueciæ Principis ejus Natales et Infantiam, Electionem in Magnum Moscoviæ ducem, Bella Moscovitica, Turcica cæterasque res gestas continens usque ad excessum Sigismondi III Poloniæ Sueciæque Regis. Dantisci, sumptibus Georgii Försteri, 1655. 1 vol. petit in-4, rel. vél., avec l'ex-libris de *Jean Henri Schröder*.

1417. **Le P. Lucchesini**. In celeberrimam Victoriam Joannis Casimiri Poloniæ, ac Sueciæ Regis de Moschis relatam, epinicium dictum in Collegio romano. auctore Ioanne Laurentio *Lucchesinio*, Lucensi e Societate Jesu. Romæ, ex typographia Varesii, 1662. Plaq. in-4, br.

1418. **Magnus** (Olaus). Historia || de gentibvs || septentrionalibvs, earvmqve diversis statibvs, con-||ditionibvs, moribvs, ritibvs, svperstitio-||nibus, disciplinis, exercitiis, regimine, victu, || bellis, structuris, instrumentis, ac mineris || metallicis, & rebus mirabilibus, || necnon vniuersis penè animalibus || in septentrione degentibus, || eorumq3 natura. || Opvs vt varivm, plvrimarvmqve || rervm cognitione refertvm, atqve cvm || exemplis externis, tum expressis rerum internarum || picturis illustratum..... Avtore Olao Magno Gotho || archiepiscopo Vpsaliensi || Sueтiæ & Gothiæ Primate..... Romæ M.D.LV. *A la dernière page*: Impressvm || Romæ apvd Ioannem Mariam || de Viottis parmensem, in ædibvs Diuæ Birgittæ..... Anno..... M.D.LV. || mense Ianuario..... Petit in-fol., 42 ffnc., 815(1) pp., avec 1 carte et nomb. fig. sur bois, rel. veau (armes).

Petite déchirure à deux feuillets.
Première et très rare édition, la plus belle et la plus estimée. Olaus Magnus, naquit à Linköping, en octobre 1490; après divers voyages dans les pays du Nord, il vint à Rome, par les ordres du roi Gustave Ier, pour poursuivre plusieurs négociations diplomatiques. Il fut, après la mort de son frère Jean, nommé archevêque d'Upsal, mais il ne put s'y rendre. C'est à Rome, dans le cloître de Sainte-Brigitte, qu'il passa les dernières années de sa vie. Il mourut le 1er août 1558.
Son histoire des peuples du Nord offre un réel intérêt, et fut traduit en diverses langues. Malheureusement, il est écrit sans critique.

1419. — Historia || de gentibvs || Septentrionalibvs, || avthore Olao Magno || Gotho, archiepiscopo || Vpsalensi, Sueтiæ & Go||thiæ Primate. || Sic in Epitomen redacta, vt non minus clarè || quàm breuiter quicquid apud Septen||trionales scitu dignum est, || complectatur. || Antverpiæ || Ex officina Christophori Plantini || M.D.LVIII. || Petit in-8, 8 ffnc. et 192 ff, avec curieuses fig. sur bois, rel. vél.

Abrégé de la relation d'O. Magnus, fait par *Cornelius Grapheus*. L'épître dédicatoire de *Christophe Plantin* est adressée à *Viglius Zuichem*.
Grapheus, en faisant cet abrégé, voulut mettre à la portée de tous une histoire qu'il considérait à bon droit comme intéressante, « mais fort fâcheuse et

« ennuyeuse tant pour plusieurs fables, raisons philosophiques, naturelles,
« descriptions, probations théologales, que pour un nombre infini de coutumes
« et lois communes à plusieurs autres nations confusément entremêlées audit
« livre. »

Le texte de Grapheus a été reproduit dans plusieurs éditions, et une traduction française en fut publiée en 1561, chez Plantin, à Anvers. On pense même qu'elle est l'œuvre de Plantin.

1420. — Historia || de Gentibvs || Septentrionalibus, || authore Olao Magno, Gotho, Archie||piscopo Vpsaliensi, Suetiæ & Gothiæ Primate. || a Cornelio Scribonio Grapheo, præclare vrbi Antuer||pianæ à secretis, sic in Epitomen redacta, vt non mi-||nus clarè quàm breuiter quicquid apud Se-||ptentrionales scitu dignum || est, complectatur. || *Marque de Bellère.* Antverpiæ. || Apud Ioannem Bellerum, sub insigni || Falconis. M.D.LXII. Petit in-8, 8 ffnc., et 192 ff. chiffrés, rel. vél.

Cette édition reproduit le texte et les gravures de l'édition de Plantin, de 1558.

1421. — Olaj Magni || historien, der Mittnachti-||gen Länder, von allerley Thun, We-||sens, Condition, Sitten, Gebräuchen, Aberglauben, Vnderwei-|| sung Uebung, Regiment, Narung, Kriegssrüstung,…... ins Hochteütsch gebracht, || vnd mit fleiss transferiert, || Durch Johann Baptisten Ficklern, von Weyl, vor dem Schwartzwald,…||… und Herrn, Herrn Johann Jacoben||… Getruckt zũ Basel, etc. || *Au recto du dernier f.* : Getruckt zu Basel in der officin Henricpetrina, im jar M D.LXVII. *Au verso, la marque de l'imprimeur.* In-fol., 30 ffnc., et dcxxiij (1) pp., nomb. fig sur bois, rel. peau de truie à froid, avec les armes du Danemark et celles d'Auguste, duc de Saxe et électeur.

1422. — Historia || Olai Magni || Gothi archiepi || scopi Vpsaliensis, de gentivm || septentrionalium uariis conditionibus sta-||tibusúe, & de morum, rituum, superstitionum, exercitiorum, regiminis, || disciplinæ, uictusqʒ mirabili diuersitate. Item de bellis, structuris, instru-||mentisqʒ mirabilibus. Item de mineris metallicis, & uarijs animalium || generibus, in illis regionibus degentium…... *In fine* : Basileæ, || ex officina Henric Petrina, || Anno Salvtis M.D.LXVII. Mense Martio. In-fol., 48 ffnc., avec une grande carte et de nomb. fig. sur bois, rel. peau de truie (rel. du xvie s.).

On a relié à la suite : Caelii Avgvstini Curionis Sarracenicæ Historiæ libri III. Basileæ, Ioann. Oporinus. 1567 Mense Augusto.

1423. — Olai Magni || Gothi : || Archiepiscopi Vpsalensis. || Svetiæ et Gothiæ || primatis : || De Gentibus Septentrionali-|| bus || Historia : Sic in epitomen redacta, ut non minus clarè, || quàm breviter, quicquid apud Septen-||trionales scitu dignum est, com-||plectatur. || Ambergæ, ex typographeio Forste-|| riano. || M.D.XCIX. Petit in-12, 12 ffnc., 592(3) ff., au recto du 593e f. la marque de l'imprimeur, rel. parchem.

Déchirure à un feuillet.
Cette édition, donnée par l'imprimeur Michel Förster, d'Amberg, reproduit l'abrégé de Corn. Grapheus.

1424. Magnus (Olaus). Historia || Olai Magni || Gothi Archi-||episcopi Vpsalen-||sis Suetiæ & Gothiæ || primatis ; || De Gentibus septentrio-||nalibvs, earvmqve diver-||sis statibvs, conditionibvs , mo-||ribus, superstitionibus, ritibus, disciplinis, exercitiis, regi-||mine, victu, bellis, structuris, instrumentis, mine-||ris metallicis, & rebus mirabilibvs. || Nec non || vniversis pene animalibvs || in Septentrione degentibus, eorum-||que natura. || In epitome redacta. vti || clarè patent in præfatione ad candi-||dum Lectorem. || Francofvrti, sumptibus Christophori Vetteri. || Anno M.DC.XVIII. Petit in-8, 10 ffnc., 461(1) pp., rel. vél.

> Le texte de cette édition est celui de C. Grapheus. On y a ajouté un avis au lecteur. Cette édition n'a pas de figg.

1425. — Olai Magni, || Gothi, || Archiepiscopi Upsaliensis, & Gotho-||rum Suecorumque Primatis, || Historiæ || Septentrionalium Gentium || Breviarium. || Libri XXII. || Editio nova, & ex prioribus emendatissima. || (*Marque.*) Lugduni Batavorum, || Apud Adrianum Wyngaerde, || et Franciscum Moiardum. || cIↃ IↃ cxLv (1645). In-12, 8 ffnc., 589(1) pp.; 33 ffnc., rel. vél.

> Manque le frontispice.
> Edition faite d'après celles de Plantin et de Förster, et reproduisant le texte abrégé de Corn. Grapheus.

1426. — Olai Magni Gentium Septentrionalium Historiæ breviarium. Lugd. Batav., Ex off. Adriani Wijngaerden, 1652. 1 vol. in-12, 4 ffnc., 611(1) pp.; 36 ffnc., et 1 titre gr. par *Crispin de Pas*, rel. vélin.

> Edition reproduisant celle de Leyde, Wijngaerd, 1645.

1427. — Olai Magni Gentivm Septentrionalium Historiæ Breviarivm. Amstelodami, apud Ioannem à Ravensteyn, Aº 1669. 1 vol. in-12, d.-rel. vél., 6 ffnc., 492 pp.; 24 ffnc., titre gr. par *Crispin de Pas*.

> Cette édition reproduit celle de Leyde, Adr. Wijngaerd, 1652.

1428. — Histoire || des pays Sep-||tentrionavs écrite || par Olavs le Grand, Goth, || Archevêque d'Vpsale, et || Sovverain de Svecie, || et Gothie. || En laquelle sont brievement, mais clere-||ment deduites toutes les choses rares || ou étranges, qui se trouvent entre les || Nations septentrionales. || Traduite du Latin de l'Auteur en François. || (*Marque de l'impr.*). A Paris, || chés Martin le Ieune, à l'Enseigne S. Chri-||stophle, deuant le College de || Cambray. || M.D.LXI. || Avec privilege. || Petit in-8, 6 ffnc., 264 ff. chiffrés, fig. sur bois, rel. veau (ancien).

> Mouillures. Traduction française faite par Christ. Plantin, croit-on, du texte latin abrégé de Grapheus. Brunet et Graesse donnent cette édition comme une *réimpression* de celle donnée par Chr. Plantin, la même année. En comparant deux exemplaires, nous avons acquis la certitude qu'il n'y a là qu'une même édition sortant des presses de Plantin. On lit, au f. 264 recto : A Anvers, de l'imprimerie de Christophle Plantin : Le IX. de novembre M.D.LX. On a seulement enlevé à quelques ex. les deux premiers ff. (titre et épitre dédicatoire de Plantin à Gaspard Schets) et on les a remplacés par un feuillet portant au recto le titre ci-dessus, et sur le verso duquel on a collé un morceau de papier portant le privilège du parlement, en faveur de Martin Lejeune. Ce privilège, daté du

14 décembre 1560, est donné pour six ans. On a également pris la précaution d'effacer les chiffres accompagnant la signature.

1429. **Magnus** (Olaus). Storia || d'Olao || Magno || Arcivescovo d'Vspali, || de' costvmi de' popoli || settentrionali. || Tradotta per M. || Remigio Fiorentino. || Dove s'ha piena notitia || delle genti della Gottia, della Noruegia, || della Sueuia, e di quelle che uiuono || sotto la Tramontana. || Con dve Tavole, || L'una de' Capitoli, l'altra delle || cose notabili. || Con privilegio. || (*Marque de l'impr.*). In Vinegia, Appresso Francesco Bindoni. MD.LXI. Petit in-8, 22 ffnc., 511(1) pp., rel. parch.

1430. — Historia || delle genti et della natura || delle cose settentrionali || Da Olao Magno Gotho Arcivescovo di Vpsala || nel Regno di Suezia e Gozia, descritta in XXII Libri. ||. Nuouamente tradotta in lingua Toscana. || Opera molto diletteuole per le varie & mirabili cose, molto || diuerse dalle nostre, che in essa si leggono. || Con vna Tauola copiosissima delle cose piu notabili, || in quella contenute. || *Marque de Giunta*..... In Venegia, appresso i Giunti. || M D LXV. In-fol., 25 ffnc., 1 carte, 286 ff. chiffrés, rel. parch., avec nomb. fig. sur bois.

1431. — Tooneel || der || Noordsche || Landen, || Daer op in't kort en klarelijck al de || wonderen en vreemdigheden, die || men in die Landen vindt, || vertoont worden. || In 't Latijn beschreven door d' eerwaerdige Heer || Olaus de Groot, || Aertsbisschop van Upsale, en Overste der Gotten en Sweden. || Met een korte beschryvingh van Yslandt || en Grœnlandt, door Dithmarus Blefkenius, || beyde uyt het Latijn vertaelt. ||..... T'Amsterdam, || By Nicolaes van Ravesteyn, || ..... 1652. Petit in-8, rel. vél., avec cartes.

1432. — Historiæ || de Gentibus || Septentrionalibus, || Auctore Olao Magno Gotho, Archi-||episcopo Vpsalensi, Suetiæ & Go-||thiæ Primate, || a Cornelio Scribonio Graphæo, || in Epitomen redactæ. || Libri XXII..... Antverpiæ, || Apud Ioannem Bellerum. || *S. d.* Très petit in-8, rel. parch., avec les fig. des édit. de Plantin.

1433. **Magnus** (Johannes). Historia || Iohannis Magni || Gothi sedis apostolicae || legati Svetiae et Gotiae || primatis ac archiepiscopi || Vpsaliensis || De omnibvs gothorum || sveonvmqve regibvs || qui vnquam ab initio nationis extitere, || eorúmque memorabilibus bellis || late varieqve per orbem gestis, || opera Olai Magni Gothi fratris || eiusdem autoris ac etiam Archiepiscopi Vpsalensis || in lucem edita. || Svscipiant montes pacem popvlo. || (*Armes de Jules III.*) Cvm gratia et privilegio Ivlii III. Pont. Max. || Romae M.D.LIIII. || *Au recto du dernier f.* : Impressvm || Romae apvd Ioannem || Mariam de Viottis Par-||mensem in aedibvs S. Birgit-||tæ anno..... M.D.LIIII. || Mense Ianuario..... *Au verso, la marque de Viottis*. Petit in-fol., 29 ffnc., 787(1) pp., 1 fnc., fig. et 1 carte dans le texte, rel. vélin (aux armes).

Fort bel exemplaire de cette très rare édition, la première de cet ouvrage estimé. Son auteur, Jean Magnus, né à Linköping le 19 mars 1488, fut archevêque

d'Upsal et joua un rôle important dans la lutte du catholicisme contre la Réforme, en Suède. Son frère Olaus fut l'éditeur de ses ouvrages.

— 2ᵉ ex., rel. veau plein, avec le chiffre du comte Riant. *Mouillures*.
— 3ᵉ ex., rel. veau gaufr. (ancienne rel. du XVIᵉ s.).

Le frontisp. de cet ex. diffère de celui des deux précédents. Il est d'ailleurs en fort bon état.

1434. — Gotho-||rvm Sveonvmqve || Historia, ex probatis an-||tiqvorvm monvmentis col-||lecta, & in xxiiij. libros || redacta, || Avtore Io. Magno Go-||tho Archiepiscopo Vpsa-||lensi. || Cum Indice rerum ac gestorum memorabilium || locupletissimo. || [*Marque de l'imprimeur*.] || Basileæ ex Officina || Isingriana, anno a Christo nato || 1558. || 1 vol. petit in-8.

Jolie édit. en car. ital.

1435. — Gothorum || Sveonumque Histo-||ria, ex probatis anti-||quorum-monumentis collecta, & || in 24. libros redacta, || Autore Jo. Magno || Gotho, archiepiscopo Vpsalensi. || Cum Indice rerum ac gestorum memorabilium || locupletissimo. || Jam denuò summâ fide recogni-||ta, à mendis nonnulis fideliter repurgata, || & in honorem Sereniss. Illustriss. ac Potentiss. || Regis, Nationumq; Sveciæ. || Secunda vice edita. (*Marque*.) Sumptibus & curâ Zachariæ Schüreri || Bibliopolæ. || Anno M.DC.XVII. *S. l.* Petit in-8, 15 ffnc., 908 pp.; 49 ffnc., rel. vél.

1436. — Johannis Magni || archiep. Upsal. || Swea och Gotha || Cronika : || Hwaruthinnau beskrifwes, icke allena the || Inrikis Konungars lefwerne och namnkunnige bedrifster || vthi theras eghit Fosterland : ..... Aldraförst på åthskillige tijder och rum vth gångne på Latin, || och nu på Swenska vthtålkat aff || *Erico Schrodero* Stockholms Slotz Secretario. Tryckt vthi Stockholm, hoos Ignatium Meurer, 1620. 1 vol. in-fol., 4 ffnc., XVI-663(1) pp.; 14 ffnc., rel. veau f., plats ornés (rel. restaurée).

Léger raccommodage au titre, et quelques taches. Traduction suédoise de l'*Historia Gothorum*.
Notre ex. porte au premier feuillet de garde un hommage autographe de Eric Schroder à Bengt Bengtsson Oxenstierna, homme d'Etat suédois, oncle du célèbre chancelier Oxenstierna.

1437. **Messenius** (Johannes). Detectio fravdis Jesviticæ, in quodam libello famoso, contra... Carolum IX, Suecorum, Gothorum, & Vandalorum Regem, publicando, per summum nefas commissæ..... Holmiæ, typis Reusnerianis, 1610. — Transactio inter Sveones Danosqve, post bellum septennale, anno Salutis Millesimo, quingentesimo, Septuagesimo Stetini... atque ex mandato... Caroli Noni nunc latinitate donata... Holmiæ, Reusner, 1611. — Tumbæ veterum ac nuperorum apud Sveones Gothosque regum, reginarum, ducum aliorumque heroum et heroidum... Holmiæ, Reusner, 1611. Ensemble 3 plaq. in-4 et in-12, rel. vél.

1438. — Scondia illustrata, seu Chronologia de rebus Scondiæ, hoc est

Sueciæ, Daniæ, Norvegiæ, atque una Islandiæ, Gronlandiæque, tam Ecclesiasticis quam Politicis; a mundi Cataclysmo, usque ad annum Christi MDCXII gestis. Primum edita et observationibus aucta à *Johanne Peringskiöld.* Stockholmiæ, typis Olavi Enæi, 1700-1705. 2 tomes en 1 vol. in-fol., rel. vél., *avec le portr. de Messenius, qui manque souvent.*

   Bel exemplaire d'un livre très rare resté inachevé. Son auteur, Jean Messenius (1579 ou 1581-1637), l'écrivit dans sa captivité à Kajaneborg, où il avait été enfermé pour avoir entretenu une correspondance secrète avec les Jésuites et la cour de Pologne. Des 20 parties dont cet ouvrage aurait dû se composer, 14 seulement ont été publiées après la mort de Messenius, par Jean Peringskiöld, historien suédois. Ce sont les 10 premières, formant le tome I, et les 11e, 12e, 13e et 15e. Le ms. de la 14e partie qui avait pour titre : De Gothorum extra patriam, était perdu lorsque Peringskiöld édita l'œuvre de Messenius. Un index général termine l'ouvrage.

1439. — Specula ex quâ inclytam Suecorum et Gothorum Conditionem, manifesto atqu; prolixo contemplari licet quaquaversùm prospectu : justo patriæ celebrandæ suscitata. Holmiæ, Typis Reusnerianis, 1612. 1 vol. petit in-8 de vj ff., 200 pp., rel. veau éc.

1440. — Specula, ex qua inclytam Svecorum et Gothorum conditionem manifesto atq; prolixo contemplari licet quaquaversùm prospectu : ..... Holmiæ, typis Reusnerianis, 1612. — Specula thet år, Sweriges Rijkes Skådhetorn, her vthinnan thet berömlighe Swea och Götha Rijkes allehanda egentlige lägenheet, härligheet och tilstand, vthtryckeligen affmalas....... förswenskat af Christophero Laur. Tempeus Lincop. Tryckt i Stockholm, af Ignatius Meurer, 1612. Ensemble 2 plaq. in-12, rel. vél.

   Raccommodage au titre.
   Traduction suédoise de l'opuscule précédent.

1441. — Historia Suecorum, Gothorumque, per Rev. Dom. Ericum Olai, res commemorans LXVII. potentissimorum Regum, terrâ marique gloriosissimè gestas... ab innumeris propemodum Amanuensium erroribus vindicata et in VI libros deperdita... Stockholmiæ, Prælo molybdographico Ignatio Meureri, 1620. 1 vol. petit in-4, rel. vél. est.

1442. — En lustigh och trowärdig Chrönika om Stocholm, som åhr på thenna tidh Sweriges Rijkes nampkunnige Hufwudh Stadh, med Swenska rim beskefwen och i åtta böker begrepen af *Johan Messenio* åhr 1629. *Extr. de l'* « Hist. Bibliotek ». — Twå Små Gamble Sweriges och Göthes Crönikor, then ena på Rijm, then andra elliest för några hundrade åhr sedan beskreffne. Stockholm, hoos Ignatium Meurer, 1643. Plaq. in-12, rel. vél. — Twå gambla Svenske Rijm-Krönikor, then förste korte, och innehåller Sextijo Twå Swea och Götha konungar; Förste gång vplagd Åhr 1615... Nu på nytt vplagde medh andre Delen aff then widlyfftige Rijm-Krönickan, vthgångne aff *Johanne Hadorphio*. Stockholm, Nicol. Wankijff, 1674-1676. 2 parties en 1 vol. in-4, rel. vél.

   Chroniques rimées suédoises.

1443. Minor (Janus, Suemensis). Retorsio Imposturarum, qvibvs inclytam Svecorvm Gothorvmqve nationem, *Petrvs Parvvs* Rosemontanus... solâ calumniandi ductus libidine impudenter admodum infectatur... *S. l. n. typ.*, 1512. In-12, rel. vél.

> Quelques mouillures.
> Violente diatribe contre Pierre Parvus.

1444. Muller (Laurent). Korte och Sanfärdige Beskrifwelse om någre Förnämlighe och tanckwärdighe saker som vti the tre Stormächtige Konungars K. Johan then III. til Swerighe, K. Stephani Battori til Polen... Uthtolkade och publicerade aff *Erico Schrodero*. Stockholm, Ignace Meurer, 1629. In-12, rel. vél.

1445. Newe Zeitung, vnd Wahrhafftige Beschreibung, eines gehaltenen Scharmützels, zwischen Königlicher Maiestat inn Denmarck vnd Schweden, in welchem der Schwedische König drey Schiffe gewonnen und eröbert... Anno 1564. Beschrieben durch einen guten Gesellen, welcher von Anfang zu Ende bey solchen Kriegshenden gewesen, vnd in Druck geben. 8 ffnc., plaq. petit in-4; 8 ffnc., rel. vél.

1446. Römer (R. C. H.). Specimen historico-theologicum de Gustavo I, Rerum Sacrarum in Suecia, sæc. XVI, Instauratore. Trajecti ad Rhenum (Utrecht), ex off. Paddenburgii, 1840. 1 vol. in-8, cart., non rogn.

1447. Petreius (Petrus). Een kort och nyttich Chronica om alla Swerikis och Gothis konungar, som hafwa både in och vthrijkis regerat, ifrån then Första Konung Magogh, in til thenna höghlofliga nu regerande konungh Carl then IX... Stockholm, Christ. Reusner, 1611. — *La même chronique*. Stockholm, Ignat. Meurer, 1656. Ensemble 2 petits vol. in-4 et in-12, rel. vél.

> Pierre Petreius, historien suédois, est surtout connu par les ambassades en Russie dont Charles IX le chargea.

1448. Petri (Olaus). Olai Petri Svenska krönika, utgifven af *G. E. Klemming*. Stockholm, H. Klemming, 1860. 1 vol. in-8, d.-rel. mar.

> La première édition de cette chron. a été donnée, en 1818, dans les *Script. Rer. Svecicarum med. æv.*; elle n'avait pu paraître du vivant de l'auteur (1497-1552) à cause de la trop grande indépendance des appréciations. Olaüs Petri embrassa avec ardeur la Réforme et fut le premier des ecclésiastiques suédois qui se maria publiquement.

* **Pufendorf.** Histoire de Suede, avant et depuis la fondation de la Monarchie, par M. le baron de Pufendorf. Nouvelle édition, plus correcte que les précédentes, & continuée jusqu'à l'année 1748. A Amsterdam, chez Zacharie Chatelain, 1748. 3 vol. in-12.

1449. Salmson (A. J.). Rikssalen på Gripsholm Slott. Historiskt Porträtt-Galleri af Konung Gustaf I. Samtida regenter. Stockholm, Hörberg, 1847. Album in-4, rel. toile (édit.), avec 28 pl. lithogr. coloriées.

1450. Sententia ordinum Regni Sueciæ, in quosdam de collegio senatorum, Decimâ nonâ Februarij, anno 1590° prolata... Stockholmiæ, Ex Molybdographiâ Gutterviciana. Anno 1610. 1 vol. in-4, br.

> Procès et sentence rendue contre les sénateurs *Gustaf Baner*, *Eric Sparre*, *Steen Baner* & *Turon Bielke*, qui avaient voulu empêcher le roi Jean de recevoir en Suède son frère Sigismond de Pologne. On y a joint la protestation d'Eric Sparre et la réfutation de cette protestation. On a refait à la main les quatre dernières pages.

1451. **Stargardus** (Fabianus Quintilianus, S. J.). Specvlvm Pietatis. Continens vitam et obìtvm sereniss : Annæ avstriacæ, Poloniæ Sveciæq. reginæ inclytæ, Sigismondi III. Polonorvm Svecorvmq. regis potentissimi Conivgis. Quæ anno Salutis M.D.XCVIII. IV. Id. Febr. de vita mortali transiit ad immortalem... Brunsbergæ, typis Georgij Schönfels, 1605. Petit in-4, rel. parch.

> Livre rare. Une des premières impressions exécutée à *Brunsberg* (Prusse), où l'imprimerie fut établie en 1601, dans le collège des Jésuites fondé en cette ville par le cardinal Stanislas Hosius.

1452. **Troel Lund.** Das tägliche Leben in Skandinavien während des sechzehnten Jahrhunderts. Kopenhagen, Höst, 1882. 1 vol. in-8, rel. toile.

1453. **Tuneld** (Eric). Svea Riks-Höfvidmannens och Riks-Rådets Engelbrecht Engelbrektssons Historia. Efter gamle, med noga granskning, jämförde Handlingar. Stockholm, Cronland, 1784. 2 vol. in-8, d.-rel. veau.

1454. **Typotius** (Jac.). Relatio historica de Regno Sueciæ et bellis civilibus atque externis, non Regis Sigismundi tantum & Principis Caroli, sed & Majorum. *S. l.* Anno M.DC.VI. — *Le même ouvrage*, seconde édition. Recusa, Anno 1678. Ensemble 1 plaq. in-8 et 1 plaq. in-12, chacune de 72 p.

> La seconde édition ne diffère de celle de 1606 que par de légères différences typographiques. L'histoire abrégée de Typotius a eu une certaine vogue au XVII° siècle.

1455. **Bäth** (J. G.). Orsakerna till Sveaborgs Öfvergång, och Tillståndet under dess Belägering. Stockholm, Peter Sohn, 1809. *A la suite* : Utförlig Berrättelse om thet namnkunnoga Stånge-Bro Slag emellan Konung Sigísmundus och Hertig Carl hwilket stod wid Linköping i Östergöthland then 25 September år 1598, utur *Joh.* och *Arn. Messenii*, *Loccenii* och flera, genom trycket utkomma Historiska skrifter. 2e édition d'après le mémoire imprimé en 1733. Linköping, Axel Petre 1826. Ensemble 1 vol. in-12, rel. vél. — **Brooke** (Henry). Gustavus Vasa, the deliver of his Country. A Tragedy. London, Buck, 1739. In-12, d.-rel. bas. noire. — Histoire d'Engelbrecht Engelbrechtson, extraite du 22 :^{me} livre de la chronique suedoise et gothique de Johannes Magnus. Scara, chez F. J. Leverentz, 1811. Petit in-8, rel. veau marbr., dos orn., fil. *Impression populaire*. — **Lucas.** De bellis Suantopolci, ducis Pomeranorum, adversus ordinem gestis Teutonicum dissertatio. Regimontii Prussorum, 1826. 1 plaq. in-12, cart. — **Nordström** (J. J.). Bidrag

till Penningeväsendets Historia i Sverige intill konung Gustaf I:s Tid. Stockholm, Marcus, 1850. — **Swart** (Peder). Gustaf I:s Krönika. Fragment slutande med År 1533, Efter en originalhandskrift utgifven af *G. E. Klemming*. Stockholm, Norstedt og Söner, 1870. In-8, rel. toile, non rogn. — **Vreede** (G. W.). Nederland en Zweden in Staatkundige. Van Gustaf Wasa tot Gustaf Adolf (1523-1611); Van de Aanvaarding der Regering door Gustaf-Adolf tot den Val van Olden Barneveld (1611-1618). Utrecht, Van der Monde, 1841-1844. 2 part. en 1 vol. in-8, rel. toile, non rogn. Ensemble 5 vol. et plaq.

III. — Gustave-Adolphe et guerre de Trente Ans.

1456. **Achillini** (dell'). Lettera dell' Achillini. Al Cavaliere fra Ottavio Piccolomini d'Aragona. Espugnator del Re di Svezia. Modona, Cassiani, 1633. Plaq. in-4, rel. vél.

1457. Accusationum Sveticarum, Stockholmiæ Anno M.DCIX. typis editarum, Eqvitis Poloni refutatio. Cracoviæ, Ex officina Andreæ Petricouii,... 1611. Plaq. petit in-4, 54 pp., rel toile, non rogn.

1458. Actes et documents pour servir à l'histoire de l'alliance de George Rákóczy, prince de Transylvanie, avec les Français et les Suédois, dans la guerre de Trente Ans, publiés par *A. Szilágyi...* Budapest, Ráth, 1874. 1 vol. grand in-8, rel. toile (couverture).

1459. Les asseurances données par le roy de Suede aux villes par luy conquises sur l'Empereur pour la conseruation des ecclesiastiques et le libre exercice de la Religion Catholique, Apostolique et Romaine. Suiuant les declarations qu'il en a cy-deuant faites en ses Manifestes et particulièrement en ses lettres et promesses faites à sa Majesté Tres-Chrestienne. Auec l'Ordonnance Militaire qu'il a fait publier aux Prouinces par lui retirées des mains des Imperiaux. A Paris, chez Jean Martin, 1632. Plaq. in-12, rel. vél.

1460. **Bisaccioni** (Maiolino). Memorie historiche dalla Mossa d' Armi di Gustavo Adolfo re di Svetia in Germania l'anno 1630 Scritte in cinque libri. Venetia, Presso Taddeo Pauoni... 1 vol. in-4, rel. vél. (armes).

1461. [**Booth** (Abraham)]. Iournael, vande Legatie, gedaen inde Iaren 1627. en 1628. by de Ed. Erentfeste, Hoogh-Gheleerde, Voorneme seer discrete Heeren *Rochus vanden Honaert... Andries Bicker...* ende *Simon van Beaumont...* Gedepeteerde... op den Vrede Handel tusschen de Coninghen van Polen en Sweden... door A. B. een van de tvvee Secretarisen den selver Ambassade. T'Amsterdam, by Michiel Colijn... 1632. Petit in-8 obl., rel. vél., avec 9 fig. gr. sur cuivre.

* **Burgus** (P. B.). Petri Baptistæ *Burgi*. Genvensis. De Bello Svecico Commentarij, Quibus Gostaui Adulphi Suecoʒ Regis in Germania expeditio usqʒ ad ipsius mortem comprehenditur. Ad Em^{mum} et Reu^{mum} Principem ac

Dominum D. Franciscvm Card. Barberinvm. Leodii, Apud Henricum Edelmannum, 1633. 1 vol. in-4 (titre frontispice).

Cette édition est sans les portraits; le nom d'Edelmann à Liége est un nom supposé; c'est une édition hollandaise, peut-être elzévirienne. Les bibliographes ne semblent avoir connu, outre l'édition de 1643, qu'une édition de 1639 qu'ils donnent comme la première. Notre exemplaire est de iv ff. comprenant le fauxtitre, le titre frontispice et une dédicace de *Burgus* au cardinal *Barberini*, puis de 272 pp. (la dernière renferme quelques corrections)

1462. **Burg Genuensis** (Petrus Baptista). De Bello Suecico Commentarii, quibus Gustavi Adolphi, Suecorum Regis, in Germaniam expeditio, usque ad ipsius mortem comprehenditur. Editio ultima figuris æneis adornata (Sphère du *Clapmarius*). Leodii, apud Henricum Edelmannum, anno 1643. 1 vol. petit in-12, rel. mar. olive à longs gr., fil., tr. dor. (Vogel), contenant 24 portr. et 1 frontisp. gr. sur cuivre.

Jolie édition, imprimée en gros caractères, qui sort des presses de *Louis Elzevier* d'Amsterdam.
Cachets au titre.

1463. **Camerarius** (Ludovicus). Camerarii aliorumque epistolæ nuper post pugnam maritimam in Suedicâ naui captâ Captæ a Victore Polono Anno 1626 : *S. l. n. typ.*, 1627. Plaq. in-4, cart.

1464. **Chemnitz** (Bogislaf Philipp von). Königlichen || Schwedischen || in Teutschland geführten || Krieges || Erster Theil || Worin, || negst vmbständlicher Ausführung der Ur-|| sachen dieses Krieges, dessen völliger Verlauf von An-|| fang, biszauff des Glorwürdigsten Königs Gustaph Adolph, || des Andern vnd Grossen, tödtlichen Abgang, vnd zu End des tausend || sechshundert, zwey vnd dreissigsten Jahres || beschrieben wird. || ... Gedruckt zu alten Stettin, beg... Georg Rheten hinterlass. Erben... M. DC. XLIIX. *1 titre gr. et 6 ffnc., 448 pp., 10 ffnc.* — Königlichen... Krieg, || Verfassende alle gedenckwürdige Geschichten des Glor-Würdigsten || Königs, || Gustaff Adolph, || Des Andern vnd Grossen tödtlichen hintritt, || vnd Aussgang des tausend, sechs hundert vnd zwey vnd dreissig-||sten Jahrs, bisz auff itziger Königl. May. Reichs-Cantzlers, gevollemäch-|| tigten Legatens in Teutschland vnd bey Dero Armeen, auch Directorn || des Evangelischen Bundes abreisen nacher Schweden || beschrieben wird. || ... Gedruckt zu Stockholm, || In Verlegung Ioannis Janssonii... cIɔ Iɔc Liii. *Titre frontisp., portr. de Christine de Suède et d'Axel Oxenstierna, et 7 ffnc., 1046 pp. et 8 ffnc.* 2 vol. in-fol., rel. vél.

Le premier volume, quoique peu commun, se rencontre encore parfois, mais le second est fort rare, parce qu'une partie des volumes a été brûlée dans un incendie. On a dit que le 2ᵉ volume était l'œuvre du chancelier Oxenstierna lui-même et non de Chemnitz, mais cela n'est pas très certain.
Les bibliographes se sont tous trompés en donnant au tome Iᵉʳ 478 pp. Ce chiffre qu'on lit, en effet, est fautif, et c'est 448 pp. qu'il y a en réalité. Notre exemplaire du tome II est en parfait état et contient les deux beaux portraits que nous indiquons ci-dessus, et qui manquent souvent.

— Königl. Schwedischen in Teutschland geführten Krieges... *3ᵉ et*

4ᵉ *parties.* Stockholm, Norstedt und Söhne, 1855-1857. 2 tomes en 1 vol. in-fol., d.-rel. veau f., tête limaç., non rogn. (couverture).

> Suite de l'histoire de Chemnitz, publiée par *J. J. Nordström.*

1465. **Chemnitz.** Belli || Sveco-Germanici || Volumen primum || in qvo || Post causas belli paulo curatius enucleatas || series ejusdem ab ortu vsqve || ad Glorisissimi Sveciæ Regis, || Gustavi Adolphi, || secundi & magni, || obitum, ac finem Anni millesimi, sexcente- || simi, tricesimi secundi describitur,... Stetini, ex officina Rhetiana, Anno M.DC IIL (1648). Petit in-fol., 6 ffnc., 386 pp. et fnc. blanc, rel. v.

> Traduction, faite par Chemnitz lui-même, du tome Iᵉʳ de son Histoire.
> Ce tome seul a paru.

1466. — Königlichen Schwedischen in Teutschland geführten Krieg Verfassende alle gedenckwürdige Geschichten des Glor-würdigsten Königs, Gustaf-Adolph des Andern vnd Grossen tödlichen hintritt, und ausgang des 1632, bis auff itziger Königl. May. Reichs-Canzlers, gevollmächtigten Legatens in Teutschland. Stockholm, Jansson, 1753. 1 vol. in-fol., rel. vél., avec portr. de Christine de Suède et d'Axel Oxenstjerna.

1467. La Conqveste dv Bas Palatinat par le Roy de Svede. Ensemble le passage dudit Roy sur le Rhein, la prise des villes de Mayence, d'Oppenheim, de Vvorms, & plusieurs places du mesme pays. Auec les Articles accordez entre le Roy de Suede et le Gouuerneur de la Forteresse d'Oppenheim. Paris, Jean Martin, 1632. Plaq. in-12, rel. vél.

1468. [**Conring** (Hermann)]. *Cyriaci Thrasymachi* De justitia armorvm Svecicorvm in Polonos Perque ea liberata à magno periculo Germania ad *Andream Nicanorem* Epistola. Editio nova juxta exemplar Stetinense Helmestadi Exc. Henningius Mullerus, 1656. *48 pp.* — Epistola oder Sendschreiben des Cyriaci Thrasymachi, Von der gerechten Kriegs-Armatur den Cron Schweden wieder die Cron Polen, und von dem dadurch aus grossen Gefahr erretteten Teutschlande, an Andream Nicanorem. Aus d. Stettinischen Lateinischen Exemplar ins Teutsche übersetzt. Gedruckt im Jahr 1656. *48 pp.* Ensemble 2 plaq. petit in-4, rel. vél.

> L'auteur, qui s'est caché sous le pseudonyme de Cyriaque Thrasymachus, est Herman Conring, publiciste allemand, qui a beaucoup écrit sur les matières les plus diverses.

1469. Curieuser Geschichts-Kalender, darinnen die Vornehmsten Thaten und Geschichte der Grossmächtigsten Könige von Schweden die von Anno 1611, biss auff gegenwärtige Zeit gelebet haben... Leipzig, Gleditsch, 1698. Plaq. in-12, rel. toile.

> Cet opuscule donne, par ordre chronologique, les événements militaires depuis l'avènement de Gustave-Adolphe jusqu'en 1697.

1470. La defaite generale de l'armée de l'empereur commandée par le général Tilly, par le roi de Suède... Paris, chez Jean Martin, *s. d.* — La

défaite des Impérialistes par le roy de Suède, mis en desroute & en grande confusion, chassez de toute la Poméranie et la Neumarc. Paris, chez Jean Martin, 1631. Ensemble 2 plaq. in-12, rel. toile et vél.

Pièces intéressantes et peu communes.

1471. **Defœ** (Daniel). Reisen und Begebenheiten eines Kavaliers im Dienste Gustaf-Adolphs, Königs von Schweden. Lpzg, Schwickert, 1785. 2 vol. in-12, cart.

1472. **Dunte** (Georgius à). Dissertatio historico-politica de Causis expeditionis a... Rege Gustavo-Adolpho, in Germaniam quondam susceptæ. Dorpati, Brendeken, 1691. Plaq. petit in-4, br. — The New Star of the North shining vpon the Victorious King of Sweden. London, by Augustine Mathewes, 1632. Plaq. petit in-4, d.-rel. toile. — Ordning, Huruledes här effter medh Qwarne Tullen skal förhållit warda, 1628. Tryckt i Stockholm. Plaq. in-4, 4 ffnc., rel. vél.

1473. Extraits du Mercure Français concernant la Suède de 1630 à 1634. *S. l. n. d. n. typ.* 2 vol. in-12, rel. toile.

1474. **Frang** (Alexander Julius Torquatus). Panegyricus Æternaturæ Gloriæ Invictiss. semper Hostium triumphatori... Joanni Christophoro Kœnigsmarchio Gottico Hannibali... *S. l. n. d. n. typ.*, 1663. In-fol., rel. vél., avec 2 titres gr., 1 portr., 13 vignettes et 5 pl. gr. sur cuivre.

Bel ouvrage.

1475. **Garissoles** (Antoine). Adolphidos, sive de Bello Germanico... libri XII. Montalbani, apud Philippum Braconerum, 1649. 1 vol. petit in-4, rel. vél.

Poème latin sur la vie et les exploits de Gustave-Adolphe, dédié à la reine Christine, et présenté par le fils même de Garissoles, à qui Christine fit donner son portrait en témoignage de sa satisfaction.

1476. **Gforer** (A. F.). Gustave-Adolphe et son époque. 4ᵉ édit., revue et corr. après la mort de l'auteur, par le Dʳ *Onno Klopp*. Trad. par MM. *Paul Siegwart* et *L. de Tricaut*. Bourg, Impr. J. Villefranche, 1880. 2 tomes en 1 vol. grand in-8, d.-rel. veau f., tête lim., ébarb.

1477. **Grimoard** (Le comte de). Histoire des conquetes de Gustave-Adolphe, roi de Suède, en Allemagne : ou Campagnes de ce monarque en 1630, 1631, 1632, précédée d'une introduction contenant l'origine & les commencements de la guerre de Trente Ans. Neuchâtel, 1789. 3 vol. petit in-8, d.-rel. bas.

Cachet aux titres.

1478. **Grubb** (Christoph. L.). Breviarium Gustavianum. Thet är : Ett Kort Uthtogh aff K. Gustaffz den Förstes Historia begynnandes på thet Åhret 1518 .. Linköpingh, Daniel Kämpe, 1671. 1 vol. petit in-4, rel. mar. noir.

1479. **Gualdo** (Galeazzo). Historia delle guerre di Ferdinando II et Ferdinando III imperatori e del re Filippo IV di Spagna contro Gustavo Adolfo

Re di Svetia e Luigi XIII re di Francia, successe dall' anno 1630 sino all'
anno 1636. Venetia, Bertani, 1646. 2 vol. in-4, rel. bas.

1480. Der Güldene Löw inn blawen Feld, Historischer vnnd geweissagter
Weise vorgebildet von seinem Geschlecht vnd Herkomen, auch dapfferen,
Ritterlichen Helden-Thaten, biss zur höchsten Verwunderung vnd Ruhmsee-
ligen Ende... Auctore. Curæ Ihesv Sanor. Franckfurt, bey Joh. Frid. Weiss,
1634. — Lettres de Gustave-Adolphe, Roi de Suède, adressées à son général
Dodo von Inund Kniphausen en 1630, 1631 et 1632, publiées par *H. O. Feith*.
Groningue, Scholtens, 1860. Plaq. in-8, rel. toile.

1481. Gustaviade, Hjälte-Dikt i tolf Sänger. Stockholm, Salvius, 1768.
— **Schöne** (Karl). Gustav Adolfs Tod. Trauerspiel in fünf Acten. Berlin,
Amelang, 1818. 1 vol. in-12, cart., couverture. (Gravure sur cuivre.)

1482. **Harte** (Walter). The history of Gustavus Adolphus, King of Sweden,
surnamed the Great. 3d Edition, revised, corrected, etc. by *John Joseph
Stockdale*. London, Hansard, 1807. 2 vol. grand in-8, rel. veau rac., fil., avec
cartes et portr. De la Biblioth. de Edward Shipperdson.

1483. **Hein** (Albert). Lacrymæ Facultatis Juridicæ Universitatis Rosto-
chiensis super obitum luctuosissimum Herois incomparabilis magni Gustavi
Adolphi, Suecorum Regis, Germaniæ liberatoris & Patris, triumphatoris feli-
cissimi. Rostochi, J. Pedanus, 1633. 1 plaq. in-4, rel. vél. — **Huswedel** (Joh.).
Luctus facultatis Philosophicæ in Universit. Rostochiensi propter obitum
divi Gustavi-Adolphi regis. Rostochi, typ. Joach. Pedani, 1633. Plaq. petit
in-4, rel. vél. — **Dresig** (Sigism. Frederic). De meritis Gustavi Adolphi in
ecclesiam Lutheranam oratio. Lipsiæ, Langenhem, 1732. Plaq. petit in-4, rel.
toile.

1484. **Heinsius** (Daniel). Panegyricus Gustavo Magno, Suecorum, Gotho-
rum, Vandalorum &c. Regi, consecratus. Lugd. Batav., ex off. Bonav. &
Abrah. Elzevir, 1633. Plaq. in-fol., 2 ffnc., 28 pp., rel. vél., avec portr. en
médaillon de Gustave-Adolphe, au titre.

Bel exemplaire.

1485. **Henckel** (Balthazar). De Bello, || tam protectitio, quam || vindicato-
rio || Gvstavi Adolphi || regis Svecorum maximi, || et fide || Bogislai XIV. ||
principis Pomeranorum optimi, || illius || Ex Pomerania, aliisque, ad infra-||
miam usq; de populatæ Germaniæ, territoriis, gras-|| satorum turmas, Pacisq;
publicæ turbatores, || divinitùs ejicientis, || ... Stettini, typis Rhetianis, 1631.
Petit in-4, d.-rel.

Cachet au titre.
Petit volume d'une insigne rareté et qui valut à son auteur d'être emprisonné à
Cologne.
La plupart des bibliographes qui parlent de ce livre le font sur la foi d'autrui.
Ce volume était déjà si rare à la fin du xviie siècle, que *Scheffer* ne l'a pas vu et
ne le cite pas dans sa *Suecia Litterata*, 1698.

1486. Heylmannus (Philipp. Ludov.). Gustavus Adolphus, magnus, rex Suecorum Augustus, Germanicus, Germanicæ libertatis Vindex. Francf. ad. M. Andreas, 1703. Plaq. petit in-4, br.

1487. L'Histoire de la dernière guerre de Svède, En laquelle sont amplement décrits tous les Signes, combats, rencontres, & batailles des Suedois, contre les Danois : Ensemble leur Paix, par l'entremise du Roy de la Grand' Bretagne. A Paris, chez François Pomeray,... 1622. In-12, rel. parch.

Déchir. à la rel.
Cette Histoire est de *Julien Pilieu* ou *Peleus*, né à Angers, et qui fut historiographe de Henri IV.

1488. Histoire des Armes victorieuses de Gustave Adolph, par la Grace de Diev, Roy de Svede, &c. Diuisée en deux parties... A Geneve, Par Iean de la Planche, 1632. 1 vol. in-12, rel. parch.

1489. Hulsius (Bartholomæus). Den Onderganck des Roomschen Arents door den Noordschen Leevw Alles met Kunstrycke Sinnebeelden ende de Verklaringe van dien, soo in Rym als Prose, uytgedruckt door Weylandt *Barth. Hulsius* Dienar des God. W. ende nu aent Licht gebrocht door *Crispin de Pas.* T'Amsterdam, voor Crispin vande Pas. In't Iaer 1642. Petit in-4, br.; frontisp. et 29 pl. gravées sur cuivre.

1490. Iollivetus Aurelianensis (Evertius). Fulmen in Aquilam seu Gustavi Magni... bellum Sueco-Germanum, heroico-politicum poema. Editum Parisiis apud Matthæum Guillemot a. 1636. Lipsiæ apud Georgium Wolbrecht, 1832. In-8, rel. toile, avec fac-sim. du frontisp. de l'ancienne édition.

1491. Iörensson. Then Stoormechtighe, Höghborne Furstes och Christelighe Herres, Her Gustaffs, fordom Sweriges, Göthes, och Wendes Konungs, etc. Historia, Om hans Kon. Mayts loflige Regeringh och merckelige Handlingar, korteligen och sanfärdheligen sammandragen och beskreffuen aff Erich Iörensson. Stockholm, aff Christoffer Reusner, 1622. 1 vol. in-6.

1492. Lansbergius (P.). Gustavi Magni Bellum Germanicum. Roterodami, apud Arnoldum Leers, 1652. 1 vol. petit in-12, rel. parch., frontisp.

Exemplaire fatigué.

1493. Lettre du Roy de Suède au Tres Chrestien & Victorieux Roy de France & de Nauarre Louys XIII sur les affaires de ce temps. Sur l'Imprimé, à Paris, chez Jehan de la Tourretre, en l'isle du Palais, 1632. Plaq. petit in-8, de 7 (1) pp.

Peu commun.

1494. Lettre d'un gentilhomme escrite du Camp du Roy de Suede a un Seigneur de qualité du 12 Octob. 1631 contenant I. les causes & les progrez des armes du Roy de Suede en Allemagne, comme aussi la bataille de Leipzig, & la suite, II. Une deduction sommaire de la Victoire obtenue par les Hollandois, le 2 de Septembre 1631. *S. l.*, 1631. In-12, rel. vél.

Exemplaire remonté. Déchirure au titre.

1495. Lettres de Messieurs d'Avavx et Servien, ambassadevrs Pour le Roy de France en Allemagne, concernantes leurs différens & leurs responses de part & d'autre en l'année 1644. *S. l. n. typ.* M.DC.L. 211 (1) pp. et 1 fnc. — Lettre de Monsieur Servient, plénipotentiare de France, addressée à chacune des Provinces Vnies des Païs-Bas separement, exceptée celle de Hollande. M.DC.L. *A la suite :* Escrit ov memoire, contenant 19. articles, présenté le 22. de May 1647. par Monsieur Servient, à Messieurs les Estats Generaux des Provinces Vnies des Païs Bas, avec les remarques, qui y ont esté faites le 1. de Iuin de la mesme année, ainsi qu'elles sont mises immédiatement apres chacun Article, pour en faciliter l'intelligence. 62 pp. Ensemble 1 vol. in-12, rel. parchem.

<small>Contient d'intéressants détails sur les contestations de préséance qui éclatèrent entre Servien et le comte d'Avaux au Congrès de Munster.</small>

1496. **Von Lundblad** (F. F.). Schwedischer Plutarch, uebersetz von F. von Schubert. Stralsund, Löffler, 1826. 2 tomes en 1 vol in-8, rel. toile.

<small>Vies des principaux généraux et ministres de Gustave-Adolphe.</small>

1497. **Lungwitz** (Mathieu). Alexander Magnus redivivus, Das ist Dreyfachen Swedischen Lorbeer-Krantzes und triumphirender Siegeskrone... Gründliche Historische Beschreibung von Ihrer Königl. Majest. Gustav-Adolphus... Leipzig, Johan Grossen, 1632. 2 parties et un appendice : Respublica regni Sueciæ, formant 1 vol. petit in-4, rel. parch., avec 1 portr. de Gustave-Adolphe, et 1 titre gravé.

<small>Fortes mouillures.
Curieux ouvrage où l'histoire des guerres de Gustave-Adolphe est racontée avec admiration.
L'appendice est imprimé à Zwickau, par Melch. Gopnern, 1632.</small>

1498. **Lungwitz**. Alexander redivivus... Leipzig, Grössen, 1632. 3 parties en 1 vol. petit in-4, rel. parch., avec portr. et titre gr. *L'appendix est de la 2ᵉ édition :* Zwickau, Göpnern, 1633. — Josuæ et Hiskias confœderati... Leipzig, Joh. Grossen, 1633-1634. 3 parties en 1 vol. in-4, rel. vél.

<small>Cet ouvrage paraît être la 3ᵉ édition de l'Alexander redivivus.</small>

1499. [**Mauvillon** (Eléazar)]. Histoire de Gustave-Adolphe, roi de Suède, composée sur tout ce qui a paru de plus curieux, & sur un grand nombre de manuscrits, & principalement sur ceux de Mr. Arkenholtz. Par M. D. M.*** Professeur, etc. Amsterdam, Chastelain, Arkstée & Rey, 1764. 1 vol. in-4, rel. vél., avec cartes et plans de batailles et 1 portr. de Gust.-Adolphe, gr. par Pontius d'après Van Dijck.

1500. **Narsius** (Jean). Gustavidos, sive de bello Sueco-Austriaco libri tres : poematum Miscellaneorum liber Unus. Hamburgi, Rebenlinus, 1632. — Gustavus Saucius tragœdia : in qua res Sueco-polonicæ in Borussia gestæ anno 1627. Hafniæ, Sartorius, 1628. Ensemble 1 vol. petit in-4, rel. v. f. et 1 broch. in-12.

1501. Nicanor (André). Ad epistolam *Cyriaci Thrasymachi* De justitia armorum Suecicorum in Polonos, perque ea liberata à magno periculo Germania responsio. 1656. — Auss die Epistel des Cyriaci Thrasymachi, von der Gerechten Sache der Schwedischen Waffen gegen die Pohlen, und dass dadurch Deutschland von vielen Gefahren errettet sich Antwort... 1656. Ensemble 2 plaq. petit in-4, rel. vél.

1502. Norcross (John). Das wunderbare Leben und die dreyssigjährige Gefangenschaft des eines Englisches Kapercapitains, von ihm selbst geschrieben... Leipzig, 1757. In-12, rel. toile, avec 1 portr. de l'auteur.

1503. De Parieu (E.). Histoire de Gustave-Adolphe, roi de Suède. Paris, Didier, 1875. 1 vol. in-12, br. — **Bürster** (Sebastien). Beschreibung des Schwedischen Krieges 1630-1647. Nach der Original-Handschrift im General-Landesarchiv zu Karlsruhe, hrsgg. v. *Friedr. von Weech*. Lpzg, Hirzel, 1875. In-8, br. — **Sprinchorn**. Om Sveriges politiska Förbindelser med Frankrike före Gustaf II Adolfs Tid. *S. l.*, 1880. 1 plaq. in-8, br.

1504. Pons de Castelvi (D. Fabricio). Gustavo Adolfo, Rey de Suecia, vencedor, y vencido en Alemania. Madrid, Domingo Garcia y Morràs, 1648. 1 vol. in-4, rel. parch.

1505. Prade (R. de). L'Histoire de Gustave Adolphe dit le Grand, et de Charles-Gustave, comte palatin, roys de Suède, Et de tout ce qui s'est passé en Allemagne pendant leur vie. A Paris, chez la veuve Cramoysi, 1693. 1 vol. in-12, rel. v. f., frontisp.

1506. Kurtze Relation welcher gestalt, durch beystandt dess Allmächtigen Gottes, mit den königl: Dennemärckischen von den Herrn Generaln Grafen von Tilli, vnd seinem vnderhabenden Kriegsuolck, bey dem Dorf Rossing, abermaln siegreich geschlagen, die Dänischen getrennt, vnd in die Flucht gejagt worden. Getruckt im Jahr 1626. Plaq. in-4, 2 ffnc., cart.

> Plaquette peu commune donnant le récit, d'après un écrit daté de Calenberg 29 juillet 1626, du combat livré près du village de Rossing à cette date. Ce récit parait être officiel.

1507. Relatione || della battaglia || seguita alli 17. di Nouembre 1632. || fra l'arme di sva Maesta' Cesarea, || e qvelle del re' di Svetia. || In Bologna, Per l'herede del Benacci, 1632. Plaq. in-4, 4 pp., rel. vél. blanc.

1508. Relatio historica de duobus Gustavis, Regibus Sueciæ, Avo & Nepote, Augustanæ Confessionis, Augustis defensoribus. Das ist Historische Relation, von zweyen Königen in Schweden, Gustav dem Ersten, und Gustav dem Andern, dieses Namens .... Gedruckt im Jahre 1632. *S. typ*. Plaq. petit in-4, rel. toile, non rogn.

1509. Relation || veritable du || combat entre le Roy || de Suede, & le Duc de Fridlandt, || General de l'Armee de l'Empereur || à Altemberg, en Franconie, entre || les villes de Nuremberg, & de || Vvinsheim, le troisiesme

Septem-||bre l'an mil six cens trente-deux. || De Franconie le dixiesme iour de Septem-||bre l'an mil six cens trente-deux. A Paris, chez Iean Martin, 1632. 1 plaq. in-12 de 14 pp., rel. vélin.

Opuscule peu commun,

1510. **Rothenburg** (F. R. von). Schlachten der Schweden in Deutschland. *S. l. n. d. n. typ*. Plaq. in-8, oblong, avec 8 cartes, rel. toile.

1511. **Salin** (Daniel), **Deckberg** (O.) & **Hedengren** (Andr.). Dissertationes tres de Gladio magico Gustavi Adolphi Suecorum Regis. Lipsiæ, 1728-1729. Ensemble 1 plaq. in-4, avec fig. et 1 grande planche, rel. toile, non rogn.

Il n'y a qu'une seule pagination pour ces trois dissertations.

1512. **Serlinus** (Guilelm.). Causæ regum heri et hodie inter se belligerantium Galliæ et Hispaniæ. Sveciæ et Poloniæ. Expositæ et expensæ ad juris et status rationem. *S. l. n. d. n. typ*. Petit in-4, rel. vél.

1513. **Spanheim** (Fr.). Le Soldat suédois; ou Histoire de ce qui s'est passé en Allemagne depuis l'entrée du Roy de Suede en l'année 1630 iusques apres sa mort. 1633 (a Genève). 1 vol. in-8, rel. veau éc., fil., dos orné du chiffre du comte Riant, non rogn. Les 2 prem. pages remontées.

Rare et intéressant ouvrage de Frédéric Spanheim (1600-1649), ministre protestant, qui le composa pendant le séjour qu'il fit à Genève comme professeur de philosophie et de théologie.

1514. [—]. Il soldato suezzese. Historia della Guerra trà Ferdinando II Imperatore, e Gustavo Adolfo Rè di Suetia, tradotto dal francese da *Pompeio Bellanda* il Vecchio. In Venetia, Giacomo Scaglia, 1634. 1 vol. in-4, d.-rel. basane.

Titre et les deux derniers feuillets raccommodés et remontés.
Traduction italienne de l'ouvrage de *Frédéric Spanheim*. Il existe aussi une traduction en flamand, Amsterdam, 1649.

1515. **Stiernmann** (Anders Anton v.). En kårt Beskrifning om den Store och oförliknelige Svea Rikes Konungs, Konung Gustaf Adolphs... och des gemåls, Drottnings Mariæ Eleonoræ, mynt och Afbilder. Stockholm, Salvius, 1762. Plaq. in-fol., avec 2 portr. et 5 pl., rel. vél.

1516. **Swinborne** (Frederick Pfander). Gustavus Adolphus : an historical poem and romance of the thirty year's war. With illustrations. London, Wyman, 1884. 1 vol. grand in-8, cart. (édit.).

* Venceslai Clementis à Lybeo-monte. Gustavidos Libri IX. quibus Gustavii II. vere Magni & Augusti, Suecor. Gothor. Vandalor. &c. Regis serenissimi, Victoriarum heroicarum, rerumquè per Germaniam gestarum series carmine Heroico narratur ||[Marque du Pélican]. Lugduni Batavorum, apud Franciscum Hegerum, anno 1632. (Au 4e feuillet, beau portrait de Gustave-Adolphe.) 1 vol. in-4.

1517. La veritable || retraicte || du Roy de Hongrie, || Et la Leuée du

Siege de deuant la || ville de Ratisbonne, || avec la grande || Deffaicte || de l'armee imperiale ||, la Prise d'vn nombre de Chefs, de || tout le Canon, Argent, & Baga-||ges des Impériaux, || par le Svedois : || Ensemble, les grandes Diuisions & Meur-||tres nouuellement arriuez dans le || Royaume de Hongrie, contre les-||dits Impériaux. A Paris || chez Iean Brunet, rue Neufue Saint || Louis au trois de Chifre || 1634. 1 plaq. petit in-4 (aspect d'un in-12) de 15(1) p.

> Combats de Butzel et Greffenberg, dans lesquels le général impérial Colloredo fut fait prisonnier.

* **Windekindi** (Iohan). Historia belli Sueco-Moscovitici decennalis, quod junctis armis cum Magno Moscorum Duce Johan. Basilio Svischio, primum adversus Rebelles & Lithuanos, mox Polonos, tandem data causa contra ipsos Moscovitas, auspiciis Regum Sueciæ Caroli IX et Gustavi Adolphi ductu Jacobi De La Gardie, varia fortuna ab Anno Seculi hujus Septimo, in decimum septimum gestum, & ardua pace compositum est, Totidem libris distincta. Holmiæ, apud N. Wankijf, Reg. Typ., 1672. 1 vol. in-4.

IV. — Christine.

* [**Arckenholtz**]. Mémoires concernant Christine, Reine de Suede. Amsterdam et Leipzig, P. Mortier, 1751-1760. 4 vol. in-4. Exemplaire en grand papier.

1518. **Capellari** (Michel). Michaelis Capellarii || Christinais, || sive || Christina || Lustrata ||. (Marque d'A. Poleti.) Venetiis, M.DCC. || Ex Typographia Andreæ Poleti. || Superiorum permissu. Frontispice signé A. B. F. 1 vol. in-4 de 6 ff., 341(1) p., rel. veau éc.

> Bel exemplaire d'un poème en vers latins en l'honneur de la reine Christine de Suède, et dédié au pape Innocent XII.

1519. **Casanova**. Drottning Christina historisk-lyrisk dram i fem afdelningar af Gio Carlo Casanova, af densamme tilleguad Hennes Maj:t Eugenia Bernhardina Desideria, Drottning af Sverige, etc. Stockholm, Rudolf Wall, 1849. 1 vol. petit in-8 de 90 p.

1520. Les Cérémonies observées au covronnement de Christine reyne de Svede à Stockholm le 30 Octobre 1650. Paris, chez Edme Martin... 1650. Plaq. petit in-4, rel. vél.

> Bel exemplaire.

1521. **Christine de Suède**. Lettres choisies, à Descartes, Gassendi, Grotius, Pascal, Bayle ; au prince de Condé ; au duc d'Orléans, régent ; à Louis XIV, à Mlle de Montpensier, à Mademoiselle Lefevre, à la comtesse de Sparre, à la comtesse de Bregi, etc., avec la mort tragique de Monadeski, son Grand-Ecuyer. Par M. L***. A Villefranche, chez Hardi Filocrate, imprimeur, 1760. 2 tomes en 1 vol. in-12, rel. bas.

> Le récit de la mort de Monaldeschi n'est qu'un morceau de phraséologie boursouflée sans aucune valeur.
> Le lieu d'impression ainsi que le nom de l'imprimeur sont imaginaires.

1522. — Professio fidei, das ist : Offentliche Bekandtnuss dess wahren, vnd Catholischen Römischen, allen Seeligmachenden Glaubens, der durchleutigisten, Grossmächtigisten Königin Christinæ Königin in Schweden, etc... Augspurg, durch Andream Aperger, 1655. — De Ingeboren Aert ofte Humeur van Christina Koninginne van Sweden... 1655. *S. l. n. typ.* — Belydenis vande Koninginne Christina van Sweden; vande Pauselijcke religie... S'Gravenhage, bij Christianus Calaminus, 1655. — Kort Verhael van het Leven van Christina Koninginne van Sweden... 1655. *S. l. n. typ.* — Copey eines 'schreibens so die Königin Christina auss Schweden wegen ihrer Bekehrung anden König in Schweden auss Insbrück gethan, den 8 Novemb. Anno 1655. *S. l. n. d. n. typ.* Ensemble 5 plaq. petit in-4, rel. vél. et br.

Pièces peu communes.

1523. Christina Pallas togata Alexandri VII auspiciis Romæ Triumphatrix. Romæ, ex typ. Rev. Cameriæ Apostolicæ, 1656. 1 vol. in-4, rel. parch.

Exemplaire en bel état d'un ouvrage curieux où Christine de Suède est successivement appelée Togata Pallas, Religionis Columen, Pietatis Idea....., Armata Minerva..... L'auteur en est le P. François de Saint-Augustin *Macedo*, franciscain, prof. de théologie.

1524. **Ferrarius** (Octavius). Pallas Svecica Panegyricus Christinæ Gothorum, Vandalorum, ac Suecorum Reginæ Imperium auspicanti Dictus. Venetiis, Pinelli, 1651. Plaq. in-4, rel. vél.

1525. **Freinsheimius** (Joh.). Harangve panegyriqve || à la vertu & l'honneur de la || Serenis. Princesse & Dame, || Madame, || Christine, || Reyne de Svede, || des Goths & Wandales, &c. || Faite en Latin par M. Iean Freinsheimius. || ... Et traduite en François || 'par || Monsieur *Jonas Hambræus*... A Paris, chez P. Des Hayes et A. Cellier, 1655. — Eschaugvette de laquelle on peut voir clairement l'Estat illustre des Suédois & des Goths, Composée en Latin par Monsieur Jean Messenius, garde des archives du royaume de Suède et traduite en François par M. Jonas Hambræus. A Paris, Des Hayes & Cellier, 1655. Ensemble 1 petit vol. in-12, rel. v., avec portr. de la reine Christine, gr. par *Van Merlen*.

1526. Fünffzehen hochwichtige Religions-Fragen auff welche en Hohe und Wolgeborne Stands-Person ein runde, und ein heiliger Schrifft wolgegründete Antwort von Evangelischer Seyten inständing begehrt. Nach dem Exempel und Vorbild der Durchleüchtigisten Grossmächtigisten Christinæ, Königin in Schweden, &c. Ingolstatt, Ostermayr, 1656. 1 plaq. in-4 de jj ff., 44 p., rel. vél.

1527. Le || génie || de || la reyne || Christine || de Svède. || *S. l. n. typ.* M.DC LV. Plaq. petit in-4, rel. vél.

Opuscule imprimé en Hollande et qui est plutôt un persiflage qu'un éloge.

1528. Histoire || de la vie de la || Reyne || Christine || de Suede. || Avec un

veritable récit du Sejour ‖ de la Reyne à Rome, ‖ et la Defense du Marquis Monalde-‖schi contre la Reyne de Suede (*une sphère sur un pied*). A Stockholm, ‖ chez Jean Pleyn de Courage. ‖ LXXVII (1677). Petit in-12 de 212 pp. outre le titre et un portrait de Christine. — Recueil ‖ de quelques ‖ Pieces ‖ curieuses ‖ servant à l'Eclaircissement de l'Hi-‖stoire de la Vie ‖ de la ‖ Reyne Christine ‖. Ensemble plusieurs voyages ‖ qu'elle a faites. ‖ (*La sphère des Elzevier*) A Cologne, ‖ chez Pierre du Marteau ‖ MDCLXVIII. ‖ de 168 pp., plus le titre. — Lettres ‖ de la Reyne ‖ de ‖ Suede ‖ Et de quelques autres ‖ personnes (en faux titre et sans date) de 72 pp., tout compris. Ensemble en 1 vol. petit in-12, rel. mar. vert, dos orné, dent. s. l. plats, tr. dorée (Koehler). Exemplaire provenant des bibliothèques Pieters et La Villestreux.

* Histoire ‖ des intrigues ‖ galantes ‖ de la Reine ‖ Christine ‖ de Suede ‖ Et de sa Cour, pendant son ‖ Sejour à Rome. A Amsterdam ‖ chez Jan Henri, Libraire ‖ 1697. Au frontispice, portrait de la reine, avec une inscr. de 4 vers. 1 vol. in-8 de iii ff., 300 pp.

Première édition d'un libelle attribué à *C. G. Frankestein*, qui semble avoir fait partie de la domesticité de Christine.

* Historia pacis Germano-Gallo-Svecicæ, Monasterii atqve Osnabrugæ tractatæ, & Anno M DC XLIIX perfectæ, Ex ipsis Rerum gestarum Documentis atqve Commentariis deprompta & concinnata. Irenopoli, Anno M.DC.LXXIX. 1 vol. petit in-8 de xxij ff. (y compris un front.), 744 pp. et xj ff.

Irenopolis est une ville imaginaire, et l'Historia pacis a été imprimée à Gotha ; deux autres éditions en ont été données en 1681 et en 1697. L'auteur de cet ouvrage est *F. Pfanner*.

* Leben ‖ der ‖ Weltberühmten Königin ‖ Christina ‖ von ‖ Schweden ‖ nach denen geheimesten Intrigven ‖ und merckwürdigsten Umständen mit ‖ möglichstem Fleisse ent-‖worffen. ‖ [Marque] ‖ Leipzig ‖ bey Thomas Fritschen, 1705 ‖. 1 vol. petit in-8 de vi ff., 457(1) pp., ii ff.

Un frontispice représente une médaille de la reine Christine.

1529. **Lescalopier**. Sur l'entrée de la reine de Suède Christine à Paris, par Monsieur Lescalopier, Conseiller Aumônier & Predicateur ordinaire du Roy. Paris, R. Ballard, 1656. — Relation de ce qui s'est passé à l'arrivée de la reine Christine de Suède à Essaune en la maison de Monsieur Hesselin, ensemble la description particuliere du Ballet qui y a esté dansé, le 6 Septembre 1656, et un panegyrique latin sur l'Entrée de cette Princesse à Paris. Paris, R. Ballard, 1656. 2 plaquettes in-4, rel. ensemble en vélin.

Le panégyrique manque.

1530. [**Leti** (Gregorio)]. Le portrait et la vie secrette de la Reine Christine de Suede, avec un veritable recit du sejour de la Reine à Rome et la Defense du Marquis de Monaldeschi contre ladite Reine de Suède par G. L[eti]. A

Londres, chez Charles Savouret, 1710. 1 vol. in-12, cart., avec portr. de Christine de Suède et celui de Monaldeschi.

> Exemplaire réglé.
> Ce curieux livre, formé de plusieurs opuscules ayant paru séparément sous des titres différents, contient de vives attaques contre la reine Christine, qui y est traitée de *fourbe* et d'*inconstante*, et le portrait tracé d'elle est parfois d'une obscénité révoltante. L'auteur de ce libelle est *Gregorio Leti* (1630-1701), ecclésiastique italien qui abandonna le catholicisme, devint en Angleterre historiographe de Charles II, et mourut à Amsterdam, après avoir publié de nombreux ouvrages d'histoire et pamphlets. Ce petit volume contient en outre la Relation de la mort de Monaldeschi, par le *R. P. Le Bel*, très intéressant récit d'un témoin oculaire. Le nom de *Charles Savouret* paraît cacher un imprimeur hollandais.

1531. [—] Brieve || Relation || de la || vie || de || Christine || Reyne || de Suede, || Iusques à la démission de sa Couronne || & son arrivement à Bruxelles ||. *S. l.* 1655. 1 plaq. petit in-4, de 20 pp., rel. vél.

> Ce libelle, imprimé en Hollande, plein de violences contre la reine Christine et surtout contre Pierre Michon Bourdelot, son médecin, a été réimprimé sous le titre de « L'Adieu des François à la Suede ou la Demission de la grande Christine... » sans le libelle de *Gregorio Leti : Le portrait et la vie secrette de Christine de Suède*. Il est infiniment probable que Leti est l'auteur de tous les opuscules qu'il a réunis sous ce titre.

1532. **Malagola**. Cristina di Suezia in Bologna. Memorie raccolte da relazioni ufficiali. Pisa, 1881. 1 pl. in-4, rel. toile.

1533. **Mellini** (G. Garzia). Christo in Vaticano, e Christina in Campidoglio. L'uno nella chiesa trionfante sempre glorificato dio tutt' i Ré; l'altra de' Goti, Vandali, e Suechi Regina, glorificante la Chiesa. Bologna, Giacomo Monti, 1656. 1 vol. petit in-4, rel. parch., fil., tr. dor.

* Mvndvs novvs Christina Serenissima Sveciæ Regina, in sinum Ecclesiæ Catholicæ Romanæ Œniponti recepta. Œniponti, typis Michaelis Wagneri. 1 fnc., 29(1) pp., in-fol.

1534. **Pallavicino** (Sforza). Conversione di Cristina regina di Svezia. Firenze, 1877. — Descrizione del primo viaggio fatto a Roma dalla regina di Svezia Cristina Maria, convertita alla religione cattolica e delle accoglienze quivi avute sino alla sua partenza. Roma, Salviucci, 1838. Ensemble 2 plaq. in-8, cart. et rel. toile, non rogn. (couvert.).

1535. [**Christine de Suède**]. Recüeil des Harangues qui ont esté faites à la Reyne de Suede en toutes les principales villes de ce Royaume, depuis son entrée iusques à sa sortie. Ensemble les lettres qu'elle a écrites aux Roys, Princes & autres personnes de qualité. A Paris, chez Claude Barbin, dans la Grand'Sale du Palais, au Signe de la Croix, 1660. 1 vol. petit in-8 de 1 f., 289 p., rel. vél.

> Outre des lettres intéressantes adressées à la reine de Suède ou écrites par elle, on trouve à la fin diverses poésies françaises en l'honneur de Christine, notamment de *Chevreau*, son secrétaire des commandements, de *Le Clerc*, de son médecin *Bourdelot*, de *Tristan L'Hermite*, etc,....

1536. Les deux relations authentiques du meurtre de J. Monaldeschi, composées par Le Bel et Conti, Éditées avec une étude préliminaire et des notes par *Louis Lacour*. Paris, Jouaust, 1865. In-16, rel. vél.

Tiré à petit nombre sur papier vergé.

1537. Relation || veritable || du || Succez de la demission que la || Reine de Suede || Fit de son Quartier à Rome || le 30 avril 1687 ||. A Rome || chez Jaques le Sincere || 1687. *Avec la* Suite de la Relation || de ce qui s'est passé à Rome || entre || le Pape || et || la Reine de Suede ||. 1 opuscule in-12 de 14, 8 pp., rel. vél.

Pièce intéressante imprimée en Hollande.

1538. Relacion del viaje de la Ser^{ma} Reyna Christina de Suecia, desde el dia que salio de Brusselas, hasta el que salio de Inspruch en Tyrol, con todas las circonstancias de Su Profession publica de la Fé Catholica. En Brusselas. En casa de Hub. Anth. Velpio, en el Aguila de oro, 1655. 1 plaq. in-12 de 30 pp., rel. vél.

A la page 19 se trouve une lettre d'Alexandre VII à la reine, et à la page 22 une lettre du même pape à Lucas Holstein, suivie de quelques autres pièces.

1539. Relazione dell' Accademia Solennizata nel Real Palazzo della Regina di Suezia, il secondo, il settimo, & il nono giorno di Febraro 1687. Per festeggiare l'Assunzione al Trono di Giacomo Secondo, Re d'Inghilterra. In Roma, Nella Stamperia della Reu. Cam. Ap. 1687. 1 plaq. in-4 de 8 pp., rel. vél.

1540. Reyse || van hare Doorluchtige Majesteye || Christina || Koninginne van Sweeden || Gedaen door de Nederlanden, Duytslant, Franckrijck || Italien, en andere Gewesten des Werelts, van haer eerste opt-tocht || up Sweeden, in den Aare 1654. tot haer wederkomste || in den Aare 1660. T'Amsterdam, Door W. Dircksz de Lange, &c. (*In fine*) Gedruckt by Willem Gort..... 1660. 1 plaq. in-4 de iv ff., 36 p., jj ff., in-4, avec un portrait de la reine Christine et 3 belles gravures sur cuivre dans le texte (pp. 3, 9, 19). Au verso du 2e feuillet commence une pièce en l'honneur de Christine, signée du grand poète flamand J. Vondel.

1541. Vera, & Compita Relatione del Ricevimento fatto alla Maestà della Regina di Suetia, in Roma dalla Santita di N. S. Papa Alessandro Settimo, con le caualcate fatte da gli Emin^{mi} Sig. Card. Legati. S.S. Governatore, Senatore, e Conservatori, di Roma, & ingresso di Sua Maestà. Con la descrittione dell' Apparato pi San Pietro, e della Facciata del Palazzo Farnèse. In Roma, Cavalli, 1656. — **Bartolomeo Lupardi**. Vera, et distinta Relatione della solenne cavalcata fatta in Roma nell' ingresso della Real Majestà di Christina, Regina di Suetia, li 23 Decembre 1655. Con la descrittione delle Ceremonie, del Concistoro publico, della Cresima, e Communione datale per mano della Santità di N. S. Alessandro VII. In Roma,

Tinassi, 1655. Ensemble 1 plaq. in-4 de vi ff., iv ff., rel. vél., rogn. d'un peu près.

Portrait de la reine Christine au verso du premier feuillet de la première pièce.

* **Woodhead** (Henry). Memoirs of Christina, queen of Sweden. London, Hurst and Blackett, 1863. 2 vol. in-8.

1542. **Zabarella**. Christina Avgvsta, siue Christinæ Suecorum, Gothorum, Vuandalorumq; Reginæ, &c. Augustæ Heroicæque Origines, et cum omnibus Europæ Principibus consanguinitas. Vbi Principum, Familiarumque Illustrium Origines; Virorum, Mulierumque virtutes; ac rerum notabilium memoriæ breuiter recensentur. Iacobo Zabarella, patavino comite, Auctore. Patavii, apud Petrum Lucianum (1653). 1 vol. in-4, rel. vél.

1543. [**D'Arckenholtz**]. Réponse à la lettre de M. le Baron de Holberg, laquelle éclaircit les remarques qu'il a fait sur les Memoires concernant Christine, Reine de Suede. Cassel, Jérémie Estienne, 1753. 1 plaq. in-8, brochée. — **Busson** (Arnold). Christine von Schweden in Tirol. Innsbruck, Wagner, 1884. In-12, rel. toile, non rogn. (couvert.). — **Gualdo** (Galeazzo). Historia della Sacr. Real Maestà di Christina Alessandra regina di Svetia. Modana, Soliani, 1656. Petit in-4, rel. toile. *La marque du titre est enlevée.* — **Hammarström** (P. A.). Om tullförhållandena mellan de skandinaviska rikena från äldsta tider till freden i Brömsebro 1645, med särskildt afseende på Öresundstullen. Lund, *Extr. des Univ. Årskrift. t. 12.* Plaq. in-4, cart. — **Holberg**. Lettre de M. le baron de Holberg, qvi contient qvelqves remarqves sur les Memoires concernant la reine Christine nouvellement publiés. A Leipzig, chez François Christian Mumme, 1752. Plaq. in-12, cart. — **Sardi** (Cesare). Christina, Regina di Suezia in Lucca nel 1658. Ricordi Storici. Lucca, Giusti, 1873. 1 plaq. in-8, rel. toile, non rogn. couverture.

V. — De Christine à Charles XII.

1544. Acta pacis Olivensis. Tomus I : Pastoris ab Hirtemberg Aurore Pacis Diarium pacificationis e bill Zaluseiano nunc primum probatum, Oliva pacis, Acta publica pacis Olivensis. Tomus II : Diarium Suecicum, Danicum Curonicum e tabulariis et bibliothecis nunc primum prolata. Recens. ill. tabulas publicavit et obseruationes adjecit Johannes Gottlob Boehmius. Vratislaviæ, apud Guilelm. Kornium, 1766. 2 vol. in-4, rel. toile, non rogn.

1545. Instrumentum pacis Oliviensis in Anno 1660. Gedruckt im Jahre 1725. Plaq. petit in-4, rel. toile. — Convention pour servir d'explication à l'article XI. du traité de Commerce du 21 octobre l'an 1661 entre Sa Maj. le Roi de Suède et Sa Maj. le Roi du Royaume Uni de la Gr[de] Bretagne et de l'Irlande, Faite et conclue à Londres le 25 juillet 1803. Stockholm, Kongl. Trycker, 1803. Plaq. petit in-4, cart. — Ad præliminarem enumerationem Causarum, ob qvas Rex possessor Sueciæ, Regem Poloniæ ac hæreditarium

Sueciæ Regem bello adoriri, quasi coactus sit, Responsio. *S. l. n. typ.* 1656. — Expositio causarum quibus S. R. M. Sveciæ bellum à Rege Regnoque Daniæ sibi illatum, etiam post Pacem Roschildiæ initam, continuare coacta fuit. Anno 1658. *S. l. n. typ.* Plaq. petit in-4, rel. toile, non rogn. — **Gabriis** (Luca de). In iustitia armorum Suecicorum in Polonos, Responsio. apologet. ad Epistol. *Cyriaci Trasymachi* ad *Andream Nicanorem* datam, nec non ad brevem et præliminarem enumerationem causarum ob quas Carolus Gustavus rex Suecorum coactus est Regem Poloniæ Bello adoriri. Anno Domini 1657. Plaq. petit in-4, d.-rel. bas. — Novi stratagematis circa Eiiciendum ex arce Landscoronensi præsidium Sueticum, Eiusque Gubernatorem viuum capiendum ingeniosè inuenti Historicè descripta narratio anno Domini 1660. Cracoviæ, Cezary, 1660. Plaq. in-4, rel. toile. Ensemble 5 pl.

Titre raccommodé et refait en partie. Raccommodages à plusieurs pages.

1546. Les Anecdotes de Suède ou l'histoire secrète des changements arrivez dans la Suède sous le règne de Charles XI. A La Haye, chez Charpentier, 1716. 1 vol. in-12, d.-rel. parch.

Plusieurs phrases sont soulignées au crayon.

1547. Animorum in Europa et vicina Asia motus. De Svecici belli motu in Polonia. Upsaliæ recusi et aucti... 1656. Plaq. petit in-4, 77 pp., rel. toile, filets, non rogn.

1548. **Appelboom.** Memorien van den Heer Appelboom, resident van zijne Coninklijcke Majesteyt van Sweeden, Ingegeven te Vergaderinge van haer Hog. Mog. op den 27. September 1655. Tot Delft by Ian Pietersz, 1655. 4 ffnc. — Memoriael van de Heer Appelboom, Resident vande Coningh van Swede Overgegheven den 5 Augusti 1658. aende Heren Staten Generael der Vereenighde Provintien. 1658. 2 ffnc. Ensemble 1 plaq. petit in-4, rel vél.

1549. Discovrs de l'estat et covronne de Svede. Divisé en devx parties. Paris, Augustin Courbé, 1633. In-12, d.-rel., veau rac.

Cet ouvrage, dont on ne connait pas l'auteur, est devenu rare.

1550. Discovrs et histoire de l'estat et covronne de Svede, divisé en dix chapitres. Av Mans, chez H. Olivier, 1656. In-12, rel. parch.

Exemplaire de M. Dinaux.

1551. **Droysen** (Joh. Gust.). Die Schlacht von Warschau, 1656. Lpzg, Hirzel, 1863. — Arlanibæus. Godofredus. Abelinus. Sive Scriptorum de Gustavi Adolphi expeditione princeps. Berolini, Mittler, 1864. Ensemble 2 plaq. grand in-8 et in-4, rel. toile, non rogn.

1552. **Eimmart.** Testlicher Auszug von der Kroenung Koenig Karl des XI von Schweden den 20 December 1672. Album in-4, obl., d.-rel. v. rac., contenant 52 pl. gravées par Georg Christoph Eimmart de Nuremberg.

1553. Extraordinaire du IV mars M.DC.LXI. contenant ce qui s'est passé

aux obsèques du Roy de Suède, en la ville de Stokholm. [*In fine :*] A Paris, Du Bureau d'adresse, aux galleries du Louvre, devant la rue S. Thomas, le 4 mars 1661. Plaq. in-4, 212 pp., rel. vél., non rogn. *On a, en reliant, mal placé les pp. 203-204.* — Elogium pullatum ante funus Sereniss. Reginæ Poloniarum ac Sveciæ Ludovicæ Gonzagæ, natæ Mantuæ... *S. l. n. d. n. typ.* Plaq. petit in-fol., rel. toile.

1554. L'Etat présent de la Suède avec un abrégé de l'histoire de ce Royaume. Tradvit de l'anglois. Suivant la Copie de Londres, chez Tim Goadwim, à l'enseigne de la Reine, M.DC.XCV. 1 petit vol. in-12, rel. vél., aux armes du comte François Honoré de Trauttmansdorff.

L'auteur est, pensons-nous, Molesworth.

1555. **Fleisner** (Samuel). Historia Caroli Gustavi Potentissimi Svecorum, Gothorum Vandalorumque Regis. Lipsiæ, Hahn, 1671. Plaq. in-4, rel. toile. — **Gahne** (August). Bidrag till Gotlands Historia under åren 1645-1654. Stockholm, Marcus, 1857. Plaq. in-12, d.-rel. chag. bl., coins, tr. dor.

1556. **Gilenius** (Joannes). Triumphus Suecicus Discursu politico de Polonia ac Borussia subiugata sereniss. ac potentiss. Principi Carolo Gustavo Suecorum... regni. *S. l. n. typ.*, 1656. 1 vol. in-12, d.-rel. bas.

Raccom. à quelques feuillets.

1557. Konunga of Höfdinga Styrilse Hoc est Regum Principumque Institutio ab incerto Auctore Gentis Sueticæ ante sæcula nonnulla patrio sermone conscripta, quam ex mandato Illustriss. Regni Cancellarii Com. Magni Gabr. De La Gardie in Sermonem Latinum vertit. Notisq; necessariis illustravit Joannes Schefferus Argentoratensis. Holmiæ Svecorum M.DC.LX.IX. Excudit Nicolaus Wankivius. 1 vol. petit in-fol., rel. veau rac., dos orn , fil. au chiffre de *Gabriel Magnus de La Gardie*, avec beau frontisp. gr. sur cuivre.

Exemplaire en grand papier collé, le seul qui existe peut-être (suivant une note de M. le comte Riant). Cet exemplaire, qui a appartenu à Magnus de La Gardie, comte d'Avensborg, par ordre de qui le livre a été fait, porte aussi l'ex-libris du savant De Geer. M. le comte Riant l'avait acheté, en 1869, à la vente Gyldenstolpe.

1558. **Lange** (Peter de). Sweetse Wapenen, dat is Oorloogen gevœrt (onder den Doorluchtighsten Grootmachtighsten Vorst en Heer Carolus Gustavus der Sweeden, Gotten en Wenden Koninck. T'Amsterdam, Servaes Wittelingh, 1660. In-12, rel. vél., avec un frontisp.-portrait de Charles-Gustave.

1559. **Linage de Vauciennes**. Mémoires de ce qui s'est passé en Suede, et aux provinces voisines, depuis l'année 1645 jusques en l'année 1655 ; Ensemble le demêlé de la Suede avec la Pologne, Tirez des Depesches de Monsieur Chanut, Ambassadeur pour le Roy en Suede, par P. Linage de Vauciennes (*la tête de Méduse*). A Cologne, chez Pierre du Marteau, 1677. 3 vol. petit in-12 ; le 1er de 12 ff., 427 (1) pp. ; le 2e de 477 (1) pp.; le 3e de

496 pp., rel. chag. grenat, dent. int., tr. dor.; sur les plats, armes du comte de Lagondie (Cuzin). — Le même, tomes II et III seuls, 1677, rel. bas.

Édition hollandaise attribuée par Berard et Pieters aux presses elzéviriennes d'Amsterdam.

1560. Mellilambius (Ambrosius). Send-Schreiben an einem vornehmen Cavallier. Betreffend die Schwedische und Polnische Waffen, &c. Anno 1657. *S. l. n. d. n. typ.* 10 ffnc. De Fœdere Svevico, auctore *Joh. Seb. Heldio.* Jenæ, Gollner, 1696. Ensemble 2 plaq. petit in-4, br. et rel. toile.

1561. Miège (Guy). La relation de trois ambassades de Mgr le Comte de Carlisle de la part du Serenissime & Très puissant prince Charles II... vers leurs S.S. M.M. Alexey Michailovitz, Czar & Grand Duc de Moscovie, Charles XI, Roy de Suède & Frederic III, Roy de Danemarc & de Norvège, commencées au mois de Juillet 1663 & finies au mois de Janvier 1665. La seconde Edition reveüe & corrigée. A Amsterdam, chez Jean Blaeu, 1672. 1 vol. in-12, rel. vélin. *La meilleure édition de ce très intéressant ouvrage est celle qui a été donnée dans la Bibliothèque elzévirienne.* — La relation de trois ambassades de Mgr le Comte de Carlisle..., nouvelle édition revue et annotée par le prince A. Galitzin. Paris, Jannet, 1858. 1 vol. de la Bibl. elzévirienne, cart., non rogn.

1562. Olliequist (J.). Historia Caroli Gustavi, potentissimi Suecorum Goth. Jeandalorumque Regis... accessit Descriptio virtutum Christinæ Reginæ. Helmestadii, J. Müller, 1663. 1 pl. in-4, rel. toile. *La « descriptio virtutum » a pour sous-titre : « excerpta e literis R. P. Mammerschied, confessarii Legati Hispanici Dom. Piementelli, script. Holmiæ, X Decembr. Ao 1653. »* — Elogium funebre Caroli Gustavi I, regis Sveciæ, Gothenburgi in Suecia, Februario mense anno 1660 febri calida, contagiosa extincti. *S. l. n. d. n. typ.* Plaq. petit in-4, rel. toile.

Cet éloge funèbre est en vers.

1563. Pufendorff (Samuel). De Rebus a Carolo Gustavo Sveciæ regis gestis Commentariorum libri septem. Norimbergæ, Sumpt. Christoph. Riegelii, 1696. 1 vol. petit in-fol., rel. veau f., tr. dorée, avec 124 pl. gr. sur cuivre.

Bel exemplaire.

1564. — Dissertatio de Fœderibus inter Sueciam et Galliam in quâ passim ostenditur, quam malè illa a Gallis observata sunt. Adjectum est Suffragium, in senatu regio, Holmiæ anno 1671 exhibitum, contra Fœdus cum Gallo et Anglo, adversus Batavos, ineundum. Hagæ, ap. Thom. Johnson, 1708. 1 vol. petit in-8.

1565. Rålamb (Clas). Kort Beskriffning om thet som wid then Constantinopolitaniske Resan är föreluppit, Huruledes des Kongl. May. anförtrodde ährender äro förrättade, samt vthi hwad wilkor ten Turkiske Staten widh samma Tijdh befans. Gjord den Storm. Konung... Carl Gustaff... Stockholm, Keyser, 1679. Petit in-4, rel. vél.

1566. **Riese** (August). Carl X Gustav's von Schweden Kriegszug über das Eis gegen Kopenhagen im Jahre 1658. Eine Episode aus der früheren Kriegs-Geschichte. Berlin, Strikker, 1861. 1 vol. in-8, cart., couvert. 10 planches.

1567. **Rousset.** Recherches sur les alliances et les intérêts entre la France et la Suède, rel. aux circ. prés. des Aff. du Nord & de l'Empire. Amsterdam, Meynard Uytwerf, 1745. 1 vol. in-12, d.-rel. v. éc.

> Cet ouvrage contient des dissertations et lettres intéressantes, entre autres la dissertation de Puffendorff sur les alliances de la Suède avec la France, des avis du comte Oxenstjerna, etc.

1568. La || Suede || redressée || dans || son veritable || Interest. || Traduit de l'Alleman, sur la Copie imprimée || (La Sphère) || A Breme || De l'Imprimerie du Dome. || 1682. || 1 vol. in-12 de ii ff. 68 pp. *On a relié avec cela :* — Reponce || a || une deduction || presentée || par Mr. de Bonrepos || a la Cour de Danemark || par laquelle il prétend prouver || que || sur les conditions offertes par la || France, le repos peut être réta- || bly dans la Chrêtienté, sur un || pied juste, raisonnable, & de durée. || par l'Auteur du Salut de l'Europe || A Cologne || chez Guillaume Frappefort, || à l'Enseigne de la bonne Paix. || 1695. || 1 vol. in-12 de ii ff., 198 pp., d.-rel. vél., coins.

> Opuscules très rares imprimés en Hollande.
> L'auteur du Salut de l'Europe est un sieur de Rebenac, pamphlétaire acharné contre Louis XIV.

1569. **Ritter** (Io. Dan.). De bellis a Carolo Gustavo, Suecorum rege, in Poloniâ et Daniâ gestis. Wittebergæ, ex of. Tzschidrichiana, 1757. 1 plaq. in-4, cart. — Der Schwedischen Inclination gute Gesundheit. Gedruckt im Jahr 1678. Plaq. petit in-4, rel. vél.

1570. Sweetse Wapenen Gevoert (door Carolus Gustavus der Sweeden, Gotten en Wenden Koninck) in Polen, Pruysen en Denemarcken, van den dag sijner Krooninge tot des selfs Doodt. Door *P.S.* T'Amsterdam, Back, 1660. In-12, rel. vél., avec frontisp., portr. et pl.

1571. [**Sylva y Sosa** (Antonio d'E.)]. Ivizio o vaticino politico al noble Reyno de Suecia : debaxo de la conducta del muy alto, y poderoso principe Carlos Gustavo, Rey de Suecia : Gothia, y Vandalia : Grande Principe de Filandia : Duque de Estonia : Carelia : Brema : Verda : Stetino : Pomerania : Cassubia : y Vandalia : principe de Rugia Señor de Ingria : y Uvisimaria. Conde palatino Rheno : Bavaria : Iulaco : Clivia Duque de los Montes, &c. Holmiæ, typis Johannis Jánssonii, Regii Typog. Anno 1655. 2 vol. petit in-12 ; le 1er de vi ff., 818 pp., i f. ; le 2e de 328 pp., i f., rel. mar. rouge, dent. int., tr. dor., doubl. moire rouge ; sur les plats, armes et chiffre runique du comte Riant (Gruel).

1572. Tela Suecici Aranei leviter & vane injustitiæ armorum Suecicorum Prætexta, quæ defendit Liber cui Titulus est : Expositio Causarum quibus S. R. M. Sueciæ Bellum à Rege Regnoq; Daniæ sibi illatum, etiam post

pacem Roschildiæ initam, continuare coacta fuit Anno 1658 : S. R. M. Daniæ jussu a Fideli ac bono Patriæ Cive Disrupta. Hafniæ, Lit. Viduæ P. Morsingii, 1660. 1 vol. in-4, rel. parch.

> Intéressant et rare ouvrage, qui renferme, dans un style souvent bizarre, une énergique défense de la politique suédoise. Une partie sans nouveau titre, mais avec une pagination différente, contient de nombreuses pièces justificatives.

1573. Veritas a Calumniis vindicata, seu ex parte Sacræ Regiæ Majestatis Sueciæ justissimum responsum quo nefandæ artes et calumniæ Regis Poloniæ, quibus Injustissimum, & divinis humanisque juribus maxime detestabile, bellum infucare nititur, et contra pacta conventa, præstitumque juramentum, Reipublicæ, cui præst., libertatem si poterit, simul opprimere, manifestantur. Anno reparatæ per Christum Salutis M.D.C.C. *S. l. n. typ.* [Stockholm, Lit. B. N. Wankifwj] (*1re édition*). *On a relié ensemble :* Discussio Criminationum quibus usus est Moscorum Czarus, cum bello Suecis, contra jusjurandum, & nuperrime datam fidem, illato prætextum quæreret. Anno MDCC. Holmiæ, Literis B. Nicolai Wankifwj. J. H. Werner, F. 2 plaq. en 1 vol. in-4, rel. veau, fil., plats ornés.

> Ex-libris de lord Carteret de Hawnes.
> Chacun de ces deux libelles contient une seconde partie à pagination séparée, où l'auteur ou les auteurs ont réuni d'intéressantes pièces justificatives.

1574. Veritas a Calumniis vindicata, etc. *S. l. n. typ.* MDCC. 1 plaq. in-4, rel. toile.

> Deuxième édition de cet opuscule écrit pour répondre à un libelle « Justæ vindiciæ », fait contre le roi de Suède pour soutenir les prétentions du roi de Pologne. La composition typographique, qui est la même dans le titre des deux éditions, diffère à partir du verso du second feuillet, et, de plus, on a fait dans cette seconde édition les corrections indiquées dans l'erratum placé à la fin de la première édition. La première édition a été, selon toutes probabilités, imprimée à Stockholm, chez Wankiff; la seconde semble sortir de quelque officine allemande.

1575. **Whitelocke.** A Journal of the Schweden Embassy in the years 1653 and 1654. Impartially written by the Ambassador Bulstrode Whitelocke. First published from the original manuscript by *Ch. Morton.* A new edition, revised by *Henry Reeve.* London, Longman, 1855. 2 vol. in-8, cart. (édit.).

VI. — Charles XII.

1576. **D'Aguila** (C. I. E. H.). Histoire des événemens mémorables du règne de Gustave III, roi de Suède. Paris, impr. de Delance, 1807. 2 vol. in-12, d.-rel. toile, avec 1 portr. de Gustave III & 2 cartes.

1577. **Bellerive** (Chevalier de). Relation d'un voyage du Chevalier de Bellerive d'Espagne à Bender et de son séjour au camp du Roy de Suède. Dediée à Son Altesse royale Madame. A Paris, chez Pierre Prault... 1713. 1 vol. in-12, 244 pp. et 2 ffnc., rel. v.

> Intéressante relation, la première qui ait paru en France, sur le séjour de Charles XII à Bender. Cette édition conserve toute sa valeur, car la réédition

qu'en a donnée M. de Marsy ne comprend pas même la moitié de l'édition originale (pages 1 à 101). Le chevalier de Bellerive avait donné son privilège à Pierre Huet et à Pierre Prault, libraires à Paris. Nous pensons qu'ils éditèrent ce livre de compte à demi, et que c'est pour cela que l'on trouve des exemplaires portant, sous la date de 1713, l'adresse soit de l'un, soit de l'autre des associés.

1578. — Relation d'un voyage... d'Espagne à Bender. Paris, en la boutique de la veuve Barbin, chez Pierre Huet... 1713. (Réédition publiée avec notes par *A. Demarsy*. Paris, Académie des Bibliophiles, 1872.) 1 vol. in-12, 1 fnc., ix (1)-50 pp., d.-rel. mar. r., coins, tête dor., non rogn.

Un des 10 exemplaires sur Chine, avec envoi signé.

1579. Lettre au sujet du Plein Pouvoir donné au Baron de Gortz, par le Roi de Suède, & sur ce qu'on prétend que le Baron de Gortz est ministre public. *S. l. n. d. n. typ.* (Hollande, 1717). 1 plaq. in-4, de 7 (1) p.

Rare plaquette relative à l'arrestation en Hollande du baron de Goertz, ministre de Charles XII.

∗ **Fabrice** (Frédéric-Ernest). Anecdotes du séjour du Roi de Suede à Bender ; ou Lettres de M. le baron de *Fabrice* pour servir d'éclaircissement à l'histoire de Charles XII. Hambourg, chez Chretien Herold, 1760. 1 vol. in-8.

1580. **Fabrice** (Frédéric Ernest). Anecdotes du séjour du Roi de Suède à Bender ; ou lettres de M. le baron de Fabrice, pour servir d'éclaircissement à l'histoire de Charles XII. Hambourg, chez Chretien Herold, 1761. 1 vol. petit in-4, d.-rel. bas.

Ouvrage utile pour l'histoire de Charles XII, avec qui Fabrice demeura quelques années à Bender, de 1710 à 1714. Ces *anecdotes* sont les lettres que Fabrice expédia au duc administrateur du Holstein et au baron de Goertz.

∗ [**Frédéric II**]. Reflexions sur les talens militaires et sur le caractere de Charles XII, Roi de Suede. De main de Maitre. *S. l. n. typ.* 1786.

Ces « Réflexions » ont été insérées dans les œuvres du roi Frédéric II de Prusse, publiées de son vivant. Berlin, 1789. Il a, du reste, souvent employé ce même pseudonyme.

1581. **Frodnuan**. Eigentlicher Bericht oder Ausführl. Beschreibung, zu welcher Zeit S. Königl. Maj. zu Schweden, nach der Pultawischen Action, in der Turckey bey Bender angekommen, und wann Sie wieder aus Selbigen Landen gangen, und in Teutschland glücklich arriviret sind... Strahlsundt, in Monat Junii 1715.

Intéressante relation contemporaine des événements qu'elle rapporte.

1582. Kort Berättelse, Huru det tilgick wid Calabaliquen uti Turkiet, hwaret den Glorwördigste Högst Sal. Hans Maj:t Konung Carl den xii. blef af Turkarna och Tartarerne bloquerad i 3:ne Weckors tid, innan som de fattade den resolution, at angripa Hans Maj:ts Hus eller Hans Höga Person uti Byen Warnitza, derest Hans Maj:t hade sitt Hög-qwarter, en half fjerdings wäg ifrån Staden Bender, som ligger på gräntsen af Turkiet och

Wallachiet. Gefle, tryckt hos Ernst Peter Sundqvist År 1770. Petit in-8, 8 ffnc., rel. mar. r., écr., filets, dent. int., tr. dor. (Dupré).

1583. **Kraak** (Ifvar). Correspondance historique et critique entre deux Suédois, au sujet de la bataille de Pultava, & de ce qui s'est passé à Bender; à quoi l'on a joint un extrait de la découverte des terres australes, avec quelques remarques sur la puissance & le commerce de la Compagnie orientale hollandoise. Lund, Berling, 1755. 1 vol. in-12, d.-rel. veau écaille, tr. peigne.

1584. **La Motraye** (de). Remarques historiques et critiques sur l'histoire de Charles XII par M. de Voltaire, pour servir de supplément à cet ouvrage. Nouv. édit. corr. et aug. Paris, 1732. 1 vol in-12, rel. toile.

1585. **Le Long** (J.). Het leven van den heldhaften Carel den XII, Koning der Sweden. Amsterdam, de Jansoons van Waesberge, 1721. 6 vol. in-12, rel. vélin ancien.

Frontispice avec le portrait de Charles XII, nombreux plans et cartes hors texte.

1586. Lettre de son Excell. Msr le Baron de Müllern, ministre d'Etat du Roi de Suede, au Sr Sternhöck, secretaire de S. M., au sujet des différents présents entre le Roy de Prusse & la Suède, avec des remarques. 1716. 1 plaq. in-4, br.

La publication de ces lettres de Müllern, du 16/27 avril 1715, et du 24 mai/3 juin 1715, est un prétexte pour défendre la conduite de la Prusse dans la question du sequestre de la Poméranie (1713-1720). Le texte français est accompagné en regard du texte allemand.

1587. Lettre d'un capitaine de Fregatte Suédoise à un officier de l'admirauté d'Amsterdam, écrite de Carlskroon le 27. juillet 1714. *Absque nota*. 2 ffnc., petit in-4, non rel., *très bel état*. — Lettres patentes de la reine de Suède à ses peuples, pour justifier ses armes contre les Danois. A Paris, au bureau d'adresse, le 13 may 1644. In-4, 8 pp. chiffrées 313 à 320. Ensemble 2 plaq. in-4, br. et rel. vél., non rogn.

1588. Lettre d'un gentilhomme polonois à un de ses amis sur l'état présent de la Pologne. A Cologne, chez les héritiers de Pierre Delahache, 1704. 1 vol. in-12 de 33 (1) p., cart.

Impression hollandaise.
Le nom du lieu et des imprimeurs est supposé.

* **Limiers** (de). Histoire de Suede sous le regne de Charles XII. Amsterdam, chez les Jansons à Waesberge, 1731.

1589. Mémoire présenté par Monsr. de Preus, Secretaire des Commandemens du Roy de Suede à L.L. H.H. P.P. Messieurs les Etats generaux. *S. l.*, 1717. 1 plaq. in-4, rel. toile.

Protestation officielle contre la violation du domicile et l'emprisonnement du baron de Goertz, plénipotentiaire suédois en Hollande (19 février 1717). Le texte français est accompagné en regard d'une traduction allemande.

1590. [**Nemeitz**]. Mémoires concernant monsieur le comte de Stenbock, sénateur de Suède et généralissime des armées de S. M. suédoise en Allemagne, pour servir d'éclaircissement à l'histoire militaire de Charles XII, avec quelques observations historiques et critiques sur ces mémoires par M. N····. Francfort sur le Mayn, 1745. In-8, d.-rel.

1591. [**Preiss** (J. F.)]. Lettre d'un Ami à Danzich à un Ami à Amsterdam du..... Juillet 1714. *S. l. n. d. n. typ.* 1 plaq. en feuilles de 24 pp., in-4. — [*Du même*]. Seconde Lettre d'un Ami à Dantzig à un Ami à Amsterdam Du..... Décembre 1714. Où l'on montre que la prétendüe liberté de Navigation & de Commerce sur les Villes Suedoises occupées par les Russes est mal fondée. *S. l. n. d. n. typ.* 1 plaq. br. de 31 pp., in-4. — Lettre d'une personne de distinction de Rotterdam à un ami à Amsterdam, au sujet du Reglement du Roi de Suede publié le 19 Fevrier 1715. Traduit du flamand. *S. l. n. typ.* 10 may 1715. 1 plaq. br. de 11(1) pp. in-4. — Lettre de Monsieur N. N. Ministre de Son Altesse Serenissime Monseigneur... écrite de Ratisbonne le 24 Novembre 1715 à Monsieur..... Magistrat de la ville de Bremen. Traduit de l'Allemand. *S. l. n. d. n. typ.* 1 plaq. de 12 pp., in-4. — Lettre de Monsieur N. N. Ministre de Son Altesse........, au sujet du Manifeste de S. M. Britannique &c. *S. l. n. typ.*, 1715. 1 plaq. xvi ff., in-4. Textes français et allemand en regard. Ensemble 5 rares plaq. relatives aux différends survenus en 1714 entre Charles XII et les Hollandais.

<small>L'auteur des deux premières lettres est le baron von Pleiss, envoyé de Suède à la Haye, et les quatre premières sont très probablement imprimées en Hollande.</small>

1592. Lettre de Monsr. N. N. à une Personne de distinction, qui lui demande ses sentimens sur les imprimez qui ont parû au sujet de l'Arrêt du Comte de Gyllenborg, & du baron de Gortz, Ministres du Roi de Suede. A Ratisbonne, le..... Mai 1717. *S. l. n. d. n. typ.* 1 plaq. in-4 de 32 pp. (en feuilles).

Rare.

* **Roman**. Mémoires historiques et inédits sur les Révolutions arrivées en Danemarck et en Suède, pendant les années 1770, 1771, 1772; suivis d'anecdotes sur le pape Ganganelli, et le Conclave tenu après sa mort, et d'un récit historique sur l'abdication de Victor-Amédée, roi de Savoie; par feu M. l'Abbé *Roman*, Témoin oculaire, et imprimés sur ses Manuscrits autographes. Paris, Collin, 1807. 1 vol. in-8, avec un portrait de Gustave III dessiné et gravé par *Defraine*.

1593. Sannfärdig Berättelse om the Ryska Fångars Ankomst til Stockholm, theras vphämtande och Huru the äre fördehlte, och hållas vthi sin arrest..... Stockholm, Wankif. *S. d.* Plaq. petit in-4.

1594. Schwedische Fama welche den Zustand Ihro Königl. Majest. Caroli XII. aus Glaubwürdiger Nachricht kund machet. 1711-1715. 24 parties en 2 gros vol. in-12, d.-rel. parch., avec portr. et pl.

1595. A Short view of the conduct of the King of Sweden. London, Dodd, s. d. (vers 1715). 1 plaq. in-8 de 40 pp., d.-rel. basane.

Rapide panégyrique de Charles XII par un auteur anglais inconnu.

1596. Umständlicher Bericht von dener höchstimportanten aus Norwegen eingelauffenen Zeitungen betreffend den Tod des Königs in Schweden Majestät, als auch der schleunigen Retirade der Schwedischen Armee aus Norwegen. *Halle*, s. d. (1719 ?). Plaq. in-4, 4 ffnc., rel. toile.

Récit contemporain de la mort de Charles XII, tué le 11 décembre 1718 dans les tranchées de Frederickshall. *Rare.*

1597. [**Voltaire**]. Histoire || de || Charles XII, || roi de Suède. || Par M^r de V***. || ... A Basle, || chez Christophe Revis. || MDCCXXXI. || 2 vol. in-12, rel. mar. rouge, dos orné, fil., dent. intér., tr. dor. (chiffre du comte Riant au dos). Très bel exemplaire.

Édition jolie, très rare et inconnue, semble-t-il, à tous les bibliographes.

1598. **Voltaire**. Histoire de Charles XII, roi de Suède, nouvelle édition, avec les variantes de l'auteur, par *M. A. Geffroy*. Paris, Dezobry, s. d. 1 vol. in-12, d.-rel. chag. — Trifolium in adventum Regis Sueciæ Caroli XII. Anagrammatibus nonnullis additis evolutisque lætum, 1714. Petit in-folio, 2 ffnc., cart. toile.

* Zeltzame Wedervaring des nu Regerende Konings van Sweden, gedurende het vyfjarig verblyf des zelfs, en, na de slag van Pultawa, overgeblevene Troupen, outrent Bender, en alles dat denzelve aldaar in die tyt aanmerkelyk is wedervaren, naauwkeurig, door een Sweeds Officier, als ooggetuige, aangeteekent, in 't Hoogduits uitgegeven. En in de Nederduitsche Taale overgebragt door J. P. T. Te Rotterdam, By de Wed: Nikolaas Bos, 1717. 1 vol. petit in-8.

1599. Berättelse (Kort) huru det tilgick wid Calabaliquen uti Turkiet, hwarest den Glorwördigste Högst Sal. Hans Maj^t. Konung Carl den 12te blef af Turkarna och Tartarerna bloquerad i 3^{ne} Weckors tid, innan som de fattade den resolution, at angripa Hans Maj^t Hus eller Hans Höga Person, uti Byen Warnitza, derest Hans Maj^t hade sit Hög-qwarter, en half fjerdings wäg ifrån Staden Bender, som ligger på gräntsen af Turkiet och Wallachiet. Örebro, Tryckt hos Jos. P. Lindh, 1788. Plaq. in-12, rel. vél. blanc. — **Linder** (Johann). Ad urbem Benderam, Carolum regem cum suis diutius remorantem Elegia. Holmiæ, literis Wernerianis, 1712. 2 pp. in-4, br. — **Charles XII**. Lettres inédites ; texte suédois, traduction française avec introduction, notes et fac-simile, publiés par M. *A. Geffroy*. Paris, impr. impér., 1853. Plaq. in-8, rel. toile. *Raccom. au faux-titre.* — Et underdånigt Betänkande til Konung Carl den XII, om Swenska Handelens inrättning på Levanten och om de Manufacturer, som där, med bästa fördel, kunna afsättas. Af Johan *Silfwercrantz*. Stockholm, L. S. Kostuad, 1762. *Ensemble.* Tankar om orsakerne til Måssan

på Ängar. af Jacob *Stenius.* Stockholm, Hesselberg, 1762. 2 plaq. rel. en 1 vol. in-12, vél.

VII. — XVIII° siècle après Çharles XII. — Gustave III.

* Actes de ce qui s'est passé de plus remarquable a la Diéte de Suéde, des années 1755 et 1756. Tirés des Regîtres de cette Diéte, & traduits du Suédois : Avec une Relation circonstanciée de la dernière Révolte. *S. l. n. typ.*, 1756. 1 vol. petit in-8.

1600. Actes de ce qui s'est passé de plus remarquable à la Diète de Suède des années 1755 et 1756; Tirés des Régistres de cette diète & traduits du Suédois avec une relation circonstanciée de la dernière révolte. *S. l. n. typ.* 1 vol. in-12, rel. bas.

1601. Antekningar; innehållande : Berättelse om Drotning Fredricas Ätt, Caractère, Ankomst, Förmälning och Biläger. — Regente-Spegel af Hennes Farfader, Markgrefve Carl Fredric uti Baden. Konung Gustaf IV, Sveriges Titus uti både Löften och Fullbordan..... Stockholm, Joh. P. Lindh, 1798. 1 vol. in-12, rel. toile, non rogn., avec 1 pl. A la p. 80 est rel. : Europeisk Stats-Längd, för År 1798 (44 pp.). — Freds och Handels tractat Emellan Kongl. Majt. och Kronan Swerige, och Republiqven Tunis, afhandlad och sluten in Tunis 23. December. Åhr 1736. Stockholm, Momma. *S. d.* Plaq. in-4, rel. vél.

1602. [**Du Halde**]. Relation de la Grande Tartarie, dressée sur les memoires originaux des Suedois prisonniers en Siberie pendant la guerre de la Suuede avec la Russie. Amsterdam, J. F. Bernard, 1737. 1 vol. petit in-8, rel. v. f.

Cette relation a été attribuée au Père Jésuite Jean-Baptiste du Halde.

1603. **Henel** (A. J. von). Das anno 1729 floridende Schweden, oder Vollkommen Beschreibung von der sehr klugen und höchst-rühmlichsten Verfassung, Einrichtung, und Beschaffenheit der Regierung im Reiche. Lübeck, Green, *s. d.* (1729). 1 vol. petit in-4, rel. bas., tr. dorée.

1604. **Hildebrand** (Henri Jacques). Panegyricus in natalem tertium et quinquagesimum sereniss. et potentiss. principis... Friderici Svecorum, Gothorum, et Vandalorum Regis. Marburg, typis Phil. Casim. Mülleri, 1728. Petit in-fol., d.-rel. chag. r., non rogn.

1605. Histoire abrégée de l'état présent de la Suède. A Londres, chez Jean Nours, 1848. 2 tomes en 1 vol. in-12, rel. toile.

* Lettres au prince royal de Suede, par M. le comte de *Tessin*, Ministre d'Etat et Gouverneur de ce jeune prince. Traduites du Suédois. A Paris, chez Jombert, 1755. 2 vol. in-12.

Ex-libris d'Auguste III de Saxe, roi de Pologne.

1606. Relation circonstanciée du meurtre horrible & prémédité, commis le

28 Juin N. St. 1739, près de Christianstadt, en Silesie, sur la personne du Major Malcom Sinclair, lorsque chargé d'une commission de S. M. Suedoise, il étoit sur son retour de Constantinople. Traduit d'après l'original Suedois, imprimé, avec priv. du Roi, dans l'Imp. Roy. à Stockholm, 1741. 1 plaq. in-4, rel. toile.

1607. **Robinson**. L'Etat présent de la Suède avec un abrégé de l'histoire de ce royaume. Trad. de l'anglois. Nouvelle édition. Amsterdam, P. Brunel, 1720. 1 vol. in-12, anc. rel. veau.

1608. Le Suédois exilé ou Lettres curieuses et amusantes trouvées dans le portefeuille d'un Suédois, recueillies et publiées par C. F. S. Francfort et Leipzic, 1768. 1 vol. in-12, d.-rel. basane, non rogn.

1609. **Tengberg** (Niklas). Bidrag till Historien om Sveriges Krig med Ryssland. Åren 1741-1743. Lund, Berling, 1857-1860. 2 tomes en 1 vol. in-8, rel. toile.

1610. **Tham** (Pehr). Anteckningar af en Resa ifrån Westergöthland til Stockholm, gjord Aren 1796 och 1797. Stockholm, J. Nordström, 1797. 1 vol. in-4, rel. toile.

* Storia del regno e della vita di Gustavio III, re di Suezia. Venezia, Presso A. Zatta, 1792. 2 vol. in-8.

Portrait de Gustave III au frontispice.

* **Aguila**. Histoire du règne de Gustave III, roi de Suède, des Goths, etc. Dédiée au Roi. Par le chevalier d'Aguila, Ancien secrétaire d'une mission pour le Roi et les Princes à Vienne, Dresde et Stockholm en 1790, 1791 et 1792, etc. Paris, Belin, 1815. 2 vol. in-8.

L'ouvrage est orné du portrait de Gustave III, d'une vue de Stockholm et d'une carte de Finlande.

1611. **Béthune** (M. de). Eloge de Gustave III, composé à l'occasion de la cérémonie solennelle, faite le 24 janvier 1808 en découvrant la statue que le corps honorable de la Bourgeoisie de Stockholm a érigée à la gloire de ce monarque. Stockholm, Délen, 1808. Petit in-8, rel. veau marbr., fil.

1612. ΎΠΟΜΝΗΜΑ. Parmense in adventu Gustavii III, Sueciæ Regis. Parmæ, ex Typographia Regia, 1784. Grand in-4, 4 ffnc., 13(1) pp.; 1 fnc., d.-rel. bas. noire, avec vign. gr. sur cuivre.

Impression faite à l'occasion de la visite de Gustave III à Parme et exécutée sur les presses de *Bodoni*.

1613. **Brown** (John). Les Cours du Nord, ou mémoires originaux sur les Souverains de la Suède et du Danemarck depuis 1766. Traduits de l'anglais par *J. Cohen*. Paris, Arthur Bertrand, 1820. 3 vol. petit in-8, d.-rel. veau olive, tr. peigne, avec 9 pl. et portr.

Cette traduction contient, de plus que l'édition anglaise, des notes et une

histoire de la Révolution de 1772, composée par *Cohen* d'après des documents que Brown n'a pas connus.

1614. **Celsius** (Olof). Continuation de l'Histoire des révolutions de Suède de M. l'abbé de Vertot. Histoire d'Eric XIV, roi de Suède, écrite sur les actes du temps par M. Olof Celsius..... et traduite du suédois par M. *Genet* le fils. Paris, Hotel de Thou, 1777. 2 tomes en 1 vol. in-12, rel. veau f., dos orn., fil., tr. dor.

1615. Correspondance entre Son Altesse royale le Prince Gustav de Suede et Son Excellence le sénateur comte de Scheffer. A Greifswalde, imprimé ches A. F. Röse, 1772. In-12, rel. veau f., dos orn., fil.

L'éditeur est George Giädda.

1616. Correspondance et négociations concernant le mariage du prince Charles, frère du roi Gustave III, avec la princesse de Holstein-Gottorp, 1773-1774. 1 vol. petit in-8, xiv pp., 1 fnc. 199(1) pp., cart.

Edition tirée à 40 exemplaires.

1617. Déclaration de S. M. le Roi de Suède. A Stockholm, de l'imp. Royale, 1788. Plaq. in-4, cart.

Cette pièce, datée d'Helsingfors, 21 juillet 1788, est relative aux premières hostilités qui éclatèrent entre la Suède et la Russie.

1618. **Du Coudray**. Voyage du comte de Haga en France, Recueilli & mis en ordre par M. le Chevalier Du Coudray. A Paris, chez Belin, Libraire, rue Saint Jacques, 1784. 1 plaq. in-12, rel. mar. rouge, dent. intér., tr. dor.; sur les plats, armes et chiffre runique du comte Riant.

Recueil d'anecdotes, de lettres, de vers relatifs au voyage que *Gustave III*, roi de Suède, fit en France, en 1784, sous le nom de comte de Haga. C'est l'œuvre d'un fécond publiciste, Alexandre Jacques *Chevalier*, dit le chevalier du Coudray, ancien mousquetaire du roi.

1619. L'entreprise de la Forêt Enchantée. Courses de Têtes, de Bagues, et Joutes contre la Quintaine, tenues à Drottningholm, au mois d'août 1785. Stockholm, Impr. Royale. Plaq. in-4, rel. toile, non rogn. — Compendio historico della vita, ed imprese di Gustavo III, rè di Svezia, Goti, Vandali, ec. fino alla sua morte seguita li 29 Marzo 1792. Venezia, Foglierini, 1792. Plaq. in-12, rel. toile, avec 1 portr.

1620. Estratto degli atti principali che mettono in chiaro la causa di delitto di Stato pendente nel parlamento di Svezia. Riguardo alla Conspirazione tramata contro il presente Governo del Regno. *S. l. n. d. n. typ.* In-4, d.-rel. mar., non rogn.

1621. **Floding** (P.). Solemnités qui se sont passées à Stockholm, capitale du Royau^{me} de Svede, dans les années 1771 et 1772, consistantes en des Décorations, Emblèmes, Inscriptions..... Tant à l'enterrement de Feu S. M. le Roi Adolphe Frédéric, à l'Eglise de Riddarholmen, qu'au sacre de

LL. M. M. le roi Gustave III et la reine Sophie Magdelaine, à l'église S¹ Nicolas..... Stockholm, 1772. In-fol. d.-rel. veau.

Ouvrage entièrement gravé, se composant de 19 ff.

1622. **Geffroy** (A.). Gustave III et la Cour de France, suivi d'une étude critique sur Marie-Antoinette et Louis XVI, apocryphes. Paris, Didier, 1867. 2 tomes en 1 vol. in-8, d.-rel. veau f., non rogn., avec pl. et photogr.

1623. **Geijer** (E. G.). Des Königs Gustaf III. Nachgelassene und funfzig Jahre nach seinem Tode geöffnete Papiere. Hamburg, Perthes, 1843. 2 part. en 1 vol. in-8, rel. toile ébarb. (couvert.).

1624. **Gustave III, roi de Suède.** Gustaf Adolph och Ebba Brahe; heroisk drame för första gången upförd på Drottningholm den 11 September 1783. Tryckt i Paris hos Didot den äldre, 1784. Petit in-8 de 102 p., d.-rel. mar. r., coins, tête dor., non rogn.

Très jolie édition sortie des presses de Didot l'aîné. Exemplaire de la plus grande fraîcheur. Relié avec une lettre de M. Klemming.

1625. Histoire de l'assassinat de Gustave III, roi de Suède. Par un officier Polonais, témoin oculaire. Paris, Forget, 1797, *avec portr. de Gustave III gr. par Defraine. Autre édition :* A Paris, an V., *avec le même portrait, on a ajouté* Gustavs Tod. Hamburg, bey Carl Ernst Bohn, avec portr.

L'auteur est Alexis François Artaud de Montor.

1626. Per l'ordine reale di Wasa, instituito da S. M. Gustavo III, Re di Suezia, il giorno della sua incoronazione..... Canto. Stockholm, H. Fougt, 1772. 1 plaq. in-12, rel. toile.

Le texte italien est suivi des traductions en suédois et en français, chacune avec une pagination différente.

1627. An history of the late Revolution in Sweden which happened on the 19th of August 1772..... Written by a gentleman who was a Swede. Edinburgh, 1776. 1 vol. in-12, rel. bas.

1628. An History of the late Revolution in Sweden, which happened on the 19th of August 1772. by a Gentleman who was a Swede. Edinburgh, 1776. 1 vol. in-8, rel. veau, fil.

1629. **Höpken** (André Jean de). Eloge de Monsieur le comte Tessin, sénateur de Suède..... traduit du suédois. Wismar et Bützow, Berger et Bœdner, 1772. In-12, d.-rel. bas, non rogn. — Joutes et Tournoi tenus par le Roi et Son Altesse Royale Mgr le Duc de Sudermannie à Stockholm le 29 Maji 1777. De l'imprimerie Royale. Plaq. in-4, rel. toile, non rogn. — Lettre d'un voyageur à son ami contenant une relation de l'assassinat commis sur la Personne du Roi de Suède la nuit du seizième au dix septième mars 1792... Imprimé à Linköping, l'année 1792. In-12, dérelié.

1630. Lettres que le comte de Gyllenborg, les barons Gortz, Sparre, &

autres, se sont écrites réciproquement ; concernant un dessein formé d'exciter une rébellion dans les Etats de Sa Majesté Britannique, qui devoit être soûtenu par des Forces de la Suède. *Publiées par autorité*. A Londres, chez Samuel Buckley, 1717. 1 fnc., 25(1) pp. à 2 col. *Une autre édition de ces mêmes lettres* : A La Haye, chez T. Johnson, 1717. 23 pp. — Copie et extraits de diverses lettres de Sa Majesté Suédoise & de ses ministres touchant les négociations du baron Görtz, &c. trouvées dans un vaisseau forcé à terre en Norwègue par le mauvais tems ; & publiez à Copenhague par ordre de Sa Majesté Danoise. A la Haye, chez T. Johnson, 1717. 20 pp. chiffrées, 41 à 59(60). 2 plaq. in-4, rel. toile, filet, et d.-rel. bas.

Opuscules peu communs.

1631. Mémoires d'un gentilhomme suédois écrits par lui-même dans sa retraite, l'année 1784. Berlin, Pitra, 1788. 1 vol. in-8, d.-rel.

Intéressants mémoires du comte de Hordt, principalement sur la guerre de Sept ans et la Grande Catherine, rédigés par J. A. Borelly, et publiés sans sa participation. Borelly a publié, en 1805, à Paris, une nouvelle rédaction de ces mémoires.

1632. [**Michelessi** (Domenico)]. Lettre à Mgr. Visconti, archev. d'Ephèse... sur la révolution arrivée en Suède le 19 août 1772... Stockholm, chez H. Fougt,... 1773. In-12, rel. bas. noire, non rogn.

Ex. à toutes marges avec envoi autographe de l'auteur au comte Ulrich de La Gardie.
Ce livre parut d'abord anonyme, en italien, à Stockholm, 1773, et il y en eut la même année deux traductions en français et une en allemand. *Vid. infra*.

— Lettre à Mgr. Visconti... par M. l'abbé *Michelessi*. Greifswald, Röse, 1773. In-12, br., ex. à toutes marges.

— Schreiben an den Herrn Visconti, Erzb. zu Ephesus... über die, den 19 August 1772, in Schweden vorgegangene Staatsveränderung. Greifswald, Röse, 1773. In-12, cart.

1633. **Scheffer** (Charles de). Pièces concernant l'éducation du Prince Royal, à présent Roi de Suède, par Son Excellence M:r le Comte Charles de Scheffer, Sénateur du Royaume et Commandeur des Ordres du Roi, &c. Traduites du Suédois. Stockholm, Fougt, 1773. 1 plaq. in-8, br. de IV ff., 28 pp. — Relation de ce qui est arrivé à Stockholm le 19 août 1772, au 21 inclusivement. A Versailles, de l'Imp. du Dép. des aff. étr., 1772. 1 plaq. in-4, d.-rel. basane. — Swar til författaren af Breffwet om Sweriges närwarande Politiska Tilstånd ; Inhållande Bewis på Rysslands Omättliga Inkräktnings-Lystnad uti Swerige och Turkiet, dat. Åbo, den 21 mart. 1789. Stockholm, Nordström, 1789. Plaq. in-4, cart.

1634. **Sheridan** (Ch. Fr.). Histoire de la dernière révolution de Suède. Traduit de l'anglois. Londres, 1783. 1 vol. in-8, relié veau.

Ch. Francis Sheridan de Lincoln's-Inn était secrétaire de l'envoyé d'Angleterre en Suède au moment de la révolution suédoise de 1772.

1635. **Affaire d'étiquette du Comte de Kageneck à la Cour de Suede.** 1779. Stockholm, chez Norstedt, 1812. Plaq. grand in-8 de 29 ff., rel. toile. *Tiré à 20 ex. numérotés. Ex. de Joh. Henr. Schröder.* — **Body** (Albin). Gustave III, roi de Suède, aux eaux de Spa. Bruxelles, Vanderauwera, 1879. In-12, rel. toile, non rogn. (couvert.). — **Charles de Hesse** (Le Prince). Mémoires sur la Campagne de 1788 en Suède. Copenhague, Schultz, 1789. In-12, rel. toile, non rogn. — **Friedlander** (A. E.). Gustaf III som dramatisk Författare. Literaturhistorisk studie. Lund, Gleerup, 1884. Petit in-4, rel. toile. — **Hjerta** (Friedric). Journal öfver Kongl. Svenska Flottans Sjö-expedition år 1788. Stockholm, Zetterberg, 1789. Plaq. in-12, rel. toile.

VIII. — XIXe siècle (Bernadotte à nos jours).

1636. **Remarques sur un article de la Gazette de Leipzig du 5 octobre 1813.** S. l. n. typ., 1813. Plaq. in-12, rel. vél. *Factum dirigé contre Napoléon et contenant une défense de la conduite de Bernadotte.* — **Bernadotte** (Jean). Lettera del principe reale di Svezia ex-maresciallo Bernadotte à Buonaparte da Stockholm e indirizzo dello stesso ai Francesi. Napoli, Dalla tipografia de Dominicis, 1815. Petit in-8, 14 pp., 1 fnc., rel. vél., non rogn. *C'est la lettre bien connue que Bernadotte écrivit à Napoléon le 23 mai 1813. Elle est suivie de la proclamation qu'il adressa, le 12 février 1814, aux Français, lorsqu'il vint avec les alliés à Paris.* — Copie d'une lettre de S. A. le Prince Royal de Suède à S. M. l'Empereur des Français, en date de Stockholm le 23 mars 1813. S. l. n. d. n. typ. — Convention entre S. M. le roi de Suède d'une part et S. M. l'Empereur de toutes les Russies de l'autre, pour le rétablissement d'une neutralité armée, conclue et signée à St Pétersbourg le 4/16 décembre 1800. Stockholm, Kongl. Tryck., 1801. Ensemble 1 plaq. in-4, rel. toile, non rogn. *Pièces relatives à l'accession de la Suède à la coalition contre Napoléon Ier.* — [**Bernadotte**]. Opusculo contenente manifesto di S. A. R. il principe ereditario di Suezia diretto ai francesi, etc.... Padova, Bettoni, 1814. 1 plaq. in-12, cart.

1637. **Carl XIV Johan.** Bulletins — 1807-1809, *avec 1 portrait*. Ensemble 1 vol. petit in-4, d.-rel. mar. bleu, coins, tr. dor., ébarb. Chiffre du comte Riant (Dupré).

<small>Intéressant recueil de pièces en 1re édition, utile pour l'histoire du règne de Bernadotte.
Recueil factice.</small>

1638. **Charles XIV, Jean.** Recueil de lettres, proclamations et discours. Stockholm, Deleen, 1817. 1 vol. in-8, avec titre grav. *L'éditeur est E. von der Lancken.* — Recueil de lettres, proclamations et discours. Stockholm, Deleen, 1839. 2 tomes en 1 vol. in-8, d.-rel. veau gris. — Recueil de lettres, proclamations et discours de Charles XIV, Jean, roi de Suède et de Norwège. 2e édit., augm. et précéd. d'une notice biogr. Stockholm, Bonnier, 1858. 2 vol. in-8, d.-rel. veau f., dos orn., tr. peigne, avec 1 portr. et 1 pl.

1639. **Charles XIV.** Légendes et poèmes scandinaves par le prince royal de Suède, aujourd'hui S. M. Charles XIV, traduites du suédois par *G. B. de Lagrèze*. Paris, Dentu, 1863. 1 vol. in-12, d.-rel. chag. rouge, tr. lim., avec chiffre du comte Riant.

> Exemplaire en très grand papier.
> Le même, petit papier.

* Correspondance de *Bernadotte*, prince Royal de Suède, avec *Napoléon*, depuis 1810 jusqu'en 1814 ; Précédée de Notices sur la situation de la Suède depuis son élévation au trône des Scandinaves, pièces officielles, recueillies et publiées par M. *Bail*. Paris, L'Huillier, 1819. 1 vol. in-8.

* **Coupé de Saint-Donat et Roquefort** (B. de). Mémoires pour servir à l'histoire de Charles XIV Jean, roi de Suède et de Norwège, contenant : l'itinéraire d'un voyage en Suède ; la relation de la révolution de 1809 ; la vie politique et militaire de Bernadotte comme général français ; son élection comme prince royal de Suède ; ses actes et sa correspondance..... le tout recueilli et rédigé sur des actes authentiques. Paris, Plancher, 1820. 2 vol. in-8, avec les portraits de Charles Jean et du prince Oscar.

1640. **Dahlström** (C. A.). Teckningar till Carl XIV Johans Historia. Stockholm, Bonniers, 1844. In-8, d.-rel. bas., avec 24 pl. et portr.

1641. **Hochschild.** Désirée, reine de Suède et de Norvège. Paris, Plon, 1888. In-12, br.

> Exemplaire en papier fort.
> Biographie de *Bernardine-Eugénie-Désirée Clary*, qui épousa Bernadotte et, partageant sa fortune, devint reine de Suède et de Norvège.

1642. Leichenzug des Königs Karl XIV, Johan (Bernadotte) v. Schweden, 1844. In-4 obl., cart.

> Dessin, impr. en couleur sur une bande de toile et représentant le convoi funèbre de Bernadotte.

1643. **Meredith** (W. G.). Memorials of Charles John, King of Sweden and Norway : illustrative of his character ; of his relations with the emperor Napoleon... London, Colburn, 1829. 1 vol. in-8, cart.

1644. Précis des évènements militaires des campagnes de 1808 et 1809 en Finlande, dans la dernière guerre entre la Russie et la Suède, par le *L. G. C. P. de S···*. Saint-Pétersbourg, Gretsch, 1827. 1 vol. in-8, d.-rel. basane, non rogn., couvert.

> Ouvrage intéressant, tiré à 250 exemplaires et non mis dans le commerce, avec 4 tableaux des armées suédoise et russe et 1 carte de la Finlande.

1645. Proclamations et Bulletins du Prince Royal de Suède (1813-1814). Recueil comprenant : Proclamations de S. A. R. le P^{ce} R^{al} de Suède et Bulletins publiés au Quartier général de l'Armée combinée du Nord de l'Allemagne, depuis le commencement des opérations jusqu'au 16 Sept. 1813 — à

Zerbst, chez Jean Guillaume Kramer; Proclamations... et Bulletins... depuis le commencement des operations jusqu'au 10 nov. 1813 — à Goettingue, chez Henri Dieterich; Bulletins publiés par ordre de S. A. R. le P^{ce} R^{al} de Suède au Quartier Général, etc., seconde édition, troisième cahier — à Liège, chez J.-A. Latour; Proclamations..., troisième édition — Stockholm, 1815, chez le Directeur, Pierre Sohm, Imprimeur de l'Armée Suédoise. 1 vol. in-12, rel. mar. rouge, fil., dent. int., dos orné du chiffre du comte Riant, tr. d. (Dupré).

> Recueil intéressant et fort rare.
> La dernière édition des Proclamations est complète et va du commencement des hostilités au mois d'août 1814; les autres s'arrêtent au moment de leur impression.

1646. Rapport à Sa Majesté le Roi de Suède, par son ministre d'Etat et des affaires étrangères, le 7 janvier 1813. Pub. p. ord. de S. M. Stockholm, Imp. Roy., 1813. 1 plaq. in-4, cart.

> Rapport de M. d'Engeström, auquel on a joint diverses pièces officielles, pour expliquer la rupture de la Suède avec la France.

1647. Recueil des exposés de l'administration du Royaume de Suède présentés aux Etats-Généraux, depuis 1809 jusqu'à 1840, trad. du suéd. par J. F. de Lundblad. Paris, Parent des Barres, 1840. 1 vol. in-8, d.-rel. veau, coins.

1648. Réflexions sur la déclaration de guerre de Sa Majesté Impériale de toutes les Russies, à Sa Majesté le roi de Suède, en date du 10 Fevrier 1808. A Londres, Harper, 1808. 1 plaq. in-12, rel. toile.

1649. **Rydin** (Hermann Ludwig). Föreningen emellan Sverige och Norge från historisk och statsrättslig synpunkt betraktad. Upsala, Edquist och Berglund, 1863. In-8, rel. toile, non rogn. (couvert.)

1650. **Schmidt** (Frédéric). La Suède sous Charles XIV Jean, traduit de l'allemand. Paris, Roret, 1843. — **Smidt** (Heinrich). Skandinavische Kreuz- und Querzüge. Berlin, Grobe, 1853. Ensemble 2 vol. in-8 et in-12, rel. toile.

1651. Acte de Démarcation des frontières entre S. M. le roi de Suède et la couronne de Suède d'une part, et S. M. l'Empereur de toutes les Russies et l'Empire de Russie, de l'autre, fait et conclu à Torneå le 20/8 Novembre 1810. Stockholm, 1811. Plaq. in-4, cart. — **Essen** (Jean Henri von). Breve til H. K. H. Kronprins Carl Johan, indeholdende Bidrag til Norges og Sverige Historie 1814-1816, udgivne af *Yngvar Nielsen*. Christiania, Dahl, s. d. — Les paysans norwégiens. Histoire du règne de Charles XIV Jean. 8e édit. Lille, J. Lefort, s. d. 1 pl. in-12, cart., s. broch.

1652. **Beaumont-Vassy** (Vicomte de). Les Suédois depuis Charles XII jusqu'à Oscar Ier. Paris, Amyot, s. d. 1 vol. in-12, rel. toile verte, non rogn.

1653. **Charles XV**, roi de Suède. Considérations sur l'infanterie, dédiées

aux officiers de l'infanterie suédoise. Stockholm, Nörstedt, 1868. — Idées et réflexions sur les mouvements de la tactique moderne. Stockholm, Norstedt, 1868. Ensemble 2 plaq. in-8, rel. toile, non rogn. — **Defontaine** (Jules). La Suède au dix-neuvième siècle. Paris, Dentu, 1863. 1 vol. in-8, rel. toile, couvert. — **Prytz** (H. O.). Historiska Upplysningar om Svenska och Norska Arméernas Regementer och Kårer jemte Flottorna under ledning af H. K. H. Prins Oscar Fredrik. Stockholm, Eklund (1867). 1 vol. in-8, rel. toile, non rogn. couverture. Avec le portrait du prince Oscar Frédéric, duc d'Ostrogothie. — **Sidenbladh** (Elis). Schweden, in die Weltausstellung 1873 in Wien. Stockholm, Hæggström, 1873. 2 parties en 1 vol. in-8, rel. toile, pl. et cartes. — **Silverstolpe** (G. Abraham). Historia öfver Förhållandena mellan Sverige og Norrige ifrån dessa Staters upkomst intil närvarande tid. Stockholm, Nordström, 1823. 2 tomes en 1 vol. in-8, d.-rel. chag. (titre gravé). — Sur le système continental et sur ses rapports avec la Suède. A Hambourg, 1813, au mois de Février. 1 plaq. in 8, rel. toile, non rogn.

XXIII

Colonies scandinaves.

1654. **Acrelius** (Israël). Beskrifning om de Swenska Församlingars Forna och Närwarande Tilstånd, uti det så kallade Nya Swerige sedan Nya Nederland, men nu för tiden Pensylvanien samt nästliggande Orter wid Älfwen De La Ware, Wäst-Yersey och New Castle County uti Norra America. Stockholm, Harberg & Hesselberg, 1759. 1 vol. in-4, rel. mar. rouge, fil., dos orné, dent. int., tr. dor. (Chambolle-Duru).

> Cet ouvrage sur la colonie de la Nouvelle Suède (Pennsylvanie), où Israël Acrelius (1714-1800) avait été envoyé de 1747 jusqu'en 1756 comme pasteur, est des plus intéressants, car, pour le composer, il a étudié toutes les anciennes archives des familles suédoises établies en Amérique. Exemplaire lavé.

1655. — A History of New Sweden; or, the settlements on the river Delaware. Translated from the Swedish with an Introduct. and notes by W. M. Reynolds. Philadelphia, 1874. 1 vol. grand in-8, rel. toile, avec un portr. de l'auteur, 1 pl. et une carte.

> Memoirs of the histor. Soc. of Pennsylvania, vol. XI.

1656. **Arfwedson** (Carolus David). De Colonia Nova Suecia in Americam deducta historiola. in audit. Gust. die XIX Nov. 1825. Upsaliæ, Excud. Regiæ Academiæ typographi. 1 plaq. in-4, rel. mar. grenat, jans., dent. int., tr. dor., non rogn. (Chambolle-Duru).

> Cet ouvrage donne la liste de tous les pasteurs protestants envoyés de Suède comme missionnaires de Pennsylvanie (xviiie siècle); on y a de plus ajouté une carte dressée par *J. Campanius.*

1657. **Biörck** (Tobias). בשם יהוה Dissertatio gradualis de plantatione ecclesiæ Suecanæ in America. Upsaliæ, Literis Wernerianis, 1731. Petit in-4, 4 ffnc., 34 pp., avec 1 carte, rel. mar. grenat, tr. dorée (Chambolle-Duru).

1658. **Campanius** (Thomas). Kort Beskrifning om Provincien Nya Swerige uti America, Som nu förtjden af the Engelske kallas Pensylvania. Af lärde och trowärdige Mäns skrifter och berättelser ihopaletad och Sammanskrefwen, samt med åthskillige Figurer, utzirad af Thomas Campanius Holm. Stockholm, Tryckt uti Kongl. Boktr. hos Sal. Wankijfs Änkia med egen bekostnad, af J. H. Werner. Åhr M.D.CC.II. (av. un frontispice, plusieurs cartes, entre autres celle dressée par Lindström, de nombreuses fig. dans le texte et 2 planches). 1 vol. in-4, rel. mar. gren. jans., dent. int., tr. dor. (Chambolle-Duru).

    Ouvrage aussi important par le texte que par les dessins et les cartes qu'il renferme.

1659. **Euphrasén** (Bengt. And.). Beskrifning öfver Svenska Vestindiska Ön St Barthelemi, samt Öarne St Eustache och St Christopher. Stockholm, Zetterberg, 1795. In-12, d.-rel. bas., avec 1 pl. et 1 carte. *A la suite* : Beskrifning om S. Barthélemy Swensk ö uti Westindien, forfattad af *Sven Dahlman*. Stockholm, Nordström, 1786.

1660. **Fenger** (J. Ferd.). Den Trankebarska Missionens Historia. Öfversättning af *C. A. Ouchterloug*. Stockholm, Norman, 1866. 1 vol. in-8, avec 2 portr. gr. sur acier, rel. toile, non rogn.

1661. **Hertel** (Ludvig). Den Nordiske Santhalmission. Kjöbenhavn, Lehmann, 1884. In-8, rel. toile sur br., non rogn., avec 1 carte.

1662. **Höst** (Georg). Efterretninger om Öen Sanct Thomas og dens Gouverneurer, optegnede der paa Landet fra 1769 indtil 1776. Kiöbenhavn, Möller, 1791. In-12, rel. bas.

1663. **Kongl.** Maij^{tz} Öpna Privilegium för Commissarien Hindrich König & Compagnie angående en Fart och Handel på Ost-Indien, Gifwit Stockholm i Råd-Cammaren den 14 Junii 1731. *S. l.* (Stockholm), Gercken, *n. d.* — En Wäns Bref utur Stockholm til sin Goda Wän uti Giötheborg, angående det här i Sverige inrättade Ost-Indie Compagnie. Stockholm, Nyström, 1734, etc., etc.... Ensemble 1 vol. in-4, d.-rel. bas.

    Intéressantes collections d'environ 30 pièces, et de lettres relatives aux entreprises commerciales des Suédois aux Indes, de 1731 à 1735.

1664. **Muller** (S.). Geschiedenis der Nordsche Compagnie, uitgegeven door het Provincial Utrechtsch Genootschap van Kunsten en Wetenschappen. Utrecht, Van der Post, 1874. 1 vol. in-8, cart. (édit.).

1665. **Niecamp** (J. L.). Histoire de la Mission danoise dans les Indes Orientales, depuis l'an 1705 jusqu'à la fin de l'année 1736. Trad de l'alle-

mand. Genève, Gosse, 1745. 3 tomes en 1 vol. in-8, d.-rel. veau éc. — **Murray** (Joh. Phil.). De Coloniis Scandicis in insulis Britannicis, et maxime Hibernia. *S. l. n. typ.*, 1771. 1 plaq. in-4, rel. toile.

1666. **Oldendorp** (A.). Historiska Beskrifning öfwer Ewangeliske Brödernes Missions-Arbete på Caraibiske Öarne St. Thomas, St. Croix och St. Jan. Öfwersättning. Stockholm, Brodin, 1786-1788. 2 vol. in-12, d.-rel. basane.

    Intéressantes observations sur les populations autochtones des Petites Antilles.

1667. **Rasmussen** (J. L.). Det under Kong Frederik den Femte oprettede Danske Afrikanske Kompagnies Historie, af Arkivdokumenter udarbeidet. Kjøbenhavn, Brummer, s. d. 1 vol. in-12, rel. toile. — Priisafhandling, Hvad har Amerikas Opdagelse havt for en Indflydelse paa Menneskeheden i Europa? Kjöbenhavn, Svare, 1794. In-12, rel. toile.

1668. **Sprinchorn.** Kolonien N'ya Sveriges Historia. Stockholm, Norstedt, 1878. 1 vol. in-8, rel. chag., non rogn., dos orné.

1669. **Streatfeild** (G. S.). Lincolnshire and the Danes. London, Kegan, 1884. 1 vol. in-8, cart. (édit.).

1670. **Swedberg** (Johannes Dan.). Dissertatio Gradualis de Svionum in America Colonia. Upsaliæ, Ex off. Werneriana (Anno 1709). 1 plaq. rel. chag. gren., jans., dent. int., tr. dor. (Chambolle-Duru).

1671. **Swedberg** (Jesper). America illuminata, skrifwen och vtgifwen af thes Biskop, Doct. Jesper Swedberg, åhr 1732. Skara, tryckt hos Herm. A. Moeller... *S. d.* In-12, rel. vél.

1672. Sweriges Rijkes General Handels Compagnies Contract, dirigerat til Asiam, Africam, Americam och Magellanicam, sampt thess Conditioner och Wilkåhr. Oppå H. K. M. wår Allernådigste Konungs och Herres nådigha behagh, och uthgiffne Privilegiers Innehåld, aff Trycket uthgången och publiceret. Stockholm, åhr 1625. — Der Reiche Schweden General Compagnies Handlungs Contract. Stockholm, 1625. (*Trad. all. de la pièce précédente.*) — Octroy eller Privilegium som then Stormechtige Högborne Furste och Herre, Herr Gustaff Adolph, Sweriges, Göthes och Wendes Konung, Storfurste til Finland, Hertigh uthi Estland och Carelen, Herre uthöfwer Ingermanland, etc. Thet Swenske nyys uprättadhe Söder Compagniet, nådigst hafwer gifwit och bebrefwat. Stockholm, Hoos Ignatium Meurer, Åhr 1626. — Octroy oder Privilegium, so der Herr Gustaf Adolff, etc. Stockholm, I. Meurer, 1626. (*Trad. all. de la pièce précédente.*) — Uthförligh Förklaring öfwer Handels Contractet angåendes thet Södre Compagniet, uthi Konungariket Swerighe, stält in genom *Wilhelm Wsselinx*. Och nu aff thet Nederländske Språket uthsatt på Swenska, aff *Erico Schrodero*. Tryckt i Stockholm, aff Ignatio Meurer, Åhr 1626. — Ausführlicher Bericht ober den Manifest : oder Vertrag Brieff der Australischen oder Süder Com-

pagney im Königreich Schweden, durch Wilhelm Wsselinx, Aus der Niederländischen in die Hochdeutsche Sprache übergesetzt. Stockholm, gedruckt durch Christoff Reusner, Anno 1626. Ensemble 6 plaq. in-4, rel. mar. rouge, fil., tr. dor., dent. int., dos orné du chiffre du comte Riant (Dupré).

> Recueil de rarissimes opuscules relatifs aux tentatives de colonisation sous Gustave-Adolphe et à l'organisation d'une Compagnie de commerce. L'intervention de la Suède dans la guerre de Trente Ans empêcha la réalisation de ces projets, qui, repris en 1638 par Oxenstjerna, aboutirent à la création éphémère de la Nouvelle-Suède.

1673. **Torée.** Voyage de Mons. *Olof Torée*, Aumonier de la Compagnie Suedoise des Indes Orientales, fait à Surate, à la Chine, &c. depuis le prémier Avril 1750, jusqu'au 26 juin 1752, publié par M. *Linnaeus*, & traduit du Suedois par M. *Dominique de Blackford*. Milan, Reycends, 1771. — *On a relié à la suite :* Précis historique de l'économie rurale des Chinois Présenté à l'Ac. R. des Sc. de Suède l'an 1754, par M. *Charles Gustave Eckeberg*, capitaine d'un vaisseau de la Comp. Suéd. des I. O., p. p. M. *Linnaeus* & trad. p. M. *de Blackford*. Milan, Reycends, 1771. 1 vol. in-12, d.-rel. veau.

1674. [**Usselinckx**]. Argonautica Gustaviana; das ist : Nothwendige Nach Richt von der Yewen Seefahr vnd Kauffhandlung so... von Gustavo Adolpho Magno, der Schweden Gothen vnd Wenden König... durch Einrichtung einer General Handel-Compagnie... zu stifften augefangen :..... Gedruckt zu Francfurt am Mayn, bey Caspar Rödteln im Jahr Christi 1633 mense Junio. In-fol. rel. mar. olive, dos orné, fil. dent. intér., tr. dor., avec chiffre du comte Riant (Chambolle-Duru).

> Très bel exemplaire d'un livre important pour l'histoire des colonies suédoises en Amérique.

1675. **Werfel** (Johann). Efterretning om de Danske Vestindiske Øers St Croix's, St Thomas's og St Jan's Indtagelse af de Engelskvestindiske Flaade under Contreadmiral *Dukworth* og generallieutenant Trigge, tilligemed, Beskrivelse over disse Øer,..... Kjøbenhavn, Holm, 1801. In-12, d.-rel. v. f.

1676. **West** (H.). Bidrag til Beskrivelse over Ste Croix med en kort udsigt over St. Thomas, St. Jean, Tortola, Spanishtown og Crabeneiland. Kiöbenhavn, Thiele, 1793. 1 vol. in-8, d.-rel. veau, coins.

1677. Allmänhetens Bästa och Säkraste Finance-Wärk, eller En Pensylwanisk Qwäkares tal, på en Auction, i America emot elak Hushållning och dårachtig Kläde-prakt. Stockholm, Carlbohm, 1773. Plaq. petit in-4, br. *Mouillures*. — **Arfwedson** (Carolus-David). De colonia Nova Svecia in Americam borealem deducta Historiola. Upsaliæ, typ. regia, 1825. Plaq. in-4, rel. vél. — **Clay** (Jehu Curtis). Annals of the Swedes on the Delaware. Philadelphia, Pechin, 1835. Petit in-12, d.-rel. chag. r., avec un portr. lithogr. — **Ternaux-Compans** (H.). Notice sur la colonie de la Nouvelle-Suède. Paris, Bertrand, 1843. — Underrättelse om den fordna Svenska Kolonien i Norra America kallad Nya Sverige. Öfv. från Franskan, med Anmärk. och Till. af

Öfvers. Stockholm, Eckstein, 1844. Ensemble 5 plaq. et vol. in-4, rel. toile. (Texte français et traduction suédoise.)

1678. **Burt** (John Heyliger). En Stemme fra Ste Croix. Breve til den danske Rigsdag. Kjöbenhavn, Lose, 1852. Plaq. in-12, rel. toile. — Erindringer fra et sexaarigt Ophold paa St. Croix og Cuba, af *Th*. Kjöbenhavn, Schous, 1866. In-12, d.-rel. v. — **Gomez** (F. J. C. v.). Om Militairvæsenet paa de danskvestindiske Öer. Kjöbenhavn, Qvist, 1836. Plaq. in-12, cart. — **Oxholm** (P. L.). De Danske Vestindiske Öers Tilstand i Henseende till Population, Cultur og Finance-Forfatning, i Anledning af nogle Breve fra St. Croix. Kiöbenhavn, Schultz, 1797. 1 vol. in-8, d.-rel. veau, coins. — **Petersen** (Bernhard von). En historisk Beretning om de Dansk-vestindiske Öer St-Croix, St-Thomas og St-Jean, tildeels efter Engelsk. Kjøbenhavn, Stinck, 1855. In-12, rel. toile, non rogn. Ensemble 5 vol.

1679. **Granlund** (Victor). En Svensk Koloni i Afrika eller Svenska Afrikanska Kompaniets Historia. *S. l. n. typ.*, 1879. Petit in-8, br., avec fig. — Kongl. Maj.ts Förnyade öpne Privilegium angående Fartens och Handelens forsättiande på Ost-Indien (17 Junii 1746). Stockholm, Kongl. Tryck., *s. d.* 1 plaq. in-4, br. — **Nyström**. De Svenska Ostindiska Kompanierna, Historiskstatistisk framställning. *S. l. n. d.* 1 br. in-8. — Uddrag af de paa Nicobar-Öerne i Foraaret 1846 anstillede Under-Søgelser. Kjöbenhavn, Scharling, 1846 et *Supplément*. Plaq. in-8, cartonné. Ensemble 4 vol. et plaq.

XXIV

Villes hanséatiques et pays riverains de la Baltique.

1680. 1. Abdruck dess zwischen Ihr Königl. Mayt. vnd der Reiche Schweden Rath ‖ Cantzeley Rath ‖ auch Oberstathaltern der Königl. residentz Stockholm ‖ vnd plenipotentürtem Legato, Herrn Schering Rosenhahns Excellentz ‖ an Einem ‖ Vnd Denen Statt Bremischen Gevolmächtigten Deputatis, am andern Theile ‖ getroffenen Vergleichs zu Stade Den 28 Novembris, A° 1654, ff. 1-19. — 2. Stadt Bremische Antworth auff die von Königlicher Schwedischer Seithen ‖ deroselben imputirte ‖ gleichsamb à Senatu Bremensi committirte ‖ Eingriffe und Contraventiones, welche von Punct zu Puncten ‖ inmassen sie Anno 1666 in den H. Pfingsten ‖ von Königlicher Schwedischen Regierung der Hertzogthumber Bremen und Verden etc. Senatui Bremensi, schrifftlich eingeschicket worden ‖ allhie einer jeden Responsion wortlich praemittiret seyn. Gedruckt Im Jahre 1666, ff. 1-84; Beylagen, ff. 1-335. — 3. Gravamina Der Stadt Bremen ‖ ab anno 1655 usque ad mensem Julii, anni 1666... Cum Appendice. Bremen. Gedruckt bey Herm. Brauer, a. 1666, ff. 1-32. — 4. Abdruck verschiedener Kayserl. Schreiben ‖

Churfürstl. Guthachten u. Reichs-Schlüsse... In Sachen Bremen contra Schweden. || Von Anno 1661. biss A. 1666 incl., ff. 1-144. — 5. Friedens Schluss || Welcher zwischen Dero Kgl. May. zu Schweden etc. Plenipotentiario... Herrn C. G. Wrangels... Eines || u. Herrn Burgermeistern || Rath || u. gem. Burgerschafft der Stadt Bremen || Anderen Theils || gemachet ist im Haupt Quartier zu Habenhausen || für Bremen || den 15. Nov. 1666, ff. 1-8. — 6-7. Kurtzer Bericht was wegen des Kgl. Schwedischen Estats Rahts || Hern Statii Speckhanen... Bey u. nach jüngst zu Habenhausen geschlossenem Frieden || in der Stadt Bremen || sonderlich in der Nacht vom 27. auff den 28. Novembris, Ao 1666 sich hat zugetragen. Gedruckt Im Jahr 1666, ff. 1-16. Ensemble 1 vol. petit in-4, d.-rel. parch. *Raccomm. au premier feuillet.*
— **Wetzel** (August). Die Lübecker Briefe des Kieler Stadt-archivs 1422-1534. Kiel, Schmidt u. Klaunig, 1883. Plaq. in-8, rel. toile (couvertures). — Hamburgische Costüme. Hamburg, Berendsohn. In-12, rel. toile, tr. dor. (édit.), composé de 18 pl. en couleur.

1681. **Aubery du Maurier.** Mémoires de Hambourg, de Lubeck et de Holstein, de Dannemarck, de Suède et de Pologne. La Haye, Rogissart & sœurs, 1737. 1 vol. in-12, cart.

1682. **Grandinson** (Karl Gustav). Studier i Hanseatisk-Svensk Historia till 1365. Stockholm, Norstedt, 1884-1885. 2 part. en 1 vol. petit in-8, rel. toile.

1683. Hanseatisches Magazin herausgegeben von J. Smidt. Bremen, Wilman, 1799-1802. 6 tomes en 3 vol. in-12, cart. toile.

Le dernier volume est publié chez Seyffert et Lohmann.

1684. **Löser** (Rudolf). Die freien und Hansestädte Hamburg und Lübeck. München, Poppel, *s. d.* In-8, rel. toile, ébarbé.

Jolie publication, ornée de 24 pl. très finement gravées sur acier, par *Poppel* et *Kurz*, et représentant les principaux monuments des villes de Hambourg et Lubeck.

* Clariss. Impe || rialis Vrbis || Lubeci || Chronicorum || libri tres ab Hermanno || Bonno primùm Germanicè notati, de || inde à Doct. Iustino Goble-|| ro Goarino Iurecons. in la-|| tinum uersi, & iam re-||cens euulgati.|| unà cum orationibus duabus eiusdem D. Iv-|| stini Gobleri in obitum illustriss. || Principis Erici Senioris Du-|| cis Brunsuicensis, &c.|| [un avertissement au lecteur] || Basileæ. || *A la dernière page :* Basileæ, in officina Barth. Vuesthemeri, Sumptibus uero Ioannis Oporini. Anno à Christo nato M.D.XLIII. Mense Augusto.

1685. **Melle** (Jacobus a). De itineribus Lubecensium sacris, Seu de Religiosis & votivis eorum peregrinationibus, vulgo Walfarthen. Lubecæ, P. Böckmann, 1711. 1 vol. in-4, rel. vélin.

1686. Nachrichten (Einige) zur Erlauterung der fürnehmsten, zwischen der Cron Dännemarck und der Stadt Hamburg obschwehenden Misshelligkeiten,... Hamburg, König, 1734, 3 parties. — Factum in entschiedener

gerichtlichen Sache zwischen Martin von Bärgen,... und Jacob Mencke, Hermann Jacobs etc... etc. Hamburg, 1734. 1 vol. in-4, rel. veau f., avec cartes.

> Contient 4 opuscules relatifs aux relations entre le Danemark et la ville de Hambourg.
> Déchirure à une des cartes.

1687. **Weinreich** (Caspar). Danziger Chronik. Ein Beitrag zur Geschichte Danzigs, der Lande Preussen und Polen, der Hansabundes und der Nordischen Reiche, herausgegeben und erläutert von *Theodor Hirsch* und *F. A. Vossberg* (mit Abbildungen). Berlin, Stargardt, 1855. 1 vol. in-4, d.-rel. veau.

> Première édition de cette Chronique, tirée à 200 exemplaires.

1688. **Willebrandt** (Johann Peter). Hansische Chronick aus beglaubten Nachrichten zusammen getragen von... Lübeck, gedruckt auf Kosten des Autoris, 1748. 1 vol. petit in-fol., rel. dem.-bas. Frontispice dessiné par *Willebrandt* et gravé par *Fritzsch* ; au titre, une vue de Lübeck gravée par *Haas*.

1689. **Worms** (E.). Histoire commerciale de la Ligue hanséatique. Paris, Guillaumin, 1864. 1 vol. in-8, rel. toile. — **Meier** (H.). Dissertatio historica de civitatibus Hanseaticis. Iena, Bauhofer (1784). 1 plaq. in-4, cart.

Schleswig et Duchés.

1690. **Holstein** (Adolff von). Unser van Godes gnaden, Adolffen, Eruen tho Norwegen, hertogen tho Schleszwig, Holstein, Stormarn unde der Dithmarschen, Graue tho Oldenborch unde Delmenhorst, beschreuen *Landtrecht*, welckes wy unsen Underdanen in unsen dreien Landen, Eiderstede, Euerschop unde Uttholm, tho gewisser handthauinge unde vorfolge der Justinien Ordentlikes Gerichts unde der Gerechticheit gnedichlick gegeuen unde bestediget... Gedrücket tho Hamborch, dorch Nicolaum Wegener, 1573. 1 vol. petit in-4, rel. vél., avec pl. *On a relié à la suite la trad. allemande :* Unser van Gottes Gnaden... Gedruckt zu Schleswig, durch Nicolaum Wegener, 1591.

> Exemplaire défectueux ; les derniers feuillets du texte sont refaits à la main et le titre du texte allemand est remonté.

1691. **Allen** (C. F.). Det danske Sprogs Historie i Hertugdommet Slesvig eller Sonderjylland. Kjøbenhavn, Reitzel, 1857. 2 vol. in-8, rel. toile, non rogn.

1692. Kurtzer Begriff einer Holsteinischen Chronic oder Summarische Beschreibung der denckwürdigsten Geschichten so innerhalb 200. und mehr jahren, nemblich von anno 1448 biss 1663, in den Nordlanden, sonderlich in Holstein sich begeben... auffs kurtzest zusammen getragen duch A. O. Schleswig, Joh. Holwein, 1663. In-12, rel. vél., front. gr. ; sur un des plats,

monogramme : tête d'éléphant tenant dans la trompe une couronne et trois flèches.

1693. **Clæden** (Georg). Nomina magistratus et Collegii deputatorum der Stadt Flensburg... Flensburg, Serring, 1765-1767. 4 part. en 1 vol. in-4, d.-rel. bas.

1694. **Danckwerth** (Gaspar). Newe Landesbeschreibung der zweij Hertzogthümer Schleswich vnd Holstein... Husum, Petersen, 1652. 1 vol. gr. in-fol., rel. v., avec titre-frontisp. et nombreuses cartes.

1695. Denkwürdigkeiten der Gräfin zu Schleswig Holstein Leonora Christina vermählten Gräfin Ulfeldt aus ihrer Gefangenschaft im Blauen Thurm des Königschlosses zu Copenhagen 1663-1685 nach der Dänischen original-Handschrift, herausgegeben von *Joh. Ziegler*. Wien, Gerold, 1871. 1 vol. gr. in-8, rel. toile, non rogn., avec 2 portr., 1 pl. et 2 tables généalogiques.

1696. Diplomatarium Flensborgense. Samling af aktstykker til Staden Flensborgs Historie indtil Aaret 1559, af *H. C. P. Seidelin*. Kjöbenbavn, Gyldendal, 1865. 2 vol. in-8, d.-rel. chag. rouge, tr. lim.

1697. Dialogus vnd grundtliche berichtūg gehaltner Disputation, im land zu Holsten vndern Künig vō Deñmarck, vom Hochwirdigen Sacramēt, oder Nachtmal des Herren. *S. l. n. d. n. typ.* (xvie s.). Plaq. petit in-4, rel. vél.

1698. **Elvervelt** (Jonas ab). De Holsatia eiusque statu atque ordinibus diversis classes III. Nunc primum elegiaco carmine in lucem editæ... Hamburgi, typ. Hæred. Jac. Wolfii, 1592. Petit in-4, rel. vél.

> Très bel exemplaire de ce livre fort rare.
> Cet ouvrage est rédigé en vers et en prose. La poésie est l'œuvre de Jonas d'Elvervelt, qui s'est servi, pour composer son livre, de l'ouvrage de Ranzovius, ainsi qu'il nous l'apprend dans sa préface (ff. 2 et 3).
> Ni Brunet, ni Græsse ne mentionnent ce livre.

1699. [—] Chersonesi Cimbricæ quæ hodiè Holsatia appellatur Annales ab ultima eius antiquitate ex historiis fide dignis ante hæc tempora à Viro magni nominis collecti, & nunc à quodam antiquitatis studioso auctiores in lucem editi. Ex Bibliopolio Frobeniano, anno cIɔ.Iɔ.cvi. 1 vol. petit in-4, 88 ffnc., rel. vél. (nombreux blasons et portrait de Henri Ranzovius).

> Ce livre est la 2e édition de l'ouvrage de Jonas d'Elvervelt et de Henri Ranzovius, qui parut à Hambourg en 1592, sous le titre de : De Holsatia ejusque statu..... Elle est aussi rare que la première.
> *Vogt* et *Clément* se sont trompés en croyant que cette édition ne différait de la première que par le titre. Plusieurs feuillets ont été réimprimés.

1700. *Le même ouvrage*, 3e tirage, non décrit par les bibliographes.

> Le titre est le même que dans la 2e édition, mais il y a, dans ce tirage-ci, au cahier L, 2 ff. qui ne se trouvent qu'ici. Ce tirage n'est pas moins rare que les deux précédents.

1701. L'Etat présent des différents nouvellement survenus entre le Roi de Danemark, et le duc de Holstein-Gotorf. Ou l'on voit en abrégé les Transac-

tions, & les Concordats de Famille faits & établis entre les maisons Royale et Ducale depuis deux siècles : avec d'autres pièces curieuses & utiles pour les ministres d'Etat & les negociateurs. *Traduit par l'Auteur des Additions de la defense du Danemark.* A Amsterdam, chez George Gallet, M. DC. XCVII. 1 vol. in-12, d.-rel. bas. n.

<blockquote>
Cachet au verso du titre.

George Gallet est un imprimeur imaginaire sous le nom duquel on trouve plusieurs pamphlets dont l'auteur était *Le Noble*. Nous ignorons quel est l'auteur de l'écrit ci-dessus, à la suite duquel on trouve : Réfutation préliminaire des remarques sur un écrit qui a pour titre « L'Etat présent des différents nouvellement survenus entre le Roi de Danemark & le Duc de Holstein-Gotorf. Traduit de l'aleman par l'auteur des additions de la deffense du Danemark. A Amsterdam, 1696 ».
</blockquote>

1702. Factum, pour Son Altesse Serenissime, Monsr le Duc de Slezwick et de Holstein, contre le traité de Rensbourg du 10 juillet 1675. & toutes les autres violences que les Danois lui ont faittes. Traduit du Latin. L'an M DC LXXVII. Petit in-12, d.-rel. bas.

1703. **Greeve** (Y.). Geographie und Geschichte der Herzogthümer Schleswig und Holstein. Mit einem Vorwort von *W. Falck*. Kiel, Schwers, 1844. In-8, d.-rel. chag.

1704. **Helduader** (Nicolas). Chronik der Stadt Schleswig, vom Jahre 1603 bis zum Jahre 1822 fortgefuhrt und mit Anmerkungen und Ergänzungen begleitet von *Joh. Chr. Jörgensen*. Schleswig, 1822. In-12, rel. toile, non rogn.

1705. Holsteinische Chronica aus des Herrn Christiani Solini, Chronologia Kürtzlich verfasset und zusammen gezogen. Welchen beygefügt ist A. O. Kurtzer Begriff einer Holsteinischen Chronicke. S. l. n. typ., 1674. Plaq. petit in-4, rel. toile, avec 1 tableau généalog. — Holsteen og Lauenborg. Kjöbenhavn, Em. Bærentzen & C°, 1859. In-4 obl., d.-rel. chag. rouge, coins, tr. dor., avec frontisp. et 30 pl. en lithogr. dont plus. en couleur.

1706. **Kohl** (J. G.). Die Marschen und Inseln der Herzogthümer Schleswig und Holstein. Nebst vergleichenden Bemerkungen über die Küstenländer die zwischen Belgien und Jutland liegen. Dresden und Leipzig, Arnold, 1846. 3 tomes en 1 vol. in-12, rel. toile. — Reisen in Dänemark und den Herzogthümern Schleswig und Holstein. Leipzig, Brockhaus, 1846. 2 tomes en 1 vol. in-12, rel. toile, non rogn. (couverture). — **Lackmann** (Adam Heinrich). Anvorgreisliche Gedancken, bey Gelegenheit des A. 1734, den 21 april ohnweit funden im Herzogthum Schleswig abermahl ausgegrabenen und entdecken Güldenen Horns. Hamburg, Felginers' Wittwe, 1734. Plaq. petit in-4, cart. — Eine ungedruckte Lebenschreibung des Herzogs Knud Laward von Schleswig, herausg. von *G. Waitz*, mit einem Facsimile. Göttingen, Dieterich, 1858. 1 plaq. in-4, rel. toile, non rogn. Ensemble 4 plaq. et vol.

1707. **Michelsen** (A. L. J.) **et Asmussen** (J.). Archiv für Staats- und Kirchengeschichte der Herzogthümer Schleswig, Holstein, Lauenburg und der

angrenzenden Länder und Städte. Altona, Hammerich, 1833-1866. 8 tomes en 7 vol. in-8, rel. toile, non rogn.

1708. **Molbech** (C.). Le duché de Slesvig dans ses rapports historiques avec le Danemark et le Holstein. Esquisse historique. Traduction du Danois. Paris et Copenhague, 1847. 1 vol. in-8, rel. toile.

1709. Nordalbingische Studien. Neues Archiv der Schleswig-Holstein-Lauenburgischen Gesellschaft für vaterländische Geschichte. Kiel, 1854-1858. 6 tomes en 2 vol. in-8, rel. toile.

> Les cinq premiers volumes sont de la réimpression de 1858 et ne contiennent pas le supplément relatif aux manuscrits.

1710 **Petersen** (Johann). Chronica oder Zeitbuch, der Lande zu Holsten, Stormarn, Ditmarschen, und Wagern, Wer derselben regiert, Was sich vor Christi Geburt, biss in das M.D.XXXI. Jahr darinne zugetragen. Item, von Jhren Glauben, Sitten, Gewonheiten, Krügen vnd Verenderung der Regimente... Gedruckt zu Lubeck, bey Samuel Jauchen Bürger... 1613. 1 vol. petit in-4, rel. vél.

> Légère déchirure au titre.

1711. Preuves incontestables qve la Cour de Gottorp a donne tout sujet au Roi de Dannemarc, de se mettre en possession des Duchés de Slesvic et de Holstein. Unwiedersprechliche Proben und Beweiss, dass der Hoff von Gottorp dem Könige von Dännemarck, Alle Ursach und Gelegenheit gegeben, der Hertzogthümer Schleswig und Holstein sich zu bemächtigen. Cöln, bey Peter Marteau, 1716. Petit in-4, 12 ffnc., br.

> Exemplaire très propre de cette pièce.
> G. Brunet ne la cite pas dans la liste qu'il donne des impressions de *Pierre Marteau* (Imprimeurs imaginaires. Paris, 1866).

1712. Quellen Sammlung der Schleswig-Holstein-Lauenburgischen Gesellschaft für vaterländische Geschichte. — I. Chronicon Holtzatiæ, auctore Presbytero Bremensi, herausgegeben von *J. M. Lappenberg*, Kiel, 1862. — II. Urkunden und andere Acten-Stücke zur Geschichte der Herzogthümer Schleswig und Holstein unter dem Oldenburg. Hause, gesam. und herausg. von *G. Waitz*, Kiel, 1863. — III. Die Chronik der Nordelbischen Sassen, herausg. von *J. M. Lappenberg*, Kiel, 1865. — IV. Rerum Slesvico-Holsatensium Scriptores minores. Erste Sammlung, Kiel, 1874-1875. Ensemble 1 vol. in-8, rel. toile, et 2 fasc. br.

1713. Relatione degli stati del Serenissimo Christiano Alberto duca di Holstein e Schlesvvic. *S. l. n. d. n. typ.*

1714 **Schröder** (Johannes Von). Topographie des Herzogthums Holsteins, des Fürstenthums Lübek un der freien und Hanse-Städte Hamburg und Lübek. Oldenburg, Fränckel, 1841. 2 vol. in-8, br.

1715. **Schütze** (I. F.). Holsteinisches Idiotikon, ein Beitrag zur Volkssitten-

geschichte. Hamburg, Villaume, 1800-1806. 4 tomes en 1 vol. in-8, rel. toile, non rogn.

1716. Das illustrirte Schleswig-Holstein und Dänemark. Humoristisches Taschenbuch vom Herausgeber des Corsaren. Leipzig, Wilh. Jurany, 1847. 1 vol. in-8, d.-rel. v., avec fig.

> Texte et gravures humoristiques.
> Ouvrage intéressant.

1717. **Schirren** (C.). Beiträge zur Kritik älterer holsteinischer Geschichtsquellen. Leipzig, Duncker & Humblot, 1876. In-8, rel. toile sur br., non coupé.

1718. Siegel des Mittelalters... Hrsgg. v. d. Vereine f. Lübeckische Geschichte u. Alterthumsk[de] enthaltend : Holsteinische und Lauenburgische Siegel. Lübeck, Rodhen, 1856, *avec 20 pl.;* — Holsteinische u. Lauenburgische Siegel adeliger Geschlechter. Lübeck, 1859, *avec 16 pl.;* — Lübecker Bürgersiegel. Lübeck, 1865, *avec 6 pl.;* — Siegel der Holstein-Schauenburger Grafen. Lübeck, 1870, *avec 11 pl.* Ensemble 1 vol. in-4, rel. toile, non rogn.

1719. **Tisserand** (E.). Etudes économiques sur le Danemark, le Holstein et le Slesvig. Paris, Masson, 1865. 1 vol. in-4, rel. toile.

1720. **Twiss** (Travers). On the relations of the duchies of Schleswig and Holstein to the Crown of Danemark and the Germanic Confederation. London, Longman, 1848. 1 vol. in-8, cart. (édit.). — **Soldi**. De la manière dont les Allemands font la guerre contre le Danemark et traitent surtout le Slesvig. Paris, 1864, 1 plaq. in-8, cart.

> Envoi autog. de l'auteur à M. le comte Riant.

1721. — Urkundensammlung der Schleswig-Holstein-Lauenburgischen Gesellschaft, für Vaterländische Geschichte. Kiel, 1839-1858, Akademischen Buchh. Tomes 1 et 2 et 1 vol. in-4, rel. toile, non rogn., avec pl.

1722. **Usinger** (Rudolf). Deutsch-dänische Geschichte (1189-1227). Berlin, Mittler, 1863. 1 vol. in-8, rel. toile, non rogn.

1723. **Wegener** (C. F.). Le duc d'Augustenbourg et la Révolution du Holstein. Exposé authentique, extrait des papiers augustenbourgeois. Copenhague, B. Luno, 1849. 1 vol. in-8, cart. (édit.), tr. dor.

1724. **Worsaae** (J. J. A.). Om Slesvigs eller Sønderjyllands Oldtidsminder. Kbnhvn, Gyldendal, 1865. — Om nye Opdagelser af Runer i Frankrige og England. Kbnhvn, B. Luno, 1856. — Om Jernalderen i Danmark. I Anledning af et Fund af Oldsager i en Mose ved Brarup i Angel. Kb, B. Luno, 1858. — Gjensvar paa Hr. Prof. Steenstrups yderligere Bemærkinger imod Tvedelingen af Steenalderen. Kb., B. Luno, 1862. — Om Danmarks tidligste Bebyggelse. Kbhvn, Reitzel, 1861. — Om Tvedelingen af Steenalderen. Kb., B. Luno, 1862. — Danmarks Oldtid oplyst ved Oldsager og Gravhøie.

Træsnittene udførte af A. Kittendorff. Kbhvn, Klein, 1843. — The industrial arts of Denmark from the earliest times to the Danish conquest of England (with map and woodcuts). London, Chapman and Hall, 1882. — Beretning om Udgravningen af en Jættestue paa Hjelm Mark ved Stege, *S. l. n. d.* Ensemble 9 vol. ou plaq. in-8, d.-rel. ou cart., avec nombreuses grav. sur bois dans le texte.

Collection de brochures sur le Schleswig-Holstein.

1725. *Années 1798-1819 :* 1. Auch Etwas über die neue Kirchenagende, von *N. Oest.* Flensburg, 1798. — 2. Beruhigende Ansichten über den Eredit der Güter in den Herzogthümern Schleswig und Holstein. Kiel, 1810. — 3. Worte eines Holsteiner's im Jahre 1814. Germanien, 1814. — 4. Das wahre Verhältnis des Herz. Schleswig zum Königreiche Dännemark, 1815. — 5. Beleuchtung der von R...l umgearbeiteten und umgeänderten Patriotischen Gedanken über Landstände in den Herzthm Schleswig und Holstein, 1815. — 6. Die Erinnerung von Adam, Graf *von Moltke.* Kiel, 1816. — 7. Ansichten bei den Ansichten von Graf Adam *von Moltke.* Geschrieben in den Weihnachten 1815. Kiel, 1816. — 8. Rückerinnerungen aus der Verfassungs-Geschichte der Hrzthmr Schleswig und Holstein. *S. l.* Im october 1816. — 9. Ist die Trennung der Hrzgthmr Schleswig und Holstein von der Reichsbank wirklich so wünschenswerth? [von D'' Reühold, Kiel, 1816]. — 10. Ueber die staatsrechtliche Verbindung der H. Schleswig und Holstein und über die Ansprüche beider Lander auf eine ständische Verfassung. Kiel, 1816. — 11. Das Verhältniss Hollsteins und Schleswigs zu Deutschland und Dänemark, von D'' F. Rühs. Berlin, 1817. — 12. Gedanken und Wünsche eines Holsteiners. Altona, 1817. — 13. Was schwere Auflagen schwerer mache, Neckers Wort, mit einem Vorworte von Adam Graf *von Moltke.* Kiel, 1818. — 14. Freimüthige Bemerkungen über verschiedene processualische Mängel in der H. Schleswig und Holstein und Vorschläge zur Abhülfe derselben, von Advokat *Alsen.* Sonderburg, 1818. — 15. Einige Gedanken über das Jus publicum in Beziehung auf das H. Schleswig, 1819. Ensemble 15 plaq. br.

1726. *Années 1844-1847 :* 1. Ein Wort über die jüngsten Vorfälle in der Flensburger Liedertafel zugleich als Beitrag zur Beurtheilung Nordalbingischer Tactik. Flensburg, 1844. — 2. Acten in Anklagesachten der Schleswigschen Obersachwalters... herausg. von *Beseler,* Schleswig, 1844. — 3. Ueber die Reform der Gerichtsverfassung in Herzogthum Schleswig, von *H. C. Esmarch.* Schleswig, 1844. — 4. Polemische Erörterung über Schleswig-holsteinische Staatssuccession, von D'' *Michelsen.* Leipzig, 1844. — 5. Sendschreiben an die Braunschweigische Ständeversammlung über die Sleswig-holsteinische Frage, von Freiherrn C. Dirckinck-Holmfeld. Altona, 1845. — 6. Protest des Schleswigschen Vereins gegen die sogenannte Verwahrungsacte der Holsteinischen Ständeversammlung von 20 Decbr 1844.

Flensburg, 1845. — 7. Heidelberger Adresse an die Schleswig-Holsteiner. Heidelberg, 1846. — 8. Adresse der Schleswigschen Stände-Versammlung an den Thron von 2 November 1846. Hamburg, 1846. — 9. Dänemark und die Herzogthümer Schleswig und Holstein. Schleswig, 1846. — 10. Die Vorgänge des Jahres 1721 im Herzogthum Schleswig. Hamburg, 1846. — 11. Staats- und Erbrecht des Hrzgthms Schleswig. Hamburg, 1846. — 12. Zweite polemische Erörterung über die Schleswig-holsteinische Staatssuccession, von Dr A. L. J. *Michelsen*. Leipzig, 1846. — 13. Das dänische Königsgesetz oder das in Dänemark geltende Grundgesetz, von L. Wienbarg. Hamburg, 1847. — 14. Das Commissionsbedenken über die Erbfolge des Herzogthums Schleswig im officiellen Auszuge, von R. *Samoer*. Hamburg, 1847. — 15. Vertheidigungsschrift für den Dr Carl Lorentzen in Kiel, fiscalisch angeklagten wider den Justizrath Raben in Altona, von *Claussen*. Kiel, 1847.

1727. *Années 1849-1853* : 1. Etudes sur le Schleswig-Holstein avant et après le 24 mars 1848, par E. *de Lasiauve*. Paris, 1849. — 2. Om en forhistorisk, saakaldet « tydsk » Befolkning i Danmark, af J. J. A. *Worsaae*. Kjøbenhavn, 1849. — 3. Fredsgrundlaget og Slesvig. Kjøbenhavn, 1850. — 4. Kurze und Unpartheiische Geschichte des Landes Schleswig. Copenhagen, 1851. — 5. Lex Regia og Lex Salica, af *X. A.* Soröe, 1853. — 6. Om Londoner-Traktatens Forhold til det danske Kongehuses gamle Arverettigheder, af *Frederik Schiern*. Kjøbenhavn, 1853. — 7. Urkunden zur Beurtheilung der Sonderburgisch Augustenburger Erbansprüche. Hamburg (1853). — 8. Til videre Opklaring af Budskabets Forhold til Londonnertractaten, af F. C. *Sibbern*. Kjøbenhavn, 1853. — 9. Die Danisirung des Herzogthums Schleswig, von Pastor *Hansen*. Leipzig, 1855. — 10. Ein Stück Dänische Deutsche Geschichte im Mai 1855. Weimar, 1855. Ensemble 10 plaq. in-8, br.

1728. *Année 1856* : 1. Die vollständigen Verhandlungen des dänischen Reichsraths betreffend den Verkauf von Hollenbeck. Copenhagen, 1856. — 2. Stimmen über den Domänenverkauf, zur Beherzigung unbesangener Staatsbürger. Copenhagen, 1856. — 3. Actenstücke zur Geschichte des Hochdeutschen im Herzogthum Schleswig. Copenhagen, 1856. — 4. Die Verhandlungen des Reichsraths der dänischen Monarchie. Copenhagen (1856). — 5. Die Herzogthümer Schleswig-Holstein und Lauenburg in den Dänischen Gesamstaat, Juli 1856. Weimar, 1856. — 6. Zur Widerlegung der Bargum'schen Vertheidigungschrift für den Minister von Scheele. Kiel, 1856. — 7. Zur Schleswig-Holsteinischen Sache im August 1856, von W. *Beseler*. Braunschweig, 1856. — 8. Nothgedrungenes Wort in einer Schleswigschen Sache, von M. *Baumgarten*. Braunschweig, 1856. — 9. Rüge einer Lüge in der Schrift des Professors Baumgarten : Nothgedrungenes Wort, von P. *Hjort*. Copenhagen, 1856. Ensemble 9 broch. in-8.

1729. *Années 1857-1858* : 1. Betrachtungen über den dänischen Gesammt-

staad, März 1857. Hamburg, 1857. — 2. Zur Beleuchtung der dänischen Note vom 23 Februar 1857. Hamburg, 1857. — 3. Anders Sandøe Ørsted's Losung der Dänischdeutschen Frage. Kiel, 1857. — 4. Gegensätze und Kämpfe der deutschen und der dänischen Sprache im Herzogthum Schleswig. Leipzig, 1857. — 5. Systematische Darstellung des in Gemässheit der Verfassung für das Herzogthum Schleswig vom 15 Februar 1854... von E. *Friedlieb*. Kiel, 1857. — 6. Die Verhandlungen der Schleswigschen Ständeversammlung. Weimar, 1857. 7. Zur Skandinavischen Frage und zur Schleswig-Holsteinischen Sache im Juli 1857, von W. *Beseler*. Braunschweig, 1857. — 8. Om Holsteins Udsondring. Kjöbenhavn, 1857. — 9. Bemerkungen zu dem dänischen Memorandum. Hamburg, 1858. — 10. Die Holsteinische Sache im Jahre 1857. Hamburg, 1858. — 11. Widerlegung der Vorwüte, welche das Königlich dänische Ministerium der Holsteinischen Ständeversammlung gemacht hat. Hannover, 1858. — 12. Das Gutachten der Holst. Mitglieder der Flensburger Notabeln-Versammlung. Kiel, 1858. — 13. Zur Schleswig-Holsteinischen Sache im November 1858, von W. *Beseler*. Braunschweig, 1858. 13 broch. in-8.

1730. **Schantz** (G. von). Försök till en Historia öfver det Förra Pommerska Kriget Åren 1757-1762. Stockholm, Nordström, 1811. Petit vol. in-12, cart. — **Jahn** (F. H.). Försög till en critisk Undersögelse og nærmere Bestemmelse af den gamle Saksiske Grændse i Holsteen. Kjöbenhavn, 1824, *avec 1 carte*. Plaq. in-12, rel. toile. — **Etienne** (L.). Deux mots encore sur le Slesvig. Paris, Ledoyen, août 1848. — De l'insurrection dans les duchés de Slesvig et d'Holstein et de la conduite de la Prusse à l'égard du Danemark. Publié à Copenhague. Trad. de l'allemand par *Louis de Bouillé*. Paris, Amyot, juillet 1848, in-8, d.-rel. chag. r. — **Eric** (Johann). Obervationum ad antiquitates septentrionales pertinentium Specimen. Hafniæ, Heineck et Faber, 1769. Petit vol. in-12, rel. vél. — **Jpsen** (A.). Christian August Prinz zu Schleswig-Holstein, nachmals Kronprinz von Schweden. Kiel, Schröder, 1852. In-12, br. — Actenstücke zur Geschichte des Hochdeutschen in Herzogthum Schleswig. Kopenhagen, Gyldendal, 1856. Plaq. in-8, rel. toile, non rogn. — **Dahlmann**. Urkundliche Darstellung des dem Schleswig-Holsteinischen Landtage, kraft der Landes-Grundverfassung, zustehenden anerkannten Steuerbewilligungsrechtes. Kiel, 1819. Plaq. in-12, cart. Ensemble 7 vol. et plaq.

1731. Helgoland : **Berenberg** (Carl). Die Nordsee Inseln und der deutschen Küste, nebst ihren See-Badeanstalten. Hannover, Schmorl, 1866. In-12, cart., non rogn., avec 1 carte. — **Decken** (F. von der). Philosophisch-historisch-geographische Untersuchungen über die Insel Helgoland oder Heiligeland und ihre Bewohner; mit 2 Kupfertafeln und 2 Charten. Hannover, 1826. 1 vol. petit in-8 de 250 p. — **Oetker** (Friedrich). Helgoland, Schilderungen und Erörterungen (avec une pl. et 2 cartes). Berlin, Duncker, 1855.

1 vol. in-12, rel. toile. — **Wiebel** (C. W. M.). Die Insel Helgoland nach ihrer Grösse in Vorzeit und Gegenwart : vom Standpunkte der Geschichte und Geologie. Hamburg, Meissner, 1842-1846. 2 plaq. en 1 vol. in-4, avec une carte, rel. toile.

Guerre de 1864.

1732. **Crousse** (Franz). Invasion du Danemark en 1864. Paris, Dumaine, 1865. 2 part. en 1 vol. in-8, avec 3 cartes, rel. toile, non rogn. (couvert.).

1733. **Gosch** (Charles A.). Denmark and Germany since 1815. London, Murray, 1862, *avec 4 cartes*. — Danimarca e Germania dopo il 1815. Milano, Corona e Caimi, 1867. Ensemble 1 vol. in-8, rel. toile, et 1 vol. in-12, br.

1734. **Hammerich** (Fr.). Det tredie Slesvigske Felttog. 2e *édit*. Kjøbenhavn, Jversen, 1851. — Skildringer fra de Slesvigske Krig, Uddrag af en Dagbog. Kjøbenhavn, Klein, 1849, avec cartes. — Den Slesvigske Treaarskrig. Haderslev, Koch, 1852. Ensemble 3 vol. in-12, rel. toile.

1735. **Laing** (Samuel). Observations on the Social and political State of Denmark and the dutchies of Sleswick and Holstein in 1851. London, Longman, &c., 1852. 1 vol. in-8, d.-rel. toile, avec une carte des mouvements des armées danoise et prussienne.

1736. Diplomatiske Aktstykker vedrørende det Danske-Tydske Spørgsmaal for Tidsrummet September 1863-Mai 1864. Kjøbenhavn, Schultz, 1864. Plaq. in-4, rel. toile, non rogn. — **De Valori** (Prince Henry). Le scandinavisme pratique. Solution de la question des Duchés. Memorandum politique. Paris, Amyot, 1863. 1 plaq. in-8, cart. — **Pernice**. Rechtsgutachten des Preussischen Kronjuristen, Geheimenraths, Dr. Pernice, betreffend die eventuelle Succession der Sonderburger Linie des Hauses Holstein-Oldenburg in das Herzogthum Holstein. Kopenhagen, 1863. Plaq. grand in-8, rel. toile. — Ueber die Verhältnisse der Herzogthümer Schleswig und Holstein zu Dänemark und zum deutschen Bunde, von *Travers Twiss*. Leipzig, 1848. 1 broch. in-8. — **Lecomte** (Colonel). Guerre du Danemark en 1864. Paris, Tanera, 1864. 1 vol. in-8, cart. — L'intérêt de la France dans la guerre du Schleswig-Holstein. Paris, Didot, 1850. — L'insurrection dans les duchés de Slesvig et Holstein et les procédés de la Prusse à l'égard du Danemark. Copenhague, Thiele, 1848. Ensemble 2 vol. in-8, br. et rel. toile. — **Grove** (P. B). Fra Dannewirke til Dybböl, Halvhundrede Breve fra Krigen. Kiöbenhavn, Reitzel, 1864. In-12, rel. toile, non rogn. — **Galiffe** (J. B. G.). La question et la polémique dano-allemandes à propos des duchés de Slesvig et de Holstein dès les premiers temps jusqu'en juin 1866. Genève, Fick, 1866. 1 vol. in-8, rel. toile sur couvert., non rogn., avec 1 carte et 1 tabl. généal. — **Bas** (F. de). L'armée danoise en 1864. Le Dannevirke et Dyböl. Etude historique et militaire basée sur des documents officiels. Arnhem, van

Egmond, 1868. In-8, br., avec 4 cartes. — **Burdin d'Entremont** (F.-M.). L'armée danoise et la défense du Sundevit en 1864. Paris, Baudoin, 1885. In-12, rel. toile, non rogn. (couvert.), avec 1 carte. — **Casati** (C.). La monarchie scandinave à propos de la question danoise. Lettre à M. le baron Hochschild. Paris, Dentu, 1865. Plaq. in-8, cart. — **Junghaus** (Wilhelm). Graf Heinrich der Eiserne von Holstein in den Kriegen des Nordens und im Dienste fremde Fürsten. Sœst, 1864. Plaq. in-12, rel. toile. — Optegnelser af Prinds Friedrich af Schleswig-Holstein-Noer fra Aarene 1848 til 1850. Paa Dansk ved *C. E. Hall*. Kjöbenhavn, Pio, 1861. In-12, rel. toile. Ensemble 14 vol. et plaq.

1737. 1. Die holsteinische Ständeversammlung und die Verfassungsfrage, von W. C. E. *Grafen* Sponneck. Copenhagen, 1859. — 2. Die « Holsteinische » Frage und der jüngste Act in derselben. Harburg, 1860. — 3. Die Verfassungsfrage in der Holsteinischen Ständeversammlung, von W. *Beseler*. Braunschweig, 1859. — 4. Die Verfassung der Dänischen Monarchie. Ein Versuch von C. N. D. *Hansen*. Heide, 1859. — 5. Gemeinsame Rechte Holsteins und Schleswigs. Hamburg, 1859. — 6. Die Anklage des Aufruhrs welche die Untherthanen Sr. Majestät des Königs in Dänemark und in den Hrzgthmrn Schleswig u. Holstein gegen einander erhoben haben. Hamburg, 1859. — 7. Der endliche Friede mit Dänemark. Hamburg, 1859. — 8. Der dritte März des Jahres 1460. Braunschweig, 1860. — 9. Zur Verfassungsfrage der Dänischen Monarchie, von D. A. *Renck*. Altona, 1860. 9 br. in-8.

1738. 1. Kort Udtog af Sønderjyllands Historie indtil Oprøret, af H. H. *Heichelmann*. Kjøbenhavn, 1861. — 2. Das Verfahren der dänischen Regierung bezüglich der deutschen Sprache im Herzogthum Schleswig. Hamburg, 1861. — 3. Der Deutsch-Dänische Streit, Execution und Krieg, von Baron E. *Dirckinck-Holmfeld*. März 1861. Hamburg und Leipzig. — 4. La clef de la question des Duchés danois de Sleswig et de Holstein, par M. *Chopin*. Paris, 1861. — 5. Neue actenmässige Beiträge zur Geschichte der Leiden des seines Amtes entsetzten Schleswigschen Geistlichen Gustav *Schumacher*. Berlin, 1862. — 6. The Dano-German Conflict and Lord Russell's proposals of mediation. London, 1863. — 7. La question danoise, par le Ch[er] D. A. E. *Wollheim da Fonseca*. Leipzig, 1863. — 8. Wer hat Recht : König Christian IX oder Der Augustenburger? von Baron C. *Dirckinck-Holmfeld*. Altona, Déc. 1863. — 9. Staatsrechtliches Votum über die Schleswig-Holstein'sche Successionsfrage, von Dr Zachariä Göttingen, 1863. — 10. Aus Schleswig-Holstein an das Preussische Haus der Abgeordneten. Berlin, 1863. — 11. Le Danemark et l'Allemagne. Les duchés de Slesvig, de Holstein et de Lauenbourg, par *F. Aubert*. Paris, 1863.

1739. 1. Die deutschen Herzogthümer Schleswig-Holstein-Lauenburg in ihrem staatlichen Verhältnisse zu Dänemark, von Dr W. *Schäfer*. Dresden, 1864. — 2. Zur Würdigung der von Warnstedt'schen Schrift : Staats und

Erbrecht der Herzogthümer Schleswig-Holstein, von H. *Pernice*. Halle, 1864. — 3. Die Tagesfrage, von E. *von* Wietersheim. Dresden, 1864. — 4. Staatsrechtliche Prüfung der gegen das Thronfolgerecht des Augustenburgschen Hauses erhobenen Einwände, von Dr Hugo *Hälschner*. Berlin, 1864. — 5. Die dynastischen Ansprüche auf das Herzogthum Lauenburg, von E. *Wippermann*. Cassel, 1864. — 6. Kritik der Scheingründe für die Erbfolge der Collateralagnaten in Holstein, von Baron C. *Dirckink-Holmfeld*. Januar 1864, Hamburg. — 7. Ueber Schleswig-Holsteinische Staats-erbfolge, von A. L. J. *Michelsen*. Gotha, 1864. — 8. Die Garantien der Grossmächte für Schleswig, von A. *Hänel*. Leipzig, 1864. — 9. Hvem er Skyld i Krigen? Kbhvn, 1864. — 10. Om Aarsagerne til Danmarks Ulykke, af O. *Lehmann*. Kiøbenhavn, 1864. — 11. Meddelelser om Preussernes og Østerrigernes Færd i Slesvig (avril 1864). — 12. Bilag til « Meddelelser om..... ». — 13. Den Hallske Politik, af H. J. A. Raasløff. Kjøbenhavn, 1864. — 14. Douze années de la domination danoise dans les duchés de Schleswig-Holstein (1852-1864) par E. *Scinguerlet*. Strasbourg, 1864. — 15. Le principe des nationalités appliqué à la question dano-allemande, par E. *Beauvois*. Paris, 1864. — 16. Le Congrès et le Conflit dano-allemand, p. L. *Leouzon Le Duc*. Paris, 1864. — 17. Question des duchés danois (Quarterly Review de janvier 1864), traduction par le B^{on} *D*. Paris, 1864. — 18. Les garanties des grandes puissances concernant le Schleswig, par M. A. *Haenel*. Paris, 1864. — 19. Précis des événements historiques sur lesquels est fondé le droit public des duchés de Schleswig-Holstein, par K. *Esmarch*, trad. de l'all. Paris, avril 1864. — 20. Rechtliches Gutachten über die Competenz der deutschen Bundesversammlung bezüglich der Successions-Streitigkeit in deutschen regierenden Fürstenhäusern, von Dr H. *Zoepfl*. Leipzig, 1864. — 21. Schleswig-Holstein, door D^r *von Hott*. Zutphen, 1864. — 22. Sleeswijk-Holstein tegenover Denemarken, van Dr E. *Engelbregt*. Amsterdam, 1864.

1740. 1. Meddelelser om Begivenhederne i Slesvig siden den Preussisk-Østerrigske Invasion (Januar 1865). Kjöbenhavn. — 2. Tilbagetoget fra Dannevirke og dets hemmelige Historie, af *W. Kauffmann*. Kjøbenhavn, 1865. — 3. La politique nouvelle, par J. *Radlé*. Paris, 1865. — 4. Mémoire diplomatique et juridique sur la Prusse, l'Autriche et la succession en Schleswig-Holstein et Lauenbourg, par *S. Weiss*. Bruxelles et Paris, 1865. — 5. La spoliation du Danemark, par M. *Charles de Saint-Nexant*. Bruxelles, 1865. — 6. Les Danois du Slesvig sous le joug Austro-Prussien, d'après les documents officiels. Paris, 1865. — 7. Umriss der politischen Geschichte des dänisch-deutschen Streits, von *A. E. Fich* (traduction). Berlin, 1865. — 8. Beschouwingen over den Pruisischen Oorlog van 1866, door Dr *Fabri*. Amsterdam, 1867.

Provinces Baltiques. — Esthonie, Livonie, Poméranie.

1741. **Von Bunge** (Friedrich Georg). Das Herzogthum Estland under den Königen von Dänemark. Gotha, F. A. Perthes, 1877. 1 vol. in-8, rel. toile (tachée), non rogn., couverture.

1742. De expugnatione Civitatis Rigensis Livoniæ Metropolis, quam Serenissimus Svecorum Gottorum & Vandalorum &c. &c. Rex, Gustavus Adolphus Calendis Augusti Anno... 1621 infestis armis ipse oppugnatum venit... Loco relationis verissimæ Epistolæ IIII. Rigæ, per Nicolaum Mollinum, 1621. Petit in-4, rel. vél., avec 1 pl.

Peu commun.

1743. **Kruse** (Dr Fried.). Ur- Geschichte des Ethnischen Volkstammes und der Kaiserl. Russischen Ostseeprovinzen Liv-, Esth-, und Curland überhaupt, bis zur Einführung der christlichen Religion. Moskau, Severin, 1846. 1 vol. in-8, rel. toile, non rogn., avec 1 carte et 2 pl. lith.

1744. Der nordische Miscellaneen. Riga, Hartknoch, 1781-1791, 28 tomes in-12. Neue nordische Miscellaneen. Riga, Hartknoch, 1792-1797, 18 tomes in-12. Ensemble 46 tomes en 12 vol. in-12, rel. toile.

Intéressante collection regardant principalement l'histoire de la Livonie et des Russes, publiée sous la direction d'*August Wilhelm Hupel*. Tout ce qui a paru.

1745. **Perlbach** (M.). Die ältere Chronik von Oliva. Göttingen, Vandenhoeck & Ruprecht, 1871. — Urkunden des Rigaschen Capitel-Archives in der Fürstlich Czartoryskischen Bibliothek zu Krakau, 1880. — Regesten der Stadt Königsberg 1256-1524, aus gedruckten Werken gesammelt. Königsberg, Rosbach. 3 plaq. in-8, br.

1746. Quellen zur Geschichte des Untergangs livländischer Selbstständigkeit. Aus dem Schwedischen Reichsarchive zu Stockholm, herausg. von *C. Schirren*. Reval, Kluge, 1861-1862. 2 tomes en 1 vol. in-8, rel. toile, non rogn., couvert.

1747. **Schlözer** (Kurd von). Livland und die Anfänge des deutschen Leben im baltischen Norden. Berlin, Hertz, 1850. 1 vol. in-8, rel. toile, non rogn.

1748. **Thomsen** (Wilhelm). The relations between Ancient Russia and Scandinavia and the Origin of the Russian State. Oxford and London, Parker, 1877. 1 vol. in-12, rel. toile, non rogn.

1749. **Zernecke** (Jacob Heinrich). Thornische Chronica in welcher die Geschichte dieser Stadt von MCCXXI bis MDCCXXVI aus bewerthen Scribenten und glaubwürdigen Documentis zusammen getragen worden. Zweyte vermehrte Auflage. Berlin, Ambrosius Haude, 1727. 1 vol. in-4, rel. veau, tr. rouge, dent. int.; sur les plats, armes et ex-libris du comte de Bunau.

Bel exemplaire orné du portrait de l'auteur, de celui de *Roesner*, consul de la

ville de Thorn, et de 7 planches. Il provient de la célèbre bibliothèque de Henri, comte de *Bunau* (1697-1762), dont *Francke* a publié le catalogue. Leipzig, 1750-1756, 7 part. en 3 tomes.

1750. Baltische Studien, herausgegeben von der Gesellschaft für Pommersche Geschichte und Alterthumskunde. Stettin, 1832-1864. Ensemble 18 tomes en 12 volumes in-8, rel. toile.

Les tomes XVII, XVIII manquent.

1751. **Bugenhagen** (Joh.). Pomerania, in quatuor libros divisa..... Ex manuscripto edidit *Jac. Henr. Balthasar.* Gryphiswaldiæ, sumtibus Jac. Löfleri. — *Valentini ab Eickstet*, Epitome Annalium Pomeraniæ... Vita Philippi I Ducis Pomeraniæ citerioris ab eodem auctore conscripta. Ex ms. edidit *J. H. Balthasar.* Gryphisw., Löffler, 1728. — *H. H. Engelbrechtii*, Dissert. de meritis Pomeranorum. Gryphisw., *s. typ.*, 1726. — *Balthasar* : De zelo Pomeranorum adversus Reformatos... Gryphisw., 1722. *S. typ.* — *Georgius Roth* : Problema literarium quid prohibeat Otto Bamberg, episcop. dum Fustes ad sepulchra mortuor. poni vetat apud Conradum a Liechtenaw... Stadæ, operis Holvvenianis. — *Alb. Georg. Schwartzii* : Historia finium principatus Rugiæ. Gryphisw., Höpfner, 1727. Ensemble 1 vol. in-4, rel. vél.

1752. **Engelbrecht** (Herm. Henr.). Delineatio status Pomeraniæ Suethicæ. Gryphiswaldiæ et Lipsiæ, Weitbrecht, 1741. 1 vol. petit in-4, d.-rel. bas., non rogn., avec un portr. de l'auteur.

Exemplaire en grand papier.

1753. **Ranzow** (Thomas). Chronik von Pommern in hochdeutscher Sprache. Aus der Handschrift des Verfassers, gerausgegeben von *Fr. L. B. von Medem*. Anclam, Dietze, 1841. 1 vol. in-12, rel. toile, ébarb.

Finlande.

1754. Almanacka jacken autest Lâdnestejen Christusen Râgatemen mangel, 1799-1804. Stockholm, Lindh, années 1799 et 1804. — Almanakka Wuonna Jälkeen Wapaht. Christuxen Syndymän... Stockholmisa, Norstedt, années 1831-31, 1837, 1838-38, 1845, 1848, 1850-50, 1851, 1868, 1869-69, 1870. Ensemble 1 vol. in-32, rel. vél., non rogn.

Réunion d'almanachs finnois.

1755. **Bang** (Th.). Landmâlerlio i Finmarken. Kristiania, Mallings, 1873. 1 vol. in-12, rel. toile (carte).

1756. **Confessio augustana.** Confessio fidei, se on Avgsburgin Oscan Tunnustos svonexi, nijn ettâne Colmet yhteiset Christiliset Symbola ia Tunnustoxen artikelit Ruodzi nia Suomen Kielen, Hywin ia soweliast yhten sowitetut owat ;..... A *Jacobo Paulo Raumanno.* Präntätty Stockholmis, Henrich Keijsarilda, anno M. DC. LI. Petit in-4, 74 ffnc., rel. vél.

Ouvrage rare, qui contient la confession d'Augsbourg, en langue finnoise, et en suédois, suivie de deux autres pièces ayant le même objet.

1757. **Bidrag** till Finlands Naturkännedom, Etnografi och Statistik, Utgifna af Finska Vetenskapassocieteten. Helsingfors, 1857-1864. 10 tomes en 3 vol. in-8, rel. toile r., non rogn., avec pl.

1758. **Cannelin** (Gust.). Kreikan Kieli-oppi, Alotteleville. Helsingissö, 1863. In-8, rel. toile, non rogn. — **Frosterus** (G.). Coup d'œil sur les peuplades finnoises dans l'antiquité. Helsingfors, Simel, 1879. Plaq. in-8, cart. s. broch. — **Ganander** (Christfrid). Mythologia Fennica. Åbo, Frenckell, 1789. Petit in-4, rel. toile. — **Geitlin** (Joh. Gabr.). Lexicon Fennico-Latinum. Suomalais-Latinainen Sanakirja. Helsingforsiæ, Ex offic. typ. Soc. litterariæ fennicæ, 1883. 1 vol. in-8, d.-rel. v. noir. — Latinais-Suomalainen Sanakirja. Koulujen tarpeeksi. Toinen painos Helsingissä, 1884. 1 vol. in-8, d.-rel. chag. noir. Ens. 4 vol. et plaq.

1759. **Genet**. Recherches sur l'ancien peuple finois d'après les rapports de la langue finoise avec la langue grecque. Strasbourg, Bauer et Treuttel, 1778. In-12, d.-rel. bas.

1760. **Grönblad** (Edvard). Nya Källor till Finlands Medeltids-historia. Köpenhamn, Muhle, 1857. 1 vol. in-8, rel. toile, non rogn.

1761. **Hipping**. Beskrifning öfwer Perno Socken i Finland. St. Pettersburg, Iversen, 1817. 1 vol. rel. bas. rouge, tr. dor.

1762. **Holmberg** (H. J.). Förteckning och Afbildningar af Finska Fornlemningar. 1. Stenåldern. 2. Bronsåldern. Helsingfors, 1863. In-12, cart., avec 20 pl. et 1 carte.

1763. **Kalevala**, öfversatt af *K. Collan*. Helsingfors, Sederholms bogtryckeri, 1868-1869, avec un supplément. 2 parties en 1 vol. in-8, d.-rel. mar. rouge, tr. peigne.

Texte d'après la 2e édition originale.

1764. **Lajetschaikof** (Ivan). La conquête de la Finlande. Saint-Pétersbourg, 4 parties en 2 vol. in-12, rel. toile.

Texte russe.

1765. **Lindström** (Johan Adolf). Om finska folkvandringar enligt Grekiska, Romerska och andra källor. Åbo, Frenckell, 1848. 1 plaq. in-12, cart.

* [**Napiersky**]. Kurze Uebersicht der älteren Geschichte der Stadt Riga, von 1200 bis 1521. *S. l. n. d. n. typ.*

1766. **Optegnelser** fra Finmarken, samlede i Aarene 1826-1834 og udg. af *F. Rode*. Skien, Feilberg, 1842. 1 vol. in-12, rel. toile (4 cartes).

1767. **Paulinus** (Johann). Magnus principatus Finlandia, epico carmine depicta. Holmiæ, Eberdt, 1678 (*réimpression*). Till Finlands ära, Grekiskt Skaldestycke. Helsingfors, Frenckell, 1844. — Nobil. et spect. virtut. viro *Joh. Claud. Risingh*,... cum in Sveciam Novi orbis abiret, sic epistola vindi-

cebat —, Upsaliæ, 20 déc. 1653. Typ. Joh. Pauli. — Magnus Principatus Finlandiæ, epico carmine depicta... Holmiæ, J. G. Eberdt, s. d. (1678), *première édit.* Ensemble 3 plaq. petit in-4 et in-8, rel. toile et vél.

1768. **Pipping** (Fred. Wilh.). Luettelo Suomeksi präntätyistä Kirjoista,..... Förteckning öfver i tryck utgifna skrifter på Finska, äfvensom öfver några andra arbeten, innehållande någon uppsats på detta språk eller annars ledande till dess kännedom. (*Liste des livres imprimés en langue finnoise.*) Helsingfors, Finska Litter.-Sällskap. tryckeri, 1856-1857. 1 vol. in-4, d.-rel. veau, tête lim., non rogn. (couvert.), avec 1 pl. facsim.

Publication (n° 20) de la Société littéraire finlandaise.
Excellent ouvrage, donnant la bibliographie finlandaise, auquel Petzhold a donné de grands éloges.

1769. **Stockfleth** (Nils Vibe). Dagbog over mine Missionsreiser i Finmarken. Christiania, Tonsberg, 1860. 1 vol. in-8, rel. toile, couverture.

1770. **Vhael** (Bartholdus). Grammatica Fennica. Opus posthumum. Sumtibus Viduæ Vhaelianæ. Abo, J. Kiämpe, 1733. 1 vol. in-12.

1771. **Widman** (Jacob Mardell).

> Guru Suuri Suomalaisen,
> Parku poru pohjalaisen,
> Kotoansa Kulkiesa,
> Pakhon poijes pyrkieså,
> Muille maille matkustaisans,
> Muukalaiser mennesänsä,
> Wåltåmåhån Wenäläistä.
> Wuonna 1742.

et autres poésies en finnois. S. l. n. typ. 1 plaq. in-8, rel. toile.

1772. **Wulfsberg** (Chr. A.). Om Finmarken, med et farvetrykt kart. Christiania, Cappelen, 1867. 1 vol. in-8, rel. toile, non rogn., couverture.

1773. **Wennberg** (Fr.). Ordbog öfver Allmogeord i Helsingland, utgifven af Helsinglands Fornminnesällskap. Hudiksvall, Hellström, 1873. Grosse plaq. in-4, cart., non rogn. — **Lenström** (C. J.). Ordbok öfver Helsing dialecten, Supplement till Ihres Dialect. lexicon. Upsala, Leffler och Sebell, 1841. 1 plaq. in-8, rel. toile. — Försök, at wisa gemenskap mellan Finska och Grekiska Språken, såsom Tjenande til Uplysning i Finska Folkets Historie. Åbo, Joh. Christopher Frenckell, 1774. Plaq. petit in-8, rel. toile, non rogn. *Exemplaire très grand de marge.* — Abes ja Låkkam-girje. Kristianiast, Gröndahl, 1837. 48 pp. — Oversættelse af den finske abc og Læsebog. Kristiania, Gröndahl, 1837. 16 pp. Ensemble 1 plaq. in-12, d.-rel. bas. *Alphabet finnois et exercices de lecture.* — Aftryck af et från Finland ankommit bref, af d. 14 Sept. 1788, angående åtskillige Stämplingar samt hwad som händt wid Fredrikshamns Belägring. Götheborg, Norberg, 1788. Plaq. in-4,

rel. toile. — **Beckér** (Le colonel). La Finlande indépendante et neutre. Paris, Nilsson, 1880. Plaq. in-8, cart. — **Gottlund** (C. A.). Försök att förklara Caj. Corn. Taciti omdömen öfver Finnarne. Stockholm, Deleen, 1834. In-12, d.-rel. v. — **Lagus** (Guilelmus). De Fennis in Batavia peregrinatis, commentariolum. Helsingforsiæ, typis Soc. litter. Fennicarum, 1875. Plaq. gr. in-8, cart., couverture. — Lettre aux auteurs du Journal encyclopédique de Liège au sujet des Remarques sur les Finnois ou Finlandois..... Francfort et Leipzig, 1756. 1 plaq. in-12, cart. toile. Ensemble 9 plaq.

XXV

Orcades, Shetland, Orkney, Færoer.

1774. [**Balfour of Balfour** (David)]. Oppressions of the sixteenth century in the Islands of Orkney and Zetland : from Original Documents. Edinburgh, 1859. 1 vol. in-4, cart.

Publication de l'Abbotsford Club.

1775. **Barry** (The Rev. Dr.). History of the Orkney Islands. Including a view of the manners and customs of their ancient and modern inhabitants; their monuments of antiquity; their natural history, or mineral, botanical, and animal productions..... 2^d edition with corrections and additions by the rev. *James Headrick*. London, Longman, 1808. In-4, d.-rel. veau f., avec pl. et carte.

Ouvrage estimé.

1776. Chronica regum Manniæ et insularum. The Chronicle of Man and the Sudreys, edited from the m^s Codex in the British Museum and with historical notes by *P. A. Munch*. Christiania, Brögger and Christie, 1860. In-8, d.-rel. chag. tête de nègre, tête dor., non rogn., avec chiffre du comte Riant (couvertures).

1777. **Dendy** (Walther Cooper). The Wild Hebrides. London, Longman, 1859. In-12 avec fig. et pl., rel. toile (éditeur). — **Graba** (Carl Julian). Tagebuch, geführt auf einer Reise nach Färo im Jahre 1828. Hamburg, Perthes, 1830. 1 vol. in-12, cart. — **Gorrie** (Daniel). Summers and Winters in the Orckneys. London, Hodder and Stoughton, 1868. 1 vol. in-12, d.-rel. bas., avec 1 pl.

1778. **Edmondston** (Thos.). An etymological Glossary of the Shetland & Orkney Dialect; with some derivations of Names of places in Shetland. London, Asher, 1866. In-8, rel. toile.

1779. **Hermannidas** (Rutger). Britannia magna sive Angliæ, Scotiæ, Hiberniæ & adjacentium Insularum Geographico-Historica descriptio. Amstelo-

dami, sumptibus Ægidii Jansonii Valckenier, anno 1661. Petit in-12 avec carte et plans, rel. vél.

Edition imprimée en caractères elzéviriens.

1780. **Hibbert** (Samuel). A Description of the Shetland Islands, comprising an Account of their geology, scenery, antiquities, and superstitions. Edinburgh, Constable, 1822. 1 vol. in-4, avec pl., rel. toile, non rogn.

Ouvrage estimé. Exemplaire en grand papier.

1781. **Holm** (P. A.). Skildringer og Sagen fra Færöerne. Kjöbenhavn, Schauberg, 1860. 2ᵉ édit. Plaq. in-12, *avec carte*. — An historical and descriptive account of Iceland, Greenland, and the Faroe Island. Edinburgh, 1841. In-12, rel. toile.

1782. **Kerguelen Trémarec** (De). Relation d'un voyage dans la Mer du Nord, aux côtes d'Islande, du Grœnland, de Ferro, de Schettland; des Orcades & de Norwège; fait en 1767 & 1768. Amsterdam & Leipzig, chez Arkstée et Merkus, 1772. 1 vol. in-4, cart., non rogn., avec 4 planches et 12 cartes et profils.

Exemplaire en grand papier. Mouillures au haut de quelques feuillets.

1783. **Lamhauge** (Peder Samuelsen). En paadelig Efterretning om Strømmene, ujevne Grunde og Bouver, samt fiordernes Brede, omkring og imellem Færøerne, tilligemed hvad Bugter der ere gode at ankre udi, med videre, som til benævnte Materier henhører. Kjøbenhavn, Møller, 1767. 1 vol. in-12, d.-rel. bas.

1784. **Landt** (G.). A Description of the Feroe Islands, containing an account of their situation, climate and productions; *translated from the Danish*. London, Longman, &c., 1810. 1 vol. in-8, d.-rel. v. f., avec 1 carte et pl.

1785. **Low** (G.). Fauna Orcadensis, or the natural history of the quadrupeds,..... of Orkney and Shetland. Edinburgh, 1813. 1 vol. in-4, rel. veau.

1786. — A Tour through the Islands of Orkney and Schetland, containing Hints relative to their ancient, modern and natural history, collected in 1774..... with an introduction by J. Anderson. Kirkwall, W. Peace, 1879. 1 vol. in-8, rel. toile (édit).

Nombreuses gravures dans le texte et planches.

1787. **Mackenzie** (James). The general grievances and oppressions of the isles of Orkney and Shetland. Edinburgh, Neill, 1836. 1 vol. in-12, cart. — **Muhle** (Carl Adolf.). Om emancipation af Færøerne og Grønland. Kjøbenhavn, Bianco Luno, 1835. — *Carl Mogensens* Færøeske Krønike, Memoranda eller Optegnelser, af hannem Selv sandfærdig ført i Pennen — Efterlevende til Underretning, Advarsel og Belæring, Efter et noget gammelt Manuscript befordret til Tryckken ved *C. A. Muhle*. Kjøbenhavn, Jægers, 1844. Ensemble 3 vol. in-12, rel. toile, non rogn.

1788. A Narrative of the Cruise of the Yacht Maria among the Feroe Islands in the Summer of 1854. London, Longman, 1855. 1 vol. grand in-8, cart. (édit.), avec nombreuses lithographies en couleurs.

1789. **Neill** (P.). A Tour through some of the Islands of Orkney and Shetland. Edinburgh, Constable, 1806. 1 vol. in-8, d.-rel.

1790. **Ployen** (Christian). Erindringer fra en Reise til Shetland-Søerne, Orkenøerne og Skotland i Sommeren 1839. Kjøbenhavn, Reitzel, 1840. 1 vol. in-12, rel. toile, non rogn. — Pettigrew (T. J.). Om the tumulus of Maes-Howe in the Orkneys. Barclay (R^d T). Explanation of the inscriptions found in the chambers of the Maes Howe. Irving (George Vere). Ancient camps, earthworks, and fortifications in Devon. 1 plaq. in-4, avec 4 pl. *S. l. n. d.*

1791. **Sinclair** (Catherine). Shetland and the Shetlanders, or, the Northern circuit. *Second thousand.* Edinburgh, Whyte, 1840. 1 vol. in-8, cart. (avec une carte). — **Symington** (Andrew James). Pen and pencil sketches of Færöe and Iceland, with an appendix containing translations from the Icelandic, and 51 ill. engr. by *W. J. Linton.* London, Longman, 1862. 1 vol. in-12, cart. (édit.).

1792. **Torfœus** (Thormodur). Orcades, seu rerum Orcadensium Historiæ, libri tres..... Havniæ, Hög, 1697..... 1 vol. in-fol., rel. bas.

Une note de M. le comte Riant, sur le feuillet de garde, dit que ce livre est très rare. « *C'est* (dit-il) *le seul que j'aie jamais vu en vente.* » M. le comte Riant l'avait acheté en janvier 1864 à Copenhague à la vente Rattije.

1793. — Commentatio historica de rebus gestis Færeyensium seu Færöensium. Havniæ, Hög, 1695. Petit in-12, d.-rel. mar. f. — Historisk Beretning om Indbyggernes Bedrifter paa Færøerne, nu af det latinske sprog oversat ved *Peter Thorstensen.* Kiøbenhavn, Godiche, 1770. 1 vol. in-12, d.-rel. veau.

Traduction danoise de l'ouvrage « De rebus gestis Fœröensium », publié en 1695 par *Thormodur Torfesen* (Th. Torfœus, 1636-1719), historiographe du roi de Danemark Frédéric IV.

1794. **Tudor** (John R.). The Orkneys and Shetlands; their past and present state. With chapters on geology by *Benj. N. Peach* and *John Horne*, and notes on the flora of the Orkneys, by *W. J. Fortescue,* and notes on the flora of Shetland, by *P. White.* (Nomb. cartes et ill.) London, Stanford, 1883. 1 vol. in-8, cart. (édit.).

1795. Voyages aux montagnes d'Ecosse et aux îsles Hébrides, de Scilly, d'Anglesey, &c. Traduits de l'anglais par une société de gens-de-lettres, avec les notes & les éclaircissements nécessaires. Genève, Paul Barde, 1785. 2 tomes en 1 vol. in-8, d.-rel. veau rac., avec cartes et pl.

Ce recueil contient les voyages de *Guill. Borlase, Th. Pennant, Littleton, Troel, Banks, Kenneth-Macaulay, Jonhson, Dalrymple,* &c...

1796. **Winther** (Niels). Færøernes Oldtidshistorie. Kjøbenhavn, Schønberg, 1875. 1 vol. in-8, rel. toile, non rogn., couvert.

1797. **Wallace** (James). An Account of the Islands of Orkney, to which is added an Essay concerning the Thule of the Ancients. London, Jacob Tonson, 1700. 1 vol. in-8, rel. veau.

> La première édition de l'ouvrage de *Wallace*, ministre à Kirkwall, fut donnée après sa mort par son fils; elle fut rapidement épuisée et l'on donna celle de 1700 avec quelques modifications. L'une et l'autre sont maintenant d'une grande rareté.

1798. — A Description of the Isles of Orkney. Reprinted from the Original Edition of 1693, with Illustrative Notes from an interleaved copy, formerly the property of *Malcolm Laing*, edited by *John Small*. Edinburgh, W. Brown, 1883. 1 vol. in-8, rel. toile, non rogn.

> Ouvrage tiré à 260 exemplaires numérotés à la main. L'éditeur a reproduit le titre de l'édition de 1693 et ajouté de nombreuses notes.

1799. **Zeilau** (Th.). Fox-Expeditionen i Aaret 1860 over Færøerne, Island og Grønland med Oplysninger om Muligheden af et nordatlantisk Telegraf-Anlæg. (Med Lithographier og Kort.) Kjøbenhavn, Wøldike, 1861. 1 vol. in-8, rel. toile, non rogn., couvert.

1800. **Anderson** (George) & **Anderson** (Peter). Guide to the Highlands and Islands of Scotland including Orkney and Zetland ; descriptive of their scenery, statistics, antiquities, and natural history. *Third Edition*. Edinburgh, Black, 1850. 1 vol. in-12, rel. toile (éditeur), fig., 2 pl. — **Begtrup** (Joachim). Nogle Oplysninger till nærmere Kundskab om Færøerne, fornemmelig med Hensyn til Underviisningen der, fra de ældre til nuværende Tider..... Kjøbenhavn, Soldins, 1809. In-12, rel. toile. — **Chambers** (Robert). Udflugt til Island og Færøerne. Helsingör. Wagner, 1856. Plaq. in-12, rel. toile, non rogn. — **Debes** (Lucas Jacobsön). Færoæ et Færoa reserata det er : Færoernis oc Færæske Indbyggeris Beskrivelse... Kjöbenhafn, Jörgensen, 1673. In-12, d.-rel. veau rac. — Natürliche und politische Historie der Inseln Färöe... aus dem Dänischen übersetzt von *Christ. Gottl. Mengel* und *Thormodi Torfäi* Färöische Geschichte, aus d. Lateinischen übersetzt. Kopenhague u. Lpzg, Pelt, 1757. 1 vol. in-12, rel. v. — **Flodman** (Olaf). Orcades Helsingicæ redivivæ. Upsalii, Werner, 1710. Plaq. in-12, cart. — **Frederiksen** (S.). Dansken paa Færøerne. Sidestykke til Tysken i Slesvig. Kjobenhavn, Reitzel, 1845. Plaq. in-12, rel. toile. — **Grundtvig** (Svent). Meddelelse angående Faeröernes Litteratur og Sprog. Köbenhavn, Thiele, 1882. Br. in-8. — Poetical Descriptions of Orkney M.DC.LII. from a volume of Miscellaneous Ms. Poems in the Library of the Faculty of advocates. *S. l. n. d. n. typ.* — **Svabo** (Jens Christian). En kort Beskrivelse over de Færøeske Havne og Ankerpladse. Kjøbenhavn, Holm, 1785. 1 plaq. in-12, cart. — **Thurah** (L.). Færøernes Historie. Odense, Milos, 1854. 1 vol. in-8, rel. toile, on rogn. Ensemble 9 vol. et plaq.

XXVI

Islande. — Littérature islandaise.

1801. Agiætar Fornmaña Søgur, Eru aa Prick wtgeingnar, Ad Forlage..... *Biørns Marcus-Sonar.* pryckt a Hoolum i Hialltadal, af Halldore Eriks-Syne. M.DCC.LVI. Petit in-8, rel. veau (rel. danoise).
Jolie édition islandaise.

1802. Biskupa Sögur, gefnar út af hinu Islenzka Bókmentafélagi. Kaupmannahöfn, Möller, 1856-1858. 3 part. en 1 vol. in-8, d.-rel. chag. noir, tête dor., non rogn. (chiffre du comte Riant), et 1 partie br.

1803. **Bjarnason** (Thorkell). Agrip af Sögu Island. Reykjavik, 1880. In-12, rel. toile.

1804. **Block** (Maurice). Apalatridi Thjópmegunarfrædinnar Indridi Einarsson Izlenzkadi. Reykjavik, 1879. In-12, cart., non rogn. (couvert.).

1805. **Bolts** (Aslak). Aslak Bolts Jordebog. Fortegnelse over Jordegods og andre Herligheder tilhörende Erkebiskopsstolen i Nidaros affattet ved Erkebiskop Aslak Bolts Foranstaltning mellem Aarene 1432 og 1449. Efter Originalhaandskriftet... udgivet af *P. A. Munch*. Christiania, Gröndahl, 1852. In-8, d.-rel. chag. noir, non rogn. (couvert.).

1806. Bornholms Saga, ved *P. R. Skovgaard.* Aalborg, Lundt, 1834. In-12, cart., non rogn.

1807. **Ettmüller** (Ludwig). Altnordischer Sagenschatz in neun Büchern. Übersetzt und erläutert. Leipzig, Fleischer, 1870. In-8, br.

1808. Fjórar Riddarasögur, utgefnar af *H. Erlendssyni og E. Thorwarsyni.* Reykjavík, Thorwarsyni, 1852. 1 vol. in-12, rel. toile, non rogn.

1809. Fjögur gömul kvædi útg. af *S. Egilssyni.* Videyar Klaustri, 1844. In-12, rel. toile.

1810. Formanna Sögur, eptir gömlum handritum útgefnar ad tilhlutun hins konungl. Norræna Fornfræda Félags. Kaupmannahöfn, Popp, *puis* Möller, 1825-1837. 12 vol. in-8, d.-rel. chag. noir, coins, tête dor., non rogn.
Très importante collection contenant des textes de premier ordre pour l'histoire islandaise.

1811. Fornaldar Sögur Nordrlanda eptir Gömlum Handritum utgefnar af *C. C. Rafn.* Kaupmannahöfn, Popp, 1829-1830. 3 vol. in-8, d.-rel. chag. noir, coins, tête dor., non rogn.

1812. Fornaldarsögur Nordrlanda. *Valdimar Asmundarson* hefir búið undir prentun. Reykjavik, Sigm. Gudmundsson, 1885. 2 vol. in-12, br.

1813. **Fouqué.** Tvær Smásögur : Undina, Thöglar ástír. Kaupmannahöfn, Möller, 1861. Plaq. in-12, rel. sur broch. toile, non rogn. — Gandreiðin, sorgarleikr í mörgum tháttum. Kaupmannahöfn, Klein, 1866. Plaq. in-12, rel. toile, non rogn.

1814. **Gröndal.** Drápa, um Örvar-odd Sett í tolf kvædi *Benedikt Gröndal* Utgefendur : Jón Arnason, Egill Jónsson, Einar þórdarson, Benedikt Gröndal. Reykjavik, 1851. In-12, rel. toile, non rogn.

1815. **Grundtvig** (Nik. Fred. Sev.). Beowulfes Beorh eller Bjovulfs-Drapen, det Old-Angelske Heltedigt paa Grund-Sproget. Kiöbenhavn, Schönberg, 1861. — Hardyknute : a Fragment, being the first Canto of an Epik Poem ; with Remarks and Notes. London, Dodsley, 1740. Plaq. in-4, d.-rel. bas.

1816. **Gudbrandssyni** (Thorláki) **& Bödvarsyni** (Arna). Rímur af Ulfari Sterka, Kvednar. Videgar Klaustri, Helga Helgasyn, 1834. In-12, rel. toile, non rogn.

1817. **Hallgrimsson.** Ljódmæli eptir Jónas Hallgrimsson. B. Pjetursson og K. Gislason hafa sjed um prentunina. Copenhague, Kvisti, 1847. 1 vol. in-12, br.

Poésies islandaises.

1818. Heilagra Manna Sögur. Fortællinger og Legender om Hellige Mænd og Kvinder. Efter gamle Handskrifter udgivne af *C. R. Unger.* Christiania, Bentzen, 1877. 2 vol. in-8, d.-rel. chag. noir, coins, tête dor., non rogn.

1819. **Herbert** (William). Select Icelandic Poetry translated from the originals with notes. London, Reynolds, 1804-1806. 2 part. — Translations from the German, Danish, etc., to which is added Miscellaneous poetry. London, Longman, 1804-1806. Ensemble 2 vol. in-12, d.-rel. veau v., coins, tr. p.

1820. **Hoff** (B.) **& Hoffory** (J.). Om landnâm og trosskifte til Skolebrug. Köbenhavn, Steen, 1877. Plaq. in-12, br.

1821. **Homère** (en islandais). Ilions-Kviða Homers. *Sveinbjörn Egilsson.* Reykjavík, Thordarson, 1855. 2 vol. in-12, d.-rel. bas.

1822. Odysseus-Kvædi, I-XII. Kviða, gefið ut af hinu Islenska Bókmentafélagi. *Sveinbjörn Egilsson.* Kaupmannahöfn, Möller, 1853. 1 vol. in-8, d.-rel. chag. noir, coins, tête dor., non rogn.

1823. **Horn** (Fr. Winkel). Billeder af Livet paa Island. Islandske Sagaer. Paa Dansk. Kjöbenhavn, Reitzel, 1871. 3 tomes en 1 vol. in-12, d.-rel. chag. vert, ébarbé, au chiffre du comte Riant.

1824. **Finssyni** (Dr H.). Kvöldvökurnar, 1794. — Samanteknar af Dr Hannesi Finnssyni. Reykjavik, Helgasyni, 1848. 2 tomes en 1 vol. in-12, rel toile, non rogn.

Recueil de légendes islandaises.

1825. Maurer (K.). Islandische Volkssagen der Gegenwart vorwiegend nach mündlicher Ueberlieferung gesammelt und verdeutscht. Leipzig, Hinrichs, 1860. 1 vol. in-8, rel. toile.

1826. Islenzkar þjóðsögur og Æfintyri safnad hefir *Jón Arnason*. Avec une préface de *Gudbrandr Vigfússon*. Leipzig, Hinrich, 1862. 2 tomes en 1 gros vol. in-8, d.-rel. chag. noir, coins, tête dor., non rogn. (couvertures).

Important recueil de légendes et de contes islandais.

1827. Islandske Folkesagn efter *Arnason*, *Maurer* og *Fleere* i Oversettelse og Samendrag ved *C. A. Krohg*. Christiania, Cappelen, 1863. In-12, cart., non rogn. (couvert.).

1828. Arnason (Jón). Icelandic Legend collected by —, translated by *George E. J. Powell* and *Eirikur Magnússon*. London, R. Bentley, 1864. 1 vol. in-8, rel. toile bleue (éditeur), avec 28 fig. et pl.

1829. Icelandic Legends (collected by *Jón. Arnason*), translated by *G. E. Powell* and *E. Magnusson*. Second series. Londres, Longman & Green, 1866. 1 vol. petit in-8, cart. (édit.).

1830. Islendzk Æventyri. Isländische Legenden, Novellen und Märchen herausgegeben von *Hugo Gering*. Halle a/S., Buchh. d. Waisenhaus, 1882-1884. 2 tomes rel. en 1 vol. in-8, d.-rel. chag. noir avec coins, tête dor., non rogn., avec 2 lettres d'envoi autogr. à M. le comte Riant.

1831. Islenzkar Fornsögur, gefnar af hinn Islenzka Bókmentafélagi. Kaupmannahöfn, Möller, 1880-81. 2 vol. in-12, br.

1. Glúm a og Ljósvetninga saga.
2. Reykdæla og Valla-Ljóts saga.

1832. Islenzk Sagnablöd útgefin ad tilhlutan hins Islenzka Bókmentafélags. *Annad Upplag*. Kaupmannahöfn, Popp, 1826. 10 parties en 1 vol. in-4, d.-rel. bas.

1833. Petersen (U. M.). Historische Fortællinger om Islændernes Færd hjemme og ude, udgivne af det Kongel. Nord. Oldskrift-Selskab i Bearbeidelse efter de Islandske Grundskrifter. Kjöbenhavn, Möller, 1839. 3 tomes en 1 vol. in-8, d.-rel. chag. noir, coins, tête dor., non rogn.

1834. Peterson. Fimmtiu Passiu-Sálmar, kvednir af *Hallgrimi Pétursssyni*, Sóknarpresti til Saurbæjar à Hvalfjardar Strønd fra 1651 til 1674. 29ᵉ édition. Reykjavik, Pórdarsyni, 1858. Petit in-12, rel. toile, non rogn.

1835. Petersen (N. M.). Historiske Fortællinger om Islændernes Færd hjemme og ude. Efter de Islandske Grundskrifter. 2ᵉ *édition*. Köbenhavn, Wöldike, 1862-1867. 4 vol. ou fasc. in-12, br.

1836. Rask (Erasmus Chr.). Synishorn af fornum og nyjum norrænum ritum í sundrlausri og samfastri rædu. Id est specimina literaturæ Islandicæ

veteris & hodiernæ prosaicæ & poeticæ. Holmiæ, Joh. Innelius, 1819. — Samlede tildels forhen utrykte Afhandlingar af R. K. Rask, udgivne efter Forfatterens død af *H. K. Rask.* Kjøbenhavn, Popp, 1834-1838.

1837. Riddarasögur, Parcevals Saga, Valvers þáttr, Ivents Saga, Mírmans Saga. Zu ersten Mal hrsgg. und mit einer literarhistorischen Einleitung versehen, von Dr *Eugen Kölbing.* Strassburg, Trübner, 1872. 1 vol. in-8, d.-rel. chag. noir, coins, tête dor., non rogn., couvert.

1838. Rímur af Hákoni Hárekssyni Norska. Kvednar af *Jóhannesi Jónssyni,* Bóndassyni á Sydra Skørdugili. Videyar Klaustri, 1836. — Rimur af þorsteini Uxafœti. Orktar af *Arna Böðvarssyni,* 1755. 2e *édition.* Kaupmannahöfn, Sveinsson, 1858. — Rimur af Gísla Súrssyni, orktar af *Sigurdi Breidfjørd.* Utgefari *J. B. Breidfjørd.* Kaupmannahöfn, Møller, 1857. Ensemble 3 plaq. in-12, cart. et rel. toile, non rogn.

1839. **Schoppe** (Amalia). Der Sang-König Hiarne. Heidelberg, Engelmann, 1828. 1 vol. in-12 cart., non rogn., avec 12 grav. sur cuivre.

1840. Sigurds-Ristningarna á Ramsund-Berget och Göks-Stenen. Tvänne Fornswenska Minnesmärken om Sigurd Fafnesbane. Beskrifna af *Carl Säve. S. l.* (Stockholm), 1868. Plaq. petit in-8, cart., avec 2 pl.

1841. **Sivertsen** (Ögmund). Haraldr oc Asa Fornkvædi framborit í Islandi 1sta dag Nov. 1828. Kiöbenhavn, Popp, 1828. Plaq. in-4, rel. toile.

Texte islandais et danois. Exemplaire roux.

1842. Sjurðaer kvædi. Die färöischen Lieder von Sigurd. Zum erstenmal mit Einleitungen, Anmerkungen und ausführlichem Glossar hrsgg. v. *Max Vogler.* Paderborn, Schœningh, 1877. In-8, rel. toile, couvertures, non rogn.

1843. **Stephenson**. Eptirmæli Atjándu Aldar eptir Krists hingadburd frá Ey-Konunni Islandi. I thessarar nasni framvørpud af *Magnúsi Stephensen.* Leirárgørdum vid Leviá. Schagfjord, 1805. 1 vol. in-32, rel. toile. — **Stephenson** (Magnus). Athugaverdt vid Sætta-Stiptanir og Forlíkunar-Málesni á Islandi. Handqver Embœttismanna, Sættanefnda, Málsparta, etc. Skrif. og. utg. af Magnusi *Stephensen.* Videyar Klaustri, Schagfjörd, 1819. 1 vol. in-12, rel. toile.

1844. Skuggsjá og Ráðgáta eða Hugmynd um Gud og verk hans, dregin af tilsvörun hins einstaka til hins Gjörvalla. Heimspekilegt Kvædi eptir *Brynólf Jónsson* frá Minnanúpi. Reykjavik, Þórðarson, 1875. In-12, rel. toile, non rogn.

1845. Stjórnaróður. Sex flokkarkveðinn 1853, af *Gisla Konrádssyni.* Kostnadarmadur: *Grimur Laxdal.* Akureyri, Helga Helgasyni, 1858. Plaq. in-12, rel. toile, non rogn. — Um Styrilsi Kununga ok Höfþinga. Normaliserad Upplaga, utgiven af Dr *Robert Geete.* Stockholm, Norstedt, 1878. —

G. E. Klemming : Ett fragment af Konunga Styrelsen. Stockholm, Norstedt, 1867. Ensemble 2 vol. et 1 plaq. in-8, cart., avec pl. (fac-sim.).

1846. Svava. Ymisleg Kvædi, eptir *Benedikt Gröndal, Gísla Brynjúlfsson, Steingrím Thorsteinson*. Kaupmannahöfn, Klein, 1860. In-12, rel. toile, non rogn.

1847. **Thorlacksson** (Jon). Nockur || Lioodmæle, || Sem that (pad) Heidurlega og Velgacfada || Sakld || Jon þorlacksson || kveded hefur ; || Og nú i eitt eru samannteken, til Brú || kunar og Fródleiks, þeim || slikt gyrnast. || Utgefen epter Hanns eigen Hand-||ar-Rite.||..... Prentud ad Hrappsey, í því || konungl. privilegerada Bókprykkerie, || Af Gudmunde Jons Syne, || 1783. || *Recueil de poésies en islandais*. 1 vol. in-12, 168 pp., d.-rel. veau.

Exemplaire en bon état d'une des plus anciennes impressions faites en Islande, dans la petite île de Hrapsey, où l'imprimerie ne fut introduite qu'en 1773.

1848. **Thorsteinsson** (Steingrin). Ljóðmæli. Reykjavík. Þorgrímssonar, 1881. 1 vol. in-32, cart. (édit.).

1849. Three Northern love Stories and other Tales, translated from the Icelandic by Eirikr *Magnusson* and W. *Morris*. London, Ellis & White, 1875. 1 vol. in-12, cart.

1850. Þorkelsson (Jón). Sex Sögu-þættir. Reykjavik, prentsmidju Islands, 1855. In-12, rel. toile.

1851. Þrjar Ritgjördir. 1. Um hina Islendsku Kaupverslun, 2. Um alþing, 3. Um Hugvekju hra. Johnsens. Kaupmannahöfn, Kvisti, 1841. In-12, rel. toile. — Øgmundar-Géta eda Ø. Sivertsens andligu Sálmar og Kvædi. Kaupmmanahöfn, Popp, 1832. In-12, rel. toile, ébarbé.

1852. Lítil Varníngsbok, handa Bændum og Búmönnum á Islandi, Samin eptir ymsun skýrslum, af *Jóni Sigurdssyni*. Kaupmannahöfn, Thiele, 1861. Plaq. in-8, rel. toile. — Sagan af Villifer Frækna. Utgefandi : *Einar Þórdarson*. Reykjavik, 1885. In-12, br. — Sagan um Pá tiu Rádgjafa og Son Azád Bachts Konungs. Videyar Klaustri, Helga Helgasyni, 1835. In-12, rel. toile. — **Breidfjörd** (Sigurd). Rímur af Indrida Ilbreda, Kveðnar Akureyri, Helga Helgassyn, 1856. — Rimur af Tristrani og Indiönn. Kaupmannahöfn, Möller, 1831. 2 plaq. in-12, rel. toile, non rogn. — **Jónssyn** (Arnór). Forsetaheimt. Kaupmannahöfn, Popp, 1821. Plaq. in-12, rel. toile. — **Sveinssyn** (P.). Nockur Gaman-Kvædi orkt af ymsum Skáldum á 18 du öld. Kaupmannahöfn, Möller, 1832. Petit in-12, rel. toile. — **Gröndal** (B.). Kvædi og Nokkrar Greinir um Skáldskap og Fagrar Menntir. Kaupmannahöfn, Möller, 1853. Plaq. petit in-12, rel. toile, non rogn. — **Andersen** (Carl). Ingólfs og Sjorleifs Saga, Et episk Digt i to Affnit. Copenhague, Gads, 1860. 1 vol. in-12, rel. toile (couverture), non rogn. — Langbarda Sögur Gota ok Húna eptir Jón Syslumann Espólín. Akureyri, Helgasyni, 1859. In-12, rel. toile, non rogn. — Sagan af Heljarslóðarorrustu.

Ritud af *Benedict Gröndal.* Kaupmannahöfn, Möller, 1861. In-12, rel. toile. — Det Arnamagnæanske Haandskrift n^r 674 A, 4to indeholdende det ældste Brudstykke af Elucidarius paa Islandsk *udgivet i fotolitografiske Aftryk.......* Kjöbenhavn, Gyldendal. Petit in-8, rel. vél. — Saga om Konung God, och Prins älskad. *S. l. n. typ.*, 1804. Petit in-8, 8 pp., rel. toile, non rogn. *Contient : Konungs Gods; Candidas; et Prins älskad.* — Snö Sigvaldsson och Gautha den Fagra. Berättelse från Harald Hildetands Tidehvarf, af *E. Fr. von Saltza.* Stockholm, Bonniers, 1834. In-12, rel. toile, non rogn. — Sjurðar Kvæði, samlede og besörgede ved *V. U. Hammershaimb.* Kjøbenhavn, Berling, 1851. In-12, rel. toile, non rogn. — **Uppström** (André). Fragmenta selecta ad finem Codicum Ambrosianum Carolini Vaticani. Upsaliæ, Leffler, 1861. Plaq. in-8, rel. toile. — **Dönner.** Rimur af *Franz Dönner* er var þjóðverskur Oberstí. Orktar af Skáldinu *Niels Jonssyni.* Videyar Klaustri, Helgason, 1836. Petit vol. in-12, rel. toile. — **Irving** (Wash.). Pílagrímur Astarinnar eða Sagan af Ahmed al Kamel. Kaupmannahöfn, Cohen, 1860. Plaq. in-12, rel. toile. — Sagan om Aladdin och Underlampen öfversatt af Fridolf Iveson. Alingsås, Michelsen, 1878. Plaq. in-12, rel. toile sur couvert. — **Richard** (O.-J.). Le Roman de l'Islande. Poëme. Niort, Clouzot, 1883. 1 vol. in-8, rel, toile, non rogn. — **Asmundsson** (Einar). Um framfarir Islands, ritgjörd. Sæmd verðlaunum og Gefin út hafinu Islenzka Bóktemtafèlagi. Kaupmannahöfn, Bianca Luno & Muhle, 1871. Broch. in-8. — Sakúntala eða týndi hringurinn, fornindversk Saga í Islenzkri þydingu eptir *Steingr. Thorsteinsson.* Reykjavik, Isafoldar-prentsmidju, 1879. In-12, cart., couvert. — En Vikingasaga. Stockholm, Wallden, 1855. In-8, cart., couvert., non rogn. Ensemble 22 vol.

1853. COLLECTION DE SAGAS, DE POÉSIES ET D'ANCIENS TEXTES : Nordiske Fortids Sagaer, efter den udgivne Islandske eller gamle nordiske Grundskrift, oversatte af *C. C. Rafn.* Kjøbenhavn, Popp, 1829-1830. 3 vol. in-8,d.-rel. chag. noir, coins, tête dor., non rogn. *Ex. lavé.* — Fornsögur Suðrlanda. Magus Saga Jarls, Konrads Saga, Bærings Saga, Flovents Saga, Bevers Saga, med indledning utgifna af *Gustaf Cederschiöld.* Lund, Berling, 1884. 1 vol. in-4, d.-rel. chag. noir, coins, tête dor., non rogn. — Fornsögur Vatnsdælasaga, Hallfred-Saga. Flóammannasaga hrsgg. von *Gudbrandr Vigfússon* und *Theodor Möbius.* Leipzig, Hinrich, 1860. 1 vol. in-12, d.-rel. chag. noir, coins, tête dor., non rogn. — Bidrag til en Oldnordiske geographisk Ordbog..... udgivne af det Kongel. Nordiske Oldskrift-Selskab. Kjøbenhavn, Seidelin, 1837. 1 vol. in-8, d.-rel. chag. noir, coins, tête dorée, non rogn. *Ex. lavé. Dictionnaire rédigé au point de vue de l'étude des Sagas, précédé d'une liste des anciens rois du Nord et du Danemark, et d'un aperçu chronologique.* — **Bjarnason** (P.). Leifar fornra Kristinna fræda Islenzkra : Codex Arna-Magnæanus 677 4to. Copenhague, Hagerup, 1878. 1 vol. in-8, cart. (Cinq planches de fac-similés). — **Björner** (Eric Julius). Nordiska Kämpadater, i en Sagoflock samlade om forna Kongar och Hjältar... Volumen historicum,

continens Variorum in orbe Hyperboreo antiquo Regum, Heroum, et pugilum, res præclare & mirabiliter gestas. Accedit, præter Conspectum genealogicum Svethicorum regum et reginarum..... Stockholmiæ, Joh. L. Horrn, 1737. 1 vol. in-fol., rel. chag. r., fil., dent. int., tr. dor. (Dupré). *Recueil de 15 sagas ayant chacune une pagination spéciale, et donnant à côté du texte islandais la traduction en suédois et en latin.* Ensemble 6 vol.

1854. **Müller** (Peter Erasmus). Sagabibliothek med Anmærkninger og indledende Afhandlinger. Kjøbenhavn, Schultz, 1817-1820. 3 vol. in-12, d.-rel. veau. *Excellent recueil, indispensable à qui veut étudier la littérature poétique et historique des pays scandinaves.* — Sagenbibliothek des Skandinavischen Alterthums in Auszügen, mit litterarischen Nachweisungen... aus der Dänischen Handschrift übersetzt von Dr *Karl Lachmann.* Berlin, Realbuchhandlung, 1816. In-12, rel. toile. *Traduction allemande estimée de la première partie de la* Sagabibliothek *de P. E. Müller.* — Nockrer Marg-Frooder Søgupaetter Islendinga : Til leifelegrar Skemtunar, og Dœgra-Stittingar, þessa Lands Innbyggiurum aa Prent settir, ad Forlage Hr. Vice-Løgmaññsins Biørns Marcussonar. Seliast Jnbundner 24 Fiskum. þryckter a Hoolum i Hialltadal af Halldore Eriks Syne Anno MDCC LVI. 1 vol. petit in-4, 2 ffnc., 188 pp., rel. veau, fil. *Légère piqûre de vers sur la reliure. Première collection de Sagas islandaises au nombre de neuf.*

1855. Nordiske Oldskrifter udgivne af det Nordiske Literatur Samfund. *Contenant* : 1. Sagan af Hrafnkeli Freysgoda, udg. af *Gislason Westergaard*, 1847 ; — 2. Sagan af Helga ok Grimi Droplaugarsonum, udg. af *Gislason*, 1847 ; — 3. Hervararsaga ok Heðrekskonungs, udg. af Petersen og Thorarensen, 1847 ; — 4. Sagan af Birni Hitdœlakappa. bes. af *Fridriksson*, 1847 ; — 5. Vápnfirðinga saga, besorg. af *Thordarson*, 1848 ; — 6. Sagan af Þórdihredu, bes. af *Fridriksson*, 1848 ; — 7. Lucidarius, udg. af *Brandt*, 1849 ; — 8. Sögur af Gisla Súrssyni, udg. af *Gislason* og *Egilsson*, 1849 ; — 9. Kong Valdemar den 2^s Jyske Lov, udg. af *Petersen*, 1850 ; — 10. Bandamanna Saga, udg. af *Fridriksson*, 1850 ; — 11. Eriks Sællandske Lov, udg. af *Thorsen*, 1852 ; — 12. Grettis Saga, udg. af *Magnusson* og *Thordarson*, 1859, les 2 parties ; — 13. Skånske Lov, udg. af *Thorsen*, 1853. Copenhague, 1847-1859. Ensemble 4 vol. in-12, rel. chag. viol. aux chiffre run. et armes du comte Riant, tr. dor. (Gruel). — Nordiskt Sago-Bibliothek, eller Mythiska och Romantiska Forntids Sagor, utgifne af *C. G. Kröningssvärd.* Fahlun, Roselli, 1834. — 5 parties en 1 vol. in-8, rel. toile, non rogn. — Norske Oldskriftselskabs Samlinger. Christiania, Brogger et Christie, 1862-1873. Ensemble 3 vol. in-8, d.-rel. chag. noir, coins, tête dor., non rogn. *Contient* : Gammel Norsk Homiliebog, udgiven af *C. R. Unger*; — Oldnorsk Formlære for Begyndere, ved *J. Aars*; — Saga af Hálfi ok Hálfsrekkum, etc. Heimskringla eller Norges Kongesagaer af *Snorre Sturlassøn*, udgivne ved *C. R. Unger*; — Konunga Sögur. Sagaer om Sverre

og *Hans Efterfølgere*, udgivne af *C. R. Unger*. — Mariu Saga. Legender om Jomfru Maria og Hendes Jertegn, efter gamle skrifter, udgivne af *K. R. Unger*. — Sagan af Birni Hítdælakappa, útgefin (á Kostnad Fornritafjelags Nordurlanda i Kaupmannahöfn) af *Halldóri Fridrikssyni*. Kaupmannahöfn, Berling, 1847. — Vápnfirdinga saga, þáttr af þorsteini hvita, þáttr af þorsteini Stangarhögg, Brandkrossa þattr, utgefin... af *G. þórdarsyni*. Kaupmannahöfn, Berling, 1848. Ensemble 1 vol. in-12, rel. toile, non rogn.

1856. Samfund til udgivelse af gammel nordisk litteratur. (Société pour la publication de l'ancienne littérature du Nord). Kjöbenhavn, Thiele, 1880-1887. Ensemble 3 vol. in-8, d.-rel. chag. noir, coins, tête dorée, non rogn., et 7 fasc. in-8, br. *Tout ce qui a paru jusqu'à fin 1887. Contient* : 1. PEDER SMED, Dansk rim, udg. af *Svend Grundtvig*; — 2. AGRIP af Noregskonunga sögum, udg. af *V. Dahlerup*; — 3. EREX SAGA, udg. af *G. Cederschiöld*; — 4. RIDDARA RIMUR, udg. af *Th. Wisen*; — 5. MANDEVILLE REJSE, udg. af *M. Lorenzen*; — 6. GYDINGA SAGA, udg. af *G. þorláksson*; — 7. JÓMSVÍKINGA SAGA, udg. af *Carl af Petersens*; — 8. UDSIGT OVER DE NORSK-ISLANDSKE SKJALDE, ved *G. þorláksson*; — 9. ÄLDSTA DELEN af Cod. 1812, udg. af *L. Larsson*; — 10. KRÓKA-REFS SAGA, udg. af *P. Pálsson*; — 11. FLJÓTSDÆLA SAGA, udg. af *K. Kålund*; — 12. DEN TREDJE OG FJERDE GRAMMATISKE AFHANDLING i Snorres Edda, udg. af Björn Magnússon Olsen; — 13. Småstykker; — 15. Færøsk anthologi, ved *U. Hammershaimb*; — 16. ISLANDS GRAMMATISKE LITTERATUR i middelalderen, udg. af *Dahlerup* og *F. Jónsson*; — 17. EGILS SAGA Skallagrímssonar, udg. af *F. Jónsson*; — 18. GESTA DANORUM pa Danske, ved *Lorenzen*. — Postola Sögur. Legendariske Fortællinger om apostlernes liv deres kamp for kristendommens udbredelse samt deres martyrdød. Efter gamle haandskrifter udgivne af *C. R. Unger*. Christiania, Bentzen, 1874. 1 vol. in-8, d.-rel. chag. noir, coins, tête dor., non rogn., couverture, avec 1 portr. en photographie de M. Unger. *Les Postola Sögur (sagas des Apôtres) tirent leur origine de recueils anologues du moyen âge, tels que le Speculum de Vincent de Beauvais, l'Historia scholastica de Pierre Comestor, et des apocryphes*. — Safn til Sögu Islands og Islenzkra bókmenta ad fornu og nyju, gefid út af hinu íslenzka bókmentafèlagi. Kaupmannahöfn, Möller, 1853-1861. 2 vol. in-8 : T. I, relié toile, non rogn.; T. II, en fasc. — Saga hinna tiu radgjafa og Bachtjars Konungssonar. Ny útgáfa. *Steingrimur Thorsteinsson*, Kaupmannahöfn, Klein, 1876. In-12, cartonné.

Littérature ancienne : Sagas.

1857. Alexanders Saga, Norsk bearbeidelse fra trettende aarhundrede af Philip Gautiers latinske digt Alexandreis med en ordsamling udgiven af *C. R. Unger*. Christiania, Feilberg, 1848. 1 vol. in-12, d.-rel. mar. n., coins, tête dorée, non rogn.

1858. Annalar Biørns á Skardsá sive Annales Biörnonis de Skardsa, ex mss., cum interpretatione latina, variantibus lectionibus, notis et indice. Hrappseyæ in Islandia, imprimente E. Hoff, 1774. 2 parties en 1 vol. petit in-4, d.-rel. veau rac. (328 et 311 pp.).

1859. Islenzkir Annálar sive Annales Islandici ab anno Christi 803 ad annum 1430. Ex legati arnæ-magnæani et magnæ bibliothecæ regiæ Hafniensis melioris notæ codicibus membranaceis et chartaceis, cum interpretatione latina, variis lectionibus, prolegomenis nec non indice personarum locorum et rerum. Hafniæ, Schultz, 1847. 1 vol. in-4, d.-rel. bas.

1860. Islands Arbœkur i Sögu-formi, af *Jóni Espolin*. Kaupmannahöfn, Rangel, 1821. 10 parties en 2 vol. petit in-4, d.-rel. v. — **Espólin** (Jóni). Islands Arbœkur i Sögu-formi. Kaupmannahöfn, Möller, 1843-1855. X^e, XIe et XIIe parties. Ensemble 3 plaq. in-4, cart.

1861. Barlaams ok Josaphats Saga. En religiös romantisk Fortælling om Barlaam og Josaphat, oprindelig forfattet paa græsk i det 8de Aarhundrede, senere oversat paa latin, og herfra igjen i fri bearbeidelse ved aar 1200 overfört paa Norsk af Kong *Haakon Sverressön*. Udgivet af *R. Keyser* og *C. R. Unger*. Christiania, Feilberg og Landmarks, 1851. 1 vol. in-8, d.-rel. chag. noir, coins, tête dor., non rogn., avec 1 pl. fac-sim.

1862. Blómstrvallasaga, *Theodorus Möbius* edidit. Lipsiæ, Breitkopfius et Hærtelius, 1855. In-8, d.-rel. chag. noir, tête dor., non rogn. (couv.).

1863. **Cederschiöld** (G.). Clarús Saga. Clari Fabella islandice et latine. Lundæ, Gleerup, 1879. — *Geisli* eða Oláfs Drápa ens Helga er einarr orti Skúlason epter « Bergoboken ». Utgifven af G. Cederschiöld. Lund, Berling, 1874. 2 plaq. in-4, rel. toile et carton.

1864. Edda Sæmundar hinns Fróda. Edda rhytmica seu antiquior, vulgo Sæmundina dicta. Hafniæ, sumtibus Legati Magnæani et Gyldendalii, 1787-1828. 3 vol. in-4, rel. chag. violet, tête dor., non rogn. (chiffre et armes du comte Riant).

> Cette importante édition contient :
> T. I. Odae mythologicæ, a *Resenio* non editæ ;
> T. II. Odæ mythico-historicæ ;
> T. III. Poeseos vetustissimæ Scandinavorum trifolium.

1865. Die Edda. Eine Sammlung altnordischer Götter- und Heldenlieder. Urschrift mit erklärenden Anmerkungen, Glossar und Einleitung, altnordischer Mythologie und Grammatik, hrsgg. v. *Hermann Lüning*. Zürich, Meyer, u. Zel'er, 1859. In-8, d.-rel. chag.

1866. Edda Sæmundar Hins Froda. Mit einem Anhang zum Theil ungedruckter Gedichte. Hrsgg. von *Theodor Möbius*. Leipzig, Hinrich, 1860. In-12, d.-rel. chag. noir, coins, tête dor., non rogn. (couvert.).

1867. **Bergmann** (Frédr. Guill.). Poëmes islandais (Voluspa, Vafthrudnis-

mal, Lokasenna) tirés de l'Edda de Sæmund, publiés avec une traduction, des notes et un glossaire. Paris, Impr. Royale, 1838. 1 vol. in-8, rel. toile, non rogn.

1868. **Frye** (W. E.). Trois chants de l'Edda : Vaftrudnismal, Thrymsqvida, Skirnisfor, traduits en vers français, accompagnés de notes explicatives des mythes et allégories. Paris, Heideloff, 1844. 1 vol. in-8, rel. toile, non rogn., couverture.

1869. **Rupp** (Theophil). Eddische Studien. Wien, Gerold, 1869. 1 plaq. in-8, rel. toile, non rogn. — Vorlaufender Bericht und zugleich die Vorrede von der alten und raren Isländischen Edda so über 700 Jahr und drüber in Norden bisher unerklärbar versteckt gelegen. Stettin, Struckischen Buchdruck..., 1776. Plaq. petit in-4, cart.

1870. Edda.Islan-|| dorum || An. Chr. M.CC.XV || Islandice.conscripta || per || Snorronem.Sturlæ || Islandiæ.Nomophylacem || nunc.primum || Islandice.Danice.et. Latine || ex.antiqvis.codicibus.M.SS || Bibliothecæ.Regis. et.aliorum || in.lucem.prodit || opera.et.studio || Petri.Johannis.Re.|| senii. I.V.D || juris.ac.ethices.professoris..... Havniæ || typis.Henrici.Gödiani.... || M.DC.LX.V. 192 ffnc. — Philosophia antiqvissima || Norvego-Danica dicta || Woluspa || qvæ est pars || Eddæ Sæmundi, || Eddå Snorronis... Havniæ, typis Henrici Gödiani, 1665. 18 ffnc. — Ethica Odini || pars Eddæ Sæmundi || vocata || Haavamaal, || unà cum || ejusdem appendice || appellato || Runa Capitule... Havniæ, Imprimebat Henricus Gödeanus..., 1665. 16 ffnc. Ensemble 1 vol. petit in-4, rel. mar. brun, fil. et dent. intér., tr. dorée (Chambolle-Duru).

Rarissime et précieuse édition de cet important ouvrage. Les deux dernières pièces manquent à presque tous les exemplaires.

1871. Edda Islandorum An. Chr. 1215 Islandicè conscripta per Snorronem Sturlæ Islandiæ nomophylacem nunc primum Islandice, Danice et Latine ex antiq. Codd. mss. prodit, opera et studio, *Petri Johannis Resenii*. Havniæ, typ. Gödiani, 1665. Petit in-4, rel. toile.

1872. Snorra-Edda ásamt Skáldu tharmed fylgjandi ritgjördum. Eptir gömlum Skinbókum útgefin af *R. Kr. Rask*. Stockholm, Elmen, 1818. 1 vol. petit in-8, rel. toile, non rogn.

1873. Edda Snorra Sturlusonar. Hafniæ, Qvist, 1848-1880. Tomes 1, 2 et 3, première partie. 3 vol. in-8, rel. toile et br.

Texte islandais avec traduction latine.

1874. The prose of younger Edda commonly ascribed to Snorri Sturluson translated from the Old Norse by *George Webbe Dasent*. Stockholm, Norstedt, 1842. Petit in-8, rel. toile. — **Storm** (Gustav). Snorre Sturlassöns Historiskrivning, En Kritisk Undersögelse. Kjøbenhavn, Bianco Luno, 1873. In-8, rel. toile, non rogn., couvertures. — De Yfverborna Atlingars, eller Sviogö-

tars ok Nordmänners, Edda.... Hyperboreorum Atlantiorum, seu Suiogothorum et Nordmannorum Edda... in lucem prodit opera et studio *Joh. Göransson.* Upsala, Henr. Hecht, s. d. (1746). In-4, rel. toile.

1875. Les Eddas, traduites de l'ancien idiome scandinave par Mlle *R. du Puget.* Paris, Jonaust, s. d. 1 vol. in-8, cart., non rogn. — Edda Czyli Księgareligiidawnych Skandynawii mięszkańców. Wilna, Zawadzki, 1807. Plaq. in-12, rel. toile, non rogn. — Frye (W.-E.). Trois chants de l'Edda : Vaftrudnismal, Thrymsqvida, Skirnisfor, traduits en vers français, accompagnés de notes explicatives des mythes et allégories, et suivis d'autres poèmes. Paris, Gros, 1844. Plaq. petit in-8, rel. toile. — Ihre (Johan). Bref till Herr... Sven Lagerbring, rörande then Isländska Edda och egenteligen then handskrift theraf, som på Kongl. Biblioth. i Upsala förvaras. Upsala, Edman, 1772. Plaq. in-12, rel. toile.

1876. **Kinberg** (J. G. H.). Eddas Naturhistoria. Stockholm, Kongl. Bogtrykk., 1880. In-8, rel. toile, non rogn. (couverture).

Étude sur les animaux mentionnés dans les Eddas.

1877. **Laveleye** (Emile de). La Saga des Nibelungen dans les Eddas et dans le Nord scandinave. Traduction précédée d'une étude sur la formation des épopées nationales. Paris, Lacroix, 1866. 1 vol. in-12, rel. toile, non rogn. (couverture). — **Morris**. The Story of Sigurd, the Volsung and the fall of the Niblungs. London, Ellis and White, 1877. 1 vol. in-8, cart.

1878. **Lock** (Charles G. Warnford). The Home of the Eddas, with a chapter on the Sprengisandr, by *Dr C. Le Neve Foster.* London, Sampson Low, 1879. 1 vol. in-8, rel. toile (éditeur), avec 1 carte de l'Islande.

1879. Fostbrödernas Eigils och Asmunds Saga af Gamla Göthiskan uttolkad, med nödige anmærkningar förklarad, af *Petter Salar.* Tryckt i Upsala, Åhr 1693. — Sagann af Turlauge hinum Starf-Sama, Eller Sturlög then Arbetsammes Historia Fordom på gammal Göthiska Skrifwen och nu på Swenska uthålkad aff Gudmund Olofz-Son. Tryckt i Upsala, Åhr 1694. Ensemble 1 vol. petit in-4, rel. mar. grenat, jans., dent. intér., tr. dor. (Chambolle-Duru).

1880. Egils-Saga, sive Egilli Skallagrimii Vita. Ex. Ms. legati Arnamagnæani cum interpretat. lat. notis chronologia... Havniæ, Thiele, 1809. 1 vol. in-4, rel. toile, avec 3 pl. gr. sur cuivre.

1881. Sagan af Agli Skallagrímssyni. Kostad hefir *Einar þórdarson.* Reykjavík, prentsmidju Islands, 1856. In-12, d.-rel. toile. — Sagan af Agli Skallagrímssyni. Kostad Hefir : *Einar þórdarson.* Reykjavik, prentsmidju Islands, 1856. In-12, rel. toile. — Egil Skallagrimssons Höfudlausn öfversatt och Förklarad. Akademisk Afhandling, af *Per Sörensson.* Lund, Lundberg, 1868. Plaq. petit in-8, rel. toile, non rogn.

1882. Eyrbyggia-Saga sive Eyranorum historia quam mandante et impensas faciente perill. P. F. *Suhm*, versione, lectionum varietate, ac indice rerum auxit G. J. *Thorkelin*. Havniæ, Stein, 1787. — Vafthrúdnismal sive Odarum Eddæ Sæmundianæ una. Quam ex Cod. membr. Biblioth. Reg. versione lat., varietate lection., notis philologico-criticis, indiceque vocum... sistit Grimus Joh. *Thorkelin*, defendente *Thorar. Sigv. Liliendahl*. Havniæ, Stein, 1779. Ensemble 1 vol. in-4, rel. toile, ébarbé.

1883. Færeyinga Saga eller Færöboernes Historie i den Islandske Grundtext med Færöisk og Dansk oversættelse, udgiven af *Carl Christian Rafn*. Kjöbenhavn, Schultz, 1832. — Færeyínga Saga, oder Geschichte der Bewohner der Färöer... Deutsche Übersetzung (*avec texte en danois et en dialecte des Färöer*), hrsgg. v. *Rafn* u. *Mohnike*. Kjöbenhavn, Schubothe, 1833. Ensemble 1 vol. in-8, rel. toile, avec 1 pl.

1884. Sjúrdar Kvædi, samlede og besörgede ved *V. U. Hammershaimb*, udgivne af det Nordisk literatur-samfund. Kjøbenhavn, Berling, 1851. — Færöiske Kvæder samlede og besörgede ved V. U. Hammershaimb. Kjøbenhavn, 1855. — Kvædi af Olafi Liljurós. Kjøbenhavn, 1854. 1 vol. in-12, rel. toile. — Sigmund Brestessøns Saga. Et Brudstykke af Færøingernes Saga, oversat af *O. Rygh*. Christiania, Mallings, 1861. Plaq. in-12, rel. toile, avec 1 carte.

1885. Fagrskina. Kortfattet norsk Konge-Saga fra Slutningen af det tolfte eller begyndelsen af det trettende Aarhundrede Udgivet... af *P. A. Munch* og *C. R. Unger*. Christiania, Malling, 1847. 1 vol. in-8, avec 2 pl. fac-sim., d.-rel. chag. noir, coins, tête dor., non rogn. — **Sueti** (Friedrich). Ueber die auf den König Haraldr Hårfagri bezüglichen Gedichtfragmente in der Norwegischer Königschronik Fagrskinna. Inaugural-dissertation. Leipzig, Fries, 1884. Plaq. in-8, cart. (couvert.)

1886. Flateyjarbók. En Samling af Norsk Konge-Sagaer med indskudte mindre Fortællinger om begivenheder i og udenfor Norge samt Annaler. Christiania, Malling, 1860-1868. 3 vol. in-8, d.-rel. chag. noir, coins, tête dor., ébarb.

1887. Fóstbrœdra saga, edr Sagan af þorgeiri Havarssyni ok þormódi Bersasyni Kolbrúnarskalldi. Kaupmannahöfn, Thiele, 1822. In-8, 2 ffnc., 217 (1) pp., rel. toile, non rogn. — Fóstbrœdra Saga, udgivet for det Nordiske Literatur-Samfund, af *Konad Gislason*. Kjöbenhavn, Berlingske Bogtryk., 1852. — Bárdarsaga Snæfellsáss Viglundarsaga, þórdarsaga, Draumavitranir, Völsapáttr, ved *Gudbrandr Vigfússon*. Kjöbenhavn, Stenderup, 1860. — Hávardarsaga ísfirdings, besørget og oversat af *G. Thordarson* med et Tillæg om Sagaen... ved *Gisli Brynjúlfsson*. Kjöbenhavn, Stenderup, 1860. Ensemble 1 vol. in-12, rel. toile violette.

1888. Codex Frisianus. En Samling af Norske Konge-Sagaer. Udgiven efter offentliche Foranstaltning (ved *C. R. Unger*). Christiania, Malling, 1871. In-8, d.-rel. chag. noir, coins, tête dor., non rogn.

1889. Quatre chants de la Saga de Frithiof, de *E. Tegner*. Essai de traduction par *L. T.* Stockholm, Norstedt, 1869. Petit in-8, rel. toile (couverture). *Tegner est au premier rang parmi les poètes suédois.* — **Tegner** (Esaias). Bihang till Frithiofs Saga, episk dikt. Stockholm, Bonnier, 1839. Petit in-8, d.-rel. veau fauve, tr. dor. (Gruel), avec portr., 16 pl. et musique notée.

1890. Hin forna Lögbók Islendinga sem nefnist Grágás. Codex juris Islandorum antiquissimus qui nominatur Grágás, ex duobus mss. (quæ sola supersunt)..., nunc primum editus... Havniæ, Thiele, 1829. 2 vol. in-4, rel. toile, non rogn.

Ce code, qui régit l'Islande jusqu'à sa réunion à la Norvège, fut composé dans la première moitié du xii° siècle. Le nom de Grágás, qui signifie *Oie grise,* ne lui fut cependant pas donné avant le xvii° siècle et l'on ne sait d'où il lui est venu.

1891. Grágás, Islændernes Lovbog i Fristatens Tid udgivet efter det Kongel. Bibliotheks Handskrift, og oversat af *Vilhjálmur Finsen*. Kjöbenhavn, Berling, 1852-1870. 2 parties en 2 vol. in-12, rel. toile, non rogn.

1892. Grettís Saga. The Story of the Grettír the Strong, translated from the Icelandic by *Eiríkr Magnusson*, and *William Morris*. 2ᵉ édition. London, Ellis, 1869. 1 vol. in-12, rel. toile (édit.).

1893. Die Gull-þóris Saga oder þorskfirðinga Saga, hrsgg. von *Konrad Maurer*. Lpzg, Hinrich, 1858. Plaq. in-8, rel. toile, non rogn., couverture.

1894. Gull-þóris saga. Þorleifr Jónsson gaf út. Reykjavik, 1878. Plaq. in-12, br.

1895. Sagan af Gunnlaughi Ormstungu ok Skald-Rafni, sive Gunnlaugi Vermilinguis & Rafnis poetæ vita. Ex mss. leg. Magnæani. Hafniæ, Godiche, 1775. 1 vol. in-4, avec vignettes et pl., rel. toile, non rogn.

1896. Eric (Johann). Ad *Finnum Johanneum* Epistola de chronologia Gunnlaugs-Sagæ. Accesserunt *Gunnari Pauli*, curæ posteriores in Gunnlaugi vitam et maxime in quædam carmina antiqua in eadem obvia. Hafniæ, Gyldendal, 1778. Plaq. petit in-4, d.-rel. bas.

1897. Gunnlaugs Saga Ormstungu. Jón Þorkelsson gaf út. Reykjavik, 1880. Plaq. in-12, rel. toile. — Die Saga von dem Gunlaugur genannt Drachenzunge und Rafni dem Skalden..... von L. M. Fouqué. Wien, Pichler, & Leipzig, Liebeskind, 1826. 3 tomes en 2 vol., d.-rel. bas., avec 2 pl.

1898. Anecdotes of Olave the Black, King of Man, and the Hebridian princes of the Somerled family to which are added XVIII. Eulogies on Haco King of Norway, by Snorro Sturleson... Now first published in the original

Islandic from the Flateyan and other mss., with a literal version and notes, by Rev. *James Johnstone*. Printed for the author., 1780. In-12, d.-rel. v. f. *Edition en grand papier*. — **Johnstone** (James). The Norwegian account of Haco's Expedition against Scotland A. D. MCCLXIII., literally translated from the original Islandic of the Flateyan and Frisian mss. with notes originally printed... in 1782. Edinburgh, Brown, 1882. In-12, rel. toile sur couvert.

1899. Hallfreds Saga. Ofversättning från Isländskan jemte Anmärkningar, Akadem. Afhandl. af *S. H. B. Svensson*. Lund, Ohlsson, 1864. Plaq. in-12, rel. toile. — **Dahn** (Félix). Sind Götter? Die Halfred Sigskaldsaga. Eine nordische Erzählung aus dem zehnten Jahrhundert. Lpzg, Breitköpf u. Härtel, 1878. In-12, rel. toile, non rogn. (couvert.).

1900. **Maurer** (Konrad). Ueber die Hænsa-þoris Saga. Die Skída-ríma. München, 1870. — Die Entstehungszeit der älteren Gulaþingsslög. — Die Quellenzeugnisse über das erste Landrecht und über die Ordnung der Bezirksverfassung des Isländischen Freistaates, 1869. — Ueber die Ausdrücke : Altnordische, Altnorwegische & Isländische Sprache. München, Straub, 1867. Ensemble 4 plaq. grand in-4, rel. toile, non rogn.

1901. **Snorre Sturleson**. Hattatal Snorra Sturlusonar hrsgg. von Th. Möbius. Halle a. S., Buchh. d. Waisenh., 1879. Plaq. petit in-8, br. — Hattatal, herausgegeben von *Th. Möbius*. Halle a/S., Buchh. d. Waisenhaus, 1879. 1 vol. in-8, d.-rel. chag. noir, coins, tête dor., non rogn.

1902. — Norske Kongers Chronica vdsat paa Danske, aff H. *Peder Clausson*, fordom Sogneprest i Vndal. Nu nyligen menige mand til Gaffn, igiennemseet, continuerit ob til trycken forferdiget. Kiøbenhavn, ved Melchior Martzan, paa Joachim Woltken... 1633. 1 vol. petit in-4, rel. veau (rel. danoise).

2ᵉ édition de la traduction de Clausson.

1903. — Heims Kringla eller... Nordländske Konunga Sagor. Sive Historiæ Regum Septentrionalium â Snorrone Sturlonide, ante secula quinque, patrio sermone antiquo conscriptæ, quas ex mss. Codd. edidit versione gemina, notisque brevioribus... illustravit *Johann Peringskiöld*. Stockholmiæ, Wankiff, 1697. 2 vol. in-fol., rel. veau rac., fil.

Plusieurs feuillets endommagés.

1904. — Norske Kongers Krønik oversat paa Danske af Herr *Peder Clausen*... og nu paa nye oplagt og formeret med Tillæg af adskillige Steder i Snorre Sturlesen, som i bemeldte Clausens oversættelse vare udeladte. Tillig med en hosføyed Chronologie over Kongernes Regierings Tiid... samt ogsaa en kort Beskrivelse over Norge, Island, Fœrøerne og Grønland. Kjøbenhavn, Godiche, 1757. 1 vol. petit in-4, d.-rel. veau rac., tr. col.

Nouvelle édition (3ᵉ) de la traduction de Clausson, revue par *Seier Schousböl*.

1905. Snorre Sturleson & Schultzen (Gottfried). Ny-Yferskodud Heims-Kringla hvar inne øll keysaradœme, koongsriike og Stivornarvellde, um heila Heimenn, aasamt Trwarbrøgdum, Sidferde og Haattalage... Hrappsey, af Gudmunde Olafssyne, 1779. Petit in-4, d.-rel. bas.

Une des premières impressions faites à Hrappsey (Islande), où la typographie fut introduite en 1771.

1906. — Heimskringla. Sagen der könige Norwegens, aus dem Isländischen, von *D. Gottlieb Mohnike*. Stralsund, Löffler, 1837. Tome Ier, 1 vol. in-8, rel. toile, non rogn., avec 1 carte.

1907. — Norske Kongers Sagaer. Oversatte af *Jacob Aall*. Christiania, Guldberg & Dzwonkowski, 1838-1839. 3 tomes en 1 vol. grand in-8 avec 2 portr., 10 pl. et 1 carte, d.-rel. chag. rouge, tr. p.

1908. — The Heimskringla, or Chronicle of the Kings of Norway, translated from the Icelandic, with a preliminary Dissertation, by *Samuel Laing*. London, Longman, and C⁰, 1844. 3 vol. in-8, d.-rel. v. f., coins, tr. jasp. — **Cronholm** (Abr.). De Snorronis Sturlonidis historia, dissert. acad. Lund, Berling, 1841. 3 dissert. en 1 plaq. in-12, rel. toile.

1909. Herrauds och Bosa Saga med en ny vttolkning kampte Gambla Götskan, Hoc est Herraudi et Bosæ Historia cum Nova interpretatione Iuxta antiquum Textum Gothicum, e veteri ms. edita & notis illustrata ab *Olai Verelio*. Upsaliæ, Henr. Curio, 1666. Petit in-8, rel. mar. rouge, dos orné, fil. et fl., dent. int., tr. dor. (Dupré).

1910. Hervarar Saga på Gammal Götska med Olai Vereli Vttolknjng och notis. Upsalæ, Excudit Henricus Curio... 1672. Petit in-fol., rel. mar. olive, dos orné, avec chiffre du comte Riant, fil., dent., tr. dor. (Chambolle-Duru), avec fig.

Bel exemplaire qui contient l'*Auctarium notarum in Hervarar saga*, par *Olaus Rudbeck*, 35 (1) pp., ainsi que les *Annotationes ex scriptis Karoli episcopi arosiensis excerptæ*... 4 ffnc., qui manquent à la plupart des exemplaires.

1911. Hialmars och Ramers Saga med Lucas Halpaps Vttolknyng, *absque notâ*. Petit in-12, rel. vél.

1912. Hialmters och Olvers saga, handlande om trenne Konungar i Mannahem eller Sverige, Inge, Hialmter, och Inge, samt Olver Jarl, och om theras vthresor til Grekeland och Arabien... af Gamla nordiska språket å nyo på Svensko vthtolkad af *Joh. Fredr. Peringskiöld*. Stockholm, Horrn, 1720. Plaq. petit in-4, rel. vél.

1913. **Lenk** (H.). Die Saga von Hrafnkell Freysgodi. Eine isländische Geschichte aus dem 10 Jahrh. n. Chr. Wien, Konegen, 1883. 1 vol. in-8, rel. toile. — Sagan af Hrafnkeli Freysgoda. Udgivet af *P. G. Thorsen* og Konråd *Gíslason*. København, Bianco Luno, 1839. Plaq. in-8.

1914. Ingvars saga Vidförla. Sagan om Ingwar Widtfarne och han Son

Swen, från gamla Isländskan öfwersatt, och Undersökning om wåre Runstenars ålder, i anledning af samma Saga... utgifwet af *Nils Reinhold Brocman*. Stockholm, Salvius, 1762. Petit in-4, rel. v. rac., fil.; chiffre au dos.

1915. Arii Thorgilsis filii, cognomento Froda, id est multiscii vel Polyhistoris,... Schedæ, seu Libellus de Is-landiæ, Islendinga-Bok dictus; e veteri Islandica,... in latinam versus ab *Andrea Bussæo*. Havniæ, Schmidtgen, 1733. Petit in-4, rel. toile.

> Edition estimée. Bussæus a ajouté à la chronique d'Ara une dissertation de *Jonas Gam*, de ratione anni solaris, et l'écrit intitulé : Periplus Ohtheri Halgoland-Norvegi et Wulfstani angli..... latinè versus à *Joh. Spelmanno*.

1916. Jomsvikinga-Sagan, eller Historia om Kämparne från Jomsborg på Isländska och Swensko, redigerad och öfwersatt af *Magnus Adlerstam* utgifwen af *L. Hammarskiöld*. Stockholm, Granberg, 1815. 1 vol. in-4, d.-rel. bas., non rogn. — Jómsvíkinga Saga efter Skinnboken n° 7 in-4° à Kungl. Biblioth. i Stockholm utgifven af *Gustaf Cederskiöld*. Lund, Berling, 1875, *avec 1 fac-sim.* — Jómsvíkinga Saga (Efter cod. am. 510, in-4°) samt Jómsvíkinga Drápa utgifna af *Carl af Petersens*. Lund, Gleerup, 1879. Ensemble 1 vol. in-8 et 1 plaq. in-4, rel. toile. — Jómsvíkinga-Saga i Latinsk oversættelse af *Arngrim Jonsson*, udgiven af *A. Gjessing*. Kristianssand, Steen, 1877. In-8, rel. toile.

1917. Karlamagnus Saga ok Kappa Hans. Fortællinger om Keiser Karl Magnus og Hans Jævninger i Norsk Bearbeidelse fra det trettende Aarhundrede, udgivet af *C. R. Unger*. Christiania, Jensen, 1860. 1 vol. grand in-8, d.-rel. mar noir, coins, tr. dor., non rogn.

1918. Sagnkredsene om Karl den Store og Didrik af Bern hos de Nordiske Folk. Et Bidrag til middelalderens litterære historie af *Gustav Storm*. Kristiania, Malling, 1874. 1 vol. petit in-8, rel. toile, non rogn., couvert. — Sagan af Karlamagnúsi Keisara, eptir höfund « Æfisögu Lúters ». Kaupmannahöfn, Klein, 1853. In-12, rel. toile. — Keiser Karl Magnus's Krønike, hvorledes han stred mandelig for den hellige Christelige Tro med de tolv Jevninger, som vare Roland, Oliver, Turpin Erkebiskop, Olger Danske og andre flere, som hercfter følger. Kjöbenhavn, Thiele, 1866. Plaq. in-8, rel. toile, non rogn., (couvertures).

1919. Kongs-Skugg-sio utlögd a Daunsku og Latinu. Det kongelige Speil med Dansk og Latinsk Oversættelse, samt nogle Amærkninger, Register og Forberedelse. Speculum Regale cum interpretatione Danica et Latina, variis lectionibus, notis, etc., udgivet af *Halfdan Einersen*. Soröe, trykt hos Jonas Lindgren, 1768. 1 vol. in-4, rel. v. (rel. danoise).

> Exemplaire sur papier vergé, et peut-être unique, auquel sont joints des fragments d'une traduction française et allemande des parties relatives à l'histoire naturelle, faite par Eschricht. Cet exemplaire provient de la bibliothèque de M. Oldenburg, dont la signature et une note se trouvent sur le premier feuillet. M. le comte Riant le céda ensuite à Eschricht, et le racheta à sa mort, en 1863.

1920. **Speculum Regale.** Konungs-Skuggsja. Konge Speilet. Et philosophischer-didaktisk Schrift, forfattet i Norge mod Slutningen af det tolfte Aarhundrede. Tilligemed et Samtidigt Skrift om den norske Kirkes Stilling til Staten. Christiania, Werner, 1848. 1 vol. in-8, d.-rel. chag. n., coins, tête dor., non rogn. (couvertures), avec 2 pl. fac-sim.

Le *Speculum Regale* est un ouvrage philosophique et didactique qui rappelle le *Castoiement d'un père à son fils*. Il est fait en forme de dialogue et a été écrit vers la fin du xii° siècle. On ne sait rien de l'auteur de ce curieux livre, dont nous ne possédons que les deux premières parties, soit que les deux dernières aient été perdues soit que l'auteur ne les ait pas faites.

1921. **Steenstrup** (J. Japetus S.). Hvad er Kongespeilets « Havgjerdinger »? et bidrag til forstaaelse af Kongespeilet og til bestemmelsen af dets affattelsestid. Kjøbenhavn, Thiele, 1871. — Harald Haardraades Tog til Limfjorden og Limfjordens Tilstand i X^{te} Aarhundrede Kjøbenhavn, Gad, 1875. 2 plaq. in-8, cart. — Speculum Regale. Ein altnorwegischer Dialog nach Cod. Arnamagn. 243. fol. B und den ältesten Fragmenten hrsgg. von Dr *Oscar Brenner*. München, Kaiser, 1881. 1 vol. in-8, d.-rel. chag. noir, coins, tête dor., non rogn.

1922. Kormaks Saga sive Kormaki Oegmundi filii vita. Ex mss. legati Magnæani cum interpretatione latina, dispersis Kormaki carminibus ad calcem adjectis et indicibus personarum, locorum ac vocum rariorum. Hafniæ, Thiele, 1832. 1 vol. in-8, rel. toile, non rogn.

Texte islandais avec traduction latine en regard.

1923. Lodbrokar-Qvida or the Death-Song of Lodbrog, now first correctly printed from various mss. with a free English translation and various reading... by *James Johnstone*. Printed for the author, 1782. Petit in-12, cart.

Peu commun.

1924. Kristni-Saga, sive Historia religionis christianæ in Islandiam introductæ; nec non pattraf Isleifi Biskupi, sive Narratio de Isleifo Episcopo, ex mss. Legati Magnæani, cum interpr. latina, notis, chronologia, etc... Hafniæ, apud Viduam Godiche, 1773. *L'introduction du christianisme en Islande est peut-être le plus important des événements de l'histoire de cette ile, et c'est son histoire, où l'on trouve plusieurs circonstances curieuses, que la Kristni-Saga nous a conservée.* — **Gillberg** (Robert Wilhelm). Nio kapitel af Kristni-Saga tolkade och upplysta samt med en kort historisk inledning försedda. Upsala, Edquist och Berglund, 1866. Plaq. in-8, rel. toile, non rogn.

1925. **Thorlacius** (Theodor). Sagan || Landnama || Om fyrstu bygging Islands af || Nordmønnum. [*Marque de Henri Cruse.*] Skalhollte, || Tryckt af Hendr Kruse, A. MDCLXXXVIII. Petit in-4, 5 ffnc., 182 pp.; 10 ffnc., rel. vél., fig. sur bois, car. goth.

1926. Laxdæla-Saga sive Historia de rebus gestis Laxdölensium, ex mss. legati Magnæani cum interpretatione latina, tribus dissertationibus ad calcem adjectis et indicibus. Hafniæ, Popp, 1826. 1 vol. in-4, rel. toile, non rogn.

1927. Eystein-Asgrimsson. Lilia, cum versione latina & lectionibus variantibus edita. Accedit *Pauli Halleri*, Islandi Lilium carmine heroïco redditum. Havniæ, anno 1773. Petit in-4, 68 pp., rel. vél. — Lilium, poëma Islandicum quod ad matrem Dei celebrandam cecinit —, canonicus regularis, A. D. 1350. Vindobonæ, sumtibus Rospini, 1859. — Le lis, poème islandais en l'honneur de la mère de Dieu, avec une introduction en islandais et en français. Copenhague, Berling, 1858. 2 plaq. in-12, rel. toile, non rogn.

> Ce poème, qui comprend 100 stances en vers allitérés, a été composé au XIVe siècle par le moine islandais Eystein, et il eut à cette époque déjà une si grande réputation qu'on disait proverbialement en Islande : « Tout poète voudrait avoir composé le *Lys*. »

1928. Bragda-Mágus Saga, med tilheyrandi þáttum. Skrifud upp eptir gömlum Handritum af *Gunnlaugi þórdarsyni*. Kaupmannahöfn, Klein, 1858. In-12, rel. toile, non rogn.

1929. Morkinskinna-pergamentsbog fra første halvdel af det trettende aarhundrede udg. af *C. R. Unger*. Christiania, Bentzen, 1867. 1 vol. in-8, d.-rel. chag., tr. dor., non rogn., coins.

> La Morkinskinna, publiée ici pour la première fois en entier, est un codex en parch. de la première moitié du xiiie siècle, qui contient un des recueils les plus anciens des sagas royales de Norvège.

1930. Nials-Saga. Sagan af Niáli þórgeirssyni ok Sonvm Hans &c. útgefin efter gavmlvm Skinnbókvm med Kongvnglegu Leysi. Kaupmannahavfn, Thiele, 1772. 1 vol. in-4, rel. toile, non rogn.

1931. — Historia Niali et filiorum latine reddita, cum adjecta chronologia variis textus Islandici lectionibus, earumque crisi, nec non glossario et indice rerum ac locorum, sumtibus Frid. Suhmij et Legati Arna-Magneani. Havniæ, Thiele, 1809. 1 vol. in-4, rel. toile, non rogn.

> Bonne édition d'une des plus anciennes et des plus complètes sagas islandaises. Elle est presque entièrement due à *Johnsen*, l'auteur de la traduction latine, et se termine par un excellent vocabulaire.

1932. — **Dasent** (George Webbe). The Story of Burnt Njal or Life in Iceland at the end of the tenth century. From the Icelandic of the Njals saga. Edinburgh, Edmonston and Douglas, 1861. 2 vol. in-8, rel. toile v. (édit.), avec carte.

1933. — Njála. A kostnad hins konunglega Norræna fornfrædafjalgs. Kaupmannahöfn, Thiele, 1875. 1 vol. in-8, rel. toile, non rogn., couvertures. *Texte islandais. Cette édition a été donnée par* Konrad Gislasson *et* Er. Jónsson. *Le texte est établi d'après neuf manuscrits.* — **Gourdault** (Jules). Gunnar et Nial. Scènes et mœurs de la vieille Islande. Tours, Mame, 1885. In-8, cart. (édit.), avec 1 pl.

1934. Sommer (Eirik M. Torvaldsson). Noregs Saga i Stuttmaal. Elder Fortelning um dei störste tilburdarne med Nordmennerne og deira Tilstand

i Noreg gjenom Forntidi til vaare Dagar. Christiania, Malling, 1862. 1 vol. in-12, rel. toile, non rogn., couvertures.

1935. Sanct. Olaffs Saga på Swenske Rim, fordom öffuer 200 år sedan uthdragin af then gambla och widlyftige Norske sagan och här korteligare författat utskrifwin af ett gammalt mss. Archivi..... *S. l. n. d. n. typ.*, avec titre, front., format in-4. Petit in-8, 3 ffnc., 173 (1) pp.; 10 ffnc., rel. mar. rouge, dos orné du chiffre du comte Riant, fil., dent. intér., tr. dor. (Dupré).

Version suédoise éditée par *Johan. Hadorphius*,

1936. Olafs saga Hins Helga. En kort saga om kong Olaf den Hellige fra anden Halvdeel af det tolfte aarhundrede. Efter et gammelt pergaments-Haandskr. i Bibliotheket i Upsala, udgivet af *R. Keyser* og *C. R. Unger*, Christiania, Werner, 1849. 1 vol. in-8, d.-rel. chag. noir., coins, tr. dor.

> A la suite du texte se trouvent des fragments du même texte d'après un ms. des archives du royaume et un index des mots et des noms.

1937. **Snorre Sturlesön**. Saga Olafs konungs ens Helga. Udförligere Saga om kong Olaf den Hellige efter det ældste fuldstændige pergaments haandskrift i det Store kongelige Bibliothek i Stockholm. Christiania, Werner, 1853. 1 vol. in-8, d.-rel. chag. noir, coins, tête dor., non rogn.

> Les éditeurs, MM. *Munch* et *Unger*, regardent *Snorre Sturlesön* comme l'auteur de cette Vie de saint Olaf.

1938. Saga om K. Oloff Tryggwaszon i Norrege Hwilken hafwer warit den berömligste och lofligste Konungh i Norlanden..... Historia Olai Tryggwæ filii in Norrigia Idiomate Gothico s. Svevico vetusto, primum condita ab *Oddo Monacho* Islando, nunc in linguam hodiernam Sveticam, quin et Latialem translata à *Jacobo Ismenio Reenhjelm*. Upsalæ, 1691. *S. typ.* Petit in-4, 4 ffnc., 285 (1) pp. ; 13 ffnc. & 116 pp., rel. mar. grenat, jans., dent. int., tr. dor. (Chambolle-Duru), fig. s. bois.

> Livre très rare, à la fin duquel il y a un dictionnaire des mots islandais les plus remarquables qui se trouvent dans le texte du moine Oddur. Les notes de J. J. Reenhjelm sont dédiées à la reine Christine.

1939. Itt Stycke af Konung Olaf Tryggjasons Saga, hwilken på Gammal Götska beskrifwit hafwer Oddur Munck, af itt Gammalt Pergamentz Manuscripto Aftryckt. Vpsala af Henrich Curio, 1665. Petit in-8, 8 pp., rel. mar. fauve, jans., dent. intér., tête dor., non rogn. (Chambolle-Duru), avec 1 fig. s. bois.

> Edition donnée par *Olaus Verelius*.

1940. Saga || þess Haloflega Herra || Olafs || Tryggvasonar Noregs Kongs. || Fyrre Patvrjnn.||..... Prentud j Skalhollte, aff Jone, Snorrasyne, arum epter Guds Burd, M. DC. LXXXIX. 4 ffnc., 238 pp., 3 ffnc. Añar Lutur Søgu Olafs Kongs Tryggvasunar. 335 pp., 4 ffnc. Appendix edur Vidhæter Olafs Søgu Tryggvasunar..... 36 pp. — Sagan || Landnama || vm fyrstu bygging Islands af || Nordmønnum ||... Skalhollte, Thryckt af Hendr. Kruse, A.

M DC LXXXVIII. 5 ffnc., 182 pp., 20 ffnc. — Gron-||landia || edur || Groenlands || Saga || vr Islendskum Sagna Bookum og || Añalum samañtekiñ og a Latinskt maal || Skrifud || aff... || Arngrime Jonssyne..... || Eñ a Norrænu utløgd aff || Ejnare Ejolfssjne. || Tryckt i Skalhollte, || aff Hendrick Kruse anno 1688. 1 fnc., 41 (1) pp., 2 ffnc. — Chrjstendoms || Saga || Hliodande um thad hwornenn || Christen Tru kom fyrsta a Island, af forlage thess haloflega Herra, || Olafs Tryggvason || ar Noregs Kongs. || Prentud i Skalhollti aff Hendrick Kruse..... 1688. 2 ffnc., 26 pp., 1 fnc. — Scheda || Ara Prests || Froda || vm Island. || Prentadar i Skalhollte aff Hendrick Kruse 1688. 1 fnc., 14 pp. et 4 ffnc. Ensemble 1 vol. petit in-4, rel. mar. brun, dos orné, fil., dent. int., tr. dorée. (Chambolle-Duru).

> Anciennes impressions de Skallholte (Islande), où l'imprimerie fut introduite en 1686.

1941. **Tollstorp** (J. P.). Norske Konungen Olof Tryggveson. Historisk Teckning med Sagans enkelhet. Stockholm, Schultz, 1847. 1 vol. in-12, d.-rel. basane, coins.

1942. Orkneyinga Saga sive Historia Orcadensium, a prima Orcadum per Norvegos occupatione ad exitum seculi duodecimi. Saga Hins Helga Magnusar eyia Jarls sive Vita sancti Magni Insularum Comitis. Ex mss. Legati Arna-Magnæani cum vers. lat., varieiate lectionum. etc... edidit *Jonas Jonæus*. Hafniæ, Suhm, 1780. 1 vol. in-4, d.-rel. v. rac., tr. col.

> L'Orkneyinga Saga renferme l'histoire des îles Orkney et de leurs comtes, d'origine norwégienne, qui s'établirent dans les îles du nord de l'Ecosse. La Saga s'étend depuis la conquête par Harald Harfagri, jusqu'au xiie siècle.

1943. Orkneyinga Saga (the) translated from the Icelandic by *Jon A. Hjaltalin* and *Gilbert Goude*. Edited, with notes and introduction by *Joseph Anderson*. Edinburgh, Edmonston and Douglas, 1873. 1 vol. in-8, rel. toile (édit.), avec cartes de l'Ecosse et des Orkney, fig. et pl.

1944. Rymbegla sive Rudimentum computi ecclesiastici veterum Islandorum, in quo continentur Chronologica, Geographica, Astronomica, Geometrica, Theologica, nonnulla ex historia universali & naturali rariora. Quam ex mss. legati Arna-Magnæani vers. lat..... auxit *Stephanus Biörnonis*. Havniæ, Stein, 1780. 1 vol. in-4, rel. toile, avec planches.

> Le Rymbegla a été composé vers le xiie ou le le xiiie siècle ; c'est une espèce de calendrier ecclésiastique en quatre livres, faits de morceaux disjoints, sorte de mosaïque où l'on retrouve toutes les fables ethnographiques, zoologiques et cosmographiques du moyen âge ; c'est un livre fort intéressant.

1945. Rymbegla. Id est Computistica et chronologica varia veterum Islandorum sumtibus *Petri Frider. Suhm*, edidit *Stephanus Björnsen*. Hafniæ, Brummer, 1801. 1 vol. in-4, d.-rel. chag. rouge, avec pl.

1946. Strengleikar eda Liodabok. En Samling af romantiske fortællinger efter bretoniske folkesange (Lais), Oversatt fra fransk paa norsk ved midten af

trettende aarhundrede efter foranstaltning af Kong Haakon Haakonssön, udgivet af *R. Keyser* og *C. R. Unger*. Christiania, Feilberg og Landmarks, 1850. 1 vol. in-8, d.-rel. chag. noir, coins, tête dorée, non rogn., avec 4 pl. (fac-sim.).

1947. Sturlúnga Saga edr Islendínga-Saga hin mikla. Nú útgengin á prent ad tilhlutun hins Islenzka bókmentafèlags, eptir Samanburd hinna merkilegustu handarrita er fengist gátu. Kaupmannahöfn, Rangel, 1817-1820. 2 tomes (4 part.) en 1 vol. in-4, d.-rel. toile.

> Cette édition est due aux soins de MM. *B. Thorsteinson*, *Sv. Egilsson* & *G. Brynjulfson*. Elle est précédée d'une préface en islandais et en danois, et terminée par deux tables, l'une chronologique, l'autre onomastique.

1948. Sturlunga Saga, including the Icelandic Saga of Lawman *Sturla Thordsson* and other works, Edited with prolegomena, appendices, tables, indices and Maps by Dr *Gudbrand Vigfusson*. Oxford, Clarendon press, 1878. 2 vol. in-8, rel. toile (éditeur), avec 1 carte et 2 pl. fac-sim.

1949. Theophilus in Icelandic, Low German and other tongues; from ms. in the Royal Libr. Stockholm by *George Webbe Dasent*. London, Pickering, 1845. Plaq. in-8, rel. toile, non rogn.

1950. Thomas Saga Erkibyskups. Fortælling om Thomas Becket Erkebiskop af Canterbury. To bearbeidelser samt fragmenter af en tredie. Efter gamle Handskrifter, udgiven af *C. R. Unger*. Christiania, Bentzen, 1869. 1 vol. in-8, d.-rel. chag. noir, coins, tête dorée, non rogn. (couvertures), avec un portr. de *M. Unger* et 2 pl. fac-sim.

> La source de cette saga est la compilation connue sous le nom de *Quadrilogus*. Le traducteur, que M. Unger croit norwégien, n'a pas fait une version littérale, mais plutôt s'en est inspiré pour faire une œuvre d'un style bien supérieur par la richesse et l'ampleur. Le texte islandais, établi sur le ms. Thomaskinna de la Bibl. royale de Copenhague, est accompagné d'une traduction latine.

1951. Wilkina Saga, eller Historien om konung Thiderich af Bern och hans kämpar; samt Niflunga Sagan..... sive Historia Wilkmensium Theodorici Veronensis ac Niflungorum; continens regum atque heroum quorundam gothicorum res gestas, per Russiam, Poloniam, Hungariam, Italiam, Burgundiam, atque Hispaniam, ex mss...... in hodiern. Svecicam atque Latinam translata operà *Johannis Peringskiöld*. Stockholmis, s. typ., 1715. 1 vol. in-fol., rel. veau rac., dos orné, fil. (au chiffre du comte Riant), avec 8 pl. généalogiques.

> Texte islandais avec trad. suédoise et latine.

1952. Saga Didriks Konungs af Bern. Fortælling om Kong Thidrik af Bern og hans Kæmper, i Norsk Bearbeidelse fra det trettende Aarhundrede efter Tydske kilder, udgivet af *C. R. Unger*. Christiania, Feilberg, 1853. In-8, d.-rel. chag. noir, tête dor., non rogn., couvert., avec 2 pl. fac-sim. — **Klockhoff** (Oskar). Studier öfver þidreas Saga af Bern. Upsala, Edquist, 1880.

Plaq. in-8, cart. (couverture). — **Holthausen** (Ferdinand). Studien zur Thidrekssaga. Halle a. S., Karras, 1884. Petit in-8, cart.

1953. Thorstens Viikings-Sons Saga på gammal Göthska af ett åldrigt manuscripto afskrefwen och uthsatt på wårt nu wanlige språk sampt medh några nödige anteckningar förbettrad, af... *Jacobo J. Reenhielm.* Upsalæ, H. Curio, 1680. 1 vol. petit in-8, rel. mar. rouge, dos orné, avec chiffre du comte Riant, fil., dent. intér., tr. dorée (Dupré).

> Le texte islandais est accompagné d'une traduction suédoise, de notes et d'un petit glossaire.

1954. Vatnsdæla Saga. Utgefandi : *Svein Skúlason.* Akureyri, H. Helgasyni, 1858. In-12, br. — Vatnsdalingarnes Saga från fornnordiskan af *C. J. L. Lönnberg.* Norrköping, Wallberg, 1870. Petit vol. in-12, rel. toile.

1955. **Freudenthal** (Axel Olof). Einar Skålaglams Vellekla, öfversatt och förklarad. Akademisk afhandling. Helsingfors, Frenckell, 1865. Plaq. in-8, rel. toile.

1956. Viga-Glums Saga, sive Vita Viga-Glumi cujus textus ad fidem præstantissimi codicis membranei diligenter exactus est, & collatus cum multis libris chartaceis. E Mss. Legati Magnæani. Havniæ, Stein, 1786. 1 vol. in-4, d.-rel. toile, non rogn. *Cette édition, faite aux frais de* P. S. de Suhm, *a été donnée par* J. Petersen. — Viga Glúm's Saga. The Story of Viga-Glum, translated from the Icelandic, with notes and an introduction, by Sir *Edmund Head.* London, William and Norgate, 1866. In-12, rel. toile (édit.).

1957. Völsunga Saga. The Story of the Volsungs & Niblungs with certain Songs from the Elder Edda, transl. from the Icelandic by Eirikr *Magnusson* and W. *Morris.* London, Ellis, 1870. 1 vol. in-8, cart. (édit.).

1958. Philosophia antiquissima Norvego-Danica dicta Woluspa, alias Edda Saemundi Ex. Bibliotheca *Petri Joh. Resenij.* Haffniæ, s. typ, 1673.

> 2ᵉ édition, préférable à la 1ʳᵉ, qui parut à Copenhague, en 1665, typis H. Gödiani. Celle-ci contient 64 strophes de l'Edda, texte islandais et trad. latine, publiées par Peder Resen, et accompagnées de notes de Gudmund Andersen.

1959. Sagan af Asmund Víkinga inum írska. kostad hefir : Einar þórdarson. Reykjavik, prentsmidju Islands, 1866. In-12, br. — **Bergmann** (Friedr. Wilh.). Weggewohnts Lied (Vegtams Kvida), Der Odins Raben Orakelsang (Hrafna Galdr Odins) und der Seherin Voraussicht (Völu Spå). Drei eschatologische Gedichte der Sæmunds Edda kritisch hergestellt übersetzt und erklärt. Strasbourg, Trübner, 1875. 1 vol. in-12, rel. toile, non rogn. (couvert.). — **Cederschiöld** (Gustaf). Bandamanna Saga, efter skinnboken nº 2845, 4° å Kongl. Biblioteket i Köpenhamn. Lund, 1873. Plaq. in-4, rel. toile. *Extr. des* Lunds Universit. Årsskrift. — Elis Saga ok Rosamundu. Mit Einleitung, deutscher Uebersetzung, und Anmerkungen, zum ersten Male hrsgg. von *Eugen Kölbing.* Heilbronn, Henninger, 1881. In-8, br. —

Finnboga Saga Hins Ramma hrsgg. von *Hugo Gering*. Halle a/S., Buchh. d. Waisenh., 1879. Petit in-8, rel. toile (couvert.). — **Cassel** (Paul). Eddische Studien. Weimar, Böhlau, 1856. In-8, rel. toile, non rogn. — **Bergmann** (Frédér. Guill.). La fascination de Gulfi (Gylfa Ginning), Traité de mythologie scandinave composé par Snorri, fils de Sturla. Traduit du texte norrain en français et expliqué dans une introduction et un commentaire critique perpétuel. Strasbourg, Treuttel et Würtz, 1861. 1 vol. in-8, rel. toile, non rogn. — Kvædi Gudmundar Byskups efter Skinnboken n° 5 in-fol. å Kongl. bibliotheket i Stockholm. Akad. Afhandl. af *Arvid Isberg*. Lund, Berling, 1877. Plaq. in-8, rel. toile. — Håkonar qvida *Sturlu þordarsonar*. Sturlæ Thordi filii de Haccone Norvegiæ Rege poëma dithyrambica metri licentia latine redditum. *S. l. n. d. n. typ.* In-12, cart.

1060. **Cederström** (Karl. Rud. Henr.). Försök till tolkning och förklaring af Håkonar-Mål. Akademisk afhandling. (Stockholm, 1860). Plaq. in-8, cart. — Nokkur Blöd úr Hauksbók og brot úr Gudmundarsögu gefin út af *Jóni þorkelssyni*. Reykjavik, Thórdarson, 1865. Plaq. in-8, rel. toile, non rogn. (couvert.). — Hörd Grimkjeldsöns Saga, eller de fredlöse på holmen. En historisk Skildring fra det 10de århundredes anden halvdel. Oversat fra Oldnorsk af *Fr. Brandt*. Kristiania, Cappelen, 1849. Plaq. in-12, rel. toile. — **Kempff** (Hjalmar). Kaniken Gamles Harmsól (Sol i Sorgen). Öfversättning och Förklaringar. Upsala, Edquist & Berglund, 1867. Plaq. in-8, rel. toile, non rogn. — Die Hovard Isfordings-Sage, aus dem Altisländischen Urtexte, übersetzt von *Willibald Leo*. Heilbronn, Heinninger, 1878. Petit in-16, rel. toile. — Sagan af Holta-þori. Utgefandi : Magnús Sigurdsson. Reykjavik, Einar þórdarsyni, 1876. In-12, br. — **Schéving** (Hallgrim). Hugsvinns-mál ásamt þeirra latinska Frumriti. Videyar Klaustri, Helga Helgasyni, 1831. Plaq. in-12, rel. toile. — **Möbius** (Th.). Islendingadrápa Hauks Valdisarsonar, Ein Isländ. Gedicht des xiiie Jahrhund. Kiel, Mohr, 1874. Plaq. in-4, rel. toile. — Konrád Saga Keisarasonar, er fór til Ormalands. Skrifud upp eptir gömlum handritum af *Gunnlaugh þórdarsyni*. Kaupmannahöfn, Sveynsson, 1859. Plaq. in-12, rel. toile, non rogn.

1061. Krókarefssaga, Gunnars saga Keldugnúpsfíls og Ölkofra þáttr. Kaupmannahöfn, Klein, 1866. Plaq. in-8, rel. toile, non rogn. — Ljósvetnínga Saga. Eptir gömlum Handritum útgefin at tilhlutun Hins konungliga Norræna fornfræda felags. Kaupmannahöfn, Möller, 1830. 1 vol. in-8, d.-rel. veau. — **Gullberg** (Hjalmar). Oláfs Drápa Trygvasonar. Fragment ur Bergsboken. Akademisk Afhandling. Lund, Berling, 1875. Plaq. in-8, rel. toile, non rogn. — Olafs Drápa Tryggvasonar er Hallfredr orti vandrædaskáld, utgefin af *Sveinbirni Egilssyni*. Videyar Klaustri, 1832, Prentud af..... Helga Helgasyni, 1832. Plaq. in-12, 21 pp., rel. toile, non rogn. — **Janson** (K.). Pjetur og Bergljót, norsk skåldsaga eptir *K. Janson*. Islenzk thydig eptir *Jón Olafsson*. Reykjavík. E. Thórdasson, 1868. 1 plaq. in-12, cart. — Partalopa saga för

första gången utgifven af *Oscar Klockhoff*. Upsala, Edquist, 1877. Plaq. in-8, rel. toile, non rogn., couvertures. — Placidus Drapu, útgefid af Sveinbírni Egilssyni. Videyar Klaustri, Helga Helgasyn, 1833. In-12, rel. toile, non rogn. — **Söderström** (Otto Gustaf Victor). þáttr af Ragnars Sonum. Sagostycke om Ragnars söner från Isländskan öfversatt och belyst. Akadem. Afhandl. Örebro, Bohlin, 1872. Plaq. in-12, rel. toile. — **Ring** (M[en] de). Essai sur la Rigsmaal-Saga et sur les trois classes de la société germanique. Paris, Duprat, 1854. In-12, rel. toile bleue, non rogn. — **Storm** (Gustav). Sigurd Ranessöns Proces. Udgivet efter Haandskrifterne. Kristiania, Malling, 1877. Plaq. in-8, cart., non rogn. (couvertures).

1962. **Konrad Maurer.** Die Skida-rima (Abh. d. I. Cl. d. k. Ak. d. Wiss. XII. Bd.). *S. l. n. d.* — Norwegens Schenkung an den heiligen Olaf (Aus den Abhand. der k. bayer. Ak. der W.). München, 1877. Ensemble 2 plaq. grand in-4, cart. — **Bergmann** (Fréd. Guill.). Le message de Skirnir et les dits de Grimnir (Skirnisför-Grimnismâl). Poèmes tirés de l'Edda de Saemund, publ. avec des notes philologiques, une traduction et un commentaire perpétuel. Strasbourg & Paris, Berger-Levrault, 1871. In-12, rel. toile, non rogn. — Les chants de Sôl (Sôlar Liôd). Poème tiré de l'Edda de Sæmund, publié avec une introduction et un commentaire. Strasbourg, Treuttel & Würtz, 1858. In-8, rel. toile, non rogn. — Svarfdæla Saga ok Vallaljóts Saga eptir gömlum Handritum útgefnar. Kaupmannahöfn, Möller, 1830. In-12, d.-rel. v. — Sagan af þjalar-Jóni. Gefin út af Gunnlaugi þórdarsyni kostud af Egli Jónssyni. Reykjavík, þórdarson, 1857. In-12, rel. toile, non rogn. — Les aventures de Thor dans l'enceinte extérieure, racontées par Snorri, fils de Sturla. Morceau tiré de l'Edda en prose, traduit littéralement du texte norrain et accompagné d'un commentaire. Colmar, veuve Decker, 1853. 1 plaq. in-8, cart. — Vafthrudnismal sive Odarum Eddæ Sæmundianæ Una, ex Cod. ms. Bill. Reg. cum Vers. lat. Variet. lectionum, notis... edidit *Th. S. Liliendahl.* Havniæ, Stein, 1779. Plaq. in-4, rel. toile, non rogn. — Vemundar Saga ok Vígaskútu ok Vígaglúms saga. Eptir gömlum Handritum. Kaupmannahöfn, Möller, 1830. In-8, d.-rel. veau f. — Volospá hoc est Volæ seu sibyllæ arctoe Vaticinium. Codicis Vidalini, *M. Arendtii*... specimen integrum, sua ipsius manu descriptum edidit *Fridericus David Graeter.* Lipsiæ, in Ioachimi officina, *s. d.* (1818). In-8, rel. toile, non rogn. — Snorre Sturlesons Ynglinga-Saga tolkad och upplyst af Carl Säve. Uppsala, Leffler, 1854. 1 vol. in-8, rel. toile.

Islande. — Lexicographie.

1963. **Dietrich** (Franz Eduard Christoph). Altnordisches Lesebuch. Aus der Skandinavischen Poesie und Prosa bis zum XIV. Jahrhundert, zusammengestellt mit literarischer Uebersicht, Grammatik und Glossar. 2e *édit. revue.* Lpzg, Brockhaus, 1864. 1 vol. in-8, br.

1964. Etmüller (Ludwig). Altnordisches Lesebuch nebst kurzgefasster Formenlehre und Wörterbuch. Zürich, Meyer, 1861. In-4, rel. toile, non rogn.

1965. Gíslason (Konrad). Dönsk Orđabók med Islenzkum þydingum. Kaupmannahöfn, Bianco Luno, 1851. 1 vol. in-4, d.-rel. veau f., tête limaç., ébarb. — Um Frum-partu Islenzkrar Túngu i Fornöld. Kaupmannahöfn, Trier, 1846. 1 petit vol. in-12, rel. toile, plats ornés, tr. dor.

    Exemplaire en papier bleu, avec envoi autographe au savant historien islandais *Finn Magnusen*.

1966. Lexicon Islandico-latino-danicum *Biörnonis Haldorsonii*. Biorn Haldorsens Islandske Lexicon. Ex mss. Leg. Arna-Magnæani cura R. K. *Raskii* editum. Havniæ, Schubothe, 1814. 2 tomes en 1 vol. petit in-4, d.-rel. v.

1967. Möbius (Theodor). Analecta Norræna. Auswahl aus der Isländischen und Norwegischen Litteratur des Mittelalters. Leipzig, Hinrichs, 1859. 1 vol. in-8, d.-rel. mar. rouge, tr. peigne (couverture).

1968. Müller (Ludv. Chr.). Islandsk Læsebog med tilhörende Ordforklaring. Kjöbenhaven, Gyldendal, 1837. 1 vol. in-8, rel. toile, non rogn.

1969. Nokkur ord um þydingu Odds lögmanns Gottskálkssonar à Matteusar gudspjalli, er *Dr Gudbrand' Vigfusson* hefir gefid út med athugasemdum um biflíumál vort í « an Icelandic prose reader » Oxford 1879 eftir *Eirík Magnússon*. Reykjavík, prentud í Hrađpressu ísafoldar prentsmidju, 1879. 1 vol. in-12, cart., non rogn., couverture. — **Jónsson** (Magnús). Stuttur Leidarvísir fyrir alþydu til þess ad skrifta Islendzku Rjett og Greinilega. Reykjavik, 1856. Plaq. in-12, rel. toile. — Norske og Islandske tilnavne fra Oldtiden og Middelalderen. samlede af *Karl Rygh*. Throndhjem, Petersen (1871).

    Surnoms dans le Nord et l'Islande dans les temps anciens et au moyen âge.

1970. Norreen (Adolf). Altisländische und altnorwegische Grammatik unter Berücksichtigung des Urnordischen. Halle, Niemeyer, 1884. 1 vol. in-8, br.

1971. Sabinin (Etienne). Grammaire de la langue islandaise (en russe). Saint Pétersburg, 1849. 1 vol. in-8, rel. toile, non rogn.

1972. Vigfusson (Gudbrand). An Icelandic-English Dictionary based on the mss. collections of the late *Richard Cleasby*. With an Introduction and life of Rich. Cleasby by Geo. *Webbr Dasent*. Oxford, Clarendon Press, 1874. 1 vol. in-4, rel. toile (édit.). — **Vigfusson** (Gudbrand) **& Powell** (F. York). An Icelandic prose reader, with notes, grammar, and glossary. Oxford, Clarendon Press, 1879. In-12, rel. toile.

Runes.

1973. Det arnamagnæanske Haandskrift n° 28, 8°. Codex Runicus, udgivet af Kommission for der Arnamagnæanske Legat. Kjöbenhavn, Gyldendal, 1877. *Reproduction en photolithographie.* — Om Runernes Brug til Skrift udenfor det monumentale, af *P. G. Thorsen.* Kjöbenhavn, Gyldendal, 1877. Ensemble 1 vol., d.-rel. chag. noir, coins, tête dor., non rogn.

1974. **Bugge** (Sophus). Tolkning af runeinskriften på Rökstenen i Östergötland. *S. l. n. d. n. typ., avec pl.* — Om Runeskriftens Oprindelse. Christiania, 1874. — Run-inskrifter på marmorlejonet från Piræus. Kristiania, 1875. — Ueber einige Runeinschriften von *C. Hoffmann.* 1868. — Rune-indskriften paa Ringen i Forsa kirke i Nordre Helsingland. Christiania, Jensen, 1877, *avec pl.* — **Burmann.** Triga Supplementorum ad Runographiam Svio-Gothicam. *S. l. n. typ. n. d.*, avec pl. Ensemble 6 plaq. in-8 et in-4, cart. et rel. toile.

1975. **Bureus** (Joann. Theoph.). Recueil (Reproduction) de 163 inscriptions runiques gravées à l'eau forte, vers 1640, par les soins de *Liljegren.* 1 vol. petit in-4, rel. mar. rouge, fil., dent. int., tr. dorée

Collection extrêmement rare entreprise par Bureus et restée inachevée. On n'en connaît que 4 exemplaires complets (3 en Suède et 1 en Russie).
La reproduction que nous annonçons ci-dessus n'a été faite qu'à 5 exemplaires, et elle a été tirée sur les anciennes plaques.
Notre exemplaire contient, outre les 163 planches reproduites, 50 des planches de l'édition ancienne. On a relié avec cet ouvrage 3 lettres de *M. Klemming* à M. le comte Riant.
Nous joignons à ce numéro la reproduction (avec double état du cartouche central), faite par les soins de *M. Klemming* et tirée à petit nombre, du tableau runique, intitulé Runakenslanes Lärespan, publié en 1599 (1 feuille in-pl.) par Bureus.

1976. **Dietrich** (Franz). Die Runeninschriften der Goldbracteaten entziffert und nach ihrer geschichtlichen Bedeutung gewürdigt. — Inschriften mit deutschen Runen auf den Hannöverschen Goldbracteaten und auf Denkmählern Holsteins und Schleswigs. Wien, Gerold, 1865. — De inscriptionibus duabus Runicis ad Gothorum gentem relatis. Marburgi, Elwert, 1861, *avec 1 pl.* — Die Blekinger Inschriften der Steine von Tune, und andre deutsche Runen in Skandinavien. Marburg, Elwert, 1863, avec 1 pl. — Die Nordische Runen. Nach *Joh. C. Liljegren* mit Ergänzungen bearbeitet von *Karl Oberleitner.* Wien, Haas, 1848. Ensemble 4 plaq. in-8 et in-4, cart. et rel. toile.

1977. **Dieterich** (Udo Waldemar). Runen-Sprach-Schatz oder Wörterbuch über die ältesten Sprachdenkmale Skandinaviens, in Beziehung auf Abstammung und Begriffsbildung. Stockholm u. Lpzg, Fritze, 1844. 1 vol. in-12, d.-rel. chag. r.

1978. **Dijkman, den äldre** (Petter). Historiske Anmärckningar, öfwer, och af en dehl Runstenar, i Swerige angående dhe uhrgambla Sviar och Giöthers

Kyrkie och Werdzliga Wäsende uthi åthskilliga Måhl,... Stockholm, Merckell, 1723, Petit in-4, rel. vél.

1979. **Dybeck** (Richard). Runa. En Skrift för Fäderneslandets Fornvänner. Stockholm, 1842-1850. Ensemble 1 vol. et 1 plaq. in-8, d.-rel. chag. vert, coins, tête dor., et rel. toile, avec fig., pl. et musique notée.

1980. — Sverikes Runurkunder. Stockholm, Riis, 1860. 2 parties en 1 vol. grand in-4, d.-rel. chag. rouge au chiffre du comte Riant, non rogn., avec 67 et 59 pl.

1981. **Ekholm** (Erik). Afhandling om Aspo-Runsten och des Vittnande om en vattuminskning i Mälaren... Stockholm, Grefing, 1758. Plaq. in-12, rel. toile.

1982. **Farrer** (James). Notice of runic inscriptions discovered during recent excavations in the Orkneys. Printed for private circulation, 1862. In-4, rel., avec XIII pl.

1983. **Grauer** (B.). Gründliche und ausführliche Erklärung derer Heydnischen und in specie Runischen Götzen-Bilder, Thieren, Figuren und Gotho-Runischen Characteren Weche auf dem i. J. 1734. Gefund. Horn. Tondern, Rottmer, 1737. Petit in-4, avec 1 pl., cart.

1984. **Grimm** (Wilh. Carl.). Ueber deutsche Runen. Göttingen, Dieterich, 1821. Petit in-12, rel. toile, non rogn., avec 11 pl.

1985. **Göransson** (Johan). Bautil, det er Alle Svea ok Götha Rikens Runstenars, Upreste Ifrån verldenes år 2000 til Christi år 1000. Stockholm, Salvius, 1750. 2 vol. in-fol., rel. veau rac., dos orné, fil., rempli de fig. représentant des pierres runiques.

Ex. interfolié.

1986. **Goudie** (Gilbert). On rune-inscribed relics of the Norsemen in Shetland. *Extr. des Proccedings of the Soc. of Antiqu. of Scotland*, 1878-1879. — **Eneman**. En portatif Runsten- Beskrifning och Förklaring. Lund, Berling, 1846. — **Fratri** (L.). Di un calendario runico della Pontificia Universita di Bologna. Bologna, 1841, *avec 8 pl.* — **Collner** (Car. Sam.). Dissert. Acad. de monumentis runicis extra Scandinaviam. Lundini Goth., Berling, 1805. — **Bossi**. Lettre sur deux inscriptions prétendues runiques trouvées à Venise. Turin, 1805, avec 3 pl. — **Akerblad**. Notice sur deux inscriptions en caract. runiques, trouvées à Venise. Paris, Fournier, 1804, avec 1 pl. Ensemble 6 plaq. in-4 et in-8, cart. et rel. toile, non rogn.

1987. **Lauth** (F. J.). Das Germanische Runen-fudark. München, 1857. 1 vol. in-8, rel. toile.

1988. **Legis** (Gustav Thormod). Fundgrubén des Alten Nordens. Leipzig, Barth, 1829. 2 part. en 1 vol., d.-rel. bas, avec 5 lithog.

Contient :
1º Die Runen und ihre Denkmæler ;
2º Edda, die Stammutter der Poësie und der Weisheit des Nordens.

1989. **Lenæus** (Knut Nilsson). Delsboa Illustrata, eller Delsbo Socken i Norra Helsingland, i sådan måtto ljusliga beskrefwen... Stockholm, Nyström, 1764. In-12, d.-rel. bas., non rogn.

1990. **Liljegren**. Run-Lära. Stockholm, Norstedt, 1832. Ensemble, du même auteur. Run-Urkunder. Stockholm, Norstedt, 1833. 2 tomes en 1 vol., d.-rel. mar.

1991. Runstenarne i Upsala, beskrifna och tolkade af P. J. Lindal. Fotografierna af A. Löfström. Upsala, Berling, 1881. 1 plaq. in-4, cart.

Huit photographies d'inscriptions runiques.

1992. **Magnusen** (Finn). Runamo og Runerne. En committeeberetning til det Kongelige Danske Videnskabers Selskab... Kjöbenhavn, B. Luno, 1841. 1 vol. in-4, rel. toile (14 planches).

1993. — Kortfattet udsigt over Rune-literaturens nærværende Standpunkt, især med Hensyn til de den vedkommende nyeste opdagelser af — ...Beretning om undersögelsen af Runamo eller det saakaldte Haraldinske Monument i Bleking... Försög til Runamo-Indskriftens Palæographiske Udvikling og Forklaring... Grandskninger og Bemærkninger om forskjellige, med de i Norden saakaldte fremmede runer betegnede og flere særegne (tildeels nylig opdagede) Oldtidsminder... &c. &c. Kjöbenhavn, Bianco Luno, 1841. 1 vol. in-4, d.-rel. toile, avec 14 pl.

Importants travaux, formant le tome VI de la Société royale danoise des sciences, histoire et philosophie.

1994. **Mitchell** (J. M.). Meschowe : Illustrations of the runic literature of Scandinavia. Edinburgh, Grant, 1863. 1 vol. grand in-8, cart. (édit.), nombr. pl. lith.

1995. **Nicander** (C. A.). Runen, aus dem Schwedischen von G. C. F. Mohnike. Stuttgart, 1829. 1 vol. in-12, rel. toile.

1996. **Nyerup** (R.). Verzeichniss der in Dänemark 1824 noch vorhandenen Runensteine. Kopenhagen, Brummer, 1824. 1 vol. in-12, rel. toile.

1997. **Peringskiöld** (Joh. Frédéric). Historia Hialmari regis Biarmlandiæ atque Thulemarkiæ, Ex fragmento Runici Mss. descripta, cum gemina versione *Johannis Peringskiöldi*, Saugu Asmundar, er kalladur er Kappabani. Eller Asmunds Kappabanes Saga ; Hoc est Narratio historica rerum præclare gestarum, ab Asmundo... e codd. Mss. membran. linguæ priscæ Scandicæ descripta... Stockholmiæ, Horrn, 1722. Plaq. in-fol., rel. vél.

1998. **Rafn** (Charles Christian). Inscriptions runiques du Slesvig méridional. Copenhague, Thiele, 1861, fig. et carte. — Inscription runique du Pirée. Copenhague, Thiele, 1856, fig. et pl. — Antiquités de l'Orient, monuments runographiques. Copenhague, Thiele, 1856. — Nordboernes Forbindelser med östen i det niende og nærmest följende Aarhundreder. Kjöbenhavn, Thiele, 1854. Ensemble 4 plaq. in-8, rel. toile.

1999. **Russwurm** (C.). Eibofolke oder die Schweden an den Küsten Ehslands und auf Runö. Historisch-ethnographische Untersuchung. Reval, Kelchen, 1855. 2 parties en 1 vol. in 8, rel. toile r., non rogn.

2000. Gutniska Urkunder : Guta lag, Guta Saga och Gotlands Runinskrifter Språkligt behandlade. Academisk Afhandling af *Carl Säve*. Stockholm, Norstedt, 1859. In-8, rel. chag. bleu, avec chiffre runique et armes du comte Riant, tête dor., non rogn.

Envoi autographe au comte Riant.

2001. **Säve** (Carl). Eriks-Visan. Ett fornsvenskt quäde, behandladt i språkligt afseende. Stockholm, Norstedt, 1849. — De Starka Verberna i Dalskan och Gotländskan. Upsala, Leffler, 1854. — Runstenen vid Fjuckby i Uppland. Uppsala, Wahlström, 1858. — Om Språkskiljaktigheterna i svenska och isländska Fornskrifter. Upsala, Edquist, 1861. — Sigurds-Ristningarna å Ramsunds-Berget och Göks-Stenen. Twänne Fornsvenska Minnesmärken om Sigurd Fafnesbane. (Extr. des « Kongl. Vitterhets Hist. och Antiqv. Ac. », 6 oct. 1868). (Avec 3 planches.) — Kyrkodörrs-Ringen i Angelstad. Stockholm, Hæggström, 1873. — Sveriges Runstenar och nödvändigheten af deras vårdande. *S. l. n. d*. Ensemble 7 plaquettes in-8, rel. toile et cart.

2002. **Stephens** (George). Handbook of the old-northern Runic Monuments of Scandinavia and England now first collected and deciphered. London and Copenhagen, 1884. 1 vol. in-4, d.-rel. chag.

Magnifique ouvrage contenant de très nombreuses gravures.

2003. — Gisseberga Runstenen, Hångsdala socken, Westergöthland, skändt till Götheborgs Museum af hr O. Dickson. Göteborg, 1864. — En Svensk historisk run-brakteat. Stockh., 1876. — Pilgårdarunstenen i Boge socken på Gotland. Stockholm, 1878. — Rygbjerd-Stenen i Nørre-Jylland. *S. l. n. d*. — Om Rök-Stenen. (Extr. des Antiqv. Tidsk, *s. d*.) Avec 4 pl. — To i Sverrig fundne Processions-Øxer. Kjøbenhavn, 1866. Ensemble 6 plaq. in-8, cart. — Säve (Carl). Some runic stones in Northern Sweden, from the papers of the late Carl Säve, edited by Prof. Dr. *George Stephens*. Upsala, Berling, 1878. 1 plaq. in-4, rel. toile. — **Stephens** (G.). Thunor the Thunderer, carved on a Scandinavian Font of about the year 1000. The first yet found God-figure of our Scando-Gothic forefathers. London, 1878. — Runehallen i det danske Oldnordiske Museum. København, 1868. — Macbeth, Iarl Siward og Dundee, fra Skandinaviens Rune-funds. Kjøbenhavn, 1876. 3 plaq. in-4, avec nombreuses planches et fig., rel. toile et cart.

2004. **Stephens** (George). *Wimmers* om de oldnordiske Runeindskrifter. *Jessens* Småting vedrörende Runeindskriften. Kjbnhvn, Thiele, 1867. — Om de ældste Old-Nordiske Rune-Indskrifter. Kjbnhvn, Thiele, 1868. — Danevirke-Runestenen beskrevet og forklaret af *P. G. Thorsen*. Kjbnhvn, 1858. — **Bredsdorff** (J. H.). Om Runesinskriften Oprindelse. Kjbnhvn, Seidelin,

1822. — **Gislason** (K.). Den ældste Runeindskriftens sproglige Stilling. Kjbnhvn, Thiele, 1869. Ensemble 6 plaq. in-8 et in-4, cart. et rel. toile.

2005. **Studach** (J. L.). Die Urreligion oder das entdeckte Uralphabet. Stockholm und Leipzig, Bonnier, 1856-1859. 2 vol. in-8, rel. toile, non rogn., couverture.

2006. **Taylor** (Isaac). Greeks and Goths : a Study on the Runes. London Macmillan, 1879. 1 vol. in-8, rel. toile (édit.).

2007. **Tham** (Pehr). Göthiska Monumenter. Stockholm, Lang, 1794. (19 planches). — Bref til någre lärde Herrar uti Köpenhagen. Stockholm, Zetterberg, 1802 (avec 4 planches). 2 plaq. rel. en 1 vol. in-4, vélin.

> Notre exemplaire du *Bref til nagre lärde*... contient la rarissime planche qui représente la pierre de Saleby, aujourd'hui disparue, et qui ne nous est conservée que dans ce précieux dessin.

2008. **Thorsen** (P. G.). De Danske Runemindesmærker, beskrevne og forklarede. Kjøbenhavn, Hagerup, 1864-1880. 2 vol. grand in-8, cart. (édit.), non rogn., avec fig. et pl. noires et en couleur, et fac-sim.

> Importante publication.
> 1º Afdeling : Runemindesmærken i Slesvig.
> 2ⁿ Afdeling : Jyllands Runemindesmærker, tilligemed Meddelelser om alle Oernes.

2009. — Beskrivelse og Forklaring af den söndervissingske Runesten. København, Bianco Luno, 1839. In-12, cart.

2010. **Verelius** (Olaus). Manuductio compendiosa ad Runographiam antiquam, recte intelligendam. En kort Underwijsning om then Gambla Swea-Götha Rvna-Rjstnjng. Upsalæ, Exc. Henr. Curio, 1675. In-folio, rel. vél., fig.

2011. **Wimmer** (Ludv. F. A.). Runeskriftens oprindelse og udvikling i Norden. København, Prior, 1874. (3 planches et grav. dans le texte.) — Den Såkaldte Jællingekredses runestene (Særtryk af « Opuscula philologica ad J. N. Madvigium »). København, Jørgensen, 1876. — Professor G. Stephens om de ældste Nordiske Runeindskrifter. Kbnhvn, 1868. — Les habitants du Nord Scandinave dans l'âge du fer. Copenhague, Thiele, 1875. Ensemble 1 vol. et 3 plaq. in-8, rel. toile et br.

2012. **Wolff** (Iens). Runakefli le Runic Rim-Stok, ou Calendrier runique,... auquel est ajoutée une Ode tirée de l'Edda Sæmundar, appelée Thryms-Quida ou le Rapt du Marteau de Thor. Paris, Nouzou, 1820. 1 vol. in-8, cart., non rogn.

2013. **Worsaae** (J. J. A.). Zur Alterthumskunde des Nordens, enthaltend : I. Blekingsche Denkmäler aus dem Heidnischen Alterthum in ihrem Verhältniss zu den übrigen Scandinavischen und Europäischen Alterthumsdenkmälern. II. Runamo und die Braavalleschlacht. Leipzig, L. Voss, 1847. (20 pl. lith.) — **Forchhammer**. Bemærkninger i Anledning af Worsaaes Skrift

Runamo og Braavallaslaget. Kjbnhvn, Bianco Luno, 1844. Ensemble 1 vol. in-4, rel. toile, non rogn., et 1 plaq. in-8, cart.

2014. **Zacher** (Julius). Das Gotische Alphabet Vulfilas und das Runenalphabet. Leipzig, Brockhaus, 1855. — **Losch** (Fr.) & **Hagen**. Die Berner Runen Alphabete. *Avec 2 pl.* — *Sahlstedt.* Runstafwen Förnyad, samt des Beskrifning och Bruk. Stckhlm, Pfeiffer, 1776. *Avec pl.* — **Kirchhoff** (A.). Das gothische Runealphabet. Eine Abhandlung. Berlin, Hertz, 1854. 2e *édit.*, *à laquelle on a ajouté une préface* : Ueber die Entstehung d. Runenzeichen. **Charlton** (E.). The Orkney runes, 1862. 5 *pl.* — **Dieterich** (U. W.). Enträthselung des Odinischen Fudark durch das semitischen Alphabet. Stckhlm, u. Lpzg, Maass, 1864. Ensemble 6 plaq. in-8 et in-12, rel. toile, non rogn.

2015. Five pieces of runic poetry translated from the Islandic language. London, Dodsley, 1763. 1 vol. in-12, d.-rel. basane. — Fragmentum Runicopapisticum, seu Soliloquium, circa passione domini, anonymo auctore, linguis & Runis Gothorum in membranâ conscriptum quod... cum gemina versione edidit *Joh. Fred. Peringskiöld.* Stockholmiæ, Horrn, 1721. Plaq. petit in-fol., cart. — **Hård** (Nic. Ulr.). Cippos Runicos ad Dagsnås, prædium Vestrogothiæ Tusculanum generos. Thamii positos. Lund, Berling, 1802. Plaq. petit in-4, rel. toile. — **Kemble** (John Mitchell). Further Notes on the Runic Cross at Lancaster. Westminster, Nichols. Plaq. in-4, 4 pp. et 2 pl., rel. toile. *Ex. de : the Archeologia*, 1841. — **Købke** (P.). Om Runerne i Norden. Almenfattelig fremstilling. Kjøbenhavn, Wroblewsky, 1879, fig. — Vore Forfædres Skriftegn. Kjøbenhavn, 1881. — De Danske Kirkebygninger. Kjøbenhavn, 1883. 3 plaq. in-8 et in-12, rel. toile, cart. et br., avec fig. — **Kålund** (Kr.). Et gammel-norsk rune-rim og nogle islandske runeremser. Kjöbenhavn, Moller, 1884. Plaq. in-8, cart. *Extr. des Småtykker, udgivne af Samfund til udgivelse af gammel nordisk litteratur.* — **Laurel** (Lars). Nordens Hufvud-document äller Runa-alphabetets hemlighet Igenom tvänne Ægyptier det Suenska och Danska språket til heder. Lund, Berling, s. d. Plaq. in-4, avec 1 pl. — **Levezow** (H.). Ueber die Ächtheit der sogenannten Obotritischen Runendenkmäler zu Neu-Strelitz. *S. l. n. d. n. typ.* (Extrait des Philos.-histor. Abhandl., 1834.) 1 plaq. in-4, cart. toile. — **Liljegren** (Joh. G.). Runmynt utgörande Flock. VIII af Runeskrifter. Stockholm, Norstedt, 1833. Plaq. in-12, cart. — **Von Liliencron** (R.) & **Müllenhoff**. Zur Runenlehre, zwei Abhandlungen. Halle, Swetschke, 1852. 1 plaq. in-8, cart. — Ensemble R. von Liliencron. Der Runenstein von Gottorp. König Sigtrygg's Stein im Schleswig-Holsteinischen Museum. Kiel, Toeche, 1888. 1 plaq. in-8, br. — **Ljungström** (C. J.). Rúna-List eller Konsten att läsa runor, folkskolorna och folket meddelad (seconde édition). Lund, Berling, 1875. 1 plaq. in-8, rel. toile. — **Lorich** (F. J.). Historia runarum helsingicarum. Lund, Berling (1806). 1 plaq. in-4, rel. toile. — **Lyvron** (Louis de). Les runes d'Attila. Paris, Marpon, 1866. 1 plaq. in-8, cart. Ensemble 16 vol. et plaq.

2016. **Marion** (Jules). Les monuments celtiques et scandinaves des environs d'Inverness (Ecosse). (Extr. du t. XXXIII des « Mém. de la Soc. nat. des antiq. de Fr. ».) Paris, 1872. 1 plaq. in-8, rel. vél. — **Maughan** (J.). The runic rock at Barnspike, Cumberland, England. (Reprinted from « Mém. de la Soc. roy. des antiq. du Nord », année 1866.) 1 plaq. in-8, cart. — **Olsen** (Björn Magnusson). Runerne i den Oldislandske literatur. Kjøbenhavn, Gyldendal, 1883. In-8, rel. toile, non rogn. (couvert.). — Periculum runologicum. Dissertatio inauguralis. Havniæ, Popp, 1823. In-12, rel. vél. — **Poth** (G. Chr.). De Imagunculis Germanorum magicis quas alrunas vocant, comm. hist. antiqv. feminarum apud Germanos veteres sacrarum instituta et cultum explicans. Helmstad, Weygand, 1737. 1 plaq. in-12, rel. toile. — Les runes du Nord. (Extr. de la « Revue de Paris », Tome XL.) 1 plaq. in-8, cart. — Runer, till Oscars Saga, 1849. Til Mindesmærket, der skal opreises for de i nærværende krig faldne Norske og Svenske. Kjøbenhavn, Reitzel, s. d. 1 plaq. in-8, cart. — Runstafven och dess Sinnebilder; samt Påskdags-tafla för 1000 År. Stockholm, Norstedt, 1829. — **Lander** (Dr Frederik). Hvem var Sigurd Fafnersbane? Ett Bidrag till frågans besvarande hemtadt från Runskriften å Rökstenen i Östergötland. Stockholm, Norstedt, 1883. — En Stemme fra Island i Runamosagen af *Bölverkur Skarphèdinsson*. Kjöbenhavn, Bianco Luno, 1845. Plaq. in-4, cart. Ensemble 8 vol. et plaq.

2017. **Repp** (Thorleif Gudmunsen). A Memoir of Einar Sockeson. **Webb** (Thomas H.). Accounts of a discovery of antiquities made at Fall River. **Schoolcraft** (Henry R.). Brief notices on a runic Inscription found in North America. **Rafn** (Ch. C.). Astronomical evidence for the site of the chief settlement of the ancient Scandinavians in America (avec 5 planches). — **Hamper**. Runic inscriptions. Observations on a Gold Ring. London, 1823. — **Parker**. The runic Crosses at Gosforth, Cumberland. London, 1882. — Beschreibung und Erläuterung zweyer in der Nähe von Schleswig aufgefundenen Runensteine. Friedrichstadt, 1799. 3 pl. — **Hagenow**. Beschreibung der auf der Grossherzogl. Biblioth. zu Neustrelitz befindl. Runensteine, Lpzg, 1826. Ensemble 5 plaq. in-4, in-8 et in-12, cart. et rel. toile.

2018. **Sjögren** (Andr. Joh). Ueber das Werk des Prof. *Fynn Magnusen*, Runamo og Runerne betitlet. St. Petersburg, Graff's Erben, 1842. — **Thorlaksen**. Birgeri Thorlacii et Seb. Ciampii de septentrionalium gentium antiquitatibus et litteris runicis Epistolæ. Mediolani, 1827, avec 1 pl. — **Berzelius**. Om Runamo och dess Inskrift. S. l. n. typ., 1836. — **Cramer**. Runographia revisa. Upsal, 1835. — **Erichson**. Bibliotheca runica worin zuverlässige Nachrichten von d. Schriftstellern über die Runische Litteratur. Greifswald, 1766. — **Troil**. (U. von). De runarum in Suecia antiquitate. Upsal, 1759. — O. C. Runæ Medelpadicæ ab importuna Crisi breviter vindicatæ. Upsal, 1726. Ensemble 7 plaq. in-4, in-8 et in-12, cart. et rel. toile.

Islande. — Géographie, voyages.

2019. **Baddeley** (J. B.). The Northern Highlands and Islands. 2ᵈ edition. London, 1884. 1 vol. in-12, rel. toile rouge, avec carte.

2020. **Baring-Gould** (Sabine). Iceland : Its scenes and Sagas. London, Smith, Elder & Cº, 1863. 1 vol. grand in-8, rel. toile (édit.), avec pl. noires et en coul., fig. et 1 carte.

2021. **Barlatier de Mas**. Instructions nautiques sur les côtes d'Islande, rédigées d'après ses observations et les notes mss. du contre-amiral danois P. de Löwenörn. Paris, Didot, 1862. In-8, rel. toile, non rogn., avec 14 pl.

2022. **Barrow** (John). A visit to Iceland by way of Tronyem, in the « Flower of Yarrow » yacht in the summer of 1834. London, Murray, 1835. 1 vol. in-12, rel. toile (édit.), avec pl.

2023. **Bloch** (J. Victor). Erindringer fra Island. Ringkjøbing, Oppenhagen, 1845. In-12, d.-rel. bas.

2024. **Bryson** (Alexander). Notes on a trip to Iceland in 1862. Edinburgh, Grant, 1864. Plaq. in-12, rel. toile.

2025. **Burton** (Richard F.). Ultima Thule; or a summer in Iceland. London, Nimmo, 1875. 2 vol. in-8, avec fig., pl. et carte, rel. toile (édit).

Intéressante relation. Son auteur est le voyageur bien connu qui explora l'Arabie, le Somal et découvrit les grands lacs d'Afrique.

2026. **Coles** (Joh). Summer travelling in Iceland; being the narrative of two Journeys across the Island by unfrequented routes. London, Murray, 1882. 1 vol. in-8, avec pl. et carte, rel. toile (édit.).

2027. **Conybeare** (C. A. Vansittart). The place of Iceland in the History of European Institutions. Oxford and London, Parker, 1877. In-12, rel. toile, non rogn. (édit.).

2028. **Dehn** (Christian). Seeland und die Seeländer. Ein Beitrag zur Characteristik des dänischen Landes und Volkes nebst einem Ausfluge nach Schweden. Schwerin, Sandmeyer, 1839. In-12, rel. toile, couvert. — **Döring** (Bernh.). Eine altisländische Brandlegung. Lpzg, Edelmann, 1878.

2029. Kongelige Allernaadigste Forordninger og aabne Breve som til Island ere udgivne af de Höist-priselige Konger af den Oldenborgiske Stamme. 2. Deel. Trykt pa Rappsöe udi Island, af Gudmund Olafssen, 1778. Petit in-4, d.-rel. bas.

2030. **Drugulin** (W. C.). Eine Nordfahrt. Streiszüge in Island, aus dem Englischen [par] Pliny Miles. Leipzig, Lorck, 1855. 1 vol. in-12, br. — **Fiunsen** (Hans). Efterretning om Tildragelserne ved Bierget Hekla udi Island, i April og følgende Maaneder 1766. Kiöbenhavn, Godiche, 1767. Plaq. in-12, rel. toile, non rogn.

2031. Forordning, angaaende den Islandske Handel og Skibsfart. Christiansborg Slot, den 13 junii 1787. Kjöbenhavn, Höppfner, *s. d.* Petit in-4, rel. toile. — Forordning um thá Islendisku Kauphöndlun og Skipaferd. Gefin á Christiansborgar Slot thann 13 junii 1787. Prentud í Kaupmannahöfn, hiá Thiele 1789. Petit in-4, rel. toile.

2032. **Garlieb** (C.). Island rücksichtlich seine Vulkane, heissen Quellen, Gesundbrunnen, Schwefelminnen und Braunkohlen. Freyberg, Craz, 1819. In-12, rel. toile.

2033. **Gliemann** (Theodor). Geographische Beschreibung von Island. Altona, Hammerich, 1824. 1 vol. in-12, d.-rel. bas., avec carte.

2034. **Grönlund** (Chr.). Islands Flora, indeholdende en Beskrivelse af Blomsterplanterne og de höjere blomsterlöse Planter, samt en Fortegnelse over de lavere Planter. Kjöbenhavn, Gyldendal, 1881. In-12, rel. toile sur br. r. — **Gunnlaugi** (Björnus). De mensura et delineatione Islandiæ interioris, cura soc. litterar. Islandicæ his temporibus facienda. In Monasterio Videyensi, Typis expressis typ. H. Helgius, 1834. Plaq. in-12, rel. toile.

2035. **Henderson** (Ebenezer). Iceland; or the Journal of a residence in that island during the years 1814 and 1815. 2d Edition. Edinburgh, 1819. 1 vol. in-8, avec pl., rel. toile.

2036. **Hooker** (William Jackson). Journal of a Tour in Iceland in the summer of 1809. London, 1813. 2 vol. petit in-8, rel. bas., avec cartes et pl.

2037. **Horrebow** (Niels). Nouvelle description physique, historique, civile et politique de l'Islande, avec des observations critiques sur l'histoire naturelle de cette isle, donnée par M. *Anderson*. Ouvrage traduit de l'allemand... Paris, chez Charpentier, libraire, 1764. 2 vol. in-12, rel. v. écaille, filets, avec carte.

Cette traduction est de *J.-P. Rousselot de Surgy* et *Meslin*.

2038. Islænderen i Norge. Med nogle Forandringer oversat, efter Victor Hugos franske original Han d'Islande. Christiania, Cappellen, 1831. 3 tomes en 1 vol. in-12, rel. toile.

Mouillures.

2039. **Johnsen** (J.). Jardatal á Islandi, Kaupmannahöfn, 1847. In-12, rel. toile.

2040. **Kålund** (P. E. Kristian). Bidrag til historisk-topografisk Beskrivelse af Island., Kjöbenhavn, Gyldendal, 1877. 2 vol. grand in-8, d.-rel. veau f., tête peigne, non rogn., avec cartes.

Syd- og Vest-Fjærdingerne; Nord- og Ost-Fjærdingerne.
Contribution à une description historique et topographique de l'Islande.

2041. **Kneeland** (Samuel). An American in Iceland. An account of its scenery, people, and history, with a description of its millenial celebration in

August 1874, with notes on the Orkney, Shetland, and Faroer Islands and the Great Eruption of 1875. Boston, Lockwood, Brooks et C°, 1876. 1 vol. in-12, rel. toile (édit.), avec portr., pl. et carte.

2042. **Larsen.** Om Islands hidtilværende statsretlige Stilling. Kjøbenhavn, Schultz (1855). 1 pl. in-4, rel. toile. — **Lock** (W. G.). Askja, Iceland's largest volcano, 1881. 1 vol. in-12, cart. — Guide to Iceland, 1882. 1 vol. in-12, cart. — Icelandic troubles and Mansion-House muddles : an exposé of the famine story of 1882. 1883. 1 plaq. in-8, cart.

2043. **Löwenörn** (Paul de). Beskrivelse over den Islandske kyst og alle Havne fra Fugle-Skiærne og til Stikkelsholm i Brede Bugten. Kiöbenhavn, Thiele, 1788-1822. 4 part. en 1 vol. in-4, avec titre gr., vign. et 23 pl., rel. toile. — Extrait de la relation d'un voyage fait par ordre de S. M. D., pendant l'année 1786, pour la découverte de la côte orientale d'Islande. Traduit, en 1822, par l'auteur lui-même. Paris, Imprimerie Royale, 1823. 1 vol. in-8, d.-rel. veau.

Extrait des Annales mar. et col. de 1823.

2044. **Mackensie** (Georges Stevart). Travels in the island of Iceland during the summer of the year 1810. Edinburgh, Allan & C°, 1811. 1 vol. in-4, d.-rel. veau f., avec 2 cartes, fig., 15 pl. noires et en couleur.

Ex. en grand papier d'un ouvrage intéressant et estimé.

2045. **Mackenzie** (Sir G. S.). Reise durch die Insel Island in Sommer 1810. Nach der zweiten Ausgabe des Englischen Originals. Weimar, 1815. 1 vol. in-12, rel. toile.

2046. **Maurer** (Konrad). Island von seiner ersten Entdeckung bis zum Untergange des Freistaats. München, C. Kaiser, 1874. 1 vol. in-8, rel. toile. — Zur politischen Geschichte Islands gesammelte Aufsätze. Leipzig, Schlicke, 1880. 1 vol. in-8, rel. toile.

2047. **Metcalfe** (F.). The oxonian in Iceland; or Notes of travel in that island in the summer of 1860, with glances at Icelandic folk-lore and sagas. London, Longman, 1861. 1 vol. in-8, cart. (édit.). — **Mohr** (N.). Forsøg til en Islandsk Naturhistoriæ med Anmærkninger. Kiøbenhavn, Holm, 1786. 1 vol. in-8, d.-rel. — **Nielsen** (Anton). Fra Landet, Billeder af Folkelivet i Sjælland. Kjøbenhavn, Wold, 1862. 1 vol. in-12, rel. toile, non rogn.

2048. **Olafsen** (Eggert) et **Povelsen** (Biarne). Reise igiennem Island, foranstaltet af Videnskabernes Sælskab i Kiøbenhavn. Sorøe, Jonas Lindgren, 1772. 2 vol. in-4, rel. veau, avec 51 grandes planches gr. sur cuivre et une carte de l'Islande.

Très intéressante relation traitant particulièrement de l'histoire naturelle et économique de l'Islande.

2049. — Voyage en Islande, fait par ordre de S. M. Danoise, contenant des observations sur les mœurs, &c..., avec un atlas. Traduit du danois par

Gauthier de Lapeyronie. Paris et Strasbourg, 1802. 5 vol. in-8 et 1 atlas in-4, d.-rel. chag.

    Les deux derniers volumes de la traduction sont d'un Norvégien, *M. Biornerod*, Lapeyronie étant mort avant l'achèvement de son travail.

2050. **Olavius** (E.). Enarrationes historicæ de naturâ et constitutione Islandiæ formatæ et transformatæ per eruptiones ignis. Particula prima. De Islanda, antequam cœpta est habitari. Havniæ, Höpffner (1769). — **Olavius** (Olaus). Oekonomische Reise durch Island in den nordwestlichen u. nord-nordostlichen Gegenden. Dresden u. Leipzig, 1787. 1 vol. grand in-4, avec 1 carte et 17 planches sur cuivre, rel. toile.

    Traduction du danois faite par Joh. Jasperson; une seconde édition de cette traduction a paru en 1805.

2051. **Oswald** (E. J.). By fell and fjord or Scenes and studies in Iceland, with illustrations. Edinburgh, Blackwood, 1882. 1 vol. in-8, cart. (édit.). — **Otte** (E. C.). Denmark and Iceland. London, Rivington, 1881. 1 vol. in-12, cart. (édit.), avec 2 cartes et des illustr. dans le texte.

2052 **Paijkull** (C. W.). En sommar på Island. Reseskildring. Stockholm, Bonnier, 1866. 1 vol. in-8, rel. toile, non rogné, avec fig., 4 pl. en couleur et 1 carte. — En Sommer i Island. Reiseskildring. Kjöbenhavn, Thiele, 1867. Carte et pl. — Bidrag till kännedomen om Islands bergsbyggnad. Stockholm, Norsted, 1867, carte. Ensemble, 1 plaq. in-4, cart., avec 1 carte, et 2 vol. in-8, rel. toile, avec fig., pl. lithogr. en couleur et carte.

2053. **Pfeiffer** (Ida). A Journey to Iceland and travels in Sweden and Norway, transl. by *Charlotte Fenimore Cooper*. New-York, 1852. — Visit to Iceland and the Scandinavian North, transl. f. the German, with numerous explanatory notes and eight tinted engravings, to which are added an essay of Icelandic poetry, from the French of M. Bergmann, etc... Second edition. London, 1853. Ensemble 2 vol. in-12, rel. toile.

2054. **Plum** (Jacob Severin). Historien om min Handel paa Island, mine Søereiser og Hendelser i Anledning af Islands almindelige Ansøgning til Kongen om udvidede Handelsfriheder m. v. (avec une carte). Kjøbenhavn, Thiele, 1799. 1 vol. in-12, cart.

2055. **Poestion** (Jos. Cal.). Isländische Märchen. Aus den Originalquellen übertragen. Wien, Gerold, 1884. — Island, das Land und seine Bewohner nach den neuesten Quellen, mit einer Karte. Wien, Brockhausen und Braüer, 1885. Ensemble 2 vol. in-8, rel. toile sur broch., non rogn.

2056. **Preyer** (Wilh.) **et Zirkel** (Ferd.). Reise nach Island im Sommer 1860. Mit wissenschaftliche Anhängen. Leipzig, Brockhaus, 1862. 1 vol. in-8, rel. toile, non rogn., avec les mêmes pl. que dans le voyage de Paijkull.

2057. **Rask** (Rasmus). Vejledning til det Islandske eller gamle Nordiske

Sprog. Kjøbenhavn, Schuboth, 1811. — Frisisk sproglære udarbejdet efter samme Plan som den islandske og angelsaksiske. København, Beekens, 1825. — Kortfattet til det oldnordiske eller gamle islandske Sprag. Tredie oplag. København, Schubothe, 1854. — A grammar of the Icelandic or old Norse tongue, translated from the Swedish, by *George Webbe Dasent*. London, 1843. Ensemble 4 vol. in-12 et in-8, rel. toile ou veau.

2058. Der Isländische Robinson, oder die wunderbaren Reisen und Zufälle Giffur Isleif eines gebohrnen Isländers. *Suivi d'une* « Kurze doch zuverlässige Beschreibung der grossen Insul Island ». Copenhagen und Leigzig, Pelt, 1755. 1 vol. in-12, rel. basane.

2059. **Sartorius von Waltershausen** (W.). Ueber die vulkanischen Gesteine in Sicilien und Island und ihre submarine Umbildung. Göttingen, Dieterich, 1853. 1 vol. in-8, rel. toile, non rogn.

2060. **Schleisner** (P. A.) Island undersögt fra et lægevidenskabeligt Synspunkt. (4 lithographies). Kjöbenhavn, Iversen, 1849. 1 vol. in-8, rel. toile.

2061. **Schythe** (J. C.). Hekla og dens sidste Udbrud den 2^{den} September 1845. En Monographi. Kjöbenhavn, Bianco Luno, 1847. In-8, d.-rel. toile, non rogn. avec 9 pl. et 1 carte. — Seeland im Sommer 1807. In vertrauten Briefen an einem Freund in Berlin von einem Augenzeugen. 2e *édition*. Germanien, 1809. In-12, rel. toile, non rogn., avec un plan de Copenhague.

2062. **Shepherd** (C. W.). The nork-west peninsula of Iceland, being the Journal of a Tour in Iceland in the spring and summer of 1862. London, Longman, 1867. 1 vol. in-12, cart. (édit.). — **Storm** (Gustav). Minder fra en Islandsfærd. Christiania, Cappelen, 1874. 1 vol. in-12, rel. toile, non rogn., couverture.

2063. **Thorlacius** (Theodorus). Dissertatio Chorographico-historica de Islandia, brevissimam Insulæ hujus descriptionem proponens, ae Auctorum simul quorundam de eâ errores detegens. Wittebergæ, Wendt, 1666. — *Le même*. 3e *édition*. Wittenberg, Schrödter, 1690. Ensemble 2 plaq. in-4, rel. vél. — **Thoroddsen** (Th.), Oversigt over de islandske Vulkaners Historie (avec un résumé en français). Kjøbenhavn, B. Luno, 1882. 1 vol. in-8, rel. toile, couverture (avec carte). — **Thoroddsen** (Þorvaldur). Islands beskrivelse. Efter Lysing Islands gefin út af hinu íslenzka þjóðvinafjelagi oversat af *Amund Helland*. Kristiania, 1883. 1 vol. in-12, rel. toile, couverture.

2064. **Troil** (Uno von). Letters on Iceland containing observations on the Natural history of the Country, Antiquities, Manners and Customs of the inhabitants, &c. &c., made by sir *Joseph Banks*, assisted by Dr *Solander*... the whole revised and corrected by *E. Mendes da Costa*. London, Robson, 1783. 1 vol. in-8, rel. mar. rouge, fil., avec 1 pl.

2065. — Lettres sur l'Islande, par *M. de Troil*, évêque de Linkœping, tra-

duites du suédois par *M. Lindblom*. A Paris. De l'Imprimerie de Monsieur (Didot l. j.), 1781. (Une carte et 3 pl.)

Ouvrage estimé.
Troil a revu son texte suédois avant de l'envoyer épuré à Lindholm, qui s'est servi des notes des éditions précédentes.

2066. **Verschuur** (G.). Ultima Thule of Eene Maand op Ijsland. Geïllustr. door *J. C. Greive*. Haarlem, Tjeenk Willink, 1878, 1 vol. in-8, br. — **Vidalius** (Povel). Udtog af en Afhandling om Islands Opkomst under Titel : Deo, Regi, Patriae. Sorøe, Lindgren, 1768. In-16 d.-rel. bas. noire, non rogn.

2067. Voyages de la commission scientifique du Nord en Scandinavie, en Laponie, au Spitzberg et aux Feröe, pendant les années 1838, 1839 et 1840 sur la corvette La Recherche commandée par M. Fabvre. pub. sous la dir. de M. *Paul Gaimard*. — T. 1. Astronomie et Hydrographie, par MM. *V. Lottin, A. Bravais, C. B. Lilliehöök, J. de Laroche-Poncié*, et les officiers de la corv. la Recherche. — T. 2, 3, 4. Météorologie, par MM. *V. Lottin, A. Bravais, C. B. Lilliehöök, P. A. Siljeström, Ch. Martins, J. de Laroche-Poncié, L. Læstadius* et *E. Pottier*. — T. 5, 6, 7. Magnétisme terrestre, par les précédents, MM. *B. G. Meyer*, le cap. *Fabvre* et les officiers de la Recherche. — T. 8. Aurores boréales, par MM. *Lottin, Bravais, Lilliehöök, Siljeström*. — T. 9 et 10. Géologie, minéralogie et métallurgie, par M. *E. Robert*. — T. 11 et 12. Géographie physique, botanique & physiologie, par MM. *Ch. Martins, J. Vahl, LL. Læstadius, A. Bravais, J. Durocher, Siljeström, Chr. Boeck* et *E. Robert*. — T. 13 à 16. Relation littéraire du voyage. Littérature scandinave & Histoire de la Scandinavie, par *X. Marmier*. — Atlas pittoresque et historique, lithographié d'après les dessins de MM. *Mayer, Lauvergne* et *Giraud* (310 pl.). — Atlas physique, 31 pl. d'après M. *Bravais*. — Atlas géologique, 31 pl. d'après M. *Robert* (les 20 dernières gravées à l'aqua-tinta. — Atlas zoologique, 76 pl. Ensemble 17 vol. in-8, d.-rel. chag. (Gruel) et 5 tomes en 3 atlas in-fol., d.-rel., coins.

2068. Voyage en Islande et au Groënland exécuté pendant les années 1835 et 1836 sur la corvette la Recherche, commandée par M. Tréhouart, l' de vaisseau, dans le but de découvrir les traces de la Lilloise, publié sous la dir. de M. *Paul Gaimard*. — T. I et II. *P. Gaimard*. Histoire du voyage. — T. III. *X. Marmier*. Histoire de l'Islande et Littérature Islandaise. — T. IV. *V. Lottin*. Physique. *E. Robert*. Zoologie et Médecine. — T. V. *E. Robert*. Minéralogie et Zoologie, av. un atlas de 36 pl. — Atlas historique. — T. I et II, comprenant 145 planches lith. d'après les dessins de A. Meyer. — Atlas zoologique et médicale, 50 pl. Paris, A. Bertrand, 1838-1840 (Typ. Didot). Ensemble 5 vol. in-8, d.-rel. chag. et 3 tomes en 1 atlas in-folio, d.-rel. chag., coins.

2069. **Watts** (Lord William). Snioland; or, Iceland, its jokulls and fjalls. (*Nomb. photographies.*) London, Longman, 1875. 1 vol. in-12, cart. (édit.).

— **Winkler** (Gustav Georg). Island. Seine Bewohner, Landesbildung und vulcanische Natur. (Mit Holzschnitten und einer Karte von Island). Braunschweig, Westermann, 1861. — Island. Der Bau seiner Gebirge und dessen geologische Bedeutung. (42 grav. dans le texte). München, Gummi, 1863. Ensemble 3 vol. in-8, rel. toile, non rogn.

2070. **Bonstetten.** Fragments sur l'Islande. *S. l. n. d. n. typ.* In-12, rel. toile. — Extrait des « Mémoires de la Société des Antiquaires du Nord ». I. Orthographe de quelques anciens noms propres nordiques. II. The Northmen in Iceland, Remarks on a treatise of G. W. Dasent, transl. by prof. G. Stephens... 1 plaq. in-8. — **Eigilsen** (Oluf). En kort Beretning om de Tyrkiske Söe-Röveres onde Medfart og Omgang da de kom til Island i Aaret 1627, og de borttoge over 300 mennesker, ihielsloge mange, og paa tyrannisk Maade ilde medhandlede dem. Oversat af Islandsk paa Dansk. *S. l. n. typ.*, 1627. Plaq. in-12, cart. — **Eric** (Johann). Disquisitiones duæ historico-antiquariæ : Prior de veterum septentrionalium imprimis Islendorum peregrinationibus... Posterior de Philippia, sive, amoris equini apud priscos Boreales causis. Lipsiæ, Mumme, 1755. In-12, rel. vél. — **Erichsen** (Vigfus.). Island og dets justitiarius Magnus Stephensen. Kjöbenhavn, Popp, 1827. Plaq. in-12, cart. — Folketællingen paa Island den 1ste februar 1850. Kjöbenhavn, Bianco Luno, 1855. Plaq. petit in-8, cart. *Extr. des Meddelelser fra det statistiske Bureau.* — **Fonblanque** (C. A. de). Five weeks in Iceland. London, Bentley, 1880. In-12, rel. toile (édit.). Ensemble 7 vol. et plaq.

2071. **Forbes** (Charles S.). Iceland; its Volcanoes, Geysers, and Glaciers. London, Murray, 1860. In-12, rel. toile, avec fig. et pl. — **Hildebrand** (Hans Olof Hildebrand). Lifvet på Island under Sagotiden. Stockholm, Seligman, 1867. In-8, rel. toile. — **Hjaltalin** (Jón. A.). The thousandth Anniversary of the Norwegian settlement in Iceland. Reykjavik, Thordarson, 1874. — Islenzk Grasafræði. Kaupmannahöfn, Kvist, 1830. — Um Notkum Manneldis í Hardærum. Reykjavik, 1878. — Adfinning við Eineygda Fjölnir. Videyar Klaustri, 1839. 1 vol. et 3 broch. in-8 et in-12, cart. et rel. toile. — **Jardin** (Edelstand). Mémoire sur le Surtarbrandur d'Islande, sur les anciennes forêts et sur le reboisement de cette île. Caen, Hardel, 1867. Plaq. in-12, rel. toile. — **Krug von Nidda**. Geognostische Darstellung der Insel Island. Première partie seule. *S. l. n. d. n. typ.* 1 plaq. in-12, cart. — **Rosenberg** (C.). Træk af Livet paa Island i Fristats-Tiden. Kjøbenhavn, Wibes, 1871. — Handbok för Resande i Sverige. Stockholm, Huldberg. 2 vol. in-12, cart. — **Weinwich** (Niels Henrich). Beskrivelse over Stevns Herred i Tryggebælde Amt i Siælland. Kiøbenhavn, Schultz, 1798. 1 vol. in-12, rel. veau, tr. dor. Ensemble 11 vol. et plaq.

Mouillures.

Islande. — Histoire littéraire.

2072. Arbók hins islenzka fornleifafélags. Reykjavik, années 1880-1887. 6 fasc. in-8, br.

2073. **Einar** (Halfdan). Historia literaria Islandiæ auctorum et scriptorum tum editorum tum ineditorum indicem exhibens. Havniæ et Lipsiæ, Gyldendal, 1786. In-12, d.-rel. bas., ébarbé.

La première édition parut en 1777.

2074. **Geijer** (Erik Gustaf). Samlade Skrifter. Stockholm, Norstedt och Söner, 1850. 5 vol. in-8, d.-rel. chag. bl., dos orn., tr. p. (Gruel).

2075. **Haigh** (Daniel H.). The Anglo-Saxon Saga; an examination of their value as aid to history. London, Russell Smith, 1861. 1 vol. in-8, rel. toile (édit.). — **Heinzel** (Richard). Beschreibung der Isländischen Saga. Wien, Gerold, 1880. In-8, rel. toile, non rogn. (couvert.).

2076. Hermod, det Nordiske Oldskriftselskabs Tidende. Kjöbenhavn, Popp, janvier 1825-octobre 1826. Petit in-8, d.-rel. chag. r., coins, au chiffre du comte Riant.

Tout ce qui a paru.

2077. Isländische Litteratur und Geschichte. Göttingen und Gotha, Dieterich, 1773. In-12, rel. toile, non rogn. — **Jónsson** (Finn). Kritiske Studier over en Del af de ældste Norske og Islandske Skjaldekvad. Kjöbenhavn, Gyldendal, 1884. In-8, rel. toile s. br., non rogn.

2078. **Lindfors** (A. Otto). Inledning till Isländska Litteraturen och dess Historia under Medeltiden. Lund, Berling, 1824. 1 vol. in-12, rel. toile, non rogn. — Ny Sumargjöf. Kaupmannahöfn, Sveinsson, 1859-1865. 5 fasc. in-8, br.

2079. Skírnir, ny tídindi hins Islenzka Bókmentafèlags. Kaupmannahöfn, Popp, puis Möller, 1827 (origine)-1858. Ensemble 9 vol. in-12 et 1 vol. in-8, d.-rel. v. f., tr. peigne (Gruel). Journal politique et littéraire en islandais. — Skyrslur og Reikningar hins Islenzka Bokmentafèlags, 1859-1860, 1870-1871. Kaupmannahöfn, Möllers, 2 fasc. — Skýrslur um Landshagi á Islandi, gefnar út af hinu Islenzka Bókmentafèlagi. Kaupmannahöfn, 1855-1857, fasc. 1 à 3. Ensemble 5 fasc. in-8, br.

2080. Skýrsla um hinn lærda Skóla í Reykjavík. Skóla-árid 1854-1855— 1858-1859; 1878-1879. — Reykjavik, Þorðarsyni, 1856-1860, 1879. Ensemble 6 fasc. in-8, br.

2081. Sunnan-Pósturinn. Mánadarit útgéfid af nockrum medlimum Bókmentafèlagsins Redigerad af *Th. Sveinbjörnsen*. Videyar Klaustri, Helga Helgasyni, années 1, 2, 3. 1835-1838. Ensemble 1 vol. in-12, rel. vél.

2082. Svanhvit, nokkur útlend Skáldmæli í Islenzkum þyðingum eptir *Matth. Jochumsson* og *Stgr. Thorsteinsson.* Reykjavik, þórðarsyni, 1877. In-12, rel. toile.

2083. þjóðólfr hálfsmánaðar og Vikublad útgefandi og ábyrgdarmadr : *Jón Gudmundsson.* Reykjavik, þórdarson, années 11 à 18 : 5 novembre 1858 au 25 octobre 1866. Ensemble 2 vol. in-4, rel. toile, non rogn.

Journal politique et littéraire islandais.

2084. þorlaksson (Gudmundur). Udsigt over de Norsk-Islandske Skjalde fra 9de til 14de Århundrede. København, Møller, 1882. In-12, rel. toile, non rogn. (couvertures).

2085. **Storm** (Gustav). En oldnorsk Saga om Danekongerne. — Om de gamle norrøne Literatur. Christiania, Kammermeyer, 1869. Plaq. in-8 et in-12, cart. et br. — **Kyhlberg** (O.). Om Skalden Sighvat Thordsson samt Tolkning af hans Vestrvikingar- och Nesja-visur. *Dissertation académique.* Lund, Hakan Ohlsson, 1868. 1 plaq. in-8, cart. — Andvari timarit hins islenzka þjodvinafjelags. (*Dixième année.*) Reykjavik Isafoldar prentsmidja, 1884. Plaq. in-8, rel. toile, non rogn. — **Storm** (G.). Om de gamle norrøne Literatur. Christiania, Kammermeyer, 1869. Plaq. in-12, cart. (couvert.). — Ueber den Ursprung der isländischen Poesie aus der angelsächsischen. Nebst vermischten Bemerkungen über die nordische Dichtkunst und Mythologie. *S. l.*, 1813. 1 vol. in-8, rel. toile, non rogn. — **Gröndal** (Benedict). Hrungnersmythen, med almindelige Bemærkninger om den Oldnordiske Poesie, 1860. Plaq. in-8, cart. — **Grjótgardr.** Den Islandske Forfatningskamp; en historisk Oversigt. Kristiania, 1878. Plaq. petit in-12, rel. toile. — **Gröndal** (Benedict). Gefn timarit samið gefið út af —, annað ár 1871 siðari hluti. Kaupmannahöfn, Cohen. Plaq. petit in-8, rel. toile. — **Estrup** (H. F. J.). Absalon, som Helt, Statsmand og Biskop. Soroë, Thiele, 1826. Petit in-8, cart., avec un portr. d'Absalon. — **Bergsöe** (Adolph Frederik). Lysing Islands á miðri 19. öld. kafli úr ríkisfrœdi. Kaupmannahöfn, Klein, 1853. Plaq. in-12, rel. toile, non rogn. — **Hogg** (John). On the history of Iceland, and the Icelandic language and literature, 1858. Plaq. in-8, cart. Ensemble 11 plaq.

Islande. — Histoire.

2086. Agríp af Noregs Konunga Sögum diplomatarisk udgave for samfundet til udgivelse af gammel nordisk litteratur, ved *Verner Dahlerup.* Kjøbenhavn, Møller, 1880. Petit in-8, rel. toile, non rogn. (couv.).

2087. Diplomatarium Islandicum. Islenzkt Fornbrèfasafn, sem hefir inni að halda brèf og gjörninga, dóma og máldaga, og aðrar Skrár er snerta Island eða íslenzka menn. Gefið út af hinu Islenzka Bókmentafèlagi. Kaupmanahöfn, Möller, 1857-1859. 2 tomes en 1 vol. in-8, d.-rel. mar. r., tr. lim.

2088. **Jonas** (Arngrim). Brevis Commentarius de Islandia : qvo scriptorvm de hac insvla errores deteguntur, & extraneorum quorundam conviciis, ac calumniis, quibus Islandis liberius insultare solent, occurritur. Hafniæ, impr. Johannes Stockelmannus, 1593. In-12, rel. vél.

2089. — Crymogea sive Rerum Islandicarum libri tres. Hamburgi, typis Henrici Carstene, 1610. 1 vol. in-4, rel. parch.

> Ce livre est un des meilleurs que l'on puisse consulter pour l'histoire de l'Islande. Son auteur est le premier historien qui écrivit en Islande après la renaissance intellectuelle et littéraire, qui eut lieu au xvie siècle, grâce à l'appui du roi Christian III de Danemark.

2090. — Crymogea sive Rerum Islandicarum libri III. Hamburgi, Hering, 1614. 1 vol. in-4, rel. vél.

> 3e édition de cet ouvrage.

2091. — Anatome Brefkeniane. Qua Ditmari Brefkenii Viscera magis præcipua, in libello de Islandia, edito, convulsa, per manifestam exenterationem retexuntur. Hamburgi, Cartens, 1613. — Epistola pro patria defensoria, scripta ad Davidem Fabritium, Ecclesiasten in Ostell,... illam falsò, vel malitiâ, vel inscitiâ, chartâ in lucem emissa traducentem... Hamburgi, Carsten, 1618. 2 plaq. in-4, rel. vél.

2092. — Specimen Islandiæ historicum et magna ex parte chorographicum; Anno Iesv Christi 874. primum habitari cæptæ... Amstelodami, *s. typ.* (Jansoen), 1643. 1 vol. in-4, rel. parch.

2093. **Krönningssvard** (C. G.). Harald Hårfagers Afkomlingar på Europas Throner med deras egna Agnatiska ättledninger. Fahlun, Arborelius, 1828. In-4, oblong, rel. toile.

2094. **Lange** (Georg). Untersuchungen über die Geschichte und das Verhältniss der Nordischen und Heldensage, aus P. E. Muller's Saga Bibliothek II Band, mit Hinzufügung erklärender berichtigender und ergänzender Anmerkungen und Excurse übersetzt und kritisch bearbeitet. Frankfurt a/M. Brönner, 1832. 1 vol. in-8, rel. toile, non rogn.

Islande. — Droit.

* Løg-Tingis Bookin, Innehaldande pad, sem giørdiz og framfoor fyrer Løg-Tingis-Rettinum. Anno 1775, 1776, 1777. *Monogramme de Christian VII*. Hrappsey, Hoff., 1775, 1776, 1777. Ensemble 1 vol. in-4.

> Ces livres comptent parmi les plus anciennes impressions faites à Hrappsey (Islande), où la typographie fut introduite en 1771.

2095. **Müller** (Peter Erasmus). Ueber den Ursprung und Verfall der Isländischen Historiographie, nebst einem Anhange über die Nationalität der altnordischen Gedichte... Aus den Dänischen übersetzt von *L. C. Sander*. Kopenhagen, Schultz, 1813. In-12, rel. toile, non rogn.

> Étude sur l'origine et la décadence de l'historiographie islandaise.

2096. **Pontoppidan** (Carl). Samlinger til Handels Magazin for Island. Kiöbenhavn, Schuttz, 1787-1788. 2 vol. in-8, d.-rel. veau.

Ouvrage rédigé par Carl Pontoppidan. Sur le titre, frontispice de Bradt.

2097. **Ramus** (Jonas). Norriges Kongers Historie i Tvende parter : Den förste part, fra Kong Nor indtil Kong Harald Haarfager; Den anden part fra Kong Harald Haarfager indtil Kong Oluf Hagensøn. Kjøbenhavn, Nørwig, 1719. 1 vol. in 4, rel. veau (rel. suédoise).

2098. **Redslob**. Thule. Die phönicischen Handelswege nach dem Norden. Leipzig, Hinrich, 1855. 1 plaq. in-8, br. — **Stephensen** (Magnus). Island i det attende Aarhundrede. Kjøbenhavn, Gyldendal, 1808. 1 vol. in-12, rel. toile. — Sneglu-Halle's Reiser og Hændelser i dett 11te Aarhundrede. Oversatte efter Islandske Haandskrifter ved *Finn Magnusen*. Kiöbenhavn, Seidelin, 1820. 1 plaq. in-12, rel. toile. — **Werlauff** (E. C.). Symbolæ ad geographiam medii ævi ex Monumentis Islandicis. Hauniæ, Schultz, 1821. — **[Kœhler]**. Beurtheilung einer Schrift : Alterthümer am Nordgestade des Pontus. St Petersburg, Gretsch, 1823. Ensemble 5 vol. et plaq. rel. en 1 vol. in-4, cart.

2099. **Andrea** (Gudmund). Got help, Gud hielp, Deus adjuvet (Inscriptio monumenti cujusdam Lundensis i Scania Worm. Mon. Danie. pag 143-144). Lexicum Islandicum sive Gothicæ runæ vel linguæ Septentrionalis Dictionarium .... In gratiam eorum qui archaicum Gothicæ gentis amant sermonem quâ fieri potuit diligentiâ concinnatum, adornatum,... nunc tandem in lucem productum per Petrum Johan. Resenium. Havniæ, Chr. Weringius, 1683. 1 vol. petit in-4, rel. veau f., avec portr. grav. sur cuivre de Gudbrand Thorlack et de Arngrim Jonas.

Ouvrage estimé. Exemplaire avec ex-libris runique.

2100. Greinir or þeim Gaumlu Laugum, Saman-Skrifadar or Imsum Bokum og Saugum af *Iona Rvgman*. Upsalæ, excudit Henr. Curio, 1667. Petit in-8, rel. mar. noir jans., dent. int., tr. dor. (Dupré).

Collection des anciennes lois de Norvège et d'Islande, recueillies dans les Sagas.

2101. Lovsamling for Island. Kjöbenhavn, Höst, 1853-1871. 16 vol. in-8, br. — **Detharding** (Georg August). Abhandlung von den Isländischen Gesetzen. Hamburg, Martini, 1748. Plaq. petit in-4, d.-rel. bas. n. — **Sigurdsson** (Jón). Om Islands Statsretlige Forhold. Nogle Bemærkninger. Kjöbenhavn, Gyldendal, 1855. In-8, rel. toile.

2102. **Såby** (Viggo). Det Arnamagnæanske Håndskrift Nr 187 I Oktav, indeholdende en dansk lægebog (fac-similé du ms.). København, Thiele, 1886. 1 vol. in-8, d.-rel. chag., non rogn., avec coins. — Skyríngar yfir Fornyrði Lögbokar þeirrar, er Jónsbók kallast, samdar af *Páli* lögmanni *Vidalín*. Reykjavik, þórdarsyni, 1854. 1 vol. in-8, rel. toile, non rogn.

2103. **Valdemars** (Lovs). Det Arnmagnæanske Haandskrift n° 24, 4to indeholdende Valdemars Sællandske Lovs første Femtedel udgivet i fotolitografisk aftryk. Kjøbenhavn, Gyldendal, 1869. In-8, br.

Reproduction en photolithographie.

XXVII

Beaux-Arts.

2104. **Adam**. Taflor af svenska Konstnärer. Med Text af Onkel Adam och Nepomuk. Stockholm, Norstedt, 1856. 2 tomes en 1 vol. in-4, d.-rel. mar. r., tête dor., non rogn., avec nombr. pl. lith. noires et en couleur.

2105. **Dahl** (J. C. C.). Denkmale einer sehr ausgebildeten Holzbaukunst aus den frühesten Jahrhunderten in den innern Landschaften Norwegens. In-fol., d.-rel. chag. bl., coins, tr. dor., avec 24 pl. lith.

2106. [**Fredenheim**]. Ex musæo Regis Sveciæ antiquarum e marmore statuarum Apollinis Musagetæ, Minervæ Paciferæ ac novem Musarum series integra post Vaticanam unica cum aliis selectis priscæ artis monimentis, adcurante C. F. F. *S. l. n. typ.* (Stockholm), 1794. In-4, rel. toile, contenant 17 pl. gr. sur cuivre.

Bel ouvrage entièrement gravé.

2107. Galerie du château de Drottningholm. Le roi Oscar Ier et les souverains ses contemporains. Portraits exécutés en lithochromie par *A. J. Salmson*. Stockholm, Riis, 1859. In-fol., rel. toile, non rogn., contenant 10 pl.

2108. **Holmgren** (W. Fabian). Porträtt-Gallerj och Swenska Lärde, Snillen och Konstnärer. Stockholm, Deleen, 1823. In-4, d.-rel. bas., avec 16 port. en lithogr.

2109. Intera collezione di tutte le opere inventate e scolpite dal cav. Alberto Thorwaldsen incisa a contorni con illustrazioni del chiariss. abate *Misserini*. Roma, Aureli, 1832. 2 tomes en 1 vol. in-fol., d.-rel. chag. r., coins, tête dor., non rogn., avec 1 portr. de Thorvaldeen et 116 pl. gr. au trait.

Avec texte en italien et en français.

2110. **Leconte** (Casimir). L'œuvre de Fogelberg. Hommage rendu à sa mémoire par les artistes, littérateurs et amateurs français qui ont aimé sa personne et admiré son talent. Paris, Hauser, 1855-1856. 1 vol. in-fol., d.-rel. veau f., avec 1 titre frontisp., un portrait de Fogelberg et 37 pl. gr. sur acier.

Magnifique publication.

2111. **P. P.** Niels Iuel og hans Samtid. Et historisk Maleri fra Midten af det 17de Aarhundrede. Kjøbenhavn, Høst, 1848. 2 tomes en 1 vol. in-12, rel. toile, non rogn.

2112. **Plon** (Eugène). Thorvaldsen, sa vie et son œuvre. Paris, Plon, 1867. — Le sculpteur danois Vilhelm Bissen. Paris, Plon, 1870. Ensemble 1 vol. grand in-8, d.-rel. chag. gren., coins, tête dor., non rogn., avec grav. et pl., et 1 vol. in-12, tête dor., non rogn., avec 4 dessins.

2113. Regum Daniæ icones accuratæ expressæ. Hafniæ, Alb. Hæhvegh fecit et excudit. Hafniæ, sumptibus Georg. Holst, *s. d.* 1 vol. in-fol., rel. bas., contenant 104 portr. et 2 pl. (titre et arbre généal.) gr. sur cuivre.

Mouillures.

2114. **Rumohr** (C. F. von) & **Thiele** (J. M.). Geschichte der Königl. Kupferstichsammlung zu Copenhagen. Ein Beitrag zur Geschichte der Kunst und Ergänzung der Werke von *Bartsch* und *Brulliot*. Leipzig, Weigel, 1835. In-8, rel. toile, non rogn.

Fortes mouillures.

2115. **Thilo** (Valentin). Icones Herovm Bellica virtvte maxime illvstrium nempé Regvm VI. Daniæ, Sveciæ, et Norvegiæ, &c. Ex antiq. Com. Oldenbvrg. Stirp. orivnd. et Ranzoviorum III. Eq. Avr. Svmm. Bell. Dvc. Con. Svec. et Reg. Dan Vicar. Imagines elogiis illustratæ... Basileæ, typ. Conr. Valdkirchii, 1589. 1 vol. petit in-4, rel. parch., dont chaque page contient un portrait.

2116. **Thurah** (Lauritz de). Den Danske Vitruvius... Le Vitruve danois contient les plans, les elevations et les profits des principaux batiments du Roiaume de Dannemarc... Kiöbenhavn, Berling, 1746-1749. 2 vol. in-fol., rel. v. f., contenant, le tome 1er, 120 pl.; le tome 2e, 161 pl.

Texte en danois, en français et en allemand.

2117. **P. P.** Peter Tordenskjold, et historisk Maleri fra Begyndelsen af det 18de Aarhundrede. Kjøbenhavn, Høst, 1842. 2 tomes en 1 vol. in-12, rel. toile, non rogn.

2118. **Lund** (F. C.). Danske Nationaldragter, lithographerede af Ad. Kittendorff. Kjöbenhavn, Stink.

Suite de 30 pl. lithogr. en couleur d'une fort belle exécution (dans un carton).

2119. **Tönsberg** (Chr.). Norske Nationaldragter tegnede af forskjellige norske Kunstnere og ledsagede med oplijsende Text. Christiania, Winckelmann, 1852. 1 vol. in-4, d.-rel. chag. bl., coins, tr. dor., contenant 1 titre et 33 pl. en couleur.

2120. **Backman** (Gustave). Costumes nationaux des provinces de Suède avec un aperçu des mœurs et coutumes de leurs habitants. Stockholm, Bonnier, 1850. Plaq. in-4, avec 10 pl. color. avec soin, cart.

Quelques piqûres.

2121. Costumes des paysans de divers cantons de la Suède, gravés d'après les tableaux de M. P. Hillesröm, par J.-F. Martin. Petit in-4 obl., contenant 10 pl. coloriées, rel. toile.

2122. **Forssell** (C.). Album pittoresque du Nord. Tableaux des costumes, mœurs et usages des paysans de la Suède. Londres & Berlin, Asher, 1838. Grand in-4, rel. toile, avec 15 pl. en couleur.

2123. Skånska allmogens Klädedrägter tecknade efter naturen af Prof. Otto Wallgrén med text af Hjorward. Stockholm, Salmson. Grand in-fol., rel. toile, avec 22 pl. en couleur.

2124. Svenska Folkedrägter. Stockholm, Huldberg, 1857. In-4, cart., avec 10 jolies pl. en couleurs représentant les costumes nationaux des diverses parties de la Suède.

2125. **David d'Angers**. Lettre sur Thorwaldsen. Alençon, Poulet-Malassis et De Broise, 1856. Plaq. in-12, rel. toile (couverture), non rogn. *Tiré à 50 ex. (Imprimé pour la première fois dans l*'Almanach du Mois *en 1844.* — **Malm**. Hvaldjur i Sveriges museer, år 1869, med sex taflor. Stockholm, Norstedt, 1871. 1 plaq. grand in-4, cart. — Norway. Art of the present time. Painting and Sculpture. Christiania, Bentzen, 1876. 1 plaq. in-8, rel. toile, *tir. à 100 ex., non mis dans le commerce*. — **Smith** (Sophus Birket). De malede Vaser i Antikkabinet i Kjøbenhavn. Kjøbenhavn, Gyldendal, 1862. 1 vol. in-12, br. (3 lithographies). — Guide au musée Thorvaldsen. Copenhague, Thiele, 1856. In-12, d.-rel., 40 pp. et 1 plan.

Archéologie.

2126. **Anckarswärd** (M. G.). Sweriges Märkwärdigaste Ruiner. Stockholm, Gjöthström, 1828-1829. 1 vol. grand in-4, d.-rel. mar. bleu, coins (Gruel), contenant 32 pl. en lithographie.

2127. Annaler for Nordisk Oldkyndighed Udgivne af det Kongelige Nordiske Oldskrift-Selskab. Kjöbenhavn, 1836-1863. Ensemble 11 vol. in-8, d.-rel. chag. r., coins, tr. peigne, planches.

2128. Antiquariske Annaler udgivne ved den Kongelige Commission i Kjøbenhavn for Oldsagers Opbevaring. Kjøbenhavn, Schultz, 1812-1827. Ensemble 4 tomes en 2 vol. in-8, d.-rel. chag. rouge, avec coins, tr. peigne, planches.

2129. **Arnkiels** (M. Trogilli). M. Trogilli Arnkiels probsten und Pastoren zu Alpenrade indem Hertzogthumb Schleszwig-Holstein. Auszführliche Eröffnung. — I. Was es mit der Cimbrischen und Mitternächtischen Volcker, als Sachsen, Gothen, Wenden und Frefem ihrem Götzendienst, Haynen, Oraculen, Zaubereyen, Begräbnissen u. d. gl. von Uhralters her vor eine Berwandtnisz gehabt, und was von derselben Antiquitaten noch hin und wies

der zu finden sey. — II. Eine Erklahrung, was es für eine Beschaffenheit mit dem in Ao. 1639. bey Tundern gefundenem seltzahmen Uunder Horn, so hoher als Gold geschåtzet wird, gehabt haben moge. — III. Was die Cimbrischen und Mitternåchtischen Völker vor Gråber und Töpffe, worinnen sie die Asche der verbrandten Cörper verwahret gehalt, und ihre gebrauchte seltzahme Grab. Schrifften. — IV. Endlich auch, wie diese Volcker aus dem Heydenthumb mit grosser Mühe zum wahren Christlichen Glauben gebracht und bekehret worden. Worinnen auch des uhralten Grönlands, und deren Einwohner ehemahliger Zustand und Bekehrung, angefuhret und beschrieben wird, welches Land sonst anitzo nicht mehr zu finden ist. Deszgleichen, was sie von der Welt-Schopffung und Regierung von guten und bösen Engeln u. d. gl. geglaubet. Ein Werck, wornach von denen Liebhabern der Antiquitaten vor vielen Iahren sehr ist verlanget worden. Hamburg, gedruckt bey Th. von Wiering, 1703. 4 part. en 1 gros vol. in-4, rel. vél., avec 49 planches.

2130. **Bartholinus** (Thomas). De latere Christi aperto, dissertatio. Accedunt Cl. Salmasii & aliorum de cruce epistolæ. Lugd. Batav. Ex off. Joann. Maire, 1646. — De Morbis biblicis. — De armillis veterum Schedion. Amstelod., Wetstein, 1676. *Frontisp. & fig.* — De inauribus veterum. Amstelod., 1676. — Dissertatio de Cygni anatome, ejusque cantu. Hafniæ, ap. Dan. Paulli, 1668. — De Unicornu, observationes novæ. Amstelod., 1678. *Frontisp. & pl.* Ensemble 5 vol. in-12, rel. vél.

2131. **Bartholinus** (Caspard Thomesen). De tibiis veterum et earum antiquo usu libri tres. Editio altera, figuris auctior. Amstelædami apud J. Henr. Wetstenium, 1679. 1 vol. in-12, rel. vél.

Jolie édition ornée d'un frontisp., d'un portr. de l'auteur, 5 pl. et plus. fig. finement gravées.
Bel exemplaire.

2132. **Bosejen** (E. F.). Haandbog i de Romerske antikviteter. 4° *édit.* Kjöbenhavn, Reitzel, 1863. — Haandbog i de Græske antikviteter. Kjbnhvn, Reitzel, 1861. 2 vol. in-12, rel. toile. — **Björklund** (And.). Beskrifning öfver Kongl. Lust-Slotten Drottningholm och China. Stockholm, Holmberg, 1796. In-12, rel. toile, titre gravé.

Raccommodage à une page.

2133. **Brunius** (C. G.). Antiqvarisk och arkitektonisk Resa genom Halland, Bohuslän, Dalsland, Wermland och Westergötland år 1838. Lund, Gleerup, 1839. 1 vol. in-8, rel. toile, non rogn. (couvert.). — Historisk och arkitektonisk Beskrifning öfver Helsingborgs kärna. Lund, Berling, 1845, avec 5 pl. — Beskrifning öfver Lunds Domkyrka. Lund, 1836. *Le titre manque.* — Nordens äldsta metropolitan kyrka eller histor. och arkitekton. Beskrifning om Lunds Domkyrka. Lund, Gleerup, 1854, *avec 6 pl.* — Konstanteckningar under en resa år 1849, från Lund om Linköping och Strengnäs till Fahlun

och åter om Upsala, Stockholm och Vexiö. Lund, Gleerup, 1851. — Försök till Förklaringar öfver Hällristningar. Lund, Berling, 1868, *avec 15 pl.* — Skånes Konsthistoria för Medeltiden. Lund, Gleerup, 1850. — Gotlands Konsthistoria. Lund, Berling, 1864-1865. 2 *tomes avec pl.* — Konstanteckningar under en Resa till Bornholm år 1857. Lund, Gleerup, 1860. Ensemble 7 vol. in-8, rel. toile, non rogn. et d.-rel. chag., et 1 plaq. in-4, cart.

Mouill. à un vol.

2134. **Bruzelius** (Nils Gustaf). Fynden i Ystads Hasnn år 1868-1869. Lund, Berling, 1870; avec 3 pl. — Sur des rochers sculptés découverts en Scanie. Stockholm, 1875; fig. — Beskrifning om Fornlemningar i Skåne. Köpenhamn, Thiele, 1857. — Svenska Fornlemningar af Tecknade och beskrifna. Lund, Berling, 1853; 2 *parties avec planches*. — Beskrifning öfver Fornsaker funna i Skåne, jemte inledande anmärkningar öfver Svenska Antiquiteter i Allmänhet. Lund, Berling, 1850; *avec pl.* Ensemble 5 plaq. in-8, cart. et rel. toile.

2135. **Cleffelius** (Joh. Christ.). Antiquitates Germanorum potissimum Septentrionalium selectæ quibus multa ad rem sacram et domesticam spectantia. Francof. & Lipsiæ, Paulli, 1733. *A la suite :* De Gladiis veterum, imprimis Danorum Schediasma, autore *Tychone Rothe*. Havniæ, Rothen, 1752. Ensemble 1 vol. in-12, rel. vél.

2136. Congrès international d'anthropologie et d'archéologie préhistorique. Compte-rendu de la 4e session : Copenhague, 1869. Copenhague, Thiele, 1875. 1 vol. in-8, avec fig. et pl. rel. toile, non rogn. (couvert.)

2137. Congrès international des Américanistes. Compte-rendu de la 5e session : Copenhague, 1883. Copenhague, Thiele, 1884. In-8, avec pl. en phototyp. et cartes, rel. toile, tr. dor. (édit.).

2138. **Du Buisson Aubenay**. Additamenta ad Monumenta Danica. Lutetiæ Parisior., 1645. Plaq. petit in-fol., 40 pp., rel. vél. — **Cramer** (Joh. Nic.). Inscriptiones Gothlandenses medii ævi. Upsaliæ, typ. regia, 1836. — En Gotländsk Pastfärd och en natt på Hafvet. Stockholm, Riis, 1872.

2139. **Dybeck** (Richard). Svenska Fornsaker. Stockholm, Beckman, 1853-1855. — Svenska Run-Urkunder. Stockholm, Beckman, 1855-1857. Ensemble 5 parties en 1 vol. in-8, rel. peau de Suède, fil., plats ornés des armes et chiffre runique du comte Riant (Gruel).

Bel exemplaire avec 88 planches lithographiées.

2140. **Engelhardt** (Conrad). Thorsbjerg Mosefund. Beskrivelse af de Oldsager som i Aarene 1858-1861 ere udgravede af Thorsbjerg Mose ved Sönder-Brarup i Angel. Kjöbenhavn, Klingsey, 1863; *avec 18 planches*. — Nydam Mosefund, 1859-1863. Kjöbenhavn, Thiele og Klingsey, 1865; *avec 1 carte et 15 planches*. — Denmark in the early iron age illustrated by recent discoveries in the Peat Mosses of Slesvig. London, Williams and Norgate, 1866.

ARCHÉOLOGIE

Traduction anglaise des deux ouvrages ci-dessus, ornée des mêmes planches. Ensemble 3 vol. in-4, rel. toile.

Importantes contributions à l'histoire des premiers temps du Danemark.

2141. Foreningen til Norske Fortidsmindesmerkers Bevaring. Christiania, Fabricius, *puis* Werner. Années 1845 *origine* à 1875 et table publiée en 1876 par *N. Nicolaysen.* Ensemble 34 fasc. in-4 et in-8, avec nombr. pl., br.

Rapports annuels de la Société pour la conservation des monuments anciens de Norvège.
Les années 1845 à 1853 sont in-4.

— Années 1859-1869 en 1 vol. in-8, rel. toile, non rogn.

2142. **Forssenius** (André Christophe). Specimen historicum de Monumento Kiwikensi. Londini Gothorum, Typis Berlingianis, 1780. Petit in-4, br., avec 1 pl.

2143. **Friis** (Steen). Roskilde Domkirke. Kjöbenhavn, Reitzel, 1851. 2 parties en 1 vol. petit in-8, rel. toile, avec planches.

L'église de Roskilde renferme les tombeaux des souverains de Danemark.

2144. Hans Majestät Konung Carl XV^s Vapensamling. Stockholm, Nörstedt, 1861. 1 vol. in-4, d.-rel. mar. rouge, tête lim., non rogn., avec 39 pl.

2145. **Henneberg** (Knud). Hvad er Edda, eller : Raisonneret Kritisk Undersögelse over de tvende ved Gallehuus fundne Guldhorn. *Avec supplément* Aalborg, Borch, 1812-1813. 1 vol. et 1 plaq. petit in-4, avec 2 pl., d.-rel. bas.

2146. **Herholdt** (J. D.) et **Höyen** (N.). Hellige-Ands Kirken i Wisby paa Gotland. Kiöbenhavn, Thiele, 1852. Grand in-fol., rel. toile, avec 4 pl. lith.

2147. **Hildebrand** (Hans). Sveriges Medeltid Kulturhistorisk Skildring. Stockholm, Norstedt, 1879; *avec fig et pl.* — Den arkeologiska Kongressen i Bologna. Stockh., 1872. — Les fibules de l'âge du bronze. Stockh., 1871. — Fornlemningar på Kypern. Stockh., 1878. Ensemble 1 vol. in-4, rel. toile, et 3 plaq. in-8, cart., *avec fig. et pl.*

2148. — Den Kyrkliga Konsten under Sveriges Medeltid. Stockholm, Norstedt, 1875; *avec fig.* — Floda Kyrka i Södermanland. — Berättelse om råda Kyrka i Wisnums härad i Wermland. Stockholm, Norstedt, 1857. Ensemble 3 vol. et plaq. in-8, rel. toile et cart.

2149. — Den äldre jernåldern i Norrland. Stockholm, Hæggström, 1869; *avec fig. et 2 pl.* In-8, rel. toile, non rogn. — Antiqvariska undersökningar i Skåne En reseberrättelse. Stockholm, Hæggström, 1870; avec fig. — The Industrial Arts of Scandinavia in the pagan time. London, Chapman, 1883; avec nombr. fig. — Till hvilken tid och hvilket folk böra de Svenska Hällristningarne hänföras ? af *Bror Emil Hildebrand.* Stockholm, Hæggström, 1869; *avec fig. et 1 pl.* Ensemble 5 vol. et plaq. in-8 et in-12, cart. et rel. toile.

2150. **Hofberg** (Herm.). Nerikes gamla Minnen, Sådana de ännu qvarlefva

i Fornlemningar, Fornfynd, aflefvor af medeltidens kyrkliga Konst, Folklif, Sånger, Sägner, Folkspråk, m. m. Örebro, Bohlin, 1868. In-8, cart., avec fig.

2151. **Holmboe** (C. A.). Om Helleristninger; om en Nordisk og indisk Vægteenhed, 1865, *fig*. — Asaland, 1872. — Om Tallene 108 og 13, 1866. — Om det ældre Russiske Vægtsystem, 1867, *avec fig*. — Om nogle norske Pengetegn, 1868, *pl*. — Om Vægter af nogle Smykker fra Oldtiden af ædelt Metal, samt on de paa saadanne anbragte Betegnelser af Vægten, 1871. — Om Næver i Nordiske Gravhöie, 1869, *fig*. — Om Gravhöie, hvori mere end eet Kammer og mere end eene Urne er forefunden, 1867. — Det Chinesiske Skakspil, 1870, *pl*. — Om Ni-Tallet, 1867. — Om Brugen af de Pincetter, som jævnligen findes i gamle nordiske Gravhauge, 1875, *fig*. — Om Eeds-Ringe, 1863, *avec 4 pl*. — Norske Vægtlodder fra fjortende Aarhundrede, 1869. — Norske Vægtlodder fra 14e Aarhundrede. Christiania, 1863. Ensemble 14 plaq. in-8 et in-4, cart.

2152. **Hylten-Cavallius** (Gunnar Olof). Wärend och Wirdarne. Ett Försök i Svensk Ethnologi. Stockholm, Norstedt, 1863. 1 vol. in-8, avec fig., rel. toile, non rogn. — **Hommeln** (Carl Ferd.). Erklärung des Goldnen Hornes aus der Nordischen Theologie bey müssigen Stunden entworfen. Lpzg, Fritsch, 1769. Plaq. in-12, rel. toile, avec 1 pl.

2153. **Kjaer** (L. Ove). Studier af Oldtidslivet og oldtids-historien. Kjøbenhavn, Hagerup, 1864. In-8, rel. toile, non rogn., avec 1 carte.

Réunion d'études intéressantes relatives à l'antiquité.

2154. **Kolthoff** (Henri). Disputatio de imperio Amazonum. Holmiæ, Nic. Wankup, 1678. Plaq. in-12, rel. vél.

2155. **Kruse** (Prof. Dr Friedr.). Necrolivonica oder Geschichte und Alterthümer Liv-, Esth- und Curlands Griechischen, Römischen, Byzantinischen, Nortmannischen oder Waräger-Russischen, Fränkischen, Angelsächsischen, Anglo-dänischen Ursprungs. Leipzig, Dyk, 1859. 1 vol. gr. in-4, d.-rel. toile, avec 46 pl. en lithogr.

Intéressant ouvrage traitant des antiquités de la Livonie, de l'Esthonie et de la Courlande, accompagné de planches représentant des objets trouvés dans des fouilles.

2156. **Lieblein** (J.). Die Ægyptischen Denkmäler in St Petersburg, Helsingfors, Upsala und Copenhagen. Christiania, Brøgger, 1873. In-8, rel. toile, couvertures, avec 35 pl. autogr.

2157. **Liljegren et Brunius**. Nordiska Fornlemningar. Stockholm, Haeggström, 1823. 2 tomes en 1 vol., d.-rel. veau, non rogn.

Nombreuses planches lithographiées.

2158. **Lorange** (A.). Samlingen af norske Oldsager i Bergens Museum. Bergen, Beyer, 1875. 1 vol. in-8, rel. toile.

2159. **Montelius** (Oscar). Bibliographie de l'archéologie préhistorique de la

Suède pendant le XIXe siècle, suivi d'un exposé succinct des soc. arch. suéd. Stockholm, 1875. — Minnen från Lapparnes stenålder i Sverige. Stockholm, 1875-1876. — Sur les différents types des haches en silex suédoises. *S. l. n. d.* — Les tombeaux et la topographie de la Suède pendant l'âge de la pierre. *S. l. n. d.* — Sur les souvenirs de l'âge de pierre des Lapons en Suède. *S. l. n. d.* — Sur les sculptures de rochers de la Suède. *S. l. n. d.* — Sur l'âge du bronze en Suède. *S. l. n. d.* — Om Lifvet i Sverige under Hednatiden. Stockh., 1873. Ensemble 8 plaq. in-8, cart., avec planches et nombreuses gravures dans le texte.

2160. **Müller** (Sophus). Dyreornamentiken i Norden, dens Oprindelse, udvikling og forhold til samtidige Stilarter. En archæologisk Undersøgelse. Kjøbenhavn, Thiele, 1880. 1 vol. in-8, rel. toile, non rogn., fig. et 1 pl. (couvertures).

2161. **Munch** (P. A.) **et Schirmer** (H. E.). Throndjems Domkirke. Udgivet efter Foranstaltning af den Norske Regiering. Christiania, Fabritius, 1859. 1 vol. in-fol., d.-rel. chag. rouge, tête dor., non rogn., avec 31 pl. *Texte en norvégien et en anglais.* — **Nicolaysen** (N.). Om Throndhjems Domkirke. Kristiania, 1872. 1 plaq. in-8, cart.

2162. **Minutoli** (Alexander von). Der Dom zu Drontheim und die mittelalterliche christliche Baukunst der Scandinavischen Normannen. Berlin, Dieterich Reimer, 1853. Grand in-fol., cart., avec fig. et 12 pl. lithogr.

2163. **Pontoppidan** (Erik). Marmora Danica Selectiora Sive Inscriptionum quotquot fatorum injuriis per Daniam supersunt... Fasciculus. Hafniæ, 1739-1741. 2 vol. in-fol., rel. veau gauf.

2164. **Rhode** (Christian Detlev). Cimbrisch-Hollsteinische Antiquitæten-remarques, oder accurate und umständliche Beschreibung, derer in denen Grab-Hügeln derer alten Hendnischen Hollsteiner der gegend Hamburg gefundenen Reliquen... nebst einer Vorrede Joh. Alb. Fabricij. Hamburg, Piscator, 1720. — **Democriti** (Christiani). Commentariuncula de Simulacris aureis, etc... Hamburg, Piscator, 1725. — **Krysingius** (Georg.). Cymbrische Heyden-Antiquitäten... Flensburg, Vogel, 1734. — **Lachmann** (Ad. Henr.). Erläuterungen über ausgegrabenen und entdeckten Guldenen Horns... Hamburg. — **Graüer**. Erklärungen über das am 21 April 1734 gefundene Guldene Horn. Altona, 1736. Ensemble 1 vol. petit in-4, d.-rel. veau rac., avec fig. et pl.

2165. **Rygh** (K.). Faste fornlevninger og oldsagfund i Nordre Throndhjems amt. *S. l. n. d.* — Faste fornlevninger og oldsagfund i Søndre Throndhjems amt. *S. l. n. d.* Ensemble 2 parties en 1 vol. in-8, cart.

2166. **Müller** (Peter Erasmus). Antikvarisk Undersögelse over de ved Gallehuus fundne Guldhorn. Kjøbenhavn, Seidelin, 1806. In-4, rel. toile, non rogn. (avec 5 pl.). *Recherches sur des cornes en or, servant à boire, trouvées à*

*Gallehus au commencement du XVII*e *siècle et conservées aujourd'hui au Musée de Copenhague.* — Zuverlassiger Abriss des anno 1734, bey Tundern gefundenen Güldenen Horns. Copenhagen, Lynov, 1734. Plaq. in-fol., rel. vél., 3 pl. — **Schmitt** (Polykarp). Das grosse Oldenburger Horn, 1830. Plaq. in-12, rel. toile, avec 1 pl. — **Arnkiel** (M. Trogillius). Gülden-Horn 1639. bey Tundern gefunden, aus dem dar unter verbognem Heidenthumb unfrer Vorfahren Cimbrischer Nation, als eine denckwurdige Antiquität und höher als Gold geschätztes Monument ihrer Heidnischen Abgöttereien erklärt. Kiel, Reumann, 1683. Petit in-4, rel. vél., avec 1 pl.

2167. **Nicolaysen** (N.). The Viking-Ship discovered at Gokstad in Norway, with a map, 10 wood-cuts and 13 plates. Christiania, Cammermeyer, 1882. 1 vol. in-4, rel. toile.

Le texte norvégien est vis-à-vis le texte anglais.

2168. Nordiske Oldsager i det Kongelige Museum i Kjöbenhavn. Ordnede og forklarede af *J. J. A. Worsaae*. Tegnede og raderede af *Magnus Petersen*; chemityperede af *Aagaard*. Kjöbenhavn, Kittendorff og Aagaards Forlag, 1859. (193 planches comprenant 621 fig. sur bois.) 1 vol. in-8, rel. peau de Suède, fil.; sur le plat, armes et chiffre runique du comte Riant.

Tirage à petit nombre.

2169. **Nyerup** (R.). Antiqvariske Fodrejse i Fyen i August 1805, from en Fortale foran hans 1806 udgivne, Oversyn over danske og norske Antiqviteter. Kjøbenhavn, 1806. Forl. af A. og S. Soldin, Tr. hos B. K. Horrebow. — Rasmus Nyerups og Søren Abildgaards Antiqvariske Rejser i Aarhus Stift i Aarene 1771 og 1807. Med et Tillæg indeholdende en halv Snes Odenseske Monumenter i Kobber. Kjøbenhavn, 1808, Tr. paa A. og S. Soldins Forl, hos A. Seidelin. 1 vol. in-12, rel. peau de Suède, tr. dor., dent. int.; sur les plats, armes et chiffre runique du comte Riant (Gruel).

10 curieuses gravures sur cuivre.

2170. **Ramus** (Jonas). Ulysses & Outinus unus & idem, sive disquisitio historica & geographica, quâ Ex collatis inter se Odyssea Homeri & Edda Island, Homerizante, Outini fraudes deteguntur, ac, detracta larva in lucem protrahitur Ulysses. Editio nova... Hafniæ, Lynnovius, 1713. — Ulysses et Otinus... Hafniæ, Joh. Jac. Bornheinrich, 1702. — **Joann. Bircherodii**, Palæstra antiqvaria, Disqvisitionum curiosarum. Hafniæ, Chr. Wering, 1688. Ensemble 2 vol. in-12, rel. vél. & toile.

2171. **Resenius** (P. J.). Inscriptiones Haffnienses latinæ, danicæ et germanicæ. Hafniæ, Typ. H. Gödiani, 1668. 1 vol. in-4, rel. vél.

2172. **Rhyzelius** (Andreas O.). Sepulturæ sveogothicæ. Upsaliæ, Werner, 1707-1709. 2 parties. — Σχεδίασμα historicum probans scandinaviam vere fuisse dictam Vaginan Gentium. Holmiæ, Merckel, 1728. Ensemble 3 plaq. in-12, rel. vél.

2173. **Rothe Tychone**. De Gladiis veterum imprimis Danorum Schediasma. Havniæ, Glasing, 1750. Petit in-8, rel. veau f., rel. est. danoise.

2174. **Scheffer** (Jean). De militia navali veterum, libri quatuor ad Historiam Græcam Latinamque utiles. Ubsaliæ, Excudebat Johannes Janssonius, anno 1654. 1 vol. in-4, rel. vélin.

> Jolie marque de J. Jansson au titre, frontispice dessiné par *Scheffer*, gravé par Meurs, 2 pl. et intéress. fig. dans le texte. Ouvrage soigné et rare.
> Jean Scheffer était professeur à Upsal.

2175. — Joannis Schefferi Argentorasensis De Antiquorum Torquibus syntagma. Holmiæ Suecorum, Ex officinâ Johannis Janssonii, Ao 1656. 1 vol. in-12, rel. vél.

> Jolie édition. Marque de Jansson au titre.

2176. — Johannis Schefferi, Argentoratensis, De Re Vehiculari veterum libri duo. Accedit *Pyrrhi Ligorii*. V. C. de Vehiculis fragmentum cum ejusd. I. Schefferi Arg. annotationibus. Francofurti, Ex officinâ Zunneriana, Typis Johannis Andreæ, 1671. 1 vol. in-4, rel. vél.

> Marque au titre. Beau frontispice dessiné par Roos, gravé par C. N. Schurtz (de Nüremberg). Ouvrage fort rare.

2177. — De Orbibus tribus aureis nuper in Scaniâ erutis è terra. Disquisitio antiquaria. Holmiæ, Typ. et Impens. N. Wankif, 1675. — De situ et vocabulo Upsaliæ ad Regni Sueciæ Senatorem, &c. Ill. Excel.q3 Dom. D. Gustavum Adolphum De La Gardie, Epistola defensoria. Holmiæ, Exc. N. Wankiif (1677). — De Excerptis annotationibus ex scriptis Caroli, Episc. Arosiensis per adversarios expressum judicium. Holmiæ, Exc. H. Keyser, 1678. — De Generosi Nobilisq3 informatione litteraria dissertatio. Holmiæ, Exc. H. Keyser, 1678. Ensemble 5 opusc. en 1 vol. in-12, rel. vél.

2178. — Johannis Schefferi, Argentoratensis, Memorabilium Sueticæ gentis exemplorum liber singularis. Hamburgi & Holmiæ, Ap. G. Liebezeit, Bibliop. Typis N. Spieringii, Ao 1687. 1 vol. in-12, rel. veau.

2179. **Schöning** (Gerh.). Beskrivelse over den tilforn meget prægtige og vidtberømte Domkirke i Throndhjem, egentligen Kaldet Christ-Kirken. Trondjem, Winding, 1762, et Supplément Trondjem, 1763. 1 vol. in-4, d.-rel. bas. noire, avec 7 pl.

2180. **Schwedisches Museum**, herausgegeben von C. G. und C. H. *Gröning*. Wismar, Schwerin & Bützow, 1783-1784. 2 vol. in-8, rel. toile.

2181. **Sehested** (F.). Fortidsminder og Oldsager fra egnen om Broholm. Kjøbenhavn, Reitzel, 1878. 1 vol. in-4, cartonné (édit.), avec un plan cadastr., 3 cartes, 46 pl. sur cuivre et 7 lith.

> Description des antiquités et des monuments préhistoriques du pays de Broholm en Danemark.
> Important travail.

2182. **Sjöborg** (N. H.). Samlingar for Nordens Fornälskare innehållande Inskrifter, Figurer, Ruiner, Verktyg, Högar och Stensättningar i Sverige och Norrige, med Plancher. Stockholm, 1822-1830. 3 tomes en 1 vol. in-4.

Cet ouvrage, qui contient 180 planches, est des plus importants pour l'étude des antiquités du Nord; il donne les copies des inscriptions, des figures, des ruines, des pierres tumulaires, découvertes dans les pays scandinaves.

2183. **Steinhauer** (C. L.). Kort Veiledning i det Ethnographiske Museum, 1859. Kjobenhavn, B. Luno. 1 vol. in-12, rel. peau de Suède, avec armes et chiffre, tr. dor., dent. int. (Gruel).

2184. **Terpager** (Petrus). Inscriptiones Ripenses, latinæ, danicæ, germanicæ, cum præmissa brevi urbis descriptione. Hafniæ, Lit. viduæ J. Hög, 1702. 1 vol. in-4, d.-rel. veau, coins; au titre, les armes de la ville de Ripa.

2185. **Tomaschek** (Wilhelm). Ethnologische Forschungen über Ost-Europa und Nord Asien. Die Goten in Taurien. Wien, Hölder, 1881. 1 vol. in-8, rel. toile, non rogn., couverture.

2186. **Ulfsparre** (S. B.). Svenska Fornsaker, samlade och ritade på sten. In-4 obl., rel. toile, avec 15 pl. lithogr.

2187. **Undset** (Ingvald). Iernalderens Begyndelse i (Nord-Europa. En Studie i Sammenlignende forhistorisk Archæologi (*209 f. et 32 pl.*). Kristiania, Cammermeyer, 1881. 1 vol. in-8, rel. toile, non rogn., couverture. — Universitatets Samling af Nordiske Oldsager. Kort Veiledning for besøgende. Kristiania, 1878. Indberetning om antiqkvariske Undersøgelser i 1873. *S. l. n. d.* 2 plaq. in-8, rel. toile et cart. — Norske Oldsager i Fremmede Museer. En Oplysende Fortegnelse. Christiania, Dybwad, 1878. Plaq. in-4, rel. toile, nombr. fig. et pl. Ensemble 4 plaq.

2188. **Vedel** (E.). Bornholms. Oldtidsminder og Oldsager. Christiania, Cammermeyer, 1886. 1 vol. grand in-4, br., avec fig. et pl. noires et en coul.

2189. **De Wal** (Jean). Mythologiae Septentrionalis Monumenta epigraphica latina. Utrecht, Kemink, 1847. 1 vol. in-8, rel. toile, non rogn.

2190. **Werner & Schröder**. Upsala Domkyrka med dess Märkvärdigheter, tecknade och Beskrifne af Fred. Werner och Joh. Henr. Schröder. Stockholm, C. Müller, 1826. Un vol. in-4, cart., contenant 30 pl.

Bel ouvrage entièrement gravé et lithographié.

2191. **Winkelmann** (Joh. Just). Des Oldenburgischen Wunder-Horns Ursprung, Herkunft, Materie, Form, Gestalt, Figuren und hieroglyphische Auslegung... Bremen, Joh. Wessel, 1684. Petit in-fol., rel. vél., avec 3 pl.

Les marges sont abîmées.

2192. Güldene Äpffel in Silbernen Schalen. Stockholm, Burchardische Druckerey. In-12, agenda, rel. bas. — **Bircherod** (Johann). Palæstra antiquaria (seu antiquitates Juliæ). Hafniæ, Wering, 1688. In-12, rel. vél. blanc. —

Brönsted (Petrus Olaus). De cista ænea Præneste reperta. Hauniæ, Schultz. Plaq. petit in-4, rel. toile, avec 1 pl. — **Fergusson** (Jas). On the Norwegian origin af Scottish Brochs. Plaq. in-8, cart. Extr. factice des Proceedings of the Society of Antiqu. of Scotland, 1877-1878. — **Kürck** (A.). Le bronze préhistorique et les Bohémiens dans le Nord. (Extr. des bull. de la Soc. d'anthropologie de Paris.) Paris, Hennuyer, 1876. 1 pl. in-8, cart. — **Melle** (Jacobus à). Commentatiuncula de Simulachris aureis, quæ in Boringholmia, maris Balthici insula, agris ervuntur. Lubeck, Thun, 1725. 1 plaq. in-4, vélin. — **Sick** (I. Fr.). Notice sur les ouvrages en or et en argent dans le Nord. Copenhague, Lehmann, 1884. In-8. br., avec 9 pl. — **Stephens** (G.). Queen Dagmars's Cross, fac-simile in gold and colors of the enameled Jewel in the Old-Northern Museum. London and Cheapinghaven, 1863. 1 plaq. in-8, rel. toile, 1 pl. en coul. *Publié avec la traduction danoise par le Dr Schou.*

2193. **Beauvois** (Eugène). Les antiquités primitives de la Norwège. Ages de pierre et âge de bronze. Paris, Challamel, 1869. In-8, br. — **Engeström**. Kongres antropologii y archeologii przedhistorycznéj w Sztockholmie, 1874. R. Poznan, Lebinski, 1875. Plaq. in-12, cart. — **Bertrand** (Alex.). Rapport sur les questions archéologiques discutées au Congrès de Stockholm, Paris, Impr. Nat., 1875. Plaq. in-8, cart. — **Bonnafont** (D^r). Voyage dans le Nord de l'Europe à propos du Congrès préhistorique de Stockholm en 1874. Paris, Baillière, 1876. In-8, cart., non rogn. — **Steenstrup** (J.). Comparaisons entre les ossements des cavernes de la Belgique et les ossements des Kjoekkenmoedding du Danemark, du Groenland et de la Laponie. Bruxelles, Weissenbruch, 1873. 1 plaq. in-8, rel. toile. — **Quatrefages** (de). Congrès international d'archéologie préhistorique, session de Copenhague, 1869. (Extr. de la Rev. des Deux-Mondes, 15 avril et 1er mai 1870.) Paris, Claye, 1870. 1 plaq. in-8, cart. — **Kraszewski** (I.-J.). Congrès international d'anthropologie et d'archéologie préhistorique. Session de 1874 à Stockholm. Notes de voyage. Paris, Claye, 1874. Broch. grand in-8. — **Kramer** (J. H.). Le Musée d'ethnographie scandinave à Stockholm, fondé et dirigé par le docteur *Arthur Razelius*. Notice historique et descriptive. Stockholm, Norstedt och Söner, 1879. Plaq. in-8, rel. toile, non rogn., couverture. — **Klee** (Fr.). Steen-Bronce- og Jern-Culturens minder, eftervüste fra et almindelig culturhistorisk Standpunct i Nordens nuværende Folke- og Sprogeiendommeligheder. Kjøbenhavn, Berlingske Bogtrykkeri, 1854. — Om Nordens ældste Bebœre og deres efterladte Minder. Kjøbenhavn, Höst, 1852. 2 plaq. in-8, rel. toile. *Les souvenirs de la civilisation (culture) de pierre, de bronze et de fer.* — **Dognée** (Eugène M. O.). Le Congrès d'archéologie préhistorique à Copenhague. Chartres, Garnier, 1870. — L'archéologie préhistorique en Danemark, *avec 2 pl. et notes mss. intéress.* (Ex. du prof. Nilsson. 2 plaq. in-8, cart. — **Cazalis de Fondouce** (P.). Compte rendu de la 4e session du Congrès internat. d'anthropologie et d'archéologie préhistorique (Copenhague). Toulouse, Bonnal et Gibrac, 1870. Plaq. in-8, cart., avec fig. — Congrès internat.

d'anthropologie et d'archéologie préhistorique de Stockholm. Paris, 1875. Plaq. in-8, cart. — **Guimet** (Emile). Esquisses scandinaves. Relations d'un Congrès d'anthrop. et d'archéol. préhistorique. Paris, Hetzel, s. d. (1876). In-12, rel. toile. Ensemble 15 plaq. et vol.

2194. **Casati** (C. Charles). Notice sur le musée du château de Rosenborg en Danemark, avec notes complémentaires sur le musée Grüne-Gewälbe de Dresde et sur des faïences danoises inédites. Paris, Didier, 1879, avec fig. et pl. Plaq. in-8, rel. toile, non rogn. — **Cristal** (Maurice). L'art scandinave. La musique dans le Danemark, en Islande, en Norvège et en Suède. Histoire et monographie. Paris, Didier, 1874. Plaq. grand in-8, cart., non rogn. (couvertures). — **Desjardins**. Note sur le Musée des antiquités scandinaves à Copenhague. Plaq. in-8, cart. — **Eichhorn** (C.). Description succincte des collections relatives à l'histoire de l'art et du travail de M. Christian Hammer de Stockholm, 1871. Plaq. petit in-8, rel. toile. — **Hirt**. Sur les monuments sépulcraux des anciens peuples du Nord, 1798. Plaq. in-4, rel. vél. — **Holmberg** (Axel M.). Scandinaviens Hälbristningar, arkeologisk afhandling. Stockholm, Berg, 1848. In-4, rel. toile, avec 45 pl., dont quelques-unes ont été atteintes par le couteau du relieur. — **Knut Lossius**. Indberetning om en med understottelse af det Kgl. Norske vidensbakers Selskab i 1877 foretagen arkæologisk undersøgelsesreise. S. l. n. d. n. typ. 1 plaq. in-12, cart. — **Nettelbladt** (Chr.). De variis modibus sepeliendi modis apud Sviones et urnis sepulcralibus in Pomerania Suetica. Rostow, 1727. 1 plaq. in-4, rel. toile. — **Rhodii** (Joh.). De ponderibus et mensuris veterum medicorum, imprimis Cornelij Celsi... Haffniæ, Matt. Godichenius, 1672. Plaq. in-4, rel. vél. — **Pierre-Victor**. Sur d'anciennes constructions en bois sculpté de l'intérieur de la Norvège; av. 3 pl. Paris, Challamel, 1842. — Coup d'œil sur les antiquités skandinaves ou aperçu général des diverses sortes de monuments archéol. de la Suède, du Danemark et de la Norvège; avec vignettes sur bois. Paris, Challamel, 1841. — Rapport fait à la Société libre des Beaux-Arts sur d'anciennes constructions de Norvège; avec 2 pl. Paris, Ducessois, s. d. In-8, rel. toile. — The ancient Vessel found in the parish of Tune, Norway. Christiania, Ringvold, 1872. Plaq. in-4, cart., avec 1 pl. — **Winther** (Th.). Arkæologiske Undersøgelser i Tromsø Amt. Kristiania, Werner, 1875. 1 plaq. in-8, rel. toile, couv. Ensemble 14 plaq.

2195. **Baden** (Torkel). Om det saa Kaldte Solens Billede paa en antik Marmor-Tavle i Rom. En Undersøgelse. Kjöbenhavn, Holm, 1794. In-12, rel. toile (avec 1 pl.). — Berättelse om ett i Motala Ström träffadt Fynd. Stockholm, Gadelius, 1818. Et supplément. — Berättelse om Elfdals Porphyrverk i Öster-Dalarna. Stockholm, Marquard, 1802. 2 plaq. in-12, rel. toile, non rogn., planche. — **Berggren** (Jacob). Monumenta lapidaria quæ in Scania extant gigantea. Lund, Berling, 1807. Plaq. petit in-4, rel. toile, avec 1 pl. — **Borup** (Thomas Larsen). Det Menneskelige Livs Flugt, eller Dode-

Dands... *3ᵉ édit.* Kjöbenhavn, Schubothe, 1814. Plaq. in-4, d.-rel. bas. noire, non rogn., avec pl. — **Bruzelius** (Magnus). Specimen Antiquitatum Borealium. Lund, Berling, 1816, avec 2 pl. Plaq. petit in-4, d.-rel. bas. — **Ehrmann** (Theoph. Fridr.). Neueste Kunde der nordischen Reiche Dänemark, Norwegen und Schweden nach ihrem jetzigen Zustande aus den besten Quellen dargestellt. Weimar, 1807. 1 vol. in-12, rel. toile, avec carte, planches et plans. — **Forssenius** (Anders Christopher). Specimen historicum de Monumento Kiwikensi. Londini Gothorum, Berling (1780). 1 plaq. in-4, br., avec 2 planches. — Leitfaden zur Nordischen Alterthumskunde, herausgegeben von der Kön. Gesell. für Nord. Alterth. Copenhagen, 1837. 1 vol. in-12, rel. toile. — **Münteri** (Fr.). Episcopi Selandiæ Epistola ad virum ill. et excell. *Sergium af Ouvaroff...* de Monumentis aliquot veteribus scriptis et figuratis penes se exstantibus. Hafniæ, Schultz, 1822. 1 plaq. grand in-4, cart. — **Oberlin**. Exposé d'une découverte de M. le Chᵉʳ de Fredenheim, Sur-Intendant des batimens et du musée de Stockholm, faite au Forum Romanum. Strasbourg, Levrault, 1796. 1 plaq. in-8, cart. — Sulla costruzione delle sale dette dei giganti. Memoria di S. M. il Ré Federico VII, di Danimarca, versione dal francese, preceduta da un discorso del conte *Giancarlo Conestabile*. Firenze, Cellini, 1860. Plaq. grand in-8, rel. toile, avec fig. — **Wibel** (F.). Der Sangbau des Denghoogs bei Wenningstedt auf Sylt. aufgedeckt, untersucht und in seiner allgemeinen Bedeutung für die Nordische Alterthumskunde geschildert. Kiel, Maack, 1869. Plaq. in-8, rel. toile, non rogn. — **Wiberg** (Nils O.). Om Kiviks-Monumentet. Akademisk Afhandling. Landskrona, Lundblom, 1859. Plaq. in-8, cart. — **Wormius** (Olaus). De Monumento Trygveldensi Epistola ad...Dn. Tychonem Brahe. Hafniæ, lit. Melch. Martzan, 1636. Plaq. petit in-4, 8 pp., rel. vél. Ensemble 14 plaq.

2196. **Bergmann** (Evald). Om den gammalkristna Basilikan akademisk Afhandling. Lund, 1871. Plaq. in-12, cart. — **Blom** (S.). Templum Sᵗ Halvardi quod Asloæ olim floruit e cineribus quodammodo erigere. Hafniæ, Simmelk, 1778. Plaq. petit in-4, cart. — **Clausen** (Johannes). Om Roms Ruiner og Böhmeren Hieronymi Martyrdöd, to Smaaskrifter fra det femtende Aarhundrede. Kjöbenhavn, Thiele, 1862. Plaq. in-12, rel. toile, non rogn. — Christiani Democriti eröffnete Muhtmassungen und Merckwürdige Gedancke über Herrn Jacobs von Melle Commentariunculum de Simulacris aureis, &c. *S. l. n. d. n. typ.* (1725). *Déchir. et raccomm. à quelques feuillets.* — **Egardus** (Paulus). Aussleguug über das wunderbare, köstliche und kunstreich Gülden Horn des Herrn. Christian des Vⁿ zu Dennemark Princen... Lüneberg, Joh. u. Heinr. Sternen, 1644. Plaq. petit in-4, avec 1 pl., rel. vél. — **Frediani** (Carl. Gustav). Uplands Kyrkiors Märckwärdigheter. Upsala, *s. typ.*, 1725. Plaq. petit in-4, rel. toile. — **Hallenberg** (J.). Dumboms Lefverne, hoc est Vita cujusdam Bardi, e Sueco in Latinum idioma versibus eleg. traducta. — Quatuor Monumenta ænea e terra in Suecia eruta. Stockh., Carlbohm, 1802; avec fig. et pl. — Berättelse om ett forntids Romerskt Metallkärl funnet i

Westamland år 1818. Stockholm, Nordström, 1819; avec 2 pl. 3 plaq. in-12, cart. et rel. toile. — **Kornerup** (J.). Gamle Danske Landsbykirker med tvillingtaarne. Kjøbenhavn, Thiele, 1869; fig. — Om den tidlige Middelalders trækirker i Danemark. Kjøbenhavn, Thiele, 1869; avec fig. — Spanierne i Roskilde, 1808. Roskilde, Müller, 1886. 3 broch. in-8 et in-12, br. — **Listov** (Chr.). Indskrifter paa gamle Gravstene i Herlufsholms kirke. Nestved, Bang, 1866. In-12, cart. — **Lorange** (A.). Om Spor af romersk Kultur in Norges ældre Iernalder (Extr. des « Videnskabs-Selsk. Forhandlinger » de 1873). — Fra Raknehaugen, Antiquarisk Meddelelse (Extr. des « Vidensk.-Selsk. Forhandlinger » de 1870). — Les temps préhistoriques en Norvège. Christiania, Aschehong, 1874. 3 plaq. in-8, cart. — **Meyer** (J. L.). Lærebog i de romerske Oldsager, til Brug for den studerende Ungdom med sem Kobbere. Kjøbenhavn, Bonnier, 1823. 1 vol. in-12, d.-rel. veau, coins. (*Deux planches manquent*). — Mindesmærker fra Antvorskov Kloster Kirke. Kjøbenhavn, Aamodt, 1859. Plaq. in-4, rel. toile, contenant 16 pl. lith. représentant surtout des pierres tombales. — **Tham** (P.). Anmärkningar i anledning af Herr. Prof. Müllers Afhandling om Guldhornen. Stockholm, Haeggström, 1817. 1 plaq. in-4, rel. toile. — **Werlauff** (C. C.). Erindringer om Guldhornstyveriet den 4de Mai 1802. Kjöbenhavn, Thiele, 1858. — De Helige tre Kongers Kapel, stiftet af Kong Christian den Første og Dronning Dorothea i Roskilde Domkirke. En historisk-antiqvarisk Beskrivelse af C. C. Werlauff. Kjøbenhavn, Bianco Luno, 1849. 2 plaq. in-4 et in-8, rel. toile, non rogn. Ensemble 20 vol. et plaq.

XXVIII

Numismatique.

2197. **Berch** (Carl Reinh.). Beskrifning öfwer Swenska Mynt och Kongl. Skåde-Penningar, Som til denna Tid, antingen i stora Cabinetter wärkeligen äro gömde, eller i Böcker sinnas afritade. Upsala, Sweder, 1787; *avec 1 pl.* — Tal, om Svensk Myntets ålder. Stockholm, Salvius, 1753. — Afhandling om Nordiske Folkets fordna Sjöväsende, så väl til Handel, som Örlog. Stockholm, Salvius, 1753. Ensemble 1 vol. in-4, 2 plaq. in-12, rel. toile, non rogn.

2198. Beskrivelse over Danske Mynter og Medailler i den Kongelige Samling, ved G. *Nielsen*, F. A. *Müller*, O. P. *Kolle*, og L. *Spengler*. Kjøbenhavn, Möller, 1791. — Tillæg (*Supplément*. Kjöbenhavn, Möller, 1794. *Contenant 344 planches*. Ensemble 2 vol. in-fol., d.-rel. cuir f., coins, tête dor., non rogn.

Très bel ouvrage. Le supplément manque très souvent.

2199. **Bircherod** (Thomas Broder). Specimen antiquæ rei monetariæ Danorum ab antiquissimis temporibus investigatæ,... ad initium imperii stirpis Oldenburgicæ. Hafniæ, Schmetgen, 1701. In-4, d.-rel. veau f., avec 22 pl. et 1 frontisp.

2200. **Brenner** (Elias). Thesaurus nummorum Sueo-Gothicorum. Holmiæ, Horrn, 1731. 1 vol. in-4, avec 1 portr., fig. et 66 pl., d.-rel. v. rac.

Ouvrage estimé.

2201. Catalogus numismatum antiquorum ex auro, argento et ære romanorum et græcorum quæ, dum vixit, collegit Dn. Christianus comes de Daneschiold... Havniæ, typ. reg. Petit in-4, rel. vél.

2202. **Friedland** (Julius). Die Münzen der Ostgothen. Berlin, Trautwein, 1844. In-8, cart., avec 3 pl.

2203. **Hildebrand** (Bror Emil). Svenska Sigiller från Medeltiden. Stockholm, Hæggström, 1862-1867. 2 tomes en 1 vol. in-fol., d.-rel. chag. rouge, tête dor., non rogn. (chiffre du comte Riant), avec 71 pl.

2204. — Monnaies anglo-saxonnes du Cabinet royal de Stockholm, toutes trouvées en Suède. Stockholm, Norsted, 1846; *avec 10 pl. et 1 carte.* — Statens Historiska Museum och Kongl. Myntkabinettet, af *Hans Hildebrant.* Stockholm, Seligmann, 1873; *avec fig.* Ensemble 1 vol. in-4, d.-rel. veau br., non rogn., et 1 vol. in-12, rel. toile.

2205. **Holmboe**. Om Vildsviintypen paagalliske og indiske Mynter, 1868; *avec 1 pl.* — Et Guldbracteat-Præg, som ofte forekommer, 1869; *1 pl.* — Et lidet Fund af Mynter fra 11te Aarhundrede, 1871; *avec 1 pl.* — Et Par Fund af Norske Mynter, 1866. — Bröholtfundet. Mynter fra 10de og 11te Aarhundrede, 1868; *avec 5 pl.* — De prisca re monetaria Norvegiæ et de numis aliquot et ornamentis in Norvegia repertis. Christiania, Dahl, 1854; *avec 7 pl.* Ensemble 7 plaq. in-8, cart. et rel. toile, non rogn.

2206. **Keder** (Nicolas). Nummi aliquot diversi ex argenteo præstantissimi nempe decem Olai Sweci, unus Anundi Carbonarii, ac unus Haquini Rufi, Sueciæ regum... omnes in Suecia absconditi... Lipsiæ, Gleditsch, 1706; *1 pl.* — De argento runis seu literis gothicis insignito... Lipsiæ, Geditsch, 1703; *1 pl.* — Nummus aureus antiquus atque perrarius Othinum, ceu probabile est eiusque sacrorum ac mysterior. signa exhibens. Lipsiæ, Gleditsch, 1722. — Nummorum in Hibernia... cusorum indagatio. Accessit Catalog. nummorum Anglo-Saxon. & Anglo-Danicor. Musei Kederiani. Lipsiæ, Gledistsch, 1708; *avec 3 pl.* — Runæ in nummis vetustis diu quæsitæ, tandemque inventæ. Lipsiæ, Gledistsch, 1704, etc. Ensemble 6 plaq. in-4, rel. vél. et toile, non rogn.

2207. **Lehmann** (M. Gottlob). Bedencken über einigen gesundenen Rendesburgischen Naulis oder Danicis, das ist von demjenigen Gelde, so die

vormahlige Cimbrisch-Holsteinische Einwohner ihrer verstorbenen als einen gewissen Reise oder Fähr-Pfennig mit auf den Weg gegeben. Leipzig, Martini, 1741. 1 vol. in-4, d.-rel. bas., pl.

2208. **Schive** (C. J.). Norges Mynter i Middelalderen, med Indledning af C. A. Holmboe. Christiania, Tönsberg, 1865. 1 vol. in-fol., rel. toile, non rogn., avec 18 pl. en lithogr.

Bel et important ouvrage.

2209. **Schlegel** (Jean Henri). Samlung zur Dänischen Geschichte, Münzkenntniss, Ökonomic und Sprache. Kopenhagen, Møller, 1771-1776. 4 vol. in-12, rel. veau (3 pl.).

Mélanges intéressants sur l'histoire, la numismatique et la langue du Danemark.

2210. — Dänische Reisebeschreibung und andre denkwürdige Handschriften in der Samlung zur Dänischen Geschichte ans Licht gestellt und erläutert und nun übersetzt. Kopenhagen, Møller, 1776.

2211. [**Skjöldebrand**]. Critisk Afhandling om den i Kongl. Mynt-Cabinettet, i Stockholm, förvarede Silfver-haltige Guld-Pänning. Stockholm, Lindh, 1795. — Des neueröfneten Groschen-Cabinets. Siebendes Fach, enthält die Königlich Dänischen Groschen in Kupfer gestochen. Lpzg, Gross, 1750; pl. — Efterretning om de Kongel. Mynt og Medaille-Cabinet og dets nuværende Indretning. Kjbhvn, Schultz, 1835. In-12. *Mouillure*. — **Göttlin** (Eric) & **Kellström** (Nic.). Historia numophylacij R. Acad. Upsal. Upsal, Edman, 1801. — **Ekman** (L.). Numophylacium regiæ Acad. Lundensis. Lund, Berling, 1802-1807. Ensemble 5 plaq. in-4, in-8 et in-12, rel. toile et cart.

2212. **Sperling** (O.). Dissertatio de nummis non cusis tam veterum quam recentiorum. Amstelædami, ap. Fr. Halman, 1700. 1 vol. in-4, rel. vél.

O. Sperling, né à Christiania le 3 janvier 1634, voyagea en Hollande, en France et en Angleterre, devint professeur de droit et d'histoire en 1692 à Copenhague, où il mourut en 1715.

2213. **Stiernstedt** (Baron A. V.). Description des monnaies de cuivre et des méreaux suédois. Stockholm, Norstedt, 1871-1872. 2 parties en 1 vol. in-8, rel. toile, couverture.

2214. **Ziervogel** (Evald). Trettio historiska Afhandlingar öfwer Swenska Mynt och Medailler. Stockholm, Grefing (1755); av. nomb. grav. (On a joint à notre exemplaire le prospectus annonçant sa publication.) — Föreläsningar ofwer Upsala Academies Mynt-Samling. Upsala, Edman, 1772. — Diss. Ac. Usum Numariæ in Hist. Literaria domesticis exemplis declarans (Ups., 1754), av. grav. Ensemble 3 vol. in-4, d.-rel. veau, rel. vél. ou toile.

2215. **Engel** (Arthur). Documents pour servir à la numismatique de l'Alsace. Musées de Copenhague et de Stockholm. Mulhouse, veuve Bader, 1876. Plaq. in-8, cart., couvert. — Fortegnelse over den af Joh. Hammerich efter-

ladte Mynte- og Medaille-Samling. Kjöbenhavn, Thiele, 1855. Plaq. in-12, cart. — **Geitlin** (Gabriel). Om Österländska mynt funna i Finsk jord. — Undersökning om ett i Finska Lappmarken Gjordt Fynd af Gamla Vigter och mynt, M. M., anställd af *Gust. Gabr. Hällström.* — Beskrifning af en Våg, af *Carl Aug. Wòlsa.* Avec 1 pl. *S. l. n. typ.*, 1841-1849. — **Gravander.** Dissertatio de numis Sueciæ antiquis. Upsaliæ, 1802. — **Reuterdahl.** De äldste svenska Sigillerna. Lund, Berling, 1843; avec 5 pl. — **Hallenberg** (J.). Berättelse om Svenska Kongliga Mynt-Cabinettet med Beskrifning öfver de i detsamma befindliga Guld-Mynt, samt åtskilliga af de öfriga Sällsyntare Penningar. Stockholm, Nordström, 1804. Petit in-4, d.-rel. veau. — **Hedler** (Joh. Christ.). Diatribe historica de nummis Scyphatis Nordmannorum, quos vulgo Regenbogen Schüslein, variis observationibus illustrata. Berolini, Nicolai, 1730. Plaq. petit in-4, rel. toile. — **Kihlgren** (Zacharias Aaron). Dissertatio historica de Numis et Sigillis Lundensibus. Londini Gothorum, Decreaux, 1741. Plaq. in-4, rel. toile, fig. — **Lindberg** (J. C.). Lettre à M. le chevalier *P. O. Bröndstedt*,... sur quelques médailles cufiques dans le cabinet du Roi de Danemarck, récemment trouvées dans l'île de Falster et sur quelques manuscrits cufiques. Copenhague, Schubothe, 1830. — **Kallenberg.** Ex occas. nummi Cufici de nominis Dei Gud in Suio-Gothica cognatisque linguis origine. Stockholm, Carlbohm, 1796. — **Lagus.** Numi Cufici aliaque orientis monumenta vetera in Finlandia reperta. Leide, Brill, 1878. Ensemble 3 plaq. in-4, in-8 et in-12, cart. et rel.

2216. **Lindfors** (J. O.). Om Guldbracteater. Archæologiska Anteckningar. Lund, Berling, 1846. 1 pl. in-4, cart. — **Ramus.** Beretning om en Samling af gamle Mynter fundne i Jorden i Sjælland i Sommeren 1822. Kjøbenhavn, Seidelin, *s. d.* In-12, cart., avec 1 pl. — Om Knud den Helliges Mynter tilligemed en kort Oversigt af Mynterne under de foregaaende Danske Konger. 1821; avec 3 pl. — **Serrure** (C. A.) Les monnaies de Canut et de Sifroid, rois pirates normands et fondateurs du comté de Guines (928-965). Paris, Hoffmann, 1858. 2 plaq. in-8. — **Schive** (C. I.). Fremstilling af engelske og nordiske Mynters Vægt, fornemmelig i 10de og 11de Aarhundrede og skandinaviske Mynter fundne ved Vevey i Schweitz. (Ext. des « Vid.-Selskabets Forhandl. » for 1866.) — Om et Fund af norske Mynter paa Sandø. (Extr. des « V. S. F. » for 1866.) — Norges Mynthistorie senere end 1814 af **C. H. Langberg**, Myntmester (« V. S. F. » for 1866). — Fortegnelse over Mynter fra Middelalderen, fundne i Aaret 1866... (« V. S. F. » for 1869.) Ensemble 4 plaq. en 2 vol. in-8, rel. toile et cart. — **Schröder** (Joh. Henr.) & **Höögenberg** (Car. Åke). Numismata Anglo-Saxonica in Nummophylaco Academico Upsalensi adservata. Upsaliæ, 1825. — Catalogus numorum Cuficorum in Nomophylaco Acad. Upsal. a **J. H. Schröder et Car. Lud. Dahlfeldt...** Upsal, 1826. — Undersökning om ett i Finska Lappmarken gjordt Fynd af gamla Vigter och Mynt... anställd af **G. G. Hällström.** — **Stenersen** (L. B.). Myntfundet fra Græslid i Thydalen. Christiania, Gundersen, 1881; avec 7 pl. — **Morel-Fatio.**

Monnaies scandinaves trouvées à Vevey, en Suisse. Paris, 1866; pl. Ensemble 5 plaq. rel. et br. — **Schwach** (C. N.). Adsigt over de tre nordiske Rigers Myntvæsen fra de œldste Tider til nuværende, samt Grundrids af Heraldisken. Throndhjem, Høeg, 1842. 1 vol. in-12, cart., couverture. — **Stobæus** (Kilian). De Nummolo brattensburgensi, singulari illo in Scania fossili. (Dissert. epistolaris ad Th. H. Grothaus.) Lund, Decreaux, 1732. 1 plaq. in-4, rel. toile.

XXIX

Histoire littéraire.

2217. **Antonius** (Andreas). Aboa literata continens omnes fere scriptores, qui aliquid ab Academiæ Ejusdem incunabulis. A. C. MDCXL, in lucem publicam edidisse, pro tempore deprehenduntur, cum præcipuorum potiorumque Virorum vitis, brevi subjuncta Academiæ historia, una cum catologo Cancellariorum, Procancellariorum atque Promotionum tam in theologia quam philosophia. Holmiæ, typis Joh. L. Horn, 1719. 1 vol. petit in-4, d.-rel. veau f.

2218. Acta literaria Sueciæ. Upsaliæ, literis Wernerianis. Années 1720-1739. Ensemble 4 vol. petit in-4, rel. v., avec pl. *Exempl. portant l'ex-libris de l'évêque* Jac. Ax. Lindblom. — Acta literaria universitatis Hafniensis. Hafniæ, Höpffner, année 1778. 1 vol. in-4, d.-rel. bas., avec pl.

2219. **Atterbom** (P. D. A.). Grundragen af forn-skandinaviska och svenska vitterhetens Historia intill Stjernhjelm; Inledning till svenska Siare och Skalder. Örebro, Lindh, 1864. — Carl den tolfte. Betraktad i sitt förhållande till vitterhet Vetenskap och skön Konst. Örebro, Lindh, 1864. Supplément à l'ouvrage ci-dessus. Ensemble 1 vol. in-8, d.-rel. veau f. (couverture).

2220. **Bartholinus** (Thomas). Carmina varii argumenti. Hafniæ, apud Dan. Paulli, 1669. — De libris legendis dissertationes VII, cum mantissa poetica. Hafniæ, Paulli, 1676. — De Bibliothecæ incendio, dissertatio ad filios. Hafniæ, typ. Matth. Godichenii, 1670. Ensemble 3 vol. in-12, rel. vél.

Un incendie détruisit, en 1670, la bibliothèque de Bartholinus; dans le dernier des ouvrages ci-dessus, il indique ceux de ses livres qu'il avait perdus et auxquels il tenait plus particulièrement. Le roi Christian V, pour le dédommager, l'avait nommé directeur de la bibliothèque de l'université de Copenhague et, en outre, lui avait accordé l'exemption des impôts.

2221. **Benzelius**. Brefwäxling imellan Ärke-Biskop Erik Benzelius den Yngre, och dess Broder censor librorum Gustaf Benzelstierna, efter originalerne utgifven af *Johann Henric Lidén*. Linköping, Schonberg, 1791. 1 vol. in-8, avec portrait d'Eric Benzelius, rel. toile, non rogn.

2222. Blandinger udgivne af Universetet-Jubilæets Danske Samfund. Kjöbenhavn, Thiele, 1881-1887. En tout, 5 fasc. br.

2223. **Bring** (Sven). Samling af Åtskilliga Handlingar och Påminnelser, som Förmodeligen Kunna gifwa Lius i Swänska Historien. Lund, Berling, 1754. 3 parties en 1 vol. in-12, rel. veau f., avec pl.

Mélanges littéraires.

2224. Bidrag til det Carolinska Tidehvarfvets vittra Literatur, ur Lunds Universitets Handskrifsamling. 1. Sånger af en Svensk. Fånge i Simbirsk, utgifna af M. *Weibull.* 2. Svenska Vitterhetsarbeten af Andreas Rydelius, utgifna af *F. Braune.* Lund, Ohlsson, 1868. 1 vol. petit in-8, rel. toile, non rogn. (couvert.).

2225. **Catteau** (Jean Pierre). Bibliothèque suédoise, ou recueil de variétés littéraires et politiques concernant la Suède. Stockholm, Nordström, 1783. 1 vol. in-12, rel. toile.

2226. **Charitius** (Andreas). Commentatio historico-literata de Viris eruditis Gedani ortis speciatim iis qui scriptis inclaruerunt. Vittembergæ Saxonum, impensis Ludovicianis, 1715. 1 vol. petit in-4, d.-rel. vél., *à la suite duquel on a relié* : Holmia literata auctior et emendatior cum Appendice de variis rerum Suecicarum scriptoribus, anno 1707.

2227. **Du Méril** (Edelstand). Histoire de la poésie scandinave. Paris, Brockhaus, 1839. — Mémoire sur les Runes. 1 vol. in-8, rel. toile, et 1 plaq. cart. — **Eichhof** (F. G.). Tableau de la littérature du Nord au moyen âge, en Allemagne et en Angleterre, en Scandinavie et en Slavonie. Paris, Didier, 1853. 1 vol. in-8, rel. toile. — **Léouzon-Leduc** (L.). Histoire littéraire du Nord. Première partie. Poésie. I. Tegner. Paris, Gide et Baudry, 1850. 1 vol. in-8, d.-rel. basane. Ensemble 3 vol. et 1 plaq.

2228. **Wheaton** (Henry). De la littérature scandinave. Traduit de l'anglais, avec notes, par *Edouard Frère.* Rouen, Periaux, 1835. — Sagas du Nord, par *Louis de Baecker.* Paris, Didron, 1857. Ensemble 1 vol. in-8, d.-rel. mar., et 1 plaq. in-8, rel. toile.

2229. **Ampère** (J.-J.). Littérature et voyages. Allemagne et Scandinavie. Paris, Paulin, 1833. 1 vol. in-8, d.-rel. veau vert.

2230. **Geffroy.** (A.). Notices et extraits des manuscrits concernant l'histoire et la littérature de la France, qui sont conservés dans les bibliothèques ou archives de Suède, Danemark et Norvège. Paris, Impr. Impériale, 1855. 1 vol. in-8, d.-rel. v. f., coins, tr. peigne. — Rapport au ministre sur une mission en Danemark et en Suède. Paris, Impr. Imp., 1856. 1 vol. in-8, d.-rel. veau, tr. p. *Tome IV des Archives des missions scientifiques.* — **Gerlach** (Fr. Dor). Sage und Forschung. Ein Vortrag. Basel, Bahnmaier, 1860. Plaq. in-8, cart., non rogn.

2231. **Gjörwell** (Carl. Christ.). Brevåxling. Stockholm, Lindh, 1798-1808. 8 vol. in-12, avec pl. et portr., d.-rel. bas. noire. *Intéressante correspondance.*

— Thesaurus Sveo-Gothicus, continens scripta varia, vel ab auctoribus svecis composita, vel Res Svecicas spectantia. Holmiæ, Nordström, 1781. Petit in-8, rel. toile, non rogn.

2232. **Heiberg** (P. A.). Erindringer af min politiske, selskabelige og litterære Vandel in Frankrig. Christiania, Hoppe, 1830. 1 vol. in-8, d.-rel. v., avec portr.

2233. Historiska Bibliotheket. Stockholm, Kumblinske Tryckerier, 1784-1785. 7 vol. petit in-8, rel. bas. f. — Stockholms Historiska Bibliotheket. Stockholm, Nyström, 1755. 1 petit vol. in-12, d.-rel. bas. Ensemble 8 vol.

2234. **Keyser** (Rudolf). Efterladte Skrifter. Christiania, Malling, 1866-1867. 2 tomes en 1 vol. grand in-8, d.-rel. chag. brun.

Œuvres posthumes comprenant :
1º Nordmændenes Videnskabelighed og literatur i Midelalderen ;
2º Norges Stats- og Retsforfatning i Midelalderen.

2235. [**Larsen** (Alfred)]. P. Chr. Asbjørnsen, med tillæg af en bibliografisk oversigt ved J. B. Halvorsen. Christiania, Johnsens, 1872. 1 plaq. in-8, cart., avec portrait de Asbjørnsen. *Non mis dans le commerce.* — La vie et les œuvres de P. Ch. Asbjørnsen, suivie d'un aperçu bibliographique par Halvorsen, trad. p. V. Molard. Christiania, Werner, 1873. 1 plaq. grand in-4, rel., avec 1 frontispice, portrait de P. Ch. Asbjørnsen et 2 grav. sur bois.

Non mis dans le commerce.

2236. **Lénström** (C. J.). Svenska poesiens historia. Örebro, Lindh, 1839. 1 vol. in-8, rel. toile, non rogn., couverture. — Om Vikingatagens inflytande på Medeltidens poesi. Köpenhamn, B. Luno, 1841. 1 plaq. in-12, cart.

2237. **Liden** (Joh. Henricus), **Silvius, Bazelius, &c., &c.** Historiola litteraria pœtarum Svecanorum. Upsaliæ, Edman, 1764-1803. Ensemble 6 parties en 1 vol. in-4, d.-rel. v. *Ex-libris du baron de Warenghien.* — Repertorium Benzelianum innehållande : 1º Förtekning På en Del af Ärke-Biskopens Eric. Benzelii den Yngres Manuscript-Samling; 2º Förtekning, Sårskild, på förenämnde Arke-Biskops Bref-Samling, begge förvarade uti Linköpings Bibliothek. Stockholm, Norström, 1791.

2238. Linköpings Bibliotheks Handlingar. Linköping, Londicer, 1793-1795. 2 tomes en 1 vol. in-12, d.-rel. veau.

2239. For Literatur og Kritik. Et Fjerdingaarsskrift udgivet af Fyens Stifts literære Selskab. Odense, Milo, 1843-1845. 6 vol. in-12, d.-rel. veau (rel. dif.).

Le premier volume est rédigé par le *Dr Paludan-Müller*, les autres par L. *Helveg*.

2240. **Magnusen** (Finn). Den forste November og den forste August. To historisk-kalendariske Undersögelser med et Tillæg om Höjtidsbauner, Offerbaal, Nödild og Ilddyrkelse. Kjöbenhavn, Popp, 1829. 1 vol. in-8, cart.

— Om de gamle Skandinavers inddeling af dagens tider og forskjellige spor deraf hòs deres Efterkommere og flere beslægtede Folk. *S. l. n. d.* Extr. de Sel. hist. og philos. Afh. VII Deel. — Oplysninger om kilderne til Hr. Professor Torkel Badens sammenligning mellem den nordiske og den græskromerske Mythologie. Kjobenhavn, Gyldendal, 1821. — Islands Gjenlyd af Danmarks Højtidsglæde ved den kongelige Formæling, udgivet af F. M. Kjobenhavn, Schultz, 1828. — Disquisitio de imaginibus in æde Olavi Pavonis Hiardarholtensi, seculo x^{mo} extructa. Havniæ, Popp, 1826. — Om de Engelskes Handel og Færd paa Island i de 15de Aarhundrede. (Extr. des « Nord. Tidsk. f. Oldk. », II, 1833.) — Om de Olnordiske Gilders. (Extr. des « Tids. for Nord. Oldk. ».) Kjobenhavn, Popp, 1829. Ensemble 6 plaq. in-8, cart.

2241. **Molbech** (Christian). Tolv Forelæsningar ved Kiøbenhavns Universitet over den videnskabelige Culturs og Literaturens Historie in den gamle Verden. Kjøbenhavn, Gyldendal, 1831. — Kong Erik Plogpennings Historie. Kiøbenhavn, Thiel, 1821. — Fortegnelse over de paa pergament trykkede Bøger i det store kongelige Bibliotek. Kiöbenhavn, Thiel, 1830. — Bemærkinger og Oplysninger til Kong Christian den Syvendes, Hoffets og Struensee's (1766-1772). Kjøbenhavn, B. Luno, 1852. — Det Kongelige Danske Videnskabernes selskabs Historie i dets förste Aarhundrede 1742-1842. Kiöbenhavn, Schultz, 1843. Ensemble 5 vol. in-8, rel. toile et cart.

2242. **Nettelbladt**. Schwedische Bibliothec, in welcher verschiedene sowol zur alten als neuern Schwedischen Civil- Kirchen- und Gelehrten Historie gehörige, theils gedruckte und rare, theils ungedruckte Schrifften, Uhrkunden, Diplomata, Observationes, Inscriptiones, &c... Stockholm, Russworm, 1728-1731. 4 parties en 1 vol., d.-rel. v. (rel. fatiguée).

Mémoires littéraires.

2243. **Oelrichs** (Iohannes). Daniæ et Sueciæ litteratæ opuscula. Bremæ, Cramer, 1774-1776. 2 tomes en 1 vol. in-12, d.-rel. veau rac., tr. p.

Recueil de neuf intéressants mémoires de philologie et d'histoire, par divers auteurs suédois, etc.

2244. **Petersen** (N. M.). Bidrag til den Danske Literaturs Historie. Kjøbenhavn, Berling, 1853-1860. 5 tomes en 5 vol. in-8, rel. toile, non rogn. (couverture).

2245. **Raupach**. Bernhardi Raupachii Tunderensis. De præsenti Rei Sacræ et litterariæ in Dania Statu, comm. ac. publ. anteh. orat. in ill. Christian-Albertina recit., repetita nunc editione variis observationibus aucta. Hamburgi, Apud Chr. Liebezeit, 1717. 1 plaq. petit in-8, rel. peau de Suède, fil., tr. dor.; sur les plats, armes et chiffre runique du comte Riant (Gruel).

2246. **Rietz** (Joh. Ernst). Scriptores Suecici medii ævi cultum culturamque respicientes. E mss. hucusque ineditis. Lund, typis Berlingianis, 1843-1844.

3 vol. — De ludo scacchorum. Lund, 1848-1849. *14 part.* — Legenda S. Catharinæ filiæ S. Birgittæ. Lund, 1847-1850. *6 part.* — Prædiorum monasterii Vadstenensis Index. Lund, 1850. — En Wadstena-Nunnas Bönbok. Lund, 1842. *7 part.* — Svensk Järteckens Postilla. Lund, 1850. *12 part.* — En syndares Omvändelse. Ett qväde från medeltiden. Lund, 1842. — Fabula Caroli Magni Suecana, nunc primum edita. Lund, 1847. *2 part.* — Fabula Alexandri Magni Suecana. Lund, 1850. *3 part.* — De spinozismi fonte orientali. Lund, 1839. — De educatione puerorum apud Græcos. Lund, 1841. — *4 part.* — De VI atque indole Ethicæ Platonis Disquisitio. Lund, 1844. Ensemble 5 vol. in-12, d.-rel. bas. rac.

Intéressantes dissertations.

2247. **Rosenberg** (C.). Nordbœrnes Aandsliv fra oldtiden til vore Dage. Kjøbenhavn, Sally, B. Salomons Tryk, 1878-1880-1883. Tomes 1 et 2 en 1 vol. in-8, d.-rel. chag. rouge, ébarb., et fasc. 1 du tome 3.

Important travail.

2248. Sagen aus Hapsal, der Wiek, Ösel und Runö. Gesammelt und kurz erläutert von *C. Russwurm*. Reval, Kluge, 1861. In-8, rel. toile, non rogn.

Publication des plus intéressantes pour le folklore et qui contient 200 légendes.

2249. SAMLINGAR UDGIFNA AF SVENSKA FORNSKRIFT-SÄLLSKAPET. — I. Namnlös och Valentin. En Medeltids-Roman, utg. af Gustaf Edward *Klemming*, 1846. — II. Hertig Fredrik af Normandie. En Medeltids-Roman, utg. af *J. A. Ahlstrand*, 1853. — III. Konung Erik XIV : s Krönika, på rim eller uti en visa författed af Daniel Hansson Hund till Romelberg, utg. af Fredrik August *Dahlgren*, 1847. — IV. Sagan af Didrik af Bern, utg. af Gunnar Olof *Hyltèn-Cavallius* (1850-1854). — V. Skrifter till Läsning för Klosterfolk, utg. af *F. A. Dahlgren*, 1875. — VI. Läke- och Örte-Böcker från Sveriges Medeltid, utg. af *G. E. Klemming* (1883-1886). — VII. Joh. Gersons Bok óm Djefvulens Frestelse, öfversatt af Ericus Nicolai, tryckt in Stockholm, 1495, fotografist återgifven efter del enda ex., 1876. — VIII. Gersons Lärdom huru man Skall dö, tryckt in Upsala, 1514. Fotografist återgifven, 1881. — IX. Svenska medeltids-postillor, utg. af *G. E. Klemming*. Parties 1 et 2, fasc. 73 à 76, 1879. — X. Klosterläsning. 1re partie, fasc. 68, 1877. — XI. Prosadikter från medeltiden. 1re partie, fasc. 91, 1887. Stockholm, Norstedt (1846-1887). Ensemble 2 vol. in-8, d.-rel. chag. et 10 fasc. brochés.

Le n° VII est la reproduction photographique de l'unique exemplaire d'un ouvrage imprimé en 1495 à Stockholm.

2250. Scriptorum à Societate Hafniensi bonis artibus promovendis dedita Danice editorum, nunc autem in latinum sermonem conversorum. Hafniæ, Sumpt. & Typ. Orphanotrophii Regii. Exc. Gottmann. Frid. Kisel, Orphan. Reg. Typ., 1745-1747. 3 vol. in-4, rel. veau fauve, dos orné.

Exemplaire au chiffre d'un roi de Danemark, peut-être Christian VII.

2251. **Simonsen** (Vedel). Udsigt over Natjonalhistoriens ældste og mærkeligste Perioder. Kjøbenhavn, Christensen, 1813-1816. 3 tomes en 1 vol. in-12, d.-rel. chag.

2252. **Schlegel** (Fred. von). Den äldre och nyare Litteraturens Historia. Stockholm, Z. Hæggström, 1838. 2 tomes en 1 vol. in-8.

    Traduction danoise du plus connu des ouvrages de Schlegel, frère du célèbre critique.

2253. **Tavsen** (Hans). Smaalkriver udgivne for det Kongelige Danske Selskab for Fædrelandets Historie og Sprog, ved *Holger Fr. Rørdam*. Kjøbenhavn, Thiele, 1870. 1 vol. in-8, cart. (édit.).

2254. **Thorlaksen** (Børge). Prolusiones et opuscula academica, argumenti maxime philologici, scripsit M. Birgerus Thorlacius. Havniæ, Schultz, 1806-1822. 5 tomes en 3 vol. in-12, rel. toile.

2255. **Thura** (Albert). Idea historiæ litterariæ Danorum. Hamburg, Felginer, 1723. *On a relié ensemble :* Joh. Schefferi Miscellanea. Amstelœdami, Janssons a Waesberg, 1698. 1 vol. in-12, rel. vél.

2256. **Verelius** (Olaus). Vereliana, h. e. celeberr. quond. Viri O. V. Varia Opuscula, antehac maximam partem publicæ luci substracta... curâ *P. Schenberg*, typ. exp. Lincopiæ, Typ. P. Pilecani (1730). 1 vol. in-8, d.-rel. veau éc.

    Ouvrage posthume du savant linguiste Verelius. Le titre de notre exemplaire est rogné et la date de 1730 a été enlevée.

2257. **Vinding** (Rasmus). Regia Academia Hauniensis in Regibus : Conservatoribus : Rectoribus : Professoribus suis repræsentata. Hauniæ, typ. H. Gödiani, 1665. 1 vol. in-4, rel. veau.

    Rasmus Vinding (1615-1684).

2258. **Werlauff** (E. C.). Det Kongelige Danske Selskab for Fædrelandets Historie og Sprog, i dets første Aarhundrede. Kjøbenhavn, Quist, 1847. 1 vol. in-8, cart. — Bidrag til det Kiöbenhavnske Universitets Historie i Tidsrummet fra dets Stiftelse til Reformationens Indförelse. Kiöbenhavn, Schultz, 1836. Plaq. in-fol., cart.

2259. **Wollheim, chevalier da Fonseca** (A. C.). Die National-Literatur der Skandinavier. Eine prosaische und poetische Anthologie aus den besten nordischen Schriftstellern, mit erläuternden, kritischen und biographischen Notizen. Berlin, Hempel, 1875-1876. 2 tomes en 1 vol. in-4, rel. toile, non rogn.

2260. **Worm** (Olaus). Danica literatura antiquissima, vulgò Gothica dicta luci reddita..., cui accessit De priscâ Danorum Poesi dissertatio. Hafniæ, typis Melchior. Martzau, 1636. 1 vol. petit in-4, rel. vél., fig. *Première édition.* — *Le même* Editio secunda auctior & locupletior. Havniæ, imp. Melch. Martzau, 1651. Petit in-fol., rel. vél. — Danicorum monumentorum Libri sex. E spissis

antiquitatum tenebris et in Dania ac Norvegia extantibus ruderibus eruditi. Hafniæ, apud Ioach. Moltkenium, 1643. Petit in-fol., avec titre-frontisp. et fig. *Déchirure au titre. L'exemplaire est d'ailleurs en parfait état.*

2261. **Worm** (Olaus). Olai Wormii et ad eum doctorum virorum Epistolæ, Medici, Anatomici, Botanici, Physici & Historici Argumenti : Rem vero literariam, Linguasque & Antiquitates Boreales potissimum illustrantes in duos tomos divisæ. Havniæ, 1751. 1 gros vol. in-12, d.-rel. veau rac.

> Les originaux des lettres dont se compose cette correspondance avaient été remis à *Jean Gram*, bibliothécaire du roi et l'un des plus savants hommes du Danemark, avec ordre de les publier. L'édition était sous presse et presque achevée, lorsque le terrible incendie de 1728 la dévora presque entièrement. Huit exemplaires complets seulement furent sauvés. La Société royale des sciences de Copenhague fit l'acquisition, à la vente de la bibliothèque de Gram, de deux des exemplaires sauvés, ainsi que du reste des feuilles tirées, et donna enfin, en 1751, l'édition ci-dessus, qui est devenue presque aussi rare que la première.

2262. **Ponten** (Petrus). Dissertatio legatum Arna-Magnæanum historiæ septentrionalis causa factum leviter adumbrata. Lundæ, Berling, 1802. Plaq. petit in-4, rel. vél. — **Quistgaard** (J. Chr.). Efterretninger om Slagelse Bye og Skole i ældre Tider. Slagelse, Peter Magnus, 1831. 1 vol. in-12, rel. toile. — Universiteterne i Christiania og Upsala. Christiania, Krohn, 1836. 1 plaq. in-12, cart. — **Kalkar** (Chr. H.). Efterretninger om Odense Byes Bibliotheker. Odense, Milos, 1836. 1 vol. in-12, rel. toile. — **Ahnfelt** (P. G.). Lunds Universitets historia. Stockholm, Hjerta, 1859. 1 vol. in-8, d.-rel. veau noir. 1re part. — Akademiska Foreningen i Lund. Lund, Berling, 1851. Plaq. in-fol., rel. toile, avec 3 planches. — **Jäderlund** (Laur.) & **Åkerberg** (N. L.). De schola triviali Hudiksvallensi dissertatio. Upsaliæ, 1807. Plaq. petit in-4, rel. toile.

2263. **Schultz** (Albert). An essay on the influence of Welsh tradition upon the literature of Germany, France, and Scandinavia. Llandovery, Rees, 1841. In-8, cart. — **Stuhr** (P. F.). Von dem Glauben, dem Wissen und der Dichtung der alten Scandinavier. Kopenhagen, Bonnier, 1815. — **Estrup** (H. F. J.). Bidrag til Normandiets Culturhistorie fra 10de til 13de Aarhundrede. Kjöbenhavn, Seidelin, 1820. Plaq. in-12, cart. — **Schmid** (M. Johann.). Tractatio de Ingeniis Svecorum ad studia natisque factisque. Ienæ, Marggraf, 1735. Plaq. in-4, rel. toile. — **Holmblad** (Haquin). Acta, literæ et observationes ad historiam Scandinavicam medii et recentioris ævi. Lund, Berling, 1823. Plaq. in-12, rel. toile, non rogn. — **Hydren**. Specimen historico-litterarium de fatis litteraturæ orientalis in Suecia. Upsal (1755). 1 plaq. in-4, rel. toile. — **Lagerheim** (Lars Magnus). Litteræ gothicæ ab Asia oriundæ ad Scandinavos hospites deductæ. Londini Gothorum, Berling, 1805. Plaq. in-4, rel. toile, non rogn.

2264. En analyse af den praktiske Skandinavismes Væsen og Betydning, af G. V. Pro Patria. Copenhague, Davidsen, 1857. Plaq. in-12, cart., non rogn. — **Beskow** (B. de). De l'influence de la littérature ancienne sur le dévelop-

pement et le caractère de la première révolution française. Upsal, Leffler et Sebell, 1849. Plaq. in-4, cart. — **Blom** (Otto). Bemerkninger om Kongespiels affattelsestid, belyst ved den deri skildrede krigerske Udrustning og Vaabendragt. Kjöbenhavn, Thiele, 1867. Plaq. in-8, cart., non rogn., fig. — **Daae** (Ludvig). Optegnelser til Ludvig Holbergs Biographi. Kristiania, Malling, 1872. — Jacob Langebeks forste besog hos Frederik Rostgaard. Kristiania, Malling, 1872. — Pierre Daniel Huet reise i Norden. Kristiania, Malling, 1872. Ensemble 3 plaq. in-12, cart. — **Dobrowsky** (J.). Litterarische Nachrichten von einer in Jahre 1792 unternommen Reise nach Schweden und Russland. Prag, Calve, 1796. In-12, avec 1 pl. cart. — **Hammerich** (Fr.). De episk-kristelige Oldkvad hos de Gotiske Folk. Köbenhavn, Schultz, 1873. Petit in-4, avec 1 pl., rel. toile, non rogn. — **Latham** (R. G.). Two dissertations on the Hamlet of Saxo Grammaticus and of Shakespear. London and Edinburgh, 1872. 1 vol. in-8, rel. toile. — **Schröter** (J. W.). Efterretninger om Byen Thorshavn. Kjøbenhavn, Möller, 1836. Plaq. in-2, rel. toile.

2265. Nogle breve til J. Chr. Berg 1816-1817, udgivne af L. Daae. Christiania, Malling, 1873. Plaq. in-12, cart. — **Levin** (J.). En Brevverling. Kjøbenhavn, Thiel, 1850. 1 plaq. in-4, cart. *Correspondance de Levin avec MM. Abrahams, Thorsen, etc.* — **Lassen** (Wilhelm). Norske Stamtavler. Christiana, Dybwad, 1868. In-4, rel. toile, non rogn. — **Geer** (Ludov. de). Commentarii de gente De Geeriana. Holmiæ, Deleen, 1816. Plaq. in-8, rel. toile, non rogn. — Claus Pavels's Biografi og Dagbøger, udgivne af *Claus Pavels Riis.* Bergen, Flocr, 1864. 1 vol. in-12, rel. toile. Portrait de C. Pavels. — **Kraft** (André). Notationes nonnullæ ad genealogiam Steinkillianam. Upsaliæ, Edman, 1767. Plaq. petit in-4, cart., non rogn. — **La Roquette** (de). Notice biographique sur le professeur norvégien *Keilhau.* Paris, Martinet, 1858. (Extr. de l'*Encyclop. moderne.*). — Norvège. Paris, Didot, 1849. Ensemble 2 plaq. in-8, d.-rel. chag. & cart. toile.

XXX

Biographie.

2266. **Arrhenius**. Vita illustrissimi herois Ponti De La Gardie, exercituum Sueciæ Supremi Campi Ducis, regnante Johanne III, etc. Lipsiæ, Gleditsch, 1690. 1 vol. petit in-4, rel. toile, avec frontisp. et un grand portr. gr. sur cuivre, de *La Gardie.*

2267. **Dal** (Nicolas). Specimen biographicum de antiquariis Sveciæ, in quo Johannis Hadorphij Eliæ Brenneri & Islandorum curæ enarrantur. Stockholmiæ, Merckell, 1724, *avec portr. de Hadorphius.* — Testamenterlige Forördningar, om stipendier eller Understöd för wissa medellösa studerande

wid Upsala Academie, gifne och åtnutne ifrån åhr 1629 in til närwarande tid. Upsala, Werner, 1724. Ensemble 1 vol. petit in-4, d.-rel. bas., non rogn.

2268. **Erslew** (Thomas Hansen). Almindeligt Forfatter-Lexicon for Kongeriget Danmark med tilhörende Bilande fra 1814 til 1840. Kjöbenhavn, Bianco Luno, 1843-1853. 3 vol. — Supplément. Kiöbenhavn, 1858-1868. 3 vol. Ensemble 6 vol. in-8, rel. toile, non rogn.

Bon ouvrage.

2269. **Gezelius** (Georg). Försök til et Biographiskt Lexicon öfver Naminkunnige och Lärde Svenske Män. Stockholm, Upsala och Åbo, hos Magnus Swederus, 1778-1787. 4 vol. in-12, rel. v. — Memoria virorum in Suecia eruditissimorum rediviva. Rostow et Leipzig, Russworm, 1728-1731. 4 parties en 2 vol. in-12, cart. (la 3e partie reliée à la suite de la 4e).

2270. Genealogisk og biographisk Archiv, udgivet af det genealogiskbiographisk Selskab. Kjøbenhavn, Quist, 1840-1849. 1 vol. in-8, rel. toile, non rogn., avec 3 tableaux généalogiques.

2271. **Hwasser** (Israël). Till Vetenskapernas Idkare och Vårdare Beskyddare Gynnare och Vänner. Upsala, Sebell, 1841. Plaq. in-fol., d.-rel. chag. citr., coins.

On trouve dans cet ouvrage de courtes notices biographiques sur plusieurs médecins suédois.

2272. **Kraft** (Jens. E.). Norsk forfatter-Lexicon, 1814-1856. Efter Forfatterens Død ordnet, forøget og udgivet af Christian C. A. Lange. Christiania, Dahl's forlag, 1863. 1 vol. in-8, d.-rel. mar. rouge, tr. peigne.

Dictionnaire des écrivains norvégiens. Ouvrage important pour l'histoire de la littérature et des savants du Nord. C'est le complément du Dictionnaire littéraire général pour le Danemark, la Norvège et l'Islande, de *Kraft* & *Nyerup* (Almindeligt Litteratur lexicon).

2273. **Lundblad** (F. F. von). Schwedischer Plutarch. Uebersetz von F. von Schubert. Stralsund, Löffler, 1826-1831. 2 tomes en 1 vol. in-8, rel. toile.

Cet ouvrage contient les vies de Gustaf Horn, Jean Baner, L. Torstenson, Oxenstjerna, de La Gardie.

2274. **Meyer** (L.). Kortfattet Lexikon over fremmede, i det danske Skriftog Omgangs-Sprog forekommende Ord, Konstudtryk og Talemaader. Kjøbenhavn, Brummer, 1837. 1 vol. in-8, d.-rel.

2275. **Pavels** (Biskop Claus). Autobiographi, udgivet af *C. P. Riis*. Christiania, Cappelens, 1866. In-12. rel. toile, non rogn.

2276. **Resenius** (P. J.). Petri Johannis Resenii Bibliotheca, Regiæ Academiæ Hafniensi donata, cui præfixa est Ejusdem Resenii vita. Hafniæ, Neuhof, 1685. 1 vol. in-4, rel. veau, avec un portrait de Resenius à l'âge de 29 ans.

2277. **Sterck** (Werner). Elegia in honorem nuptiarum, ornatissimi et doctissimi viri... Iohannis Hopnak, Bergæ in Noruegia Residentium à

Secretis & literis, amici & cognati sui deuinctissimi, & Castissimæ Honestissimæq3 eius Sponsæ Elisabethæ, Viri Nobilis et integerrimi Vrbani Lambrechts, relictæ Filiæ, A Wernero Sterck Lubecensi. Lubecæ excudebat Georgius Richolff, 1567. 1 plaq. in-4 de iv ff., titre et dernier feuillet remonté, rel. toile.

<small>Jolie impression d'un curieux *per nozze* du xvie siècle.</small>

2278. **Thura** (Albert). Gynæceum Daniæ litteratum feminis Danorum, eruditione vel scriptis claris conspicuum; præmissa præfatione de feminarum variarum apud Danos in litteras et litteratos munificentia. Altona, Korte, 1732. 1 vol. in-8, rel. vél.

2279. Biographiskt Lexicon öfver Namnkunnige Svenska Män. Upsala, Leffler och Lebell, 1838; Örebro, Lindh, 1857. 23 *vol.*, *d.-rel. bas.* — *Suppléments* : Lund, Berling, 1836. 1 vol. br.; Örebro, Lindh, 1857-1868. 6 vol. br. Ensemble 30 vol.

<small>Excellent ouvrage.</small>

2280. **Hydren** (Ericus L.). Schediasma genealogico Historicum, illustrem Trollorum gentem exhibens. Upsaliæ, 1751. Plaq. petit in-4, rel. toile. — Æfiminning Stenigrims Biskups Jónssonar. Reykjavik, 1880. Plaq. in-12, cart., avec portr. — Fornlemningar af Tycho Brahes Stjerneborg och Uranienborg på Ön Hven, aftäckte åren 1823 och 1824. Stockholm, Hörberg, 1824. Plaq. petit in-8, d.-rel. bas., non rogn., avec plan du château d'Uraniborg. Mouillures. — **Hwalström** (Andr. Ephr.). De apostatis Suecanis specimen academicum. Upsaliæ, Edman, 1791. Plaq. petit in-4, br. — **Esberg** (Joh.). Laudatio funebris, polyhistori magni et medici longè celeberr. Dn. Olai Rudbeckii, pridie Calend. Decembr. 1703 facta. Upsaliæ, typ. Werner, 1703. Petit in-4, rel. vél. — **Ehrenström** (Marianne d'). Notice biographique sur M. de Léopold. Stockholm, Eckstein, 1830. Plaq. petit in-8, rel. toile, non rogn., avec portr. — **Palmskiöld** (Elias). Monumenta quædam Palmskiöldiana nec non Blixencron-Ribbingiana diversis antehac temporibus separatim edita, nunc... uno volumine collecta. Petit in-4, rel. toile, fil. — **Borring** (Laurent Etienne). Notices on the Life and Writings of *Carl Christian Rafn*. Copenhagen, Thiele, 1864. Plaq. in-8, cart., non rogn. — **Becker** (T. A.). Herluf Trolle og Birgitte Göie. En Biographie ved 300 Aarfesten paa Herlufsholm den 23de Mai 1865. Kjöbenhavn, Thiele, 1865. Plaq. grand in-4, cart., avec 2 portr., 1 fac-sim. & 2 pl. — **Bartholinus** (Thomas). Panegyricus Augustiss. Regi Dn. Friderico tertio, Daniæ, Norwegiæ, Vandalorum, Gothorumque, &c.... Hafniæ, Gödianus, 1670. — Oratio in excessum Dn. D. Olai Wormii. Hafniæ, Martzau, 1655. Ensemble 2 plaq. in-fol., rel. chag. (armes du comte Riant) & in-4, rel. toile. — **Rudbeck** (Petrus, et Olaüs pater). Idea Officii Boni pastoris... Hållen Effter åstundan och begiåran aff—. I Wästerahs, B. Hagen, 1680. — Oratio in Obitum principis Gustavi Caroli VI. Holmiæ, Georg. Eberdt, 1685. — Laudatio funebris... Olai Rudbeckij patris, a *Joh.*

Esbergius. Upsal, Werner, 1703. — Laudatio funebris,... Olai Rudbeckij patris, a *Joh. Ihre.* Upsaliæ, 1741. Ensemble 15 vol. et plaq. in-4 et in-fol., dérel. et d.-rel. bas.

XXXI

Ouvrages périodiques. — Revues, annuaires, calendriers.

2281. ACADÉMIE DES SCIENCES DE COPENHAGUE. — Skrifter, som udi det Kiøbenhavnske Selskab af Lœrdoms og Videnskabers Elskere. Kjøbenhavn, 1745-1779. 12 vol. in-4. — Nye Samling af det Kongelige Danske Videnskabers Selskabs Skrifter. Kjøbenhavn, Gyldendal & Thiele, 1781-1799. 5 vol. in-4. — Det Kongelige Danske Videnskabers Selskabs Skrivter. *S. l.*, Seidelin & Popp, 1800-1818. 6 vol. in-4. — Det Kong. Danske Vidensk-Selskabs Skr. Femte Række. Historisk og philosophisk Afdeling, tomes I, II et III. Kjøbenhavn, Bianco Luno, 1852-1857. 4 vol. in-4. Ensemble 31 volumes, avec planches et figures, rel. d.-veau, coins ou cart.

Collection complète jusqu'à l'année 1812 imprimée en 1818.

2282. Det Skandinaviske Litteraturskabs Skrifter. Tomes 1 à 23. Kjöbenhavn, Seidelin, 1805-1832. Ensemble 12 vol. rel. toile, non rogn.

2283. **Afhandlinger.** Det kongelige danske videnskabernes Selskabs philosophiske og historiske Afhandlinger. Kjøbenhavn, Harty, 1823-1845. 7 vol. in-4, cart., non rogn., avec pl.

2284. ACADÉMIE DES SCIENCES DE NORVÈGE. — Det Trondhiemske Selskabs Skrifter. Kjøbenhavn, Pelt, 1761-1768. 4 tomes en 3 vol. in-8. (Le quatrième tome, publié par J. E. Gunnerus pour faire suite aux trois premiers, porte pour titre : « Det Kong. Norske vidensk. Selskabs Skrifter ».) — Nye Samling af det Kongelige Norske Videnskabers Selskabs Skrifter. Kiøbenhavn, Prost, 1784-1788. 2 vol. in-4. — Nyeste Samling af det Kongelige Norske Videnskabers-Selskabs Skrifter. Første bind. Kjøbenhavn, Storch, 1798. 1 vol. in-8. (Le tome I seul a paru dans cette série.) — Det Kongelige norske videnskabers Selskabs Skrifter i det 9de Aarhundrede, années 1875 à 1883, et 1885. Throndjem, 1876-1886. 10 fascicules, non rogn. L'année 1875 forme la 3e partie du 8e volume. Ensemble 6 vol., d.-rel. veau, et 10 fascicules brochés.

2285. Aarboger for Nordisk Oldkyndighed og Historie, udgivne af det Kongelige Nordiske Oldskrift-Selskab. Kjöbenhavn, Gyldendal (Thiele), années 1866-1884. 15 vol. in-8, d.-rel. chag. r., coins, non rogn., et 1 plaq. br. (supplément à 1869-1870). Années 1885-1889 (3e fasc.), en livraisons, avec nombr. pl. noires et en couleurs.

Manque la livraison 3 de 1888.
Importante collection renfermant des travaux d'un grand intérêt.

2286. Den Norske turistforenings Aarbog, for 1868. Christiania, Det Steenske Bogtrykkeri, 1868. In-12, rel. toile ; 114 ff., 1 carte. — Den Norske turistforenings Aarbog, for 1869, for 1870, for 1871. Christiania, Albert Cammermeyer. In-8, 140, 117, 140 ff., 4 bois, 2 cartes lithogr., rel. toile, non rogn.

2287. Historiske Aarbøger, til oplysning og veiledning i Nordens, særdeles Danmarks Historie. Udgivne ved der danske historiske Forening af C. *Molbech*. Kjöbenhavn, Schultz, 1845-1851. 3 tomes en 1 vol. in-12, d.-rel. chag. r.

2288. **Antiquaires du Nord** (Société royale des). Mémoires. Copenhague, au secrétariat de la Société. Années 1836-1839, 1840-1844, 1845-1849, 1850-1860. — Nouvelle série : Années 1866-1871, 1872-1877, 1880-1883, 1884, 1885, 1886, 1887, 1888. — 2 livraisons extraordinaires, 1855 et 1857, contenant les travaux du roi *Frédéric VII*. Ensemble 14 vol. in-8, d.-rel. chag. rouge, coins, sauf 1872-1877, et 1884 à 1888 incl. en fasc. broch. ; l'année 1872-1877 incomplète : manquent les 8 premiers cahiers. (Avec la livraison extraordinaire de 1855, on a relié « Guide to Northern Archæology, edited for the use of English readers, by the Earl of *Ellesmere*. London, 1848.)

2289. Atlas de l'Archéologie du Nord, représentant les échantillons de l'âge de bronze et de l'âge de fer, publié par la Société Royale des Antiquaires du Nord. Copenhague, Thiele, 1857. — Kongegravene i Ringted Kirke aabnede, istandsatte og dækkede med nye Mindestens ved Hans Maiestæt Kong Frederik den Syvende. Kiøbenhavn, Thiele, 1858. — Kongehøiene i Jellinge og deres undersøgelse efter Kong Frederik VII's Befaling i 1861 af *J. Korncrup*, med et forord af J. J. Worsaae... Kjøbenhavn, B. Luno, 1875. Ensemble 1 vol. in-fol., d.-rel. chag., coins, contenant de magnifiques planches, dont un grand nombre en couleurs.

2290. Svenska Trägårds-Föreningens Års-Skrift. Années 1840, 1841, 1842, 1843, 1844, 1845, 1846, 1847, 1848, 1849, 1850, 1851, 1852, 1853, 1854, 1855, 1856, 1857. Stockholm, Norstedt & Söner. 3 vol. in 8, d.-rel. veau brun, planches.

2291. Athene. Et Maanedskrift, udgivet af Christiaan Molbech. Kjøbenhavn, Gyldendal, 1813-1817. 9 vol. in-12, cart.

2292. Danske Magazin, indeholdende Allehaande Smaa Stykter og Anmerkinger til Historiens og Sprogets Oplysning. Udgivet af Det Kongelige Danske Selskab til den Nordiske Histories og Sprogs. Forbedring. Années 1745 (t. I), 1747 (t. III), 1751 (t. V). 3ᵉ série (complète), t. I à VI (1843, 1845, 1851, 1854, 1857, 1860). 4ᵉ série, t. I à III, t. V (3ᵉ et 4ᵉ fasc.), t. VI (fasc. 1, 2, 4) (1864 à 1886). 5ᵉ série, t. I, les 3 prem. fasc. (1887-1888). — *Ensemble* : Nye Danske Magazin. T. I à VI (1794 à 1836). En tout, 21 tomes en 19 volumes in-4, rel. toile, broch. ou en fasc. — *Le même*. Danske Magazin. 3ᵉ série, t. I à VI. — Nye Danske Magazin, t. I à VI. 12 vol.

2293. Handlingar rörande Skandinaviens Historia. Stockholm, Elméns och Granberg, *puis* Horberg. Tomes 1 à 14 : 1816-1828; tomes 16 à 30 : 1831-1849; tomes 32 à 40 : 1851-1860. Ensemble 32 vol. in-12, avec pl., d.-rel. veau, tr. jasp.

Manquent les tomes 15 et 31.

2294. Historiska Handlingar till trycket Befordrade af Kongl. Samfundet för utgifvande af Handskrifter rörande Skandinaviens Historia. Stockholm, Norstedt, tomes 1 à 8, 1861-1870. Ensemble 8 tomes en 4 vol. in-8, d.-rel. veau, non rogn.

2295. Historisk-Philosophiske Samlinger. Udgivne af det Kongelige Selskab for Norges Vel. Christiania, Lehmann, 1811-1813. 5 tomes en 2 vol. in-12, d.-rel. v. f., coins.

Les rédacteurs en sont Nicolai Wergeland, Matthias Bonsae Krogh, le Dr Bech, évêque d'Agershuus, Johann Storm Munch, etc.

2296. Historisk Tidskrift udgivet af den Danske historiske Forening ved Selskabs Bestyrelse. 1re série, t. I à VI (1840-1845). 2e série, t. I, II, IV, V, VI (1847-1856). 3e série, t. I à VI (1858-1869). 4e série, t. I à VI (1869-1878). 5e série, t. I à VI (1879-1887). 6e série, t. I (1887-1888). Kjøbenhavn, Bianco Luno. Ensemble 30 tomes en 19 volumes, d.-rel. veau, dos orné, et 9 fasc. br.

Tout ce qui a paru depuis l'origine de la publication jusqu'en 1888 inclusivement, à l'exception du tome III de la seconde série.

2297. Kongl. Bibliotekets Tidningar om Lärda Saker, utg. af *C.C. Gjörwell*. Stockholm (1767-1769). Nya Lärda Tidningar. Stockh. (1774-1775). Stockholms Lärda Tidningar. Stockh. (1776-1780). Ensemble 11 tomes en 9 vol. in-12, d.-rel. veau, coins (aux 3 premiers, joli ex-libris de Aronwest).

2298. Antiquarisk Tidsskrift, udgivet af det Kongelige Nordiske Oldskrift-Selskab. Kjöbenhavn, Quist (1845-1864). 7 vol. in-8, d.-rel. chag. (rel. diff.).

2299. Kongl. Vitterhets Historie och Antiquitets Academiens Handlingar. Stockholm, Kongl. Tryck. *puis* Nordström, *puis* Magnus, 1789-1850, tomes 1 à 20. Ensemble 17 vol. in-12, avec pl., rel. v., tr. p. — Tomes 21 à 29. Stockh., Norstedt, 1860-1884 (*Nouvelle série, tomes* 1 à 9). Ensemble 4 vol. in-8, rel. veau, pl., rel. v., tr. p., et 1 vol. in-8, br.

2300. De la Gardiska Archivet eller Handlingar ur grefl. De La Gardiska Bibliothek på Löberöd utg. af *P. Wieselgren*. Stockholm, Hörberg, 1831. 20 tomes en 7 vol. in-8, d.-rel. veau br., tr. peigne (fac-similés).

2301. Nor, Tidsskrift for Videnskab og Literatur. (*Revue des sciences et des lettres, éditée par la Société des étudiants norvégiens.*) Christiania, 1840 à 1846, 3 vol. in-8. *Tout ce qui a paru.* — Le Nord littéraire, physique, politique et moral. Ouvrage périodique, par le prof. *Olivarius*. A Kiel, chez Mohr, 1797-1799. *Première et seconde année. 8 numéros réunis en 2 vol. in-12; ils sont*

datés, à la fois suivant le calendrier grég. et le cal. républicain français et contiennent de nombreux détails intéressants. — Norden. Christiania, 1866 à 1868, 5 tomes en 3 vol. in-8, rel. toile.

Revue mensuelle, littéraire et scientifique, publiée par *Jens. Lieblein.*

2302. Nordisk Tidskrift for Historie, Literatur og Konst, udgivet af *Christian Molbech.* Kiøbenhavn, Thiele, *puis* Bianco Luno, tomes 1 à 4, 1827 (*origine*) — 1836. 4 vol. in-8, rel. toile, non rogn. — Tidsskrift for Nordisk Oldkyndighed, udgivet af det Norske Oldskriftselskab. København, Popp, 1826-1829. 2 tomes en 1 vol. in-8, d.-rel. chag., dos orné, coins. — Nordisk Tidskrift for Oldkyndighed, udgivet af det Kongelige Nordiske Oldskrift-Selskab. Kjøbenhavn, Quist, 1832-1836. 3 vol. in-8, d.-rel. chag., dos orné, coins. — Nordisk Tidskrift, utgifven af *Aug. Sohlman*, 1852-1853. Stockholm, Thimgren, 1854. 1 vol. in-8, rel. toile, non rogn. — Nordisk Tidskrift for Literatur og Kunst, udgivet af *L. Dieterichson.* Kjøbenhavn, Wöldikes; tome I seul, 1863. 1 vol. in-12, rel. toile, non rogn.

2303. Norske Magasin. Skrifter og optegnelser angaaende Norge og forfattede efter reformationen, samlede og udgivne af *N. Nycolaysen.* Christiania, Dahl, 1853. 2 vol. in-8, rel. toile.

2304. Norsk Tidskrift for Videnskab og Litteratur. Udgivet af *Christian C. A. Lange.* (Continuée par *Monrad* & *Winter Hjelm.* Christiana, Dybwad, *puis* Feilberg et Landmark Années 1 à 7 : 1847 (origine) à 1854-55. Ensemble 7 tomes en 4 volumes in-8, rel. toile blanche, non rogn.

Tout ce qui a paru de cette intéressante et utile revue de littérature et de critique.

2305. Nordisk Universitets-Tidskrift. Kjöbenhavn. Lund. Christiania. Upsala. Tomes 1 à 6 (années 1854-1858), tome 7 (1861), tome 8, fasc. 1 et 2 (1862). Ensemble 3 vol. in-8, rel. toile, non rogn., et 6 fasc. br. (fig. et pl.).

Cette précieuse revue, pour être complète, doit avoir 10 vol. Elle fut fondée dans un but d'union scientifique des trois peuples scandinaves, et a été rédigée par les professeurs des diverses universités de Norvège, de Suède et de Danemark. Elle n'a pas cependant un caractère officiel. Chaque tome est formé de 4 livraisons ayant chacune une pagination à part. Il manque la fin du tome 8 et les tomes 9 et 10.

2306. Nova Acta Regiæ Societatis Scientiarum Upsaliensis. Tome 1 à 14. Upsal, 1773-1850. 14 *vol. d.-rel.* 3ᵉ série, tome 1 à 7. Upsal, 1855. 2 *vol. rel. toile et* 7 *fasc. br.* et tome 13, fasc. 2, br. Ensemble 24 vol. et fasc. in-4, avec nombreuses planches.

2307. Orion, Historisk-geografiskt Maanedskrift, redigeret af *T. Becker.* Kjöbenhavn, Gyldendal, 1839-1841. — Orion, Historisk Quartalskrift, red. af *Becker.* Kbhvn, Gyldendal, 1843-1844. Ensemble 6 tomes en 3 vol. in-12, rel. toile.

2308. Oversigt over det Kongelige Danske Videnskabernes Selskabs

Forhandlinger. Kiöbenhavn, B. Luno. Années 1842 à 1861 incl., en 5 vol. in 8, rel. toile; année 1862 (moins le fasc. 7) en fasc. br.

> A la suite de 1853, on a relié un mémoire de *Chr. Jürgensen* « sur le mouvement du pendule simple et sur celui d'un corps solide autour d'un point fixe ».

2309. Saga. Et Fjerdingaars-Skrift, udgivet af *Johan Storm Munch*. Christiania, Lehmann, 1816-1820. 3 vol. in-12, d.-rel. veau.

> Tout ce qui a paru de cette Revue historique et littéraire. J. S. Munch mourut en 1823, évêque de Christianssand.

2310. Samlade Vitterhets arbeiten af Svenska Författare från Stjernhjelm till Dalin. Efter Originalupplagor och Handskrifter utgifna af *P. Hanselli*. Upsala, Hanselli, 1871-1873. 17 parties en 8 vol., d.-rel. veau br., non rogn. (couvertures), avec pl.

> Important recueil.

2311. Skandia. Ttdskrift för Vetenskap och Konst. Utgifven af Swenska Litteratur-Föreningen. Upsala, Palmblad puis Leffler. *Tomes 1 à 10*: 1833-1837. Ensemble 10 tomes en 5 vol. in-8, rel. toile, non rogn.

2312. Svenska Fornminnesföreningens Tidskrift. Stockholm, Riis. Tomes 1 à 6; t. 7, fasc. 1. Années 1872-1887, 1888. Ensemble 19 fasc. br., avec nombr. fig. et pl.

2313. Svenska Magazine, utgifvit af *C. C. Gjörwell*. Stockholm, Scolpe, 1766. (L'année 1766 complète.)

2314. Swea, tidskrift för Vetenskap och Konst. Upsala, Zeipel och Palmblad 1818 (*origine*) à 1832 (tomes 1 à 14). Ensemble 16 vol. in-8, cart., sauf la 2e partie du t. XIII, qui est brochée.

2315. Tidningar utgifne i Upsala (*Journal d'Upsal*). Années 1773 à 1779. Ensemble 4 vol. in-12, d.-rel. veau.

> On trouve dans ce Recueil beaucoup d'articles relatifs à l'histoire et à la littérature.

2316. Tidsskrift for Litteratur og kritik. Udgivet af *F. C. Petersen*. Kjöbenhavn, Bianco Luno, 1839-1842. 7 tomes en 4 vol. in-12, d.-rel. veau f.

> Revue critique de littérature, donnant des comptes rendus des livres parus en Danemark de 1839 à 1842.

2317. Topografisk Journal for Norge. Christiania, 1793-1800. Fasc. 1 à 28, en 7 vol. in-12, d.-rel. veau.

> Collection importante publiée par la Société Topographique et rédigée par *J. Rosted*, qui contient des monographies topographiques des diverses parties de la Norvège.

2318. Urda, et norsk antiqvarisk-historisk Tidsskrift, udgivet af Directionen fors det Bergenske Museum. (*Vol. I à III, 1re livraison*). Bergen, Dahl, 1837-1847. 3 parties rel. en 1 vol. in-4, rel. toile.

> Tout ce qui a paru.

2319. **Kongl.** Svenska Vitterhets-academiens Handlingar. Stockholm, Salvius, 1755-1788. 5 tomes en 4 vol.

2320. Register öfwer Kongl. Svenska Vitterhets Akademiens Handlingar, Delarne I-V, Samt Kongl. Vitterhets Historie och Antiquitets Akademiens Handlingar. Delarne 1-20. Stokholm, tryckt hos Jos. Beckman, 1852, på S. Magnus' Förlag. 1 vol. in-12, rel peau de Suède, fil., dent. int., tr. d.; sur les plats, armes et chiffre du comte Riant (Gruel).

2321. Forhandlinger i Videnskabs-Selskabet i Christiania. Christiania, Brögger og Christie. 1858 (*origine*) à 1871, en 4 vol., rel. toile, non rogn. Années 1872, 1873, 1re partie, 1878, 1880, 1882, 1884, 1885, 1886, 1887, br. Ensemble 13 vol. in-8, rel. et br., avec nombr. planches noires et en couleur, et cartes.

Compte rendu de la Société des sciences de Christiania, dont le contenu appartient surtout aux sciences naturelles.

2322. Register til Christiania Videnskabs-selskabs Forhandlinger. 1868-1877. Christiania, Brøgger, 1879. 1 plaq. in-8, rel. toile sur broch.

2323. Folkekalender for Danmark. Kjöbenhavn, Thiele. Années 1854, 1855, 1857, 1858, 1859. 5 vol. in-12, br., avec fig. et portr. gr. sur acier. — Historisk Calender, udgiven af *L. Engelstoft* og *J. Møller*. Kjöbenhavn, Gyldendal, 1814-1817. 3 vol. (tomes 1 à 3) in-12, d.-rel. veau, avec portr. et cartes. *Tout ce qui a paru.* — **Grüner** (Haldur R). Mercantil. Calender for det Danske Monarchie (1858-1859). Kjöbenhavn, 1858. 1 vol. in-12, rel. peau de Suède, tr. dor., dent. int.; sur les plats, armes et chiffre runique du comte Riant (Gruel). — Militare Calender over det Kongelige Norske Armee, 1854. Christiania, Schibsted. 1 vol. in-4, rel. bas. rouge, tr. dor., plats ornés. (Provient de la bibliothèque du roi Oscar I.) — Sveriges och Norges Stats-Kalender för år 1872, utgifven af dess Wetenskaps-Akademi. Stockholm, 1871. 1 vol. in-12, rel. toile. Ensemble 11 vol.

XXXII

Bibliographie.

2324. **Aminson** (Henri). Bibliotheca Templi Cathedralis Strengnesensis quæ maximam partem ex Germania capta est circa finem belli triginta annorum. Stockholmiæ, Marcus, 1863. 1 vol. in-8, d.-rel. veau, non rogn., avec chiffre du comte Riant.

Important et intéressant catalogue.

2325. **Anchersen** (J. P.). Vallis Herthæ Deæ et origines Daniæ ex Græcis et Latinis autoribus descriptæ et illustratæ. Hafniæ, Kisel, 1747. 1 vol. in-4, d.-rel. bas.

2326. Svenska Medeltidens Bibel-Arbeten, Efter Gamla Handskrifter utgifna af *G. E. Klemming.* Stockholm, Nörstedt, 1848. 2 tomes en 1 vol. in-8, d.-rel. mar. citr., tr. peigne.

2327. **Klemming.** Sveriges äldre liturgiske Literatur bibliografi. Stockholm, Norsted, 1879. Grand in-8, d.-rel. chag. rouge, coins, tête dorée, non rogn. Couverture. Avec chiffre du comte Riant.

<small>Un des 5 ex. en grand papier auxquels on a joint des feuillets détachés des anciennes impressions suivantes : missel d'Upsal, *absque notâ*, c. 1487 ; missel d'Upsal, Bâle, Jac. de Pfortzheim, 1512 ; missel de Strengnäs, Lubeck, Barth. Gothan, 1487 ; missel d'Abo, Lubeck, B. Gothan, 1488 ; graduel, Lubeck, B. Gothan, 149..? ; bréviaire de Linköping, Nuremberg, G. Stuchs, 1493 ; bréviaire de Strengnäs, Stockholm, Joh. Fabri, 1495 ; bréviaire d'Upsal, Stockholm, Joh. Fabri, 1496 ; bréviaire de Skara, Nuremberg, G. Stuchs, 1498 ; psautier d'Upsal, Upsal, P. Griis, 1510 ; psautier de Westerås, Bâle, Jac. de Pfortzheim, 1513 ; missel d'Abo, *s. l. n. typ.*, 1522 ; missel de Linköping, Söderkoping, Olaus Ulrici, 1525.</small>

2328. Catalogus bibliothecæ Gernerianæ publice divendenda, inde ab initio mensis Martii 1789. Havniæ, Sebast. Popp. 1 vol. in-8, d.-rel. bas. r., avec 1 portr. à la silhouette de *Henri Gerner. Ce catalogue a été rédigé par* P. Petersen. — Bibliotheca Daneschioldiana, seu Catalogus librorum B. M. illustriss. Domini Dn. *Christiani*, comitis de Daneschiold... Havniæ, typ. reg., 1732. 1 vol. petit in-4, rel. bas.

Exemplaire en grand papier.

2329. **Botten-Hansen** (Paul). La Norvège littéraire. Catalogue systématique et raisonné de tous les ouvrages de quelque valeur imprimés en Norvège ou composés par des auteurs norvégiens au 19⁰ siècle..... Christiania, Gundersen, 1868. 1 vol. in-8, rel. toile, non rogn.

2330. **Brünnich** (M. Th.). Litteratura Danica scientiarum naturalium. Hafniæ & Lipsiæ, Peet, 1783. *2 part. en 1 vol.* — Conspectus litteraturæ Botanicæ in Suecia ab antiquiss. temporibus usque ad finem anni 1831... Exhibitus a *Joh. Em. Winckström*. Holmiæ, Norstedt, 1831. Litteraturæ Scientiæ rerum Naturalium in Dania, Norvegia et Holsatia usque ad annum 1829. Enchiridion scripsit *M. Winther*. Havniæ, Edquist, 1829. Ensemble 2 vol. in-8, d.-rel. bas. et rel. toile, et 1 vol. in-12, cart., non rogn.

2331. **Bruun** (Chr.). Det store Kongelige Bibliotheks stiftelse under Kong Frederik den Tredie, og Kong Christian den Femte. Kjöbenhavn, Thiele, 1873. In-4, cart., avec 2 pl. lithogr.

2332. — Det Danske Katalog i det store Kongelige Bibliothek. Kjöbenhavn, Jörgensen, 1875. In-12, rel. toile, non rogn.

Tiré à 75 exemplaires.

2333. Catalogus librorum impressorum bibliothecæ Regiæ Academiæ Upsaliensis. Upsalæ, excudebant Stenhammar et Palmblad, 1814. 1 vol. in-4, rel. chag. rouge, tr. dor.; sur les plats, armes et chiffre runique du comte Riant (Gruel).

Le catalogue est précédé d'une préface du bibliothécaire Petrus Aurivillius.

2334. **Celsius** (M. Olavus). Bibliothecæ Upsaliensis historia. Upsaliæ, *s. typ.*, 1745. In-8, d.-rel. v. rac., tr. lim., chiffre du comte Riant. — *Du même* : Bibliothecæ Regiæ Stockholmensis Historia brevis et succincta. Holmiæ, typ. Laur. Salvii, 1751. In-12, rel. vél., non rogn.

2335. Dänische Bibliothec oder Sammlung von Alten und Neuen Gelehrten Sachen aus Dannemarck. Copenhagen und, Leipzig, H. C. Paulli Wittau, 1738-1747. 9 vol. in-12, rel. bas., avec portr. et pl.

Recueil des plus intéressants, contenant des analyses et des appréciations sur une quantité d'ouvrages danois.

2336. **Dechaux**. Collection des écrits politiques, littéraires et dramatiques de Gustave III, roi de Suède, suivie de sa correspondance. Stockholm, Delén, 1803. 5 vol. in-8, rel. veau ol., fil. f. à froid, avec portr. et pl.

2337. **Erichsen** (John). Udsigt over den gamle Manuscript-Samling i det store Kongelige Bibliothek. Kjöbenhavn, Möller, 1786. Petit in-8, rel. toile, non rogn.

Piqûres de vers.

2338. **Geerz** (F.). Geschichte der geographischen Vermesserungen und der Landkarten Nordalbingiens vom Ende des 15^{en} Jahrhunderts bis zum Jahre 1559. Berlin, Perthes, 1859. In-8, rel. toile, non rogn.

2339. Répertoire des cartes de la Suède, de la Norvège et du Danemark, publié par l'institut royal des ingénieurs néerlandais. La Haye, Nijhoff, 1859. — Catalogue de portraits, contenant les rois, les reines et les princes du sang royal de Suède... qui font partie des recueils de *Charles-Renaud Berch*, à Stockholm, 1767. Upsal, Edmau, 1767. 2 plaq. grand in-8, rel. toile, et in-4, cart.

2340. **Gjörwell** (Carl Christoffer). Det Swenska Biblioteket. Stockholm, Wild, 1757-1759. 4 part. en 3 vol. rel. v. f. et d.-rel. bas.

2341. — Collectio Gjörwelliana, eller Samling af Skrifter, dels förr dels ej förr trykte, uti åtskilliga ämnen, men förnämlingast tjenande til Uplysning i Svenska Historien. Stockholm, Carlbohm, 1781-1786. 1 vol. petit in-8, avec pl., rel. toile, non rogn.

Catalogue de la bibliothèque de Gjörwell, fait par lui-même. Cette édition est la troisième et dernière.

2342. **Graux** (Charles). Notices sommaires des manuscrits grecs de la Grande Bibliothèque Royale de Copenhague. Paris, Imp. Nat., 1879. 1 vol. in-8, rel. toile sur br., non rogn.

2343. Handlingar ur... Herr *L. v. Engeströms*. Bibliothek, utgifna af *P. A. Wallmark*. Stockholm, Nordström, 1809. 4 *parties*. — Förteckning öfver en Samling af Permbref uti Herr *Lars von Engeströms* Bibliothek, uppsatt af *Joh. G. Liljegren*. Stockholm, Granberg, 1819. Ensemble 1 vol. in-12, rel. toile, non rogn.

2344. **Hielmstiernes** Boksamling. Tienende til Oplysning af de under den Danske Regierung liggende staters litteratur. Kiöbenhavn, Möller, 1878-1885. 2 vol. in-4, rel. veau, avec un très beau portr. de *Henri Hielmstierne.*

Intéressant catalogue terminé par une table des auteurs. Il a été rédigé par P. F. Suhm.

2345. **Hjalmar Linnström**. Svenskt Boklexicon (Åren 1830-1865). Första häftet. Stockholm, Samson et Wallin, 1867. 1 vol. grand in-8, rel. toile. *Contient les noms d'auteurs depuis A jusqu'à Ericson.* — Fortegnelse paa alle de Skrifter som siden Trykfriheden ere udkomne..... med en Kort Erindring om et hvert Skrift. Kjøbenhavn, hos Kanneworff, 1771. 1 vol. in-12, rel. t. br., non rogn.

Catalogue des livres parus en Danemark et en Norwège, avec l'indication des prix et un aperçu sur chaque ouvrage.
2ᵉ année seule.

2346. Katalog öfver Generalstabens Handskrifter och Böcker den 1 Augusti 1878. Stcklm, Norstedt, 1879. 1 vol. in-8, rel. toile, non rogn.

2347. **Klemming** (G. E.). Sveriges Dramatiska litteratur till 1863. Bibliografi. Stockholm, 1876. 1 vol. in-8, d.-rel. chag. f., tr. peigne.

2348. **Liden** (Joh. Henr.). Catalogus dissertationum, quæ ad illustrandas Res Svevicas faciunt præsertim in argumentis Historicis, Ecclesiasticis, Juridicis, Literariis, Œconomicis, Physicis & Historia Naturali. Holmiæ, liter. Laur. Salvii, 1765. Petit in-4, d.-rel. veau rac., tête lim., non rogn., au chiffre du comte Riant. — *Du même* : Catalogus disputationum, in Academiis & Gymnasiis Sueciæ, atque etiam, a Svecis, extra patriam habitarum, quotquot huc usque reperiri potuerunt. Upsaliæ, Edman, 1778-1779. 4 parties en 2 vol. — Catalogus..... continuatus a *Gabr. Marklin.* Upsal, Edman, 1820. 3 parties et supplément en 1 vol. — *Suite,* par Marklin. Upsal, 1852. 1 vol. Ensemble 4 vol. in-8, cart., non rogn.

Comprenant l'indication des thèses d'Upsal, de Lund & Abo, ainsi que celles des gymnases et des synodes. Ce catalogue est devenu *rare*.

2349. **Lind** (Lavritz). Det Danske Bibliotek eller Fortegnelse paa alle de Danske skrifter, som ere trykte baade inden og uden Lands, fra det første Bogtrykkerier kom i stand i Dannemark, indtil sidst i forige seculo, hvilcke alle findes samlede i det *Karen Brahés* Bibliotek. Kjöbenhavn, Phænixberg, 1725. Petit in-4, rel. toile, non rogn.

Exemplaire interfolié.

2350. **Lundstedt** (Bernhard). Catalogue de la Bibliothèque de Finspong. Stockholm, Norstedt, 1883. 1 vol. in-8, d.-rel. veau f., avec 1 pl. et 2 port., non rogn.

* **Moller** (Joh.). Cimbria Literata, sive scriptorum Ducatus utriusque Slesvicensis et Holsatici, quibus et alii vicini quidam accensentur, Historia literaria tripartita..... cum Præfatione *Joannis Grammii* nec non indice

necessario. Havniæ, sumptibus & typis Orphanotrophii Regii..... 1744. 3 vol. in-folio.

2351. **Nissen** (Mart.). Norsk Bog-Fortegnelse, 1814-1853. Kristiania, 1848-1855. 2 *parties*. — Almindeligt. Dansk-Norsk Forlagscatalog. Udg. af Forlagsforeningen i Kjöbenhavn. Kjbnhvn, Bianco Luno, 1841. — Norsk Bog-Fortegnelse, 1848-1865 af *Botten-Hansen og Siegwart Petersen*. Kristiania, 1870. 1 vol. — Danske Bogfortegnelse for aarene 1841-1858 samlet af *F. Fabricius*. Kjbnhvn, Gyldendal, 1861. Ensemble 3 vol. in-8, d.-rel. v. f. et rel. toile.

2352. **Nyerup** (Erasmus). Spicilegium bibliographicum ex bibliotheca Regia Havniensi. Havniæ, Proft, 1783. 3 fascic. en 1 vol. in-12, rel. toile, non rogn. — Des store Kongelige Danske Bibliothek, 1866-1872. Ensemble 1 vol. in-8, d.-rel. veau gris, non rogn., avec pl.

Le titre manque.

2353. **Nyerup** (R.) og **Kraft** (J. E.). Almindeligt Litteraturlexicon for Danmark, Norge, og Island; eller Fortegnelse over danske, norske, og islandske, saavel afdöde som nu levende Forfattere... Kjöbenhavn, Gyldendal, 1820. 1 vol. in-4, d.-rel. chag. r., tr. lim., avec chiffre du comte Riant.

Répertoire fort utile.

2354. **Nyerup** (Rasmus). Catalog over det Norske Videnskabers-selskabs Samlinger. I. Del : Böger og Haandskrifter. Kjöbenhavn, Schultz, 1808. 1 vol. in-4, d.-rel. bas. f.

1re partie, seule parue.

2355. **Porthan** (Henr. Gabr.). Historia bibliothecæ R. Academiæ Aboënsis Disputationibus publicis XXIII. A. 1771-1787 proposita. Aboæ, Frenckell. 1 vol. petit in-4, rel. toile, non rogn.

2356. **Schirren** (C.). Verzeichniss livländischer Geschichts-Quellen in Swedischen Archiven und Bibliotheken. Dorpat, 1861-1868. 1 vol. in-4, rel. toile, non rogn.

2357. **Sibbern** (Nic. Petr.). Bibliotheca historica Dano-Norvegica sive de Scriptoribus rerum Dano-Norvegicarum Commentarius Historico-litterarius. Hamburgi et Lipsiæ, Liebezeit, 1716. In-12, rel. vél.

2358. **Stephens** (Georges). Förteckning öfver de förnämsta Brittiska och Fransyska Handskrifterna, uti Kongl. Bibliotheket i Stockholm. Stockholm, Norstedt, 1847. In-8, rel. chag. viol., doubl. moire viol., fil., tête dor., non rogn. (chiffre runique et armes du comte Riant, sur les plats). *Catalogue des principaux mss. français et anglais conservés dans la Bibliothèque royale de Stockholm. Un des ex. en papier jaune.* — Förteckning öfver de förnämsta Brittiska och Fransyska Handskrifterna uti Konkl. Bibliotheket i Stockholm. Stockholm, Norstedt, 1847. 1 vol. in-8, d.-rel. veau (Gruel).

2359. **Stiernman** (André Antoine). Bibliotheca Suio-Gothica. Holmiæ, Gercken, 1731. 1 vol. in-4, d.-rel. vél.

2360. Historisk-biographiske Samlinger, og Bidrag til den danske Sprog- og Literaturhistorie i ældre og nyere Tid. Udgivne for den danske historiska Forening af *C. Molbech*. Kiøbenhavn, B. Luno, 1851. — **Thura** (Albert). Conspectus Danorum qui, partim commentariis suis eruditis, partim quoque versionibus danicis, de linguæ romanæ .et græcæ scriptoribus meruerunt. Hafniæ, Mumme, 1740. 1 vol. in-12, rel. vél., non rogn.

2361. **Vogelsang** (H. Chr.). Fortegnelse over Haandskrifterne i Karen Brahes Bibliothek i Odense. Odense, Hempel (1857). 1 vol. in-8, rel. toile.

2362. **Warmholtz** (Carl. Gust.). Bibliotheca Historica Sueo-Gothica; Eller Förtekning uppå så väl trykte, som handskrifne Böcker Tractater och Skrifter, hvilka handa om Svenska Historien, eller därutinnan kunna gifva hjus; med Critiska och Historiska Anmärkningar. Stockholm, Nordström, 1782-1793; Upsala, Edman, 1801-1805; Upsala, Zeipel och Palmblad, 1815-1817. 15 tomes en 6 vol. petit in-8, d.-rel. veau f., coins, tr. peigne.

Excellent ouvrage.

2363. **Werlauff** (E. C.). Historiske Efterretninger om det store Kongelige Bibliotek i Kiøbenhavn. Anden forøgede og fortsatte Udgave, med tvende stylograph. Tegn. Kiøbenhavn, Quist, 1844. 1 vol. in-8, rel. toile.

2364. **Bartholinus** (Albertus). De scriptis Danorum, Liber Posthumus, auctior editus à fratre *Thoma Bartholino*. Hafniæ, typis Matthiæ Godicchenii, 1666. 1 vol. in-12, rel. vél. — **Moller** (Joh.). Bibliotheca septentrionis eruditi sive syntagma tractatuum de scriptoribus illius seorsim hactus editorum quo : 1. *Alb. Bartholini*. de scriptis Danorum...; 2. *Joann. Schefferi*, Svecia literata...; *Joh. Molleri*, Introductio ad Historiam Ducatum Slesvicensi...; 4. Ejusdem præfatio nova de Gentium Borealium,... scriptoribus, junctim exhibentur. Lipsiæ, Liberzeitz, 1699. 2 part. en 1 vol. in-12, rel. vél., *frontisp.* — **Möbius** (Th.). Verzeichniss der auf dem Gebiete der altnordischen (altisländischen und altnorwegischen) Sprache und Litteratur von 1855 bis 1879 erschienenen Schriften. Leipzig, Engelmann, 1880. — Über die ältere islandische Saga. Leipzig, 1852. — Are's Isländerbuch im isländischen Text mit deutscher Übersetzung, Namen- und Wörterverzeichniss und einer Karte, herausgegeben von Th. M. Leipzig, 1869. — Über der altnordische Sprache. Halle, 1872. 4 plaq. in-8, rel. et cart. — **Irenicus** (Erasmus). Bibliotheca Gallo-Svecica, sive Syllabus operum selectorum quibus Gallorum Svecorumque hac tempestate Belli proferendi Pacis euertendæ, studia publico exhibentur... Utopiæ, apud Udonem Neminem vico vbique ad insigne veritatis hoc anno. — Conspectus scriptorum rerum Svio-Gothicarum... Anno 1756. *S. l. n. typ.* 2 plaq. petit in-4, rel. vél. et toile, non rogn. — **Algreen-Ussing**. Fortegnelse over Skrifter henhørende til Fyens Stifts Topographi og Spe-

cialhistorie. Odense, Fyens Stiftsbogtrykkeri, 1865. Plaq. in-12, cart. — Catalogus variorum usque ad hoc tempus editorum operum circa rem nummariam in Suecia. Holmiæ, Kumbling, 1780. Plaq. in-4, rel. toile. — Förteckning på Swenska Calendarier för Hwarje år ifrån 1600 til och med 1770. Upsala, Edman, 1771. In-12, cart., non rogn.

2365. Fortegnelse over det Kgl. Norske Videnskabers-Selskabs Samling af Haandskrifter ved Udgangen af Aaret 1871. Throndhjem, Lie og Sundt, 1872. Plaq. petit in-8, rel. toile. — Forteckning öfver de äldre Handlingarne i Jönköpings Rådhus-Archiv. Stockholm, Hörberg, 1851. Plaq. petit in-8, rel. toile, non rogn. — **Prowe** (Dr L.). Mittheilungen aus Schwedischen Archiven und Bibliotheken. Berlin, 1853. Plaq. grand in-4, cart., avec 2 pl. fac-sim. *Envoi autogr. à Jacob Grimm.* — Den ledreborgske Haandskritfsamling, ordnet og registereret 1844-1845. — Catalog over Manuscripter, tilhörende det forrige Kongelige genealogisk-heraldisk Selskab, adeles nyt ordnede, forögede og optegnede 1819 af... *W. Benzon. S. l. n. d. n. typ.*, 1847. Petit in-8, rel. toile. — **Aurivillius** (Carolus). *Recensio* Codicum Manuscriptorum ab Henrico *Benzelio*, Archiepiscopo Upsaliensi in Oriente collectorum, etc. Upsal, Edmann, 1802. Plaq. in-8, rel. toile. — **Baden** (Gustav Ludvig). Dansk-Norsk Historisk Bibliothek, indeholdende Efterretning om de skrifter som bidrage til Dansk-Norsk Historiekundskab. — **Bergström** (Petrus F.). Dissertatio de Bibliothecæ Lundensis præcipuis incrementis ab anno 1729 usque ad annum 1769. Lund, Berling, 1802. Plaq. petit in-4, rel. vél., non rogn. — **Gjörwell** (Carl. Christ.). Kongl. Bibliothekets Handlingar. Stockholm, Lange, 1768. 2 part. en 1 plaq. in-4, rel. vél. — Nils Gyldenstolpes. Boksamling. Stockholm, I. Hæggströms, 1874. Grand in-8 de 162 p., rel. toile.

2366. Kongl. Biblioteket. Öfversigt öfver Utländska Afdelningens uppställing 1885. Stockholm, 1885. 1 plaq. in-8, cart. — **Schröder** (Joh. Henr.). Historiola Bibliothecæ Regii Gymnasii Arosiensis. Upsaliæ, Zeipel & Palmblad, 1816. Plaq. petit in-4, rel. toile, non rogn. — Kronologiskt Register öfver tryckta Handlingar i Svenska Historien. Stockholm, Elméns och Granbergs Trykeri, 1816. 2 parties en 1 plaq. in-8, rel. toile, non rogn. — Bibliotheca Regiæ Academiæ Aboensis Elenchus. Abæ Fennorum, apud Wallium, 1682. — Musæum typographicum Sohmianum, eller Förteckning på de Böcker och Skrifter om Boktryckeri-Konsten och dess Historia, samlade af *Peter Sohm.* Stockholm, Kongl. tryck., 1815. Ensemble 2 plaq. petit in-fol. et in-12, rel. toile.

Histoire de l'imprimerie.

2367. **Alnander.** Joannis O. Alnandri Historiola Artis typographicæ in Suecia. Rostochi & Lipsiæ, Apud Christoph. Schwechtenium, 1725. 1 vol. petit in-8, rel. mar. rouge, fil., tr. dor., dent. int.

2368. **Klemming** (G. E.). Försök till historia om Sveriges Boktryckerier. Stockholm, Norstedt & söner 1871. 1 vol. in-12, d.-rel. mar. r. Envoi d'auteur au comte Riant.

<small>Essai sur l'histoire de l'imprimerie en Suède jusqu'à 1700, avec fac.-sim. de marques.</small>

2369. **Klemming** (G. E.) & **Nordin** (J. G.). Svensk Boktryckeri-Historia, 1488-1483, med inledande öfversigt. Stockholm, Norstedt et söner, 1883. 1 vol. gr. in-8, d.-rel. chag. r., tête peigne non rogn. (couverture). Fac-similés dans le texte et 2 pl. en couleur.

<small>Ouvrage important sur l'histoire de l'imprimerie en Suède et les pays voisins, précédé d'un aperçu sur l'histoire générale de l'imprimerie.
Envoi de l'auteur au comte Riant.</small>

2370. **Nyrop** (Camillus). Bidrag til den Danske Boghandels Historie. Kjöbenhavn, Gyldendal (Thiele), 1870. 2 tomes en 1 vol. in-8, rel. toile, non rogné, avec portr. de *Gyldendal*.

2371. **Mohnike** (D. Gottlieb). Geschichte der Buchdruckerei in Stralsund bis zum Jahr 1809. Ein Beitrag zur pommerschen Litterargeschichte. Stralsund, Struck, 1833. — Dissertatio de libris in typographia Wisingburgensis impressis, auct. **Samuel Gestrin** et **Daniel Axner**. Upsaliæ, Edman. — Incunabula artis typographicæ in Svecia, à **Joh. Henr. Schröder**. Upsaliæ, reg. typ. 1842. (*Ex. en gr. papier jaune.*) 3 plaq. in-4, cart. et rel. toile. — **Terpager** (Laur.) & **Frisius** (Joh.). De Typographiæ natalibus in Dania, Schedula Historica. Havniæ, reg. typogr., 1707. Plaq. petit in-4, rel. toile.

XXXIII

Premières impressions (rares), faites en Danemark, Suède, Islande, Eskimo, &c.

* Åbo : [**Wexionius** (Michaël O.)]. Epitome descriptionis Sueciæ, Gothiæ, Fenningiæ et subjectarum provinciarum. Accuratiùs quàm unquam antehac editæ. Aboa, apud Petrum Wald, Acad. Typog., 1650. 1 vol. petit in-8, de 276 ff.

<small>P. Waldius a, le premier, introduit l'imprimerie à Åbo, en 1642. Quant au volume de Weixonius, il est excessivement rare, à cause de certaines révélations qui le firent supprimer lors de son apparition.</small>

2372. Akureyrir : Dægrastytting eða hinn gamli Spámaður. Snúið úr dönsku. Akureyri, Prentað á Kostnað J. Grímssonar, af H. Helgasyni 1854. In-32 de 32 pp., rel. toile, avec couverture.

<small>Plaquette peu commune, une des premières impressions faites à Akureyrir, en Islande.</small>

2373. Altona : Species facti, oder Uhrsachen, so Ihro Königl. Majest. zu

Dennemarck-Norwegen, vermocht, zur Maintenirung Dero aller-höchsten Gerechtsahmen, und Beschutzung Dero getreuen Unterthanen gegen die Stadt Hamburg... Altona, Christ. Reymer, s. d. (1712 ou 1713). Plaq. petit in-4, rel. toile, non rogn.

> Rare. Une des premières impressions faites à Altona, où l'imprimerie ne paraît pas avoir été exercée avant 1713.

2374. GODTHAAB (*Groenland*): Pok, Kalalek avalangnek, nunalikame nunakatiminut okalugtuartok. Angakordlo, palasimik napitsivdlune agssortuissok. Agdlagkat pisorkat navssarissat nongmiut ilanit. Bertelsmit Pelivdlo erneranit Lars Möllermit, 1857. Plaq. in-12, rel. toile, avec 2 grav. color.

> Le premier imprimeur de Godthaab (en eskimo : Noungme) est *Lars Möller*, qui y exerça à partir de 1857.

2375. — : **Berthelsen** (R.). Okalokatigingnek; Noungme (Godthaab), Möller, 1858. In-4 oblong, cart. (cart. original), avec fig. noires et en couleur.

> Récits de guerre, texte en groenlandais et traduction danoise.

2376. — : **Steenholdt** (Wittus F.). Illerkuksamut imàlôneet Illuarnermik ajokersout. Noungme, Møller, 1860. 1 plaq. in-12, rel. toile.

2377. MALMÖ : **Rørdam** (Holger Fr.). Malmøbogen af *Peder Laurenssen* udgived. Kjøbenhavn, Thiele, 1868. 1 vol. petit in-4, cart.

> Reproduction du livre intitulé « Orsangen oc een rett forclaring paa then ny Reformats... » imprimé à Malmö, en 1530, par Olaf Ulrichsen, le premier imprimeur de cette ville.

2378. SKALHOLT : Schedæ || ara Prests || Froda || om Island. || Prentud i Skalhollte || af Hendrick Kruse + || Anno 1688. 1 fnc., 14 pp., 4 ffnc. — Chrjstendoms || Saga || Hliodante um þad hvornen || Christen Tru kom fyrst a Island, at for-|| lage þess haflollega Norra, || Olafs Tryggvason || ar Noregs Kongs || Cum gratia & Privilegio Sacræ Regiæ Maiestatis Daniæ & Norvegiæ. || Prentud i Skalholli af Hendrick Kruse, || Anno M.DC.LXXXVIII. 2 ffnc., 26 pp., 1 fnc., avec encadr. gr. sur bois, au titre, et, au v°, une curieuse grav. sur bois représentant Olaf Triggvason. Ensemble 1 plaq. petit in-4, rel. vél. blanc.

> Plaquettes rares et précieuses, qui sont deux des plus anciennes impressions sorties des presses de Henri Kruse, le premier imprimeur de Skalholt (Islande), où l'imprimerie fut introduite, en 1687, par les soins de Thord. Thorlackson, évêque de cette ville et éditeur des deux opuscules ci-dessus.

2379. STOCKHOLM : Dyalogus creaturarum moralizatus. ℭ Prefacio in librū qui dicitur Dyalogus creatu || ra*ƶ* moralizatus omni materie morali iocundo et || edificatiuo modo applicabilis. Incipit feliciter •:•|| [*In fine :*]... Impressus per || Johānem Snel || artis impssorie mgrm. in Stock || holm inceptus... Anno dñi || M.cccc.l.xxxiij. Mensis decēbris In vigilia Thome. || 1 vol. in-8, rel. peau Suède (rel. suédoise au petit fer).

> Réimpression en fac-simile de ce précieux incunable, dont on ne connaît que

3 exemplaires : 2 sont à la bibliothèque académique d'Upsal et le dernier à la bibliothèque royale de Copenhague.

Il est rempli de fig. sur bois, pareilles à celles de l'édition donnée par G. Leeu à Gouda en 1480 et seqq.

Jean Snell, qui introduisit l'imprimerie en Suède, y fut longtemps le seul imprimeur, et on raconte qu'il ne pouvait suffire pour imprimer tous les ouvrages qu'on lui demandait.

[**Klemming**]. Étude sans titre sur l'édition du *Dialogus creaturarum moralizatus*, imprimée à Stockholm en 1483 par Jean Snell. Petit in-4 de 4 ffnc. lithographiés.

Cette étude a été faite à l'occasion du 400e anniversaire de l'introduction de l'imprimerie à Stockholm. Son auteur, M. Klemming, a fait reproduire sur le premier feuillet le colophon de cette édition précieuse, d'après les exemplaires d'Upsal.

2380. — : Tobiæ Comedia. Efter Tré Århundradens förlopp ånyo utgifven. Stockholm, Norstedt, 1849. In-8, rel. chag. violet, doubl. noire, tête dorée, non rogn., avec chiffre runique et armes du comte Riant.

Réimpression à 114 exemplaires de la première édition, donnée à Stockholm par Amund Laurentsson en 1550.

2381. Westerås : **Rudbeck** (Johannes). Oratio || de || officio || ministrorvm || verbi || habitæ arosiæ || in Synodo Anniversaria || anno 1620. 4 Septemb. || à Johanne Rudbeckio || E. Arosiensi. || ... Arosiæ. || Excudebat Olavs Olai H. || Consistorij Arosiensis Typographus. || Anno Reparatæ Salutis 1621. || Plaq. petit in-4, 14 ffnc., dérelié ; au v° du dernier f., la première marque d'Oloff Oloffson.

Ce livre est très probablement la *première* impression faite à Wästerås (Suède). Ce fut à la demande de *Jean Rudbeck*, évêque de Wästerås, que Gustave-Adolphe y autorisa l'établissement d'une imprimerie, et *Olof Olofsson Helsing* fut le premier typographe de cette ville. *Deschamps* (Dict. de géogr.) indique Eucharius Lauringer, d'après la *Bibliotheca septentrionalis*, comme ayant imprimé dès 1617. Nous pensons que c'est une erreur et qu'il faut lire 1647 : en effet, Eucharius Lauringer ne commença à exercer qu'en 1642.

Bel exemplaire de ce livre tout à fait rare.

2382. — : **Laurentius**. Een Predikan Emootmandråp Stelt öffuer thet femte Bodhordet zu Skalt icke dräpa... *In fine :* ... tryckt j Westerås aff Oluff Olson H. A. Domini 1622. Petit in-4, d.-rel. bas. noire, ébarbé.

Petit volume de toute rareté, une des premières, la deuxième peut-être des impressions faites à Westerås.

2383. — : **Rudbeck** (Johannes). Een Christeligh .|| Jordɔ Ferdz Predikan. || hållen vppå Strömsholms || gård j Wäsmanneland. || Tå Then Höghborna Frw och Förstin-|| na Frw Catharinä etc. Swerighes, Gö-|| thes och Wendes etc. Drottning, Enckia || ther vthbars och fördes til sin lågher-|| stadh vthi vpsala, || aff || *D. Iohanne Rudbeckio* Biskop || vthi Westerås. || Then 28. Martij, Åår effter Christi || bord 1622. || *Marque de l'imprimeur.* Tryckt aff Oluff Olson, H. Petit in-4, 16 pp., dérelié.

Bel exempl. d'une des premières impressions faites à Wästerås. *Rare.*

2384. — : **Laurentius.** Een Predikan || Emootmandråp || stelt öffuer thet femte || Bodhordet. || Tu skalt icke drapa. || Aff || *Laurentio Archiepiscopo Vpsalensi,* || ... *In fine* : ...tryckt j Westerås || aff Oluff Olson H. || A. Domini 1622. || Petit in-4, 32 pp., dérel.

Bon exemplaire d'une des premières et rares impressions faites à Westerås.

2385. — : **Rudbeck** (Johannes). Oratio de literarum et scholarum utilitate simul ac necessitate. Arosia, Olaus Olai, 1624. — Oratio de linguæ Hebrææ præstantia & dignitate. Arosiæ, Olai, *s. d.* (1634). — Een Nödhtorfftigh Marcknadz Predikan. Westerås, Oloffson, 1624. — Predikan öffner thet Evangelium som plåghar förkunnas på then Förste Söndaghen j Adventet... Olof. Oloffson, Arosia, *s. d.* (1625). — Predikan på then H. Trefaldigheetz Sondagh hållen på Stromsholm i Wåsmanneland. Arosia, Oluff. Oluffson, 1626. — Een Höghnödigh Andeligh Marcknadz predikan... Oluff. Olfsson, Arosia, *s. d.* (1628). — Een Christeligh Lijk Predikan... Westerås, Oloff. Oloffson, *s. d.* (1628). — Een Christeligh Predikan. Westerås, Oluff Oluffson, 1629. Ensemble 8 plaq. petit in-4, dérelié.

Réunion d'impressions assez rares à rencontrer.

2386. — : Friedhz Predikan Hållen vthi Ryssland i thet Swenska läghret widh Pletscho. Wästerås, Wald, 1635. — Christeligh Lijkpredikan aff then 90. K. Davidz Psalm. Wästerås, Wald, 1636. — Een Christeligh Lijkpredikan, aff thet 19 cap. vthi Samuels Book. Wästerås, Wald, 1636. — Een Christeligh Lijkpredikan Hållin uthi... D. Petri Kenicii. Wästerås, Wald, 1637. — *Idem.* Hållin uthi Ionæ Sigfridi. Wästerås, Wald, 1637. — Jordeferdz eller eller Vthförelse Predikan öfwer Frw Catharinæ... Wästerås, Wald, 1639. — Boot och Bätrings Predikan Vthaff Daniel Prophetens thet 9. Capitel. Wästerås, Wald, 1635. — Christeligh Lijkpredikan aff then K. Davidz Psalm. Stockholm, Meurer, 1669. — Oratio de legitima vocatione ministrorum. Holmiæ, Meurer, 1621. — Valeet Predikan offuer K. Dawidz sidsta. Stockholm, Meurer, *s. d.* (1621). Ensemble 10 plaq. petit in-4, cart. et dérelié.

Brûlures à quelques pp.

WISINGSBORG : Les livres dont les titres suivent ont été exécutés à Wisingsborg, petite ville de l'île de Wisingsö dans le lac Wetter (Suède). Cette île était devenue, en 1561, la propriété de la famille Brahé, à laquelle le roi Eric XIV l'avait cédée, le jour de son couronnement, en reconnaissance des services que les membres de cette famille lui avaient rendus. Le comte Pierre Brahé, qui y avait fondé un gymnase et une école, y établit également une imprimerie en 1867 et y appela pour la diriger, un typographe poméranien, *Johann. Kankel*. Il exerça à Wisingsborg jusqu'en 1685. Deux ans après, par décret de Charles XI, l'île de Wisingsö fut réunie à la couronne, et le matériel de l'imprimerie fut transporté à Jönköping. L'histoire de la typographie de Wisingsborg a été traitée par *Alnander, Lingren, Gjörwell, Schröder* et d'autres. Le catalogue des impressions exécutées par Kankel a été donné en 1793 par *Axner*; 28 ouvrages y sont décrits. *Klemming* et *Nordin* (Svensk Boktryckeri historia, pp. 215-220) ont porté à 44 le nombre des ouvrages sortis de ces presses. Tous sont fort rares, même en Suède. Ils ont été faits aux frais de la famille Brahé et tirés à petit nombre. La collection de M. le comte Riant con-

tient 16 impressions de Wisingsborg. Nous les avons rangées par ordre chronologique en suivant la liste donnée par Klemming et Nordin.

2387. Een Kort Beskriffning || Vppå || Trenne Resor och Pere-|| grinationer, sampt Konungarijket || Japan : || 1. || Beskrifwes een Reesa som genom || Asia, Africa och många andra Hedniska Konungarijken, sampt || Öijar, medh Tlijt år förr ättat aff || *Nils Matson* Kiöping... || II. Forstelles thet stoora och mächtiga || Konungarijke Japan, sampt thes Inwånares || Handel och Wandel. || III. Becriwes een Reesa till Ost Indien, China || och Japan, giordh och beskrefwen aff || Olof Erjckson Willman... IIII. Vthföres een Reesa ifrån Musscow till China, || genom Mongul och Cataija, öfwer Strömen Obij,... Tryckt på Wisingsborgh,... aff... Johann Kankel, anno 1667. Petit in-4, 2 ffnc., 256 ffnc., rel. grenat jansén., dent. intér., tr. dorée (Chambolle-Duru).

Rare et précieuse impression, la *première* faite à Wisingsborg par Johann Kankel, premier typographe de cette ville, qui nous a laissé dans ce livre le récit de l'établissement de son imprimerie.
Ce livre n'est pas seulement une rareté typographique : c'est aussi un ouvrage important et célèbre presque, parce qu'il a été cité comme autorité par Linné.
Une longue analyse en a été donnée par *J.-B. Eyriès* dans les *Annales des voyages de Malte-Brun*, t. XII, pp. 282-295.

2388. — : Norlandz Chrönika och Beskriffning : hwaruthinnan förmähles the äldste Historier om Swea och Götha Rijken, samt Norrie, och een-dels om Danmarck... Tryckt på Wijsingzborg, aff Johann Kankel, 1670. 1 vol. in-fol., rel. mar. grenat jans., dent. intér., tr. dor. (Chambolle-Duru).

Ex. lavé.
Quatrième impression faite à Wisingsborg.

2389. — : **Matthias** (Christian). Uthåg aff the Mirakel, Underwårck och några andra tånckwerdige Ting som ifrån Keyser Antonii Pii, in till Rudolfi tijd, inclusive, sig tilldragit hafwa... Tryckt på Wijssingsborg, aff Johan Kankel, 1671. Petit in-8, 4 ffnc., 176 pp., rel. mar. grenat jans., dent. intér., tr. dor. (Chambolle-Duru).

La huitième impression faite à Wisingsborg.

2390. — : Imagines Illustrissimæ Familiæ Braheæ. Wisingsburgi, typis Joh. Kankel, 1773. Petit in-fol., rel. mar. gren. jansén., dent. intér., tr. dor. (Chambolle-Duru).

Douzième impression faite à Wisingsö.

2391. — : Alexandri Magni Historia Pä Svenska Rijm aff Latinen in på wårt Språåk wänd och bekostat, Genom... Hrr. Boo Jonszon... Tryckt på Wijsingzborg, aff... Johan Kankel, 1672. 1 vol. petit in-4, 220 ffnc., rel. mar. br., dos orné, filets, dent. intér., tr. dor. (Chambolle-Duru).

L'éditeur de cette histoire rimée d'Alexandre, en suédois, est *Johannes Hadorphius*, qui dit en avoir trouvé, dans un ancien ms. des Archives royales, le texte latin, que Boetius Jonas traduisit en suédois.
Ce livre est le onzième que Johann Kankel a imprimé.

* — : Een Kort Beskriffning, uppå trenne Reesor och Peregrinationer, sampt Konnungarijket Japan... Trykt på Wiisindzborg, aff... Johann Kankel, 1674. In-4, rel. plein chag. rouge, dent. intér., tr. dor, avec chiffre runique et armes du comte Riant (Gruel).

16ᵉ impression.

* — West-Indianisk Reese-Beskriffning från åhr 1639 till 1645. Ifrån Amsterdam till Sᵗ Joris de Mina, itt Castelli i Africa : förättat och beskrifwin aff Michall Hemmersam, Borg... Tryckt på Wijsingzborg, aff... Johan Kankel, 1674. In-4, 4 ffnc. 94 pp., rel. plein chag. rouge, dent. int., tr. dor., aux armes et au chiffre runique du comte Riant (Gruel).

17ᵉ impression.

2392. — : **Martini** (Martino). Historia om thet Tartariske Krijget uthi Konungarijket Sina, Sampt theras Seder. Korteligen beskrifwin på Latijn, och tryckt uthi Amstelodam Anno M DC LV. Men förswskat aff Ambrosio Nidelberg. Tryckt på Wijsingsborg aff... Johann Kankel, 1774. Petit in-4, 2 ffnc., 161(1) pp. et 1 fnc., rel. mar. grenat jans., dent. intér., tr. dor. (Chambolle-Duru).

Ce fut à la demande du comte Pierre Brahé que *Ambroise Nidelberg*, avocat à Abo, traduisit en suédois cet ouvrage du jésuite Martini, qui eut tant de succès qu'il fut traduit dans toutes les langues modernes.

Nous ajouterons que ce livre est la 18ᵉ impression faite à Wisingsborg depuis l'introduction de l'imprimerie en cette ville.

2393. — : **Lindh** (Carl). Huuss-Apoteek och Läkie-Book, Hwaruthi allehanda hälsosamma Rådh, och på många Menniskior offta proberade Låkedommar, Såsom och een uthförlig Underrättelse, huru eller hwar aff mångahanda slagz Siukdommar sitt Vthsprång hafwa... Tryckt på Wijsingsborg, aff Johann Kankell, 1675. Petit in-8, 4 ffnc., 296 pp. et 4 ffnc., rel. mar. grenat jans., dent. int., tr. dor. (Chambolle-Duru).

Le 23ᵉ livre impr. à Wisingsborg.

* — : Sanfärdig Beskrijffning, om Konungarijker Siam, thesz Regering, Macht, Religion, Seder, Handel och Wandel... af *Jobst Schouten*. Tryckt på Wijsingzborg af Johann Kankel, 1675. Plaq. in-4, 1 fnc., 60 pp.

Traduction de l'ouvrage de *Jobst Schouten*. 24ᵉ impression de Wisingsborg.

2394. — : Kort Berättelse om Wäst Indien eller America, som elliest Kallas Nya Werlden. Anno M DC LXXV. *S. l. n. typ.* (Wiesingsö, Kankel). Plaq. petit in-4, 1 fnc., 42 pp. et 1 fnc., rel. mar. grenat, dent. intér., tr. dor.

Le 25ᵉ livre imprimé à Wisingsborg.
Très intéressante relation sur l'Amérique.

2395. — : **Tribawer** (Esaias). Bibliska Chrönika / Thet år : Att Propheternas och Apostlanars Böker, them wijkalla gamble och nya Testamentet, åre Gudz sanfårdige Ord, med the aldraskönaste Exempel och Historier

mårkeligen bewijsat... Men åhr 1614 uthsatt aff Tyskan in på wart Svenska Tungomåhl aff *Andrea Laurentij*... På Wiisingsborg, Hoos... Johann Kankel, 1676. Petit in-8, rel. mar. grenat jansén., dent. intér., tr. dorée (Chambolle-Duru).

 Joli exemplaire, de la 26e impression de J. Kankel.

 2396. — : **Brahé** (Pierre). Gamle Grefwe Peer Brahes, Fordom Sweriges Riikes Drotzetz, Œconomia Eller Huussholdz-Book, för ungt Adels-folck. Skrifwin Anno 1581. Tryckt på Wijsingsborg, aff... Johañ Kankel... 1677. 1 vol. petit in-4, 127(1) pp., rel. mar. f., dos orné, fil., dent. intér., tr. dor. (Chambolle-Duru).

 Rare. Le 28e livre imprimé à Wisingsbory.
 L'auteur de cet ouvrage est Pierre Brahé, dit le Vieux, comte de Wisingsborg ou Wisingsö, né à Lindholm en 1520.

 2397. — : Schreiben || an den || Herrn Colbert, &c. || Von der Grösse dess Königreichs || Industan. || Dem Golde und Silber || so in dasselbe ge-|| bracht wird; Dessen Reichthumb || Macht || Gerechtigkeit || unnd fürnehmsten Vrsache dess Ab-|| gangs der Leute in Asien. || Gedruckt zu Wiesingsburg, durch J. Hoch-Graffl : Gnad : || Buchdruck; Johañ Kankel, Anno 1677. Petit in-4, 27 ffnc., rel. vél.

 Plaquette fort rare, la 29e impression faite par Kankel.
 Le dernier feuillet manque et l'avant-dernier a une déchirure enlevant une partie de la première ligne du texte.

 2398. — : Piæ Cantiones ecclesiasticæ et scholasticæ veterum episcoporum, In Inclyto Regno Sueciæ passim vsurpatæ... à mendis correctæ, & typis commissæ opera *Theodorici Petri* Nylandensis. Imprimebatur Wisingsburgi per Johannes Kankel, 1679. In-4, rel. mar. brun, dos orné, fil., dent. intér., tr. dor. (Chambolle-Duru). Chiffre du comte Riant sur le dos.

 La 34e impression faite à Wisingsborg.
 Impression rare, une des dernières exécutées dans l'imprimerie de Wisingsö. Elle présente cette particularité, que les portées de musique sont imprimées, mais que les notes manquent. Peut-être l'imprimeur n'était-il pas outillé pour cela.

 — : Voir *supra*, n° 106, une autre impression, la 33e, faite à Wisingsborg : *Beschreibung des Ordens... S*tae *Birgittæ*.

 2399. LANGRES : SIGNE ESPOV-|| uätable & prodigieux || aduenu au païs de Pô-|| meren en la ville ap-|| pellee Stralsund le 19. || Septembre en 1597. || *Translaté d'Alment en Francois suyuant la cop-*|| *pie Imprimee a* REGENS-BVRG || *Ville Imperialle par* ANDRIEV || *Bourgeois*. 1597. || A LENGRES, || Par Iehan dez Preys Imprimeur demeu-|| rant en la rue des Pilliers. || *S. d.* Petite plaquette de 4 ffnc., sans récl. ni sign., rel. vél. bl., non rogn.

 Petite plaquette de toute rareté et restée inconnue, semble-t-il, aux bibliographes.
 C'est une des plus anciennes impressions qui aient été faites à Langres, par *Jean des Preys*, qui exerça le premier la typographie en cette ville.

XXXIV

Ouvrages divers écrits ou traduits par des Scandinaves sur des sujets étrangers à leur pays.

2400. **Andersson** (Charles John). Sjön Ngami. Forskningar och Upptäckter under fyra ars Vandringar i Sydvestra Afrika, från Engelskan af *Gust. Thomee.* Stockholm, Bonnier, 1856. 2 *parties.* — Floden Okavango. Resor och Jagtäventyr, på Svenska af *G. Thomee.* Stockholm, Bonnier, 1861. Ensemble 1 vol. grand in-8, rel. toile noire, non rogn, avec belles pl. en lithogr. et gr. sur bois.

2401. **Åkerman** (Richard). Iakttagelser under en resa ären 1866-1867 i Norra Amerikas Förenta Stater, England och Tyskland. Stockholm, Beckman, 1868. In-8, cart., avec 5 pl.

Extr. des Jernkontorets Annaler.

2402. **Balleydier** (Alphonse). Histoire de l'Empereur Nicolas. Trente ans de règne. Paris, Plon, 1857. 2 vol. in-8, d.-rel. veau f.

2403. **Bille** (Steen). Beretning om Corvetten Galathea's Reise omkring jorden i 1845, 1846 og 1847. *Anden, forkortede Udgave* besörget ved *M. V. Rosen.* Kjöbenhavn, Reitzel, 1853. 2 tomes en 1 vol. in-8, avec carte et pl., rel. toile, non rogn. — **Berthier.** Bonapartes Expedition til Syrien, beskrifven af General Alexander Berthier; öfversättning. Stockholm, Holmberg, 1800. Plaq. in-12, rel. vél. — Beskrifning öfver de Engelska Colonierne i America. Öfversättning. Stockholm, 1777. Plaq. in-8, rel. toile, non rogn. (carte).

2404. **Björnstjerna** (M.). Das Brittische Reich in Ostindien. Stockholm, Nörstedt, 1839. In-8, avec portr. et 1 carte, d.-rel. veau.

2405. **Brönsted** (Peter Olaf). Reise i Grækenland i aarene 1810-1813 udgivet af *N. B. Dorph.* — Tillige indeholdende Forfatterens Biographie ved *J. P. Mynster.* Kjöbenhavn, Bianco Luno, 1844. 2 tomes en 1 vol. in-8, rel. toile, non rogn., avec portrait.

2406. **Bülow** (Johan von). Papirer, udgivet af *Ludvic Daae.* Christiania, Dahl, 1864. Petit in-8, rel. toile.

2407. **Camoens** (Luis de). Lusiaderne. Hjeltedikt, öfversatt från portugiskan, i originalets vers form af *Nil Lovèn.* 2ᵉ *édition, refondue.* Lund, Gleerup, 1852. In-12, rel. toile.

2408. **Carling** (C. Rudolph). Primæ lineæ unionis civitatum Americæ septentrionalis. Upsal, Stenhammer, 1813. Plaq. petit in-4, rel. vél. — **Cederschiöld** (G.) & **Wulff** (F. A.). Versions nordiques du fabliau français le

Mantel Mautaillié. Textes et notes. Lund, Gleerup, 1877. Plaq. in-4, rel. toile. — **Corneille** (Pierre). Le Cid, eller then om Heder täflande Karleken. Sorge-Spel. Författat på Fransöska, på Swensk vers af *Gabriel Boding.* Stockholm, Kongl. tryck., s. d. (1740). Plaq. in-4, rel. vél.

2409. Centuria Historiarum thet år Etthundrade vthwalde, nyttige, lustige och tånckwårdige Historier och discurser, tilsammandragne othur the berömlighaste Grekiske och Latiniske Skriventer..... först aff *Cl. P. Laurenbergio* tilsammandragne, och nu förste gången, med flijt på Svenska öfwersat... aff *Joh. Goth. Walraff.* Stockholm, Ignatius Meurer, 1646. In-12, rel. vél.

2410. Dagbok öfver en Ostindisk Resa Åaren 1750, 1751, 1752, med anmärkningar... utgifwen af P. *Osbeck*, jämte 12 Tabeller och Afledne *Torens* Bref. Stockholm, Grefing, 1757. 1 vol. in-8, d.-rel. veau éc., non rogn.

2411. Dissertatio opiniones vulgi nonnullas, imprimis circa ritus sacros in Norrlandia residuas sistens, auctore *P. Selahn.* Upsal, 1815. — Œconomisk Beskrifning öfwer Stapel Staden Gefle, af *Magnus Örnberg.* Stockholm, 1755. — *Joh. Dav. Flintenberg*, Dissert. histor. de territorio Helsingiæ. Upsal, 1784, 1785. — *Flodberg*, Specim. acad. de Helsingia. Upsal, 1755. — *Bælter*, de Helsingia. Upsal, 1739. — *Genberg*, de Medelpadia antiqua et hodierna. Stockholm, 1734-1737. — *Ström*, De Angermannia. Upsal, 1705. — *Hackzell*, De urbe Lula. Upsal, 1731, etc., etc. Ensemble 1 vol. petit in-4, d.-rel. v. rac.

Quelques pages raccommodées.

2412. **Ekorn** (Joh.). De Bethlehem, seu patria missæ. Upsaliæ, Werner, 1725. Plaq. in-12, dérel. — **Dudik** (Beda, O. S. B.). Forschungen in Schweden für Mährens Geschichte. Brünn, Winiker, 1852.

2413. **Fénelon.** Telemachs Ulyssis sons Afwentyr, Först på Fransöska skrefne..... Men nu, efter den senaste förbättrade upläggningen öfwersatte. Stockholm, Merckell, 1723. 2 parties en 1 vol. in-12, rel. vél.

Cette traduction suédoise a été faite par *Daniel Ehrenadler.*

2414. Fortegnelse over Modeller af Landusholdnings-Redskaber fra Ladegaardsøens Hovedgaard ned Christiania (Tillægsbefte til Budstikken 1850, Nr. 4). Christiania, Jensen, 1859. 1 plaq., rel. peau de Suède, fil., tr. dor. ; sur les plats, armes et chiffre runique du comte Riant (Gruel).

2415. Fregatten *Eugenies* Resa Omkring Jorden Åren 1851-1853, under befäl af *C. A. Virgin,* utg. af *C. Skogman* (lithographies et cartes). Stockholm, Bonnier, 1854-1855. 2 tomes en 1 vol. in-8, rel. toile, non rogn.

2416. **Grey** (William). Dagbok under en resa till Egypten, Konstantinopel, Krim, og Grekland. Ofversättning. Stockholm, Nörstedt, 1870. In-12, rel. toile.

2417. **Hedenborg** (Johan). Resa i Egypten och det inre Afrika aren 1834 och 1835. Stockholm, Herjta, 1843. 1 vol. in-8, rel. toile, avec fig., pl. et cartes.

2418. **Hellwald** (Fr. von) & **Beck** (L. C.). Turkiet i Våra dagar. Bilder och Skildringar från alla delar af det Osmaniska Riket. Stockholm, Bergegren, 1878. 2 vol. in-8, avec fig., rel. toile.

2419. **Erbom** (Ericus). De religione Habessinorum. Upsaliæ, literis Wernerianis, 1719. 2 plaq. in-12, rel. vél. — **Höst** (Georg). Efterretninger om Marókos og Fes, samlede der i Landene fra Ao. 1760 til 1768. Kjöbenhavn, Möller, 1779. 1 vol. in-4, avec 1 portr. et 34 pl., rel. toile, non rogn.

Bel exemplaire.

2420. Josephi Historia. Ånyo af trycket utgifven. Stockholm, Norstedt, 1849. In-8, rel. chag. viol., doubl. de moire, tr. dor. (chiffre runique & armes du comte Riant).

Réédition en fac-sim. de : Josephi Historia, Nylighen vthsat pä Rijm... imprimée à Rostock chez Christ. Reusner, 1601.

2421. **Kalm** (Pehr). En resa til Norra America, Stockholm, Lars Salvii, 1753-1761. 3 vol. in-12, d.-rel. veau, fig. et pl.

2422. **Knagg** (Peder). Från hof till hof med Grefven af Tullgarn eller Europa rundt på 380 dagar. Reseskildringar. Örebro, Länstidningens tryckeri, 1879. In-8, rel. toile, couverture, avec portr. du comte de Tullgan.

2423. **Knorring** (Oscar von). Två Månader i Egypten. Anteckeningar. Stockholm, Norstedt. 1 vol. grand in-8, rel. toile, non rogn., couverture, avec fig., portr. et 2 cartes.

Un 2° exemplaire.

2424. **Knös** (Theodor). Skildringar från Korsika jemte några reseminnen från Nordafrika, efter författarens död utgifna af *C. T. Odhner*. Stockholm, Bonnier, 1880. Grand in-8, rel. toile, couverture, avec planches et fig.

2425. **Krebs** (Fr.). Efter et Besøg i Storbritanien og Irland i sommeren 1863. Kjøbenhavn, Reitzel, 1864 1 vol. in-8, rel. toile, non rogn., avec 2 pl. — **Kotzebue** (August von). Korsfararne. Historisk Skådespel i fem akter. *Fri Öfversättning*. Stockholm, Hæggström, 1819. Plaq. in-12, rel. toile, non rogn., couverture

2426. **Krieger** (A. F.). Antislesvigholstenske Fragmenter udgivne efter Foranstaltning af Consistorium vel Kjøbenhavns Universitet. Kjøbenhavn, Reitzel, 1848. In-8, rel. toile, non rogn.

2427. **Kræmer** (Robert von). En Vinter i Orienten. Reseanteckningar från

Egypten, Nubien, Sinaï och Palestina. Stockholm, Samson & Wallin, 1866. 1 vol. grand in-8, rel. toile (édit.), avec 20 pl.

2428. **La Jonquière** (De). Osmaniska Rikets Historia från äldsta Tider till Congressen i Berlin. Öfversättning från Franskan. Stockholm, Fritze, 1882. 1 vol. in-12, avec 4 cartes, rel. toile.

2429. **Lamartine** (Alph. de). Minnen från en resa i Orienten. Stockholm, Granberg, 1837. 4 vol. petit in-12, rel. toile, avec 1 portr. en lithogr. et 1 carte.

2430. **Landberg** (Carlo). I Öknar och Palmlundar Skildringar från Österlandet. Stockholm, Fritze, 1881-1882. 1 vol. in-12, d.-rel. mar. rouge, fig.

2431. **Lindner** (F. L.). Skythien und die Skythen des Herodot. Stuttgart, Schweizerbart, 1841. 1 vol. in-8, rel. toile.

2432. Den Lycksaligaste ö i hela Wärlden eller Nöjsamhetenes Land. Ifrån Tyska språket öfwersatt. Westerås, Deval, 1744. In-12, rel. vél.

2433. Matthiæ Norbergi selecta opuscula Academica, edid. J. Norrmann. Lund, Berling, 1827-1829. 3 vol. in-12, d.-rel. mar.
Études sur les antiquités de la Grèce et de l'Orient.

2434. **Marc Michel** & **Labiche**. En snarsticken Herre. Komedi i en akt af March Michel och Labiche. Öfversättning från fransyskan af L. A. Malmgren. Stockholm, Flodin, 1859. 1 vol. in-12, d.-rel.

2435. **Molière**. L'Avare, eller den Giruge, Comœdia uti sem acter af den namnkunnige Molliere på den Fransöska Theatren aldraförst föreställd och nu af Fransöskan förswenskad. Stockholm, Gereken, 1731. Misantropen, Komedi af J. B. P. de Molière, öfversättning af Carl G. Wadström. Örebro, 1816. Ensemble 2 plaq. in-12, rel.

2436. **Möller** (Jens). Mnemosyne. Eller Samling af Fædrenelandske Minder og Skildringer. Kjöbenhavn, Reitzel, 1830-1833. 4 vol. in-12, d.-rel. bas.

2437. **Mörner** (C.). Framställning af Paraguays och dithörande Jesuitermissioners Historia från landets upptäckande till 1813. Upsal, Wahlström, 1858. 1 vol. in-8, rel. toile.

2438. **Napoléon III**. Julius Cæsar Historia. Stockholm, Bonnier (1865-1866). 2 vol. in-8, rel. toile.
Traduction suédoise faite sous les auspices du roi Charles XV.

2439. Phædri Fabler I Swenske Rijm öfwersatte, och med några Moralske anmärkningar Förklarade. Stockholm, Schneider, 1736. 1 vol. petit in-4, d.-rel. bas.

2440. Poema del Cid i Svensk öfversättning med historisk och kritisk Inledning, udgifvet af Dr *Carl Gustav Estlander*. Helsingfors, 1863. In-4,

d.-rel. chag. r. — **Herder** (J. G. von). Cid efter Spanska Romanser, öfversatt af *Oscar Fredrik*. Stockholm, Fritze. In-8, rel. toile, avec vignettes.

2441. **Pradon**. Regulus, eller then rena kärleken för Fäderneslandet, Gorge-Spel, i Fem Afhandlingar..., på Svenska öfwersatt af *Christopher Knöppel*. Stockholm, 1742. Petit in-4, rel. vél.

Titre raccommodé.

2442. **Racine** (Jean). Athalie, Tragedie uti fem Acter med Chorer... på Svenska öfversatt af Herr *Murberg*. Stockholm, H. Fougt, 1776. In-4, d.-rel. v. f. rac.

Græsse et Brunet n'ont pas connu cette traduction.

2443. Resa från Warsau öfver Wien til Siciliens Hufvustad, År 1794. Öfversättning. Upsala, 1800. 1 vol. in-12, rel. toile, non rogn.

2444. **Rimestad** (C. V.). Grækenland og det græske Folk. En populær Fremstilling. Kjøbenhavn, Waldike, 1863. In-12, rel. toile (couverture).

2445. **Roscœ** (H. E.). Efnafræði. Reykjavík, 1879, avec fig. In-12, rel. toile.

2446. **Scharling** (H.). Grækenland. En Reisebeskrivelse. Med to Lithographier og tolv Træsnit. Kjøbenhavn, Gyldendal, 1866. 1 vol. in-8, d.-rel. chag., non rogn., couv.

2447. **Schepner** (Magnus L.). Dissertatio de Navigatione Salomonia. Upsaliæ, Werner, 1722. In-12, rel. vél.

2448. **Schmidt** (Valdemar). Reise i Grækenland, Ægypten og det hellige Land. Kjøbenhavn, Woldik, 1863. In-8, rel. toile, non rogn.

2449. **Schoning** (Gerh.). Vorläufige Abhandlung von der Unwissenschaft der alten Griechen und Römer in der Erd- und Geschichtkunde des Nordens. — Die allgemeine Geschichte des Königreichs Norwegen. — Geschichte des Königreichs Dänemarck. Halle, Gebauer, 1770-1771. 2 gros vol. in-4, rel. vél., avec frontisp. et cartes.

Forment les tomes 31 à 34 de la « Fortsetzung der allgemeinen Welthistorie ».

2452. **Scott** (Charles Henry). The Baltic, the Black Sea and the Crimea. Third edition. London, Bentley, 1855. 1 vol. in-8, cart. (édit.).

2453. **Scrofani** (Xavier). Resa i Grekeland 1794 och 1795, öfversatt af *G. A. af Sillen*. Stockholm, Nordström, 1806. 2 part. en 1 vol. in-12, rel. toile, non rogn.

Mouillures.

2454. See-Reisen von Engländern, Holländern, Franzosen, Spaniern, Dänen und Russen auf dem Nordmeer. Nebst dem Tagebuch des von Kapitän Phips jetzt Lord Mulgrav's im Jahr 1773 gethanen Reise nach den Nordpol. Bern, typogr. Societät, 1795. 1 vol. in-4, d.-rel. bas. noire, avec 11 pl.

2453. **Siestrencewicz de Bohusz**, arch. de Mohilev. Recherches historiques sur l'origine des Sarmates, des Esclavons et des Slaves, et sur les époques de la conversion de ces peuples au christianisme. Saint-Pétersbourg, Pluchart, 1812. 2 tomes en 1 vol. in-8, d.-rel. basane, non rogn. (avec cartes).

2454. **Smith** (C.). Professor C. Smith's Dagbog paa en Reise til Congo i Afrika. Christiania, Lehmann, 1819. 1 vol. in-12, rel. toile, non rogn., portrait de Smith.

<small>Ce voyage botanique, édité après la mort de l'auteur, est précédé de sa biographie. Smith était parti en 1816 pour le Congo avec une expédition anglaise et mourut la même année.</small>

2455. **Staaff** (F. N.). Pariser-Kommunen, skildrad af ett ögonvittne jemte några tillämpande allmänna Betraktelser. Stockholm, Norstedt, 1871. 1 vol. in-12, rel. toile, non rogn.

2456. **Stephens** (G.). Resa i Grekland, Turkiet, Ryssland och Polen. Öfversättning. Stockholm, Hjerta, 1842. 2 vol. in-12, d.-rel. veau.

2457. — Tvende old-engelske digte med oversættelser. Kjøbenhavn, Schultz (1853). 1 vol. in-4, rel. toile.

<small>Études sur une légende du roi Abgar et de vieilles prières anglo-saxonnes.</small>

2458. **Sternesen**. En Reise in Grækenland, med 35 illust. i texten. Kjøbenhavn, Thiele, 1875. 1 vol. in-8, rel. toile, couv.

2459. **Storm** (Joh.). De romanske Sprog og Folk. Skildringer fra en studiereise med offentligt stipendium. Kristiania, Cammermeyer, 1871. 1 vol. in-8, rel. toile, couvert.

2460. **Sundius** (Andreas). De patria amazonum. Upsaliæ, Werner, 1716. In-12, rel. vél.

2461. **Sundström** (Rud.). På Hinsidan Östersjön. Några Reseminnen. Stockholm, Flodin, 1874. 1 vol. in-12, rel. toile.

2462. **Teckningar** utur Sällskapslifvet i Nordamerikas förenta Stater. Fran Tyskan. Bearbetade, Samt med tillägg af *Carl von Hauswolff*. Norrköping, Bøhlin, 1835. 2 tomes en 1 vol. in-12, rel. toile, non rogn., couverture.

2463. **Tolderlund** (Hother). Taflor från Orienten, med författis samtycke från danskan öfversatt af Fr. Lund. Stockholm, Flodin, 1876. In-12, rel. toile, non rogn. (couvertures).

2464. **Ussing** (J. L.). Griechische Reisen und Studien (*avec 3 planches*). Copenhagen, 1857. Fra Hellas og Lilleasien i Foraaret, 1882. Kjøbenhavn, 1883. Ensemble 2 volumes in-8, rel. toile, non rogn., couv.

2465. **Victor** (Pierre). Harald ou les Scandinaves, tragédie en cinq actes, représentée, pour la première fois, sur le second Théâtre Français, le 4 février

1824. Ornée de plusieurs vignettes d'après *Déveria*. Paris, Barba, 1825. 1 vol. in-8, cart. (édit.).

2466. **Victorin** (J. F.). Resa i Kaplandet. Åren 1853-1855. Jagt- och Naturbilder ur den aflidne unge naturforskarens Bref og Dagböcker af *J. W. Grill* (9 planches en couleur). Stockholm, Bonnier, 1863. 1 vol. in-8, rel. toile, non rogn., couverture.

2467. **Vinje** (A. O.). A Norseman's views of Britain and the British. Edinburgh and London, 1863. 1 vol. in-8, cart. (édit.).

Le poète norvégien *Vinje* fit en 1862-1863 un voyage aux frais de l'Etat en Angleterre et en Ecosse.

2468. **Wachtmeister** (Hans). Om Sveriges Planer och Åtgärder rörande Sjöröfvarne på Madagascar, 1718-1727. (Diss. Ac.). Stockholm, Granberg, 1848. 1 plaq. in-8, cart., couvert.

2469. **Vibe** (F. L.). Commentatio de Sanchuniathone ejusque interprete Philone Byblio. (Diss. Ac.). Christiania, Gröndhal, 1842. 1 plaq. in-4, rel. toile. — Grækenland siden dets Befrielse og Prinds Vilhelm af Danmark som Grækernes konge af W. v. R. Kjöbenhavn, Reitzel, 1863. Plaq. in-8, rel. toile. — **Hansen** (Theodor). Græske Forhold. Kjöbenhavn, Jorgensen, 1868-1869. 2 part. en 1 vol. in-12, rel. toile. — **Hirn** (Aug. Reinhold). Franska konungamaktens utbildning från Hugo Capet till Filip den sköne. Helsingfors, Frenckell, 1873. Plaq. in-8, rel. toile, non rogn. — **Hoskiær**. Et Besög i Grækenland, Ægypten og Tyrkiet. Kiöbenhavn, Prior, 1879. In-12, d.-rel. chag. vert sur br., non rogn. — Briefe eines Ungenannter an Enevold Brandt, in der Brieftasche, die er beständig bey sich trug gefunden. Aus dem Französischen. Altona, Eckstorff, 1772. Plaq. in-12, rel. toile.

Manuscrits.

2470. S**te** **Brigitte** : Manuscrit latin du xv° siècle, sur parchemin, contenant la règle de sainte Brigitte, fol. 1-11; la règle de saint Augustin, fol. 12-28, relié en bois recouvert de peau mouton (reliure originale).

1 feuillet ajouté des Révélations de sainte Brigitte, de la même époque. Manuscrit en bon état pour le texte; la reliure un peu détachée du dos. 33 lignes à la page en moyenne, rubriques, etc.

2471. — Le divine revelationi di santa Brigida tradotte in lingua volgare opera di una serva di Dio e monaca dell' istesso ordine libri 1-6 en 1 vol. petit in-fol., 505 ff. — Seconda parta, libri 7 et 8, fol. 1-99. — Il sermone Angelico dell' ecc**a** di Maria Vergine dettato dall Angelo alla B. Brigida per commandamento di Dio, et da lei scritto sotto tal precetto, diviso etc... fol. 102-133. — Alcune Orationi divinamente revelate a S. B., fol. 133-145. — Le divine revelationi di S. Brigida d. S. Chiamate communemente le stravaganti,

fol. 145-202. — Vita abbreviata della gl. S. B. del R. S., fol. 202-217. — Indice della presente opera, fol. 218-224, en 1 vol. petit in-fol. — Le visioni di Santa Br. d. Suec. Cavate da i libri etc... (ab eadem), en 3 vol. in-fol., rel. uniforme mar. rouge foncé, fermoir.

> Manuscrit italien fait en 1606-1624 de ce livre si souvent imprimé, avec gravures de piété, contemporaines de l'École allemande, et assez curieuses.

2472. — Révélations de sainte Brigitte. 401 ff. à 2 col., haut. 33 cent., larg. 26 cent., rel. bas. ant.

> Intéressant manuscrit. Bonne écriture de la fin du xive ou du commencement du xve siècle, grandes lettres ornées en couleur. Rubriques soigneusement exécutées.
> Les 2 premiers feuillets contenant les chapitres 1-53 du premier livre manquent. A la fin, vie de sainte Brigitte en allemand, avec diverses prières ; même écriture.

2473. GRAGAS (ou recueil de lois et coutumes anciennes) en islandais. 882 ff. — Ensemble : Christinu Rettr þorlaaks ok ketils biskupa (droit ecclésiastique chrétien en usage en Islande) (68 p.). En 1 vol. petit in-4, d.-rel., tr. r.

> Copie soigneusement faite vers 1770, du manuscrit Arnamagnéen de la Bibliothèque de l'Université à Copenhague.

2474. Then Rätte Siälanske Logh Bog, in sex libros divisos, quos Ordinationes Ecclesiastiae excipiunt. Code de l'île de Seeland, manuscrit danois du xve siècle. 250 feuillets environ. In-4, relié en bois.

> Il manque quelques feuillets à la fin.

2475. RECUEIL DE SAGAS ISLANDAISES : Sagas de : Sigurgard Frækni et Ingigierdi ; Hälfdan Ejsteinssyn ; Nicolaus Leikari ; þorstein Bœarmagn. Cette dernière incomplète. Copie faite en 1806, formant 1 vol. petit in-4, 101 p., rel. vél. rouge.

2476. RECUEIL DE SAGAS ISLANDAISES : Sagas de : Hrólf Gautreckssyn ; Dijnus hin Dramblätä ; Eyrek Viidförli ; Thialar jóne Svipdagssyn og Eyrijk hin Forvitin Vilhiálmssyn ; an Bogsveige. Copie exécutée en 1803, formant 95 ff., petit in-4, rel. vél. rouge.

2477. SAGAS : Résumé français des Sagas de Kirjalax et de Thorgrim. Saga d'Eric Vidförla, traduction danoise. Septième partie de l'histoire de Charlemagne, son voyage à Jérusalem, traduction française. La source d'Hélène, son origine et sa naissance ; anciens abus de la papauté et ce que l'on doit en croire encore. *Inachevé.* Sur la chanson de Tove-lille ou de Valdemar et Tove. In-fol., rel. parch.

> Copies modernes.

2478. — Copie du Damusta Saga, d'après le codex Arnamagnæanus 557^{4to} (St Alexis). Copie du Kirialax Saga, d'après le codex Arnamagnæanus 589^{4to}. In-4, d.-rel. mar. r., non rogn.

> Copies modernes ; en tête, une petite notice en latin sur les manuscrits copiés.

2479. Sagas : Traduction danoise du Kyrialax-Saga (S¹ Alexis). 44 ff., in-fol., rel. fauve.

Écriture moderne.

2480. **Haldorsjon** (Jon). Biographies des gouverneurs de l'Islande, depuis l'année 1300 jusqu'en 1734. *Manuscrit islandais inédit*. Petit in-4 de 343 p., d.-rel. mar. rouge, non rogn. (Dupré).

Ces intéressantes biographies sont de M. Jonas Haldorsjon, pasteur d'Hitardal et père de l'évêque Finn Jonsson, auteur d'une histoire ecclésiastique d'Islande. L'écriture contemporaine est très lisible ; très bonne copie.

2481. **Worm** (Olaus). Runer seu Danica Literatura antiquissima vulgo Gothica dicta luci reddita opera Olai Wormii, D. medicinæ in Academia Hafniensi profes. p., cui accessit De prisca Danorum poesi dissertatio. Au commencement une Designatio lectionum publicarum, quas Academiæ Hafniensis professores a Calendis Septembris anni M.DCXXVII ad Calendes usque sextiles anni proxime subsequentis Deo Duce absolvere decreverunt (*imprimé*). Petit in-4, rel. mar. r.

Manuscrit autographe selon toute apparence.

2482. **Olavius** (J.). Grammatica Islandica per Johannem Magnæum Arnæ Magnæi fratrem, cum vita auctoris a *Johanne Olavio*, primo legati Arna-Magnæani stipendiario conscripta. 70 ff., in-4, rel. v. br

Probablement écrite en 1788, avec un envoi de Thorlacius à Christian Schönhenck.

2483. **Ulphilas**. Glossar über Wulfila's vier Evangelien, aus Fulda's Skizze verarbeitet, berichtiget u. mit starken Vermehrungen, von W. F. H. Reinwald, 1804 u. 5. In-4, d.-rel. mar. r., non rogn.

2484. **Sperling** (O.). De Danicæ linguæ et nominis antiqua gloria et prærogativa inter Septentrionales commentariolus. Copengague, Bockenhoffer, 1694. 1 vol. in-4, 91 p. (imprimé). Ensemble 56 ff. remplis de notes linguistiques et ethnographiques, en allemand et en latin; le tout en 1 vol. petit in-4, rel. vél., non rogn.

Peut-être est-ce l'exemplaire de l'auteur, avec des notes en vue d'une nouvelle édition.

2485. Mélanges islandais. Manuscrit du commencement du xix⁰ siècle, comprenant un grand nombre de traités, dissertations historiques, chronologiques, étymologiques, mathématiques, astronomiques, architectoniques, etc., par Pál Jonson Widalin, Jón Arnason, Arni Magnusson, etc… — Un traité de Pál Jonson Widalin sur les mesures de longueur, la taille et la longévité de l'homme. — Deux traités en latin sur l'origine des mots *Iarl* et l'étymologie du mot *Orkney*. En 1 vol. in-fol., 733 p., d.-rel. mar. r., non rogn.

2486. Chronique de Poméranie, écrite en 1570, par Vattin de Eickstetten, chancelier des princes de Poméranie. Au commencement : Description des

villes poméraniennes, par un autre. A la fin : Oraisons funèbres des ducs de Poméranie, par Cramer. In-fol., 524 feuilles.

<small>Un abrégé de cette chronique a été fait en 1728 et imprimé par Balthazar à Greifswald, in-8.</small>

2487. ORDONNANCES ET RECÈS DU ROI CHRISTIAN III, revus et augmentés de neuf articles en l'an 1558. 57 ff. (en bas allemand : dess Grodtmechtigesten vund Hochgebornen Fœrsten vund Herrn Christian dess Drüdden, tho Dennemarcken, etc... — Code maritime danois donné par le roi Frédéric II, en bas allemand également. 58 ff. — Déclaration du roi Frédéric II, publiée en 1559, lors de son couronnement. 25 ff. Toutes ces pièces et d'autres moins importantes sont en bas-allemand (Platt-deutsch) et forment 1 vol. petit in-4, rel. bas. ant., tr. r., non rogn.

2488. Histoire anonyme de la jeunesse de Gustave-Adolphe et en particulier ses amours avec Edda Brake. Manuscrit du xviiie siècle, suédois. 190 p., in-4, rel. fauve.

<small>Sur la garde, on lit le nom de Hassestein, prince célèbre au xviiie siècle, fils naturel du roi Frédéric I de Suède.</small>

2489. Lettres du comte de Brienne à M. Picques, résident de France en Suède, sous Christine, et réponses copiées sur les originaux 1651-1652-1653. Manuscrit moderne divisé en deux parties : la première de 163 ff., la seconde de 56 ff. Petit in-4, rel. en 1 vol. d.-mar. r., avec coins, tr. dor., non rogn. (Dupré).

<small>Écriture moderne fort lisible. Note intéressante, sur la garde, faisant ressortir l'intérêt des lettres de Brienne. Les principaux événements de la Fronde (pendant ces trois années) y sont racontés par un personnage naturellement ami de la cour; or les écrivains royalistes sont rares à cette époque : la publication de ces lettres serait donc curieuse. Les passages chiffrés dans l'original sont déchiffrés.</small>

2490. Extraits des lettres d'affaires reçues par Picques, résident du roi de France en Suède, 1651-1653, avec différents chiffres employés dans la correspondance avec le comte Palatin et d'autres. — Copies toutes récentes de lettres de Chanu et de Christine de Suède (1648-1654). — Bail de Picques pour la maison qu'il occupait à Stockholm. Le tout en 1 vol. petit in-fol. (75 ff. environ), d.-rel. mar. rouge, coins, tr. dor., non rogn.

<small>Les copies des lettres adressées à Picques sont contemporaines.</small>

2491. Affaires de Suède, années 1648-1654. Correspondances Brienne, Mazarin, Chanut, Picques et autres. Copies de la main de M. Jacques Picques, résident de France auprès de la reine Christine, à Stockholm. 492 feuilles, in-4, d.-rel. mar. r., avec coins, tr. dor., non rogn.

2492. Recueil de pièces diplomatiques et juridiques concernant principalement la France, les princes du sang, les Provinces-Unies de Hollande, les princes allemands, la Suède et le Danemarck. — Copies du xviie siècle faisant partie des papiers de Picques et concernant surtout la première moitié

du XVIIe siècle et la période de la Fronde et de la fin de la guerre de Trente Ans. 427 ff., in-fol., en 1 vol., d.-rel. mar. r., avec coins.

> Écriture différente; selon toute vraisemblance, ce recueil pris sur les originaux devait être une sorte de manuel pour Picques, lui fournissant des formules pour les actes à rédiger et des renseignements pour les situations difficiles.

2493. **Wolfsen** (J.). Relation d'un voyage et d'un séjour à Stockholm, du 17 nov. 1671 au 18 août 1674. Ms. autographe de Jean Wolfsen, secrétaire de l'ambassadeur extraordinaire hollandais Van Haren, envoyé en Suède par les États Généraux. Petit vol. in-4, 93 f., rel. veau.

> D'après une note sur la garde, ce manuscrit est inédit. Son auteur, qui avait pris pour devise « audi, vide et tace », donne, dans son journal, de curieux détails sur les mœurs suédoises de ce temps. Les événements les plus remarquables sont décrits d'une manière intéressante : diète convoquée à l'avènement du roi Charles XI, carrousel donné à cette occasion, réceptions du baron de Geer, du comte de Koenigsmark. L'auteur notait tout ce qui l'intéressait, même les prix des objets courants, renseignements précieux aujourd'hui. Il quitta Stockholm pour l'ambassade de Lisbonne.

2494. **Frédéric IV**, roi de Danemark. Lettre concernant les prétentions du duc de Holstein sur la possession du Slesvig et de l'évêque de Lubeck sur l'île de Femeren, 9 oct. 1728. 3 p. — Récit des véritables circonstances de l'admission du comte de Steenbock et de son armée dans Tonninguen, et pièces citées à l'appui du droit du roi de Danemarck de s'emparer de la partie ducale du Slesvig, 1730. 20 ff.

> Copies contemporaines probablement, en une chemise.

2495. Recueil de pièces relatives à l'histoire du Danemarck et pays voisins, s'étendant des années 1324-1701. — 17 pièces relatives au Slesvig-Gottorp. Convention d'Altona, 1689. — Réclamations au sujet des illégalités commises à Hambourg et Altona. Transaction au sujet du procès de Hambourg, 12 juillet 1701. — Projet d'entente avec le roi de Suède et la flotte hollandaise, en 1700, etc... En 1 vol. in-4 de 398 p., rel. v. br.

2496. Copies de pièces diplomatiques relatives aux Pays-Bas, au Danemark et à la Suède, concernant principalement le commencement du XVIIe siècle. In-fol., 165 p., d.-rel. bas.

2497. Copies de lettres et pièces diplomatiques, 1599-1615, relatives à la Suède, au Danemark, à la Pologne, à l'Allemagne et aux Pays-Bas, etc. Manuscrit du XVIIIe siècle d'environ 200 ff. In-fol., d.-rel. bas.

2498. Documents sur les relations du Danemark avec les États Généraux. 30 pièces. — Traité conclu à Spiers entre Charles-Quint et Christian III, roi de Danemark, 1544. — Lettres du roi de Danemark concernant l'ambassade des États Généraux (J. de Witt, G. Schaap, etc.) sur la guerre avec Christine de Suède, les droits d'entrée du Sund, etc. — Lettres des États Généraux aux ambassadeurs, 1644 et 1645. — Lettres diverses sur les douanes des vaisseaux pris par les Danois, 1686-1694, etc. — Copies officielles avec sceaux ou signées, etc. En 1 vol. in-fol., d.-rel., non rogn.

2499. Instructie van de Ho. Mo. Heeren Staten Generaal der Vereenigde Nederlanden voor de Heer Robbert Goes, bare Ho. Mog. Resident tot Copenhagen. — Deux extraits du registre des résolutions des États Généraux des Pays-Bas, du 10 août 1651 et du 29 avril 1675. In-fol., 9 p.

2500. Der Staat von Dannemark. Manuscrit allemand anonyme du xviiie siècle, sur l'état politique du Danemark vers 1700. 200 ff. environ, in-4, rel. parch.

2501. **Imhoff.** Collectanea genealogica Suecica. Notes généalogiques sur la maison royale de Suède et sur les principales familles de la noblesse suédoise en français, suédois et allemand. 67 ff., in-fol., rel. mar. r., non rogn.; grand chiffre de M. le comte Riant, sur les 2 plats. — On y a joint le numéro du « Wochentlichet Extraordinari Friedens- und Kriegs-Currier » du 2/12 février 1691. Nuremberg et 1 portrait de Gustave-Adolphe. — Autre recueil analogue, 1603-1680. 40 f., même reliure.

2502. **Rehbinder.** Dépêches, lettres et notes de Rehbinder, consul de Danemarck à Alger, de 1791-1809, en français et en allemand. En 1 vol., 130 ff., in-fol., d.-rel., tr. peigne.

Copies contemporaines, selon toute apparence.

2503. **Celsius.** Conférences publiques du professeur Celsius, en 1749, sur les relations de la Suède avec les puissances européennes, depuis 1500. Écrit par Joh. Arndt von Post. In-4, relié, 143 p.

Copie probablement contemporaine.

2504. **Oernhielm.** Oernhielmii Regnorum Sveciae ac Gothiae, nec non adtributarum provinciarum chorographica et topographica descriptio. In-fol., 27 ff., rel. parch., non rogn.

Claud Arrhenius Oernhielm, historien suédois (né à Linköping en 1627-†Stockholm 1695), fut précepteur d'Oxenstierna. Cette copie doit être antérieure à 1736, selon une note écrite sur le premier feuillet.

2505. Description de l'île de Fionie (anonyme). Manuscrit in-fol., 423 p., rel. parch.

Manuscrit probablement du xviiie siècle : les renseignements s'arrêtent en général à 1714. Cette description est faite en suivant l'ordre des paroisses, donnant la succession des curés et des pasteurs, avec des silhouettes rudimentaires des églises. On y trouve également les noms des grands propriétaires, la description des villes principales. Les renseignements ne remontent guère au delà du xive siècle.

2506. Alpium Islandiae Myrdalinarum Vesuvius qui anno 1755 post XVII^{um} Octobris usque ad XV^{um} Januarii 1756 inclusive perpetuo fere ardebat incendio, etc... Traduction danoise du texte islandais. In-fol., 6 ff., rel. parch.

L'auteur de cette narration des éruptions du fameux volcan Myrdal paraît être le pasteur Jon Gudmundsson.

2507. Historia Lapponica (anonyme). De l'origine des Lapons, de leurs mœurs et usages et de leur langue. Manuscrit suédois. In-4, 107 pp., d.-rel.

Ecriture du xviii° siècle; sur la garde, une note au crayon annonce ce livre comme étant de Olaf Graus ou de Scheffer.

2508. Relazione della Lapponia. Manuscrit anonyme sur papier du xviii° siècle, italien. 32 pp. br.

2509. *Fortsättning af fragmenter i Lappska Mythologien* af Laurentius Levi Læstadius. (En suédois), 1844. 1re partie. Suite des fragments de mythologie laponne. 2e partie. Des sacrifices. 3e partie. Divinations et sorcellerie. 4e et dernière partie. Choix de contes lapons. In-4, d.-rel.

Manuscrit du commencement du xix° siècle. Læstadius est un auteur célèbre par ses travaux sur la Laponie.

2510. Comédie pastorale divisée en xii scènes pour exercer la memoire de leurs altesses royales, pour apprendre à lire, prononcer et à parler parfaitement le françois, 1736. In-fol. de 64 ff., rel. v. r., tr. dorée.

Très belle écriture du temps. Exemplaire de présent. Les Altesses Royales dont il s'agit sont probablement les enfants de l'électeur Frédéric-Auguste II de Saxe; une de ses filles devait un jour épouser le Dauphin, père de Louis XVI.

2511. **Atterbom.** Extraits d'Atterbom, faits par Soldi. In-fol. de 33 ff., rel. peau rouge, non rogn.

Atterbom, historien de la littérature suédoise, et poète s'inspirant des anciens chants héroïques de l'Edda, fondateur de l'École dite des Phosphoristes.

2512. Petit cahier in-4 de notes diplomatiques et paléographiques, en allemand, avec renvois à des ouvrages imprimés en allemand. Br.

Probablement notes d'un cours d'université allemande de la première moitié de ce siècle.

2513. **Monteil.** Précis de l'histoire de Suède, pp. 1-45. — Précis de l'histoire de France, pp. 47-196. — Histoire de la guerre de 1741 (première partie). In-fol., rel. v. f., 45 ff.

Manuscrit dédié à Jules Janin.

2514. **Linné** (Carl). Föreläsningar öfver Sten-Riket, håldne wid Kongl. Acad. i Upsala, 1746. In-4°, 413 pp., d.-rel. bas. ant., tête peigne, non rogn.

Cours de minéralogie faits par Linné à l'Université d'Upsal en 1746. Peut-être copie du cahier d'un élève; bonne écriture contemporaine.

2515. **Magnussen** (Finn). Notes autographes de Finn Magnussen sur divers sujets d'histoire, géographie, archéologie, philologie. Une douzaine de chemises in-8 en 1 carton de toile rouge.

2516. **Rudbeck.** Lettre de M. R. Rudbeck, datée de Copenhague, le 9 nov. 1859, donnant des renseignements sur Johannes Rudbeck et sur Olof Rudbeck père et fils. En français. In-4, d.-rel. mar. cit., avec coins, tr. dor. 10 ff. (Gruel).

2517. Rapport sur les domaines et les mines de Jukasjervi et de Schiangeli en Suède (Bothnie). Copie moderne de 17 ff. In-fol. rel. parch.

2518. **Rudbeck.** Liste des lettres écrites par le professeur Olof Rudbeck (1661-1702), avec indication des destinataires et analyse sommaire du contenu. Travail autographe de M. le baron de Rudbeck (1859). 25 pages, in-4, rel. mar. cit., tr. dor., chiffre runique de M. le comte Riant.

Supplément. — Articles omis.

2519. Åkerlind (O. H.). Kungsholmskakel-Fabrik. Stockholm, J. F. Meyer & C° Tryckeri. In-8 agenda, rel. toile, avec nombreuses pl.

2520. **Aungier** (George James). The history and antiquities of Sion Monastery, the Parish of Isleworth, and the Chapelry of Hounslow, compiled from public records, ancient manuscripts ecclesiastical and other authentic documents. S. l. (London), J. B. Nichols and Son, 1840. In-8, cart. perc. bl.

Un second exemplaire, plus court de marges.
Notes manuscrites sur la feuille de garde.

2521. **Baër** (Fred. Charles). Peroraison du discours prononcé dans la Chapelle royale de Suède à Paris, à l'occasion du Te Deum chanté solennellement en actions de graces pour l'heureuse conservation de Sa Majesté très-Chretienne, par Fred. Charles Baër, Professeur de l'Université de Strasbourg, et Aumonier du Roi de Suède, constitué pour desservir la Chapelle du Ministre de Sa Majesté en France. S. l., 1758. In-4, plaq.

2522. **Bang** (J.-H.). Fortegnelse over Sorø Akademis Manuskript-samling. Indbydelsesskrift til den aarlige Hovedexamen i Sorø Akademis Skole, Juli 1861. Sorø, Røhrs, 1861. In-8, cart. perc.

2523. **Barthold** (F. W.). Geschichte der deutschen Hansa... neue Ausgabe. Leipzig, T. O. Weigel, 1862. 3 tomes en 1 vol., cart. perc. bl.

2524. **Bendtsen** (Paul). Om Møen i Middelalderen. Kjøbenhavn, Schultz, 1820. Plaq. in-4, cart.

2525. **Berggren** (I.). Philo Judæus om Essœerne, Therapeuterne och Therapeutriderna, Judarnas förföljelse under Flaccus och Legationen till Cajus Caligula, samt Smärre, Spridda Utdrag ur Philos,......... Öfversättning af I. Berggren. Söderköping, Teugzelius, 1853. In-8, d.-rel. cart. bl.

2526. **Bergmann** (Dr Fried. Wilh.). Vielgewandts Sprüche und Groa's Zaubersang (Fiölsvinnsmal-Grougaldr) Zwei norränische Gedichte der Sæmunds-Edda kritisch hergestellt, übersetzt und erklärt von Dr Friedrich Wilh. Bergmann. Strassburg, K. Trübner, 1874. In-8, cart. perc.

2527. **Berichte**. Der Königl. Dänischen Missionnarien aus Ost-Indien eingesandte ausführliche Berichte von dem Merck ihres Amts unter den Heyden angerichteten Schulen und Gemeinen..... Halle, in Verlegung des Waysen Hauses, 1715-1729. In-4, 2 vol., rel. vél., titre r. et n.

2528. **Beverini** (P. Bartolomeo). Poesie del P. Bartolomeo Beverini Lucchese..... dedicate alla Maestà di Christina Augusta reina di Svezia. Roma, Fabio di Falco, 1666. In-12, rel. parch.

2529. **Blaikie** (John). Among the Goths and Vandals. London, Tinsley Brothers, 1870. In-8, cart. perc. (édit.).

2530. **Bonair**. La politique de la Maison d'Avstriche avec un Discours sur la conjoncture presente des affaires d'Allemagne. De l'Election & Couronnement des Empereurs & des Roys des Romains, par le Sr de Bonair (*fleuron*). Suiuant la copie imprimée, à Paris, chez Antoine de Sommaville, M.DC.LVIII. In-12 de 4 ffnc., 130 p., 3 ffnc. (l'avant-dernier fnc. et le recto du dernier sont blancs). — **Parival**. Les Delices de la Hollande Oeuure Panegirique, Avec un traité du Gouvernement, Et un abrégé de ce qui s'est passé de plus memorable, Iusques à l'an de grace 1650, par L. de Pariual, Seconde Edition reueüe, corrigée et continuée Iusques à l'an 1655. (*Marque typ.*) A. Leyden, chez Abraham à Geervliet, cIɔ Iɔ cLv. In-12 de 4 ffnc., 361(1) p., 1 fnc. (blanc). Ensemble 1 vol. in-12, rel. vél. (*L. de G....n*).

2531. **Boswell** (James). The Journal of a tour to Hebrides, with Samuel Johnson..... Dublin, White, 1785. 1 vol. in-8, rel. v. f.

2532. **Brenner** (Oskar). Uber die Kristni-Saga. Kritische Beiträge. München, Kaiser, 1878. In-8, rel. toile, couv.

2533. **Buskagrius** (Petrus). Otium peregrinationis, seu de legione veterum Romanorum in genere, opusculum singulare Petri Buskagrii, Sueco-Dalekarli. Amstelodami, ap. J. Janssonium, sumptibus authoris, anno M. DC. LXII. In-12, rel. vél.

2534. **Capefigue** (B.). Essai sur les invasions maritimes des Normands dans les Gaules. Paris, Imprimerie Royale, 1823. In-8, rel. toile, couv.

2535. **Chappe d'Auteroche** (L'abbé). Voyage en Sibérie, fait par ordre du roi en 1761, contenant les mœurs, les usages des Russes et l'état actuel de cette puissance.... à Amsterdam, chez Marc Michel Rey, MDCCLXIX. In-12, 2 vol., pl. et fig. h. t., d.-rel. v. br.

2536. **Christie** (J. K.). Spitsbergensreisen. Bergen, Giertsen og Rielsen, 1856. 2 tomes en 1 vol. in-12, rel. toile.

2537. **Chytræus**. Poematom Nathanis Chytræi præter sacra omnivm. Libri septendecim. (*Marque typ. au lys rouge de Florence*). Rostochii, Imprimebat Stephanus Myliander. M.D.LXXIX. Petit in-8 de 362 ff., chif. 6 ffnc. —

Nathanis Chytræi Hodoeporicon itineris Dantiscani. (*Marque typ.*) Rostochij, typis Myliandrinis, anno cɪɔ.ɪɔ.xc. Petit in-8 de 20 ffnc. (le dernier blanc). 2 tomes en 1 vol., rel. vél.

2538. **Daae** (L.). Throndhjiems Stifts geistlige Historie fra Reformationen til 1814. Throndjem, Andersen, 1863. In-12, rel. toile.

2539. **Dahl** (Konrad). Løven. Fortælling fra en Finmarksfjord. 2det Oplag. Kristiania, Alb. Cammermeyers, 1877. Petit in-8, cart. perc. br.

2540. **Daniel Major** (Joh.). Joh. Danielis Maioris Vratislaviensis. Prodromus Atlanticæ, vel regnorum Septentrionalium in Achate albo expressorum Declaratio præliminaris Chorographica. Kiliæ Holsatorum, impr. Joach. Reumannus, 1691. Petit in-fol., plaq., rel. vél.

2541. **Dasent** (G. W.). Les Vikings de la Baltique. Épisode de l'histoire du Nord au xe siècle. Roman traduit de l'anglais... par *Émile Montégut*. Paris, Hachette, 1877. 2 tomes en 1 vol. in-12, rel. toile, couv.

2542. Epistola inedita Mathildis Suevæ, Sororis Gislae imperatricis et aviæ Mathildis Toscanæ dato anno 1027 aut 1028 ad Misegonem II., Poloniae Regem..... et commentarius..... auctore *Phil. Ant. Dethiero*. Berolini, apud Behrium, 1842. In-8, rel. toile, pl. en couleur.

2543. Diplomarium Christierni primi. Samling af Aktstykker, Diplomer og Breve, henhörende til Kong Christiern den Förstes Historie ved registrator Hand Knudsen..... udgivet af *C. F. Wegener*. Kjöbenhavn, J. B. Qvist, 1861. In-4, d.-rel. veau, tr. lim., ébarb.; au dos, chiffre du comte Riant.

2544. **Dufresne.** Rapports de commerce des États de la Baltique et de l'Angleterre, suivis d'un aperçu de la situation actuelle de leurs finances. Paris, Xhrouet-Deterville-Petit, 1803. Petit in-4, rel. veau rac.

2545. **Ebel** (Wilhelm). Geographische Naturkunde oder Grundzüge einer allgemeinen Naturgeschichte der drei Reiche mit physiognomischer Schilderung der Erdoberfläche..... mit vierzehn zum Theil colorirten Karten und Tafeln. Königsberg, Bon, 1850. In-8, rel. toile, couv.

2546. **Edgar** (J. G.). Danes, Saxons, and Normans; or, Stories of our Ancestors. London, Beeton, 1863. In-8, rel. toile (édit.).

2547. Emook Dryc-||kenskap. || Några wigtiga orsaker, || Hwarföre alla menniskior sigh wachta skola för dryckenskap. || Item. || Några Insagor, som || Drinckare plägha förebära || och swar ther vppå. || Aff Tydz kon Vthsatt. || på Swensko. || L. Vp. || *In fine* : Tryckt j Stockholm aff || Amund Laurentzson. || Anno MDLX. || Petit in-8, dérel. (*M. L. P....n*).

Peu commun.

2548. Engla and Seaxna Scôpas and Bôceras. Anglosaxonum poëtae atque scriptores prosaici, quorum partim integra opera, partim loca selecta

collegit, correxit, edidit Lodovicus Ettmüllerus. Quedlinburgii et Lipsiae, Godof. Bassii, 1850. In-8, cart. perc. bl.

Ce volume forme le tome XXVIII⁰ de la « Bibliothek der gesammten deutschen National-Literatur von der ældcsten bis auf die neuere Zeit ».

2549. Nýársnóttin, sjónarleikur í þremur sýningum, eptír *Indrida Einarsson*. Akureyri, Stephánsson, 1872. In-12, cart.

2550. **Faber** (Friedr.). Naturgeschichte der Fische Islands. Mit einem Anhange von den isländischen Medusen und Strahlthieren... Frankfurt am Main, Hein. Ludw. Brönner, 1829. In-4, cart. perc. v.

2551. **Fath** (Georges). Prisonniers dans les glaces. Paris, E. Plon, 1881. In-8, titre r. et n., fig. int., d.-rel. chag. v.

2552. **Finnæus** (Johan.). Tentamen... circa Norvegiæ jus ecclesiasticum, qvod Vicensium sive Priscum vulgo vocant... Havniæ, typis Laurentii Svarii. In-4; *quelques feuillets remontés ou raccom.* — *Du même.* J. J. Curæ posteriores in jus ecclesiasticum Vicensium... Hafniæ, typis L. N. Svare (1762). 2 plaq. en 1 vol. petit in-4, rel. vél.

2553. **Forchhammer** (G.). Om midlerne til at bestemme mængden af de organiske Bestanddele i Vandet og om de Forandringer, som Vandet i de Reservoirer der forsyne Kjöbenhavn lider i de forskjellige aarstider... (*avec carte*). — Om Bornholmske Kulformationer (*avec pl.*). Ensemble 2 plaq. in-4, cart. et rel. toile.

2554. Försök till en Historia om Första, Andra, &c... korsståget, i sammandrag, efter de tillförlitligaste Häfdetecknare. Stockholm, Marquard, 1813-1815. 6 parties en 1 vol. in-12, d.-rel. chag. rouge, tr. lim., au chiffre du comte Riant.

2555. Frèttir frá Fulltrúa-Thínginu í Hróarskeldu viðvíkjandi málefnum Islendínga, gefnar út af nokkrum Islendíngum. Kaupmannahöfn, Möller, 1840. 1 vol. in-8, d.-rel. bas.

2556. **Frodnuan**. Eigentlicher Bericht oder ausführt Beschreibung, zu welcher Zeit S. Königl. Maj. zu Schweden, nach der Pultawischen Action, in der Türckey bey Bender angekommen, und wann Sie wieder aus selbingen Landen gangen, und in Teutschland glücklich arriviret sind..... Treulichst beschrieben und an Tag gegeben von Frodnuan, einem Schwedischen Officier..... Strahlsund, Im Monat Junii 1715. In-12, rel. veau (le titre est in-8).

2557. **Gallée** (J. H.). Gutiska. Lijst van gotische woorden, wier geslacht of buiging naar analogie van andere gotische woorden, of van het oudgermaansch wordt opgegeven. Haarlem, Bohn, 1880. In-8, rel. toile, couv.

2558. Gästrike Lands i wissa delar goda och i andra åter förbättring tarfwande Hushåldning, utgifwen och til trycket befordrad af *Pehr Schissler*, Directeur. S. l., Schindeler, 1769. 1 plaq. in-12, cart.

2559. **Geffroy** (A.). |Histoire des États scandinaves (Suède, Norvège, Danemark). Paris, L. Hachette, 1851. In-12, d.-rel. chag. n.

2560. **Gottskalck** (Johan). Medewij Fuurbrunnars Märckwärdige Curer..... Stockholm, Keyser, 1690. In-12, d.-rel. bas. noire.

2561. **Grönborg** (O. L.). Optegnelser på Vendelbomål. Kjöbenhavn, Thiele, 1882. — Gamle Jydske Tingsvidner, samlede og udgivne af *O. Nielsen*. Kjöbenhavn, Jörgens en 1882. Ensemble 1 vol. in-8, d.-rel. chag., coins, non rogn., couvert.

2562. Guds Werck och Hwila : thet är Hela Werldenes vnderwärda skapelse vthi sex dagar af then alsnächtiga Buden fulbordad... Stockholm, Enkia, 1705. 2 part. en 1 vol. in-4, rel. bas.

2563. Æsi og minning Há-Edla og Belburdugs Herra Magnusar Gislasonar, samt hans Há-Edla og Beburdugs Ekta-Husfruar þorunnar Gudmundsdottur, af fleirum yfervegud og nu à Prent utgeingeun... af Olafs Stephanssonar. Kaupmannahöfn, Stein, 1778. Plaq. in-4, rel. toile.

2564. **Gobineau** (Le comte de). Histoire d'Ottav Jarl, pirate norvégien, conquérant du pays de Bray, en Normandie, et de sa descendance. Paris, Didier et Cie, 1879. In-12, cart. perc.

2565. **Gråberg di Hemsö** (Jacopo). Saggio istorico su gli Scaldi o antichi poeti Scandinavi... Pisa, Molini, Laudi e comp., 1811. In-8, cart. perc.

2566. **Grüner** (Haldur R.). Vexel-Læren. En Haandbog nærmest bestemt for Handlende. Kjøbenhavn, C. A. Reitzel, 1847. In-8, cart.

2567. **Hambræus** (Jonas). Then anora supplicationen... Tryckt j Paris, 1663. Plaq. in-12, cart. Ex. en grand papier.

2568. **Hansen** (Erich). Fontinalia sacra, det er : En kort Beretning om Helenæ Kilders Oprindelse, Brug oc Missbrug udi Sieband... Kiöbenhafn, Georg. Lamprecht, 1650. Petit in-16, rel. toile.

2569. **Hildebrand** (Dr Hermann). Die Cronik Heinrichs von Lettland. Ein Beitrag zu Livlands Historiographie und Geschichte... Berlin, E. S. Mittler und Sohn, 1865. In-8, cart. perc. bl.

2570. Histoire de Saint-Kilda, imprimée en 1764, traduite de l'anglois, contenant la description de cette isle remarquable; les mœurs et les coutumes de ses Habitants; les Antiquités religieuses et payennes qu'on y a trouvées, avec plusieurs autres particularités curieuses et intéressantes, par le R. P. Kenneth Macaulay... à Paris, chez Knapen, MDCCLXXXII. In-12, rel. v. rac., tr. r.

2571. Homo disce mori, et || lege qvid || reuelat tibi spiritus || sauctvs in agone persona-||rum 130 utriusq; sexus, qui cum ex hac miseria di-|| scesserunt, qui de Deo & vita æterna sentirent, || satis superq; declararunt. ||

Additæ sunt figuræ in ære incisæ, quibus || omnis hæc doctrina adumbra-||ta est || Den wir müssen alle Sterben. || *Gravure sur bois.* || Hamburg 1593. || Impensis Pauli Kretzeri (*à la fin*). Titre r. et n., 269 p., 8 ffnc., 16 fig. sur bois, curieuses. — **Ranzovius** (H.). Methodus Apodemica, || seu || Peregrinandi, perlu-||strandiq3 regiones, urbes || et arces ratio : || Ampliss. et no-|| biliss. viri, dn Heinrici || Ranzovii, Regis Daniæ in || ducatibus Slesuici, Holsatiæ, Stormariæ, ac || Dithmarsiæ Vicarij, et Consiliarij, Domini || in Bredenberg, &c. auspicijs edita per || M. Albertum Mejerum Strandt || Phrisium Pilwormensem || *marque* || Lipsiae || anno M.D.LXXXVIII. || Petit in-12, 30 ffnc., verso du titre, blason des Rantzau; (*à la fin*) : Impressa Lipsiæ typis Abraham Lambergi. Ensemble 1 vol., rel. parch., fers à froid.

2572. **Johansson** (Joh.). Om noras kog. Åldre och nyare Anteckningar. Stockholm, Hæggström, 1875. In-8, rel. toile, non rogn., avec 2 pl.

2573. **Keym** (Franz). Geschichte des Dreiszigjährigen Krieges. Freiburg im Breisgau, Herder, 1863-1864. 2 tomes en 1 vol. in-12, rel. toile.

2574. **Kœchlin-Schwartz** (A.). Un touriste en Laponie. Paris, Hachette, 1882. In-12, rel. toile, couv., avec 3 cartes.

2575. **Krantzius** (Albertus). Alberti || Krantzii, || rerum Germanica-||rvm historici clariss. || Saxonia. || De Saxonicæ gentis vetusta origine, longinquis expeditionibus || susceptis, et bellis domi pro libertate diu fortiterq3 gestis.|| denuo, et quidem accuratius emendatuisq3; quàm antè, edita. || cum præfatione D. Nicolai Cisneri, I. G. et tribunalis Imperatorij assessoris. || Addito Indice locupletiss. || Francofurti ad Moenum || apud A. Wechelum. || M.D.LXXV. In-fol., 12 ffnc., 354 p., 16 ffnc., rel. vél.

L'histoire des Saxons va jusqu'en 1531. La première édition a paru en 1520.

2576. — A Krantzii, || viri in theolo-||gia et iure ponti-||ficio celeberrimi, histo-||ricique clarissimi, || Wandalia. || De Wandalorum vera origine, variis gentibus, crebris è pa-||tria migrationibus, regnis item, quorum vel autores vel || euersores fuerunt. || cum indice locupletiss. || adiecta est appendicis instar, Polonici regni, et Prussiæ, tum regiæ || tum ducalis descriptio, nunquam antehac visa. || Francofurti, || Ex officina typographica Andreæ Wecheli || M.D.LXXV., rel. vél.

2577. **Legrelle** (A.). Holberg considéré comme imitateur de Molière. Paris, L. Hachette, 1864. In-8, cart. perc. bl. Thèse.

2578. **Lévy** (C. E.). Kennslubók handa Yfirsetukonum..... Snuin a islenzku eptir raðslöfun kanselliisins af *Gunnlaugi* Thórðarsyni. Kaupmannahöfn, B. Luno, 1846. 1 vol. in-12, rel. toile.

2579. **Lexicon** anglosaxonicum ex poëtarum scriptorumque prosaicorum operibus nec non lexicis anglosaxonicis collectum cum Synopsi Gramma-

tica edidit Ludovicus Ettmüllerus. Quedlinburgii et Lipsiae, Godof. Bassii, 1851. In-8, d.-rel. bas. n.

<small>Forme le t. XXIX de la « Bibliothek d. gesammten deutschen National-Literatur, etc..... »</small>

2580. **Lindebergius** (Petrus). HYPOTYPOSIS || Arcium, Palatio-||rum, librorum, pyramidum, || obeliscorum, cipporum, molarum, fon-||tium, monumentorum et Epitaphiorum, ab illustri et strenuo viro || HENRICO RANZOVIO, Prorege & Equite Holsato, conditorum, || cum nonnullis eorum Ectypis partim æneis, partim ligneis, & || in fine additis Epigrammatibus, conscripta || & edita à || Petro Lindebergio, Rost. || *Marque de Jean Wechel* || Francofurti apud Ioannem Wechelum, || Anno cIɔ Iɔ xcii. || Petit in-4 de 1 feuillet n. c., titre, et au verso : HENRICI RANTZOVI INSIGNA, ANNO DOMINI 1575, armes gravées, 320(1) p., 5 ffnc., 1 pl. et 1 tableau généalogique h. t., portr. de H. Rantzov au verso de la p. 11, fig. interc., rel. vél., tr. r.

<small>Le même volume renferme à la suite : Genealogia || Ranzoviana, || primum publicata, || anno Domini || M.D.LXXXV. || etc..... Sans nom de lieu ni d'imprimeur. In-4 de 12 ffnc., fig. et port. dans le texte. Sur le verso du dernier feuillet est imprimé le portrait de H. Rantzov d'après un bois non signé.
L'auteur de la Genealogia Ranzoviana est le comte Henri de Rantzau, né en 1526, mort en 1598.</small>

2581. **Megiserus** (Hieronymus). Septentrio Novantiquus, Oder Die newe Nort Welt. Das ist Gründliche vnd warhaffte Beschreibung aller der Mitternächtigen vnd Nortwerts gelegenen Landen vnd Insulen, so vnsern Vorfahren vnd den alten Weltbeschreibern gäntzlich vnbekant gewesen..... Zubos in Teutscher Sprach nie aussgegangen, sondern an jetzo erst alles aus vielen vnterschiedenen Schrifften vnd Büchern, so in Lateinischer..... auch Holländischer Sprachen zubekommen gewesen, zusammen verfasset, verdeutschet..... Leipzig, in Verlegung Henning Grossen des Jüngern, Anno 1613. Petit in-8, rel. mar. rouge, fil. sur les plats, tr. dor., dent. int.; au dos, chiffre du comte Riant. (Chambolle Duru.)

2582. **Munch** (P. A.). Oplysninger om det pavelige Archiv og dets Inhold, udgivet af Dr G. Storm (3 lithographies). Christiania, Cammermeyer, 1876. 1 plaq. in-8, cart., couv.

2583. **Nicolaus** (Laurent.). Confessio christiana de via Domini, qvam christianvs popvlvs in tribus regnis Septentrionalibus, Daniæ, Sueciæ, & Noruegiæ constanter confessus est ab annis, à Christi fide suscepta, amplius Sexcentis, vsq; ad Christianum tertium, Daniæ, Noruegiæq; & Gœstauum Sueciæ Reges..... Lavrentio Nicolao Norvego, e. S. I. Auctore. Cracoviæ, in Officina Typographica Lazari. Anno Domini 1604. In-4, rel. vél. rouge. — **Skytte** (Lars). Confessio veritatis ecclesiæ catholicæ pro Confessionis Avgvstanæ professoribvs..... per Fr. Lavrentivm à D. Pavlo, Svecvm, Ordinis Fratrum S[ti] Francisci de Obseruantia Prouinciæ Portugalliæ. Coloniæ Agrippinæ, apud Cornelivm ab Egmond. M D C LII. In-8, rel. vél.

SUPPLÉMENT — ARTICLES OMIS

2584. **Nillsson** (S.). Underrättelse om en Lignitbildning i den Sydöstra trakten af Skåne. *S. l.* (1826?). 1 plaq. in-8, cart.

2585. Norske Bygdesagn, samlede af L. Daae. Christiania, Cappelen, 1870. In-12, rel. toile, couv.

2586. **Olavius** (O.). Fyrisagnar tilraun um Litunargiörd a Islandi bœdi med útlenzkum og innlenzkum medölum. Kaupmannahöfn, Thiele, 1786. Petit vol. in-12, rel. toile.

2587. **Öller** (J. J.). Beskrifning öfwer Jemshögo Sochu i Blekinge. Wexiö, Thetzell, 1800. 1 vol. in-12, rel. toile.

2588. **Petrossi.** Dänemark's Land- und See-Macht. Nach authentischen Quellen bearbeitet. Supplement zum Vademecum für den Militär. Recognoscenten... Wien, Geitler, 1864. In-12, cart.

2589. Plena et autographo descripta formula Stumisdorffensium pactorum, quibus ab utriusque Regni, Polonici et Svetici Commissariis Collaborantibus Serenissimorum aliquot Regum, Principum et Statuum Legatis et Mediatoribus, inter dictas gentes Viginti sex Annorum Armistitium conditum est, partesq; Prussiæ in superiori bello occupatæ, legitimis Dominis et Possessoribus restitutæ fuerunt..... Dantzigk, Georg. Rhethen, MDCXXXV. In-fol., plaq., rel. vél. (titre latin et allemand).

2590. Portraictz (Les) au naturel, avec les armoiries et blasons, noms et qualitez de Messieurs les Plenipotentiaires assemblez à Munster et Osnaburg pour la paix générale en l'année MDCXLVIII et ceux des deux ministres des Couronnes de France et d'Espagne qui ont signé la paix près les Pyrénées dans l'isle des faisans le 7 novembre MDCLIX. A Paris, Louis Boissevin, s. d. Petit in-fol. de 33 portr., 1 frontisp. qui sert de titre, d.-rel. bas.

Collection assez rare, gravée par F. Bignon et Z. Heime.

2591. Probatorium Theologicum Eller Theologischer Prober-Ugn. Deruthi all Mennisklig Lahra de der uthi wårs Herres Jesu Christi Person et Creatur statuera och settia förestält examinerat och befunnen warder at den Samma ogudelig vandelig och nedan efter ar..... öfversatt af A. Kempe. Amsterdam, Christoffer Cunradus, 1664. In-12, cart.

2592. **Radloff** (Frederic Wilhelm). Beskrifning öfver Åland. Åbo, Frenckell, 1795. In-12, d.-rel. bas. noire.

2593. **Ranzovius** [Henricus]. Henrici Ranzovii, || clarissimae || et pervetustae || nobili-||tatis viri, exempla, quibus || astrologicae scientiae certitudo,|| doctissimorum cùm veterum, tum recentiorum auctori-||tate astruitur : Imperatorum etiam, Regum, Principum, || Illustriumq; virorum, qui artem Astrologicam ama-||runt, ornarunt, atq; excoluerunt, testi-||monijs comprobatur. || Item, || de annis climactericis, et || periodis imperiorum, tractatus, cum plurimis alijs, ar-||tem Astrologicam illustrantibus quæ in sub-||iecto

Epistolæ ad lectorem Indice ad-||notata offendes. || Opus certè propter insignium variarumq́; historiarum enumerationum, tam lectu iucundum, quàm || scitu necessarium. || Tertia editio prioribus multo locupletior || et ornatior. || Coloniae, || apud Maternum Cholinum. || Anno M.D.LXXXV. || Cum gratia et privilegio Cæs. Maiest. || In-4, tête r. Armes des Rantzow, au recto du dernier feuillet; erreur de 100 pp. dans la pagination; le vol. n'a en réalité que 310 pages; cette erreur commence à la page 293.

2594. — Tractatus astrologicus, de Genethliacorum Thematum indiciis pro singulis nati accidentibus; ex vetustis et optimis quibusque auctoribus collectus... cum indice duplici, capitum et rerum... Francofurti, Wolf. Hoffmannus, MDCXXXIII. In-8, rel. parch.

Gouverneur du Holstein et du Slesvig, le comte de Rantzau était un érudit et un fin lettré. Ce traité n'est que la 3e édition parue en 1593 à Francfort.

2595. Reisen in den Steppen und Hochgebirgen Sibiriens und der angrenzenden Länder Central-Asiens. Nach Aufzeichnungen von *T. W. Atkinson, A. Th. v. Middendorf, G. Radde* u. bearbeitet von *Anton von Etzel* und *Hermann Wagner*. Mit 120 in den Text gedruckten Abbildungen und fünf Tondruckbildern. Leipzig, Spamer, 1864. In-8, rel. toile.

2596. **Rhyzelius** (Andreas Ol.). Episcoposcopia Sviogothica, eller en Sweagöthisk Sticht- och Biscops Chrönika, om alla Swea- och Gotha rikets Sticht och Biskopar, ifrå början, in til nårwarande tid;... Linköping, Gabr. Biörckegren, 1752. In-4, titre r. et n., portr. 2 tomes reliés en 1 vol., rel. v. f.

2597. **Robertson** (E. William). Scotland under her early Kings. A history of the Kingdom to the close of the thirteenth century. Edinburg, Edmonston and Douglas, 1862. In-8, 2 vol. in-8, cart. perc., cartes h. t.

2598. Romance (The) of the Cheuelere Assigne. Re-edited from the unique manuscript in the British Museum with a preface, notes... by Henry H. Gibbs. London, Trubner, 1868. In-8, d.-rel. chag. r.

2599. En lystig traktat om S. Peders trende døtre, på ny udgiven ved *Vigo Såby*. København, Thiele, 1881. 1 plaq. in-12, br.

2600. **Sajnovics** (Joannis). Demonstratio idioma Ungarorum et Lapponum idem esse..... Tyrnaviæ, typis Collegii Academici Societatis Jesu, 1770 In-fol., rel. v. rac.

En mauvais état.

2601. **Sander** (Fred.). Nationalmuseum. Anteckningar om Skultursamlingens Bildande. Stockholm, Samson & Wallin (1880). In-8, cart.

2602. **Sartorius von Walterhausen**. Urkundliche Geschichte des Ursprunges der deutschen Hanse. Herausgegeben von J. M. Lappenberg. Hamburg, F. Perthe, 1830. 2 tomes en 1 vol. in-4, d.-rel. veau, tête lim., ébarb.; au dos, chiffre du comte Riant.

2603. **Sastrow** (Barthélemy). Mémoires de Barthélemy Sastrow, bourgmestre de Stralsund, traduits par Édouard Fick. Genève, imprim. J.-G. Fick, 1886. In-4, 2 vol., titre r. et n.

2604. Fårömålets Ljudlära med legning af C. Säves ock P. P. Säves ord Samlingar utarbetad af Af Noreen. Stockholm, Norstedt, 1879.

2605. **Schildener** (Dr Karl). Guta-Lagh. Das ist : Der Insel Gothland altes Rechtsbuch. In der Ursprache und einer wiederaufgefundenen altdeutschen Uebersetzung... Greifswald, Ern. Mauritius, 1818. In-4, cart. perc.

2606. **Schübeler** (J. Chr.). Om Nordmændenes Landhusholdning i Oldtiden. Christiania, Brøgger øg Christie, 1861 (fig.). — Nordmændenes Haverdyrkning i Oldtiden. Christiania, Jensen, 1862. Ensemble 2 plaq. petit in-8, cart.

2607. Sigtuna det forna och det närvarande. Upsala, Wahlström, 1847. Plaq. in-8, rel. toile, non rogn.

2608. Siö-Articlar Somaff den Stormechtigste Konung och Herre Hez Carl den XI Sweriges, Göthes och Wåndes Konung, etc. Åhr 1665 förnyiade och stadgade åre. Jemte der til hörige acter, som på andra sidan upråknas..... Stockholm, tryckt af Henrich Keyser. s. d. In-12 allongé, rel. bas. br.

2609. **Sjöborg** (N. H.). Försök till en Normenklatur för Nordiska Fornlemningar. Stockholm, C. Delèn, 1815. 1 vol. in-12, rel. toile.

2610. **Skytte** (Johan). En Oration om the Swenskas och Böthers första Ursprung och mandom i krig, hållen på Latin Uthi then Widtberömda Academien i Marpurg uti Hessen Åhr 1599. i januarii månad å Nyo uplagd och af trycket utgånge i Norkiöping, 1724. Een oration the Swenskes och Gidthers..... Sthokholm, Wankijff, 1678. 2 plaq. in-12, rel. vél.

2611. **Soegaard** (M.). I Fjeldbygderne. Christiania, Cappel, 1868. 1 vol. in-12, rel. toile, couverture.

2612. Sagor från Emådalen upptecknade, af Emil Svensén. Stockholm, Nörstedt, 1882. Plaq. in-8, cart.

2613. **Terlon** (De). Mémoires du chevalier de Terlon, pour rendre compte au roy de ses negociations depuis 1656 jusqu'en 1661. Paris, Louis Billaine, 1681. In-12, 2 vol. rel. v.

2614. **Thorsen** (P. K.). Bidrag til Nørrejsk Lydlære. Kjöbenhavn, Thiele, 1886. — Sprogarten på Sejerö, skildret af P. K. Thorsen. Kjöbnhvn, Thiele, 1887 (Heft 1). 2 pl. in-12, br.

2615. Tiđindi frá Alpingi islendínga. Reykjavik, Helga Helgasson, 1845. 1 vol. in-8, rel. toile, non rogn.

2616. Udvandringsbog for Skandinaver eller Fører og Raadgiver ved Udvandring til Nordamerika, Texas og Californien. Kjøbenhavn, Gandrup, 1852. 1 plaq. in-12, cart. (une lith. et une carte).

2617. Upplands Fornminnesförenings Tidskrift. Utgifven pö foreningens bekosnad af Carl Arvid Klingspor. Stockholm, P. A. Norstedt and Söner, in-8, 1871-1877. 8 fascicules réunis en 1 vol. in-8, d.-rel. bas. n.

2618. Vandaliæ || & || Saxoniæ || Alberti Cranzii || Continuatio. || Ab anno Christi 1500. ubi ille desiit : || per || Studiosum quendam Histo-||riarum instituta. || accessit || Metropolis seu Episcoporum in || Viginti Diœcesibus Saxoniæ, Catalogus, usq; ad præsen-||tem annum 1585. deducta. || Cum Præfatione. || Davidis Chytræi & Indice || VVittebergæ || typis hæredum Iohannis Cratonis Anno M D LXXXVI. || In-fol., 2 ffnc., 338 p., 6 ffnc. — Dauidis Chytræi || Proœmium me-||tropolis. || seu || Successionis Episcoporum || in Ecclesiis Saxoniæ et Vandaliæ || veteris Cathedralibus || viginti || ab anno Christi 1500 ubi Albertus Cranzius desiit || usq3 ad nostram ætatem deducta || Anno MDLXXXV. || 1 fnc., 48 p. Ensemble 1 vol. in-fol., rel. parch.

2619. Varia geographica. Joannis Frederici Gronovii dissertatio de Gothorum sede originaria adversus Philippum Cluverium, eorumdemque in Imperium Romanum irruptionibus. Libellus provinciarum romanarum et civitatum provinciarum gallicarum cum notis Andreæ Schotti et Laurentii Theodori Gronovii ejusdemque Animadversiones in Vibium sequestrem. Joannis Caspari Hagenbuchii exercitatio geographico-critica... Lugduni Batavorum, apud Cornelium Haak, 1732. In-8, rel, bas. f.

2620. **Voigt** (Johannes). Geschichte der Eidechsen-Gesellschaft in Preussen aus neuaufgefundenen Quellen... Königsberg, Universitäts-Buchhandlung, 1823. In-8, cart. perc. v.

2621. LOT DE BROCHURES DE SCIENCES : Devilly; Blytt (Axel); Beust (F.); Schleichner; Durocher (J.); Bergmann; Goeppert; Gars. En tout 8 broch. in-4 et in-8.

2622. LOT DE BROCHURES DE GÉOGRAPHIE (VOYAGES) : De la Roquette; Plan de Copenhague; Von Eggers; Von Etzel; Bullo; Blom (H.); Gladisch (Al.); Erman (A.); Girard (Jules); Bonnefont (Dr); Fraehn; Ziegler (A.); Flood (Joh.). En tout 13 broch. in-4 et in-8.

2623. LOT DE BROCHURES D'HISTOIRE : I. Bonamy; Bodemann; Montelius; Engelbregt; De Barthélemy; Moll; Daa (K.); Hager (J.); Jacobson; Carlowicz; Clausen; Petrus (L.); Döring; Brunn (Ch.). En tout 14 broch. in-4 et in-8.

2624. II. Bergmann; Denina; Isberg; Schirren; De Bielke, Montelius; Brenner; Body; Gloyer; N. de B.; Ducoudray. En tout 11 broch. in-4 et in-8.

2625. LOT DE BROCHURES DE LITTÉRATURE : Dudik (B.); Dumas (A.); Donnes (Otto); Fritzner (Johan); Depping et Michel; Burg; Dietrich (Fr.); Collin (Zach.); Tornberg; Botkine; Burton; Président de Brones. En tout 12 broch. in-4 et in-8.

2626. D. Martini Lutheri Catechismus Then Större, Effter Hans Kongl. May:tz Konungh Carls then XI. Sweriges och Göthes..... Konungz..... Befalning (Och willie förklaradt vthi Förtalet til Åhrs 1663 å nyo aff Tryckct vthgångne Concilium Upsalense) Förswenskadt aff Petro Ioh. Rudbeckio..... Stockholm, hoos lgnatium Meurer, 1667. Petit in-4, rel. bas.

Version suédoise du Grand Catéchisme de Luther.

2627. Een Böne- ‖ book | ther hela Ca-‖techismus mz Christi pi- ‖ no / korteligha vthi för-‖fattat år / mz monga an-‖dra nyttiga och Christeli-‖ga böner. Ock Calendariū. *F.* CLXIX *verso :* Tryckt j Stocholm aff ‖ Amund Laurentzson. ‖ Anno Domini. ‖ M DLIII. Petit in-8, 27 ffnc. et CLXIX ff. Encadrement au titre et nombr. fig. sur bois.

Les 6 premiers cahiers sont en reproduction fac-similc.
Préparé pour la reliure.

2628. En Lœffue Bog ‖ som kaldes paa Tyske Rei=‖nicke Foss / Oc er en deylig oc lystig ‖ Bog met mange skønne Historier / ‖ lystige Rim / Exempel / och herlige ‖ Figurer / som aldri før haffuer vœrid ‖ paa Danske / nu Nylige fordanskit ‖ af Hermen Weigere / Borcteve..... Cøbnehaffn..... M.D.LV. *17e fnc. de la fin, verso :* Prentet i Lybeck aff ‖ Iørgen Richolff / Aar ‖ effter Gudz ‖ Byrd. ‖ M.D.LV. 8 ffnc., ff. chiffrés I à CCXCI, et 17 ffnc. Encadrement au titre; portrait de Christian III & figures sur bois.

Préparé pour la reliure.

2629. **Linné** (Carl). Oländska och Gothländska Resa på Riksens Högloflige Ständers befallning förrättad Åhr 1741..... Stockholm och Upsala hos Gottfried Kieswetter 1745. D.-rel. veau rac., tête marbr., cartes, pl. & fig.

2630. ℭ Har begynnes then Zelands low paa ‖ ra·t dansk och a·r skifft i sijw bøgher och ‖ hwer bogh haffuer sith register oc a·r wel ‖ offuer seeth och rattelighe corrigeret [*figure sur bois figurant au titre des ouvrages mentionnés sous les nos 214 et 215 suprà*]. *Fnc. 76 verso :* ℭ Har endis Sialantz low oc loland falster ‖ oc møøn som koning woldemar gaff pa wo ‖ rinborg oc saa effter børies kircke logen met ‖ mäge klere hantfastninge wel offuer sath oc ‖ rettelige corrigert Tryckt i køpēhaffn Anno ‖ dñi M.cccc.oc.v. in pfesto anūciatiōis beate ‖ marie wirginis Hoos gotfrid aff gemē. *Au dessous, la marque de Gotfrid af Ghemen.* Petit in-8, 76 ffnc., car. goth., 27 ll. ll., signal. [a, a ij] a iij — t i [t 6] par 6 ff., sauf s et t qui n'en ont que 4, avec tit. cour. & manchettes.

Préparé (dérelié) pour la reliure.

2631. Der Aus der Türckischen Vestung Bender nach der Pommerischen Stadt und Vestung Stralsund retournirende, den Ihm daselbst höchst-raisonable-offerirten Frieden von sich stoffende; zu hande und wasser aber Höchstuglückliche König von Schweden Carl der XIIte..... Vorgestellet wird von Aulander M DCC XVI. In-12 avec portr. de Charles XII.

Dérelié.

2632. Förordning || emellan || Soldaterne och dheres Rothar / || Uthi || Jönköping3 och || Croneberg3 Lähners || Gouvernement, || Huru den Eena emoot then Andra || sig hår effter fôthollaskal. || Tryckt på Wijsingzôô aff Johañ Kankel. || Anno M DC L XXXV. Petit in-8, 7 ff. (le 8e blanc manque), signature A.

Impression rare, fait à Wijsingsborg. Dérelié.

2633. **Rudbeck** (Olaf). Propagatio plantarum botanico-physica. Upsal, H. Curio, 1686. In-12, avec fig. et pl. gr. sur cuivre — Olai Rudbeckii ad Thomam Bartholinum epistola, qua sibi primam inventionem vasorum serosorum hepatis, invictis rationibus, contra Bogdani cujusdam impudentissimas calumnias sub apologiæ nomine pro Bartholino editas, asserit..... Ubsaliæ, Impensis Johanni Pauli..... 1657. In-12. — Hortus Botanicus variis exoticis indigenisque plantis instructus curante Ola Rudbeckio [*marque de Curio*]. Upsaliæ Excudit Henricus Curio..... 1685. In-12, rel. vél. — Deliciæ vallis Iacobææ sive Jacobs Daal..... prædii et hortorum prope Stocholmiam descriptio. Vpsaliæ, Excudit Henricvs Cvrio..... 1666. In-12, dérel. Ensemble 4 vol. in-12.

2634. **Rudbeck** (Joh.). Beatum regis sceptrum : vel Felix populi regimen. Auctore Joh. Rudbeckio. Upsaliæ, Excudit Henricus Curio, s. d. 1 vol. — **Messenius** (Joh.). Amphitheatrum, in qvo inclytæ Gvstaidvm prosapiæ genealogiam, ab Adamo continua deriuatam scaturigine..... Holmiæ, Ex Calchographiâ Gutterviciana. Anno cɪɔ.ɪɔc.x., avec 1 tableau généal. (*déchirure*). Ensemble 2 vol. in-12.

2635. **Brigitte** (Ste). Incipit vita abbreviata || prædilectæ Christi sanctæ Birgittæ de || Regno Sueciæ continens in se certas re=||uelationes diuinas cum ali=||quibus miraculis [*fig. sur bois : Ste Brigitte écrivant*]. *Fasc. 38 recto :* Impressum Romæ in domo hospitalis S. Birgittæ nationis Suecorum & Gothorum. Anno Domini M. D. LIII. In-4, 38 ffnc., signatures A-E.

2636. **Ionas** (Arngrim). Specimen Islandiæ historicvm, et magna ex parte chorographicvm; anno Iesv Christi 874. primum habitari cœptæ : quo simul sententia contraria D. Ioh. Isaci Pontani, Regis Daniæ Historiographi, in placidam considerationem venit ;..... [*marque de Blaeu*] Amstelodami. Anno Christi cɪɔ ɪɔc xlɪɪɪ. 1 vol. petit in-4, rel. veau, filet ; au dos, le chiffre, et, sur les plats, les armes d'Achille de Harlay.

Ce vol. était de ceux que le prés. de Harlay avait légués aux Jésuites de Paris. Il a également appartenu à Anquetil-Duperron, dont la signature se lit sur le titre.

2637. **[Klemming.]** Ur en Samlares Anteckningar. Stockholm och Upsala, 1868-1873 et 1883-1886. 2 vol. in-4 : l'un, d.-rel. mar. rouge, coins, dos orné du chiffre du comte Riant, tête dorée, non rogn.; l'autre, préparé pour la reliure.

2638. **Fragments de livres liturgiques suédois.** Éditions suivantes : Missel

d'Abo : Missale secundum ordinem fratrum prædicatorum. Lubeck, Barth. Gothan, 1488. In-fol. — Missale d'Upsalense. *S. l. n. d. n. typ.* (avant 1487). In-fol. — Missale Upsalense. Bâle, Jacques de Pfortzheim, 1513. In-fol. — Missale Strengnense. Lübeck, Barth. Gothan, 1487. In-fol. Ensemble 4 liasses, classées suivant l'ordre des signatures. — Bréviaire de Westerås : Breviarium Arosiense. Bâle, Jacques de Pfortzheim, 1513. 1 vol. in-8, rel. basane (*réparé*). Plusieurs ff. manquent.

    Ces fragments sont d'un grand intérêt pour l'histoire des livres liturgiques de la Suède et pour l'histoire de l'imprimerie.

2639. **Rudbeck** (Olaf). Atland, eller Manheim. Atlantica, sive Manheim vera Japheti posterorum sedes ac patria..... Upsaliæ, excudit Henricus Curio, 1675-1702. In-fol., 11 vol.

    Ouvrage de toute rareté. Notre exemplaire comprend le tome 1er dans les trois états : sans date, avec la date de 1675, et avec la date de 1679 ; le tome 2 en double exemplaire ; le tome 4 en réimpression fac-simile, plus l'atlas en triple exemplaire. Nous y joignons les *Testimonia* et un certain nombre de planches, non reliées, de l'atlas.
    On peut composer avec tous ces éléments un excellent exemplaire de cet ouvrage de Rudbeck pour lequel nous renvoyons à la longue notice que lui a consacrée Brunet, *Manuel*, t. IV, col. 1446-1448.

2640. — Campi Elysii liber primus, opera Olai Rudbeckii Patris & Filii editus. Upsalæ..... 1702. In-fol. (*Reprod. fac-simile, excepté le titre*). — Reliquiae Rudbeckianæ sive Camporum Elysiorum libri primi olim ab Olao Rudbeckio Patre et Filio Upsaliæ anno 1702 Editi, quæ supersunt adjectis nominibus Linnæanis. Accedunt aliæquædam icones cæteris voluminibus Rudbeckianis aut destinatæ, aut certe haud omnino alienæ hactenus ineditæ, cura *Jacobi Edvardi Smith*. Londini, M, DCC, LXXXIX impensis editoris. In-fol. — Olai Verelii. Index lingvæ veteris Scytho-Scandicæ sive Gothicæ ex vetusti ævi monumentis..... collectus atque opera *Olai Rudbeckii* editus. Upsalæ, anno 1691. — Ketilli et Grimonis Hirsutigenæ patris et filii historia seu regestæ ex antiqua lingua Norvagica in Latinum translatæ per *Islefum Thorvelium* Islandum opera & studio *Olavi Rudbeckii*.... Upsalæ, anno 1697. In-fol.

2641. **Collection de thèses** des Universités d'Åbo, Lund et Upsal. Importante réunion d'environ *dix-neuf mille* thèses. In-4 et in-12, brochés et reliés.

    Cette collection semble avoir appartenu à *Lidenius* et à *Marklin*, qui ont fait une bibliographie des thèses des Universités suédoises. Un exemplaire de leur travail est joint à cette collection, dont il est inutile de dire l'importance. Cet exemplaire sera communiqué aux personnes qui, désirant acquérir ces thèses en bloc, voudraient se rendre compte du contenu de cette collection.

TABLE ALPHABÉTIQUE

Les chiffres renvoient aux numéros du Catalogue.

A

Aagaard (Christen), 338, 2168.
Aaal (Jacob), 1907.
Aars (J.), 1855.
Abrahams, 2265.
Abrahamson, 333.
Absalon, 149.
Absjörnsen, 319.
Acerbi (Joseph), 438.
Achillini, 1456.
Acrelius (I.), 1654-1655.
Adam (Annibal, S. J.), 125.
Adam de Brême, 130.
Adelswärd (O. d'), 202.
Adde (P. A.), 1151.
Adler (A.-P), 420.
Adlerstam (Magnus), 1916.
Adolfi (Joh. Neocorus), 1174.
Ælnothus monachus, 122, 1158.
Afzelius (A. A.), 850.
Agardh (Car. Ad.), 297, p. 124, 1390.
Agathias, 924.
Aguila (d'), 1576.
Ahlqvist (A.), 196, 1302.
Ahlstrand (J. A.), 342, 2249.
Ahnfeld (P. G.), 2262.
Akerblad, 1989.
Albertsen (Henr. Hamilton), 338.
Albrect (Georg.), 56.
Alexis (Willibald), 440.
Alfthan (J.), 1390.
Algreen-Ussing, 2364.
Allen (Car.-Fred.), 1025, 1150, 1164, 1691.
Allison (Tho.), 439.
Allvin (J.), 853.
Almquist (C. J. L.), 1351.
Alnander (J. O.), 2367.

Alsen, 1725.
Ambrosoli (Solone), 387.
Aminson (Henri), 2324.
Ampère (J.-J.), 2229.
Anbel (Herm. et Carl), 680.
Ancher (P. Kofod), 203, 1026.
Anchersen (Joh. Pet.), 306, 437, 2325.
Anckarswärd (C. H.), 1304.
Anskarswärd (M. G.), 2126.
Anckelmann (Theod.), 954.
Andersen (Carl), 1027, 1852.
Andersen (Gudmund), 1958.
Andersen (Henri Christian), 307.
Anderson, 571, 2040.
Anderson (Joh.), 606, 1786.
Anderson (Joseph), 1945.
Anderson (R. B.), 128, 334, 602.
Andersson (Ch. J.), 2400.
Andersson (Gust.), 1304.
Andersson (N. J.), 297.
Andrea (Gudmund), 2099.
Andreas Magnus, 129.
Angeletti, 123.
Anjou Tranberg (Joh. A.), 121.
Annilo (Orosius), 1028.
Anrep (Gabriel), 1014.
Anscharius (St), 84.
Antonius (Andreas), 2217.
Aphelen (Hans von), 408.
Appelboom, 1548.
Arago, 751.
Archenholtz (d') ou Arckenholtz, 1410 (p. 215), 1543.
Arendt (M.), 1962.
Arfwedson (C. D.), 1656, 1677.
Arfwidson, 565.

Armstrong (A.), 577.
Arnas Magnæus, 226, 1030, 1128, 1276.
Arnason (J.), 1826-1829.
Arndt (E. M.), 302, 854.
Arnell (Laurent), 24.
Arnesen (S.), 204.
Arnkiel (M. Trozil.), 2129, 2166.
Arnold (Edwin), 440.
Arnold (Lester L.), 440.
Arrhenius (Claud.), 84, 2266.
Artaud de Montor, 1625.
Arted (Pierre), 275.
Asbjørnsen (P. Chr.), 844.
Aschlund (Arent.), 609, 659.
Ascheboug (T. H.), 1285.
Asher (G. M.), 573,
Aslacus (Cunadus), 41.
Asmundarson (Vald.), 1812.

Asmundsson (Einar), 1852.
Asmussen (J.), 1707.
Asp (Zacharie), 280.
Atkinson (T. W.), 2597.
Atterbom (P. D. A.), 309, 2219.
Aubert (F.), 1738.
Aubery du Maurier, 1681.
Aunet (Mme Léonie d'), 751.
Aungier (Georges James), 2521.
Aurifaber (Andreas), p. 39.
Aurivillius (Car.), 2365.
Aurivilliers (Petrus), 2333.
Avaux (Claude de Mesmes d'), 1203, 1212, 1495.
Axelson (Max.), 856.
Axenborg (P.), 1390.
Axner (Daniel), 2371.

B

Baazius (Jean), 150.
Babelon (E.), 998.
Bábu Rájendralál Mitra, 161.
Bacelaere (D. van), 164.
Back, 591.
Backman (G.), 1367, 2120.
Bacon, 925.
Baddeley (J. B.), 2022.
Bade (Josse), 1136.
Baden (Gust. Ludv.), 196, 1020, 1031, 2365.
Baden (Jac.), 437.
Baden (Torkill), 151, 2195.
Baeker (Louis de), 2228.
Baedeker, 570.
Baelter, 2411.
Baër (Fréd. Charles), 2522.
Bætzmann (Fréd.), 312, 788.
Baggesen (August von), 1032.
Baggesen (Jens), 387.
Balck (Nicolas), 45.
Balfour (David), 1774.
Balle (Edniger), 173.
Balleydier (A.), 2402.
Ballantyne (R. M.), 578, 596.
Balthasar (J. H.), 1751.
Banese (Gioseppo), 102.
Bang (A. Chr.), 152.
Bang (J.-H.), 2523.
Bang (Jonas), 1000.
Bang (Pierre), 130.
Bang (Thomas), 432, 1755.
Banks, 1795.
Banks (Sir Joseph), 2067.
Barclay (T.), 1790.

Barfod (Frédéric), 321, 861.
Barlæus (Casp.), 995.
Barnard (M. R.), 785.
Barrois (Th.), 722.
Barrow (John), 442, 591.
Båth (J. G.), 1455.
Baring-Gould (Sabine), 2023.
Barlatier de Mas, 2024.
Barrow (John), 2025.
Barry (R^d D^r), 1775.
Barth (Christophe), 1169.
Barthius (Joh.), 238.
Bartholot (F. W.), 2524.
Bartholinus (Alb.), 2364.
Bartholinus (Caspar Berthelsen), 241.
Bartholinus (Caspar Thomesen), 243-248, 267, 2131.
Bartholinus (Érasme), 240-348.
Bartholinus (Thomas), 240, 242, 244-248, 1121, 2130, 2220, 2280, 2364.
Bartholinus (Thomas), 2635.
Barto von Löwenigh, 735.
Barttels (Joh.), 857.
Bas (F. de), 751, 1736.
Batty (Robert), 763.
Baudissin (Adelbert), 313.
Baumgarnter (A.), 593.
Baye (Charles), 579.
Bayer (Thomas Siegf.), 995.
Bayldon (George), 407.
Bazelius, 2254.
Beamish (N. L.), 595.
Baumgarten, 1728.
Beaumont (vicomte A. de), 441.

Beaumont-Vassy (de), 1652.
Beaurepaire (E. de), 974.
Beauvois (Eugène), 131, 326, 595, 993, 1739, 2193.
Beck (L. C.), 2419.
Becker (M. T.), 171.
Becker (P. W.), 1204.
Becker (Colonel), 1773.
Becker (T. A.), 1033, 2280, 2307.
Beckman (Joh. Wilh.), 164.
Becmannus (Joh. Chriv.), 1310.
Bedemar (Bargas), 442.
Beeken (J. L.), 857.
Beern (Dominique), 10.
Beern (J. Chr.), 1309.
Behrens (Wilhelmine), 298.
Behrmann (H.), 1034.
Beke (Ch. T.), 754.
Bellerive (Ch^{er} de), 1577-1578.
Bellère (Jean), 1420, 1432.
Bellman (Carl Michaël), 310.
Bellot (René), 578.
Belpaire (A.), 443.
Belsheim (Johan.), 14, 199.
Bendz (C. F. W.), 201.
Benedicht (Laurent), 179, 1179.
Benzelius (Erik), 42, 81, 403, 1310, 2221, 2237, 2365.
Benzon (W.), 2365.
Berch (Anders), 297.
Berch (Carl Reinh.), 1311, 2197, 2214.
Berenberg (Carl), 1731.
Berendzen, 999.
Beres (Iver), 609.
Berg (Joh. Aug.), 859.
Berg (J. Chr.), 786, 967.
Bergen (A. Bernsten), 445.
Berger (J. C.), 1351.
Berggren (J.), 444, 2195.
Berggren (I.), 2526.
Bergh (Hallvard), 335.
Bergius (P. J.).
Berglung (Chr. Henr.), 296.
Bergman (Car. Joh.), 1384, 1390.
Bergmann (Evald), 2196.
Bergmann (Fr. Guil.), 926, 1867, 1959, 2056.
Bergmann (Friedr. Wilh.), 2527.
Bergmanson (Sv.), 995.
Bergsöe (A. F.), 2088.
Bergström (P. F.), 2365.
Bergström (Rich.), 43.
Bergwall (M. Chr.), 407.
Bering, 1364.
Bering (Vitus), 338, 1035-1036, 1046.
Berlien (J. H. Fr.), 1002.
Berlin (C. E.), 1391.

Bernadotte, *voyez* Charles XIV Jean.
Bernard (F.), 584.
Bernard (S^t), 43.
Bernard de Reste, 666.
Bernhard (C.), 1122, 1151.
Bernsten Bergen, *voyez* Bergen.
Berthelsen (R.), 663, 2375.
Berthier (Alexandre), 2403.
Bertin (T. P.), 455.
Bertrand (Alex.), 2193.
Berzelius, 2021.
Beseler (W.), 1726, 1728-1729, 1737.
Beskow (B. de), 2264.
Bethen (Gab.), 1001.
Bethune (de), 1611.
Beuther von Carlstatt (Michaël), 1037.
Bexell (S. P.), 196.
Beverini (P. Bartholomeo), 2529.
Bjarnason (Thorkell), 1803.
Bjarnason (Jón), 334.
Bjarnason (P.), 1853.
Bignon (F.), 2592.
Bille (Steen), 2403.
Billmark (C. J.), 863.
Bindoni (Francesco), 1429.
Binot (Estienne), 113-114.
Bing (Lars Hess), 446.
Biörck (Tobias), 1657.
Björklund (And.), 2132.
Björner (Eric. Jul.), 866, 927, 1392, 1853.
Biörno Haldorsonius, 1966.
Biörno (Stephanus) ou Björnsen, 1944-1945.
Björnson (Bjønstjerne), 311-312.
Björnstjerna (M.), 2404.
Biornerod, 2052.
Bircherod (Jen), 1038, 1123, 1214, 2192.
Bircherod (Thomas Broder), 1123, 2199, 2216.
Bircherod (Jen), 1038, 1123, 1214, 2192.
Bircherod (Thomas Broder), 1123, 2199, 2216.
Birket-Smith (Sophus), 124, 327, 387, 2125.
Bisaccioni (Maiol.), 1460.
Biurman (Georg.), 1386.
Bjursten (H.), 570.
Blackford (Dom. de), 1673.
Blaikie (John), 2530.
Blake (E. Vale), 574.
Blank (Otto), 998.
Blefkenius (Dithmar), 447, 1431.
Bloch (J. Victor), 2026.
Block (Maurice), 1804.
Blom (G. P.), 682, 787.
Blom (Otto), 2264.
Blom (S.), 2196.
Blomstrand (C. W.), 296.
Bluhme (E.), 610.
Blumhof (J. G. L.), 296.

Blytt (A.), 848.
Boas (Edv.), 568.
Bochart, 67.
Boding (G.), 2408.
Body (Albin), 1635.
Böck.
Büdwarsson (Arna), 1838.
Bœcler (J. H.), 1205.
Bögelund (Laur.), 386.
Boëthius (J.), 565.
Böttiger (C. W.), 1390.
Bödvarson (Arna), 1816.
Boheman (Carl H.), 298.
Bogdan, 2635.
Bohl (F. F.), 1385.
Boie (F.), 844.
Bojesen (Maria), 764.
Boisgelin de Kerdu (Louis de), 448, 553.
Bolhen-Bolhendorf (Julius von), 197.
Bolts (Asl.), 1805.
Bomansson (K. A.), 1302.
Bonair, 2531.
Bonaventure (St), 44.
Bonde (bon Knut), 1390.
Bondtsen (Paul), 2525.
Boneauschiöld (Gust.), 1015.
Bonnafont, 2193.
Bonstellen (Ch. Victor de), 568, 2073.
Boona, 178.
Booth (Abr.), 1461.
Borastus (Gregor.), 81.
Borch (Olaf.), 338.
Borck (Anders Jenss.), 1272.
Bordingus (Jac.), 1166.
Borelly (J. A.), 1631.
Borgström (Am.), 1313.
Borlase (G.), 1795.
Bornemann (Henr.), 1233.
Borring (Laur. Etienne), 2280.
Borup (Thomas Larsen), 2195.
Bosejen (E. F.), 2132.
Bossi (Conte Luigi), 450, 544, 1986.
Boswell (James), 2532.
Bosworth (J.), 1040.
Both (L.), 784.
Botten-Hansen (aul), 2329.
Botvidus (Joh.), 80.
Boucher de Perthes, 449.
Boult (J.), 1123.
Bourdelot, 1535.
Bouvet, S. J. (J.), 520.
Bouyer (A. C.), 449.
Bovallius (R. M.), 1020.
Bove (Giacomo), 760.
Bowden (John), 844.
Boxhornius (Zv.), 210.

Boydell, 789.
Boye (A. C.), 350.
Brace (Ch. Loring), 570.
Bradt (J. G.), 1041.
Brahe (Pierre), 2396.
Brahe (Tycho), 250-251.
Brandes (H. K.), 1387.
Brandstäter (F. A.), 995.
Brandt (C. J.), 77, 82, 323, 324, 371.
Brandt (Fr.), 212, 1960.
Brandt (Math.), 214.
Brandt (R. J.), 664.
Brasch (Chr. H.), 1042.
Brask (Samuel), 66.
Braune (F.), 2224.
Braun-Wiesbaden (K.), 1384.
Bravais (A.), 2067.
Bredsdorff (Jakob Hornemann), 296, 2004.
Breidfjørd (J. B.), 1838.
Breidfjørd (Sig.), 1838, 1852.
Bremer (Frederika), 386, 1387.
Bremmer (Rob.), 449.
Brenner (Elias), 2200.
Brenner (Oscar), 1921.
Brenner (Oskar), 2533.
Breton, 790.
Bricka (C. F.), 784.
Brigitte (Sainte), 85-106, 2635.
Bring (Sven), 437, 2223.
Brix (Adolph), 751.
Broberg (S.), 387.
Broch (O. J.), 299, 791, 999.
Brochmund (C. T.), 1197.
Brocman (Nils Reinhold), 1917.
Brœmel (Fr.), 521.
Brönsted, 1043, 2192, 2215, 2405.
Bromelius (O.), 298.
Brooke (Henry), 1455.
Broussonet, 726.
Brown (John), 1613.
Brown (J. Croumbie), 732.
Brown (R.), 644.
Brünnich (Morten Thrane), 844, 2330.
Brun (A. W. S.), 567.
Brun (Jacques), 848.
Brun (Johann Nordal), 205.
Brunius (C. G.), 2133, 2157.
Brunswick (J. A. C.), 438.
Brusewitz (G.), 866.
Bruun (Chr.), 2, 354, 1194, 2331-2332.
Bruun (H.), 1051.
Bruzelius (Magnus), 2195.
Bruzelius (N. G.), 2134.
Brynjulfson (G.), 593, 1887, 1947.
Bryson (Alexander), 2024.

Bubenhagen (Joh.), 1171.
Buch (Léopold von), 450.
Büchner (Alexandre), 314.
Bülow (Johann von), 2406.
Büsching (A. Fred.), 22.
Bugenhagen (J.), 1751.
Bugge (S.), 1974.
Bulgarin (Thaddée), 451.
Bunbury (Selina), 452.
Bunge (F. G. von), 1741.
Bunsen (Christian), 132.
Bugge (Sophus), 325, 1974.
Buræus (J.), *ou* Bureus, 997, 1975.
Burdin d'Entremont, 1736.

De Bure, 86.
Burg (P. Bapt.), 1462.
Burghardt (C. G.), 593.
Burlamacchi (Guglielmo), 115-116.
Burmann, 1974.
Burt (J. Heyliger), 1678.
Burton (Richard F.), 2028.
Büsching (Ant. Fred.), 22.
Bushby (Mrs.), 337.
Bus Kagrius (Petrus), 2534.
Bussœus (A.), 608, 1915.
Busser (J. B.), 1314.
Busson (Arnold), 1543.

C

Cæsar (Philippus), 126.
Calixte (G.), 1187.
Calonius (Mathias), 238.
Cajanus (Aug.), 722.
Calvoli (Giov. Cinelli), 707.
Camerarius (Lud.), 1463.
Camoens (Luis de), 2407.
Camoin de Vence, 793.
Campanella (Th.), 210.
Campanius (Th.), 1658.
Campbell (J. R.), 793.
Campen, *voyez* Van Campen.
Cancellieri (Fr.), 1123, 1236.
Canik (Erik Nicolas), 53.
Cannelin (G.), 1758.
Canzler (J. G.), 1315.
Capefigue (B.), 2535.
Capel (Rudolff), 453.
Capell Brooke (A. de), 454.
Capellari (Michel), 1518.
Capsius (Benjamin), 94.
Carlén (Joh. Gab.), 310.
Carlen (Octavia), 867, 1408.
Carlgren (W. M.), 386.
Carling (C. R.), 2408.
Carlyle (Thomas), 1273.
Caroline-Mathilde (la reine), 1248, 1252.
Carpelan (G. M.), 794.
Carr (John), 455.
Cartailhac (Émile), 567.
Casanova, 1519.
Casati (C.), 1736, 2194.
Caspari (C. P.), 133.
Cassel (Paul), 1959.
Castelvi, *voyez* Pons de Castelvi.
Castillionæus (C. Oct.), 22.
Castrèn (M. A.), 424, 683.
Catteau (J. P.), 456, 1044, 2225.

Catteau-Calleville, 1286.
Cavallius (Gunnar olof Hylten), 342, 2152, 2249.
Cawallin (S.), 153.
Cazalis de Fondouce (P.), 2193.
Cazeaux (P.), 591.
Cederskiöld (Gustaf), 1853, 1856, 1863, 1916, 1959, 2408.
Cederström (Karl. R. H.), 1961.
Celse (Magnusa), 47.
Celsius (Olavus), 252, 1614, 2334.
Chaillu, *voyez* Du Chaillu.
Champigny (Ch^{er} de), 1094.
Champigny (Chevalier de), 1317.
Chappe d'Auteroche (L'abbé), 2536.
Charitius (Andreas), 2226.
Charles XII, 1599.
Charles XIV Jean, 1636-1639, 1645.
Charles XII, 2557.
Charles XII, 2633.
Charles XV, 1653.
Charlton (E.), 2014.
Chemnitz, 1464-1466.
Chênedollé, 104.
Chesshyre (H. T. Newton), 848.
Chevreau (Urbain), 1535.
Cholin (Materne), 2595.
Chopin (J. M.), 928, 1738.
Christiani (Wilh. Ernst), 953.
Christian Ier, 2544.
Christie (J. K.), 2537.
Christine de Suède, 1521-1522.
Christine de Suède, 2529.
Chydenius (K.), 749.
Chytræus (David), 1165, 2620.
Chytræus (Nathan), 2538.
Ciampius (Seb.), 995.
Cimmerdahl (Chr. Rud.), 431.

Bibliothèque Scandinave.

Clæden (G.), 1693.
Clarke (E. D.), 457.
Clarus (Ludw.), 868.
Clausade (Amédée), 869.
Clausen (J.), 2196.
Clausen (P.), 809.
Claussen, 1726.
Claussen (R. C.), 386, 1234.
Claussøn (Peder), 795, 1902, 1904.
Clavareau (A.), 750.
Clay (Jehu Curtis), 1677.
Cleasby (Rich.), 1972.
Cleffelius (J. Ch.). 2135.
Clément, 458.
Clément (D^r), 1003.
Clerck (Car.), 253.
Cluver (Philipp), 2621.
Cochlæus (J.), 1393.
Cöster (Fr. B.), 871.
Cognat (Abbé J.), 202.
Cohen (Jean), 190, 1613.
Colban (Mme), 476.
Coles (Joh.), 2026.
Collan (K.), 1763.
Collett (Alf.), 386.
Collin (A. B.), 934.
Collin (H. S.), 206.
Collner (Car. Sam.), 1984.
Combe de Vrigny (De la), *voyez* La Combe.
Comettant (Oscar), 581.
Conring (Herm.), 1468, 1501, 1545.

Consett (Mat.), 459.
Conti, 1536.
Conway (Derwent), 460.
Conybeare (C. A. Vansittart), 2027.
Cooper (Charlotte Fenimore), 2053.
Coret (Jacques, S. J.), 117.
Cormenin (Baron des Hayes de), 478.
Corneille (Pierre), 2408.
Cortsen (Fred.), 845.
Cossman (S.), 718.
Costa (B. F. de), 596.
Coupé de Saint-Donat, p. 236.
Cox (Samuel C.), 460.
Coxe (William), 461.
Crælius (M. G.), 765, 870.
Cragius (Nic.), 1167.
Cramer (J. N.), 2018, 2138.
Crantz (Albert), 2620.
Cranz (David), 611-612.
Crato (Johans), 2620.
Creutz (C. M.), 112.
Crichton (A. W.), 298.
Cristal (Maurice), 2194.
Crollanza (G. B.), 996.
Crone, 1125.
Cronenberg (M. Simon), 27.
Cronholm (Abraham), 318, 931, 996, 1911.
Cronstedt (A. F.), 296.
Crousse (Franz), 1732.
Curman (Carl.), 254.
Cyrille (S^t), 97-99.

D

Daa (Ludvig Kristensem), 567.
Daae (Ludv.), 1288, 2264, 2406, 2587.
Daae (L.), 2539.
Daal (Jacobus), 2635.
Dahl (J. C. C.), 2105.
Dahl (Konrad), 2540.
Dahlberg (E,), 1312.
Dahlerup (Verner), 1856, 2086.
Dahlfeldt (Car. Lud.), 2216.
Dahlgren (Fred. Aug.), 2249.
Dahlgren (Victor), 870.
Dahlmann (F. C.), 1047, 1730.
Dahlström (C. A.), 1640.
Dahn (Félix), 1899.
Dal (Nils Gufw.), 934, 2267.
Dallin (Anders Bentzen), 1196.
Dalager (Lars), 613.
Dalrymple, 1795.
Danckwerth (Gaspar), 1694.
Dandolo (Tullio), 597.
Danielssen (D. C.), 255.

Dareste (Rodolphe), 206.
Dargaud (J. M.), 784.
Dasent (G. W.), 1874, 1932, 1949, 1972, 2057, 2071.
Dasent (G. W.), 2542.
Dass (Alb. Chr.), 386.
Dass (Peter), 386.
Dassen, 932.
Dau (J. H. C.), 768.
Daubrée (A.), 296.
Daumont (Al.), 871.
David (Ian.), 301.
David d'Angers, 2125.
Davidsohn (Rob.), 570.
Dechaux, 2336.
Deckberg (O.), 1511.
Decken (F. von der), 1731.
Defauconpret, 591.
Defoe (Daniel), 1471.
Defontaine (Jules), 1653.
Dehn (Christian), 2028.

Deichmann (L. B.), 580.
Demeunier, 587.
Democritus (Christ.), 2164.
Dendy (Walther Cooper), 1777.
Deneken (A. G.), 567.
De Pas (Crispin), 1489.
Depping (G. B.), 933-934.
Desjardins, 2194.
Desprez (Adrien), 581.
Des Preys (Jehan), 2399.
Desroches de Parthenay, 615.
Detharding (Georg. Aug.), 2101.
Dethier (Phil. Ant.), 2543.
Detmar, 1176.
De Vries (S.), 520, 742.
Dieterich (M. W.), 431, 1977, 2014.
Dieterichson (L.), 2302.
Dietrich (Franz Eduard Christoph.), 1963, 1976.
Dietrichson (L.), 565.
Dijkman (Peter), 200, 1978.
Dillon (Arthur), 684.
Dirckinck-Holmfeld, 1726, 1738-1739.
Dittmar (Joh. Phil.), 155.
Dittmer (G. W.), 997.
Djurberg (D.), 463, 796.
Djunkovskoy (Etienne de), 201.
Djurklou (G.), 431.
Dobrowsky (J.), 2264.
Dœderlein (J. Alex.), 134.
Dönner (F.), 1852.

Döring (Bernh.), 2028.
Dognée (Eugène M. O.), 2193.
Dolmerus Danus (Janus), 207.
Donner (O.), 722.
Dorph (N. B.), 2405.
Doumerc (Paul), 797.
Dousa (Janus), 1177.
Drachmann, 565.
Drangel (And.), 1408.
Drasche-Wartinberg (Richard von), 724, 751.
Dresig (Sig. Fred.), 1483.
Drevon, 873, 905.
Droinet (Félix), 865.
Droysen (J. G.), 1551.
Drugulin (W. C.), 2030.
Du Buisson-Aubenay, 2138.
Du Chaillu (P. B.), 464.
Du Coudray, 1618.
Dudik (Beda), 2412.
Düben (Gustaf von), 685.
Dufferin (lord), 686.
Dufresne, 2545.
Dumas (C. G. F.), 758.
Du Méril (Edelstand), 2227.
Dunér (N.), 751.
Dunker (B.), 997.
Dunte (Georg. à), 1472.
Durdent, 934.
Duthillœul, 104.
Dybeck (Richard), 339, 1979, 2139.
Dyssel (J. Arndt), 465.

E

Earle, 968.
Ebel (Will.), 2546.
Eberstein (C. Chr.), 1384.
Eck (Joh.-Georg.), 256, 874.
Eckeberg (Ch. Gust.), 1673.
Ecker (Alexand.), 722.
Eckstrom (C. U.), 260.
Edelmann (Henri), 1462, 1463.
Edelswärd (W.), 293.
Edgar (J. G.), 1547.
Edmond (Charles), 466.
Edmondston (Thos.), 1778.
Edy (J. W,), 789.
Eekman (Pet.), 996.
Eenberg (Joh.), 875.
Egardus (Paulus), 2196.
Egede (Hans), 615-618.
Egede (Paul), 676.
Eggers (Henrich Peter von), 659.
Egilsson (Sveinbjörn), 388, 1809, 1821-1822, 1947, 1961.

Ehrenalder (Dan.), 2414.
Ehrenberg (C. G.), 593.
Ehrenmalm (Arw.), 687.
Ehrenstrahl (David Klöcker), 876.
Ehrenström (Marianne d'), 2280.
Ehrmann (Th. F.), 2195.
Eichhof (F. G.), 2227.
Eickstet (V. ab.), 1751.
Eigilsen (O.), 2070.
Einar (Halfdan), 2073.
Einersen (Halfdan), 1929.
Einarsson (Indrida), 2550.
Ejolfsön (E.), 608.
Ekdahl (N. J.), 997, 1152.
Ekendahl (G. V.), 1323.
Ekhlom (Erik), 1981.
Ekman (Emanuel), 238.
Ekman (L.), 2211.
Ekorn (Joh.), 2412.
Ekström (C. U.), 877.
Eimmart, 1552.

Elberling (Carl), 327.
Elerdus (Nicolaus), 48.
Elers (Johan), 878.
Eliæsen (Paul), 49.
Ellesmere (lord), 2288.
Elliott (Charles Boileau), 468.
Elton (Ch.), 798.
Elververt (J. ab.), 1698-1700.
Emants (Marcellus), 1324.
Emporagrius (Erick Gabrielsson), 51.
Enault (Louis), 798.
Enea (Giovanni), 593.
Eneman, 1986.
Engel (Arthur), 2215.
Engel (Samuel), 575.
Engelbrecht (H. H.), 1751-1752.
Engelbregt (E.), 1739.
Engelhardt (Con.), 2140.
Engelstoft, 1085.
Engelstoft (Chr. Thorn.), 196.
Engelstoft (L.), 997, 2323.
Engeström (Gustave d'), 879.
Engeström (Lars d'), 2343.
Engström (J.), 688.
Ens (Caspar), 1177.
Erbom (Eric.), 2420.
Erdmann (A.), 880, 935.
Eric (Johann), 1730, 1876, 2070.
Erich (Aug.), 1196.
Erichsen (John), 204, 2237.
Eriksen (A. E.), 386.
Erichsen Disfusson, *voyez* Disfusson.

Erichson, 2019.
Erland (Israël), 83.
Erlandsen (Andreas), 201.
Erlendsson (H.), 1808.
Ernstedt (Claudius), 52.
Ersleo (Ed.), 654.
Erslev (Kr.), 1168.
Erslev (Thomas Hansen), 2268.
Esberg (J.), 2280.
Eschricht (D. F.), 257, 293, 1919.
Esmarch (Laur.), 565, 1039.
Esmarch (K.), 1739.
Espolin (Jón.), 1860.
Essen (Ludvig), 385.
Essen (J. H. von), 1651.
Essendorp (J.), 799.
Esmarch (H. C.), 1726.
Estlander (C. G.), 2441.
Estrup (H. F. J.), 199, 619, 2085, 2280.
Etienne (L.), 1730.
Etienne, 593.
Etmüller (Ludwig), 1807, 1964, 2581.
Ettmuller (Louis), 2549.
Etzel (An. von), 565, 620.
Etzel (Anton von), 2597.
Eugénie de Suède (princesse), 1325.
Euphrasén (B. A.), 1659.
Everest (Robert), 469.
Eyler (Michel), 1.
Eyriès (J. B. B.), 450, 2387.
Eystein (Arngrimsson), 1927.

F

Faber (Friedr.), 2551.
Fabri (D*r*), 1740.
Fabrice (baron), 1580.
Fabricius (J. A.), 954, 1049, 1125, 2164.
Fabricius (Johann Christian), 258-259.
Fabricius (Otto), 4, 622, 659, 679.
Fabvre (capitaine), 2067.
Falck (W.), 1703.
Falkenskiold (S. O. de), 1249-1250.
Falkmann (A.), 769.
Falsen (Chr. Magnus), 570, 848, 1289.
Fant (E. M.), 1394.
Farrer (James), 1982.
Fath (Georges), 2552.
Faye (Andreas), 329, 1290.
Feddersen (Chr.), 997.
Feilberg (H. F.), 420.
Feilden (H. W.), 584.
Feilitzen (Hugo von), 125.
Feith (H. O.), 1480.

Fellman (Jakob), 723.
Fénelon, 2414.
Fenger (J. F.), 1660.
Fenger (K. Th.), 371.
Ferguson (Rob.), 996.
Fergusson (R. M.), 565.
Fernow (Erik), 881.
Ferraige (Jacques), 91.
Ferrarius (Oct.), 1524.
Fich (A. E.), 1740.
Fick (Edouard), 2605.
Fick (Joh. Christian), 470.
Ficklern (J. B.), 1421.
Fiellström (Pet.), 521, 722.
Fillius (Achille), 569.
Finn, 845.
Finnæus (Johann), 2553.
Finsch (O.), 470.
Finsen (Wilhjálmur), 1891.
Finsson (H.), 1824.

TABLE ALPHABÉTIQUE 389

Fisher (Alex.), 592.
Finnsen (Hans), 2033.
Flaux (A. de), 770.
Fleere, 1827.
Fleisner (Samuel), 1555.
Flensburg (Wilh.), 1327.
Fleurieu, 587.
Flintberg (Jacob Albrecht), 208.
Flintenberg (J. D.), 2411.
Flodberg, 2411.
Floding (P.), 1621.
Florœus (Jonas), 297.
Fofs (R.), 200.
Fölsch (Ed. Gust.), 570.
Fogström (Joh.), 576.
Fonblanque (C. A. de), 2070.
Fonseca, *voyez* Wolheim du Fonseca.
Fonvieille (Wilfrid de), 593.
Fontenelles, 1328.
Forbes (Charles S.), 2071.
Forchhammer (G.), 296, 2013.
Forchhammer (G.), 2553.
Forester (Thomas), 822, 1050.
Forssell (C.), 883, 2122.
Forssenius (And. Chr.), 2142, 2195.
Forssen (H.), 1387.
Forster, 1423.
Forster (J. R.), 725-726.
Fortescue (W. J.), 1794.
Fortia (comte de).
Foster (C. Le Neve), 1881.
Fougner-Lundh (Gr.), 1284.
Fouleresse (de la), *voyez* La Fouleresse (de).
Fouqué (L. M.), 1813, 1897.
Fournel (Victor), 471.
Frang (A. J. T.), 1474.
Franck (Eucharius, alias Franck), 96.
Frankestein (C. G.), p. 217.

Fraser (A. C.), 1266.
Fratri (L.), 1986.
Frauer (Ludwig), 198.
Frédé (Pierre), 570.
Fredenheim (C. F.), 2106.
Frédéric VII, roi de Danemarck, 2288.
Frediani (Carl Gust.), 2196.
Freese, 902.
Frédéric II, p. 226.
Fredrik (O.), 2441.
Freinsheimius (Joh.), 1525.
Frère (Edouard), 2228.
Freudenthal (A. O.), 1955.
Fridriksson (H. K.), 437.
Fridriksson, 1855.
Friedland (Julius), 2202.
Friedlander (A. E.), 1635.
Friedlieb (E.), 1728.
Friele (Joachim), 298.
Fries (B. Fr.), 260.
Fries (Elias), 297, 622.
Friis (J. A.), 472, 689, 723, 845.
Friis (Hans), 689.
Friis (Steen), 2143.
Frisch (C. F.), 978.
Frisius (Joh.), 2371.
Fritzner (Johan), 389, 690.
Froben (G. L.), 1178.
Frobisher, 638.
Frodnuau, 1581, 2556.
Froster (E. J.), 1408.
Frosterus (G.), 1758.
Früs (Peder Claussön), 344.
Frye (W. E.), 1868, 1875.
Fryxell (Andreas), 431, 1329, 1387.
Funch (Joh. Chr. W.), 659.
Funck (K. W. F. von), 690.

G

Gabelentz (H. C. de), 16.
Gabriis (Luca de), 1545.
Gad (Marius), 1052.
Gadd (Pehr Adrian), 885.
Gähler (A. von), 379.
Gahm (Sigfrid L.), 886.
Gahne (Aug.), 1555.
Galiffe (J. B. G.), 1736.
Gall (Ferdinand von), 532.
Gallée (J. H.), 2557.
Gam (Jonas), 1915.
Ganander (Chr.), 1758.
Ganander (H.), 691.
Gansen (J. J.), 1385.
Garde (H. G.), 1053.

Gardner (Ch. L. W.), 731.
Gurgioli (Carlo), 658.
Garlieb (C.), 2032.
Garmanus (Janus Skanke), 238.
Garrisoles (Ant.), 1475.
Gatti (Vittorio), 473.
Gaugengigl (Ign.), 18, 20.
Gauthier de Lapeyronie, 2049.
Gebhardi (L. A.), 1126.
Geer (Lud. de), 2265.
Geerz (F.), 2338.
Geete (Dr Rob.), 1845.
Geffroy (Auguste), 198, 1330, 1598-1599, 1622, 2230, 2559.
Geijer (Er. Gust.), 1394, 1623, 2074.

Geijer (Karl Reinhold), 385.
Geissler (Franciscus), 58.
Geitlin (Gabriel), 1758, 2215.
Gellert (344).
Genberg, 2411.
Genet, 1759.
Georg (Jean), 80.
Gerhard, 85.
Gerlach (F. D.), 2230.
Germain (A.), 1149.
Gerner (Henri), 2328.
Gerrit de Veer, 754-756.
Gerrit van Assum (Hessel), 727.
Gerson (J.), 53, 2266.
Gesner (Conrad), 240.
Gestrin (Samuel), 2371.
Geyer (E. G.), 1331.
Gezelius (G.), 2269.
Gforer (A. F.), 1476.
Ghemen (Gottfried af), 215, 216, 2630.
Giädda (G.).
Gibbs (Henry H.), 2600.
Giellebol (Rejero), 1302.
Giesecké (Charles), 296,
Giessing (A.), 1916.
Gigas (Emil.), 1220.
Gilbert (Gabriel), 346.
Gilenius (Joan.), 1556.
Gillbert (Rob. Wilhelm), 1924.
Gioe (M. Falchsen), 1020.
Gjöding (O. J.), 887.
Gjörwell (C. G.), 2313, 2340-2341, 2365.
Gering (Hugo), 1830, 1959.
Gjörwell (C. Chr.), 920, 2231, 2297.
Gjös (Joh.), 998.
Girard de Rialle, 665.
Girs (Ægid.), 1395.
Gislason (Konrad), 407, 1817, 1855, 1883, 1913, 1933, 1965, 2004.
Gislon (Iacob.), 937.
Gliemann (Theodor), 2033.
Gobien, S. J. (C.), 520,
Gobineau (Le comte de), 2564.
Goblet d'Alviella (comte), 474.
Godefroy (Jules), 1054.
Göransson (J.), 1332, 1874, 1985.
Görensson (Johan.), 135.
Goeteeris (Anth.), 938.
Göttlin (Eric), 2211.
Gomez (F. J. C. v.), 1678.
Gorrie (Dan.), 1777.
Gosch (Ch. A.), 1733.
Gothan (Barth.), 85, 2639, 2327.
Gothus (Petrus Joannes), 1.
Gottlund (C. A.), 1773.
Gottschalck (Johan), 2561.

Goude (Gilbert), 1943.
Goudie (Gilbert), 1986.
Gourdault (Jules), 733, 744, 1933.
Gourdon (Maurice), 568.
Gourraigne, 999.
Graah (W. A.), 623.
Graan (P. Steckenius), 1386.
Graba (C. J.), 1777.
Grabenius (Petrus), 81.
Grad (Charles), 728.
Graeter (Fréd. David), 1962.
Grätter, 321.
Grafström (A. A.), 335.
Gram (Hans), 1201.
Granberg (P. A.), 1127, 1333.
Grandison (K. G.), 1682.
Granlung (Victor), 1679.
Grapheus (Corn.), 1419, 1423-1425.
Grasten (Car. Ioh.), 135.
Grauer (B.), 1933, 2164.
Grautoff (F. H.), 1176.
Graux (Charles), 2342.
Gravallius (Ehrnfred), 888.
Gravander, 2215.
Graves (S. R.), 473.
Gravier (Gabriel), 598.
Greeve (Y.), 1703.
Grefwe (Amund), 56.
Grégoire XI, 96.
Grégoire (frère dominicain), 387.
Greive (J. C.), 2066.
Grey (William), 2417.
Griip (G. A.), 1332.
Grill (J. W.), 2467.
Grimm (Wilh. Carl.), 329, 1984.
Grimoard (Comte de), 1477.
Grjótgardr, 2085.
Grönborg (O. L.), 2502, 2561.
Grönblad (E.), 1760.
Gröndal (Ben.), 1814, 1852, 2085.
Gröning (C. G.), 2180.
Gröning (C. H.), 2180.
Grönland (J. U.), 692.
Grönlund (Chr.), 2034.
Gronholm (A.), 996.
Gronovius (Joannes-Fréd.), 2619.
Gronovius (Laur. Theod.), 2619.
Gros (Jules), 386.
Grotius (Hugo), 939.
Grottanelli (F.), 103.
Grove (P. B.), 1736.
Grubb (Chr. L.), 1478.
Gruber (J. G.), 625.
Grund (J. G.), 1055.
Grund (O.), 1149.
Grundtvig (Svend), 1123, 1800, 1815, 1856.

Grüner (Haldur R.), 2566, 2323.
Gruson (Nicolas), 104.
Gråberg de Hemsö (Jacques), 2565.
Gualdo, 84.
Gualdo (Galeazzo), 1479, 1543.
Gualteri (Luigi), 1235.
Gudbrandsson (Th.), 1816.
Gudelinus (Petrus), 210.
Gudmundsson (J.), 2083.
Guerne (J. de), 692.
Guillaume, 1257.

Guillot (Paul), 990.
Gullberg (Hjalmar), 1961.
Gunnerus (H. H.), 998.
Gunnlaug (Björn.), 2034.
Gustave III, 1615, 1617, 1624, 2236.
Gustave-Adolphe, 1456-1517, 1480.
Guttarwitz (A.), 232.
Gyllenborg (G. F.), 347.
Gytherus (Mat.), 1408.

H

Haakon Haakonssön, 1946.
Hackzell, 2411.
Hadorphius (Joh.), 975, 1442, 1935, 2391.
Hänel (A.), 1739.
Hafenreffern (Mathias), 80.
Hagenow, 2017.
Hagen, 2014.
Hagenbuch (Joh. Gasp.), 2619.
Hager (I.), 723.
Hahl (Joh. Is.), 159.
Hahn (K. A.), 22.
Hahn-Hahn (Comtesse), 566.
Haigh (Daniel H.), 2075.
Halberg-Broich, 475.
Halde (du).
Haldorsonius (Biörno), *voyez* Biörno.
Halenbeck (L.), 567.
Hall (C. E.), 1736.
Hall (H. C. van), 271.
Hallager (Laur.), 407.
Hallenberg (Jonas), 390, 2196, 2215.
Hallenberg (Andreas), 126.
Haller (Paul), 1927.
Hallgrimsson (J.), 1817.
Hallier (Ernst), 729.
Hallman (Joh. Göst), 212, 387.
Hallman (Lars), 1386.
Hallström (Pierre-Aug.), 121.
Hällström (Gust. Gab.), 2215-2216.
Hälschner (H.), 1739.
Halvorsen (J. B.), 2235.
Hambræus (Jonas), 1525, 2567.
Hamilton (And.), 771.
Hammar (A. N.), 196.
Hammarin (Joh.), 158.
Hammarsköld (L.), 1334, 1916.
Hammarström (P. A.), 1543.
Hammer (Chr.), 1056.
Hammer (H.), p. 187.
Hamper, 2017.

Hammerich (Fr.), 95, 201, 940, 1154, 1734, 2264.
Hammerich (Mart. Joh.), 2232.
Hammershaimb (V. U.), 1852, 1856, 1884.
Hanselli (P.), 2310.
Hansen, 1727.
Hansen (C. N. D.), 1737.
Hansen (Erich), 2568.
Hansen (Henr.), 767.
Hansen (Th.), 1057, 2470.
Hanssen, 772, 1133.
Hansteen (Christ.), 476.
Harboe (Lud.), 160.
Harder (Henr.), 338.
Hardt (Richard von der), 407.
Harpestreng (Henrich), 211.
Harte (Walter), 1482.
Hartgers, 754.
Hartmann (J. A.), 1236.
Hartmann (C. J.), 297.
Harttung (Jul.), 1284.
Hartwig (Georg.), 942.
Hasselhuhn (Ab. Rolland), 722.
Hasselqwist (Andreas), 196, 271.
Hauch (C.), 1163.
Hausmann (J. F. L.), 477.
Hausmann (Richard), 1149.
Hauswolff (C. von), 2463.
Hayes (I. J.), 626.
Hayes de Cormenin (des), *voyez* Cormenin.
Head (Edmund), 1956.
Headrick (James), 1775.
Hearne (Samuel), 579.
Hedenborg (Joh.), 2418.
Hée (G.), 1261.
Heer (Oswald), 594.
Hedin (Sv.), 261.
Hedengren (Andr.), 1511.
Hedler (Joh. Christ.), 2215.
Heiberg (P. A.), 238, 1291, 2232.

Heichelmann (H. H.), 1738.
Heim (Z.), 2592.
Hein (Albert), 1483.
Heine (Wilh.), 757.
Heinsius (Dan.), 1484.
Heinze (Val. Aug.), 1022, 1149.
Heinzel (Richard), 2075.
Heldius (J. S,), 1560.
Helduader (Nic.), 1704.
Helgasson (H.), 30, 2372.
Hell (Maximilien), 262.
Helland (Amund), 296, 2063.
Hellant (Andreas), 299.
Helliestad (Andreas P.), 54.
Hellmar (H.), 1284.
Hellwald (F. von), 579, 2419.
Helmrich (L. von), 566.
Helms (H.), 659.
Helsingius (Joh. G.), 995.
Helveg (Ludvig), 197, 2239.
Hemmerich (M. M.), 420.
Hemmingius (Nicolaus), 55.
Henckel (Balt.), 1485.
Henderson (Ebenezer), 2035.
Henel (A. J. von).
Henneberg (Knud), 2145.
Henrichsen, 304.
Henrichson (Jon.), 196, 997.
Henricson, 196.
Henry (P. F.), 545.
Herbert (W.), 1819.
Herbst (C. F.), 767.
Herboldt (J. D.), 2146.
Hermannidas, 1779.
Hermelin (S. G.), 296, 692.
Hermes (Karl Heinr.), 599.
Herpin (Gustave), 1387.
Herre (Bernhaad), 845.
Hersleb (H. C.), 1058, 1241.
Hertel (Christian Ved), 890.
Hertel (L.), 1661.
Hertz (Charles), 579.
Hertz (Henr.), 348.
Hertzberg (Ebbe), 212.
Hertzholm (I. N.), 943, 1007.
Hervé, 594.
Hesms (Henr.), 683.
Hesse (Prince Charles de), 1635.
Heuser (A.), 88.
Heylmann (Ph. L.), 1486.
Heyne (Mortiz), 17.
Hjärne (H.), 1387.
Hjärne (Urban), 265, 889.
Hjaltalin (J. A.), 1946, 2071.
Hibbert (Sam.), 1781.
Hickes (Georges), 391-392.

Hjelm (Winter), 2304.
Hielmestierne (H.), 2344.
Hjerta (Fr.), 1635.
Hildebrand (Bror Emil), 891, 1321, 2203-2204.
Hildebrand (Henri Jacques), 1604.
Hildebrand Hildebrandsson (Hans), 299, 1020, 1408, 2071, 2147.
Hildebrant (Hans), 2221.
Hildebrand (Hermann), 2569.
Hildegarde (S^{te}), 97.
Hill (S. S.), 479.
Hindbeck (Olof), 297.
Hjort (P.), 1728.
Hiortdahl, 295.
Hjorth (J.), 480, 998.
Hiorthög (H. F.), 263.
Hipping, 1761.
Hirn (A. R.), 2470.
Hirsch (Theodor), 1687.
Hisinger (W.), 264.
Hochschild, 1641.
Hœbne (P.), 846.
Hœkstra (Klas), 594.
Högström (P.), 723, 1387.
Höyen (N.), 2146.
Höjer (Magnus), 846.
Höögenberg (Car. Ake.), 2216.
Höpken (A. J. de), 1629.
Hörbye (J. C.), 296.
Höst (Georg.), 1662, 2420.
Hoeven (J. van der), *voyez* Vander Hoeven.
Höyen (N.), 767.
Hofberg (H.), 806, 2150.
Hoff (B.), 1820.
Hoff (Th.), 659.
Hoffmann (C.), 1974.
Hoffmann (Hans), 521.
Hofman (Hans de), 1078.
Hofman (Tycho de), 213.
Hoffory (J.), 1820.
Hogg (John.), 2085.
Hogguer (von), 723.
Holbert (Baron de), 1543.
Holberg (Lud. von), 349-351, 801, 1059.
Holberg, 2579.
Holder (A.), 1141.
Hollway (J. G.), 846.
Holm (P. A.), 1781.
Holm (C. F.), 767.
Holmberg (Axel Ern.), 137.
Holmberg (H. J.), 1762.
Holmblad (Haquin.), 2263.
Holmboe (C. A.), 161, 393, 2151, 2205, 2208.
Holmgren (W. F.), 2108.
Holst (Paul Christian), 944.

Holstein (Adolf von), 1690.
Holthausen (Ferd.), 1952.
Homère, 1821-1822.
Hommeln (C. F.), 2152.
Hooker (Wil. Dawson), 846.
Hooker (William Jackson), 2036.
Hoor (Benke), 300.
Hoornaert (H.), 846.
Hopner (Johan), 338.
Hordt (Comte de), 1631.
Horn (F. Winkel), 599, 1823.
Horne (John), 1794.
Horrebow (Niels), 2037.
Hott (von), 1739.
Hoskiæer, 2470.
Hovgaard (A. P.), 751, 945.
Howitt (Mary), 780.
Hoyerus (James), 659.
Hubner (Martin), 1242.

Hübertz (J. R.), 1024, 1039.
Hugo (Victor), 2038.
Huitfeld (Arrild), 1165, 1170, 1199.
Huitfeldt-Kaas, 1275.
Hulphers (Abr. Abrahamson), 266, 481.
Hulsius (Barth.), 1489.
Humboldt (A. de), 450.
Humerus (M. Bonde), 1008.
Hupel (A. W.), 1744.
Hurton (William).
Huswedel (Joh.), 1483.
Hwalström (A.-E.), 2280.
Hwasser (Israël), 2271.
Hydren, 2263, 2280.
Hylckes (Reinier), 627.
Hylten Cavallius, *voyez* Cavallius.
Hård (Grefwe), 476.
Hård (Nic. Ulr.), 2015.
Hårlemann (Carl), 888.

I, J

Iaches (J. I.), 1004.
Jacob (Bruder), 97.
Jacobæus (Oligerus), 267-268.
Jacobi (Christian), 1276.
Jacobi (Joh. Dav.), 1008.
Jacobsen (F.), 659.
Jacques (St), 6.
Jacques de Pfortzheim, 2637, 2638.
Jäderlund (Laur.), 2262.
Jahn (F. H.), 1730.
Jahn (F. H.), 1060.
Jameson (John), 394.
Jansen (Jakob), 628.
Janson (K.), 1961.
Jardin (Edelestand), 2071.
Jars, 269.
Jasperson (J.), 2050.
Jean l'Evangeliste (St), 4, 5, 6, 9, 11-22, 24.
Jefferys (Thomas), 579 *bis*.
Jensen (Chr. B.), 1061.
Ierrold (W. Blanchard), 997.
Jespersen (Jac.), 1157.
Jessen (C. A. E.), 995.
Jessien (Adam), 199.
Ihre (Joh.), 396, 422, 1875.
Ijssel de Schepper (G. A.), 1155.
Ingemann (B. S.), 357.
Ingemarsson, 85.
Ingemund (Røguald), 228.
Inglis (H. D.), 569.
Insulander (Ol.), 566.
Joachim de Flore, 97.
Joanne (Adolphe), 482.

Jochumsson (M.), 2082.
Jörgensen (J. Chr.), 1704.
Jörgensen (B. S.), 998.
Jörensson (Erck.), 1414, 1491.
Johannæus (Finn.), 58, 157.
Iohannis Gothus (Petrus), 59, 77.
Johansen (Chr.), 407.
Johansson (Joh.), 2574.
Johnsen (J.), 1931, 2039.
Jonhson, 1795.
Johnson (A. H.), 933.
Johnstone (James), 947, 1899, 1923.
Johnstrup (F.), 630.
Joliet (Ch.), 784.
Jollivet (Ev.), 1490.
Jonas, *voyez* Jonssön.
Ionas (Petrus), 57.
Jonas (Rud.), 391, 395, 397.
Jonas Jonæus, 1945.
Jónas (Arngrim), 2636.
Jonassen (J.), 298.
Jones (T. Rupert).
Jong (D. de), 667.
Junge (J. K. J. de), 731.
Jonge (Nikalay), 802.
Jonssön (Arngrim), 608, 1852, 1916, 2088-2092.
Jónsson (Brinolf.), 1844.
Jonsson (Erick.), 398, 1933.
Jónsson (Finn.), 2077.
Jónsson (Joh.), 1838.
Jónsson (Magnus), 1969.
Jónsson (Niels), 1852.

Jornandès, 1397.
Joseph, 2421.
Jpsen (A.), 1730.
Irenicus (Erasmus), 2364.
Irgens (M.), 296.
Irminger, 675.
Irving (G. Vere), 1790.
Irving (Wash.), 1852.
Isberg (Arvid).

Isengrin, 1434.
Isleifus, 1924.
Juet (Rob.), 756.
Jürgensen (Ch.), 2308.
Junghaus (W.), 1736.
Jungs (abbé), 172.
Junius (Adrien), 420.
Junius (François), 11, 19, 399.
Jvar (P. A.), 358.

K

Kajerdt (R.), 996.
Kalkar (Chr. H.), 2262.
Kalkar (Otto), 410.
Kallenberg, 2215.
Kalm (Pehr), 2422.
Kane (Elisha Kent), 580.
Kankel (Johann), 54, 2387-2398, 2632.
Kauffmann (W.), 1740.
Karup (C. J.), 164.
Keder, 2206.
Keilhau (B. M.), 732, 803, 2265.
Kellström (Eric), 2211.
Kemble (John Mitchell), 2015.
Kempe (A.), 2593.
Kempenskiöld (Sam.), 1415.
Kempis (Thomas a), 76.
Kennedy (A. W. M. Clark), 694.
Kenneth-Macaulay, 1795.
Kent (S. H.), 695.
Kerguélen Trémarec (de), 1782.
Keym (Franz), 2575.
Keyser (Rudolf), 165, 224, 967, 1292, 1861, 1936, 2234.
Keysler (Ioh. Georg.), 948.
Kjaer (L. Ove), 2153.
Kierulf (A. C. A.), 199.
Kjérulf (Th.), 804.
Kihlgren (Zacharias Aaron), 2215.
Kinberg (J. G. H.), 1876.
King (William), 1225.
Kirchhoff (A.), 2014.
Klee (Fr.), 2193.
Kleinschmidt (S.), 678.
Klemming (G. E.), 44, 71, 93, 95, 167, 303, 342, 359, 386, 1406, 1408, 1448, 1455, 1845, 1975, 2249, 2326-2327, 2347, 2368-2369, 2379.
Klemming, 2639.
Klerim (K.), 665.
Klerenfeld (T. de), 1009.
Klett (J. D.), 600.
Kling (Zacharias Laurent), 75.

Klingspor (Carl Arvid), 2619.
Klingstedt (F. M. de), p. 105.
Klingwall (J. G.), 1384.
Klint (Gust. af), 569.
Klockhoff (Oscar), 385, 1961.
Klopp (Onno), 1476.
Klüwer (Lor. Diderich), 483.
Klutschak (H. W.), 631.
Knagg (Peder), 2423.
Kneeland (Samuel), 2041.
Knittel (Fr. Andreas), 15.
Knobsen (Knud), 214-216.
Knöppel (Chr.), 2442.
Knös (Theodor), 2425.
Knorring (O. von), 696, 2424.
Knudsen (H.), 1062.
Knudsen (K.), 433.
Kobel (H.), 667.
Koberger (A.), 86, 87, 89.
Kobierzycki (St.), 1416.
Købbe (P.), 2015.
Kœchlin-Schwartz (A.), 2576.
Koehler, 2098.
Kölbinz (Eugen), 1837, 1959.
König (Christian), 217.
Köpke (Rudolf).
Körting (Gust.), 996.
Kohl (J. G.), 1706.
Kok (Joh.), 411.
Kolb (Dr J. H.), 596.
Kolderup-Rosenvinge, 238.
Koldingens (Ionas), 1062.
Kolle (O. P.), 2198.
Krohne (J. W. von), 1063.
Kolle (O. P.).
Kolthoff (Henri), 2154.
Konigsfeld (J. P. F.), 949.
Konrádsson (Gisla), 1845.
Korholten (Christian), 59.
Kornerup (J.), 767, 2196, 2289.
Kotzebue (A. von), 2426.
Kraak (Ifvar), 1583.

TABLE ALPHABÉTIQUE

Kraemer (R. von), 2428.
Kraft (André), 2265.
Kraft (Jens), 804, 2272, 2353.
Kragh (Peter), 4, 664.
Kramer (J. H.), 2193.
Krantz (Albertus), 139, 950 2575, 2576.
Kraszewski (I. J.), 2193.
Krebs (F.), 2426.
Krefting (O.), 199.
Kretzer (Paul), 2573.
Kreüger (J.). 437, 1337.
Kreuger (H. H.), 532.
Krieger (A. F.), 2427.
Kristensen (Evalo Tang), 320, 330, 332.
Kröningsswärd (C. G.), 1855.

Kröningssvärd (C. G.), *ou* Krönningsswärd, 1322, 2093.
Krogh (C. A.), 1827.
Krug von Nidda, 2071.
Krugern (Jacob), 1180.
Kruse (C. H.), 951.
Kruse (Dr F.), 1743, 2155.
Kruse (Henri), 2378.
Krutmeier (Lars), 169.
Krysingius (Georg.), 2164.
Kunik (Ernst), 485.
Kvolsgaard (C. M. C.), 998.
Kyhlberg (O.), 2085.
Kålund (Kr.), 1856, 2015, 2040.

L

La Beaumelle (L. Angliviel de), 360.
Labiche, 2435.
Lackmann (Adam Henri), 1706, 2164.
Lachmann (K.), 1854.
La Combe de Vrigny (de), 486-487.
Læstadius (L. L.), 703.
Læstadius (P.), 703-704.
Lacour (Louis), 1536.
Læstadius (L.), 2067.
La Fouleresse (N. de), 1216.
Lagergren (J.), 407.
Lagerheim (Lars Magnus), 2280.
Lagus, 1773, 2215.
Lahde (G. L.), 1063.
Laing (Malcolm), 1798.
Laing (Samuel), 532, 805, 894, 1735, 1908.
Lajestchaikof (Ivan), 1764.
La Jonquière (de), 2429.
Lallerstedt (G.), 952.
Lamarre (Clovis), 999.
Lamartine (A, de), 2430.
La Martinière (P. Martin de), 501, 520, 700.
Lambecius (Pet.), 954.
Lamberg (Abraham), 2573.
Lamhauge (P. S.), 1783.
Lami (P.), 1064.
Lamont (James), 668.
Lamothe (A. de), 594.
La Motraye (de), 1585.
Landberg (C.), 2431.
Lander (Dr Fred.), 2016.
Landstadt (M. B.), 331.
Landt (G.), 1784.
Landtmanson (C.), 437.
Langberg (C. H.), 2216.
Lange (Christian C. A.), 168, 815, 848, 1275, 2272, 2304.

Lange (Georg.), 2094.
Lange (Nik. Bendir), 953.
Lange (Peter de), 1558.
Langlet, 566.
Lanoye (F. de), 594, 686.
Lansberg (P.), 1492.
La Peyrère (Isaac de), 633-634.
La Porte du Theil, 1405.
Lappenberg (J. M.), 1712.
Lappenberg (J. M.), 2604.
Larchier (François), 488.
Laroche-Poncié (de), 2067.
La Roquette (de), 476, 2265.
Lars (Laurentius), arch. d'Upsal, 27, 28.
Lars Krutmeier, *voyez* Krutmeier.
Larsen (A.), 2042, 2235.
Larsson (L.), 1856.
Lasiauve (E. de), 1727.
Lassen (Wilh.), 2265.
Lasses (Mas), 386.
Latham (R. G.), 806, 2264.
La Tocnaye (de), 502-503.
Laube (Gust.-C.), 733.
Laube (Heinrich).
Laubert, 568.
Laujon (P.), 347.
Laur (Christ.), 1440.
Laurel (Lars), 2015.
Laurenbergin (Cl. P.), 2409.
Laurentius, arch. d'Upsal, 2382, 2384.
Laurentius a D. Paulo, *voyez* Skytte (Lars).
Laurentz (Benedict), 635.
Laurentzson (Amund), 34, 40, 69, 70, 2548, 2627.
Lauria (G. A.), 773.
Lauridsen (P.), 513.
Laurie (W F. B.), 490.

Laurin (O.), 1386.
Laurinus (Laurentius), 1318.
Lauterbach (J.), 1177.
Lauteschläger (G.), 996.
Lauth (F. J), 1987.
Lavallée (Joseph), 438.
Laveleye (E. de), 1877.
Lavoix (M.). 997.
Lavollée, 997.
Lazzarini (Giulio), 227.
Léander (J. E. M.), 437.
Le Bel, 1530, 1536.
Le Clerc, 1535.
Leclercq (J.), 491-500.
Lecomte (P. J.), 520.
Lecomte (Colonel), 1736.
Leconte (Casimir), 2110.
Leem (Can.), 423, 710.
Leffler, 434.
Legis (Gustav. Thormod.), 1988.
Le Gras (A.), 492.
Legrelle (A.), 2577.
Le Héricher (Edouard), 407.
Lehman de Lehnsfeld (J.), 592.
Lehmann (M. Gottlob), 2207.
Lehmann (O.), 493, 1739.
Leidesdorff, 995.
Leijer (E.), 1387.
Le Jeune (Martin), 1428.
Le Long (J.), 1585.
Lemer (Julien), 578.
Lemke (O. W.), 170, 1384.
Lemmerich (C.), 599.
Lemonnier (Pierre-René), 361.
Lenæus (Knut Nilsson), 1989.
Lenk (H.), 1913.
Lennep (J. H. van), *voyez* Van Lennep.
Le Noble, 1701.
Le Noble Tenelière (Eust.), 362.
Lenström (C. J.), 1773, 2236.
Leo (Heinrich), 140.
Leo (Willibald), 1960.
Leopold (J. F.), 270, 298.
Léouzon Le Duc, 60, 494, 701, 1739, 2227.
Lepage (A.), 710.
Le Roy, 734.
Lesbazeilles (E.), 580.
Lescallier (D.), 494.
Lescalopier, 1529.
Leslie (Sir John), 578.
Lessing (Ch. F.), 569.
Leti (Gregorio), 1530-1531.
Leuhusen (Gust. Guil.), 121.
Levezow (H.), 2015.
Levin (J.), 350, 420, 2265.

Lévy (C. E.), 2578.
Ley (Chr. S.), 1052.
Liden (J. H.), 1322, 2221, 2237.
Lie (Jonas), 849.
Liebenberg (F. L.), 352.
Lieblein (J.), 2156, 2301.
Liffman (J. W.), 342.
Lignell (And.), 489.
Ligorius (Pyrrhus), 2176.
Lilja (N.), 298.
Liljegren, 952, 1321, 1976, 1990, 2015, 2157. 2343.
Liliencron (R. von), 2015.
Liliendahl (Thor. Sigv.), 1883, 1962.
Liljeroth (G.), 895.
Lilliehöök (C. B.), 2067.
Limburg (Henri, baron), 386.
Linage de Vauciennes, 1559.
Lind (Lavritz), 2349.
Lindahl (Eric.), 422.
Lindal (P. J.), 1991.
Lindberg (J. C.), 2215.
Lindblom, 2065.
Lindeberg (A.), 301, 775.
Lindeberg (Petrus), 2580.
Lindenbrog (Erpold), 954.
Lindequist (J.), 297.
Lindeman (M.), 669.
Lindenau, 638.
Lindenbrog *ou* Lindenbruch (Erpold), 1129, 1198.
Linder (Johann), 1599.
Lindfors (A. O.), 2078.
Lindfors (J. O.), 2216.
Lindh (Carl).
Lindholm (P. A.), 702.
Lindner (F. L.), 2432.
Lindskog, 1339.
Lindström (Carl Ferdinand), 107, 342.
Lindström (Gustaf.), 1342.
Lindström (J. A.), 1765.
Lindström (P.), 31.
Ling, 120.
Linné (Ch.), 271-275.
Linné (Carl), 2631.
Linnerhjelm (Jon. Carl.), 896.
Linngren (G.), 1340.
Linnström (Hjalmar), 2345.
Lisch (D^r), 198.
Lisco, 171.
Listov (Ch.), 2196.
Lithzenius (P. W.), 1347.
Littleton, 1795.
Littrow (Carl Ludw.), 262.
Ljungberg, p. 124.
Ljunggren (G.), 1341.

TABLE ALPHABÉTIQUE 397

Ljungman (C. F.), 1342.
Ljungström (C. J.), 2015.
Lloyd (L.), 496, 898.
Loccenius (J.), 218-219, 955, 986, 1343, 1398-1402, 1455.
Lock (Ch. G. Warnford), 1881, 2042.
Lœbe (Dr J.), 16.
Loefling (Peter), 271.
Löfström (A.), 1991.
Lönnberg (C. J. L.), 1954.
Lönnrot (Elias), 424.
Löser (Rudolf), 1684.
Løvenskiold (B. H. von), 807.
Löwenigh, voyez Barto von L.
Löwenörn (P. de), 809, 2021, 2043.
Loffler (J. B.), 140.
Lofgren (N. J.), 1336.
Lohman (J. B.), 1344.
Lohrman (Gustavus), 276.
Lomeier (Alb.), 1177.
Longberg (Christian), 277.
Longomontanus, voyez Longberg.
Loptsöns (Jon.), 363.
Lorange (A.), 2158, 2196.
Lorenzen (C. C.), 498.
Lorich (F. J.), 2015.
Losch (Fr.), 2014.

Lottin (A.), 2067-2068.
Lovèn (Nil), 2407.
Lovett (R.), 808.
Low (G.), 1785-1786.
Lowtzow (L. von), 736.
Lucas, 1455.
Luc (St), 4, 5, 6, 11-12, 24.
Lucchesini, S. J. (J. L.), 1417.
Ludolf, 67.
Lüning (H.), 1865.
Lund (F. C.), 2118, 2464.
Lund (G. F. von), 407, 967.
Lund (J. M.), 810.
Lund (N.), 499.
Lund (Troel.), 898, 1452.
Lundblad (J. F. de), 1331, 1496, 2273.
Lundequist (N.), 1368.
Lundin (Claës), 899.
Lundius (Carl), 225.
Lundsted (Bern.), 2350.
Lungwitz (Mat.), 1497.
Lupardi (Bartolomeo), 1541.
Luther (Martin), 24, 31-32, 2626.
Lye (Edward), 400.
Lyskander (Cl. Christ), 632, 1130.
Lyvron (Louis de), 2015.
Låstbom (A. T.), 1338.

M

Macaulay (R. P. Kenneth), 2572.
Macdonald (James), 504.
Macedo (François de Saint-Augustin), 1523.
Macgregor (J.), 504.
Mackenzie (Al.), 594.
Mackensie (James), 1787.
Mackenzie ou Mackensie (Sir G. St.), 2044-2046.
Maclear (G. F.), 141.
Macropus (Steph.), 1191.
Magnus (Johannes), 1433-1436, 1455.
Magnus (Olaüs), 1418-1433.
Magnusen (Finn), 142, 387, 1992, 2018, 2240.
Magnusson (Eirik.), 1828-1829, 1892, 1957, 1969.
Mairan (de), 278.
Mairesse (Jacques), 104.
Maï (Angelo), 22.
Major (John Daniel), 2541.
Major (R. H.), 652-654, 675.
Makowski (Bonaventura), 25.
Malagola, 1532.
Mallet (J. A.), 143.
Mallet (P. H.), 299, 461, 530, 956, 1064.
Malling (O.), 997.

Malm (Wilhelm), 504, 605, 2125.
Malmberg (Theod.), 370.
Malmgren (A. J.), 751.
Malmgren (L. A.), 2435.
Malmstem, 298.
Malou, év. de Bruges, 79.
Malmström (C. G.), 997.
Malte-Brun, 580.
Manicus, 293.
Mannerheim (Comte), 367.
Manning (Owen), 400.
Mano (G. A.), 776.
Mansfeld (Car von), 210.
Mantegazza (Paolo), 705-706.
Mareschallus (Th.), 19.
Marc (St), 4, 5, 6, 11-24, 24.
Marconi (G.), 118.
Marie-Anne-Catherine, 1064.
Marion (Jules), 2016.
Markham (A. H.), 737.
Markham (C. R.), 581.
Marklin (Gab.), 2348.
Marmhardt (W.), 144.
Marmier (X.), 307, 326, 505, 600, 2068.
Marryat (H.), 777, 901.

Marsy (Comte de), 531, 1577-1578.
Martens (Fred.), 520, 738-742.
Martini (Martino), 2392.
Martins (Ch.), 743, 2067.
Massmann (H. F.), 9, 1345.
Mathieu (S^t), 4, 5, 6, 7, 8, 11-22, 24.
Mathieu Paris, 925.
Mathilde de Suède, 2543.
Matthias (Chr.), 2389.
Maughan (J.), 2016.
Maurer (K.), 145, 238, 1825, 1827, 1893, 1900, 1962, 2046.
Mauvillon (de), 351, 1499.
Medem (L. B. von), 1753.
Meerman, 506.
Megerle (Andrea), 114.
Megiserus, 2581.
Mehwald (Fr.), 846.
Meibom (Jean Henri), 248.
Meier (H.), 1689.
Meij, *voyez* Van der Meij.
Melchior (H. B.), 1346.
Melle (J. à), 1685.
Mellilambius (Amb.), 1560.
Mellin (Jonas Fr.), 902.
Mellini (G. Gazzia), 1533.
Melsted (Sigurd), 174.
Mendes da Costa (E.), 2064.
Menius (Justus), 40.
Mercier de Saint Léger, 86.
Meredith (W. G.), 1643.
Merivale (Ch.), 175.
Meslin, 2037.
Messenius (Johann), 176 (p. 187). 1437-1442, 1455, 1525, 2634.
Mestorf (J.), 960, 997.
Métastase (P. B.), 364.
Metcalfe (F.), 126, 312, 2047.
Méthode (S^t), 97.
Meursius (Joannes), 122, 1158, 1200.
Meyer (B. G.), 2067.
Meyer (J. L.), 2196, 2274.
Meylan (A.), 200.
Michaelis (Rasmus), p. 131.
Michel (Francisque), 348.
Michel (Marc), 2435.
Michelessi (Dom.), 1632.
Michelsen (A. L. J.), 1183-1192, 1707, 1739.
Michelsen (Dr A. L. J.), 1276.
Middendorff (A. V.), 299.
Middendorf (Th. von), 2597.
Midy (Th.), 449.
Miège (Guy), 1561.
Milford (J.), 507.
Millin, 259.
Milner (Tho.), 508.

Miniscalchi Erizzo (comte F.), 582.
Minor (Janus), 1443.
Minutoli (Alex. von), 2162.
Minutoli (Carlo), 1237.
Mitchell (J. M.), 1994.
Mitra (Bábu Rájendralál), *voyez* Báb».
Modeer (Adolph), 998.
Modigh (Carol. Gustav.), 387.
Modin, 437.
Moe (Jörgen), 319.
Möbius (Th.), 1853, 1862, 1886, 1901, 1960, 1967, 2364.
Möinichen (J. B.), 332.
Möller (J. G. P.), 902, 2437.
Möller (Lars), 660, 661, 662, 663, 2374-2376.
Möller (O. F.), 813.
Mörch (Joh. Chr.), 618.
Mörner (C.), 2438.
Mogensen (C.), 1787.
Mohnike (Gottlieb), 1883, 1906, 1995, 2371.
Mohr (H.), 294.
Mohr (N.), 2047.
Moirs (Jean), 71.
Molard (V.), 2235.
Molbech (Christian), 211, 413, 1038, 1070, 1124, 1133, 1184, 1708, 2241, 2287, 2291, 2302, 2360.
Molesworth (lord), 1222-1226, 1554.
Molière, 2436.
Moller (A.), 996.
Moller (J.), 1065, 2323, p. 342, 2364.
Moller (R.), 79.
Mollerup (W.), 1168.
Moltke (Adam. Graf von), 1725.
Monrad, 2304.
Monrad (D. G.), 1066.
Montbron (J. Ch.), 365.
Montégut (Emile), 2542.
Montelius (O.), 2159.
Monthan, 1389.
Moog (Maarten), 637.
Morck (F. A.), 238.
Morel-Fatio (L.), 505, 2216.
Moreni (Domenico), 1235.
Morgenstrem (Ch.), 386.
Morillon (Antoine), 404.
Morillot (Abbé), 665.
Morins (B. M.).
Moritz (A.), 509.
Morris (W.), 1877, 1892, 1957.
Morton (Ch.), 1575.
Mourgues (Jean), 59.
Mourier (F. M.), 997, 1261.
Mouton (Eugène), 239.
Mügge (Th.), 511, 532.
Müllenhoff, 2015.

Müller (F. A.), 2198, 2215.
Müller (Georg.), 1389.
Müller (Jens), 512, 814.
Müller (D' K.), 588.
Müller (Ludv. Chr.), 1968.
Müller (P. E.), *voyez* Muller.
Müller (Sophus), 2160.
Müllern (baron de), 1586.
Münster (E. B.), 296.
Münter (B.), 1171, 1254, 1259, 1261.
Münter (Friedrick), 146, 177, 1012, 1171, 1255, 1267.
Muhle (C. A.), 1787.
Mulgrave (lord), 2453.
Muller (G. P.), 758.
Muller (Laurent), 1444.
Muller (Peter Erasmus) *ou* Müller, 126, 1140,

1142-1143, 1854, 2094, 2166.
Muller (S.), 1664.
Mumme (H. P.), 1070.
Munch (P. A.), 182, 224, 368, 407, 957, 1274, 1282, 1294, 1776, 1805, 1885, 1937, 2161, 2582.
Munch (J. Storm), 2309.
Munch-Rœder, 1067.
Munck (M.), 1058.
Muncktell (Joh. Fréd.), 176.
Munk (Jens), 513, 583, 638.
Munthe, 849, 967.
Murray (H.), 578.
Murray (J. Ph.), 995, 1665.
Musæus (Simon), 45.
Myldander (Stephames), 2538.
Mynster (J. P.), 2405.

N

Näsman (R. E.), 428.
Nannestads (Fr.), 706.
Nardi (Francesco), 567.
Nares (Sir G.), 584.
Narsius (Jean), 1500.
Natale (Antonio, S. J.), 91.
Nathan-David, 1211.
Navarro (J.), 1256.
Navello (S.), 514.
Negri (Francesco), 656-658, 707.
Neill (P.), 1789.
Nerman (G.), 293.
Nettebladt (Chr.), 234, 2142.
Nettelblad (Carl Friederich, Freyherr von), 109.
Neuffer (F. M.), 600.
Neumann (J.), 569.
Nève, 104.
Newland (H.), 515.
Neyrat (abbé), 516.
Niboyet (Paulin), 859.
Nicander (C. A.), 60, 1995.
Nicanor (André), 1501, 1545.
Nicolai (Ericus), 2266.
Nicolaissen (O.), 335.
Nicolaysen (N.), 1278, 1294, 2141, 2167, 2303.
Nidda, *voyez* Krug von Nidda.
Nidelberg (Amb.), 2392.
Niecamp (J. L.), 1665.
Nielsen (A.), 2047.
Nielsen (G.), 2198, 2215.
Nielsen (O.), 77, 1091, 1153.
Nielsen (Yngvar), 829, 843, 1651.

Nieritz (G.), 639.
Nigri (Petrus Andreas), 60.
Nihil (M.), 517.
Nilsson (L. G.), 367.
Nilsson (Sven), 522, 958-980, 2586.
Nissen (Mart.), 2351.
Nitzsch (D'), 1184.
Noach (Gubben), 903.
Nohrborg (Daniel), 1389.
Norberg (Mathias), 2434.
Norcross (J.), 1502.
Nordenskiöld, 640, 745, 751, 760, 761.
Nordenson (E. J.), 1351.
Nordin (C. G.), 1349, 1385.
Nordin (J. G.), 2369.
Nordlöff (N.), 198.
Nordström (J. J.), 1455, 1464.
Norlander (Johan), 437.
Nor-Nisson (Jens Søfrensøn), 178.
Norreen (Adolf), 1970.
Norrmann (C. R.), 1068.
Norström (G.), 279.
Nostradamus, 97, 99.
Notmann (E.), 198.
Nouvion (Vict. de), 532.
Novo y Colson (Pedro de), 762.
Nunziante (E.), 518.
Nyerup (R.), 147, 333, 522, 1069, 1996, 2169, 2272, 2352-2354.
Nyrop (Camillus), 2370.
Nyrop (Kr.), 385, 999.
Nyström, 1679.

O

Oberländer (Rich.), 521.
Oberleitner (Karl), 1976.
Oberleitner (Karl), 1976.
Oddo Monachus, 1938.
Oetker (Fried.), 1731.
Ogier (Charles), 1212.
Odd (O.), 523.
Odhner (C. T.), 1408.
Oblenschlæger, 171.
Ödmann (S.), 60.
Œhlenschläger, 368.
Oehrlander, 434.
Öhrling (Joh.), 422.
Oelrichs (Gerhard), 306.
Oelrichs (Johannes), 2243.
Örnberg (Magnus), 2411.
Örnhjalm (Cl.), p. 135.
Örnskiöld (P. A.), 1388.
Oersted (H. C.), 386.
Örstedt (A. S.), 567.
Ørstedt (H. C.), 1039.
Oest (N.), 1725.
Oginski, 210.
Olafsen (John), 387,
Olafsen (Eggert), 2048.
Olafson (Jón), 1961.
Olavius (E.), 2050.
Olaus (Eric.), 1402.

Olavius (Olaus), 778, 2050, 2588.
Olde, 435.
Oldendorp (A.), 1666.
Olhafius (Joachim.), 248.
Olivarius, 2301.
Olivecrona (d'), 227.
Oller (J. J.), 2589.
Olliequist (J.), 1562.
Olofson (Hans), 1170.
Olsen (Björn Magnusson), 2016.
Olsen (C.), 1251.
Olufsen (Chr.), 1070.
Oporinus (Jean), 1684*.
O'Reilly (Bernard), 641.
Osbeck (P.), 2410.
Oscar, roi de Suède, 386.
Ost (N. Chr.), 659.
Ostgaard, 817.
Oswald (E. J.), 2051.
Ottave Jarl, 2566.
Otte (E. C.), 2051.
Otte (J. W.), 818.
Ouchterloug (G. A.), 1660.
Outhier, 524-525.
Oxenstjerna (Gabriel, comte d'), 178, 369, 1567.
Oxholm (P. L.), 1678.

P

Pálssonar (J.), 61.
Pagès (Alph.), 312.
Paijkull (C. W.), 2052.
Palander (L.), 760.
Palladius (Petrus), 1072.
Pallavicino (Sforza), 1534.
Palmberg (Johann), 280.
Palmblad (W. F.), 819.
Palmskiöld (Elias), 2280.
Palsson (P.), 1856.
Paludan (H. J.), 1073.
Paludan (P.), 1073.
Paludan-Müller (C.), 239, 925, 1074, 1149, 2239.
Paludan-Müller (J.), 1074.
Pancritius (Alb.), 526.
Panum, 293.
Parieu (E. de), 1503.
Parival, 2531.
Parker, 2017.

Parry (W. E.), 586.
Parvus Rosæfontanus (Petrus), 1132.
Parvus (Petrus), 1443.
Passarge (L.), 820, 904.
Patrice (Victor), 588.
Paul (St), 6.
Paulinus Gothus (Laurent.), 281, 1403.
Paulinus (Joh.), 1767.
Paulli (Simon), 282.
Paulus (Gunnarus), 1896.
Pavels (Claus), 2275.
Pavels Riis (Claus), 2265, 2275.
Pavy (O.), 594.
Payen, 527.
Payer (Julius), 594, 744.
Peach (B. N.), 1794.
Peachy (Caroline), 307.
Pechüle (C. F.), 299.
Pedersen (Rud.), 998.
Pedersen (Chr.), 371, 1136.

Pedersens (Carl af), 1916.
Pedersön (Morten), 179.
Pennant (Th.), 1795.
Pepliers (des), 425.
Peringskiöld (J. F.), 1398, 1404, 1438, 1903, 1912, 1951, 1997, 2015.
Perlbach (M.), 1745.
Pernice (H.), 1736, 1739.
Petermann (Dr A.), 745, 849.
Petersen (Carl af), 1856.
Petersen (Bernhard von), 1678.
Petersen (F. C.), 2316.
Petersen (Henry), 1075.
Petersen (Johan), 1244, 1710, 1956.
Petersen (N. M.), 1835, 2168, 2244.
Petersen (U. M.), 1833.
Petersen (Sieg.), 528, 1279, 1295.
Petersens (Hj. af), 999.
Petersson (Hallgrim.), 1844.
Petit (Maxime), 528.
Petreius (M. N.), 961-962.
Petreius (Petrus), 1447.
Petri (Carl Magnus), 1408.
Petri (Henri), 1421, 1422.
Petri (Jean), 1245.
Petri (Laurentius), 78.
Petri (Olaüs), 62, 1448.
Petrossi, 2590.
Petrus Gothus (Iohan.), 63.
Pettersson (C. A.), 708.
Pettigrew (T. J.), 1790.
Pètursson (P.), 180.
Pfanner (F.), p. 217.
Pfeif (Joh. Jac.), 431.
Pfeiffer (Fr.), 401.
Pfeiffer (Ida), 2053.
Pfizmaier (A.), 665.
Pfortzheim (Jacques de), 2640.
Phèdre, 2440.
Philalèthos (A.), 1075.
Phillip (William), 754.
Phillips-Wolley, 746.
Philon Juif, 2526.
Phipps (Const. Jean), 587.
Phytian (J. C.), 847.
Pilieu ou Peleus (Julien), 1487.
Pierre (S^t), 6.
Pietsch (Ludvig), 144.
Pjetursson (B.), 1817.
Pjeturssyni (Jóni), 186.
Pilhman (Eric), 121.

Pingel (C.), 623, 642.
Pipping (F. W.), 1768.
Plantin (Christophe), 1419-1420, 1428.
Pleiss (baron von), 1591.
Plon (Eugène), 2112.
Ployen (Chr.), 1790.
Plum (Jacob Severin), 2054.
Poestion (Jos. Cal.), 2055.
Pomo (Pietro), 963.
Pons de Castelvi (Don Fabricio), 1504.
Pontanus (Joh. Isaac), 2638.
Pontanus (J. I.), 1077.
Ponten (Petrus), 2262.
Pontoppidan (Carl), 2096.
Pontoppidan (Erik), 181, 284-285, 412, 821, 1046, 1078-1081, 2163.
Porro (Jeronimo), 755.
Porter (Rob. Ker.), 566.
Porthan (H. G.), 2355.
Possart (P. A. F. K.), 1352.
Possevino (Antonio), 1389.
Post (H. von), 296.
Posthumus (N. W.), 588.
Potgieter (E. J.), 964.
Poth (G. Chr.), 2016.
Pottier (E.), 2067.
Pougens (Ch.), 401.
Poulson (Paulus), 197.
Pourel de Hatrize (B.), 426.
Povelsen (Biarne), 2048.
Powell (G. E. J.), 1828-1829.
Powell (F. York), 317, 1972.
Prade (R. de), 1505.
Pradon, 2442.
Pratt (John B.).
Preus (de), 1589.
Previti, S. J. (Luigi), 594.
Preyer (Wilh.), 2056.
Price (Ed.), 822.
Priebst (C. M.), 437.
Prior (Alexander), 332.
Promé, 478.
Proost (J. J. E.), 1213.
Propiac (J. F. G.), 1410.
Prowe (L.), 2365.
Prytz (H. O.), 1653.
Puffendorf (b^{on} S. de), 1353, p. 204, 1563-1564, 1567.
Puget (Mlle R. du), 340, 1390, 1875.
Puggaard (Christophe), 286.

Q

Quarles van Ufford, 566.
Quehl (R.), 781.
Quatrefages (de), 2193.

Quennerstedt (Aug.), 298.
Quiclet, 478.
Quistgaard (J. Chr.), 2262.

R

Raasloff (H. J. A.), 1739.
Rabergh (Herman), 201.
Rabot (Ch.), 640, 723.
Rachelius (Sam.), 1208.
Racine (Jean), 2443.
Radcliffe (William), 905.
Radde (G.), 2597.
Rademine (C. Eric), 475.
Radlé (J.), 1740.
Radloff (Fried. Wilh.), 2594.
Rae (Edward), 709.
Ræder (J. G. F.), 1082.
Rafn (Carl Christian), 600-601, 965, 1811, 1853, 1883, 1998, 2017.
Rahbeck (Canut. Lync), 36, 333, 355.
Raimbert de Paris, 373.
Ramus, 823, 1272, 1280, 2097, 2170, 2216.
Randulfuis (Envald. Nicol.), 1231.
Ranzovius (Henri), 1185-1189, 1128, 1698-1699, 2573, 2582, 2595, 2596.
Ranzow ou Rantzau (Chr. de), 1187.
Ranzow ou Rantzau (J. de), 1186.
Ranzow (Thomas), 1753.
Rasbech (J. P.), 1083.
Raumann (J. P.), 1756.
Raupach (B.), 2262.
Rasch (Gustav), 906.
Rask (E. C.), 414, 1836.
Rask (Rasmus), 710, 1872, 1966, 2057.
Rasmussen (M. N. C. Kall), 239.
Rasmussen (J. L.), 1667.
Raumer (Fried. von), 567.
Raupach (Bern.), 196, 2245.
Rautenfens (Jac.), 740-741.
Raven (D. A.), 643.
Rawert (O. J.), 998.
Rawert, 1039.
Razelius (Arthur), 2193.
Rebenac, 1085, 1568.
Rebolledo (Don B. de), 374.
Redslob, 2098.
Reedtz (H. C. de), 1084.
Reenhjelm (J. J.), 1938, 1953.
Reeve (Henry), 1575.
Regnard, 531, 710.
Rehbinder (J. A.), 1354.
Reineck (Reiner), 1405.
Reinhard (bruder), 97.
Reinhardt (C. E. F.), 1134.
Reishaus, 847.
Remigio (M.), 1429.
Renck (A.), 1737.

Repp (Thorl. Gudm.), 414.
Resen (P. H.), 1190.
Resenius (Petr. Joh.), 207, 1870-1871, 1958, 2099, 2171, 2276.
Reste (B. de), *voyez* Bernard de Reste.
Retzius (A. J.), 271, 286.
Reühold (Dr), 1725.
Reuterdahl (H.), 183, 197, 427, 2232.
Reventlor (Det.), 1088.
Reverdil (François), 1258.
Reyersen (A.), 1086.
Reyser (R.), 966.
Rezzadore, 589.
Rhode (Christ. Detler), 2164.
Rhodius (Johan.), 245.
Rhud (Nicol.), 200.
Rhyzelius (Andreas Ol.), 184, 1407, 2172, 2598.
Ricard (S.), 65.
Richard (O. J.), 1852.
Richardson (George), 201.
Richardson (Jacob), 1303.
Richardson (Sir John), 578.
Richardt (Fr.), 1341.
Richer-Sérisy, 545.
Richolff (Jørgen), 2630.
Riegels (N. D.), 1089.
Riese (August), 1566.
Rietz (Joh. E.), 428, 1408, 2246.
Ribel (Théod.), 1186.
Rimbertus (S.), 84.
Rimestad (C. V.), 2445.
Ring (M. de), 1961.
Rink (H.), 534, 644, 659, 665.
Risingh (J. C.), 1767.
Ritter (Carl), 787.
Ritter (Io. Dan.), 1569.
Roberg (Laur.), 387.
Robert (E.), 747, 2067-2068.
Robertson (E. William), 2599.
Robertson (James), 1266.
Robinson, 1607.
Roches (J. B. des).
Rölefnick (J. E.), 1004.
Römer (R. C. H.), 1446.
Rönning (F.).
Rogberg (Samuel), 1355.
Roger, 774, 1243.
Roger (A.), 1258.
Roger de Wendover, 925.
Roman (Ab.), 723.
Romanus (Guill.), 1281.

Rondeletius (Jacob.), 385.
Roosen (Carl B.), 849.
Roquette (de la), *voyez* La Roquette.
Rordam (les frères), 166.
Rørdam (Holger Fr.), 77.
Roscoe (H. E.), 2446.
Rosenberg (C.), 376, 2070, 2247.
Rosencrantz (Olaus), 1029.
Rosenhane (Gust.), 377.
Rosenhane (b°⁰ Sh.), 1356.
Rosenius (Ol.), 184.
Rosenstierna (H.), 1016.
Ross (John), 590.
Ross (W. A.), 825.
Rosted (J.), 2317.
Rostgaard (Frid.), 338.
Roth (G.), 1751.
Rothe (Tycho), 2135, 2173.
Rothe (Caspar Peter), 437.
Rothe (Wilh.), 201.
Rothenburg (F. R. von), 1510.
Rothlieb (C. F.), 1357.
Rouel (François), 1367.
Rousseau de la Valette, 378.
Rousselot de Surgy (J. P.), 2037.

Rousset, 1567.
Rubenson (M.), 535.
Ruda (Erik), 1355.
Rudbeck (T. G.), 536, 1358.
Rudbeck (Johannes), 2381, 2383, 2385.
Rudbeck (Nicolas), 66.
Rudbeck (Olaus, filius), 67, 287, 386, 407, 711, 1913.
Rudbeck (Olaüs, pater), 2280, 2635, 2636, 2641, 2642.
Rudbeck (Petrus), 2280.
Rübs (Fr.), 438, 506, 907.
Rübs (Dʳ F.), 1725.
Rugman (Ionas), 2100.
Rummel (I. Th. à), 1135.
Rumohr (C. F. von), 2114.
Runius (Joh), 68.
Rupp (Th.), 1869.
Ruscone (Filippo Augusto), 88, 92.
Russwurm (C.), 1999, 2248.
Rydin (Herm. Lud.), 1649.
Rygh (Karl), 1969.
Rygh (O.), 849, 1884, 2165.
Rålamb (Clas), 1565.
Rälamb (Clas), 229.

S

Sabinin (Etienne), 1971.
Sadolinus (G.), 1090.
Sahlstedt (Abr. M.), 429, 2014.
Säve (Carl), 1840, 1962, 2001, 2003.
Säve (C.), 2606.
Säve (P. P.), 2606.
Säve (P. A.), 998, 1384, 1388.
Saint-Mexant (Ch. de), 1740.
Sajnovicz (Joannes), 262. 2602.
Salar (Petter), 1879.
Sales (Saint François de), 79.
Salieth (M.), 667.
Salin (Daniel), 1511.
Salmson (A. J.), 1449.
Saltza (E. F. von), 1852.
Samoer (R.).
Sandberg (G.), 423.
Sander (Fredrik), 308.
Sander (Frederik), 2603.
Sander (L. C.), 147, 2095.
Sardi (Cesare), 1543.
Sartorius von Waltershausen (W.), 288, 2059, 2604.
Sastrow (Barthélemy), 2605.
Saxo Grammaticus, 1136-1143.
Schäfer (W.), 1739.
Schäffer (D. F.), p. 80.

Schantz (G. von), 1729.
Scharling (H.), 826, 2447.
Scheel (H. O.), 782.
Scheffer (Jean), 83, 210, 712, p. 106-107, p. 187-188, 1396, 1557, 2174-2178, 2255, 2364.
Scheffer (comte de), 1615, 1633.
Scheiben (J. A.), 285.
Schellern (Joh. Gerh.), 713.
Schenk (P.), 1360.
Schenberg (P.), 2256.
Schenmark (Nils), 185.
Schenström (M.), 1389.
Schepelern (J. B. von), 379.
Schepner (M. L.), 2448.
Schepper (Corn.), 1156.
Schepper (Ijssel de), *voyez* Ijssel de Schepper.
Schiern (Fr.), 969, 1727, 238.
Schildener (Karl), 238, 2607.
Schinmeier (J. A.), 186.
Schirren (C.), 1144, 1717, 1746, 2356.
Schissler (Pehr), 2559.
Schive (C. J.), 2208, 2216.
Schlegel (Fred. von), 2252.
Schlegel (Jean Henri), 1094, 2209.
Schleisner (P. A.), 293, 2060.

Schlözer (K. von), 1747.
Schlyter (C. J.), 206.
Schmidt (Fréd.), 1650.
Schmidt (J. W.), 1389.
Schmid (M. Joh.), 2263.
Schmidt (V.), 2449.
Schmitt (Polycarp), 2166.
Schnabels (Marcus), 849.
Schöne (Karl.), 1481.
Schöning (Claud. Ursin.), 287.
Schöning (G.), 537, 827, 980, 2179.
Schoning (Ger.), 1297, 2450.
Schoolcraft (Henry R.), 2017.
Schoppe (Amalia), 1839.
Schott (André), 2621.
Schousböl (Seier), 1904.
Schousten (Jobst), 2393.
Schroder (Eric), 1436, 1444, 1672.
Schröder (J. H.), 998, 1095, 1362, 1388, 1394, 2190, 2216, 2366, 2371.
Schröder (J. von), 1714.
Schröter (J. R.), 1385.
Schröter (J. W.), 2264.
Schubert (Fr. W. von), 532, 538, 723, 2273.
Schübeler (F. Chr.), 297.
Schübeler (J. Chr.), 2608.
Schück (Martin), 908.
Schützercrantz (Ad.), 1016.
Schütze (I. F.), 1715.
Schultz (Albert), 1145, 2263.
Schultzen (Gottfried), 1905.
Schumacher (G.), 1738.
Schurzfleisch, 1364.
Schutzercrantz (H.), 1365.
Schussler (G. J. E.), 1364.
Schwach (C. N.), 2216.
Schwartz (A. G.), 1751.
Schweitzer (Philipp), 849.
Schyte (J. C.), 2061.
Schytte (K.), 1096.
Scott (Ch. H.), 970, 2451.
Scrofani (Xavier), 2452.
Scyta (Hod.), 828.
Secher (C. E.), 49, 79, 1138.
Secretan (Phil.), 1250.
Sédillot, 476.
Sehested (Canut), 1093.
Sehested (F.), 2181.
Seidelin (H. C. P.), 1696.
Seinguerlet, 1739.
Selahn (P.), 2411.
Sellius, 571.
Sendel (Nathanael), 289.
Serenius (Jac.), 403.
Serlinus (Guil.), 1512.
Serrure (C. A.), 2216.

Sertenas (Vincent), 98.
Servien, 1495.
Sève (Edouard), 998.
Sevel (F. Chr.), 1096.
Severus (Jacobus), 1100.
Sexe (S. A.), 290.
Shaw (Charles), 1027.
Shaw (Georg.), 271.
Shelton (Maurice), 406.
Shephard (J. S.), 541.
Shepherd (C. W.), 2063.
Sheridan (Ch. Fr.), 1634.
Sibbern (F. C.), 1727.
Sibbern (N. P.), 2357.
Sibuet (baron P.), 540.
Sidenbladh (E.), 1653.
Sidenblath (K.), 1389.
Sidgwick (Charlotte S.), 1298.
Siegwart (Paul), 1476.
Siestrencewicz de Bohusz, 2454.
Siewers (Carl), 720.
Sigurdsson (Jón.), 1852, 2101.
Siljeström (P. A.), 847, 2067.
Sillen (A. W. af), 998, 2452.
Silvestolpe (Carl), 1370.
Silfwercrantz (J.), 1599.
Silverstolpe (G. A.), 1653.
Silvius, 2236.
Simonsen (Vedel), 1070, 1096-1097, 2251.
Sincerus (Theophile), 187.
Sinclair (Paul C.), 971.
Sjöborg (Gust.), 910.
Sjöborg (N. H.), 972, 2182, 2611.
Sjögren (A. J.), 714, 2018.
Sivers (Henr.), 634.
Sivertsen (O.), 1841.
Skalle (Krest.), 386.
Skarphèdinsson (Böl.).
Skavlan (Olaf), 356.
Skeat (Walter W.), 21, 407.
Skjöldebrand (A. F.), 715, p. 189, 2211.
Skogman (C.), 2416.
Skovgaard (P. R.), 1806.
Skramstad (Lud.), 829.
Skulason (Svein), 1954.
Skytte (Johan), 2612.
Skytte (Lars), 72.
Slange (Niels), 1201.
Small (J.), 1798.
Smedh (Joh.), 53.
Smidt (J.), 1683.
Smidth (A. J.), 784.
Smidt (Heinrich), 1650.
Smith (Alf.), 830.
Smith (C.), 2455.
Smith (C. W.), 353, 436.

Smith (Ed. Oskar), 849.
Smith (Hubert), 831.
Smith (James Edwaard), 2642.
Smith (J. G.), 911.
Smith (Joshua Toulmin), 602.
Smith (Sophus Birket-), *voyez* Birket-Smith.
Snell (Jean), 2379.
Snöbohm, 911.
Snorre Sturleson, 1901, 1905, 1962.
Snow (Parker), 542.
Söderström (O. G. V.), 1961.
Soegaard (M.), 2613.
Sörensson (Per), 1881.
Sohlberg (Lars Gust.), 1386.
Sohlman (Aug.), 2302.
Sohm (P.), 2366.
Solander (Dr), 2064.
Soldi (D.), 307, 1720-1721.
Soltau (W.), 546.
Solvesen (Svend), 231.
Sommer (Erik M. Tórvaldsson), 1934.
Sommer (St), 705.
Sommier (S.), 568.
Solberg (Ericus), 22.
Sotier (J.), 108.
Souhesmes (R. de), 568.
Sourdeval (Ch. de), 385.
Spanheim (Fréd.), 1513.
Sparre, 121.
Sparre (Eric), 1450.
Sparrman (André), 291.
Spegel (Haquinus), 73.
Spelmann (Joh.), 1915.
Spengel (L.), 2198, 2215.
Sperling (Ottho), 149, 973, 1098-1099, 2212.
Spörer (J.), 751.
Sponneck (W. C. E. Graf), 1737.
Sprengel (C.), 594.
Sprinchorn, 1503, 1668.
Staaff (F. N), 2426.
Stahl (C. H.), 996.
Stalbös (Magnus Ambrosius), 197.
Stamm (Fr. Ludvig), 17.
Stargardus, S. J. (F. Q. J.), 1451.
Stauning (Jörg.), 645.
Steenholdt (Wittus F.), 2376.
Steenstrup, 296, 655, 659, 974, 1101, 1921, 2193.
Steffens (Heinr.), 1299.
Stein (A. F.), 1259.
Steinhauer (C. L.), 2183.
Steinkuhl, 795.
Steinman (Joh.), 55.
Stenbeck (Jöns), 998.
Stenersen (L. B.), 2216.
Stenius (J.), 1599.

Stenström (Hag.), 600.
Stephansson (Olaf), 2565.
Stephanius (Steph. Jo.), 1139, 1146, 1167, 1172.
Stephens (George), 189, 334, 342, 2002-2004, 2011, 2070, 2358, 2457-2558.
Stephensen (M.), 30, 2098.
Stephenson (Magnus), 1843.
Sterck (Werner), 2277.
Sternesen (L. B.), 2233, 2459.
Steyern (H. G. von), 1388.
Stiernhielm (George), 11, 236, 300, 975.
Stiernman (Anders Anton von), 60, 148, 1395, 1515, 2359.
Stiernstedt (baron A. V.), 2213.
Stjernstolpe (J. M.), 854.
Stobæus (A, P.), 976.
Stobæus (Kilian), 2216.
Stockfleth (Nils Vibe), 716.
Stockdale (J. J.), 1482.
Stockfleth (Nils Vibe), 1769.
Stolpe (Hjalmar), 1388.
Stone (Mary Amelia), 543.
Stone (Olivia M.), 832.
Storm (Gust.), 976-977, 1277, 1279, 1874, 1918, 1961, 2062, 2085.
Storm (J.), 2460.
Streatfeild (G. S.), 1669.
Streffleur (V.), 593.
Strinholm (A. M.), 978.
Ströhm (Sv.), 430.
Ström, 2411.
Strömbäck (Kasp.), 1378.
Strombeck (baron K. F. von), 912.
Struensée, 1262.
Strunk (C. A.), 767.
Struve (A. G.), 995.
Stuchs (S.), 2327.
Studach (J. L.), 2005.
Stuhr (P. F.), 2263.
Stuhr (P. F.), 2280.
Sturlasson (Sn.), 1855, 1903.
Sturzen-Becker, 1369.
Stuxberg (Anton.), 759.
Styffe (Carl Gust.), 979.
Suckow (Dr Gust.), 568.
Sundius (Andreas), 2461.
Sundström (R.), 2462.
Suenon, 1147.
Sueti (Friedr.), 1885.
Suhm (Peter Fried.), 380, 981-982, 1102-1103, 1260, 1882, 1945.
Sundelius (H. O.), 1348.
Sundström (Sveno), 603.
Stein (Dr), 555.
Suso (H.), 43, 82.

Svanberg (Jöns), 717.
Svaningius (J. J.), *voyez* Swanning.
Sveinbjörnsson (Th.), 223, 2081.
Sveinsson (P.), 1852.
Svenonius (Fred. S.), 296.
Svensén (Emil), 2614.
Sverressön (Haakon), 1861.
Swanning (J.), 1104, 1159, 1172.
Swart (P.), 1455.
Swebilius (Olaus), 37.
Swedberg (Jesper), 1670, 1671.

Swederus (G.), 546.
Swinborne (Fr. Pfander), 1516.
Swinton, 544-545.
Sylva y Sosa (Antonio d'E.), 1571.
Sylvander (G. Volm.), 1335.
Sylvanus, 546.
Syv (Peder), 333.
Szilágyi (A.), 1458.
Szymanowsky (W.), 748.
Sâby (Viggo), 2102.
Sâby (Vigo), 2601.

T

Tafel (G. L. F.), 983.
Tamm (Fred.), 437.
Tauler (Johan), 90.
Tavsen (Hans), 2253.
Taylor (Bayard), 547, 718.
Taylor (Isaac), 2006.
Taijse (Dirck J.), 646.
Tegner (Esaias), 1889.
Tengberg (Niklas), 1609.
Terlon (De), 2615.
Ternaux-Compans (H.), 1677.
Ternström (J.), 1351.
Terpager (Laur.), 2371.
Terpager (P.), 1105, 2184.
Tessin (comte de), p. 230.
Tetens (Stephan), 200.
Thaarup (Fred.), 1046.
Thaarup (Thomas), 782.
Tham (Pehr)., 1610, 2007, 2196.
Tham (W.), 1375.
Theil (Du), *voyez* La Porte du Theil.
Theiner (Augustin), 190.
Thiele (J. M.), 327, 2114.
Thienemann (F. A. L.), 292.
Thilo (Valentin), 2115.
Thomer (Gustaf), 916, 2400.
Thomsen (Grimur), 568.
Thomsen (Julius), 293.
Thomsen (W.), 1748.
Thomson (Thomas), 917.
Thordarson (G.), 1887.
Thordsson (Sturla), 1948.
Thorkelin (G. J.), 213, 1030, 1106, 1148, 1882.
Thorlacius (Birgerius), 995, 2254.
Thorlacius (Th.), 10, 235, 1925, 2018, 2063.
Thorlacksson (Jon.), 1847.
Thorlaksen (Skulo Thordsen), *voyez* Thorlacius (Th.).
Thornam (L.), 1408.
Thoroddsen (Th.), 2063.
Thorpe (Benjamin), 334.

Thorsen (P. K.), 2616.
Thorsen (P. G.), 1149, 1913, 1973, 2004, 2008, 2009, 2265.
Thorsoe (Alex.), 1245.
Thorsteinson (B.), 1947.
Thorsteinson (Steing.), 381, 1848, 1852, 1856, 2082.
Thorvalldus, 138.
Thorwarson (E.), 1808.
Thoyon, 569.
Thrasymachus (Cyriachus), *voyez* Conring (H.).
Thue (H. J.), 381.
Thue (F. W.), 547.
Thura (Albert), 2255, 2278, 2360.
Thurah (L. L.), 1107, 2116.
Thyselius (Pehr Erik), 191.
Tibell (G. W. af), 1018.
Tidemand (Adolph), 833.
Tisserand (E.), 1719.
Tönsberg (Chr.), 834, 2119.
Tœppen (Hugo), 751.
Tolderlund (H.), 2464.
Tollens, 750.
Tollstorp (J. P.), 918, 1386, 1941.
Tomaschek (Wilhl.), 2185.
Tooke (W.), 789.
Torée (Olof), 1673.
Torell (Otto), 749.
Torfesen *ou* Torfæus *ou* Torfæus (Thormodur), 604, 647, 795, 1108-1112, 1792-1793, 1283.
Tornæus (Jos. J.), 34, 719.
Touscherus (Daniel), 1388.
Tragen (Mathieu), 77.
Trapp (J. P.), 1113.
Trébutien (G. S.), 387.
Treskow (von), 894.
Tribawer (Esaias), 2395.
Tricaut (L. de), 1476.
Tripplina, 548.

Tristan L'Hermite, 1535.
Troel, 1795.
Troil (Uno von), 2018, 2064-2065.
Tromholt (Sophus), 720.
Tuderus (Gab.), 722.
Tudor (J. R.), 1794.
Türk (Karl), 1114.

Tuneld (Eric), 919-920, 1453.
Turlerus (Hieron.), 984.
Twining (H.), 547.
Twis (Travers), 1720, 1736.
Typotuis (Jac.), 1454.
Tyssot de Patot, 648.

U

Uggla (Carl. H.), 1019, 1376.
Uhland (Ludwig), 198.
Ulfsparre (S. B.), 2186.
Ulphilas, 11-22.
Undset, *voyez* Unset.
Unger (C. R.), 74, 1275, 1818, 1855-1857, 1861, 1885, 1888, 1917, 1929, 1936-1937,
1946, 1950, 1952.
Unset (Ingvald), 566, 2187.
Uppström (Andreas), 7, 13, 1852.
Ursin (G. F.), 921.
Usinger (R.), 1114, 1722.
Usselinckx, *voyez* Wsselinckx.
Ussing (J. L.), 547, 2465.

V

Vahl (J.), 721.
Valdemar (Lov.), 2103.
Valdemar-Schmidt (J. H. G.), 999.
Valla (V.), 659.
Vallinus (N.), 1302.
Valori (prince Henry de), 1736.
Valtancoli Montazio (E.), 1296.
Van Bolhuis (J. H.), 985.
Van Campen (Sam. Rich.), 593, 731.
Vandal (Albert), 550.
Vander Hoeven (J.), 848.
Vander Meij (H. W.), 811.
Van Lennep (J. H.), 301.
Van Sante, 649.
Van Westen (Thomas), 722.
Varming (L.).
Vastovius, 81, 101.
Vedel (Anders Søfrenson), 333, 1138.
Vedel (E.), 2188.
Vegesack (Frideric de), 239.
Velschow (I. M.), 1130, 1149.
Vendeknaabe (Powel), *voyez* Eliæsen (Paul).
Verelius (Olaüs), 986, p. 190, 1407, 1909, 1939, 2010, 2256.
Verelius (Olaus), 2642.
Verkrüzen (T. A. Jac.), 837.
Verona (T. R.), 1387.
Verschuur (G.), 2066.

Vertot (René Auber de), 1379.
Veylle (Christen Osterssøn), 237.
Vhael (B.), 1770.
Vibe (A.), 849.
Vibe (F. L.), 2470.
Vibius Sequester, 2621.
Victor (Pierre), 2466.
Victorin (J. F.), 2467.
Vidalinus (Paul), *ou* Vidalius, 1247, 2067.
Vigfusson (Gabriel) *ou* Gudbrand, 317, 1826, 1853, 1887, 1948, 1969, 1972.
Vigfusson Erichsen, 2070.
Villers (C. de), 271.
Vimina (Alberto), 987.
Vincent (Frank), 550.
Vinding (Rasmus), 2257.
Vinje (A. O.), 383, 2468.
Vising (Joh.), 437.
Vogler (Max.), 1842.
Vogt (Carl.), 551.
Voigt (Johann), 2622.
Volckarts (A. G.), 552.
Voltaire, 315, 1597-1598.
Vossberg (F. A.), 1687.
Vrba (Karl), 659.
Vries (S. de), *voyez* De Vries.
Vulcanius (Bon.), 404.

W

Wachtmeister (H.), 2469.
Wadström (C. G.), 2436.

Wagner (Hermann), 2597.
Wägner (Wilhelm), 405.

Wällin (Jöran), 1380.
Wagner (K. Th.), 555.
Wahlenberg (G.), 271.
Wahlberg (Swen), 1388.
Waitz (G.), 1706, 1712.
Wal (Jean de), 2189.
Wallace (James), 1797-1798.
Wallin (I. P.), 1384.
Wallmark (P. A.), 2343.
Waltershausen, *voyez* Sartorius.
Walraff (J. G,), 2409.
Wandal (Joh.), 1230.
Warmholtz (C. G.), 2362.
Warnern van Warbesysen (Phil.), 1381.
Warren (Henry), 830.
Warrens (Rosa), 334.
Wasenius (P. H.), 1367.
Wassberg (C. A.), 989.
Wassenberg (Everh.), 988.
Watts (lord William), 2069.
Webb (Thomas H.), 2017.
Weber (Fr.), 294.
Wechel (André), 2577, 2578.
Wechel (Johann), 2582.
Wedderskop (Th. von), 532, 555.
Wedel (F.), 194.
Wedel (L. M.), 783.
Weech (Friedr. von), 1503.
Wegener (C. F.), 1021, 1149, 1723.
Wegener (C. F.), 2544.
Weibull, 2224.
Weiger (Herman), 2630.
Weinhold (Karl.), 991.
Weinreich (Caspar), 1687.
Weinwich (N. H.), 2071.
Weiss (S.), 1740.
Weixonius (M. O.), p. 346.
Welander (P. O.), 430.
Welp (Treumund), 555.
Wendelboe (Fred. Ferd.), 199.
Wendover (R. de), *voyez* Roger.
Wennberg (Fr.), 1773.
Wennberg (Lars.), 386.
Wense, 330.
Werfel (I.), 386, 1675.
Werlauff, (C. E.), 997, 1020, 1105, 1171, 2098, 2196, 2258, 2363.
Werner (Fr.), 2190.
West (H.), 1676.
Westergaard (Gisloson), 1855.
Westerman (Johan), 998.
Westminster (marquise de), 462.
Weström (C. A.), 193.
Wetzel (August), 1680.
Weyprecht (A.), 594.
Wheaton (H.), 989, 2228.

White (P.), 1794.
Whitelocke (B.), 1575.
Wiberg (C. F.), 997.
Wichfeld (J.), 784.
Widman (J. Mardell), 1771.
Widmark (Fredrik), 723.
Wiebel (C. W. M.), 1731.
Wiede, 239.
Wieland (Joachim), 193.
Wiencke (Chr.), 1238.
Wieselgren (Harald), 43.
Wieselgren (Petrus), 197, 1383, 2300.
Wietersheim (von), 1739.
Wigström (Eva), 335.
Wilde (Jacob), 1353.
Wilhelmi (Karl), 605.
Wille (Hans Jacob), 838.
Willebrandt (J. P.), 1688.
Williams, 992.
Williams (W. M.), 839.
Wilse (J. N.), 556, 1115.
Wilson (Wil. Rae), 557.
Wimmer (L. F. D.), 2011.
Wimmerstedt (V.), 335.
Winckler, 259, 2069.
Winckström (J. E.), 2330.
Windekind (Ioh.), p. 215.
Wingquist (Olof), 384.
Winkelmann (J. J.), 2191.
Winslovius (Petrus), 1149.
Winther (Christian), 330.
Winther (M.), 2230.
Winther (Niels), 1796.
Wippermann (E.), 1739.
Wisen (Th.), 1856.
Wislicenus (Ernst), 1193.
Wittich (W.), 847.
Wittken (E. von), 1116.
Wittlock (J. A.), 922.
Wester (A. M.), 1388.
Wohlfrom (Chr.), 1013.
Wolff (Jens Laur.), 840, 1117, 1268, 2012.
Wolff (Nicolas), 4.
Wolheim da Fonseca, 1738, 2259.
Wollstonecraft (Mary), 558.
Wolsa (Carl. Aug.), 2215.
Woltmann (J. F. A. L.), 560.
Worm (Christ. Will.), 1239.
Worms (E.), 1689.
Worm (Jens.).
Worm (Olaüs), 248, 295, 1118-1119, 1231, 2260-2261.
Wormskiold (M.), 659.
Worsae (J. J. A.), 296, 767, 993, 1020, 1149, 1217, 1727, 2013, 2168, 2289.
Wotton (William), 406.

Wraxal (Sir C. F. Lascelles), 1263.
Wraxal, junior (N.), 559.
Wreede (G. W.), 1455.
Wretholm (C. J.), 1385.

Wsselinx (Wilh.), 1672, 1674.
Wulff (H. A.), 560.
Wulfsberg (Chr. A.), 841, 1772.
Wyndham (F. M.), 842.

Y

Yanssens des Campeaux.
Young (Allen), 651.

Yves (L. d'), 1264.

Z

Zaar (L. G.), 125.
Zabarella, 1542.
Zorn (Philipp), 195.
Zurla (D. Placido), 652.
Zabern (Wilhelm), 1163.
Zacher (Julius), 2017.
Zahrtmann, 654.
Zambrini, 103.
Zeilau (Th.), 1799.
Zeiller (Martin), 994, 1120.
Zeni (Nicolo et Antonio), 653-654.

Zernecke (J. H.), 1749.
Zethrin (Michel), 197.
Zetterstedt (J. W.), 564.
Ziegler (Al.), 563.
Ziegler (Jo.), 1605.
Ziervogel (Evald), 2215.
Zirkel (Ferd.), 2056.
Zoepfl (H.), 1729.
Zorgdrager (C. G.), 671-672.
Zschokke (H.), 562.

Å

Akerberg (N. L.), 2262.
Akerlind (O. H.), 2520.
Åkerberg (N. L.), 2279.

Akermann (Cl.), 236.
Akerman (R.), 2401.
Aslung (Daniel), 565, 855.

Þ

Þórdarson (Einar), 1852, 1855, 1881.
Þórdarson (Gunnl.), 1855, 1928, 1960.
Þórdarson (Sturl.), 1959.

Þorkelsson (Jón.), 1850, 1960.
Þorlaksson (Gudmundur), 1856, 2084.

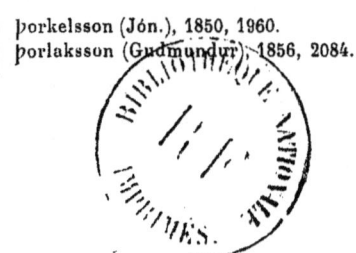

MACON, PROTAT FRÈRES, IMPRIMEURS

MACON, PROTAT FRÈRES, IMPRIMEURS

CATALOGUE

DE LA

BIBLIOTHÈQUE

DE

FEU M. LE COMTE RIANT

de l'Institut,
Membre de l'Académie royale des Belles-Lettres de Suède,
de l'Académie des Sciences de Turin, de l'Académie de Barcelone, etc., etc.,
décoré des ordres du Danebrog, de Saint-Olaf et de l'Étoile polaire.

RÉDIGÉ PAR

L. DE GERMON ET L. POLAIN

PREMIÈRE PARTIE :

LIVRES CONCERNANT LA SCANDINAVIE

PARIS

ALPHONSE PICARD ET FILS, ÉDITEURS

82, RUE BONAPARTE, 82

—

1896